한국 회사법의 경제학

제2판

권재열

정독
DEEP READING

제2판 머리말

졸저를 발간한 지 얼마 지나지 않아 과분하게도 2018년 대한민국학술원 선정 우수학술도서로 이름을 올리게 되었다. 오랜 기간 동안 이 분야에 연구를 하고 있는 학자로서 더할 나위 없는 영광을 누린 것이다. 특히 이번의 선정으로 인하여 경제학적 방법론이 공구(攻究)에 매우 유용한 도구라는 것을 확신하게 되었다. 선정된 지 1여년이 흘렀지만 지금도 여전히 선정되었을 때 그 순간의 기쁨이 남아 있다.

저자는 제2판이 초판과 마찬가지로 좋은 평가를 받기 위하여 나름대로 많은 공을 들였으나 저자의 노력이 책에서 제대로 드러날지 무척 걱정된다. 아무튼 간에 저자가 제2판 개정에서 몇 가지 역점을 둔 것이 있다. 첫째, 내용이 다소 어려운 부분을 좀 더 쉽게 설명하기 위하여 노력하였다. 특히 법학과 경제학의 연결이 매끄럽지 못한 부분에 있어서 수식을 좀 더 단순하게 설계하고 평이한 문장으로 서술하여 독자들이 보다 쉽게 이해할 수 있게 하였다. 둘째, 경제학적으로 다룰 수 있는 회사법의 영역을 확대함으로써 초판에 비하여 책이 더 두꺼워졌다. 개정판에서 제2장, 제8장, 제9장, 제15장을 보강하였으며, 초판에는 없었던 신주발행에 관련된 설명을 제12장에 담았다. 본래 기업의 인수·합병 영역에서 다루었던 반대주주의 주식매수청구권을 별도로 분리하여 제10장에 배치하였다. 주식매수청구권이 주주의 중요한 권리라고 생각하여 독립된 장(章)으로 구성한 것이다. 주주대표소송과 경영판단의 원칙을 제대로 논하기 위해서는 이사의 의무에 관한 설명이 필요하다고 보아 이에 관하여 여러 지면을 할애하였다. 셋째, 제2판을 준비하는 과정에서 초판 이후에 나온 대법원 판례를 두루 섭렵하여 본문과 각주에 담아내려고 노력하였다. 이를 통해 경제학적 방법론이 고유한 체계를 가지고 존재할지라도 그 대상은 계속 확장

될 수 있음을 독자들이 인식하길 바란다.

끝으로 제2판이 출간될 수 있도록 수고와 지원을 아끼지 않으신 도서출판 정독의 김중용 대표님과 심성보 이사님을 비롯하여 관계자 여러분께 감사의 말씀을 드린다. 제2판에서 발견되는 오류는 여전히 저자의 몫으로 남아있다.

2019년 8월

저자 씀

머리말

「한국 회사법의 경제학」이라는 거창한 제목의 졸저를 세상에 상재하게 되어 쑥스러운 마음이 먼저 든다. 회사법학을 전공하는 학자로 평가받는 저자가 괜히 이웃 분야를 기웃거린다는 핀잔을 받아도 싸다고 생각한다. 그러나 금년은 저자가 전임교수로 강단에 선 지 20년이 되는 해라는 점에서 조그마한 업적이라도 학계에 내놓아 자축할 수 있기를 소망하였는데, 드디어 이 소망을 이루게 되어 한편으로는 뿌듯한 마음을 숨길 수 없다.

그동안 별다른 연구업적을 쌓지는 못하였지만, 회사법을 대상으로 하여 저자가 경제학적으로 살펴본 것은 이미 오래된 일이다. 저자는 우연한 계기로 인하여 회사법의 경제학과 법학방법론 차원에서 경제학에 관심을 두게 되었다. 저자의 버클리대 지도교수이셨던 멜빈 아이젠버그(Melvin Eisenberg) 교수님의 「회사의 구조: 법적 분석」(The Structure of the Corporation: A Legal Analysis)[1]을 통독하면서 회사법에 대한 규범적 해석론을 초월하는 새로운 미지의 세계가 눈앞에 펼쳐진 듯 느낀 바 있다. 그러나 경제학은 만만치 않은 학문이어서 참으로 여러 해 동안 법경제학을 제대로 살펴보지도 못한 채 그 주변에서만 맴돌았음을 고백한다. 그러다가 1924년 영국의 대표적인 경제학자인 존 케인스(John M. Keynes)가 자신의 스승인 알프레드 마샬(Alfred Marshall)을 추모하여 쓴 글에서 "경제학을 공부하기 위해서는 유별나게 높은 수준의 전문적인 재능이 필요한 것은 아니다. … 쉬운 분야이기는 하지만, 소수의 자만이 탁월성을 보인다"[2]라는 문구를 읽고서 과감하게 경제적인 시각에서 회사법을 다루어보기

1) 이 책은 한국에서 송상현 교수와 김건식 교수의 공역으로 「주식회사 법리의 새로운 경향」이라는 제목으로 1983년에 경문사에서 출간된 바 있다.

2) J. M. Keynes, *Alfred Marshall, 1842~1924*, 34 Economic Journal 311, 321~322(1924)("The study of economics does not seem to require any specialized gifts of an unusually high order. … An easy subject, at which few excel!").

로 하였다. 어차피 저자가 천학비재(淺學菲才)하기 때문에 탁월하려고 시도한 바는 전혀 없지만, 한국 회사법에 경제학을 접목하려고 노력한 것만은 사실이다. 그럼에도 불구하고 졸저를 세상에 내놓는 지금의 시점에서 독자 여러분이 저자가 분수도 모르는 학자라고 질정(叱正)한다고 해도 능력에 한계가 있는 저자로서는 응수가 난감할 따름이다. 보잘것없는 책이기는 하지만, 졸저의 판수를 거듭하면서 보다 좋은 책으로 만들 것을 약속한다.

졸저가 다룬 많은 논의들은 저자의 기존 연구에 터잡아 이루어졌으며, 경제적 분석을 위해 사용된 경제학적 이론은 저자가 어깨너머로 배운 것이 많다 보니 여러 오류가 있을 것으로 보인다. 물론 졸저에서 발견되는 모든 오류는 저자의 몫이다. 마지막으로 어려운 출판환경 속에서도 흔쾌히 출간을 마다하지 않으신 김중용 사장님과 여러 관계자 분에게 감사의 말씀을 드린다. 작년 여름방학부터 본격적으로 졸저의 최종 집필작업에 몰두하는 바람에 남편과 애비로서의 역할을 제대로 하지 못해 항상 미안한 마음을 가지고 있는 처와 두 아들에게 출간의 기쁨을 함께 나누고자 한다.

2017년 4월
저자 씀

차 례

제 1 장 회사법과 경제학의 관계

제 1 절 법학과 경제학의 관계 3

Ⅰ. 법학과 경제학의 좌표 3

1. 법학과 경제학의 약사(略史) • 3
2. 법학과 경제학의 학문으로서의 특성 • 4

Ⅱ. 법과 경제 및 법학과 경제학의 관계 6

1. 법과 경제의 관계 • 6
2. 법학과 경제학의 관계 • 7

제 2 절 회사법과 경제적 분석 11

Ⅰ. 법의 경제적 분석의 의의 11

1. 경제학에서의 좌표 • 11
2. 경제적 분석의 기능 • 12

Ⅱ. 회사법의 경제적 분석 13

1. 경제적 분석의 대상으로서의 회사법 • 13
2. 본서에서의 논의 • 15

제 2 장 기업이론

제 1 절 논의의 배경 19

Ⅰ. 기업이란? 19

Ⅱ. 회사법과 판례의 입장 20

제2절 전통적 기업이론 ... 21

Ⅰ. 신고전학파 경제학 ... 21

Ⅱ. 구제도주의 경제학 ... 22

제3절 거래비용 이론 ... 25

Ⅰ. 코즈의 기업이론 ... 25

1. 기초적 사항 • 25
2. 시장거래비용과 조직화비용 • 28

Ⅱ. 윌리엄슨의 기업이론 ... 30

1. 기초적 사항 • 30
2. 거래비용의 경제학 • 30

제4절 대리인 이론 ... 34

Ⅰ. 기본원리 ... 34

1. 기업(조직)의 의의 • 34
2. 대리인 문제, 대리인비용 및 잔여위험 • 35

Ⅱ. 평가: 한국 회사법의 관점에서 ... 37

제3장 회사의 개념

제1절 논의의 범위 ... 43

제2절 영리성 ... 44

Ⅰ. 전통적 의미 ... 44

Ⅱ. 현대적 수정: 회사의 비영리적 행위 ... 45

1. 개 관 • 45
2. 기업의 사회적 책임과 사회공헌활동 • 45
3. 경제적 분석 • 46

제3절 사단성 ... 48

Ⅰ. 전통적 의미 ... 48

Ⅱ. 현대적 수정: 1인 회사 ... 49

1. 개 관 • 49
2. 1인 회사의 인정 여부 • 49
3. 1인 회사에서의 주주총회 • 51

제4절 법인성 54

Ⅰ. 전통적 의미 54

Ⅱ. 현대적 수정: 법인격 부인론 55

1. 개 관 • 55
2. 법인격 부인의 근거 • 55
3. 법인격 부인론의 적용요건 • 56
4. 경제적 분석 • 58

제4장 주식회사의 본질

제1절 논의의 범위 65

제2절 상법상 자본금제도 67

Ⅰ. 자본금의 의의 67

1. 자본금의 정의 • 67
2. 최저자본금제도의 폐지 • 69

Ⅱ. 자본금의 3원칙 71

1. 개 관 • 71
2. 자본금확정의 원칙 • 71
3. 자본금충실의 원칙 • 72
4. 자본금불변의 원칙 • 72

제3절 무액면주식 73

Ⅰ. 상법상 무액면주식 제도 73

1. 무액면주식의 의의 • 73
2. 상법상 무액면주식제도 • 74
3. 무액면주식제도의 편익과 비용 • 75

제4절 주주의 유한책임 79
Ⅰ. 주주유한책임제도의 정당화 근거와 폐해 79
1. 주주유한책임제도의 정당화 근거 • 79
2. 주주유한책임제도의 폐해 • 86
Ⅱ. 주주유한책임의 폐해 극복을 위한 수단과 방법 91
1. 서 설 • 91
2. 회사법상의 수단과 방법 • 92
3. 판례상의 수단과 방법 • 92
4. 계약상의 수단과 방법 • 93

제5장 회사의 설립

제1절 논의의 범위 97
제2절 설립중의 회사의 의의 99
Ⅰ. 대법원 판례의 입장 99
Ⅱ. 경제적 분석 99
1. 기존의 논의 • 99
2. 추가적 설명 • 100
제3절 변태설립사항 101
Ⅰ. 변태설립사항의 의의 101
1. 자본금충실의 원칙과 변태설립사항 • 101
2. 상법상 변태설립사항에 대한 규제 • 101
Ⅱ. 정관기재 및 법원 또는 창립총회에 대한 보고의무 103
1. 정관에의 기재 • 103
2. 법원 또는 창립총회에 대한 보고 • 104
제4절 정관에 기재되지 않은 재산인수의 추인 107
Ⅰ. 분석대상 쟁점 107
Ⅱ. 상법상 재산인수에 대한 규제 107

Ⅲ. 정관에 기재되지 않은 재산인수의 추인 가부 ······ 109
1. 서 설 · 109
2. 학 설 · 110
3. 판 례 · 111
4. 검 토 · 111

제 6 장 상업등기

제 1 절 논의의 배경 ······ 119
제 2 절 상업등기 일반론 ······ 120
Ⅰ. 상업등기의 의의 ······ 120
Ⅱ. 상업등기의 제도상 특징 ······ 121
Ⅲ. 상업등기사항 ······ 122
제 3 절 사법부의 전략적 행태 ······ 123
Ⅰ. 등기관의 심사권 관련 ······ 123
1. 서 설 · 123
2. 학 설 · 123
3. 판 례 · 125
4. 평 가 · 126
Ⅱ. 법인격의 부인 관련 ······ 127
1. 서 설 · 127
2. 학 설 · 128
3. 판 례 · 129
4. 평 가 · 130
Ⅲ. 회사의 권리능력 관련 ······ 131
1. 서 설 · 131
2. 학 설 · 132
3. 판 례 · 133
4. 평 가 · 133

Ⅳ. 주금의 위장납입 관련 ······ 135
1. 서 설 • 135
2. 학 설 • 136
3. 판 례 • 136
4. 평 가 • 137

제7장 기관 간의 권한분배

제1절 논의의 배경 ······ 141
제2절 기관 간의 권한분배에 관한 상법의 기능 ······ 143
Ⅰ. 표준모델의 제공 ······ 143
Ⅱ. 사적 계약의 보완 ······ 145
제3절 상법상 기관간 권한분배의 주요 내용 ······ 146
Ⅰ. 상법상 주식회사의 기관체계 ······ 146
1. 이사회중심주의의 연혁 • 146
2. 주식회사의 기관체계 • 147
Ⅱ. 상법상 권한배분의 세부적 내용 ······ 148
1. 개 관 • 148
2. 주주총회의 권한 • 149
3. 이사회의 권한 • 155
4. 감사 또는 감사위원회의 권한 • 159

제8장 주주권의 행사

제1절 논의의 배경 ······ 167
제2절 주주권의 분류 ······ 169
Ⅰ. 분류의 기준 ······ 169
Ⅱ. 자익권과 공익권 ······ 169
Ⅲ. 단독주주권과 소수주주권 ······ 171

Ⅳ. 고유권과 비고유권 ······ 171

제3절 주주의 행동양태 ······ 172

Ⅰ. 총 설 ······ 172

Ⅱ. 일반주주의 소극성 ······ 174

1. 합리적 무관심 • 174
2. 집단행동 문제 • 176

Ⅲ. 기관투자자의 소극성 극복 가부 ······ 179

1. 서 설 • 179
2. 학 설 • 180
3. 스튜어드십 코드와 기관투자자의 역할 • 182

제4절 주주총회에서의 결의 ······ 184

Ⅰ. 의 의 ······ 184

Ⅱ. 다수결의 원칙 ······ 185

1. 의 의 • 185
2. 만장일치제와 그 대안 • 185

Ⅲ. 투표의 역설 ······ 187

Ⅳ. 의결권행사의 방법 ······ 190

1. 전제: 주주총회의 형해화 • 190
2. 서면투표와 전자투표 • 191

제5절 소수주주권의 법리 ······ 199

Ⅰ. 소수주주권의 인정근거 ······ 199

Ⅱ. 소수주주권의 종류 ······ 201

Ⅲ. 소수주주권의 유형과 구체적 기능 ······ 203

1. 서 설 • 203
2. 정보접근권 • 203
3. 주주총회를 통한 정책실현권 • 204
4. 이사 등의 책임추궁권 • 205
5. 회사의 해산판결청구권 • 207

Ⅳ. 소수주주권의 역기능 207
1. 서 설 • 207
2. 회사경영의 효율성 저하 • 208
제6절 주주총회 결의의 하자를 다투는 소송 210
Ⅰ. 소의 유형 210
Ⅱ. 소의 요건 211
Ⅲ. 법원의 재량기각 212

제9장 이사의 선임과 보수

제1절 논의의 범위 217
제2절 이사의 종류와 자격 218
Ⅰ. 이사의 종류 218
Ⅱ. 이사의 자격 219
1. 법률과 정관에 의한 제한 • 219
2. 자격주 • 221
제3절 이사선임의 방법: 집중투표제 222
Ⅰ. 총 설 222
Ⅱ. 집중투표제의 개념 223
1. 집중투표제의 의의 • 223
2. 집중투표제 관련 공식 • 224
Ⅲ. 상법상 집중투표제 226
1. 집중투표제 도입의 배경 • 226
2. 집중투표제 도입의 취지 • 226
3. 상법상 집중투표제의 주요 특징 • 227
Ⅳ. 집중투표제의 장단점 229
1. 장 점 • 229
2. 단 점 • 231

제 4 절 이사의 보수 235

Ⅰ. 총 설 235

Ⅱ. 이사보수의 유형 236

1. 기본유형 • 236
2. 성과연동보수 • 237

Ⅲ. 이사보수의 결정 238

1. 서 설 • 238
2. 상법 제388조의 취지 • 238
3. 보수규모의 적정성 • 240
4. 이사회에 대한 보수분배권의 일임 • 242

제10장 반대주주의 주식매수청구권

제 1 절 논의의 범위 247

제 2 절 주식매수청구권의 일반론 248

Ⅰ. 주식매수청구권의 의의 248

Ⅱ. 주식매수청구권의 법적 성질 249

Ⅲ. 주식매수청구권 행사의 요건 250

제 3 절 주식매수청구권의 기능(1): 전통적 이론 252

Ⅰ. 투하자본의 회수 252

1. 가상의 사례: 주식매수청구권이 인정되지 않는 경우 • 252
2. 법률에 따른 투하자본의 회수 • 254

Ⅱ. 이사의 부정행위 방지 259

제 4 절 주식매수청구권의 기능(2): 부정적 측면 261

Ⅰ. 주주의 풋옵션 261

Ⅱ. 효율적인 합병 등의 억제 262

1. 주식매수가격의 고저에 따른 구분 • 262
2. 자본시장의 유형에 따른 구분 • 263

3. 절차적 측면 • 266
제5절 주식매수청구한 주주의 지위 ······ 267

제11장 이사의 의무와 책임

제1절 논의의 범위 ······ 273
제2절 이사의 의무 ······ 275
Ⅰ. 총 설 ······ 275
Ⅱ. 이사의 선관주의의무 ······ 276
Ⅲ. 이사의 충실의무 ······ 277
Ⅳ. 이사의 선관주의의무와 충실의무의 관계 ······ 279
1. 개 관 • 279
2. 학 설 • 279
3. 판 례 • 280
4. 평 가 • 280
제3절 이사의 책임추궁: 주주대표소송 ······ 281
Ⅰ. 의 의 ······ 281
1. 개 관 • 281
2. 제소결정의 과정 • 282
Ⅱ. 상법상 주주대표소송제도의 주요 내용 ······ 284
1. 당사자 • 284
2. 제소전 절차 • 284
3. 담보의 제공 • 286
4. 소의 취하, 청구의 포기·인낙·화해의 제한 • 286
5. 판결의 효력 • 287
6. 소송비용의 부담 • 287
7. 강제집행 • 288
Ⅲ. 주주대표소송의 기능 ······ 289
1. 손해전보기능 • 289

2. 의무위반 억제기능 • 291

제 4 절 이사의 항변: 경영판단의 원칙 ………… 293

Ⅰ. **기초이론** ………… 293

Ⅱ. **경영판단의 원칙의 취지** ………… 294

1. 서 설 • 294
2. 경영판단의 원칙의 인정취지 • 294

Ⅲ. **경영판단의 원칙의 주요체계 및 내용** ………… 298

1. 법령위반시 적용배제 • 298
2. 선관주의의무의 요소로서의 지위 • 299
3. 사법심사의 존재 • 302
4. 증명책임 • 303
5. 손해배상액의 제한 가능 • 303

제 5 절 이사의 책임감경 ………… 304

Ⅰ. **총 설** ………… 304

Ⅱ. **원칙과 예외** ………… 305

1. 원 칙 • 305
2. 예 외 • 306

제12장 신주의 발행

제 1 절 논의의 범위 ………… 311

제 2 절 신주발행의 주체와 방법 ………… 312

Ⅰ. **신주발행의 주체** ………… 312

Ⅱ. **신주발행의 방법 등** ………… 313

1. 기초적 사항 • 313
2. 주주배정 • 313
3. 제3자 배정 • 314

제 3 절 채권의 출자전환 ………… 316

Ⅰ. **의 의** ………… 316

Ⅱ. 목　적 ······ 317
Ⅲ. 경제적 효과 ······ 318
1. 긍정적 효과 • 318
2. 부정적 효과 • 319
제4절 실권주의 처리 ······ 320
Ⅰ. 상법에 따른 실권주 처리 ······ 320
1. 서　언 • 320
2. 학　설 • 320
3. 판　례 • 321
4. 평　가 • 322
Ⅱ. 자본시장법에 따른 실권주 처리 ······ 323

제13장 액면분할

제1절 논의의 범위 ······ 327
제2절 액면분할의 개념과 절차 ······ 328
Ⅰ. 액면분할의 개념 ······ 328
Ⅱ. 액면분할의 절차 ······ 329
제3절 액면분할의 효과 ······ 331
Ⅰ. 긍정적인 효과 ······ 331
1. 서　설 • 331
2. 유동성 증대 • 332
3. 신호전달 • 333
4. 주주구성의 변화 • 334
Ⅱ. 부정적 효과 ······ 335
1. 서　설 • 335
2. 주가안정성 저해 • 335
3. 착시현상 • 336
4. 과도한 비용 • 336

제14장 자본금의 감소

제1절 논의의 범위 341

제2절 자본금 감소의 분류 342

Ⅰ. **분류기준** 342

Ⅱ. **자본금 감소의 구체적 유형** 342

1. 자산의 현실적 감소 여부에 따른 분류 • 342
2. 자본금 감소의 자율성 여부에 따른 분류 • 343
3. 자본금 감소액의 범위에 따른 분류 • 343
4. 근거법에 따른 분류 • 343

제3절 자본금의 감소 344

Ⅰ. **상법상 자본금의 감소** 344

1. 자본금 감소의 방법 • 344
2. 자본금 감소의 절차 • 347

Ⅱ. **금융산업의 구조개선에 관한 법률상 자본금의 감소** 350

1. 개 관 • 350
2. 자본금 감소의 절차 • 351

제4절 자본금 감소의 경제적 목적 354

Ⅰ. **총 설** 354

Ⅱ. **경제적 목적의 검토** 355

1. 재무건전성 제고 • 355
2. 투자금 회수 • 358
3. 과잉자본금의 반환 • 358
4. 주가상승 • 359
5. 부의 무상이전 • 360
6. 구 경영진 및 주주에 대한 경영책임 추궁 • 360
7. 회사합병절차상 편의성 제고 • 361
8. 기 타 • 362

제15장 기업의 인수·합병(Ⅰ): 우호적 M&A

제1절 논의의 배경 ···· 365
Ⅰ. M&A의 정의 ···· 365
Ⅱ. M&A의 유형 ···· 366
Ⅲ. 논의의 범위 ···· 367
제2절 M&A 거래에 있어서 독점교섭권 조항 ···· 367
Ⅰ. 총 설 ···· 367
Ⅱ. 독점교섭권 조항의 의의 ···· 368
1. 독점교섭권 조항의 정의 및 유형 • 368
2. 독점교섭권 조항의 구체적인 예 • 370
Ⅲ. 독점교섭권 조항의 기능 ···· 371
1. 개 관 • 371
2. 독점교섭권 조항의 기능에 대한 경제적 분석 • 371
제3절 합병비율의 산정 ···· 376
Ⅰ. 합병비율의 중요성 ···· 376
Ⅱ. 자본시장법령에 따른 합병비율 산정기준의 타당성 ···· 377
1. 서 설 • 377
2. 학설의 동향 • 378
3. 판례의 동향 • 379
4. 경제적 분석 • 380
제4절 영업양도인의 경업금지의무 ···· 381
Ⅰ. 총 설 ···· 381
Ⅱ. 영업양도인의 경업금지의무의 의의 ···· 383
1. 의무의 취지 • 383
2. 의무의 성질 • 384
Ⅲ. 영업양도인 경업금지의무의 요건 ···· 387
1. '다른 약정'의 부존재 • 387

2. '10년간' 금지 · 387
3. '동종영업'의 금지 · 388
4. '동일 내지 인접 특별시·광역시·시·군'에서의 금지 · 390

제16장 기업의 인수·합병(II): 적대적 M&A

제1절 논의의 범위 397
제2절 적대적 M&A의 유형 398
I. 분류기준 398
II. 동기를 기준으로 한 분류 398
1. 그린 메일형 적대적 M&A · 398
2. 사업다각화형 적대적 M&A · 399
3. 차익거래형 적대적 M&A · 400
III. 수단을 기준으로 한 분류 400
1. 주식의 취득에 의한 적대적 M&A · 400
2. 위임장대결에 의한 적대적 M&A · 405
제3절 적대적 M&A의 기능 407
I. 적대적 M&A의 순기능 407
1. 서 설 · 407
2. 대리인 문제의 감소 · 408
3. 경영효율성 및 사회·경제적 부의 증대 · 409
II. 적대적 M&A의 역기능 409
1. 서 설 · 409
2. 주주 부의 이전·감소 · 410
3. 단기업적주의 경향 · 412
제4절 적대적 M&A에 대한 방어행위의 정당성 및 기준 413
I. 총 설 413
II. 방어행위의 정당성 413
1. 학 설 · 413
2. 평 가 · 415

Ⅲ. 방어행위의 인정기준 ········ 417
1. 서 설 • 417
2. 판례의 동향 • 419
3. 평 가 • 420

참고문헌 ········ 422
사항 색인 ········ 452
판례 색인 ········ 456

제1장

회사법과 경제학의 관계

제 1 장

회사법과 경제학의 관계

제 1 절 법학과 경제학의 관계

Ⅰ. 법학과 경제학의 좌표

1. 법학과 경제학의 약사(略史)

시민법은 '국가권력으로부터의 자유'를 기반으로 하는 개인주의적 법질서 내지 자본주의체제의 중심적 경제제도인 시장기구(market mechanism)의 성립을 위한 일반 법질서를 뜻한다. 이러한 법질서는 자유와 평등을 이념으로 하는 시민혁명에 의해 출현한 것으로서 그 이념은 봉건적이고 신분계급적인 구체제(ancien régime)에 대립되었다. 즉, 구체제의 경제는 절대주의정권하에 길드(guild)와 국왕 및 귀족에 의한 독점적 조직을 기반으로 하고 있었는데, 시민혁명은 사적 자치의 원칙의 입장에서 구체제에 대항한 것이었다.

시민법을 바탕으로 한 경제질서는 개인주의적 사상을 배경으로 한다. 시민법상의 경제질서는 사적소유권제도와 계약자유의 원칙에 기하여 영업의 자유와 직업선택의 자유를 인정하고, 세부적으로는 민법·상법·소송법 등에 의하여 사적 자치의 원칙을 구축하고자 하였다. 기업의 자유로운 사업활동을 허용하면서 이를 통해 사회·경제의 발전을 도모하고자 하였다. 반면에 국가는 필요한 최소 범위 내에서만 개인의 자유에 간섭할 수 있었다. 개인의 경제적 활동의 자유를 방임하고 간섭하지 않는 것이 당시의 경제, 사회 및 정치적 이념의 기초였던 것이다. 이렇게 형성된 시장경제는 자유민주적 시민사회제도에 상응하는 경제제도로 인식되었다. 시장질서를 혼란시키는 문제가 발생하더라도 사적(私的) 소송에 의해 해결하여야 하므로 국가의 적극적 개입은 원칙적으로 인정되지 않은 것이다. 이처럼 자유로운 시장에서 시장운영의 규범으로서 시민법이 존재하였던 까닭에 법학과 경제학이 상호 의존하고 협조하는 것은 자연스러웠다.[1)]

법학과 경제학의 친밀한 관계는 자본주의 경제가 발전함에 따라 종지부를 찍게 되었다. 시장경제는 사적 자치에 기초하고 있었지만, 19세기 후반부터 독과점과 다수의 대기업이 출현하고, 노사문제가 대두되고, 빈부갈등과 사회구성원사이의 불평등이 심화되면서 자유시장경제의 경쟁기능이 저해되는 등의 폐해가 나타나기 시작하였다. 이러한 폐해를 시정하기 위해서 국가가 적극적으로 개입하여 시민법질서를 수정하는 것이 불가피하였다. 이와 같이 자유로운 경쟁시장이 제대로 작동하지 못하는 것과 관련하여 "자유시장이 제대로 기능하지 못한다는 것이 도대체 어떠한 상태를 말하는 것인가?"라는 물음과 "제대로 기능하지 못한다고 하여 우리가 어떻게 대응하는 것이 적절한가?"라는 물음을 둘러싸고 법학과 경제학 사이에 논란이 있었으며, 견해가 대립되기도 하였다.[2)]

2. 법학과 경제학의 학문으로서의 특성

법학은 법을 대상으로 하여 그것에 관한 조직적 인식체계를 구성하기 위한 학문이다. 원래 법이라 함은 강제력을 통해 단체적인 공동생활에 통일과 질서를 부여한다. 현실에서는 재원이나 자원의 분배를 둘러싸고, 사회구성원 사이에서의 이해의 대립이 발생한다. 이 때문에 법학은 사회에서의 분쟁을 어떻게 해결해야 할 것인지를 명제로 삼아 현실적인 실천을 지향한다. 따라서 법학은 실

---

1) 참고로 경제학의 아버지로 불리는 애덤 스미스(Adam Smith)는 1751년부터 글래스고우 대학(University of Glasgow)에서 교수로 재직하면서 법학을 강의한 바 있다. 이에 관하여 Neil MacCormick, *Adam Smith on Law*, 15 Valparaiso University Law Review 243(1981) 참조.

2) 柳川隆/高橋裕/大内伸哉 編,「エコノリーガル·スタディーズのすすめ − 社会を見通す法学と経済学の複眼思考」(有斐閣, 2014), 2~3頁(高橋裕/柳川隆 집필부분).

천적 과학이며 사회과학으로서 법에 관한 사회현상을 연구대상으로 하는 학문으로 정의할 수 있다. 법은 필요에 따라 개폐되고 끊임없이 변화하지만, 이러한 변화 가운데에서도 공통성과 일관된 항구적 요소가 존재한다. 변화하는 다양한 법현상으로부터 일정한 연구방법에 의해 통일성이 있는 원리·원칙을 발견할 수 있는데, 이것이 바로 법학이 과학으로서 자리매김할 수 있는 근거를 제공한다. 그러므로 법학은 법이라는 기본적으로 인위적인 제도를 연구하고 분석함은 물론이고 가치와 정의 등을 고찰함으로써 '있어야 할 법'을 추구하는 학문이다.

한편, 경제학은 인간의 욕망에 비하여 이를 충족시켜 줄 수 있는 수단이 항상 제한되어 있다는 사실 — 자원의 희소성(scarcity) — 에 직면하여 그 제한된 자원을 선택적으로 사용[3]하여 여러 재화를 생산·교환·분배·소비하는 과정에서 발생하는 경제현상에서 법칙과 질서를 규명하고, 이를 연구대상으로 하여 경제의 양적·질적 발전을 통한 인간의 후생을 향상시킬 여러 가지 방안을 체계적으로 연구하는 사회과학이다.[4] 다시 말하자면, 경제학은 재화와 용역에 대한 욕망은 무한한 반면에 이러한 욕망을 충족시켜 줄 수 있는 수단인 자원은 한정되어 있는 상황에서 자원을 가능한 한 효율적으로 이용하여 사회 전체의 경제적 후생, 즉 사회 전체적으로 인간의 경제적 만족을 제고하는 것을 추구하는 학문이다. 이를 위해 경제적인 효율성(efficiency)과 공평성(equity)을 실현하는 것이 필요하다. 요약하자면, 경제학은 인간의 경제적 의사결정을 연구하는 학문으로서의 성격을 지닌다.[5]

경제학의 많은 분야는 실증경제학의 범주에 속한다. 실증경제학(positive economics)은 경제현상에 분석자의 주관적인 가치판단을 개입시키지 않은 채 경제현상간에 존재하는 상호의존관계를 발견하고 체계화하는 일련의 지식체계이다.[6]

---

3) 경제학의 기본원리 중 하나는 희소성이 존재한다는 점이다. '희소성'은 인간의 욕망이 무한하다는 특성을 반영한다. 우리는 재화와 서비스를 현실적으로 얻을 수 있는 것보다 더 많이 획득하는 것을 욕망하기 때문에 어쩔 수 없이 선택의 필요성이 제기된다.

4) Lionel Robbins, An Essay on the Nature and Significance of Economic Science 15(2d ed. rev. & expanded 1945).

5) 영국의 경제학자 알프레드 마샬(Alfred Marshall)은 "경제학은 일상적인 거래생활에 있어서 인류에 관한 학문이다"라는 명언을 남긴 바 있다. Alfred Marshall, Principles of Economics 1 (Macmillan Co. 8th ed. 1948)(1890).

6) 경제학은 연구방법에 따라 크게 실증경제학과 규범경제학으로 나누어진다. 규범경제학(normative economics)은 분석자의 주관적인 가치판단에 근거하여 경제가 운용되어야 할

실증경제학은 현실세계의 경제현상을 있는 그대로 객관적으로 분석하여 경제가 어떻게 운용되는지를 파악하고, 이를 바탕으로 미래 경제를 올바르게 예측하는 것을 목표로 한다. 실증경제학은 현실경제를 몇몇 가정으로 단순화하여 설정한 후 그 설정된 가정하에서 경제를 분석하여 결론을 도출하므로 가정이 다르면 도출되는 결론 또한 다르게 된다.[7] 그러나 실증경제학은 경제현실이 단순하지 않고 미래에 대하여 개방적인 성향을 띠고 있는 까닭에 경제학상의 어떠한 가정도 완벽하거나 충분한 답을 제시하지 못한다는 한계에 노출되어 있다.

Ⅱ. 법과 경제 및 법학과 경제학의 관계

1. 법과 경제의 관계

'법'과 '경제'의 관계는 어떠한가? 본래 법은 생산양식과 생산관계를 반영하는 이데올로기적 존재이다.[8] 자본주의 경제에서의 법과 사회주의 경제에서의 법이 서로 다른 것처럼 법은 형태적 측면과 개념적 측면에서 특정한 경제관계를 반영하고 있어, 경제관계의 작동과 불가분의 관계를 맺고 있다.[9]

법체계와 경제체계가 각각 사회적으로 수용되기 위해서는 그 운영 및 결과와 관련하여 공평하고, 합리적이며 공정하여 그 체계의 구성원들의 지지를 얻을 수 있어야 한다. 법이 추구하는 정의를 실현하기 위해서는 경제적 자원이 필요할 수밖에 없다. 경우에 따라서는 희소한 자원을 낭비하는 것 자체가 정의에 반하는 것으로 되기도 한다.

만약에 자본주의적 시장경제[10]에서 많은 사람들이 부(富)의 분배, 이윤의

구체적인 방향을 제시하는 지식체계이다.

7) 경제이론을 구성하기 위해서는 일반적으로 가정을 설정하고 이론적 모형을 수립(가설의 정립)한 후 가설을 검증하는 3단계의 과정을 거치게 된다.

8) E. P. Thompson, Wings and Hunters: The Origin of Black Act 288(1975).

9) 藤田勇, 「法と経済の一般理論」(日本經濟社, 1974), 309~320頁.

10) 경제체제는 운용방식과 소유형태에 따라 세분할 수 있다. 먼저 개별경제의 활동이 어떻게 조정되느냐에 따라 이를 자유경쟁시장과 같은 가격기구에 맡겨놓는 시장경제체제 및 국가와 같은 계획기구가 개입해 조정하는 계획경제체제로 분류할 수 있다. 한편, 생산수단에 대한 소유형태를 기준으로 하여 개인의 소유가 허용되는 자본주의 경제체제와 국유 또는 공유의 형태로 소유되는 사회주의 경제체제로 크게 양분할 수 있다. 이상의 기준인 운용방식과 소유형태를 중심으로 이를 다시 조합(組合)하면 자본주의적 시장경제(capitalist

배분 및 희소한 자원의 사적 소유 등에 의문을 품기 시작한다면 그러한 경제체제는 안정성을 상실하게 되어 존립이 위태로워진다. 마찬가지로 법률 및 법제도에 대하여 의문이 생기고 정당성을 확보하지 못한 것으로 여겨진다면 그러한 법을 가진 국가와 그 법제도는 불안정할 수밖에 없다. 이처럼 법은 자유로운 시장을 성립시키는 것을 스스로의 역할로 간주하고 이를 위한 제도적 하부구조(infrastructure)를 제공하는 한편 자유로운 시장의 성립과 그 작동을 저해할 가능성이 있는 행위를 규제한다. 시장경제체제를 존중하는 국가체제를 채용하는 이상, 원래 법제도는 그것이 사법상의 것이든 공법상의 것이든 간에 적어도 일정한도 내에서는 시장경제체제의 특성을 살린 경제 합리성을 보장하는 것을 지향하지 않을 수 없다. 그 과정에서 경제학은 이론적인 관점으로부터, 자유로운 시장의 성립에 필요한 조건을 분석하고 자유로운 시장의 기능을 저해하는 현상이 발생하는지의 여부를 살핀다.[11)]

2. 법학과 경제학의 관계

역사적으로 '법학'과 '경제학'은 각자 분화하여 별개의 원리나 원칙을 수립하면서 발전하고 있다. 법률가와 경제학자에게 발견되는 공통점은 둘 다 인간행동모델(behavioral model)을 신뢰한다는 점이다. 예컨대, 법률가는 법이 특정한 행위를 규제 또는 허용함으로써 인간행동에 한계를 지우는 데 유용하다고 믿고 있으며, 경제학자도 특정한 행위에 드는 비용(cost)과 그로부터 얻을 수 있는 편익(benefit)에 대한 반응을 예측하기 위하여 인간행동모델을 이용하고 있다.[12)]

---

market economy), 자본주의적 통제경제(capitalist controlled economy), 사회주의적 계획경제(socialist planned economy)와 사회주의적 시장경제(socialist market economy) 등 크게 4가지로 나눈다. 일반적으로 시장경제라고 할 때에는 첫 번째를 가리킨다. 권오승, 「경제법」 제11판(법문사, 2014), 28~30면.

11) 柳川隆/高橋裕/大内伸哉 編, 앞의 책, 6頁(高橋裕/柳川隆 집필부분).

12) Edmund W. Kitch, *Intellectual Foundations of "Law and Economics,"* 33 Journal of Legal Education 184, 187(1983). 신고전학파 경제학(neoclassical economics)은 현재 미국의 경제학교육에서 대부분을 점하는 주류적 입장이고, 법의 경제적 분석에 종사하는 학자들이 애용하는 분석도구이다. 신고전학파 경제학은 사회적 비용과 편익이라는 도구를 사용하여 시장분석을 하는 인간행동모델에 의지한다. 이 모델은 다음과 같은 중요한 가정들을 바탕으로 한다. 첫째, 인간은 자기 자신의 이익을 위하여 행동한다고 가정한다. 둘째, 자기 자

법률 내지 법학이 경제학과 구별되는 구체적이고 세부적인 사항을 몇 가지 열거하면 아래와 같다. 첫째, 경제학이 중시하는 효율성은 자유를 필요로 하고, 공평성은 평등을 전제로 한다. 예컨대, 사법(私法)의 중요한 원리인 재산권을 보장한다는 것은 재산을 처분함에 있어서 그 소유자의 사적인 자유를 인정하는 것을 주된 내용으로 한다. 이처럼 재산권이 보장되는 한 소유자는 자신의 부(富)를 최대화하는 방향으로 자신의 재산을 처분할 수 있다. 사법의 또 다른 중요한 원리인 '계약의 자유'라 함은 계약당사자가 자유의지에 따라 자유롭게 계약을 체결할 권리가 있음을 의미한다. 이 같은 계약의 자유가 인정되어야만 경제주체들은 각각 자기의 이익을 높이기 위해 경쟁하면서 상품을 교환할 수 있다.[13] 위와 같이 사법의 원리에 비추어 볼 때 '효율성'과 '자유'는 상호 보완적인 것임을 알 수 있다.[14] 한편, '공평성'은 희소한 자원의 활용을 통한 효과가 사회의 모든 구성원에게 균등하게 분배되어야 한다는 점에서 '평등'과 밀접하게 연계되어 있다. 이처럼 경제학에서의 '효율'과 '공평'은 법이 중시하는 '자유'와 '평등'과 모순되지 않는다. 그러나 법률에서의 '자유'와 '평등'은 자유 민주주의를 지향하는 '인간의 존엄성 보장'과 '최대 다수 시민의 최대 행복의 실현'에 긴밀하게 연계되어 있다는 점을 무시할 수 없다. 따라서 경제학에서의 '효율'과 '공평'은 주로 경제적인 행복의 추구를 지향하고 있는 반면에 법학에서의 '자유'

신의 이익을 추구함에 있어 합리적으로 행동한다고 가정한다. 이렇게 합리성을 가정함으로써 이 모델에 대하여 예측력을 부여할 수 있다. 셋째, 완전한 정보에 접근할 수 있다고 가정한다. 넷째, 인간과 자원의 자유로운 이동이 가능하다고 가정한다. 그리하여 인간과 자원은 시장이 가장 가치가 있다고 판단되는 용도에 따르게 된다. 다섯째, 시장에의 진입에는 인위적 제약이 없다고 가정한다. 그 결과 시장은 계속해서 경쟁적일 수 있다. 여섯째, 부(富)와 자원의 현재 분포상태를 수용한다. Robin P. Malloy, Law and Economics: A Comparative Approach to Theory and Practice 53~54(1990).

13) 대법원 2017. 12. 21. 선고 2012다74076 전원합의체 판결("사적 자치의 원칙이 법률행위의 영역에서 나타난 형태인 계약자유의 원칙은 계약의 체결 여부, 계약의 상대방, 계약의 방식과 내용 등을 당사자의 자유로운 의사로 결정하는 자유를 말한다. 이는 시장에 참여한 사람들이 저마다 자유로운 경쟁 아래 최적의 계약조건을 탐색하고 자신의 조건을 수정하는 과정을 거친 끝에 서로 간에 의사가 합치되는 지점을 찾아낸 경우 그 지점에서 계약이 이루어지도록 하는 것이 가장 합리적·효율적인 의사결정 방법이 된다는 시장경제에 대한 믿음을 바탕으로 하는 것으로서, 각자의 의사결정으로 인한 이익 또는 불이익을 스스로 향유 또는 부담하도록 하는 자기책임 원칙의 전제조건이 된다.").

14) Robert D. Cooter, *Liberty, Efficiency, and Law*, 50 Law and Contemporary Problems 141, 150~163(1988).

와 '평등'은 비경제적인 영역에서의 가치를 추구하는 비중이 크다는 점에서 구별된다.[15)]

둘째, 경제학은 인간이 합리적인 판단을 할 능력이 있다고 가정한다는 점에서 실정법과는 거리가 있는 경우도 발견된다. 경제학은 효율성을 달성하는 경제주체인 (이성적이고 이기적으로 행동한다는) 합리적(rational) 인간을 전제로 하여 경제주체가 효율적으로 행동하는 유인이 무엇인지를 연구하는 학문으로 이해되고 있다. 말하자면, 경제학은 자신이 이용 가능한 정보하에서 자신의 이득을 최대화하는 합리적 선택 내지 결정을 행하는 경제적 인간(homo economicus)을 상정(想定)하고 있다. 법의 영역에서는 행위자의 선택이나 결정의 결과에 대하여 책임을 묻을지에 대한 판단을 평균인을 기준으로 하는 경우가 상당하게 존재한다.[16)] 이 때 '평균인'이라 함은 현실상의 제약 속에서도 마땅히 추구하여야 하는 자(者)로 설정된 보편적이고 타당한 자(者)를 의미하며, 이는 영미법상의 합리적인 사람(reasonable person)에 가깝다.[17)] 물론 경제학에서 기준으로 삼는 경제적 인간과 다를 바 없으며, 그는 자신의 결정에 대하여 스스로 책임을 지는 것을 원칙으로 한다.[18)] 그러나 법에는 인간이 합리적인 판단을 할 수

---

15) 柳川隆/高橋裕/大内伸哉 編, 앞의 책, 17~18頁(高橋裕/柳川隆 집필부분).

16) 이에 관하여 예컨대, 대법원 2014. 1. 23. 선고 2011다102066 판결("중과실이란 통상인에게 요구되는 정도의 상당한 주의를 하지 않더라도 약간의 주의를 한다면 손쉽게 그 특약의 존재를 알 수 있는데도 그러한 주의조차 기울이지 아니하여 특약의 존재를 알지 못한 것을 말한다."); 대법원 2016. 5. 12. 선고 2013도15616 판결("피고인에게 적법행위를 기대할 가능성이 있는지 여부를 판단하기 위하여는 행위 당시의 구체적인 상황하에 행위자 대신 사회적 평균인을 두고 이 평균인의 관점에서 그 기대가능성 유무를 판단하여야 한다."); 대법원 2019. 1. 10. 선고 2016도8783 판결("표현물의 음란 여부를 판단함에 있어서는 표현물 제작자의 주관적 의도가 아니라 그 사회의 평균인의 입장에서 그 시대의 건전한 사회통념에 따라 객관적이고 규범적으로 평가하여야 한다.") 등 참조.

17) 권영준, "불법행위의 과실 판단과 사회평균인," 「비교사법」 제22권 1호(한국비교사법학회, 2015), 102~103면. 참고로 대법원 1995. 9. 29. 선고 94다4912 판결은 '평균인' 대신에 '합리적 인간'이라는 표현을 쓰면서 그를 기준으로 하여 계약의 성립 여부와 효력을 판단함이 상당하다고 판시하였다.

18) "개인은 자신의 자유로운 선택과 결정에 따라 행위하고 그에 따른 결과를 다른 사람에게 귀속시키거나 전가하지 아니한 채 스스로 이를 감수하여야 한다는 '자기책임의 원칙'이 개인의 법률관계에 대하여 적용되고, 계약을 둘러싼 법률관계에서도 당사자는 자신의 자유로운 선택과 결정에 따라 계약을 체결한 결과 발생하게 되는 이익이나 손실을 스스로 감수하여야 할 뿐 일방 당사자가 상대방 당사자에게 손실이 발생하지 아니하도록 하는 등 상대방 당사자의 이익을 보호하거나 배려할 일반적인 의무는 부담하지 아니함이 원칙이다"(대법원

없음을 전제로 한 경우가 적지 않을 뿐만 아니라 법학에서도 합리적인 판단을 할 수 없는 자 혹은 할 수 없었던 자를 어떻게라도 보호하고자 하는 연구도 활발하게 행해지고 있다. 그 예로서는 미성년자의 거래행위는 그의 판단능력이 불완전한 까닭에 거래의 안전을 희생시키더라도 취소할 수 있으며(민법 제5조 제2항),[19] 할부거래에서 소비자가 충동구매를 하거나 판매원(매도인)에 의하여 선동구매를 당하여 불필요한 과잉수요가 창출되거나 낭비를 조장할 우려가 있음을 전제로 하여 소비자의 청약철회권을 인정하고 있다(할부거래에 관한 법률 제8조).[20]

셋째, 경제학은 사전적(ex ante) 유인효과에 주목하여 효율성의 관점에서 논의하는 경향이 있다. 계량적인 분석을 하는 경우에도 경제학은 과거의 경제현상으로부터 추론하여 장래에 일어날 것을 예측하는 미래지향적인 속성을 지니고 있다.[21] 이처럼 사전 단계에서 유인의 유무와 강도(强度)를 반영하여 개인의 후생을 예측하고 이를 제고하는 방안을 강구함으로써, 행위자로 하여금 보다 최적으로(optimally) 행동하게 하여 종국에는 더 나은 결과를 도출하는 것에 많은 관심을 두는 것이다.[22] 반면에 법학은 개별적인 사건에서의 분쟁해결을 중시하는 사후적(ex post) 공평성을 지향한다.[23] 사후적으로 소송을 통해 구제를 받고자 하는 경우 그 결과를 제대로 예측하기 어려울 뿐만 아니라 소송결과에서도 다양한 변수가 발생할 우려가 있다. 그러나 위법행위를 회피하고자 하는 사전적인 유인이 제대로 작동하여 법률이 100% 준수되었다면 법에 의한 사

2014. 8. 21. 선고 2010다92438 전원합의체 판결). 회사법 영역에서도 자기책임의 원칙이 그대로 적용된다. 예컨대, 대법원 2005. 2. 18. 선고 2002두9360 판결은 "주식회사의 경우 주주가 … 자유의사로 투자한 재산에 대하여는 스스로 책임을 져야 하는" 것을 분명히 하였다.

19) 대법원 2007. 11. 16. 선고 2005다71659, 71666, 71673 판결.

20) 三輪芳朗/柳川範之/神田秀樹 編, 「会社法の経済学」(東京大学出版会, 1998), 7, 13~14頁(柳川範之/藤田友敬 집필부분).

21) Henry E. Smith, *Law and Economics: Realism or Democracy?* 32 Harvard Journal of Law & Public Policy 127, 134(2009).

22) Yael Aridor Bar-Ilan, *Justice: When Do We Decide?*, 39 Connecticut Law Review 923, 933~934(2007); Richard R.W. Brooks & Warren F. Schwartz, *Legal Uncertainty, Economic Efficiency, and the Preliminary Injunction Doctrine*, 58 Stanford Law Review 381, 391~392(2005).

23) Louis Kaplow & Steven Shavell, Fairness versus Welfare 436~438(2002).

후적 교정(矯正)은 허용되지 않는다.[24] 이는 예방을 위한 사전적 유인과 위법한 행위에 대한 사후적 구제방안이 상호 상쇄관계(trade-off)에 있음을 시사한다.

제 2 절 회사법과 경제적 분석

Ⅰ. 법의 경제적 분석의 의의

1. 경제학에서의 좌표

국내외에는 법의 경제적 분석(economic analysis of law)에 관련된 많은 연구들이 존재한다. 오랜 세월 동안 "법률이 어떻게 되어야 공평한가?" 혹은 "무엇이 정의인가?"와 관련하여 오롯이 경제적인 비용 내지 편익에 터잡은 분석에는 관심을 두지 않았다. 그러다가 1972년 리차드 포스너(Richard Posner)가 「법의 경제적 분석」(Economic Analysis of Law)[25]을 처음 출간한 이래 다양한 법적 제도나 현상, 문제의 해결을 위하여 경제(학)적 방법을 이용하는 연구들이 많이 나오고 있다.

이상과 같이 "법적 제도나 현상을 경제(학)적 방법론을 가지고 연구하는 분야"를 법경제학(law and economics)으로 일컬어지기도 한다.[26] 그러나 법경제학은 법이 경제에 미치는 영향, 즉 어느 특정한 가치나 원칙이 현재 사회공동체가 갖는 사회적·정치적·경제적 제도들의 변화에 의해 어떻게 영향을 받는지를 규명하는 데 중점을 두고 있는 반면에, 법의 경제적 분석은 어느 특정한 사회가

---

24) Richard A. Posner, *Regulation(Agencies) versus Litigation(Courts): An Analytical Framework, in* Regulation vs. Litigation: Perspectives from Economics and Law 14~17(Daniel P. Kessler, ed., 2010).

25) Richard A. Posner, Economic Analysis of Law(1972). 1998년에 출간된 이 책의 제5판은 국내에서 정기화에 의하여 번역되어 「법경제학」이라는 제명(題名)으로 2003년 자유기업원에 의해 2권으로 나누어 출판된 바 있다.

26) 송옥렬, "법경제학적 방법론의 유용성과 한계에 관한 소고," 「서울대학교 법학」 제55권 제3호(서울대학교, 2014), 2면.

채택한 법률과 기타 규범을 경제학적 개념을 사용하여 분석하기 위한 이론적 체계인 까닭에 경제적 방법을 이용하는 데에 주된 관심이 있다.[27] 이 때문에 법의 경제적 분석은 경제학의 한 분과영역에 속하는 것으로서, 구체적으로는 응용미시경제학에 포섭될 수 있다.[28]

2. 경제적 분석의 기능

법의 경제적 분석을 통해 법률제정과 관련해서도 최소의 비용을 투입하여 최대의 효과를 거두는 방안이 강구되기도 한다. 또한 법률규정이 각 개인의 행동에 어떠한 영향을 주는지도 살펴볼 수 있다. 이 같은 경제적 분석은 경제학의 가격이론(price theory)에 근거를 두고 있다. 가격이론은 인간이 자신의 사적 이익의 극대화를 추구한다는 것을 전제로 한다. 법의 경제적 분석을 통해 법의 경제효율성을 평가함으로써 법제도의 사회적 가치를 파악할 수 있는 것이다.[29] 말하자면, 어느 법제도의 사회적 가치와 관련하여 다툼이 있는 경우 그 법제도를 계속 유지하는 것이 바람직한지 아니면 변경하는 것이 바람직한지에 관하여 경제적 분석을 통해 결론을 도출해 낼 수 있다.[30]

법의 경제적 분석의 한계는 무엇인가? 법률은 복잡한 절차를 거쳐서 다양한 목적을 위해 제정되어 운영되는 까닭에 단순히 경제적 효율성이라는 단일한 기준에 의하여 설명하기 곤란한 것이 분명히 존재한다.[31] 특히 한국과 같은 성

---

27) Malloy, *supra* note 12, at 1~4. '법의 경제적 분석'과 '법경제학'을 준별하는 문헌이 소수 존재한다. 예컨대, 로빈 맬로이(Robin Malloy)에 따르면 전자는 어느 특정한 사회 내의 법적 규범과 법적 관계들의 분석에 경제적 방법을 사용하는 것이라고 할 수 있는 반면, 후자는 정치적· 경제적인 스펙트럼을 가로지르고 있는, 상이하지만 대체 가능한 사회적 제도들을 대조하고 비교하는 것에도 관심을 둔다는 점에서 차이가 있다. *Id.* at 4. 제프리 밀러(Geoffrey Miller)는 법의 경제적 분석은 법적 자료들을 이해하기 위해 경제적 원칙과 추론방법을 사용하는 것을 의미하므로 경제학의 한 분과(branch)에 속하는 한편 법경제학은 법학과 경제학의 농능한 농맹을 가리킨다고 수상한다. Geoffrey P. Miller, *Law and Economics versus Economic Analysis of Law*, 19 American Bankruptcy Institute Law Review 459, 459~460(2011).

28) 송옥렬, 앞의 논문, 2면.

29) Nicholas L. Georgakopoulos, Principles and Methods of Law and Economics: Enhancing Normative Analysis 2(2005).

30) Kitch, *supra* note 12, at 187~188.

31) 김일중/김두얼 편, 「법경제학: 이론과 응용」(해남, 2011), 6, 40면(윤진수 집필부분). 예컨

문법주의 국가에 국한하여 살펴본다면, 권리·의무를 수적으로 변환하여 과학적 방정식에 따라 비용·편익을 분석한 결과 효율적이라고 평가된 법을 지지하고 비효율적이라고 평가된 법에 반대하여야 한다는 명제를 쉽게 용인할 수 없다. 그렇다고 해서 법의 경제적 분석 그 자체가 법학에 도움이 되지 않는다는 것은 아니다. 법의 경제적 분석은 법을 바라보는 모든 방법론을 대체하는 것이 아니라 현재의 법학 방법론 중에 하나로서 존재하는 정도로 이해하면 충분하다. 법에 치우칠 경우에는 실효성을 잃기 쉽고 경제적 분석에 기울게 되면 정의의 관념을 경시하기 쉬우므로 이들의 조화가 필요하기 때문이다. 요컨대, 합리적 인간을 가정하고 일반적·추상적으로 가설을 제시한 상황에서 법에 대한 인간의 행동을 예측하는 법의 경제적 분석이 나름대로의 주장을 정당화하기 위하여 타인을 설득하는 기술적인 방법 중의 하나라는 식의 관점도 유효하다.[32]

Ⅱ. 회사법의 경제적 분석

1. 경제적 분석의 대상으로서의 회사법

현대 경제에서 회사는 매우 중요한 역할을 수행한다.[33] 한국에서 주식회사의 전반에 관하여 적용되는 일반법으로 상법 제3편의 회사편(이하 '회사법'으로 줄임)이 있다.[34] 회사법[35]의 주요 규정으로 주식회사의 설립에 관한 규정,

---

대, 미국의 경우 경제적인 '가정' 모델로는 설명이 어려운 현상들이 현실에서 존재하기 때문에 계약법의 경제적 분석은 실패했다는 논의가 있다. 이에 관해서는 Eric A. Posner, *Economic Analysis of Contract Law After Three Decades: Success or Failure?*, 112 Yale Law Journal 829, 864~870(2003).

32) 仮屋広郷, "「法と経済学」への招待 : 法学の側面から," 「一橋論叢」 第113巻 第4号(一橋大学, 1995), 454~455頁. 포스너는 「법의 경제적 분석」의 초판에서 "법체계를 논의함에 있어서 경제학자가 할 수 있는 역할은 법률상의 규정과 제도가 엄격한 기술적인 의미에서 가치와 효율성에 미치는 영향 및 현행의 소득과 부의 분배에 미치는 영향을 예측하는 데 국한되어 있다"고 시인한 바 있다. Posner, *supra* note 25, at 5.

33) Wolfgang G. Friedmann, *Corporate Power, Government by Private Groups, and the Law*, 57 Columbia Law Review 155, 176(1957).

34) 형식적 의의의 상법은 법률 제1000호(1962년 1월 20일)로 공포된 상법전을 의미한다. 상법전은 제1편 총칙에서 법원(法源), 인적·물적 설비 및 영업양도, 공시제도를 다루고 있고, 제2편 상행위에서 통칙, 영업을 위한 특수한 재무적·조직적 제도(상호계산, 익명조합, 합자조합)와 여러 유형의 상행위를 다루며, 제3편 회사에서는 합명·합자·주식·유한·유

회사의 사원인 주주 상호간의 권리·의무에 관한 규정, 회사로부터 경영을 위임받은 이사 등의 집행기관 간의 권리·의무에 관한 규정, 회사의 신주와 사채발행에 관한 규정, 자본금의 감소에 관한 규정 및 합병에 관한 규정 등을 들 수 있다.

1991년 노벨경제학상을 수상한 로널드 코즈(Ronald Coase)는 기업(회사)은 제품·서비스를 생산해서 판매하고 유통하는 데에 반복적으로 드는 비용, 즉 거래비용을 절감하기 위해 조직된다는 주장을 하였다.[36] 유진 파마(Eugene Fama)와 마이클 젠슨(Michael Jensen)은 "고객이 원하는 상품을 생산가보다는 높더라도 가능한 한 최저의 가격으로 인도할 수 있는 조직형태는 생존할 수 있다"[37]는 입장이다. 이와 같은 주장과 입장에 비추어 볼 때 기업 내지 조직이 자신의 이익이나 효용을 최대화하는 것을 목적으로 합리적으로 행동할 것임을 쉽게 짐작할 수 있다. 이처럼 회사가 효율성을 지향하는 행동성향을 보이는 까닭에 그 행위를 경제적 분석의 대상으로 편입하기가 매우 용이하다. 이러한 이유로 회사법 영역에서는 경제적 분석을 방법론으로 사용한 연구가 증가하고 있다.[38] 그러한 연구들은 주로 법적인 이론을 경제적 용어로 풀이한 후에, 합리적인 인간을 전제로 하는 비용과 편익 분석 등과 같은 미시경제학상의 분석도구를 통해 회사법상의 제도나 문제에 적용시키는 방식으로 결과를 도출하고,[39] 마지

한책임회사의 5가지 종류 회사에 대하여 그 조직과 활동에 관하여 규정하고 있다. 제4편 보험에서 보험계약법을 다루고 있고, 제5장 해상에서 해상기업조직과 해상기업의 활동에 적용되는 규정을 마련하고 있다. 마지막 제6편 항공운송에서 항공운송법과 관련된 내용을 규정하고 있다.

35) 본서에서 '회사법'은 상법 제3편(회사)을 가리키기는 하지만 문맥상 필요한 경우에는 '회사법'과 '상법'을 혼용하기로 한다.

36) R. H. Coase, *The Nature of the Firm*, 4 Economica 386, 390~391(1937).

37) Eugene F. Fama & Michael C. Jensen, *Separation of Ownership and Control*, 26 Journal of Law and Economics 301, 302(1983).

38) 미국에서는 회사법을 경제적으로 분석한 다양한 연구들이 발표되어 있다. 그중 대표적인 것으로 프랭크 이스터브룩(Frank Easterbrook)과 다니엘 피셸(Daniel Fischel)이 함께 저술한 The Economic Structure of Corporate Law (1991)를 들 수 있다. 이 책은 이문지의 번역으로 1999년 자유기업원에서 출판되었다. 일본에서도 회사법을 경제적 분석을 한 여러 저서가 출간되고 있다. 그 대표적인 것으로서 도쿄대학출판회(東京大学出版会)가 1998년에 출간한 三輪芳朗/柳川範之/神田秀樹 編, 「会社法の経済学」(주 20)이 있다.

39) David M. Kotz, The Rise and Fall of Neoliberal Capitalism 19~20(2015).

막에는 그러한 결과를 다시 법적 용어로 변환하여 정리하는 방법을 사용하고 있다.[40]

2. 본서에서의 논의

본서가 다루는 '한국 회사법의 경제학'은 한국 회사법을 분석하기 위하여 경제학을 방법론적으로 활용하는 것을 의미한다. 한국의 회사법학은 전통적으로 해석을 중심으로 법리가 전개되고 학문이 발전되어 오고 있는 만큼 회사법상의 모든 조문과 회사 관련 판례가 경제적 분석의 대상이 될 수 있는 것은 아니다. 따라서 본서는 국내에 출간된 일반적인 회사법 교과서와는 달리 성문법으로서의 회사법 중에서 경제적 분석이 의미가 있는 조문만을 우선적으로 다룬다. 그러나 본서가 성문법에 대한 경제적 분석에만 머무르지는 않는다. 회사법이 성문법적으로 제대로 관심을 두지 않는 부분이 있을 뿐만 아니라 법원이 사회적 후생의 증가를 기준으로 삼아 판결하여 사실상 새로운 입법을 하는 경우도 있어 경제적 분석의 대상을 확장할 필요가 있다. 이에 본서는 성문법인 회사법상의 조문은 물론이고 관련 판례를 대상으로 법리를 소개한 후에 그 이론적인 정당성을 모색하기 위해 경제적인 분석을 하는 것을 주된 내용으로 한다. 이를 통하여 한국 회사법이 기본적으로 공평성을 추구하면서도 효율성을 배려하는지의 여부를 살펴보고자 한다.

본서에서의 논의를 진행함에 그 범위와 관련하여 몇 가지 사항을 미리 밝히고자 한다. 첫째, 본서는 회사법의 조문이나 판례에 대하여 경제적 분석을 하는 것을 주된 내용으로 하지만, 상업등기법, 「자본시장과 금융투자업에 관한 법률」, 「주식회사 등의 외부감사에 관한 법률」 및 「금융산업의 구조개선에 관한 법률」 등과 같은 특별법상의 법리나 관련 판례를 살펴보는 것이 회사법의 이해에 도움이 된다면 그 논의의 범위를 특별법까지 확장한다. 둘째, 논의의 단순화를 위해 별도로 언급하지 않는 한 회사의 이해관계자들이 위험중립적인 성향[41]

---

40) Stephen M. Bainbridge, Corporation Law and Economics 19(2002).

41) 경제학적인 시각에서 '위험중립적'(risk-neutral)의 개념을 예를 들어서 살펴보기로 한다. '위험'이라 함은 어느 사건이 발생하는지의 여부가 불확실한 상황을 가리킨다. '위험회피적'(risk-averse, risk-averting)이라 함은 불확실성이 있는 상황보다 확실한 상황을 선호하는 경우를 의미한다. 이에 해당하는 예로서 태풍이나 홍수와 같은 풍수해로 인한 재산적 손

을 지닌다고 가정한다. 셋째, 한국 회사법을 주된 분석의 대상으로 하는 까닭에 외국의 회사 관련 법리와 판례는 한국 회사법의 이해에 도움이 되는 범위 내에서만 살펴보기로 한다. 셋째, 본서는 독자가 회사법보다 경제학에 더 친숙하다고 가정한다. 다만, 경제학자가 아닌 독자를 위하여 필요한 경우마다 본문이나 각주에서 관련 경제학적인 이론을 간단하게만 설명하기로 한다.[42] 또한 본서는 회사법의 경제적 분석을 주된 내용으로 하는 만큼 회사법상의 제도나 판례에 관련된 재무(finance)적인 논의는 그것이 경제적 분석에 유용한 경우에 한하여 보완적으로 진행하기로 한다.

실에 대비하여 보험료를 납입하고 풍수해보험에 가입한 경우를 들 수 있다. '위험선호적'(risk-loving, risk-seeking)이라 함은 확실한 상황보다 불확실한 상황을 선호하는 경우를 뜻한다. 예컨대, 확률상 매우 희박한 복권을 구입하거나 카지노에서 도박을 하는 경우가 이에 해당한다. '위험중립적' 성향은 위험회피적인 성향과 위험선호적인 성향의 중간에 놓이는 것으로서 불확실한 상황과 확실한 상황 사이에 선호의 차이가 없는 경우를 말한다. Paul R. Garvey, Analytical Methods for Risk Management: A Systems Engineering Perspective 64(2009).

42) 이러한 경제학적 설명을 위하여 본서는 100여 년의 전통을 가진 미국의 팔그레이브 경제학 사전(Palgrave Dictionary of Economics)을 많이 참조하였다.

제2장

기업이론

제 2 장

기업이론

제1절 논의의 배경

Ⅰ. 기업이란?

기업에 대해 경제적 분석을 함에 있어서 가장 먼저 살펴보아야 하는 것은 "기업이란 무엇인가?"이다. 한국의 법학계는 기업을 일정한 계획에 따라 계속적 의도하에 영리행위를 실현하는 독립된 경제단위 내지 경제적 조직(체)으로 이해하고 있다.[1] 이 같은 정의(定義)의 핵심은 기업을 조직으로 인식한다는 점이다.

기업은 왜 조직인가? "기업은 조직이다"라는 말은 지극히 당연한 명제이기는 하지만 시장에서 기업이라는 조직이 왜 존재하는지는 기업에 대한 경제적 분석에 있어서 기초적으로 살펴보아야 하는 물음이다. 기업은 시장에서 그 성과가 끊임없이 평가되는 활동체이다. 시장에서의 효율적인 운영은 기업의 존속을 위한 중요한 조건이므로 그러한 조건에 가장 적합한 조직을 마련할 필요가 있다. 이에 "기업이란 무엇인가?"라는 물음은 "기업은 왜 조직인가?"로부터 시작하여 "기업은 어떻게 운영되어야 하는가?"라는 물음과 연계되어 있는 것이다. 요컨대, 효율성이 없는 기업은 존재할 수 없는 까닭에 어떻게 효율성을 확보할

1) 임중호, 「상법총칙·상행위법」 개정판(법문사, 2015), 10면.

것인지는 기업에 관련된 물음의 전부라고 할 수 있다. 이는 다시 "효율성을 확보하는 데 왜 조직이 필요할까?"라는 또 다른 물음과 연계되어 있다.

경제학에서 기업에 관한 이론적 연구는 그 역사가 일천하다. 1930년대에 이르러서야 기업에 관한 논의가 분수령을 맞이하게 되었다. 그 이전의 시기에는 기업이 무엇인지에 관하여 거의 관심을 기울이지 않았던 것이다.[2] 이에 본 장에서는 회사법의 경제적 분석을 위한 기반을 조성한다는 차원에서 회사법과 판례상 기업의 개념을 간단히 소개한 후 경제학 영역에서 제시된 다양한 기업이론에 관하여 살펴보고자 한다.

Ⅱ. 회사법과 판례의 입장

'기업'과 '회사'라는 용어가 반드시 구분되어 사용되고 있는 것은 아니다. 일반적으로 '기업'(firm)은 이윤이나 가치를 낳는 경제주체 또는 경제단위로서 사용되고 있어 '회사'에 비하여 그 개념이 포괄적이다. 회사법상의 회사(company; corporation)는 법인격을 가지는 영리조직을 의미하지만(제169조 제1항),[3] '기업'은 상법상 회사와 그 밖에 영리활동을 하는 자를 아우르는 용어로 인식되고 있다.[4] 예컨대, 법인격이 없으면서 영리활동을 하는 조합도 기업에 속한다.

상법은 기업에 관한 사법(私法)으로서 사적 자치(계약자유)의 원칙[5]이 지배하는 법분야이다. 즉, 상법은 기업의 등가적 보상관계나 거래관계에 관한 법으로서 개별적 상거래 주체 간의 이익을 조정하는 것을 목적으로 한다. 상법 제3편에 규정된 회사법은 문자 그대로 회사에 고유한 법률관계를 규율하는 사법(私法)이다. 회사법이 허용하는 5종류의 회사 중에서 주식회사가 회사의 가장

---

2) 여운승, "역사적 관점에서 본 기업이론의 전개과정," 「경영학연구」 제28권 제2호(한국경영학회, 1999), 540면.

3) 본문이나 주(註)에서 특별하게 법명을 밝히지 않는 경우 상법을 뜻한다.

4) 예컨대, 기업구조조정촉진법 제2조 제6호는 '기업'을 "「상법」에 따른 회사와 그 밖에 영리활동을 하는 자"로 정의하고 있다.

5) 계약자유의 원칙은 사적 자치의 원칙이 법률행위의 영역에서 나타난 형태이다(대법원 2017. 12. 21. 선고 2012다74076 전원합의체 판결). 이 때문에 대법원 판례는 사적 자치의 원칙과 계약자유의 원칙을 동일하거나 적어도 유사한 것으로 바라보기도 한다(대법원 2002. 4. 12. 선고 2000다50190 판결 참조).

일반적이면서도 대표적인 유형이다. 이 때문에 회사의 '종류'를 특정하지 않더라도 으레 회사는 주식회사를 지칭하는 것으로 인식하는 경향이 강하며, 심지어 판례에서 '기업'이라는 용어마저 '주식회사'를 의미하는 것으로 사용되기도 한다.[6] 이에 본장은 '기업'을 '주식회사'와 혼용할 수 있는 개념으로 상정하고 논의를 진행한다.

제 2 절 전통적 기업이론

I. 신고전학파 경제학

신고전학파 경제학은 자본주의의 주류경제학으로 자리매김하고 있다.[7] 신고전학파의 이론은 미시경제학과 거시경제학으로 나누어지는데, 전자는 개별경제주체의 경제활동을 분석대상으로 하여 자원배분의 효율성을 다루는 이론이다.

미시경제학에서 기업이론(theory of the firm)은 생산함수나 비용함수를 하

6) '기업'이 '주식회사'를 의미하는 판례에 해당하는 것으로는 대법원 2009. 1. 30. 선고 2008다50776 판결(신주의 제3자 배정을 정당화하는 사유를 상법 조문에 따라 '회사의 경영상 목적'으로 표기하지 않고 '기업 경영의 필요상 부득이한 예외적인 경우'로 표현함); 대법원 2012. 6. 14. 선고 2010다29034 판결(어느 주식회사의 주식을 100% 양도하는 내용의 계약을 기업인수계약으로 표현함) 등을 들 수 있다. 이 밖에 '기업'과 '회사'를 전적으로 동일시하는 법률도 있다. 예컨대, 독점규제 및 공정거래에 관한 법률 제2조는 "'기업집단'이라 함은 동일인이 다음 각목의 구분에 따라 대통령령이 정하는 기준에 의하여 사실상 그 사업내용을 지배하는 회사의 집단을 말한다"고 정의하고 있는데, 이는 '기업'과 '회사'를 구분하지 않고 있음을 보여주고 있다.

7) 신고전학파 경제학은 다음과 같은 중요한 가정들을 바탕으로 한다. 첫째, 인간은 자기 자신의 이익을 위하여 행동한다고 가정한다. 둘째, 자기 자신의 이익을 추구함에 있어 합리적으로 행동한다고 가정한다. 이렇게 합리성을 가정함으로써 이 모델에 대하여 예측력을 부여할 수 있다. 셋째, 완전한 정보에 접근할 수 있다고 가정한다. 넷째, 인간과 자원의 자유로운 이동이 가능하다고 가정한다. 그리하여 인간과 자원은 시장에 따라서 가장 가치가 있다고 판단되는 용도에 따르게 된다. 다섯째, 시장으로의 진입에는 인위적 제약이 없다고 가정한다. 그 결과 시장은 계속해서 경쟁적일 수 있다. 여섯째, 부와 자원의 현재 분포상태를 수용한다. Robin P. Malloy, Law and Economics: A Comparative Approach to Theory and Practice 53~54(1990).

나의 축(軸)으로 하고 요소시장이나 생산물시장을 다른 하나의 축으로 하여 기업을 투입(input)과 산출(output) 사이의 일종의 변환기(變換器)로 바라보았다. 이 변환의 관계는 기술적으로 확정된 생산함수로써 표시된다.[8] 예컨대, 기업이 생산을 위하여 자본(K)과 노동(L)만을 투입하는 것으로 가정하면 생산함수는 $Q=f(K,\ L)$로 된다. 그 결과 기업에 있어서의 문제는 요소시장과 생산물시장의 쌍방의 시장가격에 따라서 이윤을 최대화하려는 투입과 산출의 조합을 선택하는 것에 귀착한다.[9] 생산은 인간의 주관적인 요인의 개입이 없는 순전히 기술적 과정으로만 이해하는 것이다. 말하자면, 기업이 시장 안에 혹은 생산함수상에 실재하는 것으로 파악하더라도 투입과 산출이라는 활동을 반복하는 변환기로만 바라보았기에 그 변환기의 내부를 구성하는 조직에 대해서 필요성을 인식하지 못한 것이다.[10] 이 때문에 미시경제학에서의 기업이론은 "기업을 외부세계의 변화에 대하여 자동적으로 반응하는 인격(人格) 없는 블랙박스(black box)로 바라본 것"으로 평가되기도 한다.[11] 이처럼 신고전학파 경제학은 경제분석을 위한 개념으로서 새삼스럽게 조직을 언급하지 않다보니 조직을 경제학의 연구대상에서 제외한 채 기업을 바라본 것으로 정리할 수 있다.[12]

Ⅱ. 구제도주의 경제학

제도학파는 경제적 행태를 설명하거나 그 행태에 영향을 주는 요소로서 제도의 중요성을 강조한다. 제도학파 경제학은 개인의 합리적 행동을 전제로 하는 신고전학파 경제학에 의문을 품는 것으로부터 출발한 사조(思潮)이다. 그리하여 제도학파 경제학은 사회심리학적 측면을 중시하여 경제현상을 역사적으로 진화 · 발전하는 사회제도의 측면에서 바라보면서, 개인의 행위에 대한 사회적 규범, 습관, 그리고 문화의 영향력에 주목하는 것이 특징이다.

---

8) Harold Demsetz, *The Firm in Economic Theory: A Quiet Revolution*, 87 American Economic Review 426, 426(1997).

9) 홍훈, 「신고전학파 경제학과 행동경제학」(2013, 신론사), 90면.

10) Oliver Hart, *An Economist's Perspective on the Theory of the Firm*, 89 Columbia Law Review 1757, 1758(1989).

11) Charles P. Bonini, Simulation of Information and Decision Systems in the Firm 4(1963).

12) 홍훈, 앞의 책, 90면.

제도학파를 구제도주의 경제학파(구제도학파; Old Institutional Economics)와 신제도주의 경제학파(신제도학파)로 다시 구별되는데, 전자는 제도의 존재 그 자체를 정태적인 것으로 바라보되 확고한 분석 혹은 이론적 틀을 구비하지 못한 채 논리를 전개한다는 점에서 후자와 차이가 있다.[13]

구제도주의 경제학을 대표하는 학자 중의 1인인 존 커먼즈(John Commons)[14]는 사회과학에서 '거래'(transaction)의 개념을 정교하게 가다듬은 최초의 학자이다. 커먼즈는 "거래라 함은, … '인도'(delivery)라는 물리적인 의미의 '상품의 교환'은 아니다. 거래는 그 사회의 집단적 행동의 규범에 의해 결정되는 바에 따라 물리적 사물(physical things)을 장래 소유할 권리를 개인간에 양도하고 취득하는 것이다"라고 주장하였다.[15]

커먼즈는 소유권이 이전되는 거래의 유형을 아래와 같이 3가지로 나누고 있다. 첫째, 시장거래는 일반적으로 '교섭거래'(bargaining transaction)로 표현된다. 말하자면, 교섭거래는 법적으로 동등한 자(者) 사이에서 자발적인 합의에 의하여 시장에서 재산의 소유권을 이전하는 거래이다.[16] 즉, 거래의 당사자사이에는 이해(利害)가 서로 대립되지만 절충이나 조정을 통해 협력의 관계로 발전하여 쌍방향적인 권리－의무 관계를 성립시키는 것을 의미한다. 이 때 당사자 사이에 성립하는 가격을 적정가격(reasonable price)으로 표현하였다. 요컨대, 교섭거래에 있어서는 당사자간의 평등한 선택기회, 공정한 경쟁 및 대등한 협상력이라는 선행조건을 전제로 하여 '적정가격'이 실현되는 것이다.[17] 주위에서 흔히 볼 수 있는 매매가 이러한 거래의 전형적인 경우이다. 만약 희소성이 없는 경우 — 예컨대, 공급이 수요보다 더 많은 경우 — 에는 교섭이 생겨나지 않으므

---

13) 신석훈, 「회사지배구조모델의 법경제학적 접근 – 계약주의 회사모델을 중심으로」(연세대학교 대학원 박사학위논문, 2006), 54~55면.

14) 구제도주의 경제학을 대표하는 다른 학자로서는 소스타인 베블린(Thorstein Veblen), 웨슬리 미첼(Wesley C. Mitchell)과 클래런스 어레스(Clarence E. Ayres)를 들 수 있다. 김진방/홍기현, "현대 미국의 경제사상의 제조류: 제도주의 경제사상," 「미국학」 제20집(서울대학교, 1997), 295~299면.

15) 1 John R. Commons, Institutional Economics: Its Place in Political Economy 58(1934) (reprinted in 2009).

16) *Id.* at 68.

17) *Id.* at 63.

로 교섭거래에는 '희소성'을 핵심적인 원리로 한다.

둘째, 조직 내에 '관리거래'(managerial transaction)가 존재한다. 이는 법적으로 명령을 내릴 권한을 가진 우월자와 그와 관계가 지속되는 동안 그에게 법적으로 복종할 의무가 있는 열등자 사이에 부(富)의 창출을 목적으로 하는 거래를 의미한다.[18] 이처럼 관리거래는 위계 조직(hierarchy) 내에서의 거래인 까닭에 협상력에서의 명백한 차이가 존재하므로 국가의 입법적 감독이 필요하다. 전형적인 관리거래는 부의 효율적인 창출을 목적으로 하는 조직이나 사회적 관계에서 이루어진다. 이처럼 관리거래에서는 '효율성'을 보편적인 원리라는 점에서 희소성을 보편적 원리로 보는 교섭거래와 두드러지게 차이난다.[19]

셋째, 정부부문에 의한 이전거래는 '할당거래'(rationing transaction)로 표현되며, 여기에는 '부의 분배'가 보편적인 원리이다. 이에 속하는 대표적인 예로서 정부의 과세 혹은 보호관세를 들 수 있다.[20] 관리거래와 할당거래에서 개인의 자유는 불가피하게 제한될 수밖에 없다.

커먼즈는 이상의 거래가 기능적으로 상호 의존적인 것으로 평가하며, 나아가 이상의 '거래'가 계속적 활동조직(going concern)을 구성하는 부분개념으로 보았다.[21] 커먼즈가 생각하는 기업이란 계속적인 활동조직에 해당한다.[22] 이는 자발적 의지를 가진 개인이 구성하는 조직이면서 동시에 자발적 의지에 의하여 행하는 거래의 집합체로서의 존재이기도 하다. 이러한 조직의 운영을 위해서는 법률, 관습, 기업윤리 등과 같은 거래의 '운영준칙'(working rule)이 있어야 한다. 이처럼 계속적 활동조직은 거래가 일어나는 제도적 경계(institutional perimeter)를 의미한다.[23]

요약하자면, 기업 내에서의 거래를 상정하는 경우 경영자 甲과 종업원 乙

18) *Id.* at 64.

19) *Id.* at 66.

20) *Id.* at 67~68.

21) *Id.* at 58.

22) 커먼즈는 기업 이외에 가족, 노동조합, 사업자단체 등도 계속적 활동조직체에 속하는 것으로 보고 있다. *Id.* at 70.

23) Luca Fiorito, John R. Commons, Wesley N. Hohfeld and the Origins of Transactional Economics, Research Paper, no. 536, Quaderni Del Dipartimento Di Economic Politica 11(2008).

사이의 법적 관계는 관리거래에 해당한다. 이들 사이에는 당초부터 교섭력에 있어서 甲>乙의 관계가 성립한다. 경영자는 기업 내에서는 이러한 관계를 활용하고 시장에서는 교섭거래를 전제로 하여 생산활동을 한다. 물론 기업 내에서는 효율성을 기준으로 종업원을 평가한다. 이와 같이 커먼즈는 계속적 활동조직으로서의 기업의 근본적 성격을 '거래'의 개념에 근거해 설명하고 있는 것이다.

제 3 절 거래비용 이론

Ⅰ. 코즈의 기업이론

1. 기초적 사항

"기업은 왜 조직인가?"라는 물음으로부터 현대적 기업이론 혹은 조직경제학이 출발한다.[24] 1937년 로널드 코즈(Ronald Coase)가 발표한 '기업의 본질'(The Nature of the Firm)이라는 제목의 논문[25]에서 이 물음에 대한 답을 처음으로 모색하였다. 이 논문에 따르면 시장은 다양한 교환의 장소이며, 기업은 시장 내에 존재하는 것이기는 하지만 시장에서의 거래 대신 거래를 일정한 계약에 의거 내부화하는 조직이다. 이 같은 코즈의 기업이론은 기업의 내부조직을 강조한다는 점에서 생산 여부에 관한 의사결정이 있더라도 생산이 이루어지는 기업내부의 여러 관계에는 관심을 기울이지 않은 신고전학파의 기업이론과 현격하게 차이가 난다.

코즈는 기업 스스로가 거래를 조직화하고 생산을 조직화하는 존재라는 점

---

24) Jay Shafritz, J. Steven Ott & Yong Suk Jang eds., Classics of Organization Theory 205(8th ed. 2016).

25) R. H. Coase, *The Nature of the Firm*, 4 Economica 386(1937). 이 논문은 코즈가 자신의 업적을 묶어서 책으로 편찬하여 발간한 The Firm, the Market, and the Law (1988)에 소수(所收)된 바 있으며, 이 책은 김일태와 이상호가 번역하여 국내에서 1998년에 「기업, 시장, 그리고 법」(전남대학교 출판부)으로 출간되었다.

에 기업의 본질이 있다고 주장한다. 그렇다면 조직으로서의 기업이 존재하는 이유는 어떻게 설명될 수 있는가? 이에 대한 코즈의 해답은 당시 실로 참신한 것이었다. 생산활동을 함에 있어 시장의 가격기구(price mechanism)를 이용하려는 경우 그 이용 자체에 비용이 든다. 여기서 계약체결전의 단계에서 시장의 가격기구를 이용하는 데 드는 비용이라 함은 관련가격(relevant price)을 발견하기 위한 비용을 의미한다.[26] 거래를 위해서는 적절한 상대를 발견하고, 거래조건을 교섭하며, 당사자 사이에 합의가 이루어진 다음에야 최종적으로 계약을 체결하는 과정으로 넘어간다. 비록 계약이 제대로 체결되었다고 하더라도 사후적으로 거래환경에 심각한 변화가 있거나 거래내용이 매우 복잡하다면 계약의 이행이 어려워진다. 이에 계약의 이행을 감시하고 확인할 수밖에 없는데, 만약 그 이행을 감시·확인한 결과 미비한 사항이 발견된다면 재교섭을 실시하여야 한다. 최악의 경우에는 법원에 호소하는 것도 생각하여야 한다. 이같이 거래는 일련의 과정(process)으로 구성되는데, 만약 모든 과정이 시장의 가격기구를 통해 실현될 수 있다면 시장의 작용에 전체를 일임할 수 있다. 그러나 현실에는, 적절한 거래상대를 발견하기 위한 탐색과 정보획득에 드는 비용, 상대와의 교섭을 통해 거래를 성사시키는 데 드는 교섭과 의사결정의 비용, 그리고 거래의 실현을 위한 감시와 이행을 강제하는 데 비용이 든다. 이 같은 각각의 비용에는 직접적으로 투입되는 비용과 함께, 기회비용(opportunity cost)의 의미를 지닌다. 즉 탐색, 교섭 또는 감시에 필요로 하는 시간이나 에너지가 기회비용을 유발한다는 것이다. 이들 비용은 계약을 체결할 때마다 발생하기 때문에 반복되는 특성이 있다. 위와 같이 일반적으로 거래를 실현하는 데 드는 비용을 의미하는 거래비용(transaction cost)으로 부른다면,[27] 시장의 가격기구를 통해 생산활동을 하기 위해서는 거래비용을 지출하여야 하는 것으로 요약된다.

만약 거래비용이 많이 든다면 어쩔 수 없이 이를 줄이기 위해 다른 메커니즘(mechanism)을 구축할 필요가 있다. 거래비용이 많이 드는 경우라면 시장을 대체하는 메커니즘에 따라 생산활동을 할 수밖에 없는데, 여기서 다른 메커니즘에 따라 조직화하는 것이 '기업의 본질'이라는 것이다. 각 생산단계에서 생산

---

26) R. H. Coase, The Firm, the Market, and the Law 38(1988).

27) *Id.* at 6, 115.

하는 생산자들이 모여 하나의 조직을 만들어서 자원을 내부적 계약(통제)으로 대체하는 과정을 통해 관리한다면 시장에서 교환을 할 때보다 거래비용을 줄일 수 있다는 것이다. 이처럼 위계적인 체제를 사용하는 것이 시장을 이용하는 것보다 더 경제적인 까닭에 기업이 존재하며, 그 결과 기업은 시장 내에 있지만 시장과는 달리 조직으로서 존재하는 것이다.[28] 또한 시장 내에 존재하는 기업은 비용을 고려하여 조직내부에서 생산할 부분과 시장에서 구매할 부분에 관하여 의사결정을 함으로써 조직의 경계가 결정된다. 이처럼 코즈는 이미 1930년대에 거래비용에 터잡아 기업을 조직으로서의 존재로 파악하는 입장을 제시하였으며, 이는 오늘날의 조직경제학의 기원이 되는 창도(唱導)적인 논의였다.

거래비용을 절약하기 위해 시장을 대체하는 메커니즘으로서 기업은 왜 조직화되는 것인가? 코즈는 그것에 대한 답을 기업가(경영자)의 권한에서 찾는다. 코즈는 수직적 위계질서에 따라 기업가의 명령에 의하여 조정하는 것이 더 효율적이어서 '기업'을 기업가의 권한에 근거하여 생산을 조직화하는 것으로 파악하고 있다. 특히 그는 고용과 관련해서는 그것이 일시적인 거래가 아니고, 장기계약의 형태를 취하는 점에 주목하였다. 그러나 장기계약에서 장래에 일어날 수 있는 여러 상황을 사전에 특정하는 것은 매우 어려운 작업이다. 때문에 그 계약의 내용은 종업원이 고용이 된 후에 기업가의 권한에 의해 그때마다 결정될 수밖에 없다. 이렇게 함으로써 계약을 체결할 때마다 발생하는 거래비용을 절약할 수 있음은 물론이고 기업환경이 변화하는 것에 대하여 대응할 수 있는 것이다. 또한 고용한 종업원을 적절하게 기업 내에서 배치하는 것도 가능해진다. 이와 같이 코즈는 장기계약을 체결하고 기업가의 권한을 인정하는 조직 메커니즘을 통해 거래비용을 절약할 수 있다고 보아 기업이 시장거래를 대체하여 생산을 효율적으로 조직화하는 존재라고 주장하였다.[29]

코즈의 기업이론을 간단하게 정리하면 다음과 같다. 즉, 기업조직의 내부

28) 위에서 살펴본 바와 같이 기회비용은 거래비용의 일부를 구성한다. 자원의 희소성 때문에 우리는 선택을 할 수밖에 없고, 선택을 하는 경우 다른 것을 추구할 수 있는 기회를 포기하지 않을 수 없다. 이 같은 기회포기의 대가인 기회비용으로 인하여 우리는 차선의 선택을 생각하지 않을 수 없게 되는 경우가 발생한다. 시장이 작동하는 데 과다한 비용이 들 수밖에 없다면 대안(代案)을 찾아야 하는데, 그러한 대안이 '기업'이라는 것이다. *Id.* at 40.

29) *Id.*

에서는 전통적인 미시경제학에서 제시되어 온 시장의 가격기구에 의한 자원배분과 달리 고용계약을 기초로 하여 기업가의 권한에 의거하여 자원배분이 일어난다. 기업이 위계적인 체제를 사용함으로써 시장에서 거래할 때에 시장을 이용하는 비용 혹은 가격기구를 이용하는 비용을 절약할 수 있다면 기업이 시장보다 더 효율적이다. 결국 거래비용의 관점으로부터 시장을 이용하는 것이 필연적이지 않음을 알 수 있다. 시장거래의 한계를 극복하기 위해 이를 대체하는 기업이 존재한다는 코즈의 주장은 전통적인 기업이론에서는 찾아볼 수 없는 독창적인 것으로 평가되고 있다.[30]

2. 시장거래비용과 조직화비용

이상과 같은 코즈의 주장은 직접적으로는 기업의 최적규모를 둘러싼 당시의 논쟁에 파문을 일으키는 것을 목적으로 하는 측면이 있었다. 조직의 경우 그 조직을 갖추어서 운영하는 데에 비용이 든다. 코즈는 자신의 주장을 뒷받침하기 위하여 시장에서의 거래를 수행하는 데 드는 비용, 즉 시장거래비용(market transaction cost)뿐만 아니라 기업의 조직화비용(organizational cost)이라는 개념을 제시하였다.[31] 그에 따르면 조직화비용은 관리비용(cost of management) 및 회사가 종업원과 계약을 체결하는 데 드는 비용을 의미한다.[32]

기업이 시장을 대체하여 비용체감(費用遞減)과 수확체증[33](收穫遞增)이 지속된다면 기업의 규모는 확대하게 된다. 그럼에도 불구하고 기업이 모든 시장거래를 대체하지는 못한다. 기업규모의 지속적인 확대에는 현실적인 제약이 있다는 것이다. 그 이유는 무엇인가? 이에 관한 코즈의 견해에 따르면 시장을 대체하는 기업을 조직화하는 데 드는 비용의 증대가 기업규모의 확대를 막는다는 것이다. 그 논리적 흐름은 다음과 같다.

시장을 대체하여 기업가에게 자원을 관리하도록 위임하여 거래를 조직화

30) Hart, *supra* note 10, at 1760.

31) Neil Duxbury, *Ronald's Way*, in Coasean Economics: Law and Economics and the New Institutional Economics 195(Steven G. Medema ed., 1998).

32) Daniel F. Spulber, Market Microstructure: Intermediaries and the Theory of the Firm 233(1999).

33) 투입되는 생산 요소의 증가분보다 수확량이 더 증가하는 것을 의미한다.

하는 결과 기업의 규모는 확대된다. 또한 시장거래를 대체하여 기업 내에서 생산을 조직화함으로써 시장거래를 통한 생산의 조직화를 상회하는 효율성이 실현된다. 이러한 조직화 자체에는 비용이 든다. 시장거래를 기업내부에서 조직화하여 시장거래비용을 절감하고 시장을 대체하는 생산조직의 효율성을 높이기 위해서는 기업이 시장거래를 내부화하는 데에 비용, 즉 조직화비용이 발생하는 것이다.

기업규모가 확대되면 일정한 수준까지는 시장거래비용을 줄일 수 있다. 그러나 기업규모의 확대에 따라 기업가 기능이 수확체감[34](收穫遞減)될 수도 있다. 기업가 기능의 수확체감은 기업내부의 조직화비용을 증가시키게 되는데, 만약 그 비용이 무시할 수 없는 수준에 이른다면 시장을 이용할 수밖에 없다. 게다가 기업규모의 확대로 인하여 기업가가 조직내부에서 생산요소를 그 가치가 극대화되게 배치하는 데 실패할 수도 있다.[35] 따라서 기업규모의 확대로 시장거래의 내부화에 수반하는 조직화비용을 더 많이 투입하여야 하는 상황에 놓일 수 있다. 만약 조직화비용의 규모가 시장거래비용이 절감되는 규모를 상회하거나 시장을 대체하는 기업에서 조직화에 따른 생산효율성의 증가폭을 상회한다면 기업규모의 확대는 한계에 직면한다.[36] 시장거래를 내부화함으로써 거래비용의 절감과 효율성을 제고할 수 있지만, 역으로 내부화에 수반하여 다른 비용이 발생하여 비효율이 초래될 수 있다는 것이다. 그 결과 기업이 규모확대로 인한 비효율을 줄이기 위해서는 기존의 조직을 변경할 수밖에 없다. 이 경우 조직을 변경하는 것을 조직재편(restructuring)이라 한다. 시장에서의 규제철폐 등으로 인하여 시장거래의 비용이 감소되면 기업과 시장 사이에서 경계가 변경되어 기업의 영역이 축소될 수도 있다. 기업의 경계가 조직의 영역에서 시장의 영역으로 이행(移行)함으로 인하여 기업규모의 축소나 조직의 재편 압력을 받게 될 수도 있는 것이다.[37] 이는 기존의 기업이 재편되어 시장과 기업 사이의 경계에

---

34) 생산요소를 추가적으로 투입할 때 그 투입으로 인해 늘어나는 한계생산량은 점차 줄어드는 것을 든다는 것을 뜻한다.

35) Coase, *supra* note 26, at 43.

36) Malcolm Dunn, Inside the Capitalist Firm: An Evolutionary Theory of the Principal Agent−Relation 128(2013).

37) *Id.*

변화를 초래하는 결과를 낳는다. 기업의 조직화비용의 관점으로부터 조직 자체도 절대적이지 않다는 것이다.

Ⅱ. 윌리엄슨의 기업이론

1. 기초적 사항

코즈가 기업이 존재하는 이유를 모색한 이후 거래비용에 바탕을 둔 기업이론은 올리버 윌리엄슨(Oliver Williamson)[38]에 의하여 현재의 형태로 완성되었다. 윌리엄슨은 코즈가 창안한 거래비용의 개념에 기초하여 이를 체계적으로 확대·발전시켜 오늘날 '거래비용의 경제학'을 정립하였다. 그는 인간의 불완전성과 거래비용의 관점에서 인간의 제한적 합리성과 때때로 기회주의적 행동을 한다는 것에 가정을 두는 자신의 경제이론을 스스로 '신제도주의 경제학'(new institutional economics)으로 표현하였다.[39] 오늘날 신제도주의 경제학은 신고전학파 경제학의 전통적인 기법에 입각하면서도 경제를 둘러싼 제도적 환경을 분석대상으로 채택하여 새로운 제도경제이론의 구축을 모색하는 경제학을 총칭하는 것으로 이해되고 있다.

2. 거래비용의 경제학

(1) 거래비용의 발생요인

코즈가 주창한 바대로 기업은 시장거래로 발생하는 거래비용을 절감하기 위한 조직이다. 거래비용의 절감은 거래비용을 초래하는 요인을 통제하는 것을 바탕으로 한다. 거래비용의 발생요인을 통제하기 위해서는 우선적으로 거래비용을 낳는 요인을 특정화할 필요가 있다.

윌리엄슨은 거래비용의 발생요인으로서 시장거래에 있어서의 인간적 요인과 환경적 요인으로 나누어 살피고 있다. '인간적 요인'은 거래당사자의 특성에

---

38) 윌리엄슨은 2009년에 노벨경제학상을 수상하였다.

39) '신제도주의 경제학'이라는 용어는 윌리엄슨이 1975년에 발간한 자신의 저서에서 처음 사용한 바 있다. Oliver E. Williamson, Markets and Hierarchies: Analysis and Antitrust Implications 1(1975)["Markets and Hierarchies"로 인용함].

따라 거래비용을 발생시키는 요인이다. 구체적으로는 거래당사자의 예견능력과 인지능력, 판단능력의 한계를 뜻하는 '제한된 합리성'과 거래의 당사자가 의도적으로 정보를 왜곡시켜 자신이 이익을 추구하려고 노력한다는 의미의 '기회주의'가 바로 그것이다. '환경적 요인'은 거래의 특성에 영향을 미치는 요인으로서 이에는 자산전속성, 불확실성, 거래빈도가 속한다. 이 같은 '인간적 요인'과 '환경적 요인'의 결합에 의하여 거래비용이 발생한다는 것이 윌리엄슨이 주장하는 거래비용의 경제학의 핵심사항이다.[40]

(2) 인간적 요인

가. 제한된 합리성

윌리엄슨에 따르면 제한된 합리성(bounded rationality)은 인간이 합리적으로 행위하는 것을 의도하지만 실제로는 제한적인 범위 내에서만 합리적이라는 사실을 의미한다.[41] 제한된 합리성은 무한한 합리성과는 구별되지만, 그렇다고 해서 비합리성을 의미하는 것은 아니다. 제한된 합리성을 가진 인간은 복잡한 문제를 공식화하고 해결하거나, 정보처리에는 한계가 있지만 다른 한편으로 그에게도 의도적으로 합리적인 것이 존재한다.[42] 말하자면, 개개의 인간은 가능한 한 합리적으로 행동하려 하지만, 신경생리학적 한계나 언어적 한계에 의해서 완전하게 합리적일 수 없다는 것이다. 의사결정에 대해 불확실성이나 위험(risk)을 분석하는 것이 중요함에도 불구하고 인간은 거래환경의 불확실성이나 복잡성으로 발생하는 우발적인 상황을 예측하는 데에 한계가 있다 보니 완전한 계약을 체결할 수 없게 된다.[43] 그 결과 거래비용이 발생하게 된다.

나. 기회주의

윌리엄슨의 이론 중 독특한 것으로는 '기회주의'(opportunism)라는 개념을 사용한다는 점이다. 이는 단순한 개인의 이기적인 성향만을 의미하지는 않는다.

---

40) Huascar F. Pessali, *The Rhetoric of Oliver Williamson's Transaction Cost Economics*, 2 Journal of Institutional Economics 45, 50~57(2006).

41) 이는 윌리엄슨이 자신의 저서에서 허버트 사이먼(Herbert Simon)의 연구로부터 직접 인용하고 있다. Williamson, *supra* note 39(Markets and Hierarchies), at 21.

42) 임의영, "H. A. Simon의 제한된 합리성과 행정학," 「행정논총」 제52권 제2호(서울대학교, 2014), 10면.

43) Williamson, *supra* note 39(Markets and Hierarchies), at 21~22.

그는 기회주의를 '교활한 방식으로의 자기이익을 추구하는 것'(self-interest seeking with guile)으로 표현하고 있다.[44] 그에 따르면 기회주의는 인간이 (장기적으로는 오히려 불리하게 될 수도 있음에도 불구하고) 눈앞의 이익을 추구하기 위해서 불성실한 행동을 한다는 행동가설(行動假說)이다. 이는 스스로의 이익을 위해서라면 인간은 허위, 위협, 사기 등의 행동을 하는 것을 싫어하지 않는다는 것이다.[45] 요컨대, 명백한 위법행위가 아닌 한, 법의 눈을 피하여 행동하는 등 이득이 될 모든 기회를 다 이용하는 것을 인간의 본성으로 간주한다. 이러한 인간의 행동에 관한 가설은 위에서 살펴본 제한된 합리성과 정합적인 성격을 지닐 뿐만 아니라 그 제한된 합리성의 한계부분을 논리적으로 보충하는 역할도 한다. 말하자면, 인간행동이 완전하게 합리적이라면 기회주의적 행동은 일어날 수 없는 것이기 때문이다.[46]

인간이 기회주의적인 행동을 하는 결과 사전에 신뢰할 수 있는지 여부를 판별하는 것은 곤란하게 된다. 그 결과 거래상대를 발견하고, 계약을 교섭하여 체결하는 거래의 사전과정(事前過程)이 위협이나 기망행위를 통한 기회주의에 노출되는 결과 서로의 전략에 따라 행동하는 적대적인 과정으로 된다. 계약을 실행하고 그것을 확인하며, 미비한 경우에는 재교섭한다고 하는 사후과정(事後過程)도 서로의 전략적 행동에 근거하는 적대적인 과정으로 된다. 사전과정에서 기회주의적인 거래가 되는 것을 봉쇄하기 위해서는 상대의 허위나 기망행위를 간파하기 위한 정보비용이나 교섭비용을 투입하여야 하며, 마찬가지로 사후과정에서는 감시비용과 재교섭비용이 든다. 이처럼 기회주의적 행동이 심화될수록 이를 봉쇄하기 위한 거래비용이 크게 든다. 반대로 거래당사자가 기회주의적으로 행동하지 않는다면 이는 서로 협력적으로 행동하는 것이어서 거래비용을 크게 지불하지 않고서 거래가 성립한다.[47]

---

44) *Id.* at 9, 26, 255.

45) Oliver E. Williamson, The Economic Institutions of Capitalism: Firms, Markets, Relational Contracting 47(1985)["Economic Institutions of Capitalism"으로 인용함].

46) 제한된 합리성이 존재하지 않는다면 기회주의는 문제되지 않는다. 완전한 합리성하에서는 기회주의적 행동이 바로 적발될 것이기 때문이다.

47) Williamson, *supra* note 45(Economic Institutions of Capitalism). at 20~21.

(3) 환경적 요인

가. 자산전속성

자산전속성(asset specificity)은 거래를 지탱하는 자산의 이전가능성 또는 양도가능성의 수준을 의미한다. 전속성이 높다는 것은 거래가 특정한 상대방에게 전속되어 있어 대체할 거래상대를 찾는 것이 매우 곤란하게 됨을 뜻한다. 전속성이 높은 자산은 본래의 용도 이외의 거래에 이용했을 경우 거의 경제적 가치를 갖지 않게 된다는 것이다. 거래가 종료된다는 것은 경제적 가치의 희생을 의미하는 까닭에 그 거래에 얽매여서 계속될 수밖에 없다. 이처럼 전속성이 높다는 것은 거래상대가 될 수 있는 자가 소수에 지나지 않음을 의미하므로 그만큼 거래비용을 상승시키게 된다. 자산전속성으로 인하여 자산소유자인 당사자의 협상력이 떨어져 결국에는 자산전속성이 거래비용에 영향을 미치게 되는 것이다.[48] 이처럼 자산전속성이 높아다는 것은 외부와의 거래가 용이하지 않으므로 오랫동안 거래하던 조직과 계속해서 거래할 가능성이 높다. 따라서 그 경우에는 수직적으로 통합된 기업내부에서 거래하는 것이 시장에서 거래를 하는 것보다 상대적으로 거래비용이 적게 들게 된다.

나. 불확실성

거래는 장래의 일을 현재에 계약하며, 그 계약에 근거하여 장래에 실행하는 것이다. 거래당사자는 제한적 합리성으로 인하여 정보의 수집, 처리 및 전달능력에 한계가 있을 뿐만 아니라 거래의 양당사자가 서로 잘 알지 못한다면 서로가 기회주의적으로 행동을 보일 수 있다. 예컨대, 거래상대의 정체를 제대로 파악할 수 없다면 불확실성이 높아지게 되어 거래상대에 속지 않도록 주의하지 않을 수 없게 되는 것이다. 불확실성으로 인한 위험을 회피하기 위하여 계약은 조건부의 형태를 선호하거나 협상에 많은 시간을 투입하여야 하는 상황에 놓인다. 이처럼 불확실성이 높으면 높을수록 거래의 사전과정부터 사후과정에 이르기 까지 탐색비용과 교섭비용, 계약비용, 감시비용과 재교섭비용을 많이 지출할 수밖에 없게 되어 거래비용이 증가하게 된다.[49] 시장거래의 불확실성에 대응하

48) *Id.* at 52~56.

49) *Id.* at 56~60; Oliver E. Williamson, Williamson, *supra* note 39(Markets and Hierarchies), at 27~29.

기 위해 기업들은 M&A나 수직적 통합을 통해 거래를 내부화시키기도 한다.

다. 거래빈도

거래가 1회에 한하여 이루어지는 경우에는 거래상대에 관한 정보를 서로간에 집적(集積)하기 어려울 뿐만 아니라 제한된 합리성하에서 거래당사자의 정보의 수집, 처리 및 전달 능력에 한계가 있어 거래가 당사자 쌍방 혹은 어느 일방의 기회주의에 시달릴 가능성도 높아진다. 그 결과 시장에서의 거래비용이 증가한다. 이 때문에 거래빈도가 너무 낮은 경우임에도 불구하고 그 거래를 내부화하는 기업을 찾기란 쉽지 않다.[50] 반대로 거래가 반복되면 거래상대에 관한 정보를 서로 집적할 수 있어 기회주의적 행위가 억제됨으로써 거래비용이 줄어든다. 거래빈도가 높더라도 거래상대에 대한 정보를 모을 수 없다면 기회주의로 인하여 거래비용이 증가한다.[51]

제 4 절 대리인 이론

Ⅰ. 기본원리

1. 기업(조직)의 의의

대리인 이론(agency theory)에 따르면 기업은 여러 이해관계자 사이의 계약의 결합체 혹은 네트워크(network)이다. 마이클 젠센(Michael Jensen)과 윌리엄 메클링(William Meckling)은 '기업'을 여러 계약들이 중첩적으로 연결된 계약의 결합체(nexus of contracts)로 보았다.[52] 그러한 계약 속에는 주인(principal)과 대리인(agent) 사이의 체결되는 계약도 포함된다. 주인은 일반적으로 생산요소의

---

50) Pier P. Saviotti, *R&D and the Firm*, *in* Handbook on the Economics and Theory of the Firm 405, 414(Michael Dietrich & Jackie Krafft eds., 2012).

51) Williamson, *supra* note 45(Economic Institutions of Capitalism). at 60~61.

52) Michael C. Jensen & William H. Meckling, *Theory of the Firm: Managerial Behavior, Agency Costs and Ownership Structure*, 3 Journal of Financial Economics 305, 310~311(1976).

소유자로 구성되어 있는 반면에, 대리인은 재화와 용역을 생산하기 위하여 생산요소를 관리·경영하는 임무를 담당한다.

유진 파마(Eugene Fama)[53]가 젠센과 함께 작성하여 발표한 연구에 따르면 조직의 의사결정과정은 분명히 구분되는 4가지의 기능을 가진 단계로 이루어져 있다. 첫 번째 단계는 발안(發案)을 위한 단계로서 자원이용과 계약의 구조에 관하여 제안을 하는 과정이다. 두 번째 단계는 승인을 위한 단계로서 실행되어야 하는 발안(결정대상) 중에서 선택하는 과정이다. 세 번째 단계는 이행을 위한 단계로서 승인된 결정을 집행하는 과정이다. 마지막 네 번째 단계는 감시·감독을 위한 단계로서 의사결정의 대리인이 수행한 행위의 결과를 평가하고 포상하는 과정이다. 이들 중에서 발안과 이행기능은 의사결정관리기능으로서 대리인에게 부여되어 있으며, 나머지 기능은 의사결정통제기능으로 총칭할 수 있다.[54]

파마와 젠센은 의사결정관리기능과 의사결정통제기능의 결합 또는 분리가 효율적인 경우를 조직의 형태에 따라 논하고 있다. 소규모의 복잡하지 않는 조직에서는 의사결정관리기능과 의사결정통제기능의 통합되어 있는 반면에 대규모의 복잡한 구조의 공개회사에서는 의사결정관리기능이 의사결정통제기능으로부터 분리되어 있다.[55] 후자의 경우 조직의 복잡성으로 인하여 주인 스스로가 조직을 경영하기가 버거워서 자신의 권리를 위임하기 위하여 부득불 전문적인 지식과 기술을 가지고 있는 대리인을 찾게 되기 때문이다.[56]

2. 대리인 문제, 대리인비용 및 잔여위험

대리인 이론의 틀을 제대로 이해하기 위해서는 먼저 '대리인 문제'(agency problem), '대리인비용'(agency cost)과 '잔여위험'(residual risk)의 개념에 관한 설명이 필요하다. 조직에서 각 이해관계자는 고유의 이해를 가지고 있는 까닭에 주인의 이익이 조직의 주요한 의사결정을 담당하는 대리인의 이익과 일치한다고는 할 수 없다. 이는 이해관계자 사이에 잠재적인 대립을 초래하여 기업의 효

53) 2013년에 노벨경제학상을 수상한 바 있다.

54) Eugene F. Fama & Michael C. Jensen, *Separation of Ownership and Control*, 26 Journal of Law & Economics 301, 303~304(1983).

55) *Id.* at 305, 308.

56) *Id.* at 308.

율적인 운영을 저해하고, 종국에는 조직의 가치를 떨어뜨린다. 이처럼 주인과 대리인 사이의 이익충돌로 인하여 주인의 이익을 침해하게 된다면 이는 대리인 관계(agency relationship)의 성립으로 인하여 발생하는 문제라는 점 때문에 이를 '대리인 문제'라 한다. 이 같은 대리인 문제는 대리인이 존재하는 모든 조직에서 발생한다고 하더라도 지나치지 않다.[57)]

'대리인비용'은 대리인관계에 의하여 발생하는 비용이다. 대리인비용이 발생하는 이유는 주인과 대리인 사이에 계약을 작성하는 것과 계약에 따라 실행하는 것에 비용이 많이 들기 때문이다.[58)] 대리인관계설정을 위한 계약에는 계약의 양 당사자의 권리를 정하고 대리인의 행위에 관한 평가기준, 그리고 당사자에 대한 보수(payoff) 등을 명기한다. 이 계약의 가장 중요한 내용은 주인이 가지는 잔여재산청구권의 성격을 정의하는 것과 의사결정의 여러 단계 중에서 어느 부분을 대리인에게 넘겨 줄 것인지를 정하는 것이다.[59)] 파마와 젠센에 따르면 대리인비용을 감소시키는 것은 생산원가를 떨어뜨리는 방법으로서 조직의 생존에 가장 중요한 요소가 된다.[60)] 이 때문에 회사법의 주요 목적은 대리인비용을 최소화하는 회사구조를 설계하는 데 있는 것이다.[61)]

대리인비용은 감시·감독비용(monitoring cost)과 확증비용(bonding cost), 그리고 잔여손실(residual loss)로 이루어져 있다.[62)] 감시·감독비용은 주인이 대리인의 행위를 감독하는데 드는 비용이다. 주인이 대리인의 행위를 직접 감시·감독하는데 소요되는 비용을 비롯해서 대리인의 업무성과를 평가하는 데 들어가는 비용, 주식매수선택권(stock option)과 같은 보상체계와 유인체계를 합리적으로 설계·운영하는 데 필요한 비용 및 대리인의 의무위반에 대하여 책임을 추궁하는 데 드는 비용 등이 이에 해당한다.

확증비용은 행위자인 대리인이 그의 주인에게 충성하고 있다는 것을 확신

57) Jensen & Meckling, *supra* note 52, at 309.

58) Fama & Jensen, *supra* note 54, at 304.

59) *Id.* at 302.

60) *Id.* at 303.

61) Michael Abramowicz, Predictocracy: Market Mechanisms for Public and Private Decision Making 197(2007).

62) Jensen & Meckling, *supra* note 52, at 308.

시키려고 노력하는 과정에서 발생하는 비용이다. 예컨대, 대리인이 주인의 이익만을 위하여 행동을 하겠다고 다짐을 하면서 자신을 구속하는 과정에서 발생하는 비용을 비롯하여 주인의 이익에 반하는 행동을 하는 경우에 주인으로부터 책임을 추궁받겠다고 약속하는 과정에서 발생하는 비용 등이 이에 속한다.

잔여손실은 감시나 보증의 노력에도 불구하고 발생할 수 있는 비용인데, 굳이 이 비용의 발생을 용인하는 이유는 이 비용의 발생을 방지하는 것이 비경제적이기 때문이다. 예컨대, 주인과 대리인이 여러 수단을 갖추고 노력을 경주하였지만 결과적으로 주인의 이익이 최대화되지 못한 경우에 초래되는 주인의 부(富)의 감소가 잔여손실로 된다. 따라서 감시와 보증에 지출되는 비용은 잔여손실을 줄이기 위한 비용이라고도 할 것이다.

'잔여위험'이라 함은 "자원의 확률적인 유입과 대리인에게 지급하기로 한 보수 사이의 차이에 관한 위험"[63]으로 정의된다. 즉, 잔여위험은 수익과 비용의 차이에 관한 불확실성이다. 이러한 잔여위험은 소위 잔여재산청구권자(residual claimants) 또는 잔여위험인수자(residual risk bearers)의 몫이다. 주식회사에서는 주주가 전형적인 형태인 잔여위험인수자이며,[64] 그는 대리인의 전형적인 형태인 경영자(이사)의 행위에 의존한다. 이처럼 잔여재산청구권이 주주에게 부여되는 것은 주주가 회사의 잔여위험을 인수하는 것에 대한 대가(對價)이기 때문이다.[65]

Ⅱ. 평가: 한국 회사법의 관점에서

젠센과 메클링의 논의에서의 '주인'에 포섭될 수 있는 것은 한국 민법상의 '본인'이다.[66] 한국 상법(회사편)에 따르면 이사는 주주와 계약을 체결하는 것이

63) Fama & Jensen, *supra* note 54, at 302.

64) 상법 제538조는 "잔여재산은 각 주주가 가진 주식의 수에 따라 주주에게 분배하여야 한다"고 적고 있다. 예컨대, 주주의 잔여위험인수자인 까닭에 주주가 주식을 인수하면서 납입한 금전(투자금)은 채권자가 채권을 상환받은 다음에서야 돌려받을 수 있다.

65) Fama & Jensen, *supra* note 54, at 302~303.

66) 파마와 젠센의 논의에서의 '주인'이라는 용어와 한국 민법상의 '본인'이라는 용어는 모두 principal에 해당한다. 다만, 양자를 비교하여 볼 때 전자가 후자보다 더 포괄적인 개념이다. 이에 관하여 김교창, "상사대리법," 「한미상사법비교연구」 한국상사법학회편(삼영사,

아니라 주주총회의 결의로 회사에 의하여 임용되는 것이 원칙이다. 이를 뒷받침하기 위하여 상법은 회사와 이사(경영자)사이에 민법상 위임의 법리를 적용하고 있다(제382조 제1항). 민법상 '위임'이라 함은 당사자 일방이 상대방에 대하여 사무의 처리를 위탁하고 상대방이 이를 승낙함으로써 그 효력이 생긴다(민법 제680조). "주식회사의 이사는 주식회사의 사무를 처리하는 자의 지위에 있다고 할 수 있지만 주식회사와 별개인 주주들에 대한 관계에서 직접 그들의 사무를 처리하는 자의 지위에 있는 것"은 아니다.[67] 법률적으로 이사는 회사의 대리인일 뿐 주주의 대리인은 아니라는 것이다. 이처럼 상법이 이사가 의무를 부담하는 상대방을 회사로 규정한 것은 법률관계의 단순화를 추구하려는 데 그 목적이 있다. 다수의 주주가 있는 상황에서 이사가 주주의 개별적인 수임자로서 의무를 진다는 것은 매우 복잡한 법률관계를 설정하는 것과 다를 바 없어 의도적으로 이를 회피하여 회사 자체의 개념을 고안한 것으로 이해된다.[68] 이러한 점에서 이사를 주주의 대리인으로 바라보는 대리인 이론을 수정없이 받아들일 수 없다.

젠센과 메클링의 '계약의 결합체'에서의 '계약'은 청약과 승낙에 의하여 이루어지는 법률상의 계약을 의미하는 것은 아니다. 여기서의 '계약'은 루소의 사회계약론(social contract)에서의 계약처럼 은유적인 수준에 머무를 뿐 규범적인 의미를 가지는 것은 아니다.[69] 특히 한국은 상법 제169조에 의하여 회사의 법인성을 인정하고 있다는 점에서 그 법인성을 무시한 채 단순히 계약의 결합체로 회사를 인식할 수는 없다. 게다가 한국에서는 "주주총회에서 이사나 감사를 선임하는 경우, 선임결의와 피선임자의 승낙만 있으면, 피선임자는 대표이사와

1982), 14~15면 참조.

67) 대법원 2009. 5. 29. 선고 2008도9436 판결.

68) 大杉謙一, "取締役の株主に対する義務,"「会社法の到達点と展望 – 森淳二朗先生退職記念論文集」 徳本穰 外 4人 編,(法律文化社, 2018), 33~34頁. 대법원 판결에서도 주주가 1인밖에 없는 완전지주회사 같은 경우에도 회사의 손해와 그 주주의 손해가 항상 일치한다고 할 수 없다고 보아 본인인 회사의 인격을 별도로 인정하고 있다(대법원 1983. 12. 13. 선고 83도2330 전원합의체 판결).

69) William W. Bratton Jr., *Nexus of Contracts Corporation: A Critical Appraisal*, 74 Cornell Law Review 407, 460(1989); Melvin A. Eisenberg, *The Conception That the Corporation Is a Nexus of Contracts, and the Dual Nature of the Firm*, 24 Journal of Corporation Law 819, 836(1999).

별도의 임용계약을 체결하였는지와 관계없이 이사나 감사의 지위를 취득한다"는 것이 대법원 판례[70]의 입장이다. 이는 주인(회사)과 대리인(이사) 사이의 계약이 없다 하더라도 이사나 감사가 그 지위를 취득할 수 있음을 뜻하므로 '계약의 결합체'만으로 회사를 바라보기에는 적절하지 않다.

70) 대법원 2017. 3. 23. 선고 2016다251215 전원합의체 판결. 이 판결은 주주총회에서의 이사와 감사의 선임결의를 각각 나누어 임용계약이 요구되지 않는다는 입장에서 다양한 논거를 제시하고 있다. 그 논거를 간단히 살펴보기로 한다. 먼저, 이사의 지위는 단체법적 성질을 가지므로 피선임자와 대표이사 사이에 체결되는 계약에 기초하지는 않는다. 또한 주주총회에서 경영진 교체를 위해 새로운 이사를 선임하는 결의를 하였음에도 불구하고 퇴임하는 대표이사가 임용계약의 청약을 하지 않아 그 피선임자가 이사로서의 지위를 취득하지 못하게 되는 경우 주주가 이용가능한 효과적인 구제책이 없다는 문제가 노정된다. 다음으로, 감사선임결의가 있음에도 불구하고 대표이사가 임용계약의 청약을 하지 않아 감사로서의 지위를 취득하지 못한다면 상법 제409조 제2항이 감사 선임에 관하여 대주주의 의결권을 제한한 취지가 몰각되어 부당하므로 감사의 취임 여부를 감사대상인 대표이사에게 맡기는 것은 단체법의 성격에 비추어 적절하지 않다.

제3장

회사의 개념

제 3 장

회사의 개념

제1절 논의의 범위

상법(회사편)상 '회사'라 함은 상행위나 그 밖의 영리를 목적으로 설립한 법인을 말한다(제169조). 회사는 영리를 목적으로 하며, 법인이라는 특성을 갖고 있고, 비록 상법 조문이 언급하지는 않지만 사단으로서의 성격도 함께 구비하고 있어 국내의 학계에서 회사는 법률적으로 영리성, 사단성 및 법인성을 가진 영리사단법인으로 이해되고 있다.

회사의 목적은 무엇보다도 수익을 창출하는 데 있다. 회사의 영리성은 회사가 수익활동을 통해 얻은 이익을 사원에게 분배하는 것을 의미한다. 사단성은 회사가 공동의 목적을 가진 복수의 사람이 모인 단체라는 특징을 가리킨다. 즉, 회사의 사단성은 많은 사람들이 모여서 단체를 형성하고, 그 단체 스스로가 독립된 주체가 되는 것을 뜻한다. 또한 회사는 법인이다. 사람들로 결성된 단체를 하나의 권리·의무의 주체로서 취급할 수 있으면 매우 편리하다. 이에 회사의 법인성을 인정함으로써 권리·의무의 단일할 주체로서 취급하는 것이다. 이 같은 전통적 의미의 회사 개념은 오늘날 실제로는 크게 수정되어 적용되고 있다. 본장에서는 이상과 같은 회사의 특징을 간단히 살펴본 후에 현대에 있어서 회사의 개념이 어떠한 근거를 바탕으로 하여 어떻게 수정되는지에 관해 경제학적으로 논하고자 한다.

제 2 절 영리성

Ⅰ. 전통적 의미

전통적인 의미에서의 영리성은 회사가 대외적 거래 활동을 통해 이익[1)]을 획득하고 그 이익을 구성원(사원)에게 분배하는 것을 가리킨다. 상법 제169조가 명시적으로 회사의 특징으로 영리성을 규정하고 있으며, 상법상 인정되는 배당청구권이나 잔여재산분배청구권 등과 같은 주주의 자익권도 회사의 영리성을 전제로 하고 있다. 때문에 설령 상법 제169조가 없다고 하더라도 회사의 영리성은 의문의 여지없이 인정되는 것이다.

사익(私益)은 공익(公益)에 대립하는 개념이며, 영리에 대비되는 개념은 비영리이다. 사익과 영리는 차원이 완전히 다른 기준이다. 영리 혹은 비영리인지의 여부는 오로지 이윤획득의 목적의 유무에 의해서 정해지는 데 반하여, 사익 혹은 공익인지의 여부는 행위자가 가지는 경제적·지적(知的) 요소를 개인적으로 이용하는지 아니면 사회일반을 위해서 이용하는지에 중점을 두어 판단한다는 점에서 차이가 있다.[2)] 영리는 대외적 활동에 대해 요구되는 것이며, 이익을 획득하지 못하였다면 구성원에게 이윤을 분배할 수 없음은 당연하다.

---

1) 이익을 계산하는 공식은 $\pi(q)=R(q)-C(q)$이다. 총수입($R(q)$)에서 총비용($C(q)$)을 공제한 것이 이익($\pi(q)$)으로 된다. q는 생산 및 판매한 상품의 단위를 말한다. 신고전학파 경제학에서 이익의 최대화(profit maximization)는 기업의 주된 목적 중의 하나이다. Richard M. Cyert & Charles L. Hedrick, *Theory of the Firm: Past, Present, and Future; An Interpretation*, 10 Journal of Economic Literature 398, 400(1972).

2) 松井英樹, "新·会社法における会社の営利性,"「中央学院大学法学論叢」第21巻 第1号(中央学院大学, 2007), 32頁.

Ⅱ. 현대적 수정: 회사의 비영리적 행위

1. 개 관

전통적인 견해에 따르자면, 이익을 극대화하여 주주들에게 그 이익을 분배하는 것이야말로 주식회사가 부담하는 가장 중요한 임무이다.[3] 그러나 이러한 사고(思考)는 최근 들어서 많이 변화하고 있다. 한 때 좋은 품질의 제품을 소비자에게 공급하는 것을 주식회사의 중요한 임무로 생각하기도 하였지만 오늘날은 그러한 생각마저 바뀌고 있다. 사회적 존재로서의 회사는 주주와 소비자뿐만 아니라 기업 활동에서 관계를 맺거나 영향을 미치는 다양한 사회집단을 고려·배려하여야 한다는 입장으로 진화하고 있는 것이다.[4] 이러한 맥락에서 주목을 받는 것이 '기업의 사회적 책임'(Corporate Social Responsibility: CSR)이다. 특히 2000년대에 들어와 미국을 비롯한 세계 여러 국가에서 발생한 대형 기업부정행위로 인하여 기업의 사회에 대한 공헌을 요구하는 목소리가 높아지면서 CSR에 대한 관심이 증폭되었다.[5] 기업의 부정행위, 소비, 환경 등에 관하여 일반시민이 의식이 고조된 것도 CSR의 확산에 기여하였다. 즉 소비자, 지역주민 등을 비롯하여 시민단체, NGO(비정부기구) 등이 적극적인 사회활동을 전개하고 인터넷 및 SNS를 통한 국경을 초월한 네트워크화로 인하여 기업활동에 대한 감시(monitoring)가 활발하게 됨으로써 CSR이 주목을 받게 된 것이다.[6]

2. 기업의 사회적 책임과 사회공헌활동

CSR에 관한 논의가 등장한 지는 벌써 한 세기 전의 일이라 한다.[7] 그러나

---

3) 1976년 노벨경제학상을 수상한 밀튼 프리드만(Milton Friedman)은 기업의 유일한 사회적 책임은 자원을 활용하여 게임의 규칙을 잘 준수하는 범위 내에서 그 이익을 증대할 수 있게 설계된 업무에 종사하는 것이라고 주장한 바 있다. Milton Friedman, Capitalism and Freedom 133(1962).

4) 国立国会図書館, 「企業の社会的責任(CSR)—背景と取り組み—」ISSUE BRIEF NUMBER 476(2005), 1頁.

5) 위의 자료, 2頁.

6) 위의 자료, 4頁.

7) 한철, "기업의 사회적 책임(CSR)," 「기업법연구」 제22권 제1호(한국기업법학회, 2008), 149면. CSR의 역사는 매우 오래되었다. 그 연혁을 살펴보면, 1790년대로 거슬러 올라간다. 그 당시 카리브 해역(Caribbean Sea) 국가들이 노예를 사용하여 생산한 사탕을 영국으로 수

CSR에 관해서는 아직까지 명확한 정의가 없다.[8] 상법상의 용어도 아니다.[9] 대체적으로 CSR에서는 이윤의 극대화, 고객 만족, 주주 가치의 확대 같은 회사의 고유한 역할뿐만 아니라 사회적 존재로서의 역할까지 강조하는 것으로 이해되고 있다. 말하자면, CSR은 지속가능한 사회를 지향하기 위해 정부, 민간, 비영리단체는 물론이고 회사도 경제활동에 국한하지 않고 사회와 환경 등에 관해서도 책임을 져야 한다는 생각에 터잡아 성립된 개념이다. CSR의 확산으로 회사들도 사회적 책임을 수행한다는 차원에서 본래의 고유한 존립목적에서 벗어나서 불우이웃을 돕거나 봉사활동을 진행하는 등 다양한 사회공헌활동을 펼치고 있다.

3. 경제적 분석

회사로부터 경영을 위임받은 경영자(이사)는 주주를 위시하여 회사 본연의 이해관계자의 이익을 위해 행동하여야 한다. 회사의 이익을 이해당사자 외의 자를 위하여 사용하는 것은 이해관계자에게 돌아갈 몫을 훔치는 것과 다르지 않다.[10] 말하자면, 그러한 행위는 일종의 회사자산의 낭비(waste of corporate assets)에 해당하므로 원칙적으로 허용되지 않는 것이다. 특히 주주가 주식회사의 이익에 대한 주된 이해관계자라는 점을 고려한다면 배당금으로 환원될 이익을 어떻게 사용할 것인지는 주주 개인의 선택에 맡겨야 한다. 그럼에도 불구하고 오늘날 회사가 CSR 차원에서 자선단체에 기부를 하는 등 공익적 행위 또는 비

출하였다. 소비자들이 노예의 노동력으로 제조된 사탕을 수입·판매한 동인도회사를 상대로 불매운동을 전개하였으며, 그 결과 동인도회사가 수입을 중단할 수밖에 없었다. 中山信弘/神田秀樹 編, 「市場取引とソフトロー」(有斐閣, 2009), 193頁(神作裕之 집필부분). 현대적인 CSR에 관한 논의는 미국의 경제학자이자 교육자인 하워드 보웬(Howard R. Bowen)이 「경영자의 사회적 책임」(Social Responsibilities of the Businessman)이라는 제목의 저서를 공간한 1953년 시점에서 시작된 것으로 이해되고 있다. Archie B. Carroll, *Corporate Social Responsibility Evolution of a Definitional Construct*, 38 Business & Society 268, 269(1999). 보웬은 자신의 저서에서 사회적 책임을 "우리 사회의 목적과 가치의 차원에서 바람직한 정책을 추구하거나, 그 결정을 하거나, 그러한 일련의 활동을 하여야 하는 경영자의 의무"로 정의한 바 있다. Howard R. Bowen, Social Responsibilities of the Businessman 6(1953).

8) 김성택, 「CSR 5.0—기업의 사회적 책임과 역할—」(청람, 2012), 3~11면.

9) 이철송, 「회사법강의」 제27판(박영사, 2019), 64면.

10) Forest L. Reinhardt, Robert N. Stavins & Richard H. K. Vietor, *Corporate Social Responsibility Through an Economic Lens*, 2 Review of Environmental Economics and Policy 219, 221(2008).

영리적 행위를 하는 것은 가능하다. 이는 회사의 공익적 행위가 회사의 실적에 도움이 되어 궁극적으로 회사 이해관계자의 이익 증진에 기여한다고 보기 때문이다.[11] 즉, 공익적 행위는 그 행위로 인하여 평판프리미엄(reputational premium)이 발생하게 되어 더 많은 이익 획득을 위한 원동력이 된다는 것이다.[12] 이 때문에 평판이 상승한다는 것이 회사로 하여금 CSR에 관심을 가지게 하는 주요한 이유 중의 하나로 평가받고 있다.[13] 이 밖에 예컨대, 회사의 CSR로 인하여 사회가 발전되고 윤택해지면 소비자가 그 회사의 상품을 구매할 능력이 증가하여 장기적으로는 회사의 수익성을 제고한다는 논리 등도 제시되어 있다.[14] 요컨대, 회사들은 CSR을 영업을 행하는 데 필요한 비용으로 인식함으로써 CSR을 통해 회사의 경쟁력을 강화할 수 있다고 여기는 것이다.[15]

대법원 판례도 위에서 제시된 회사의 사회공헌활동을 지지하는 근거를 가감 없이 수용하고 있는 것으로 보인다. 대법원은 일찍이 "주식회사가 그 재산을 대가 없이 타에 기부, 증여하는 것은 주주에 대한 배당의 감소를 가져 오게 되어 결과적으로 주주에게 어느 정도의 손해를 가하는 것이 되지만 그것이 배임행위가 되려면 그 회사의 설립목적, 기부금의 성격, 그 기부금이 사회에 끼치는 이익, 그로 인한 주주의 불이익 등을 합목적적으로 판단하여, 그 기부행위가 실질적으로 주주권을 침해한 것이라고 인정되는 정도에 이를 것을 요한다"고 판시한 바 있으며,[16] "회사의 대표이사가 보관 중인 회사 재산을 처분하여 그 대

---

11) Archie B. Carroll & Kareem M. Shabana, *The Business Case for Corporate Social Responsibility: A Review of Concepts, Research and Practice*, 12 International Journal of Management Reviews 85, 101~102(2010).

12) Timothy Besley & Maitreesh Ghatak, *Retailing Public Goods: The Economics of Corp'orate Social Responsibility*, 91 Journal of Public Economics 1645, 1660(2007). '평판'은 모든 이해관계자가 인지하는 이미지의 총합으로서 회사에 부여된 중요한 자산으로 이해되고 있다. Petter Gottschalk. Corporate Social Responsibility, Governance and Corporate Reputation 29(2011).

13) J. J. Graafland & H. Smid, Reputation, *Corporate Social responsibility and Market Regulation*, 49 Tijdschrift voor Economie en Management 271, 276(2004).

14) Lee Burke & Jeanne M. Logsdon, *How Corporate Social Responsibility Pays Off*, 29 Long Range Planning 495, 496(1996).

15) 오덕교/신범철/이의영, "기업의 사회공헌활동이 기업의 재무성과에 미치는 영향," 「국제지역연구」 제20권 3호(국제지역학회, 2016), 103면.

16) 대법원 1985. 7. 3. 선고 85도480 판결. 같은 취지의 판결로 대법원 2010. 5. 13. 선고 2010도

금을 정치자금으로 기부한 경우 그것이 회사의 이익을 도모할 목적으로 합리적인 범위 내에서 이루어졌다면" 합리적인 경영판단의 적용범위 내에 있는 것으로 보고 있다.[17] 결국 대법원 판례에 따를 경우 합리적인 범위 내에서 이루어지는 회사의 공익적 행위는 궁극적으로는 회사의 영리성 추구의 범주에서 벗어나지 않는 적법한 것으로 읽혀진다.

제 3 절 사단성

Ⅰ. 전통적 의미

사단(社團)은 공동의 목적을 가진 다수의 자연인이 결성한 결합체를 의미한다.[18] 사단은 복수의 사람으로 구성된 단체 스스로가 독립된 기업주체가 된다. 이처럼 사단이 구성원의 의사를 기초로 하여 성립된 단체라는 점에서 조합[19]과 유사한 측면이 있기는 하지만 일단 성립되면 그 구성원이 법률상 주체성을 상실하고 단체가 표면에 나타난다는 점에서 사단이 조합보다 단체성이 더 강하다.[20] 사단은 설립등기를 통해 법인격을 취득하면 사단법인이 되지만, 그렇지 않는 경우에는 법인 아닌 사단(비법인사단)으로 남는다.

상법 제169조는 주식회사가 사단일 것을 명시적으로 요구하지 않음에도 불구하고 일반적으로 물적 회사의 전형적인 형태인 주식회사를 사단으로 보고 있다. 주식회사는 순수한 인적 결합체에 머무르지 않고 물적 요소(자본금)를 함께 구비한 단체이지만, 구성원이 일단 출자한 자금을 주식양도 이외의 방법으로는 환급할 수 없다는 의미에서의 폐쇄성까지 함께 갖추고 있어 출자자 개인

---

568 판결이 있다.

17) 대법원 2005. 5. 26. 선고 2003도5519 판결; 대법원 2009. 12. 10. 선고 2007다58285 판결.

18) 대법원 1997. 12. 9. 선고 97다18547 판결.

19) "조합은 2인 이상이 상호간에 금전 기타 재산 또는 노무를 출자하여 공동사업을 경영할 것을 약정하는 계약관계에 의하여 성립"한다(대법원 1992. 7. 10. 선고 92다2431 판결).

20) 배성호, "민법상 단체에 대한 규율,"「인권과 정의」Vol.388(대한변호사협회, 2008), 27면.

을 초월하는 단체성이 존재하는 것이다. 이처럼 회사의 사단성은 복수의 자가 주식회사의 자본금 형성에 기여 하였다는 점에서 더욱 두드러진다.[21)]

Ⅱ. 현대적 수정: 1인 회사

1. 개 관

1인 회사(one-man company)라 함은 구성원(사원)이 1인뿐인 회사를 말한다. 회사에서 1인의 주주만 존재한다면 유일한 출자자인 주주가 자신 마음대로 주주총회에서 의사결정을 할 수 있다. 전형적인 1인 회사는 형식상으로 법인기업이지만 실질적으로는 구성원이 1인밖에 없는 개인기업의 속성을 지닌다. 이 경우 회사가 복수의 자연인으로 구성되지 않는다는 점에서 사실상 사단성을 결여한다.[22)]

2. 1인 회사의 인정 여부

1인 회사가 인적 회사라면 당해 1인이 무한책임을 부담하므로 별 문제가 되지 않는다. 그러나 주식회사의 경우에는 구성원이 유한책임을 지는 까닭에 1인 회사는 유한책임을 부담하는 개인기업에 지나지 않는다. 특히 이해관계자가 상대방이 법인임을 전제로 하여 '회사'와 거래하였지만 그 상대방이 사실상 개인기업에 불과하다면 의사결정 절차의 왜곡 등으로 인하여 당해 이해관계자는 예상치 못한 상황에 직면할 수 있다. 이 때문에 1인 회사를 법적으로 인정할지의 여부에 관하여 견해가 한때 나누어져 있었다.

부정설은 1인 회사를 악용하는 폐해가 1인 회사를 인정하는 실익보다 크다는 입장이었다. 이 견해는 1인 회사를 인정할 수 없다는 것이다. 즉, 주주의 수가 1인밖에 없는 회사는 회사로서의 본질인 사단성을 상실하므로 해산의 원인

21) 中條秀治, "会社の社団性と法人性を考える – 団体の概念を手掛りとして –,"「中京経営研究」第9巻 第2号(中京大学, 2000), 79~80頁.

22) 이 때문에 "회사의 경우「사람의 단체」라는 의미에서의 사단성은 그 본질적 속성이라고 할 수 없고, 단지 회사는 재단과 달리,「구성원을 갖는 단체이다」라는 형식적 의미에서의 사단성을 본질로 한다"는 주장이 제기되고 있다(이철송, 앞의 책, 46면).

이 된다고 풀이하였다. 이에 개인이 유한책임제도와 세법상의 이익을 누리기 위하여 회사제도를 남용하는 것은 방지되어야 하므로 1인 회사의 설립은 억제되어야 한다는 주장이 제기된 것이었다. 게다가 상법은 주주총회에서의 의결권의 행사와 기타에 관하여 단독주주를 전제로 하는 특별규정을 두지 않고 있다는 점에 비추어 보아 더 더욱이 1인 회사를 인정할 수 없다는 입장[23)]이 한 때 존재하였다.

반대로 다음과 같은 이유에서 1인 회사를 인정하여야 한다는 견해가 있다. 그 근거로서 제시된 것이 여럿 있다. 2012년 시행 개정상법이 회사의 의의로서 더 이상 사단성을 요구하지 않는다는 점(제169조 참조), 상법이 발기인의 수에 관한 요건을 규정하지 않으므로 설립시부터 1인 회사가 가능하다는 점(제288조), 그리고 언제부터 1인 회사가 되었는지를 외부에서 분명하게 알 수 없다는 점에서 1인 회사를 인정하자는 것이다. 특히 지주회사의 경우처럼 모회사가 자회사의 모든 주식을 보유하는 것[24)]이 법적으로 허용되는 만큼 1인회사를 현실적으로 문제될 것이 없다는 것이다. 더 나아가 1인 회사에서도 그 1인이 주식을 양도함으로써 사원이 복수로 될 수 있어 잠재적 사단성을 갖추고 있다는 의견도 개진되어 있다. 이 같은 다양한 근거는 주식회사는 그 물적 신용이 기업활동의 기초가 되는 물적 회사이므로 인적 구성원의 수(數)나 그 정체가 회사의 본질적인 것이 아니라는 것을 바탕으로 한다.[25)]

사실 오늘날 1인 회사의 인정 여부에 관하여 부정설은 역사적인 의미만 있을 뿐 긍정설이 통설의 입장이다. 대법원의 판례는 일찍부터 1인 회사를 인정하여 오고 있는데, 그 인정의 근거로서 1인 주주의 의사대로 회사가 결의 및 운영되리라는 것을 쉽게 예상할 수 있다는 점을 들고 있다.[26)] 2012년 시행 개정상법도 이러한 한국에서의 통설과 판례를 입법적으로 뒷받침하기 위하여 과감하게 주식회사의 사단성 요건을 삭제한 것으로 읽혀진다. 그럼에도 불구하고

23) 田中誠二/並木俊守,「商法の論点(第2巻) 会社法」(法学書院, 1959), 24頁.

24) 예컨대, 완전모회사(제360조의2 제1항)는 법률적으로 자회사의 주주가 1인밖에 없는 만큼 1인 회사에 해당한다.

25) 김건식/노혁준/천경훈,「회사법」 제3판(박영사, 2018), 52면; 송옥렬,「상법강의」 제9판(홍문사, 2019), 716면; 이철송, 앞의 책, 46면; 장덕조,「회사법」 제4판(법문사, 2019), 20면.

26) 대법원 2004. 12. 10. 선고 2004다25123 판결; 대법원 2006. 6. 16. 선고 2004도7585 판결.

긍정설이 1인 회사가 주식의 양도에 의해서 사단이 될 가능성이 있다고 해서 이를 '잠재적' 사단으로 설명하는 것은 매우 기교적인 것에 지나지 않는다. 또한 설립 당시에 발기인과 주식인수인이 다수인 경우는 사단성을 가진 회사를 설립하는 것으로 풀이하는 데 전혀 문제가 없지만 1인의 발기인만이 회사설립 절차를 밟는 까닭에 회사설립 당시에 1인의 주주만 존재하는 경우에도 그 회사가 잠재적 사단성이 있다고 보는 것은 너무 과도한 의제를 한다는 비판이 가능하다.[27] 요컨대, 주식양도의 자유로 인하여 1인 회사가 항시 복수의 구성원을 가질 수 있는 가능성이 열려 있다고 하더라도 현행 상법이 1인 회사를 인정하는 것은 회사의 사단성 요건을 수정 내지 폐지하는 것과 다를 바 없다고 보아야 한다.

3. 1인 회사에서의 주주총회

(1) 대법원 판례의 동향

대법원은 "이른바 1인 회사의 경우에는 그 주주가 유일한 주주로서 주주총회에 출석하면 전원 총회로서 성립하고 그 주주의 의사대로 결의가 될 것임이 명백하므로 따로 총회소집절차가 필요 없고, 실제로 총회를 개최한 사실이 없었다 하더라도 그 1인 주주에 의하여 의결이 있었던 것으로 주주총회의사록이 작성되었다면 특별한 사정이 없는 한 그 내용의 결의가 있었던 것으로 볼 수 있다"고 판시하고 있다.[28] 즉, 대법원 판례는 1인 주주가 회사의 기관으로서 의사결정을 하고 의사록을 작성하여 이를 객관화한 경우에 한하여 주주총회의 결의가 있었던 것으로 판단하고 있다. 이처럼 대법원 판례는 1인 회사의 경우 지배구조상 주주와 회사의 이해관계가 일치하므로 상법상의 규정을 완화하여 적용하고 있는 것이다. 이 때문에 주식의 일부라도 분산이 되어 있는 경우에는 1인 회사의 법리가 적용되지 않는다.[29]

상법상 이사는 주주총회에서 선임되기는 하지만 주주의 대리인이나 사용인이 아니다. 이사는 회사의 수임인이다. 이에 민법의 위임에 관한 규정을 준용

27) 김홍기, 「상법강의」 제4판(박영사, 2019), 290면.
28) 대법원 2014. 1. 23. 선고 2013다56839 판결.
29) 대법원 2007. 2. 22. 선고 2005다73020 판결.

하여 이사에게 선관주의의무를 부담시키고 있다(제382조 제2항). 대법원 판례 중에는 한 때 1인 회사에서의 주주의 재산상 이익과 회사의 재산상 이익을 동일시한 것이 있었다.[30] 그러나 대법원은 1983년 이른바 1인 회사에 있어서도 행위의 주체인 1인 주주와 주식회사는 분명히 별개의 인격으로 보아야 한다고 입장을 변경[31]하여 오늘에 이르고 있다.[32] 그러므로 현재에는 1인 주주가 회사재산을 횡령한 경우에도 횡령죄가 성립하며,[33] 1인 주주가 임무를 위배하여 회사에 손해를 가한 경우에 배임죄의 성립이 인정된다.[34] 이처럼 횡령죄와 배임죄의 성립을 인정한다는 것은 회사의 이익(손해)이 주주의 이익(손해)과 동일시될 수 없다는 것[35] 이외에도 1인 회사라 하더라도 주주 이외의 다른 이해관계자의 이익을 보호할 필요가 있음을 시사하고 있다.[36]

(2) 경제적 분석

대법원 판례는 주주총회의 소집절차를 생략하더라도 주주 전원이 출석하여 만장일치로 이루어진 전원출석총회의 경우 그 효력을 인정하고 있다.[37] 상법이 주주의 이익을 보호하기 위하여 주주총회의 소집절차를 엄격하게 정하고 있기는 하지만[38] 주주 전원이 주주총회의 개최에 동의하고 의견이 일치된다면 굳이 절차상의 흠결이 문제될 수 없다는 입장이다. 같은 맥락에서 설령 주주총회 소집절차가 결여된 경우에도 1인 주주가 참석하여 주주총회의 개최에 동의하고 이의 없이 결의하였다면 그 총회는 전원출석총회로서 유효한 것으로 된다. 이 경우에 주주총회 의사록은 남겨두어야 한다.

주주총회를 현실적으로 개최하지 않은 채 1인 주주가 주주총회의 결의가

---

30) 대법원 1974. 4. 23. 선고 73도2611 판결.
31) 대법원 1983. 12. 13. 선고 83도2330 전원합의체 판결.
32) 대법원 2006. 6. 16. 선고 2004도7585 판결.
33) 대법원 1989. 5. 23. 선고 89도570 판결.
34) 대법원 2005. 10. 28. 선고 2005도4915 판결.
35) 1인 회사라 하더라도 회사의 모든 재산이 주식이라는 형식으로 반드시 그 1인 주주에 귀속되지 않음을 의미하며, 그 결과 회사의 재산감소가 단순히 1인 주주 자신의 재산감소와 같다고는 할 수 없다는 것이다.
36) 대법원 1983. 12. 13. 선고 83도2330 전원합의체 판결.
37) 대법원 1979. 6. 26. 선고 78다194 판결.
38) 대법원 1966. 9. 20. 선고 66다1187, 1188 판결.

있었던 것처럼 의사록을 꾸몄을 경우에 대법원이 이를 전원출석총회와 동일하게 그 효력을 인정하는 이유는 무엇인가? 여기서 주주총회의 소집과 결의에 관련된 절차에 중대한 하자가 있다는 이유로 1인 회사임에도 불구하고 법원의 판결에 의하여 주주총회 결의의 부존재가 확인되었다고 가정하자. 더 나아가 그러한 주주총회 결의상의 하자가 확인된 후에 이번에는 적법한 절차를 거쳐 주주총회가 다시 소집되었다고 가정하자. 1인 회사에서 의결권을 행사할 주주는 1인만이 존재하는 까닭에 소집된 주주총회에서의 결의는 그 주주의 의사대로 이루어질 것이 명백하므로 당해 주주총회는 그 주주의 의사를 재차 확인하는 것과 다를 바 없다. 오히려 주주총회의 소집으로 인하여 의사결정의 시기가 늦추어지고, 주주총회의 소집과 결의에 노력과 비용을 추가적으로 지출하여야 할 뿐이다. 이에 대법원은 노력과 비용의 절감 차원에서 1인 회사에서 주주총회 관련 절차와 형식이 결여되었다고 하더라도 하자가 치유되는 것으로 보고 있다. 즉, 1인 회사에서의 1인 주주의 의사가 회사의 뜻과 다르지 않다는 것이다. 또한 대법원 판례는 주주총회의 소집과 결의에 관련된 절차는 주주 보호 차원에서 마련된 것임을 가리킨다. 1인 회사에서는 절차적인 보호가 필요한 다른 주주가 존재하지 않으므로 주주총회에 관련된 하자가 치유되는 것으로 풀이하더라도 문제가 없다는 것이다.[39)]

1인 회사에 대해 상법 규정을 완화하여 적용하면 1인 주주는 언제 어디서든지 자신의 의사로서 주주총회의 결의를 대체할 수 있다. 그러한 경우 1인 회사의 이사회는 주주총회가 언제 어떠한 의사결정을 하였는지를 분명하게 알지 못하는 상황이 빚어질 수 있다. 그 경우 채권자 등과 같은 다른 이해관계자들은 그 1인의 주주에 대한 감시가 훨씬 어려워진다. 정보의 편재로 인하여 탐색비용(searching cost)이 증가하고 아울러 감시가 어려워져 감시비용(monitoring cost) 마저 증가하면 은행과 같은 약정채권자는 1인 회사와의 거래에 더 많은 비용을 투입할 수밖에 없다. 비용의 증가는 거래의 원활한 체결과 이행을 저해한다. 대법원이 판례로서 주주총회의 의사록을 작성할 것을 강제하여 정보를 개시(disclosure)할 것을 요구하는 것은 1인 주주와 이사, 감사 또는 회사채권자 사이

---

39) 鈴木千佳子, "一人会社と株主総会,"「法學研究: 法律·政治·社会 」65巻 6号(慶應義塾大学法学研究会, 1992), 58~60頁.

의 정보의 비대칭[40](information asymmetry)을 완화하는 효과가 있다. 이 같은 정보비대칭의 완화는 탐색과 감시에 드는 비용을 떨어뜨려서 거래활성화에 기여한다.

제 4 절 법인성

Ⅰ. 전통적 의미

법인은 사람 또는 재산의 결합으로 인하여 법적으로 권리능력의 주체가 되는 것을 의미한다. 단체가 법인격을 취득하면 자연인과 마찬가지로 하나의 인격을 법적으로 부여받은 존재가 된다. 일정한 목적을 가진 사람의 모임이 권리능력의 주체가 되는 경우가 사단법인인데, 상법상의 회사가 이에 해당한다.

상법상 회사가 법인인 것은 단체의 법률관계를 간이하게 하려는 데 그 목적이 있다. 이에 그 회사의 명의로 계약을 체결하고, 권리를 행사하고, 의무를 부담하며, 그 명의로 소송당사자가 된다. 이와 동시에 법인격의 취득으로, 단체에 제공된 재산이 사원의 개인재산으로부터 구별된다.[41] 말하자면, 주식회사에 회사와 그 사원이 별개의 인격을 가진다는 원칙이 적용되어 사원 개인의 재산을 회사의 채권자에 대하여 책임재산으로 취급할 수 없는 것이다.[42] 따라서 예컨대, 1인 주주의 회사에 있어서 주주와 회사는 다른 인격을 가지므로 어느 회사에 1인 주주만이 있다는 사실 또는 주주의 책임을 유한하게 할 목적으로 주식회사를 설립한다는 것 등은 사업형태로서 주식회사를 선택하는 데 있어서 중요한 이유에 해당하므로 단순히 이 같은 이유가 존재한다는 것만으로는 법인격

40) '정보의 비대칭'이라 함은 어느 자가 알고 있는 사항을 그 외의 자가 알지 못하거나 그 역(逆)의 현상을 지칭하는 것으로서, 지득(知得)하거나 지득할 수 있는 정보의 양(量)이 양자간에 차이가 있는 것을 의미한다.

41) Reinier Kraakman et al., The Anatomy of Corporate Law: A Comparative and Functional Approach 5~6(3d ed. 2017).

42) Bernard F. Cataldo, *Limited Liability with One-Man Companies and Subsidiary Corporations*, 18 Law & Contemporary Problems 473, 474(1953).

이 부인되는 것은 아니다.[43]

Ⅱ. 현대적 수정: 법인격 부인론

1. 개 관

'법인격 부인론'은 회사가 존속하는 중에 그 회사의 형식적 독립성을 관철하는 것이 오히려 정의와 형평의 이념에 반한다고 인정되는 경우 등에 예외적으로 회사의 법인격을 해당 법률관계에 한하여 부인하는 것을 의미한다. 이 법리를 적용하는 것은 회사가 그 사원(주주)과는 별개로서 가지는 법인성을 정면으로 부정하여[44] 주주가 자산의 주식인수가액을 한도로 부담한다는 주주유한책임의 원칙에 대한 예외를 인정하는 것으로 된다. 주식회사의 본질에 해당하는 "주식회사의 유한책임원칙에 대한 예외를 인정하는 것은 어디까지나 당해 법인격이 불법 또는 부정한 목적을 위하여, 또는 공공의 이익에 반하거나 위법을 정당화하거나, 기타 사기를 비호하거나 범죄를 옹호하기 위한 등의 목적에서 사용되는 경우"에 한한다.[45]

2. 법인격 부인의 근거

한국에서는 1974년 서울고등법원이 법인격 부인론을 공식적으로 적용하여 판결한 바 있지만[46] 대법원이 이를 수용하지 않았다. 그 후 여러 해가 흐른 뒤인 1988년에 이르러서 대법원이 이 법리를 실제 사건에서 적용하여 판결하였다.[47] 법인격 부인론의 근거로 신의성실의 원칙(민법 제2조 제1항)과 상법전상 회사의 법인격의 개념에 내재하는 한계(제169조)에서 찾는 견해 등이 제시되고 있는데, 판례는 전자(前者)를 근거로 하고 있음을 밝히고 있다.[48] 이처럼 법인격

---

43) Sam F. Halabi, *Veil-Piercing's Procedure*, 67 Rutgers University Law Review 1001, 1010(2015).

44) 이처럼 영리법인을 이윤귀속주체로서의 주주와 동일시하면 "자칫 영리법인의 법인격을 부인하는 결과를 초래할 위험"이 있다(대법원 1982. 4. 13. 선고 80도537(분리) 판결).

45) 서울고등법원 2004. 4. 30. 선고 2003나11891 판결.

46) 서울고등법원 1974. 5. 8. 선고 72나2582 판결.

47) 대법원 1988. 11. 22. 선고 87다카1671 판결.

48) 대법원 2001. 1. 19. 선고 97다21604 판결; 대법원 2008. 9. 11. 선고 2007다90982 판결.

부인론은 형평적인 측면에서 특정한 사안의 해결을 위한 열쇠가 되는 법리로서 오늘날 판례와 다수의 학자들에 의하여 인정되어 오고 있다.

신의성실의 원칙은 민법 제2조 제1항에서 "권리의 행사와 의무의 이행은 신의에 좇아 성실히 하여야 한다"는 것으로 표현되어 있다. 이 원칙은 그 자체로서 법률관계의 내용을 정하거나 구체적인 청구를 할 수 있는 권리를 발생시킬 수 있는 법적 효력을 가지고 있으며, 법률행위를 해석하여 그 내용을 획정하는 기능 및 실정법 또는 계약의 내용을 보정하는 기능을 갖는다. 그러나 이 원칙은 매우 애매하고 추상적이기 때문에[49] 이 원칙을 남용할 경우에는 법률과 도덕을 혼동할 우려가 있고 또한 법관이 법률을 자유재량적으로 취급하여 법적 안정성을 해할 우려가 있다.[50] 이처럼 사법부가 법인격 부인론의 근거를 실정법이 아니라 신의성실에서 찾고 있다는 것은 그만큼 법인격 부인론의 확대적용을 경계하겠다는 의지가 반영되어 있다. 그 결과 한국에서의 법인격 부인론은 그 역사가 비교적 일천하며, 실제 법인격이 부인된 사건이 많지 않다.

3. 법인격 부인론의 적용요건

일반적으로 회사와 그 사원이 별개의 인격을 가지는 이상 법인격 부인론을 안이하게 적용하는 것을 피하고, 가능한 한 현행 법률을 탄력적으로 해석하여 구체적으로 타당한 결론을 이끌어 내는 데 노력하여야 한다. 때문에 기존의 법제도나 종래의 사법이론(私法理論)으로 해결할 수 없는 경우에 최후의 수단으로서 법인격 부인의 법리가 적용되어야 한다.[51]

대법원 판례의 동향을 한 눈에 조감하자면, 법인격 부인론은 대개 회사의 법인격이 '형해'(形骸)에 지나지 않는 경우 및 법인격이 법률의 적용을 회피하기 위해서 '남용'되고 있는 경우에 적용된다.[52] 판례에 의하여 정립된 요건만 갖춘

49) 대법원 판례에 따르면 "민법상 신의성실의 원칙은 법률관계의 당사자는 상대방의 이익을 배려하여 형평에 어긋나거나 신뢰를 저버리는 내용 또는 방법으로 권리를 행사하거나 의무를 이행하여서는 안된다는 추상적 규범"이다(대법원 1989. 5. 9. 선고 87다카2407 판결).

50) 윤철홍, "신의성실의 원칙의 적용 영역 확장에 따른 위험성에 관한 소고," 「법학연구」 제30권 제1호(충남대학교, 2019), 385~389면.

51) 송옥렬, 앞의 책, 712면.

52) 대법원 2013. 2. 15. 선고 2011다103984 판결.

다면 법인격 부인론은 채무불이행책임(계약책임)뿐만 아니라 불법행위책임에 대해서도 적용된다.[53]

먼저 법인격이 형해화되는 경우를 살펴보자. 대법원 판례에 따르면 법인격 부인론이 적용되기 위한 요건으로 "해당 회사가 그 법인격의 배후에 있는 회사를 위한 도구에 불과하다고 보려면, 원칙적으로 문제가 되고 있는 법률행위나 사실행위를 한 시점을 기준으로 하여 두 회사 사이에 재산과 업무가 구분이 어려울 정도로 혼용되었는지 여부, 주주총회나 이사회를 개최하지 않는 등 법률이나 정관에 규정된 의사결정절차를 밟지 않았는지 여부, 해당 회사 자본의 부실정도, 영업의 규모 및 직원의 수 등에 비추어 볼 때 그 해당 회사는 이름뿐이고 실질적으로는 배후에 있는 회사를 위한 영업체에 지나지 않을 정도로 형해화되어야 한다."[54]

다음으로 법인격이 남용되는 경우에 법인격 부인론을 적용하기 위해서는 이하의 요건을 갖추어야 한다. 즉, 법인격의 형해화에는 해당되지 않더라도 "그 배후에 있는 회사가 해당 회사의 법인격을 남용한 경우 그 해당 회사는 물론 배후에 있는 회사에 대하여도 해당 회사의 행위에 대한 책임을 물을 수 있으나, 이 경우 채무면탈 등의 남용행위를 한 시점을 기준으로 하여, 배후에 있는 회사가 해당 회사를 자기 마음대로 이용할 수 있는 지배적 지위에 있고, 그와 같은 지위를 이용하여 법인제도를 남용하는 행위를 할 것이 요구되며, 그와 같이 배후에 있는 회사가 법인제도를 남용하였는지 여부는 앞서 본 법인격 형해화의 정도 및 거래 상대방의 인식이나 신뢰 등 제반 사정을 종합적으로 고려하여 개별적으로 판단"한다.[55] 다만, 법인격 남용의 경우에는 당해 회사의 "법인격이 배후자에 대한 법률적용을 회피하기 위한 수단으로 함부로 이용되거나, 채무면탈, 계약상 채무의 회피, 탈법행위 등 위법한 목적달성을 위하여 회사제도를 남용하는 등의 주관적 의도 또는 목적이 인정"되어야 한다.[56]

이상과 같이 판례는 갖은 노력에도 불구하고 타당한 해결이 곤란한 예외적인 경우에게만 법인격 부인의 법리를 적용하고 있다. 법인격 부인의 법리가 가

---

53) 부산지방법원 1997. 8. 20. 선고 96가합23873 판결.

54) 대법원 2013. 2. 15. 선고 2011다103984 판결.

55) 위의 판결.

56) 대법원 2010. 2. 25. 선고 2007다85980 판결.

지는 보충성(Subsidiarität)으로 인하여 현행법상 모든 구제수단이 소진이 된 후에야 적용된다는 것이다. 대법원 판례에서 보듯이 법인격 부인의 가부(可否)를 판단하기 위해 여러 가지 엄격한 요건을 종합적으로 고려하여야 한다는 것은 실제 법인격 부인이 널리 인정되기 어렵다는 것을 뜻한다.

4. 경제적 분석

(1) 분석의 대상

개인 또는 기업과 같은 경제주체의 행동이 종종 외부성 혹은 외부효과를 발생시키기도 한다. '외부효과'(externality)라 함은 소비 또는 생산으로부터 발생하는 부수적 효과를 의미하는데, 경제학적으로는 어느 경제주체의 행동이 시장을 통하지 않고 다른 경제주체의 비용이나 편익을 직접 증가·감소시키는 것을 의미한다.[57] 이러한 부수적 효과는 타인에게 해를 초래하거나 이득을 부여할 수 있으므로[58] 외부효과는 긍정적일 수도 부정적일 수도 있다. 구체적으로 보자면, 정(正)의 외부효과(positive externality)는 개인이나 회사의 행동이 편익을 발생시키고 그 가치를 생산자가 내부화하거나 향유할 수 없는 경우에 발생한다. 부(負)의 외부효과(negative externality)는 한 사람의 행동이나 사업이 타인에게 비용을 부과할 때 발생한다. 이 효과에 대해서 비용이 지급되거나 그렇지 않을 수 있다.[59]

부의 외부효과의 대표적인 예로서는 공장이 오염물질을 배출하여 공장주변의 주민들이 병에 걸려 괴로워하는 경우를 들 수 있다. 이 경우 주식회사인 공장이 행한 사업이 다른 경제주체, 즉 공장 주변의 주민에게 병을 유발하고 그 치료를 위한 비용이 증가한다면 부의 외부효과가 초래된 것이다. 만약 공장 주변의 주민들에게 맑은 공기를 마시고 깨끗한 물을 먹을 수 있는 권리가 인정된다면 오염물질의 배출로 인하여 주민들이 입은 피해 전부를 그 발생원(發生源)인 주식회사에 부담시켜 그로 하여금 외부효과를 내부화(internalization)하도록

57) Kenneth J. Arrow, *The Organization of Economic Activity: Issues Pertinent to the Choice of Market Versus Nonmarket Allocation, in* Public Expenditures and Policy Analysis 59, 67(Robert H. Haveman & Julius Margolis eds., 1970).

58) R. H. Coase, The Firm, the Market, and the Law 24(1988).

59) A. C. Pigou, The Economics of Welfare 183(4th ed. 2013).

하는 것이 필요하다. 외부효과의 내부화가 가능하다면 공장은 그러한 피해의 발생가능성을 감안하여 생산시설을 가동하거나 오염배출 방지시설을 구축하는 등의 노력을 경주할 것이며, 이러한 노력에도 불구하고 부의 외부효과가 초래된다면 불법행위에 기인하는 손해배상책임을 부담하여야 한다.

주식회사에서 주주는 회사의 채무에 대하여 유한책임만을 부담하므로 회사의 자산규모를 초과하는 채무에 대해서는 어떤 방법이든 간에 책임이 단절된다.[60] 이는 경제적으로 주식회사의 소유자로 인식되는 주주가 주주총회를 통해 회사의 의사결정에 참여할 수 있는 권한을 가진 자라는 점에서 회사의 주된 이해관계자임에도 불구하고 주식회사의 사업활동에 수반하는 사고로 인한 책임을 내부화하지 못한다는 것을 의미한다. 이 때문에 역(逆)으로 주주가 투자안을 선택하고 사고·피해 방지를 위한 시설을 강구하거나 조치를 실시함에 있어서 왜곡된 유인이 발생하는 것으로 알려져 있다. 법인격 부인론은 이 같은 유인의 왜곡을 방지하는 효과가 있다.[61] 이하에서는 부의 외부효과가 존재함에도 불구하고 왜 주주가 삐뚤어진 유인을 가지게 되는지와 법인격 부인론이 과연 그러한 유인의 왜곡을 어떻게 교정할 수 있는지에 관하여 가상의 예를 들어 살펴보고자 한다.

(2) 투자안의 선택

여기에 순자산[62]의 규모가 1,500만원인 甲주식회사가 모든 자산을 투입하여 이익을 낼 수 있는 두 가지 투자안(投資案)이 있다고 가정하자. 추가적으로, 乙이 甲회사가 발행한 주식을 모두 소유한다고 가정한다. 가상적으로 투자안 A의 경우는 80%의 확률로 3,000만원의 수익이 보장되어 있기는 하지만 20%의 확률로 타인에게 9,000만원의 피해를 초래한다. 이에 반하여 투자안 B는 2,000만원의 수익이 확실하게 보장되면서 타인에게 피해를 초래할 우려가 없다. 甲회사는 사회전체적인 시각에서 두 가지 투자안 중에 어느 쪽에 투자하는 것이 합리적인가? 투자하기 전의 단계에서 각 투자안으로부터 얻을 수 있는 수익에 대

60) David A. Skeel, Jr., *Shaming in Corporate Law*, 149 University of Pennsylvania Law Review 1811, 1865(2001).

61) Stephen Bainbridge, Corporate Law 54(3d ed. 2015).

62) 총 자산에서 총 부채를 공제하고 남은 것을 말한다.

〈표 3-1〉 가상의 투자안

	투자안 A	투자안 B
투자액 규모	1,500만원	1,500만원
보장된 수익	3,000만원×0.8=2,400만원	2,000만원×1=2,000만원
타인의 피해가 초래되는 경우	−9,000만원×0.2=−1,800만원	−
기댓값(합계)	600만원	2,000만원

한 기댓값[63]이 각 투자안에 투입하는 투자액 규모를 상회하는 경우에는 투자하는 것이 효과적이라고 판단하기로 한다. 투자안 A와 투자안 B의 수익에 대한 기댓값은 <표 3－1>과 같다.

투자안 A의 경우 수익에 대한 기댓값은 600만원에 지나지 않는 반면에 투자안 B는 그 값이 2,000만원이다. 투자안 B의 경우 기댓값이 투자액을 상회하므로 이 투자안을 수용하여 실행하는 것이 바람직하다.

주식회사에서는 주주는 자신의 투자액을 한도로 하여 회사의 채무에 간접적으로 책임을 부담할 뿐이다. 이러한 상황에서 甲회사는 어느 투자안을 선택할 것인가? 논의의 단순화를 위해 甲회사(궁극적으로는 그 주주)가 위험중립적인 성향을 지닌다고 가정하자. 만약에 투자안 A를 선택한 후에 20%의 확률로 9,000만원의 피해가 발생한다고 하더라도 甲회사가 가진 순자산으로 배상하면 그것으로 종결되므로 동 회사의 주주가 그 피해에 대하여 직접적인 책임을 부담하지 않는다. <표 3－1>에서 투자안을 대상으로 하여 간단히 살펴보는 경우 투자안 B가 투자에 대한 기댓값이 상대적으로 높아 사회적으로 보다 더 효율적임에도 불구하고 甲회사는 더 많은 수익이 보장된 투자안 A를 선택하는 것이다. 투지안 A에서 甲회사의 불법행위로 인해 제3자가 입은 피해의 규모가 동 회사의 남은 순자산액을 초과함에 따라 그는 완전히 구제를 받을 수 없는 상황에 놓이게

63) 기댓값(expected value: EV)은 각 사건이 벌어졌을 때의 가치와 그 사건이 벌어질 확률(probability: Pr)을 곱한 것을 전체 사건에 대해 합한 값을 의미한다. 이 경우 각 투자안에 대한 기댓값의 산출공식은 EV=Pr(성공시의 가치)+Pr(실패시의 가치)이다. 이는 어떤 확률적 사건에 대한 평균의 의미로 볼 수 있다. David W. Leebron, *Limited Liability, Tort Victims, and Creditors*, 91 Columbia Law Review 1565, 1570(1991).

된다.[64] 이와 같이 회사자산으로 제3자의 손해를 완벽하게 배상할 수 없을 규모의 피해가 발생하더라도 주식회사의 주주는 그 피해에 대하여 간접적인 책임만을 부담한다. 따라서 甲회사는 외부화된 불법행위비용이 있는 까닭에[65] 애당초 사회전체적으로 효율적이지 않은 것으로 평가된 투자안 A를 수용하는 것이다.

만약 판례에 의하여 정립된 법인격이 부인될 요건을 모두 충족한 경우는 어떻게 될 것인가? 위에서 살펴본 바와 같이 법인격이 부인된다는 것은 주식회사의 배후에 있는 지배주주가 개인적인 자산으로 회사의 채무에 대하여 책임을 지는 것을 의미한다. 말하자면, 법인격이 부인되면 주주가 무한책임을 지는 개인기업을 사실상 경영하는 것과 다를 바 없다. 투자안 A를 채택한 후 제3자가 입은 피해에 대하여 甲회사가 남은 순자산으로 완벽하게 배상하지 못하게 됨에 따라 乙이 개인적으로 300만원을 배상하여야 한다. 결국 법인격 부인이 되어 주식회사의 배후에 있는 주주가 추가적인 부담을 지는 경우를 회피하기 위해서는 甲회사가 투자안 B를 채택하는 것이 바람직하다. 결과적으로 부의 외부효과가 발생할 가능성과 그 규모는 투자안을 선택함에 있어 중요한 자료가 된다.

(3) 피해방지 노력

주식회사가 타인에게 피해를 초래하는 것 — 부의 외부효과가 발생하는 것 — 을 방지하기 위한 유인이 있는지의 여부에 관하여 가상의 사례를 들어 살펴보기로 하자. 타인에게 20%의 가능성으로 9,000만원의 피해를 야기할 가능성이 있는 투자안 C가 있다고 하자. 만약 200만원의 비용을 들여 사전적으로 피해발생을 방지하기 위한 노력을 경주한다면 피해가 발생할 가능성을 10%로 줄일 수 있다고 가정한다. 사회전체적 후생의 관점에서 살펴보면 피해방지를 위해 노력하는 경우 피해에 대한 기댓값은 900만원인 반면에 노력을 하지 않는 경우의 피해에 대한 기댓값은 1,800만원이다. 200만원의 비용을 투입한 결과 타인에게 돌아갈 피해가 900만원이나 축소되었고, 나아가 그 금액에서 비용을 공제하고서도 700만원에 해당하는 피해의 기댓값이 줄어들었으므로 피해발생 방지를 위

---

64) Henry Hansmann & Reinier Kraakman, *Toward Unlimited Shareholder Liability for Corporate Torts*, 100 Yale Law Journal 1879, 1880, 1920(1991).

65) Phillip I. Blumberg, *Limited Liability and Corporate Groups*, 11 Journal of Corporation Law 573, 576(1986).

〈표 3-2〉 피해방지 노력의 효율성

피해방지 노력 비용	200만원
피해방지 노력을 하지 않는 경우	9,000만원×0.2=1,800만원
피해방지 노력을 하는 경우	9,000만원×0.1=900만원
노력에 따른 기댓값의 차	1,800만원−900만원=900만원
노력의 효율성	효율적임(900만원−200만원=700만원)

한 노력은 효율적이며, 사회적으로 바람직한 것으로 평가된다.

순자산이 1,500만원인 丙주식회사가 있다고 가정하자. 20%의 확률로 9,000만원의 피해가 발생한다고 하더라도 그 지배주주는 법인격을 가진 丙회사의 채무에 대하여 직접적인 책임을 부담하지 않는다. 때문에 丙회사의 지배주주는 피해방지를 위한 유인을 가지지 않는다. 이는 타인에 대한 피해가 발생하는 것을 용인하는 것과 다를 바 없다.66)

丙회사의 법인격이 부인되는 경우 그 지배주주는 개인기업의 소유자와 마찬가지 입장에 놓인다. 개인기업이 위와 같은 상황에 놓인 경우라면 그 개인기업의 소유자는 무한책임을 우려하여 <표 3-2>처럼 피해방지를 위한 비용을 투입하고자 할 것이다. 이러한 점에서 법인격 부인은 주식회사에 법인격이 인정됨으로 인하여 수반되는 부의 외부효과를 축소하는 효과가 있다.

66) 외국에서는 지배주주가 유한책임제도를 남용하여 도덕적 해이(moral hazard)를 하는 경우 그 비용을 사회에 전가한다는 비판이 많이 제기되고 있다. 이러한 비판은 회사의 불법행위로 인한 피해를 당한 자(채권자)에 대한 지배주주의 손해배상책임을 부과하자는 주장과 연결되어 있다. 이 같은 주장을 펼치는 문헌으로서는 Henry Hansmann & Reinier Kraakman, *Toward Unlimited Shareholder Liability for Corporate Torts*, 100 Yale Law Journal 1879, 1880(1991); 向井貴子, "株主有限責任のモラル・ハザード問題と非任意債権者の保護,"「九大法学」第91号(九州大学, 2005), 267頁 이하 등이 있다.

제4장

주식회사의 본질

제 4 장

주식회사의 본질

제1절 논의의 범위

오늘날 경제·사회에 있어서 중심적인 위치를 차지하고 있는 주식회사의 본질적인 요소로서 자본금, 주식 및 주주유한책임이 있다. 여기서 '자본금'이라 함은 사원의 출자에 의해 이루어진 일정한 기금으로서 회사재산의 확보를 위한 기준이 되는 일정한 금액을 의미한다.1) 자본금의 개념은 주식회사의 연혁에 비추어보면 상대적으로 최근의 것이지만2) 한국과 같은 대륙법적 전통을 지닌 나라에서는 상법(회사편)의 초석으로 간주되어 강행법적으로 규정되어 있다.3) 이처럼 한국 회사법에서 자본금이 중요한 의미를 가지는 이유는 주식회사에서 주주는 주식의 인수가액을 한도로 하여 회사에 출자의무를 부담할 뿐, 회사의 채무에 대하여 어떠한 경제상의 책임을 지지 않으므로 회사의 재산만이 그 회사의 채권자를 위한 유일한 담보가 되기 때문이다.4) 따라서 회사채권자를 위하

1) 김건식/노혁준/천경훈, 「회사법」 제3판(박영사, 2018), 73면.

2) 미국의 경우 주식회사에서의 자본금의 개념은 19세기 후반에 생성되었다. 19세기 후반은 이미 미국에서 산업자본주의(industrial capitalism)가 성숙단계에 접어들고 금융자본주의(finance capitalism)가 태동하였고 회계전문가 직업이 발전초기 단계에 들어선 시기였다. Bayless Manning & James J. Hanks, Jr., Legal Capital 20(3d ed. 1990).

3) Helmut Kohl, *Path Dependence and German Corporate Law: Some Skeptical Remarks from the Sideline*, 5 Columbia Journal of European Law 189, 195~196(1999).

4) 장욱/전상경, 「증권발행가격 규제의 문제점과 제도개선 연구」(자본시장연구원, 2010),

고 동시에 회사자체의 경제적 건전성을 확보하기 위해서 회사는 회사재산을 자본금액에 상당하게 보유할 필요가 있다. 이에 상법은 주식회사에 관하여 일반적으로 자본금확정의 원칙, 자본금충실의 원칙, 자본금불변의 원칙을 요구하고 있다.

'주식'이란 법률상 두 가지 의미를 갖는다. 하나는 자본금의 구성단위로서의 의미가 있고, 다른 하나는 주주권, 즉 주식회사의 구성원으로서의 주주의 지위(주주의 권리와 의무)를 뜻한다. 전자(前者)에서 이야기하는 자본금의 구성단위라 함은 주식회사가 그 법률관계를 간편하게 처리하기 위하여 자본금을 주식이라는 균일한 비례적 단위로 세분한 것을 말한다. 이와 관련하여 상법 제451조 제1항은 "회사의 자본금은 본법에 다른 규정이 있는 경우 외에는 발행주식의 액면총액으로 한다"고 정하고 있다. 또한 회사법상 중요한 법리인 주주평등의 원칙에 따라 각 주식이 표창(表彰)하는 권리의 내용은 원칙적으로 동일하며, 주주는 그가 회사에 대하여 갖는 법률관계에 관하여 자신이 보유하는 주식의 수에 비례하여 평등하게 대우를 받을 권리를 가진다.[5] 따라서 주식이 자본시장에서 표준화된 상품의 일종으로 거래됨에 따라 투자자가 주권에 체화(embody)된 권리를 개별적으로 살펴볼 필요가 없다. 이러한 점에서 거래의 신속을 도모할 수 있다. 상법은 액면가를 정하지 않는 무액면주식의 발행을 허용하고 있다. 회사는 액면주식과 무액면주식 중에서 선택할 수 있는 것이다(제451조 제2항). 무액면주식을 발행하는 주식회사의 경우 자본금이란 무액면주식을 발행하는 경우는 '주식 발행가액의 2분의 1 이상의 금액으로서 이사회(제416조 단서에 의한 경우에는 주주총회)에서 자본금으로 계상하기로 한 금액의 총액'을 가리킨다(제451조 제1항·제2항).

위에서 언급한 것처럼 상법상 '주주유한책임'이라 함은 주식회사의 주주는 그가 가지는 주식의 인수가액을 한도로 책임을 부담할 뿐임을 의미한다(제331조). 즉, 주주는 회사의 채무에 대해 인수가액의 한도를 초과하여 변제하여야 하는 의무를 부담하지는 않는다.[6] 예컨대, 어느 개인이 출자하여 주식회사를 설

11~12면.

5) Providence & Worcester Co. v. Baker, 378 A.2d 121, 123(Del. 1977).

6) 대법원 2009. 5. 29. 선고 2007도4949 판결.

립하고 그 이사로서 경영하던 자가 설령 사업에 실패했다고 해도 동 회사에 출자하지 않았던 개인재산으로 동 회사의 채무를 변제하기 위해 새롭게 충당할 의무를 부담하지 않는다. 이처럼 주주는 그가 자발적으로 회사의 채무를 부담하는 것을 제외[7]하고는 회사의 내부관계에서는 물론 외부적으로도 회사의 채권자에 대하여 별도의 추가적인 책임을 전혀 부담하지 않는다.[8]

본장에서는 이상에서 언급한 3가지 사항에 관하여 살펴보고자 한다. 먼저 회사법이 인정하고 있는 자본금제도와 관련하여 자본금의 의의 및 자본금의 3원칙을 중심으로 하여 경제학적으로 접근한다. 그 다음으로 무액면주식과 관련하여 액면주식과 상호 비교하면서 무액면주식의 편익과 비용을 논한다. 제4절에서는 회사법상 주주유한책임의 정당화 근거를 먼저 개관한 다음 가상의 투자안을 대상으로 하여 주주유한책임으로 인한 폐해를 살펴보기로 한다. 마지막 부분에서는 주주유한책임제도하에서 주주 유인의 왜곡이라는 폐해를 극복하기 위한 수단과 방법을 선별하여 간단히 정리한다.

제 2 절 상법상 자본금제도

Ⅰ. 자본금의 의의

1. 자본금의 정의

주식회사에서는 주주가 유한책임을 부담하므로 회사재산이 회사채권자에 대한 유일한 책임재산이다. 재산이라는 것은 경제환경의 변화에 따라 수시로 증감될 수 있어 재무제표를 통해 정확하게 회사외부로 공개되지 않는 한 그 재산을 파악하기가 용이하지 않다. 설령 재무제표가 작성된다고 하더라도 재무제표 작성시와 그 재무제표가 공개되는 시점 또는 이를 확인하는 시점 사이에 시

7) 대법원 1983. 12. 13. 선고 82도735 판결; 대법원 1989. 9. 12. 선고 89다카890 판결.

8) 헌법재판소 1997. 6. 26. 선고 93헌바49, 94헌바38·41, 95헌바64(병합) 결정; 대법원 2004. 10. 27. 선고 2003두1165 판결; 헌법재판소 2012. 3. 29. 선고 2010헌바377 결정.

간적인 간격이 존재하므로 각각의 시점 사이에 재산액수가 달라진다. 이에 상법은 단순한 계산상의 지표가 되는 (원칙적인) 불변의 개념으로서 '자본금'을 사용하고 있다.

주식회사의 자본금은 "사업을 영위하기 위한 물적 기초를 구축하기 위하여 주주들이 출연하는 금원"을 말한다.[9] 자본금이 주주의 출자액이기는 하지만 출자액의 규모가 반드시 자본금의 규모와 동일한 것은 아니다. 예컨대, 회사성립 후 준비금의 자본금전입에 의하여 신주를 발행(제461조)한 후라면 주주의 출자액 규모와 자본금의 규모가 상호 일치하지 않는다. 게다가 주식가치는 액면금액과는 특별한 관계가 없다. 액면금액은 원래 주주가 회사에 출자할 책임액의 한도를 제시한다는 의의만을 지닐 뿐이다. 만약 발행가가 액면금액보다 높은 경우에는 출자액 규모와 자본금 규모 사이의 연결이 단절된다.

그럼에도 불구하고 자본금의 규모는 그 회사의 매출액과 함께 회사의 규모나 신용력을 파악하기 위한 중요한 단서이며, 이 단서를 통해 투자가 가능한 잠재적 대상회사의 명부를 작성하고 각각의 잠재적 투자대상회사의 역량수준을 파악하는 데 시간과 노력을 줄일 수 있어 투자(희망)자의 탐색비용을 줄이는 데 기여한다.[10] 여기서 자본금액의 규모를 확인함으로써 탐색비용을 절감할 수 있는 이유를 두 가지로 나누어 살펴 볼 수 있다. 첫째, 과거이기는 하지만 주주로부터 투자를 유치하여 큰 규모의 자본금을 형성하였다는 사실은 회사의 신용 내지 장래성에 대해 투자자로부터 긍정적인 평가를 받았음을 간접적으로 드러내고 있다.[11] 둘째, 적어도 일반인의 감정상 자본금의 규모가 크면 대규모 사업에 진출하거나 면허를 취득하기가 용이할 뿐만 아니라 위험이 높은 사업에 투자할 수 있다고 기대하여 장래 더 많은 이익을 획득할 것이라고 예상한다. 특히 상세한 정보가 공개되지 않은 비상장회사의 신용도를 판단함에 있어서 자본금 규모 외에는 적당한 측정수단을 찾아보기가 어렵다. 실제 비상장회사가 홈페이지 등을 통해 매출규모나 회사재산의 상황을 세밀하게 공개하는 경우가 희소하

---

9) 대법원 2009. 5. 29. 선고 2007도4949 전원합의체 판결.

10) 이에는 투자자가 액면가를 파악함으로써 회사의 전체가치를 예상해 볼 수 있는 기회를 가진다는 의미가 포함되어 있다. Jonathan Baskin & Paul Mirranti, A History of Corporate Finance 179~182(1997).

11) Manning & Hanks, Jr., *supra* note 2, at 39.

므로, 투자자나 거래상대방은 등기부를 열람하여 파악한 자본금 규모로서 그 회사의 신용도를 짐작하기도 한다. 같은 맥락에서 자본금 규모는 채권자 보호를 위한 추상적인 법정자본총액을 정하는 기준으로서의 의미를 지닌다. 말하자면, 주식회사제도에서 자본금은 후순위 권리자인 주주가 이익배당 등의 방법을 통하여 선순위 권리자인 채권자에 앞서 만족을 얻는 것을 방지하기 위하여, 일정한 기준에 의하여 산출된 규모의 순자산을 주주에게 유출하지 않고 회사 내에 유보하게 하여 해당 순자산에서 전적으로 변제를 받게 되는 회사채권자를 보호하는 의미도 가진다.[12] 이에 채권자로서는 대상회사의 자본금 규모를 기준으로 충분히 변제받을 수 있는 채무액의 규모를 가늠하여 대출 가부를 판단할 수 있다.[13]

이밖에도 자본금의 규모는 상법상 다음과 같은 추가적인 의의가 있다. 먼저, 회사가 설립되고 운영되는 과정에서 관련 법률규정을 준수하는 데에 상당한 비용을 지출하여야 하는데, 상법은 법정자본금의 규모를 바탕으로 하여 회사의 규모를 파악하고 동시에 소규모 회사에 대해서는 동법상의 여러 규제와 요건을 완화하여 적용하거나 아예 적용을 배제하고 있다(제363조 제3항·제4항, 제383조 제1항·제4항·제5항·제6항). 또한 주식회사제도에서 자본금은 그 규모를 상회하는 순자산이 회사에 존재하는 경우에 한하여 주주에게 이익을 배당하거나 그로부터 자기주식을 취득한 대가 등을 통해 회사재산의 급부를 가능하게 하는 배당가능이익[14]을 산출하기 위한 규범적 기준으로서 의의를 갖는다.

2. 최저자본금제도의 폐지

최저자본금제도라 함은 기업이 법령을 준수하여 주식회사제도를 이용하기 위한 선행적인 조건으로서 주주에게 유출하지 않고 회사에 유보하여 회사채권자에 대한 채무이행능력을 확보하는 데 필요한 재산규모의 최저한도를 말한다.

---

12) 김건식/노혁준/천경훈, 앞의 책, 551면.

13) Manning & Hanks, Jr., *supra* note 2, at 25.

14) 상법 제462조 제1항에 따라 상법상 배당가능이익을 산출하는 산식은 다음과 같다. 배당가능이익=대차대조표상 자산총액-(부채총액+자본금액+그 결산기까지 적립된 자본준비금과 이익준비금의 합계액+그 결산기에 적립하여야 할 이익준비금+대통령령으로 정하는 미실현이익).

2010년 시행된 상법(법률 제9746호) 이전까지 상법은 주식회사의 최저자본금을 5,000만원으로 명시하였었다(구 상법 329조 제1항). 물론 2010년 이전에도 벤처기업의 경우 최저자본금은 2,000만원이었으며(구 「벤처기업 육성에 관한 특별조치법」 제10조의2 제1항), 소기업의 경우에는 자본금을 5,000만원 미만으로 할 수 있는 특례가 있었다(구 「소기업 및 소상공인 지원을 위한 특별조치법」 제8조의2 제1항). 2010년 시행 개정상법에서 주식회사의 최저자본금제도를 폐지하였다. 현행 상법에서는 액면주식의 1주 금액은 100원 이상으로 균일하게 하여야 한다는 규정(제329조 제2항·제3항)이 있을 뿐이다.

자기자본의 최소규모를 설정하는 것은 회사의 도산을 방지하고, 과소자본금을 토대로 하여 무책임하게 경영하는 것을 예방하며, 회사설립이 남용되는 것을 방지하는 등의 긍정적인 효과가 있다. 그렇다면 최저자본금제도를 폐지한 것은 어떤 의미가 있는가? 상법상 주식회사에 적용되는 여러 규제를 준수하기 위해 비용을 투입하여야 한다는 것은 상식적으로 수긍할 수 있지만 실제 회사들이 매년 어느 정도의 비용을 투입하여야 하고, 해당 비용을 확보하기 위해서 다양한 업종의 회사가 어느 정도의 자산을 가져야 하는지를 정확히 산정할 기준을 찾을 수 없었다. 그런 형편에서 회사의 사업내용에 관계없이 획일적으로 최저자본금을 5,000만원으로 정한 것은 합리적이라 할 수 없었다. 오히려 최저자본금제도를 경직적으로 적용함에 따라 기업가정신을 상실케 하는 장애요인으로 기능한다는 인식도 확산되었다. 말하자면, 최저자본금제도는 소규모의 영세한 회사를 설립하는 것을 가로막는 걸림돌이 된 것으로 이해되었다. 이 밖에도 최저자본금제도는 회사가 전략적으로 분할을 선택하는 데에도 큰 장애로 작용한다는 견해도 있었다.[15] 이에 주식회사를 설립·운영에 드는 비용을 줄여 그 수요를 진작한다는 차원에서 최저자본금제도를 폐지한 것이다.[16] 그러나 주식회사는 법인격이 부인되지 않는 한 부(負)의 외부효과를 축소하기 위한 유인이 없는 상황에서 최저자본금제도를 폐지한 결과 불법행위채권자와 같은 비계약채권자를 보호하는 데에 취약하게 되었다.[17]

15) Horst Eidenmüller, Barbara Grunewald & Ulrich Noack, *Minimum Capital in the System of Legal Capital, in* Legal Capital in Europe 17, 26(Marcus Lutter ed., 2014).

16) 김건식/노혁준/천경훈, 앞의 책, 74면.

17) Eilis Ferran & Look Chan Ho, Principles of Corporate Finance Law 82(2d ed. 2014).

Ⅱ. 자본금의 3원칙

1. 개 관

자본금액은 정관의 기재사항이므로 정관에 규정된 자본금의 액수에 상당하는 주식의 전부가 인수되어야 한다. 또한 자본금제도가 실질적인 의의를 지니기 위해서는 주주가 자본금에 상당하는 금전·현물을 출자하는 한편 이를 회사가 보유하는 것이 필요하다. 자본금을 자유롭게 감소시킬 수 있다면 자본금 충실이 저해될 가능성이 높다. 이처럼 회사채권자를 위하고 동시에 회사자체의 재무적 건전성을 확보하기 위해서는 회사재산을 자본금액에 상당하게 회사가 보유할 필요가 있으므로 상법은 주식회사에 관하여 일반적으로 자본금확정의 원칙, 자본금유지의 원칙, 자본금불변의 원칙을 요구하고 있다.

2. 자본금확정의 원칙

자본금확정의 원칙이라 함은 회사설립시 주식회사의 정관에 자본금이 확정되는 것과 동시에 자본금액수에 상당하는 주식의 인수에 의해 출자자가 확정되어야 한다는 원칙을 의미한다(제289조 제1항 제3호·제4호). 이 원칙은 무책임한 회사설립을 방지하려는 정책적인 요청에 따른 것으로서 주식회사의 신용의 기초를 형성하는 회사재산을 보전하도록 하는 데 필요한 시발점으로서의 의미가 있다. 이 때문에 회사성립 후에 신주를 발행하는 경우에는 자금조달의 편의를 위하여 신주발행예정주식의 전부가 인수·납입되지 않는다 하더라도 납입과 이행이 있는 범위 내에서 신주발행의 효력이 생긴다(제416조, 제423조). 이미 회사가 설립되었다는 것은 회사의 인적·물적 기반이 일단 확립되어 있음을 의미하므로 자금조달의 기동성 확보라는 요청이 설립시의 경우에 비하여 심각하지 않는다. 따라서 회사성립후의 신주발행의 경우에는 회사설립시와 같이 엄격하게 규제할 필요성이 없어 자본금확정의 원칙이 적용되지 않는 것이다. 사실 판례에 의하여 위장납입 등이 허용됨에 따라 자본금액수에 상당하는 재산의 현실적인 확보가 보장되지 않음에도 불구하고 상법(회사편)이 회사설립시에 이 원칙을 유지하는 것은 여전히 자본금액의 규모는 회사규모와 그 신용력에 관한 기

초적인 지표로서 중요한 기능을 담당하기 때문이다.[18]

3. 자본금충실의 원칙

자본금충실의 원칙은 "주식회사와 같은 물적 회사에 있어서 절대적으로 요구되는" 것으로서[19] "회사의 자본금에 해당하는 출자가 확실히 이행되어야 하고, 자본금에 상당하는 재산이 회사에 항상 유지되어야 한다는 것"을 의미한다.[20] 구체적으로 이 원칙은 기업을 유지하고 회사채권자 및 장래의 주식취득자를 보호하기 위하여 회사에 대하여 충실한 납입이 확보되어야 한다는 것과 회사재산의 부당한 유출이 제한되어야 한다는 것을 가리킨다. 예컨대, 가설인·타인 명의에 의한 인수인의 책임(제332조)은 회사에 유입단계에서 자본금충실을 도모하는 것이고, 이익배당에 사용할 수 있는 재원인 배당 가능한 이익이 없으면 배당할 수 없다는 규정(제462조 참조)은 유출단계에서 규제를 하는 것이다. 이 원칙은 회사로 하여금 재무건전성을 확보하도록 강제할 뿐만 아니라 주주가 회사재산을 배당의 방법으로 과도하게 유출하는 봉쇄하여 채권자 보호에 기여한다.

4. 자본금불변의 원칙

만약 회사의 자본금을 마음대로 감소하는 것을 내버려두는 경우에는 자본금충실의 원칙을 충족할 수 없다. 확정된 자본금은 회사가 보유하지 않으면 안 되는 순자산액의 하한선을 의미하는데, 이 같은 자본금이 자유롭게 감소된다면 회사채권자를 해칠 우려가 있다. 즉, 회사의 자본금 자체가 감소된다면 그 자본금에 상당하는 재산의 보유를 고집한다고 해도 채권자보호의 실효성을 확보할 수 없다는 것이다.[21] 그러므로 자본금충실의 원칙은 자본금의 감소를 엄격히 규제하는 원칙에 의하여 보완될 수밖에 없으며, 이러한 목적에 봉사하는 것이

---

18) 이철송, 「회사법강의」 제27판(박영사, 2019), 218면.

19) 대법원 2004. 6. 17. 선고 2003도7645 전원합의체 판결.

20) 서울중앙지방법원 2007. 5. 22. 선고 2007노365 판결.

21) 엄밀하게 말하자면, 자본금충실의 원칙은 "회사 재산의 부당한 유출을 억제한다"는 특징을 가지는 반면에, 자본금불변의 원칙은 "자본금 자체를 감소시키지 않는다"는 것을 핵심으로 한다.

이른바 자본금불변의 원칙이다. 예컨대, 회사가 회사재산을 주주에게 환급하는 방식으로 대차대조표에 표시되는 자본금액을 줄이면 배당가능이익을 쉽게 증가시킬 수는 있지만, 한편으로는 회사의 채무변제능력이 저하되어 채권자에게 심각한 손해를 끼칠 우려가 있음은 물론이고 가용할 순자산액이 줄어들어 회사의 사업규모를 축소하여야 한다. 따라서 자본금을 줄이는 것은 주주의 신중한 판단이 필요하므로 주주총회 특별결의가 있어야 한다(제438조 제1항). 이처럼 상법은 자본금의 감소에 관하여 엄격한 절차를 요구하여 자본금불변의 원칙을 관철하고 있다.

제 3 절 무액면주식

I. 상법상 무액면주식 제도

1. 무액면주식의 의의

상법은 무액면주식(no-par stock)의 발행을 허용하고 있다. 무액면주식은 주권에 액면을 기재하지 않고 단지 주식의 수만을 표시한 주식을 말한다. 무액면주식은 권면액(액면금액)이 없다는 것 이외에 그 주식이 표창하는 주주권의 내용은 액면주식과 다를 바 없다.

무액면주식은 출자한 재산의 가치를 과대평가하여 실제 가치 이상에 해당하는 주식을 발행하는 행위[22]를 방지하기 위하여 1912년 미국 뉴욕주 회사법에 처음 도입된 이래[23] 독일, 프랑스, 일본으로 전파된 역사를 가지고 있다.[24] 특히

---

22) 이렇게 발행된 주식을 물탄주식(watered stock)으로 불리고 있다. Bing Crosby Minute Maid Corp. v. Eaton, 46 Cal. 2d 484, 487(1956).

23) Henry T. C. Hu & Jay L. Westbrook, *Abolition of the Corporate Duty to Creditors*, 107 Columbia Law Review 1321, 334(2007).

24) 송옥렬, “자본제도의 개정방향: 2008년 상법개정안을 중심으로,” 「상사법연구」 제28권 제3호(한국상사법학회, 2009), 366면; 최병규, “개정 상법상 무액면주식제도에 관한 연구,” 「경영법률」 제21권 제4호(한국경영법률학회, 2011), 326~328, 329~338면 참조.

[그림 4-1] 무액면주식을 발행한 회사의 등기부

등기번호	000001
등록번호	123456-0012345

상호 甲주식회사		. . 변경 . . 등기
본점 서울시 송파구 올림픽로 ○○○(잠실동)		. . 변경 . . 등기
공고방법 서울특별시에서 발행하는 일간 ○○신문에 게재한다.		. . 변경 . . 등기
1주의 금액 무액면주식		. . 변경 . . 등기
발행할 주식의 총수 400,000주		. . 변경 . . 등기
발행주식의 총수와 그 종류 및 각각의 수	**자본금의 액**	**변경연월일 등기연월일**
발행주식의 총수 100,000주 **보통주식** 100,000주	금 250,000,000원	. . 변경 . . 등기

일본의 경우에는 1950년 개정 상법에서 무액면주식제도를 도입하여 2001년까지 액면주식제도와 병행하여 운용한 바 있으며(일본 구 상법 제199조),[25] 독일도 양자를 병행하고 있다(독일 주식법 제8조 제1항).

2. 상법상 무액면주식제도

상법상 무액면주식제도의 구체적인 내용은 다음과 같다. 첫째, 회사설립 시에 발행하는 무액면주식에 관하여 정관에서 달리 정하지 않으면 발기인 전원의 동의로 이를 정한다(제291조 제3호). 주식발행사항을 결정하는 것은 회사설립시 자본금 형성을 위해 중요한 의미를 지니므로 발기인 전원의 동의가 필요하다.

둘째, 회사는 정관으로 정한 경우에는 주식의 전부를 무액면주식으로 발행할 수 있지만, 액면주식을 함께 발행하는 것은 허용되지 않는다(제329조 제1항).

25) 일본은 2001년 개정상법에 의하여 정관기재사항 중 주식의 권면액, 액면주식과 무액면주식의 발행, 액면주식의 금액 및 발행가액, 액면·무액면주식 간의 전환 등에 관한 규정(일본 구 상법 제166조 제1항 제4호·제5호, 제199조, 제202조, 제213조) 등이 삭제되었다. 현행 일본 회사법에는 무액면주식만을 발행할 수 있다(제445조 제2항 참조).

회사가 정관으로 정하는 바에 따라 발행된 액면주식을 무액면주식으로 전환하거나 무액면주식을 액면주식으로 전환할 수는 있다(제329조 제3항). 전환의 절차에 대해서는 주식병합의 절차를 준용한다(제329조 제5항). 이처럼 상법은 무액면주식의 도입과 관련한 혼란을 방지하기 위하여 일단 액면주식과 무액면주식을 병행하되 어느 한쪽만을 선택하여야 한다는 입장을 취하고 있다.[26] 이 때문에 회사가 발행한 주식의 일부를 무액면주식 혹은 액면주식으로 전환하는 것은 허용되지 않는다.

셋째, 회사성립 후 무액면주식의 발행가액은 이사회에서 정한다(제416조 제2호). 이사회가 일정한 금액을 자본금으로 정하고 이를 정관에 기재하면 되지만, 상법은 무액면주식의 발행가액의 1/2 이상의 금액으로써 이사회가 정한 금액의 총액을 표시자본금(stated capital)으로 계상하도록 하고 있다. 이 경우 주식의 발행가액 중 자본금으로 계상하지 아니하는 금액은 자본준비금으로 계상하여야 한다(제451조 제2항). 이는 이사회가 무액면주식의 발행을 통한 효율적인 재무전략을 도모할 수 있게 함과 동시에 채권자보호를 다분히 염두에 두고 이사회의 재량을 어느 정도 통제하려는 의도를 반영하고 있다.[27]

3. 무액면주식제도의 편익과 비용

(1) 편 익

본래 주식의 액면(par value; face value)은 당초 채권자보호보다는 복수의 주주 사이에 출자의 공평성을 확보하기 위한 차원에서 고안되었다. 연혁적으로 살펴 볼 때 회사가 발행한 액면총액을 자본금으로 한다는 개념은 19세기에 출현하였는데, 초기에는 주식의 액면이 주주보호에 기여한다고 이해되었으나 주

26) 만약 회사가 액면주식과 무액면주식을 함께 발행할 수 있다면 그 회사의 주식관련 업무가 복잡해질 뿐만 아니라 액면주식을 가진 주주와 무액면주식을 가진 주주(무액면주주) 사이의 차별가능성이 존재할 수 있다. 예컨대, 현행 상법은 주식배당이 주식의 권면액으로 할 것을 예정하고 있기 때문에(제462조의2), 액면주식과 무액면주식 양자를 다 발행한 회사의 경우 무액면주주에게 주식배당을 하는 작업은 회사측으로서는 너무 복잡하고도 과중한 업무가 될 것이다.

27) 표시자본금 내지 법정자본금(legal capital)이라 함은 실정법에 의하여 회사 내에 유보되어야 할 순재산 또는 가액의 최저한도를 표시하는 금액을 뜻한다. Manning & Hanks, Jr., *supra* note 2, at 34.

식제도가 발전하면서 액면은 채권자보호에 더 많은 도움을 주는 것으로 평가되었다.[28] 그러나 실무의 관행은 회사가 설립된 이후 증자를 위해 신주를 발행하는 경우 주식의 실질적인 가치에 따라 발행가액이 정해지게 되므로 실제 주식의 액면가액은 중요한 의미를 가지지 못한다. 게다가 회사들이 상법상 액면 미만 발행제한 제도(제330조)를 명목적으로 회피하기 위해[29] 무상감자절차를 활용하고 있는 것이 현실인데,[30] 이 무상감자절차는 상당한 사회적 비용을 야기하고 있다.[31] 때문에 무액면주식을 도입한 것은 액면 미만 발행제한 제도를 근원적으로 개선하였다는 점에서 의의가 있다.[32] 이처럼 무액면주식제도는 '주식발행의 효율성 및 자율성'[33]을 제고하는 데 기여한다.

이 밖에도 무액면주식은 주식의 수가 자본금규모에 견련되지 않으므로 자본감소·합병·분할 등의 구조조정을 비롯하여 회사의 자본구조를 설계함에 있어 자율성과 신속성을 제고하는 데 기여한다. 예컨대, 무액면주식의 경우에는 주식의 수를 변경할 필요 없이 기업의 경영실적이 악화되면 자동적으로 주식의 가치가 희석되므로 주식의 병합이나 소각을 하지 않더라도 그 결과에 있어서는 액면주식의 자본금감소와 같은 효과를 가지게 된다.[34] 또한 1주의 액면금액을 정관에 기재할 필요가 없다보니 정관에 기재된 회사가 발행할 주식의 총수 한도내에서는 정관변경없이 주식을 분할할 수 있다

이상과 같이 무액면주식의 발행이 가능함에 따라 회사가 자본조달을 하는 데 기동성과 편의성을 확보할 수 있게 되었다. 그러나 무액면주식제도의 역사가 외국에서는 오래될지라도 한국의 경우에는 오랜 기간 동안 액면주식을 이용한 경험으로 인하여 이 제도가 활성화되기에는 곤란할 것으로 예상된다. 학계

28) Harwell Wells, *The Modernization of Corporation Law 1920~1940*, 11 University of Pennsylvania Journal of Business Law 573, 605, 609(2009).

29) 액면미달발행을 하고자 하는 회사는 성립 후 2년이 경과하여야 한다. 또한 액면미달발행을 위해서는 상법에 따라 주주총회 특별결의와 법원의 인가를 받아야 한다(제417조 제1항).

30) 무상감자는 자본금의 수액을 줄이되 순자산을 회사 밖으로 유출시키지 않는 감자를 말한다. 자본금을 순자산에 접근시키기 위하여 무상감자절차가 이용된다.

31) 장욱/전상경, 앞의 보고서, 4면.

32) 위의 보고서, 46~51면.

33) 법무부, "상법 일부개정법률안"(의안번호: 1566)의 '주요내용'에서 직접 인용한 것이다.

34) Eugene F. Brigham & Louis C. Gapenski, Financial Management: Theory & Practice 154(12th ed. 2008).

에서 액면주식제도를 전격적으로 폐지하여 법률관계를 단순화하는 차원에서 무액면주식제도로 일원화하자는 주장[35]이 있었지만 현행 상법이 이를 수용하지 않은 것도 지금까지 액면주식에 친숙하다는 법현실을 고려하였기 때문이다.[36]

(2) 비 용

본래 액면주식의 경우에는 액면금액을 100원 이상으로 하여야 하지만(제329조 제3항), 무액면주식의 경우 발행절차와 요건이 액면주식의 그것과 차이가 있다는 점 이외에 무액면주주가 회사에 대한 주주로서 가지는 지위는 액면주주의 그것과 동일하다. 그러나 상법상 무액면주식제도가 기존의 자본금제도와 거리를 두겠다는 것을 의미하는 까닭에[37] 다음과 같은 사항이 비용으로 작용할 수 있다.

첫째, 무액면주식은 문자 그대로 주식의 액면금액이 표시되지 않다 보니 투자(희망)자가 단순히 그 주식만으로 회사의 실질가치를 제대로 파악하는 것이 곤란하다. 때문에 투자자로서는 투자에 소극적이거나 심지어 주식사기에 휘말릴 위험도 있다. 예컨대, 앞의 [그림 4-1]을 살펴 볼 때 등기부상 甲주식회사의 자본금총액 2억 5천만원을 10만주로 나누는 단순한 계산만으로는 1주의 가치는 2,500원으로 산출된다. 그러나 무액면주식의 경우 상법에 따라 그 발행가액의 1/2 이상의 금액을 자본금으로 계상하면 족하므로 회사의 발행가액이 총 5억원인 경우에도 2억 5천만원부터 5억원 사이에서 임의적인 값을 자본금으로 등기할 수 있다. 투자자가 등기부를 열람하더라도 甲회사가 보유하는 재산의 가치

---

35) 김건식 외 6인, 「21세기 회사법 개정의 논리」(소화, 2007), 167면; 최완진, "무액면주식제도에 관한 법적 고찰," 「외법논집」 제29집(한국외국어대학교, 2008), 299면.

36) 송옥렬, 앞의 논문, 275면.

37) Manning & Hanks, Jr., *supra* note 2, at 29. 미국의 경우 초기에는 자본금 개념을 유지하였으나 오늘날에는 그 의미가 많이 퇴색하였다. 아예 자본금 개념을 폐지한 주도 있고, 오늘날에도 여전히 이 개념이 존속되는 주도 있다. 이 개념이 현재까지 유지되는 주에서도 역사적인 의미만을 지니는 것이 현실이다. 자본금 개념을 폐지하는 데 원동력이 된 것은 무액면주식의 도입이다. 예컨대, 캘리포니아주 회사법은 1977년 개정법 이후로 자본금 개념을 아예 폐지하고 무액면주식을 인정하였으며, 1979년 모범사업회사법(Model Business Corporation Act: MBCA)은 캘리포니아주와 동일한 입장을 취하였다. 콜로라도주도 1994년에 시행된 개정회사법에서 자본금 개념을 폐지한 바 있다. Nancy A. Clofelter et al., *An Overview of the New Colorado Business Corporation Act*, 22 Colorado Lawyer 2337, 2341~2342(1993).

를 막연하게 추정할 수 있을 뿐이다. 별도의 재무제표가 제시되지 않는 한 등기시의 1주의 가치에 대한 정확한 값은 표시자본액을 결정한 이사회만 알 수 있는 것이다.

둘째, 회사측이 자본금의 구성과 발행대가를 자유롭게 정할 수 있다는 점도 그 상대방인 제3자에게 예상하기 어려운 손해를 입힐 우려도 있다.[38] 예컨대, 액면가 5,000원인 주식을 1만원에 매매하는 경우 매수자의 입장에서는 액면가에 5,000원을 일종의 프리미엄으로 추가적으로 지급한다는 것을 쉽게 인식할 수 있지만, 무액면주식을 매매하는 경우 기준이 되는 금액을 제대로 확인할 수 없어 추가적으로 지급하는 금액의 규모를 짐작하기 어렵다. 따라서 무액면주식을 발행하는 회사에 대해 투자자가 그 자산규모를 정확하게 파악하기 위해서는 진실성이 담보된 재무제표가 제대로 마련되어야 할 것이다. 또한 기업경영에 대한 감사의 효율적인 권한행사와 주주의 회계장부에 대한 접근권 보장 등 기업의 경영투명성이 제고될 필요가 있다.[39]

셋째, 상법이 액면주식과 무액면주식 간의 상호 전환을 허용하고 있으므로 어느 기업이 빈번하게 상호 전환을 하는 경우에는 회사의 자본금은 변경할 수 없다고 하더라도(제451조 제3항) 주주가 회사의 실체 파악을 하는 데 어려움을 겪을 수 있다. 특히 발행가가 사실상 액면주식의 액면가 미만의 수준으로 낮게 발행된 무액면주식이 액면주식으로 전환된다면 이는 실질적으로 액면미달로 발행된 액면주식과 그 경제적 효과가 동일하다. 그러나 이 경우에 액면미달발행으로 인한 이사의 인수담보책임과 손해배상책임(제428조)이 발생하지 않은 채 그 무액면주식은 그 자체로서 유효하며, 그 후에 다시 액면주식으로 전환하더라도 자본금액을 변경할 수 없다. 결국 무액면주식의 발행가액과 권면액 사이의 차액에 대하여 아무도 책임을 지지 않게 된다.[40]

---

38) 최병규, 앞의 논문, 344면.

39) Brigham & Gapenski, *supra* note 34, at 154.

40) 같은 취지의 견해로서 최병규, 앞의 논문, 351면 등이 있다.

제 4 절 주주의 유한책임

Ⅰ. 주주유한책임제도의 정당화 근거와 폐해

1. 주주유한책임제도의 정당화 근거

(1) 서 언

주주유한책임제도는 17세기 네덜란드의 동인도회사가 역사상 최초로 채용하였다.41) 그러나 영국에서는 남해회사(The South Sea Company) 버블사건으로 인하여 왕실의 동의가 없다면 주식회사 설립이 금지되는 바람에 유한책임제도는 1855년 유한책임법(Limited Liability Act) 및 다음 해의 주식회사법(Joint Stock Companies Act)에 의해 법적으로 확립되었다. 미국에서는 1830년 매사추세츠주법이 주주유한책임제도를 채용하였다.42) 이처럼 주주유한책임제도가 주식회사제도의 역사와 반드시 궤(軌)를 같이한 것은 아니지만 오늘날 이 제도는 주식회사에서 보편적으로 인정되고 있다.43) 주주유한책임이 완전무결한 제도가 아니므로 여러 국가들은 주주유한책임에 기인한 여러 폐해를 축소하기 위한 부가적인 수단과 방법을 다양하게 마련하고 있으며, 판례와 당사자간의 약정에 의해서도 보완수단을 인정하고 있다. 한국도 예외가 아니다.

---

41) Erika R. George, *Incorporating Rights: Empire, Global Enterprise, and Global Justice*, 10 University of Saint Thomas Law Journal 917, 940(2013). 공동기업(共同企業)은 매우 오랜 역사를 가지고 있다. 연혁적으로 살펴보면 초기에는 가족 등을 구성원으로 하는 공동체적인 성격을 가진 기업이 대부분을 차지하였다. 그러나 투자의 규모와 위험이 커지면서 연고에 의존하는 자금조달은 더 이상 도움이 되지 않았다. 특히 16세기 후반부터 시작된 '대항해 시대'(Age of Discovery)에 향신료와 비단 등을 구하기 위하여 동쪽으로 항해하여 무사히 돌아온다는 것은 당시의 선박수준에 비추어 볼 때 목숨을 거는 일이었다. 이에 영국과 네덜란드의 동인도회사(East India Company)는 식민지에서의 대규모 사업으로부터 거두어들인 수익을 나누어 가질 수 있는 권리를 주식으로 세분하여 많은 투자자에게 위험을 분산하는 방식을 채택하였다. 이 때 위험분산을 목적으로 주주유한책임의 원칙을 도입하였다. Douglas A. Irwin, *Mercantilism as Strategic Trade Policy: The Anglo-Dutch Rivalry for the Ease India Trade*, 99 Journal of Political Economy 1296, 1299(1991).

42) Phillip I. Blumberg, The Multinational Challenge to Corporation Law 11~12(1993).

43) Reinier Kraakman et al., The Anatomy of Corporate Law: A Comparative and Functional Approach 8(3d ed. 2017).

본디 주식회사란 대규모 사업을 전제로 하여 대규모로 자금조달을 가능하게 하는 기업형태이다. 공중(公衆)의 광범위한 참가를 수반하는 거대한 주식회사 체제에 있어서 주주유한책임이 필요불가결한 요소로 인식되고 있어 주식회사가 자본을 집중하는 데에 매우 중요한 요건으로 기능하고 있다. 유한책임제도는 주식회사에서 주주가 향유할 수 있는 가장 큰 혜택이면서 회사법이 주식회사에게 한정하여 인정하는 중요한 특징 중의 하나이다.[44] 이하에서는 주주유한책임제도의 효율성을 중심으로 그 이론적인 정당성(rationale)을 살피고자 한다.

(2) 투자위험의 감소

주주유한책임제도의 정당화 근거로서 가장 일반적으로 알려져 있는 것은 이 제도를 통해 수많은 소액의 투자자로부터 고액의 자본을 모으는 것이 가능하다는 점이다. 1776년 애덤 스미스(Adam Smith)는 그의 국부론에서 "개인은 자신의 이익추구를 통해 사회의 이익을 실제 증진시키고자 할 때 보다 더 빈번하고도 효과적으로 사회의 이익을 증진시킬 수 있다"[45]는 주장을 펼친 바 있다. 다만, 개인의 자유로운 경제활동을 위해서는 그 활동에 의해 초래되는 위험(risk)도 동시에 부담해야 한다. 위험부담이 없는 자유로운 경제활동은 인정받지 못하는 것이다.

주주유한책임제도하에서 경영에 관여하지 않고 출자만을 하려는 투자자의 경우 그가 부담할 위험은 출자액으로 한정된다. 이 때문에 다수의 투자자로부터 소액의 출자를 규합하는 것이 용이해져 거액의 자금을 필요로 하는 사업을 쉽게 행할 수 있다. 만약 거액의 추가적인 금전손실을 부담할 위험이 있다면, 그러한 위험은 투자를 하고자 하는 유인을 축소시킬 것이어서 그 투자를 회피할 우려가 있다. 반면에 주주의 책임을 출자액에 한정시키는 주주유한책임제도는 위험을 줄인다는 측면에서 주주의 투자를 촉진할 뿐만 아니라 투자하는 주주로서는 다양한 포트폴리오를 보유하는 것이 가능하게 되었다.[46]

---

44) I. Maurice Wormser, Disregard of the Corporate Fiction and Allied Corporation Problems 14(1927).

45) Adam Smith, *An Inquiry into the Nature and Causes of the Wealth of Nations* (R.H. Campbell, A.S. Skinner, W.B. Todd, eds., 1976), at IV.ii.9.

46) Richard A. Booth, *Limited Liability and the Efficient Allocation of Resources*, 89 Northwestern

만약 모든 주주가 회사채무에 대하여 무한(無限)의 연대책임을 부담한다고 가정할 경우 소액만을 투자한 주주도 거액의 회사채무에 대해서 주주로서 책임을 부담하게 된다.[47] 이 경우 회사채권자는 현실적으로 충분한 자력이 있는 주주의 책임만을 추궁할 것이라는 점에서 각 주주의 개인적인 자력에 의해서 투자위험이 상이하게 된다. 그리하여 어느 한 주식회사의 주식이라고 하더라도 투자자의 자력에 의하여 객관적 가치가 다르게 평가될 수 있다. 이 때문에 무한책임제도 아래에서는 채권자의 이익을 보호하기 위해 자산을 충분하지 못한 자에게 주식을 양도하는 것을 금지하거나 양도한 뒤에도 오히려 양도인이 사후적인 책임을 부담한다는 규범이 필요하게 된다. 만약 이러한 규범이 존재한다면 오히려 주식의 양도가 원활하지 못하여 주식의 매매활동이 저해될 수밖에 없을 것이어서 결과적으로는 상장주식의 효과적인 가격형성에 부정적인 영향을 미친다. 주주유한책임제도는 이와 같은 상황에 직면하는 것을 방지하여 주식시장에 있어서의 가격형성과 주식의 양도를 용이하게 하는 효과가 있다.[48] 이상과 같은 이유로 인하여 주주는 그 자신이 회사채무에 대한 낮은 위험을 선호하는 이상 무한책임에 의하여 얻을 수 있는 이익보다 수익이 더 낮더라도 유한책임제도에 만족하는 것이다. 또한 주주가 부담할 위험을 축소함으로써 주식회사는 자본조달비용을 줄일 수 있는 이점을 누릴 수 있다.[49]

(3) 기업가정신의 고양

주식회사를 설립하여 사업을 하고자 하는 기업가가 있다고 할 때 주주유한

University Law Review. 140, 149(1994).

47) 이러한 가정을 하지 않더라도 여타의 방법으로 사업활동을 함에 있어서 그 주체가 채권자에 무한책임을 지는 경우의 예를 몇 가지 들 수 있다. 첫째, 주식회사를 설립하지 않고 개인으로 사업활동을 실시하는 경우이다. 사업활동의 주체가 사업용 재산으로 사업상의 채무를 변제하는 데 충분하지 않다면 그는 사업에 이용하지 않는 기타의 개인용 재산(예를 들어, 은행예금 등)으로 사업상의 채무를 변제하여야 한다. 둘째, 무한책임을 지는 사원으로서 사업활동을 하는 경우이다. 예컨대, 합명회사의 경우에는 회사재산으로 회사의 채무를 완제할 수 없다면 사원은 회사채권자에게 회사채무를 직접·연대하여 변제할 책임을 진다(제212조 제1항).

48) Larry E. Ribstein, *Limited Liability and Theories of the Corporation*, 50 Maryland Law Review 80, 99~100(1991)

49) Frank H. Easterbrook & Daniel R. Fischel, The Economic Structure of Corporate Law 44(1991).

책임제도하에서 그가 부담하는 위험은 그의 출자액으로 한정된다. 이 때문에 그는 설령 사업이 실패할 가능성이 있다 하더라도 자신의 입장에서 효율성이 높은 사업활동에 종사할 유인을 가질 수 있다.50) 더군다나 영업이 순항하는 경우 주주유한책임제도로 인해 회사만이 채권자에 대하여 원금과 이자를 변제할 채무를 진다. 회사의 영업이 실패하더라도 주주는 회사의 부채를 갚지 않아도 되므로 최저자본제를 채용하지 않는 현행 상법하에서 창업자는 소액만을 출자하고 영업에 필요한 나머지 자금의 상당부분을 부채로 충당하는 것도 가능하다. 예컨대, 첨단 바이오기술 등을 활용하는 주식회사형 벤처기업을 설립하여 사회적으로 유용한 제품이나 서비스가 출시되는 것을 기대하는 창업자가 있다고 가정하자. 이 경우 그 회사가 해당 제품을 성공적으로 제조하거나 서비스를 성공적으로 공급한다면 창업자는 거액의 수익을 거둘 있지만, 반대로 당해 영업에 내재하는 위험이 회사의 규모에 비해 매우 높아 사업이 실패로 끝날 가능성도 현저하다고 가정한다. 이 경우에도 주주유한책임의 기제(機制)가 작동하기 때문에 회사가 영업에 손실을 보더라도 주주의 책임이 제한되므로 그에게 장래에 재기(再起)할 기회가 부여된다. 이처럼 주주유한책임제도는 기업가정신(entrepreneurship)51)의 고양을 통해 창업을 독려하는 효과가 있다.52)

주식회사제도는 주주로 하여금 면책재산(개인재산)과 유책재산(출자액)을 나누는 것을 가능하게 한다. 위에서 언급한 창업자의 경우 사업활동에 수반하는 사고가 발생하더라도 주주유한책임제도에 의해서 회사의 불법행위에 대하여 개인적인 책임을 부담하지 않는다는 점도 기업가적 활동을 촉진하는 효과가 있다.53) 예컨대, 관광업을 영위하는 회사는 교통사고에 따른 책임부담의 위험성은 적지 않지만, 설령 교통사고에 따라 책임을 부담하더라도 그 피해자의 채권

---

50) Mirit Eyal-Cohen, *Legal Mirrors of Entrepreneurship*, 55 Boston College Law Review 719, 752(2014).

51) 여기서 '기업가정신'을 제프리 티몬스(Jeffry A. Timmons)가 정의한 바대로 무(無)에서 가치 있는 것을 이루는 인간의 창조적 행동 정도로 이해하기로 한다. 기업가정신의 정의에 관하여 이춘우 외, 「기업가정신의 이해」(중소기업청·한국청년기업가정신재단, 2014), 14~23면 참조.

52) Simon C. Parker, The Economics of Entrepreneurship 206(2009).

53) David W. Leebron, *Limited Liability, Tort Victims, and Creditors*, 91 Columbia Law Review 1565, 1565(1991).

에 대해 주주는 개인적으로 책임을 지지 않는 것이 원칙이다.[54] 이처럼 불법행위의 피해자 스스로가 손해를 부담하여야 하는 폐해가 있는 반면에 창업자 측에서는 그의 사회적으로 유익한 사업활동이 고무되는 것이다.[55]

(4) 감시비용의 절감

가. 경영자에 대한 감시유인의 축소

주주가 무한책임을 진다고 가정하는 경우 주주는 그 개인재산으로 회사채무에 책임을 부담하여야 하므로, 회사의 의사결정에 관심을 가질 수밖에 없다. 이러한 관심은 회사경영에 대한 직접적인 참여 내지 경영자의 의사결정에 대한 감시(monitoring)와 연결되어 있다. 주주의 경영참가 혹은 경영자의 의사결정에 대한 주주의 감시는 비용을 유발하며, 결국에는 주주의 이익을 줄이는 효과가 있다. 여기서 가상의 사례를 들어 살펴보기로 한다.

의류제조업을 영위하는 甲주식회사가 있다고 가정하자. 甲회사가 발행한 주식을 모두 보유한 乙주식회사는 숙박업을 영위하고 있다고 가정하기로 한다. A는 甲회사에 옷감을 납품하는 도매업자로서 동 회사로부터 납품대금을 받아야하는 채권자이며, B는 乙회사의 실내청소를 담당하는 하청업자이자 동 회사로부터 용역대가를 받아야 하는 채권자이다. 丙은 乙회사가 발행한 주식을 몇 주 가진 소수주주이다. 이 사례에서 주주유한책임제도가 인정되지 않는다고 가정하자. 이 같은 가상의 사례에서 완전모회사인 乙은 甲회사가 파산하는 경우 甲회사의 채권자에 변제할 의무를 부담한다. 그러므로 주주 丙은 乙회사가 A의 채권을 변제하여 그 부(富)가 유출되는 지경에 이르지 않도록 하기 위해 乙회사는 물론이고 甲회사의 경영자에 대해서까지 감시하여야 한다. 반대로 A로서는 甲회사와 乙회사의 재무상태가 건전하여야만 자신의 채권을 확실하게 회수할 수 있다. 이에 A는 甲회사와 乙회사의 경영자에 대하여 감시하여야 한다. A는

---

54) 어느 주식회사의 주주가 대표이사로 선정되고 그가 업무집행을 하면서 고의 또는 과실에 의한 위법행위로 타인에게 손해를 가한 경우 당해 주식회사는 상법 제389조 제3항, 제210조에 의하여 제3자에게 손해배상책임을 부담하게 되고, 그 대표이사도 민법 제750조 또는 상법 제389조 제3항, 제210조에 의하여 당해 주식회사와 공동불법행위책임을 부담한다(대법원 2013. 4. 11. 선고 2012다116307 판결). 그러나 주주의 지위에만 머무르는 경우에는 당해 주식회사의 불법행위에 대하여 개인적인 책임을 부담하지 않는다.

55) 상법 제64조는 소멸시효를 5년으로 정하고 있다. 상사소멸시효가 민사소멸시효에 비하여 단기라는 사실도 기업가의 재기에 기여한다.

거래의 직접적인 상대방인 甲회사의 경영자에 대해서는 감시비용이 많이 들지 않을 것이지만 업종이 판이하게 다르고 직접적인 거래관계가 없는 乙회사의 경영자를 감시하는 것은 쉬운 일이 아니어서 비용을 많이 들일 수밖에 없다. 만약 A의 甲회사에 대한 채권의 규모가 소액인 경우 그 회사의 경영에 대한 참여 혹은 경영자에 대한 감시에 드는 비용이 대여한 원리금을 상회할 가능성도 있다.[56] B도 乙회사가 甲회사의 채무를 변제한다면 乙의 자산이 줄어들어 자신의 채권을 제대로 행사할 수 없게 될 것이므로 어쩔 수 없이 乙회사의 경영자에 대한 감시뿐만 아니라 甲회사의 경영자에 대해서도 감시를 할 필요가 있다. 그러나 위 사례에서처럼 완전모자회사의 관계에 있는 기업집단의 경우에는 감시의 대상이 확장되는 까닭에 투자가 제대로 이루어지기 어렵다. 따라서 무한책임제도하에서 주주가 비용을 최소화할 수 있는 방법은 회사에 특유한 위험을 줄이기 위해서는 (투자)대상회사의 수(數)를 최소화하여 특정한 회사에 집중투자하는 방법이 효율적이다. 반대로 주주유한책임제도하에서는 설령 회사가 과도한 위험을 인수하더라도 주주 개인의 재산은 별도로 안전하게 유지된다. 때문에 투자자로서는 많은 비용과 노력을 들여 회사경영에 직접 참여하거나 경영자에 대하여 감시하고자 하는 유인이 줄어들어 비용을 절감할 수 있다.[57] 이에 투자자는 다수의 회사에 소액을 투자하여 수익을 최적화할 수 있는 것이다.

주주유한책임제도는 회사채권자가 주주에 회사채무의 이행을 청구할 수 없는 원칙을 의미하므로 주주의 개인재산은 회사채권자로부터 격리된다. 주주유한책임제도하에서는 책임재산이 분리되므로 원칙적으로 A는 甲회사에 대해서만 그리고 B는 乙회사에 대해서만 채무이행을 청구할 수 있다. 이에 A는 甲회사의 경영자를 감시하면 되고 B도 乙회사의 경영자를 감시하는 것으로 족하므로 상대적으로 감시에 드는 비용을 줄일 수 있다. 이처럼 감시비용을 절감시킬 수 있다는 것은 채무자로서는 저리(低利)로 자금을 차입할 수 있음을 뜻하는데, 이는 甲회사와 乙회사가 자금조달 비용을 줄일 수 있음을 의미한다. 이처럼 주주유한책임하에서 주주의 경영자에 대한 감시 유인이 축소되다 보니 오히려

56) Wouter H.F.M. Cortenraad, The Corporate Paradox: Economic Realities of the Corporate Form of Organization 283(2000).

57) Richard A. Posner, *The Rights of Creditors of Affiliated Corporations*, 43 University of Chicago Law Review 499, 507~509(1976).

회사에 대한 감시가 채권자에 의하여 이루어지기도 한다.[58]

나. 주주에 대한 감시 불요

사원이 무한책임을 지는 합명회사의 경우(제212조) 동 회사의 채권자는 동 회사의 재산뿐만 아니라 사원의 재산까지 감시하여야만 제대로 채권을 변제받을 수 있다. 따라서 합명회사에 대한 채권은 주식회사에 대한 채권에 비하여 상당한 부담을 안고 있다. 이와 마찬가지로 주주가 무한책임을 부담하는 경우에 위에서 살펴본 바와 같이 주주는 추가적으로 금전을 지출을 하여야 할 가능성에 직면하게 된다.

주주무한책임제도하에서 丁주식회사가 채권자 C에 대하여 채무를 변제할 수 없는 지경에 이르렀다고 가정하자. 이 경우 그 회사의 주주 D는 동 회사의 확정채무에 대해서 개인의 재산으로써 변제하여야 할지의 여부와 변제하여야 하는 금액의 규모는 다른 주주의 재산의 규모에 달려 있다. 丁회사의 다른 주주가 거액의 재산을 갖고 있다면 D는 확정채무에 대해서 개인적으로 많은 금액을 지급할 필요가 없다. 반대로 다수의 주주가 소규모의 재산만을 가지고 있는 상황에서 D가 부유하다면 그는 거액의 재산으로 변제하여야 한다. 이처럼 주주가 무한책임을 진다면 모든 주주는 각자 다른 주주의 개인재산을 파악하고 그 재산이 축소되는 것을 방지하기 위하여 노력과 시간을 경주하여야 하는 부담을 안게 된다. 이러한 부담은 주주의 비용으로 전환된다.[59] 그러나 주주유한책임제도하에서는 주주는 다른 주주를 감시할 필요가 없는 까닭에 그로 인한 비용이 전혀 발생하지 않는다.[60] 새롭게 주주가 되려고 하는 자도 당연히 다른 주주를 감시하여야 하는 부담을 지지 않는다는 점에서 주식의 양수도(讓受渡)가 수월하게 된다.[61]

---

58) Paul Halpern, Michael Trebilcock & Stuart Turnbull, *An Economic Analysis of Limited Liability in Corporation Law*, 30 University of Toronto Law Journal 117, 133~135(1980).

59) David Millon, *Piercing the Corporate Veil, Financial Responsibility, and the Limits of Limited Liability*, 56 Emory Law Journal 1305, 1313(2007).

60) Frank R. Easterbrook & Daniel R. Fischel, *Limited Liability and the Corporation*, 52 University of Chicago Law Review 89, 95(1985).

61) Douglas G. Smith, *A Federalism-Based Rationale for Limited Liability*, 60 Alabama Law Review 649, 654(2009).

(5) 소 결

주식회사를 설립하고 영업활동을 하는 것은 투자자에게는 재무적 수익을, 근로자에게는 일자리를, 소비자에게는 매력이 있는 제품이나 서비스를 제공하는 등의 광범위한 사회적 편익을 유발한다.[62] 회사가 채무초과 상태에 놓인다고 하더라도 주주는 실제로 투자한 금액을 한도로 그 책임이 한정되므로 주주는 제한적인 위험만을 부담하는 것이다. 이 때문에 주주유한책임제도를 시행하는 진정한 정책적 근거를 효율성에서 찾기보다는 투자에 관련된 비용을 줄이고 더 나아가 위험을 투자자로부터 채권자에게 이전시켜서 기업에 대한 투자를 촉진하려는 데 있는 것으로 보아야 한다. 이는 마치 '개인적 책임의 면제'라는 보조금(subsidy)을 지급하여 투자를 독려하는 것과 다를 바 없다.[63]

2. 주주유한책임제도의 폐해

(1) 서 언

주주유한책임제도가 주식회사에서 가장 중요한 원칙으로 자리잡고 있음에도 불구하고 여전히 경제학적 측면에서 비판의 대상이 되고 있는 것은 이로 인하여 주주의 유인이 왜곡될 여지가 있기 때문이다. 예컨대, 경영자(이사)의 선임을 통해 회사경영을 지배할 수 있는 지위에 있는 주주가 그가 회사채무에 대해 무한책임을 부담하였다면 채용하지 않을 것이 분명한 투자안을 선택하거나 회사재산을 주주에게 이전하는 결정을 하여 채권자에게 손해를 끼칠 우려가 있다. 이하에서는 상법상 인정되고 있는 주주유한책임제도의 가장 심각한 폐해로서 과다투자와 회사재산의 주주로의 이전 문제를 살펴보기로 한다.

(2) 과다투자

가. 투자안 A와 투자안 B의 경우

주주유한책임의 폐해를 설명하기 위하여 아래와 같은 가상의 사례를 제시하고자 한다. 여기에 1,000만원을 투입하여 사업을 하고자 하는 개인 甲과 주식회사 乙이 있다. 다만, 개인 甲이 투자하려는 1,000만원은 자신의 재산으로부터 전액 조달하였으며, 회사 乙은 주주가 출자한 400만원으로 설립된 후 채권자로

62) Millon, *supra* note 59, at 1317.
63) *Id.* at 1317~1319.

부터 600만원을 차입하여 총 1,000만원을 투자하려 한다. 이들에게 주어진 두 가지 투자안이 있다고 가정하자.

투자안 A는 사업이 성공하는 경우에는 300만원의 수익이 발생하지만 사업이 실패하는 경우에는 400만원의 손실이 발생한다. 이 경우 사업의 성공확률을 80%라고 가정한다. 투자안 B는 사업이 성공하는 경우에는 2,500만원의 수익이 발생하지만 반대로 사업이 실패하는 경우에는 750만원의 손실을 부담하여야 한다. 이 경우 사업의 성공확률을 20%로 가정한다. 이상의 사례에서 투자안 A는 투자안 B에 비하여 사업성공의 확률이 높고 실패의 확률이 낮은 반면에 성공하였을 경우의 수익의 규모가 투자안 B에 비하여 작다. 즉, 투자안 A는 상대적으로 저위험-저수익(low risk, low return)의 투자안이다. 반대로 투자안 B는 투자안 A에 비하여 사업이 성공할 확률이 낮고 실패할 확률이 크기는 하지만 성공할 경우 그 수익이 투자안 A의 수배(數倍)에 이른다. 이 때문에 투자안 B는 상대적으로 고위험-고수익(high risk, high return)의 투자안이라 할 수 있다. 여기서 논의의 단순화를 위해 투자자가 위험중립적인 성향을 지닌다고 가정한다. 이러한 가상의 사례를 도표로 정리하면 아래와 같다.

〈표 4-1〉 가상의 투자안 A와 B

	투자안 A	투자안 B
투자액 규모	1,000만원	1,000만원
사업성공의 경우	300만원×0.8=240만원	2,500만원×0.2=500만원
사업실패의 경우	-400만원×0.2=80만원	-750만원×0.8=-600만원
기댓값(합계)	160만원	-100만원

이 같은 투자안 A와 B 중에서 기댓값 중에서 전자(前者)만이 양수(陽數)로 산출되었다. 이러한 점에서 보면 투자안 A가 투자안 B에 비하여 효율적이므로 개인 甲은 투자안 A를 선택할 것이다.

회사 乙이 사업을 시작하는 경우는 어떻게 될 것인가? 여기에서 논의를 단순화시키기 위하여 채권자가 요구하는 이율이 0%라고 가정하기로 한다. 회사 乙이 위의 투자안 A와 투자안 B를 각각 선택했을 경우 주주와 채권자 각자의 기댓값은 아래와 같다.

〈표 4-2〉 주식회사 乙이 투자안 A를 선택한 경우

	주주	채권자
재원	400만원	600만원
사업성공의 경우	300만원×0.8=240만원	300만원×0.8=240만원
사업실패의 경우		−400만원×0.2=−80만원
기댓값(합계)	240만원	160만원

주식회사의 경우 증가된 수익은 전적으로 주주에게 귀속된다. 투자안 A에서는 당해 사업이 성공할 경우 300만원의 수익을 거둘 수 있으므로 사업성공에 대한 기댓값은 주주의 경우 수익 300만원에 대한 80%로 된다. 사업이 실패하는 경우 그 실패로 인하여 주주에게 직접적으로 돌아갈 손실은 전혀 없다. 이는 주식회사에서 손실을 채권자에게 전가시킬 수 있기 때문이다.[64)]

〈표 4-3〉 乙주식회사가 투자안 B를 선택한 경우

	주주	채권자
재원	400만원	600만원
사업성공의 경우	2,500만원×0.2=500만원	2,500만원×0.2=500만원
사업실패의 경우		−750만원×0.8=−600만원
기댓값(합계)	500만원	−100만원

투자안 B의 경우 20%의 확률로 2,500만원의 수익을 거둔다. 사업실패에 대한 손실은 채권자가 부담함에 따라 투자안 B에 대한 채권자의 기댓값은 음수(陰數)이다.

이상의 투자안 중에서 주주와 채권자의 기댓값의 총계는 투자안 A와 B의

64) John C. Coffee, Jr., *Shareholders Versus Managers: The Strain in the Corporate Web*, 85 Michigan Law Review 1, 61(1986).

경우 동일하다. 사업성공과 실패의 경우에 대한 주주와 채권자 각자의 기댓값을 단순히 살펴보면 투자안 A의 경우에는 주주와 채권자의 기댓값이 모두 양수이지만 투자안 B의 경우에는 채권자의 기댓값이 음수이므로 사회적인 관점에서는 전자가 시행되는 것이 효율적이다. 그러나 주주의 기댓값은 투자안 A를 선택했을 경우 240만원이지만 투자안 B를 선택했을 경우에는 500만원이다. 채권자가 회사의 의사결정에 참여하지 못하기 때문에 주주의 뜻대로 회사 乙은 기댓값이 상대적으로 높은 투자안 B를 선택하게 된다. 이처럼 주주는 회사의 채권자에 대하여 개인적인 책임을 부담하지 않는 까닭에 높은 위험이 수반되지만 성공하면 높은 수익이 예상되는 투자안 B를 선택하는 것이다.[65] 이는 주주가 왜곡된 유인으로 인하여 차입을 통한 과다투자(overinvestment)를 함에 따라 채권자의 채권가치를 감소시켜 채권자의 부(富)를 주주에게 이전시키는 결과를 낳는다.[66]

나. 투자안 C와 투자안 D의 경우

이번에는 주주유한책임의 폐해를 설명하기 위하여 기댓값이 동일한 가상의 투자안을 제시하고자 한다.[67] 丙주식회사는 은행에 원금을 제외한 이자로서 800만원의 채무를 부담하고 있다. 丙회사는 투자안 C와 투자안 D 중에 어느 한 쪽에 투자하고자 한다. 丙회사는 투자안 C와 D의 경우에 장부상 동일하게 1,000만원의 수익을 기대하고 있다. 좀 더 구체적으로 투자안 C에서 丙회사 주주는 200만원의 수익을 획득할 가능성이 100%이고, 채권자인 은행은 이자인 800만원을 수취할 확률이 100%라고 하자. 투자안 D의 경우 丙회사 주주가 전혀 수익을 획득하지 못할 확률이 50%이고 700만원의 수익을 거둘 확률을 50%로 상정하는 한편 은행이 丙회사로부터 800만원의 이자를 수취할 확률이 50%이며 500만원을 이자로 수취할 확률을 50%라고 가정한다.

---

65) Stephen M. Bainbridge, *Abolishing Veil Piercing*, 26 Journal of Corporation Law 479, 489(2001).

66) 채권자의 부(富)를 주주에게 이전시키기 위하여 고위험－고수익의 투자안을 선호하는 문제를 '자산대체문제'(asset substitution problem)라 한다. 이에 관해서는 Bezalel Gavish & Avner Kalay, *On the Asset Substitution Problem,* 18 Journal of Financial and Quantitative Analysis 21(1983) 참조.

67) 이하의 가상의 사례는 Jonathan R. Macey & Luca Enriques, *Creditors Versus Capital Formation: The Case Against the European Legal Capital Rules*, 86 Cornell Law Review 1165, 1169~1170(2001)을 바탕으로 하여 작성하였다.

〈표 4-4〉 가상의 투자안 C와 D

	투자안 C	투자안 D
주주	200만원×1=200만원	700만원×0.5=350만원
채권자	800만원×1=800만원	(500만원×0.5)+(800만원×0.5)=650만원
기댓값(합계)	1,000만원	1,000만원

이 같은 가상의 투자안에서 丙주식회사 주주의 기댓값이 상대적으로 높은 것은 투자안 D이며, 은행은 투자안 C에서 상대적으로 높은 기댓값을 나타낸다. 그러나 투자결정을 담당하는 이사는 주주총회에서 선임되어야하므로 결국 최종적으로 투자안 D가 주주의 뜻에 따라 선택된다. 이상의 예에서도 주주가 과다투자를 통해 채권자의 부를 주주에게 이전시키는 투자안을 선호한다는 것을 재확인할 수 있다.

(3) 회사재산의 주주로의 이전

주식회사에서 주주와 채권자는 그 영업에서 발생하는 현금흐름의 가치를 나누어 가지는 이해관계자이다.[68] 주식회사의 청산시 잔여재산에 대한 분배청구권(residual claim on assets)을 주주에게 부여한 것(제538조)은 회사의 이익 혹은 손해를 궁극적으로 주주에게 귀속시킴으로 인하여 회사에 경영에 대한 주주의 적극적인 참여를 유도하는 데 그 목적이 있다. 이 때문에 유한책임제도하에서 주주가 회사채무에 대하여 개인적인 책임을 부담하지 않지만 회사재산에 관해서는 회사채권자보다 후순위를 가진다. 주식회사가 청산될 경우 채권자에 대한 채무관계가 종결된 후에야 주주는 잔여재산을 분배받을 수 있는 것이다.[69] 주식회사의 재무상황이 악화되었다면 주주가 회사재산으로부터 자신의 투자액을 돌려받을 가능성이 줄어든다. 상법상 유한책임을 부담하는 주주는 이러한 국면을 회피하여 자신의 부(富)를 최대화하기 위해 사전적(事前的)으로 회사의

68) 김춘, 「주식회사의 이익분배에 관한 법적 연구」(성균관대학교 법학박사 학위논문, 2012), 29면.

69) Lawrence A. Cunningham, *Commonalities and Prescriptions in the Vertical Dimension of Global Corporate Governance*, 84 Cornell Law Review 1133, 1138(1999).

채무를 변제하는 데 충당해야 할 회사재산을 자신에게 이전시키려는 유인을 가질 수 있다.[70]

주주유한책임제도하에서 주주와 회사채권자 사이의 이해대립이 발생하는 일반적인 경우로서는 회사재산을 주주에게 과도하게 배당하거나 자기주식의 취득을 위해 사용하는 경우 및 지배주주이면서 이사인 자에게 지급할 보수를 거액으로 결정하거나 회사재산을 지배주주에게 헐값으로 매각하는 자기거래를 하는 경우 등을 들 수 있다.[71] 즉, 이러한 경우는 채권의 원리금 상환에 사용해야 할 현금흐름을 사전에 집행해 버리는 것과 다를 바 없어 주주가 채권자로부터 부(富)를 탈취하는 것으로 된다.[72] 회사재산이 채권자로부터 주주에게 부당하게 이전되면 사회적으로 가치를 창출하는 것으로 볼 수 없다.

Ⅱ. 주주유한책임의 폐해 극복을 위한 수단과 방법

1. 서 설

주식회사의 경우 주주유한책임이 적용됨에 따라 주주는 과다투자를 하고자 하는 유인과 회사재산을 주주에게 이전하고자 하는 유인을 함께 가진다. 만약 채무자인 회사가 기회주의적 행위(opportunistic behavior)를 하는 경우 채권자는 손해를 입을 위험에 직면하게 된다. 그러나 주주유한책임제도의 경우 그 폐해만이 존재한다면 주식회사제도는 오늘날 많은 저항을 받았을 뿐만 아니라 더 이상 존속할 수가 없었을 것이다. 이는 현실에서 주주유한책임의 인정으로 인하여 주주의 유인이 왜곡되는 것을 무한정 방치하지 않았음을 의미한다. 주주가 회사재산을 자신에게 이전하고자 하는 유인을 사전적·사후적으로 제어하는 방안이 상법과 판례에 의해 마련되어 있고 채권자도 회사와의 계약체결을

---

70) 만약 주주가 무한책임을 진다면 그가 회사재산을 자신에게 이전시켰다고 해도 회사채권자는 주주의 개인적인 재산으로부터 변제를 받을 수 있으므로 그러한 이전행위는 실제적으로는 큰 의미를 지니지 못하게 된다.

71) George G. Triantis, *A Free-Cash-Flow Theory of Secured Debt and Creditor Priorities*, 80 Virginia Law Review 2155, 2158(1994).

72) Michael C. Jensen & William H. Meckling, *Theory of the Firm: Managerial Behavior, Agency Costs, and Ownership Structure*, 3 Journal of Financial Economics 305, 334~337(1976).

통해 자체적으로 자신을 보호하는 여러 방안을 강구할 수 있기 때문이다. 이하에서는 주주유한책임제도에 기인한 폐해를 극복하기 위한 수단과 방법을 선별하여 간단히 정리한다.

2. 회사법상의 수단과 방법

상법상 주식회사의 자본금제도는 그 규모에 상당하는 재산을 회사로 하여금 유지하게 하여 해당 재산으로부터 변제를 받아야 하는 채권자를 보호하는 기능이 있으며, 이는 주주유한책임제도를 뒷받침하는 담보적 수단으로서 자리매김을 하고 있다.[73] 이처럼 주식회사는 보유재산만이 회사신용의 기초가 되는 자본단체이지만 이익배당의 결정은 원칙적으로 주주총회의 결의로써 이루어진다(제469조 제2항 본문).[74] 이 때문에 주주총회의 결정으로 재산이 과도하게 유출되어 채권자의 이익이 침해되거나 운영자금이 감소하여 회사의 영업활동이 위축되는 것을 방지하기 위해 배당가능한 이익의 한도를 법률로써 규정하고 있다(제462조 제1항). 여기서 자본금은 위에서 살펴본 것처럼 그 규모를 넘는 순자산액이 회사에 존재하는 경우에 한하여 주주에게 이익배당 및 자기주식취득에 대한 대가로 회사재산의 급부가 가능하다는 이른바 배당계산상의 척도로서 의의를 지닌다. 자기주식의 취득은 회사의 재산을 주주에게로 이전한다는 점에서 이익배당과 본질적으로 차이가 없기 때문에 배당가능이익을 한도로 상법이 정하는 일정한 방법에 따라야만 자기주식을 취득할 수 있다.[75]

3. 판례상의 수단과 방법

주주유한책임이 형평에 반하는 경우 법원은 회사를 독립한 존재로 인정하지 않는다. 즉, 주식회사에서 채권자로부터 이익을 주주에게 이전하는 경우처럼 특정된 사인에 한하여 회사채권자는 당해 주식회사의 독립된 법인격을 부인하

73) 김순석, "자본금 제도상 채권자 보호의 법적 과제," 「기업법연구」 제26권 제2호(한국기업법학회, 2012), 9면.

74) 원칙적으로 재무제표 확정의 승인과 배당결정은 주주총회의 권한이나 제449조의2 제1항에 따라 이사회가 재무제표의 승인을 하는 경우에는 이익배당의 결정도 이사회가 한다(제462조 제2항 단서).

75) 권재열, "개정상법상 주식관련제도의 개선내용과 향후과제," 「선진상사법률연구」 제56호(2011), 19면.

고 그 배후에 있는 지배주주에게 직접적인 책임을 물어 구체적 사안에서 타당한 해결을 구할 수 있다. 이같이 주주유한책임으로 인한 문제를 해결하기 위한 사후적인 수단으로서 판례에 의하여 인정된 법리가 법인격 부인론이다.[76] 주주유한책임제도가 상법상 인정되고 있음에도 불구하고 법원이 판례에 의하여 법인격 부인론을 인정하다 보니 결국 법인격 부인론은 법률상 원칙에 대한 판례상 예외로서의 관계를 형성하고 있다. 이 때문에 이 영역에서는 입법과 사법이 긴장관계에 놓여 있는 것이다.[77]

4. 계약상의 수단과 방법

주주유한책임제도하에서 발생 가능한 과다투자와 회사재산의 주주에게의 이전과 같은 폐해로부터 채권자를 보호할 수 있는 구제수단으로 다음의 것을 예로 들 수 있다. 첫째, 채권자의 부가 주주에게 이전되는 것에 대한 우려를 상쇄할 정도의 이자를 청구하는 것이다. 말하자면, 채권자가 이자율을 인상함으로써 과다투자나 회사재산의 이전으로 인하여 발생할 수 있는 손실을 보전할 수 있다. 그러나 현실에 있어서는 채권자가 자신의 우려를 상쇄할 수 있는 적절한 수준의 이자율을 설정하는 것이 용이하지는 않다. 그가 너무 높은 이자율을 요구한 결과 대출계약 자체가 무산될 수 있으며, 그러한 계약의 무산은 회사로 하여금 어느 투자안이라도 선택할 수 없게 하여 오히려 사회적 효율성을 떨어뜨릴 수 있기 때문이다.

둘째, 대출계약을 체결함에 있어서 매우 구체적으로 기술하여 과다투자와 회사재산이 주주에게 이전하는 행위를 직접적으로 제한하는 방법이 있다. 예컨대, 회사가 투자할 수 있는 규모나 사업분야를 한정하거나, 회사의 재무건전성이 특정한 수준에 못 미치는 경우에는 이익배당이나 자기주식을 취득하지 못한다는 조항을 계약서에 명기하거나, 대출조건에 관하여 재교섭할 수 있는 권한을 계약서에 적시하는 방법이 이에 해당한다. 그러나 특정한 투자안에 따른 사업의 실패가능성을 사전에 계산하기가 곤란한 경우가 많은 까닭에 이 방법은

---

76) 송옥렬, "법경제학적 방법론의 유용성과 한계에 관한 소고," 「서울대학교 법학」 제55권 제3호(서울대학교, 2014), 12면.

77) Timothy P. Glynn, *Beyond Unlimiting Shareholder Liability: Vicarious Tort Liability for Corporate Officers*, 57 Vanderbilt Law Review 329, 357(2004).

현실적이지 않다. 게다가 대출시장에서 오히려 차입자인 회사가 대여자보다 우월한 지위에 있는 경우에는 이 같은 구체적인 대출계약서를 작성하는 것도 현실성이 떨어지는 일이다. 따라서 위험을 정확하게 측정하고 협상을 통해 채권자의 요구사항을 반영하여 계약서를 작성하는 것 자체가 대여자의 수익성을 떨어뜨리는 부작용을 낳는다.[78]

셋째, 주주에게 특정한 회사채무에 대해 개인적으로 보증하게 하여 주주유한책임으로 인한 왜곡된 유인을 축소하거나 제거할 수 있다. 주주에게 회사채무를 보증하게 하는 것은 법인격 부인론의 법리와 유사하게 기능한다. 주주에 의한 채무보증의 경우 회사가 어떠한 원인으로 파산하였는지를 불문하고 회사채무에 보증인으로서 변제의무를 부담하지만, 법인격 부인론의 경우에는 법인격이 형해화 또는 남용이 되는 경우에 한하여 주주가 책임을 부담한다. 실제 현실에서는 중소규모의 회사가 금융기관으로부터 금원을 차입하는 경우 경영자인 지배주주가 개인적으로 보증을 서는 경우가 많은데, 이는 주주유한책임의 한계를 극복하기 위한 방안으로 평가할 수 있다. 이처럼 회사채무에 대하여 주주가 보증하는 것은 사실상 회사의 채무에 대하여 주주가 출자액을 초월하여 책임을 지는 것과 다를 바 없어 주주무한책임을 인정하는 효과가 있다. 주주보증이 광범위하게 인정될 경우에는 역(逆)으로 기업가정신을 퇴색시키는 결과를 낳는다.

78) Jensen & Meckling, *supra* note 72, at 338.

제5장

회사의 설립

제 5 장

회사의 설립

제1절 논의의 범위

'회사의 설립'이라 함은 회사라는 단체를 형성하여 법인으로서 법률상 권리능력을 취득하는 데 필요한 여러 행위와 절차를 포괄적으로 표현한 개념이다.[1] 통상 주식회사의 설립을 기획하고 주관하는 자를 발기인이라 하는데, 상법상 발기인은 정관을 작성하고 기명날인 또는 서명한 자로서 그 정관에 발기인으로 성명·주민등록번호 및 주소가 기재된 자를 말한다(제289조 제1항 제8호). 상법상 발기인의 자격조건이나 인원수에는 아무런 제한이 없으며, 발기인조합을 구성하여 회사설립행위를 할 수 있다.

한국에서는 관련 법률이 마련한 상세한 요건을 충실하게 준수하여 회사 정관을 작성하는 것으로 부터 시작하여 설립등기를 경료하면 회사가 성립한다. 이 점에서 한국에서의 회사설립은 엄격준칙주의를 취하는 것으로 평가된다. 회사는 설립등기에 의해서 최종적으로 성립하지만, 그 실체는 일시에 완성되는 것은 아니다. 회사는 성립 전에는 설립중의 회사라는 권리능력 없는 사단(社團)으로 존재하고, 발기인은 그 설립중의 회사의 집행기관으로서의 지위를 가진다. 설립중의 회사가 실체형성을 거쳐 등기를 통해 법인격을 구비함에 따라 완전한

1) 이철송, 「회사법강의」 제27판(박영사, 2019), 94~95면.

회사가 되므로 설립중의 회사와 성립 후의 회사는 실질적으로는 동일한 존재이다. 이에 발기인이 설립중의 회사의 기관으로서 했던 권한 내의 행위의 효과가 실질상 설립중의 회사에 귀속하는 까닭에 당연히 성립 후의 회사에도 귀속하게 된다.[2)]

주식회사 설립의 방법에는 회사의 설립시에 발행하는 주식의 인수방법을 기준으로 하여 발기설립과 모집설립으로 나누어진다. '발기설립'이라 함은 설립시에 발행하는 주식의 전부를 발기인만이 인수하여 주식회사를 설립하는 방법을 말하며, '모집설립'이란 설립시에 발행하는 주식 중 그 일부를 발기인이 인수하고 나머지 주식은 주주를 모집하여 주식을 배정하는 방법으로 주식회사를 설립하는 것을 뜻한다.

상법은 회사설립에 관련된 사항 중에 회사의 자본금충실을 위태롭게 할 우려가 있어 회사는 물론이고 주주와 채권자에게 손해를 야기할 수 있는 위험한 사항은 정관에 기재하여야만 효력이 인정되는 것으로 규정하고 있다. 그러한 사항으로 상법상 강제되고 있는 것이 변태설립사항이다(제290조). 변태설립사항이 기재돼지 않았다고 하더라도 정관이 무효가 되지는 않지만 변태설립사항에 해당하는 그 행위는 효력이 없다. 그럼에도 불구하고 대법원 판례는 특정한 경우에는 정관에 기재되지 않은 변태설립사항도 추인이 가능한 것으로 판시하고 있다.

본장에서는 회사의 설립과 관련하여 다음과 같은 3가지 사항에 한정하여 경제적 분석을 진행하고자 한다. 첫째, 상법에는 명시적인 규정이 없음에도 불구하고 강학 및 판례에 의하여 설립중의 회사가 인정되는 의의에 관하여 경제적으로 살펴보고자 한다. 둘째, 상법이 변태설립사항을 정관에서 정하도록 한 취지에 대하여 경제적으로 접근하고자 한다. 셋째, 변태설립사항 중의 하나인 재산인수가 정관에 기재되지 않았다고 하더라도 바로 무효로 하지 않고 추인이 가능한 것으로 풀이하는 대법원 판례의 경제적 의미를 추론하고자 한다.

---

2) 대법원 1970. 8. 31. 선고 70다1357 판결; 대법원 1990. 12. 26. 선고 90누2536 판결; 대법원 2000. 1. 28. 선고 99다35737 판결; 대법원 2007. 9. 7. 선고 2005다18740 판결.

제 2 절 설립중의 회사의 의의

Ⅰ. 대법원 판례의 입장

일찍이 대법원은 상법전상의 개념이 아님에도 불구하고 다음과 같이 설립중의 회사를 인정하고 있다. 즉, "주식회사의 설립과정에 있어서의 소위 설립중의 회사라 함은 상법규정에 명시된 개념이 아니고 발기인이 회사의 설립을 위하여 필요한 행위로 인하여 취득 또는 부담하였던 권리의무가 회사의 설립과 동시에 그 설립된 회사에 귀속되는 관계를 설명하기 위한 강학상의 개념"[3]으로서 "설립등기이전에 어느 정도 실체가 형성된 미완성의 회사"[4]를 가리킨다고 보았다. 설립중의 회사는 "정관이 작성되고 발기인이 1주 이상의 주식을 인수하였을 때 비로소 성립한다."[5]

설립중의 회사가 성립된 후 발기인이 취득 또는 부담하였던 권리·의무는 "실질적으로는 회사불성립의 확정을 정지조건으로 하여 발기인에게 귀속됨과 동시 같은 사실을 해제조건으로 하여 설립될 회사에 귀속되는 것이고 형식적으로 회사성립을 해제조건으로 하여 발기인에게 귀속됨과 동시 같은 사실을 정지조건으로 하여 설립된 회사에 귀속되는 것이다."[6]

Ⅱ. 경제적 분석

1. 기존의 논의

법원이 상법상에 명시된 규정이 없음에도 불구하고 설립중의 회사라는 개념을 인정하는 이유는 무엇인가? 일반적으로 설립중의 회사의 존재의의는 다음과 같이 2가지로 제시되고 있다. 첫째, 설립중의 회사 개념은 설립중의 회사 명

3) 대법원 1970. 8. 31. 선고 70다1357 판결.
4) 대법원 1985. 7. 23. 선고 84누678 판결.
5) 위의 판결.
6) 대법원 1970. 8. 31. 선고 70다1357 판결.

의로 취득한 권리·의무가 회사성립과 동시에 성립 후의 회사에 귀속되므로 절차상 번거로움을 줄일 수 있다. 반대로, 만약 설립중의 회사를 개념적으로 인정하지 않는다면 회사설립 과정에서 발기인이 회사설립을 위하여 취득한 재산이 발기인 또는 발기인조합에 일단 귀속되고, 설립등기를 마친 뒤에 그 재산을 성립 후의 회사로 개별적으로 이전시켜야 한다. 이 같은 경제적 비효율성을 줄이기 위하여 설립중의 회사 개념을 인정한 결과 별도의 이전행위 없이 발기인이 취득한 재산을 회사에 이전할 수 있게 되었다.[7]

둘째, 설립중의 회사를 인정함으로써 발기인이 회사설립을 위하여 취득한 재산을 발기인 혹은 발기인조합의 개인적 채무에 대한 책임재산으로부터 격리시킬 수 있다. 만약 회사설립절차를 밟는 과정에서 취득한 재산이 발기인 혹은 발기인조합의 고유재산과 구분이 되지 않는다면 그 채권자의 강제집행에 복종하는 문제가 발생한다. 이 문제를 해결한다는 점에서 설립중의 회사가 존재할 의의는 충분하다.[8]

2. 추가적 설명

설립중의 회사를 개념상 인정함으로써 발기인은 회사의 설립단계에서 재산분리를 통해 일종의 목적재산(separate patrimony)을 구성하게 된다. 말하자면, 이 개념을 인정하여 발기인이 출자한 재산을 발기인의 신용위험으로부터 절연시킨 결과 발기인이 독립적으로 설립사무를 추진할 수 있어 설립절차의 안정을 도모할 수 있는 것이다.[9] 이처럼 설립중의 회사를 발기인의 신용으로부터 영향을 받지 않게 함으로써 양호한 신용력이 없는 발기인도 회사설립을 할 수 있다. 또한 회사설립 절차 단계에 들어가기 전에 발기인이 되려는 자의 신용을 모두 조사할 필요가 없음은 물론이고 설립절차를 밟는 과정에서도 다른 발기인의 신용상태에 관하여 감시·감독할 필요가 없어 상대적으로 적은 비용으로 회사설립이 안정적으로 이루어질 수 있다. 이는 기업가정신을 고양하는 데 기여한다.

---

7) 이철송, 앞의 책, 230면; 정영진, "주식회사 설립에 관한 법적 고찰 – 발기인, 발기인조합과 설립중 회사의 개념을 중심으로 –," 「법학연구」 제17집 제1호(인하대학교, 2014), 355면.

8) 이철송, 위의 책, 230면.

9) 정영진, 앞의 논문, 356면.

제 3 절 변태설립사항

Ⅰ. 변태설립사항의 의의

1. 자본금충실의 원칙과 변태설립사항

자본금을 공급하는 투자(희망)자가 회사에 대하여 투자를 하기 위해서는 우선적으로 그 대상회사의 가치를 정확하게 파악하는 작업이 선행되어야 한다. 대상회사의 가치를 평가하는 작업에 많은 비용이 드는 경우에는 투자로 인한 순이익이 줄어들 것이 자명하므로 투자를 유치하기가 어렵게 된다. 이에 상법은 회사의 가치평가를 용이하게 하기 위한 방안의 하나로서 회사가 보유하여야 할 순자산액의 기준이 되는 추상적이고 불변적인 계산상의 수액(數額)인 자본금이라는 개념을 사용하고 있다.[10)]

주식회사는 물적회사 내지 자본회사(Kapitalgesellschaft)이다. 주식회사는 자본금이 회사의 기초를 형성한다. 제4장에서 살펴본 바와 같이 주식회사에서 자본금이란 액면주식을 발행하는 경우는 '발행주식의 액면총액'을 말하며, 무액면주식을 발행하는 경우는 "주식 발행가액의 2분의 1 이상의 금액으로서 이사회(제416조 단서에 의한 경우에는 주주총회)에서 자본금으로 계상하기로 한 금액의 총액"을 가리킨다(제451조 제1항·제2항). 아울러 상법은 자본금액에 상당하는 순자산을 실질적으로 확보하게 하는 자본금충실의 원칙을 강제하고 있는데, 회사설립시에 변태설립사항(qualifizierte Gründung)을 정관에 기재할 것을 요구하는 배경에 이 원칙이 자리잡고 있다.

2. 상법상 변태설립사항에 대한 규제

상법 제290조는 변태설립사항으로 발기인의 특별이익, 현물출자, 재산인수 및 설립비용과 발기인의 보수를 한정적으로 열거하고 있다. 이 경우 발기인

---

10) 손주찬, "주식회사의 자본금과 준비금과의 이동," 「사법행정」 제5권 제8호(한국사법행정학회, 1964), 47면.

의 특별이익이라 함은 회사설립을 기획하고 관장한 발기인의 공로에 보답하기 위하여 이익배당, 잔여재산의 분배, 신주인수의 우선권, 회사설비의 이용권 등과 같이 회사가 발기인에게 부여하는 이익을 말한다. 현물출자는 금전 이외의 재산을 가지고 하는 출자를 말하는데, 이는 회사에 출자하여 주주로 되는 점에서는 금전출자와 동일하다.[11] 주식회사의 자본금은 금전을 원칙으로 하여 출자하여야 하지만 특정 재산을 미리 확보하여야 하는 경우에는 현물에 의한 출자가 가능하여야 한다는 현실적인 필요성 때문에 현물출자를 허용하고 있다. 발기인이 회사성립을 조건으로 특정의 재산을 양수할 것을 약속하는 계약을 재산인수라 한다. 발기인이 설립중인 회사의 기관으로서 회사설립을 위해 지출한 비용을 설립비용이라 하는데, 정관작성비용·주주모집의 광고비·사무소의 임대료 등이 그 예(例)에 해당한다. 발기인의 보수는 발기인이 회사설립을 위한 제공한 노무에 대한 대가를 말한다.

이상의 변태설립사항은 개인적인 이익을 추구하여 자본금충실을 해치는 수단으로 남용될 우려가 크다. 예컨대, 출자된 현물의 공정한 가격에 상응하는 주식의 수보다 더 많은 주식을 발행하여 출자자인 발기인에게 교부한 경우 회사의 부(富)가 발기인에게 이전되는 효과가 있는 것이다. 때문에 발기인과 설립중의 회사 사이에 존재하거나 궁극적으로 발기인과 성립될 회사 사이에 존재할 수 있는 이익의 충돌을 방지하고 투자자가 객관적이지 않은 정보를 바탕으로 잘못된 의사결정을 내리는 위험을 봉쇄하기 위하여 상법은 다음과 같은 장치를 마련하고 있다.

먼저, 변태설립사항이 있는 경우 그것을 정관에 정하고 이에 관한 조사를 위하여 발기인은 법원에 검사인 선임을 청구하여야 한다(제298조 제4항 본문). 변태설립사항을 정관으로 정해 두지 않으면 그 사항의 효력이 인정받지 못한다. 모집설립의 경우에는 주식청약서에도 이를 기재할 것을 요구하고 있다(제302조 제2항 제2호). 그 다음으로, 발기설립의 경우에 검사인은 변태설립사항과 현물출자의 이행에 관한 사항을 조사하여 법원에 보고하여야 하며 모집설립의 경우에

11) 이 밖에 상법은 현물을 보유하고 있는 주식인수인에게 직접 현물로 출자할 수 있는 기회를 주는 것이 대중자본을 용이하게 흡수할 수 있는 계기가 될 수 있다는 이유를 들어 예외적으로 현물출자제도를 인정하고 있다(서울고등법원 1987. 12. 8. 선고 86구501 판결).

는 창립총회에 보고하여야 한다(제299조 제1항, 제310조 제2항). 검사인의 조사·보고는 자본금충실을 도모하여 채권자를 보호하기 위한 차원에서 출자된 현물의 자산가치가 자본금액과 일치하는지를 확인하는 역할을 수행한다. 그러나 현실에서 검사인의 조사·보고는 그 자체로서 막대한 거래비용을 초래하여 오히려 이를 우회하는 방법이 이용되는 것으로 보아 회사설립과정에 있어서 과중한 부담으로 작용한다.[12] 이에 회사설립에 드는 비용을 줄여준다는 차원에서 상법은 변태설립사항이 발기인의 특별이익 또는 설립비용인 경우에는 공증인의 조사로, 현물출자와 재산인수인 경우에는 감정인의 감정으로 이를 갈음하는 것을 허용하고 있다(제299조의2).

Ⅱ. 정관기재 및 법원 또는 창립총회에 대한 보고의무

1. 정관에의 기재

(1) 공시매개체로서의 정관

상법이 변태설립사항에 대하여 사전적·사후적으로 규제하여 특별히 취급하는 것은 그것이 회사재산을 위태롭게 할 우려가 있는 이른바 '위험한 약속'(gefährliche Abreden)이기 때문이다.[13] 변태설립사항에 대한 사전적인 규제는 정관에 기재하는 것이다. 그러면 변태설립사항을 왜 '정관'에 기재하여야 하는가?

정관은 실질적으로는 회사의 단체법적인 법률관계를 규율하는 규범, 즉 회사의 헌법(憲法)을 의미하며 형식적으로는 그 규범을 기재한 서면을 가리킨다.[14] 정관은 주식회사를 설립할 때에 반드시 작성되어야 한다(제289조). 말하자면, 정관은 회사를 설립하기 위한 최초의 단계에서 갖추어야 하는 서면일 뿐만 아니라 회사가 설립등기를 경료하기 전까지 회사가 설립중의 회사와 장래 성립될 회사에 관련된 정보를 투자자에게 공시할 수 있는 매우 중요한 단체법적 매체이다.[15] 정관에 기재함으로써 회사설립의 과정에서 회사내부자(corporate

---

12) 김건식/노혁준/천경훈, 「회사법」 제3판(박영사, 2018), 87면.

13) 진계원, "주식회사의 정관," 「법무사」 제312호(대한법무사협회, 1993), 23면.

14) 이철송, 앞의 책, 98면.

15) 김건식/노혁준/천경훈, 「회사법」 제3판(박영사, 2018), 118면; 한국상사법학회 편, 「주식회

insider)와 회사외부자(corporate outsider) 사이에 존재하는 정보의 비대칭을 정관을 통해 완화하는 것이다.

(2) 기재대상으로서의 변태설립사항

변태설립사항을 왜 정관에 '기재'하여야 하는가? 회사로 편입된 자금은 정관에서 내걸은 목적을 달성하기 위하여 사용되어야 한다. 그러한 목적을 달성하는 데 필요하지 않는 행위로 인하여 회사재산이 줄어드는 것은 허용될 수 없다. 그러나 회사설립은 그 기획자인 발기인에 의하여 주도되며, 경우에 따라서는 발기인 스스로가 회사재산을 위태롭게 할 여지가 있다. 특히 설립중의 회사의 상태에 머무르고 있는 경우에는 그 때까지 회사설립이 정식으로 되지 않은 단계이므로 회사의 재무상태를 제대로 감시·감독할 주체가 마땅하지 않다. 이에 상법은 장래의 불특정한 주주 및 채권자에 정보를 제공하는 차원에서 변태설립사항을 정관에 기재하여야만 효력이 인정되도록 하였다.[16)]

2. 법원 또는 창립총회에 대한 보고

(1) 상법의 내용

위에서 살펴본 바와 같이 변태설립사항을 정관에 기재한 것은 잠재적인 주주와 채권자를 위한 공시로서 의미를 가지기는 하지만, 그것만으로 기재사항의 객관성을 담보하지는 못한다. 그 이유는 회사설립 단계에서 감시·감독이 체계적이지 못하고 그 전문성이 구비되지 못한 것에서 찾을 수 있다. 이에 상법은 변태설립사항의 객관성을 제고하기 위하여 다음과 같은 특별한 규정을 두어 사후적으로 규제하고 있다.

상법은 발기설립의 경우에는 원칙적으로 법원이 선임한 검사인으로 하여금 변태설립사항의 이행을 조사하여 법원에 보고할 것을 요구하고 있다(제299조 제1항). 여기서 '조사'는 어느 특정한 사항이 확립된 기준과 어느 정도 합치하는지를 결정하기 위하여 증거를 체계적으로 수집하고 평가하는 것을 의미하며,

---

사법대계 I」 제3판(법문사, 2019), 354면(안성포 집필부분).

16) 정관에는 예컨대, 목적과 상호 등처럼 반드시 기재해야 하는 사항이 있는데, 이를 '절대적 기재사항'이라 한다. 절대적 기재사항을 기재하지 않으면 당해 정관은 무효가 된다. 반면에 변태설립사항은 정관에 기재하지 않아도 정관 자체의 효력에 영향을 미치지 않는다는 점에서 '상대적 기재사항'이라 부르기도 한다.

'보고'라 함은 조사과정의 산물인 평가나 의견을 보고서라는 형식으로 공익의 대표자 혹은 이해관계 있는 이용자에게 전달함을 뜻한다. 예컨대, 현물출자가 있는 경우 검사인은 출자된 현물의 자산가치가 자본금액과 일치하는지를 확인하는 역할을 수행하고 법원에 보고하여야 한다. 그러나 거래규모가 크지 않거나 거래의 공정성이 확보될 수 있는 상황이라면 굳이 비용이 초래되는 검사인의 검사 및 법원에 대한 보고를 강제할 필요가 없다. 이에 일정규모 이하 또는 시세가 있는 현물을 출자하는 경우와 재산을 인수하는 경우에는 회사의 자본금 충실을 해할 염려가 없는 것으로 보아 검사인의 조사와 법원에 대한 보고를 면제한다(제299조 제2항).

모집설립의 경우에는 법원이 선임한 검사인이 회사설립의 종결단계에서야 소집되는 창립총회에 보고서를 제출하여야 하고(제310조), 발기인은 변태설립사항에 관한 실태 등을 서면으로 창립총회에 보고하여야 한다(제311조). 아울러 창립총회에서 선임된 이사와 감사가 회사설립에 관한 모든 사항이 법령 또는 정관 규정에 위반되는지의 여부를 조사하여 창립총회에 보고하여야 한다(제313조). 만약 법원 또는 창립총회가 검사인의 조사보고서를 심사한 후 정관에 기재된 변태설립사항을 부당하다고 인정한 때에는 변경할 수 있다(제300조 제1항, 제314조 제1항).

(2) 경제적 분석

발기설립의 경우 정관에 기재된 변태설립사항이 객관적인지의 여부를 조사·보고하는 절차에 공익의 대표자인 법원이 왜 관여하는가? 그 이유를 몇 가지로 나누어 살펴보기로 한다. 첫째, 변태설립사항이라는 정보의 중요성 때문에 검사인이 조사하여 법원에 보고하는 것이 요구된다. 정보이용자인 미래의 투자자의 입장으로서는 자신에게 제공되는 정보의 질(質)에 대하여 불편성(不偏性)을 요구하게 될 것인데, 이를 위하여 법원이 검사인으로 하여금 조사·보고할 것을 강제하고 있다. 여기 회사설립 후에 그 회사에 출자하는 것을 희망하는 자가 있다고 가정하자. 투자희망자는 발기인이 일방적으로 정관을 작성하였다는 점 때문에 자신이 정관의 기재사항으로부터 획득한 정보가 왜곡(bias)된 것으로 인식할 우려가 있다. 이 같은 인식은 회사에 투자하고자 하는 유인을 감소시키는 부작용을 낳는다. 이에 이해관계가 없는 공익의 대표자인 법원에 의하여 비판적 평가를 받을 필요가 있는 것이다.

둘째, 사실 주식회사의 설립전 단계에서 투자희망자와 정보원(情報源)은 격리되어 있다. 투자희망자가 정관에 기재된 변태설립사항의 객관성 유무를 직접적으로 평가하는 데 드는 많은 시간과 비용으로 인하여 자연스럽게 투자자와 정보원 사이가 멀어지는 것이다. 이 같은 시간과 비용을 절감하면 투자를 촉진할 수 있다고 보아 검사인의 조사와 법원에 대한 보고제도를 마련한 것이다.

셋째, 회사설립과정의 복잡성도 검사인의 조사와 법원에 대한 보고가 필요한 이유 중의 하나이다. 주식회사의 설립과정이 어렵고 복잡하여 고의성이 없는 오류(unintentional error) — 예컨대, 순전한 실수에 의하여 현물출자자의 성명을 정관에 누락하는 경우 등 — 가 발생할 가능성이 높은 까닭에 전문가에 의한 비판적 검증이 요구되는 것이다. 법원이 검사인의 조사보고서를 심사한 후 정관에 기재된 변태설립사항을 부당하다고 인정한 때에는 변경처분을 내릴 수 있다.

모집설립의 경우에는 이상에서 살펴본 법원의 역할이 창립총회에 부여되어 있다. 창립총회는 발기인 이외의 주주인수인으로 구성되는 설립중의 회사의 의결기관인데, 창립총회에서 주식인수인의 승인을 받는다는 것이 바로 정보의 공정성과 불편성을 담보한다는 것이다. 이를 위하여 상법은 창립총회의 결의는 출석한 주식인수인의 의결권의 3분의 2 이상이며 인수된 주식의 총수의 과반수에 해당하는 다수로 할 것을 요구하고 있다(제309조). 이처럼 상법상 창립총회의 결의요건은 주주총회의 특별결의요건보다 가중되어 있는데, 이는 발기인의 영향력을 견제하여 왜곡되지 않는 결의를 도출하려는 데 그 목적이 있다.[17)]

---

17) 이철송, 앞의 책, 260면.

제 4 절 정관에 기재되지 않은 재산인수의 추인

Ⅰ. 분석대상 쟁점

본래 재산인수는 상법상 변태설립사항으로서 정관에 기재하여야 할 사항이며(제290조 제3항), 만약 그것이 정관에 기재되지 않은 경우에는 효력이 발생하지 않는다.[18] 그러나 대법원은 1992년 판결(이하 '1992년 대법원 판결'이라 함)에서 "甲과 乙이 공동으로 축산업 등을 목적으로 하는 회사를 설립하기로 합의하고 甲은 부동산을 현물로 출자하고 乙은 현금을 출자하되, 현물출자에 따른 번잡함을 피하기 위하여 회사의 성립 후 회사와 甲 간의 매매계약에 의한 소유권이전등기의 방법에 의하여 위 현물출자를 완성하기로 약정하고 그 후 회사설립을 위한 소정의 절차를 거쳐 위 약정에 따른 현물출자가 이루어진 것이라면, 위 현물출자를 위한 약정은 그대로 상법 제290조 제3호가 규정하는 재산인수에 해당한다고 할 것이어서 정관에 기재되지 아니하는 한 무효라고 할 것이나, 위와 같은 방법에 의한 현물출자가 동시에 상법 제375조가 규정하는 사후설립에 해당하고 이에 대하여 주주총회의 특별결의에 의한 추인이 있었다면 회사는 유효하게 위 현물출자로 인한 부동산의 소유권을 취득한다"고 판단하고 있다.[19] 요약하자면, 이 판결에서 대법원은 위의 현물출자는 정관에 기재가 없는 재산인수로서 무효이지만 추인에 의하여 유효로 될 수 있다는 것이다. 이하에서는 이러한 대법원의 판결이 타당한지를 경제적 측면에서 분석하기로 한다.

Ⅱ. 상법상 재산인수에 대한 규제

현물출자의 경우 목적물을 과대평가하여 현물출자자에게 부당하게 많은 주식을 배정할 위험이 있다. 이와 같은 주식물타기(stock watering)는 주식의 진정한 가격을 알지 못하는 투자자에게 손실을 초래하여 정관에 의하여 등기된

18) 대법원 1994. 5. 13. 선고 94다323 판결.
19) 대법원 1992. 9. 14. 선고 91다33087 판결.

설립자본금의 규모를 신뢰한 채권자를 해할 여지가 있다. 더 나아가 회사는 그 손실로 인하여 이익배당을 하기 어려운 상황에 놓일 수 있다.[20] 현물출자에 대한 과대평가가 투자자와 채권자의 피해로 연결되는 것을 방지하기 위하여 상법은 현물출자를 변태설립사항으로 엄격하게 규제하고 있다(제290조 제2호).

앞에서 살펴본 것처럼 '재산인수'라 함은 발기인이 회사를 위하여 회사의 성립을 조건으로 하여 제3자로부터 특정한 재산을 양수하기로 약정하는 것을 의미한다. 말하자면, 재산인수는 출자행위가 아니며, 회사의 성립을 조건으로 하여 회사성립 전에 실시하는 통상의 재산거래에 해당한다. 회사설립시 현물출자를 할 수 있는 자격은 발기인에 한정되어 있는데 반하여 재산인수는 발기인이 회사를 대표하여 발기인 이외의 자와 체결한다는 점에서 구분된다. 그러나 통상적인 방법인 금전으로 출자를 하고 그에게 주식을 발행하였다고 하더라도 그 후에 부당한 대가로 재산을 양수한다면 결국은 주식의 가치에 알맞지 않는 재산에 주식을 배정하는 것과 차이가 없게 된다. 가상의 사례를 들어서 설명하기로 한다. 어느 발기인이 5,000만원을 출자하여 액면가 5,000원인 주식 10,000주를 취득하였다고 가정하자. 이와 동시에, 회사가 성립되는 것을 조건으로 발기인이 회사를 대표하여 시가 2,500만원 상당의 자동차를 회사가 5,000만원으로 양수하는 약정을 체결하였다고 하자. 이 경우 설립단계에서는 그 발기인으로부터 5,000만원이 사내(社內)로 유입되지만 성립 후의 회사는 2,500만원의 자동차를 5,000만원으로 양수하는 것이다. 이는 발기인이 출자한 5,000만원을 자동차 양도인에게 지급되는 것과 차이가 없다. 이 과정을 거시적으로 보면 회사는 2,500만원 상당의 자동차를 현물출자받고서 10,000주를 발행하는 것과 동일하므로 결과적으로는 부당한 현물출자를 시기를 늦추어 실시하는 것에 지나지 않는다. 이처럼 부당한 현물출자나 부당한 재산인수는 현물출자를 회사에 귀속시킨 시기가 회사설립시인지 또는 회사성립 후인지에서 차이가 날 뿐 실제적인 경제적 가치를 속이고 있다는 점에서는 차이가 없다.

만약 상법이 현물출자에 대해서만 엄격하게 규제하는 반면에 재산인수를 규제하지 않고 방관한다면 현물출자의 규제를 잠탈하기 위해 재산인수를 이용

---

20) John A. Ryan, *Is Stock Watering Immoral?*, 18 International Journal of Ethics 151, 155(1908).

할 우려가 커지게 된다. 이에 상법은 재산인수에서 인수대상이 되는 재산을 과대하게 평가하는 거래가 이루어지면 설립 당초부터 회사의 재산적 기초가 위험해지는 것이 효과적인 측면에서 현물출자와 같다는 점에 비추어 현물출자와 재산인수 모두를 변태설립사항으로 범주화하여 엄격하게 규제하고 있다. 재산인수의 경우 정관에 기재하여야 하는 것은 양수의 목적이 되는 재산의 종류, 수량, 가격 및 그 양도인의 성명이다(제290조 제3호).

Ⅲ. 정관에 기재되지 않은 재산인수의 추인 가부

1. 서 설

설립중의 회사가 정관에 기재하고 검사인의 검사 등과 같이 상법상 요구되는 절차를 제대로 경료한 재산인수만이 법률상 유효하여 나중에 회사가 성립한 후에 계약상의 지위를 취득하게 된다.[21] 재산인수는 회사성립을 전제로 한다는 점에서 개업준비행위에 속한다. 엄밀하게 말하자면, 설립중의 회사의 기관인 발기인은 회사를 창설하는 것을 그 임무로 하는 까닭에 회사설립을 전제로 하는 행위, 즉 개업준비행위를 할 수 없는 것이 원칙이다. 이와 같이 재산인수가 개업준비행위에 속한다는 점에서 발기인이 인수계약의 주체가 될 수 없다고 풀이하여야 함에도 불구하고 상법은 재산인수를 발기인의 권한으로 명시적으로 인정하고 있다. 때문에 법리적으로 재산인수는 발기인의 권한에 속하는 예외적인 것으로 볼 수밖에 없다. 다만, 발기인이 재산인수에 해당하는 행위를 하더라도 이를 정관에 기재하지 않았다면 무효라는 것에 대해서는 의견이 일치되어 있다. 대법원 판결도 예외가 아니다.[22] 그러나 정관에 기재되지 않은 채 이루어진 재산인수를 추인할 수 있는지에 관해서는 학설이 나누어져 있는 반면에 판례는 일관되게 긍정하는 입장을 취하고 있다. 이하에서는 국내의 학설과 판례를 소개하고 검토하기로 한다.

---

21) 이철송, 앞의 책, 246면.

22) 대법원 1994. 5. 13. 선고 94다323 판결.

2. 학 설

(1) 추인긍정설

법정요건을 결한 재산인수라 할지라도 이는 설립중의 회사의 실질적 권리능력 범위 내에 속하는 것이어서 그러한 발기인의 행위를 민법 제130조 이하의 무권대리행위의 경우[23)]와 마찬가지로 보아 추인을 긍정하자는 견해[24)]이다. 만약 추인을 부정한다면 대상물의 가격이 상승한 경우에 상대방에게 이행을 거절할 구실을 주게 되어 오히려 회사와 채권자를 포함한 회사의 이익을 해치게 될 우려가 있음을 고려한 입장이다. 다만, 추인긍정설에서도 회사가 추인하려면 성립 후 회사가 새롭게 해당 행위를 하는 경우에 요구되는 요건을 갖추어야 한다고 풀이한다. 이 같은 방법으로 추인하면 소급적으로 효력을 발생한다.

(2) 추인부정설

재산인수가 법정요건을 결하더라도 사후설립의 요건을 갖추었다면 주주총회의 특별결의에 의하여 추인이 가능하다고 풀이하는 것은 탈법행위를 인정하는 것과 다를 바 없다는 견해[25)]이다. 따라서 정관에 기재되지 않은 재산인수를 추인할 수 있다는 견해는 재산인수를 변태설립사항으로 정하여 엄격히 규제하는 상법의 취지와 충돌하므로 그 견해를 수용하기가 어렵다고 한다. 즉, 추인부정설에 따르면 재산인수에 있어서 정관기재는 회사에 대한 효력의 귀속요건인 까닭에 이 요건을 구비하지 못한 재산인수는 회사에 대하여 확정적·절대적으로 무효이다. 무효의 당연한 효과로서 회사뿐만 아니라 상대방도 무효주장을

---

23) '무권대리'라 함은 대리권 없이 대리행위가 행하여진 경우를 말한다. 무권대리행위라 하더라도 경우에 따라서는 당사자 본인이 이를 추인하여 그에게 효력이 발생하게 하는 것이 오히려 당사자 본인에게 유리할 수도 있다. 당사자 본인이 추인하면 무권대리행위는 원칙적으로 소급하여 유효하게 된다(민법 제133조).

24) 강위두, "법정요건을 결한 재산인수," 「저스티스」 제30권 제2호(한국법학원, 1997), 214면; 김건식/노혁준/천경훈, 앞의 책, 123면; 김대연, "법정요건을 갖추지 못한 재산인수의 효력," 「상사판례연구」 제8집(한국상사판례학회, 1997), 66면; 정찬형, 「상법강의(상)」 제21판(박영사, 2018), 673면.

25) 김지환, "회사법 판례 회고 – 2015년 회사법 주요 판례를 중심으로 –," 제29집 제1권(한국상사판례학회, 2016), 230~231면; 박상근, "「설립중의 회사」이론의 재구성," 「서울대학교 법학」 제46권 제2호(서울대학교, 2005), 327면; 한국상사법학회 편, 앞의 책, 388면(안성포 집필부분); 이철송, 앞의 책, 247면; 정대근, "재산인수," 「상사판례연구」 제6권(한국상사판례학회, 1994), 305면; 최준선, 「회사법」 제13판(삼영사, 2018), 177면.

할 수 있다. 이 견해가 현재 한국에서 다수설의 입장이다.

3. 판 례

1989년 대법원 판결에 따르면 어느 행위가 현물출자에 관한 상법상의 규제를 회피하기 위한 방편으로 행하여져 무효인지의 여부를 가리기 위하여는 그 행위가 재산인수(제290조 제3호)인지 아니면 사후설립(제375조)인지를 심리·확정한 후에 그것이 유효요건을 갖추었는지 여부를 심리하여 그 유효 또는 무효를 판단하여야 한다.[26] 더 나아가 대법원은 위에서 소개한 1992년 대법원 판결에서 정관에 기재되지 않은 재산인수라 하더라도 추인에 의하여 유효로 될 수 있다고 판시하고 있으며, 이 밖에도 변태설립사항으로서의 요건을 갖추지 못한 재산인수는 원칙적으로 절대적인 무효이지만, 예외적으로 신의성실의 원칙에 의하여 그러한 무효를 주장하는 것이 배척될 수 있음을 밝힌 판결[27]도 있다.

4. 검 토

(1) 학설의 검토

법률상 추인이라 함은 사후승낙(事後承諾)을 의미한다.[28] 민법상 추인이 가능한 경우로는 취소할 수 있는 행위의 추인(민법 제143조), 무권대리행위의 추인(민법 제130조 이하)과 무효행위의 추인(민법 제139조)에 한정된다. 이 가운데 재산인수의 추인 가부와 관련하여 우선적으로 이 경우에 무권대리행위의 추인규정을 유추적용할 수 있는지가 문제된다. 무권대리행위의 추인은 불확정한 행위, 즉 유동적 무효인 행위의 효과를 본인에게 직접 발생하게 하는 것을 목적으로 한다. 무권대리행위의 추인은 실질적으로는 그 행위에 흠결된 대리권을 사후에 보충하는 것에 지나지 않는다. 그러나 요건을 제대로 갖추지 못한 재산인수는

---

26) 대법원 1989. 2. 14. 선고 87다카1128 판결.

27) 대법원 2015. 3. 20. 선고 2013다88829 판결. 이 판결에서 대법원은 피고 회사가 오랜 기간 동안 재산인수의 추인이 가능하였음에도 불구하고 이를 행하지 않았을 뿐만 아니라 원고가 당해 회사의 경영에 회장 등의 지위에서 경영에 관여하였다는 점 등을 감안하여 원고의 무효주장을 배척하였다. 대법원이 상법상의 강행규정에 앞서서 신의성실의 원칙을 적용한 것이기는 하지만, 결론에 있어서는 무효인 재산인수를 추인한 것과 다를 바 없게 되었다.

28) 대법원 1955. 2. 10. 선고 4287민상3 판결; 대법원 2009. 10. 29. 선고 2009다47685 판결.

주주·회사채권자 보호의 요청에서 보면 확정적·절대적 무효인 까닭에 그러한 경우를 무권대리행위로 취급할 수는 없다. 또한 정관에 기재가 없는 재산인수를 무권대리행위로 보아 그 추인을 인정하는 것은 극단적으로는 사법부와 입법부 사이의 갈등마저 초래[29]할 수 있는 사안이어서 쉽게 동조하기 어렵다.

그렇다면 다른 방법, 즉 무효행위로 추인할 수 있는가? 무효인 행위를 추인하더라도 그 효력이 발생하지 않을 뿐더러 당사자가 그 무효임을 알고 추인하더라도 법에 따라 새로운 법률행위로 본다(민법 제139조). 재산인수는 설립중의 회사의 기관인 발기인이 체결한 계약이기는 하지만 재산인수의 추인 여부는 설립중의 회사가 더 이상 존재하지 않는 시점에서 정관에 기재되지 않은 것이 밝혀질 경우에 문제될 것이므로, 정관에 기재되지 않은 재산인수에 대해서는 민법에 따라 이를 추인할 당사자 일방인 발기인이 존재하지 않아 현실적으로는 추인 자체가 불가능하다. 추인을 긍정한다고 하더라도 민법에 의하여 재산인수의 추인은 원칙적으로 소급효가 없기 때문에[30] 설령 추인을 긍정하더라도 큰 의미를 가지지 못한다. 사적 자치의 원칙에 따라 당사자간의 약정에 의해 소급효가 있는 추인을 할 수는 있지만,[31] 이 경우 당사자가 사실상 약정을 새로 하는 것과 큰 차이가 없어 합의에 이르기까지 또 다른 비용을 초래할 수 있다.

추인을 긍정하는 경우에는 당초부터 추인을 예정(豫定) 내지 기대(期待)하면서 법정의 절차를 무시하는 재산인수가 확산될 우려가 있다. 특히 발기인은 회사설립을 주관하는 자(者)에 지나지 않아 업무를 결정할 지위에 있지 않기 때문에 회사설립의 단계에서 발기인의 권한범위를 넘어서는 추인을 예정하는 것 자체가 문제된다. 실제로 발기인이 설립하는 회사가 발행하는 주식의 대부분을

29) 사법부와 입법부 사이의 갈등에 관련된 예를 들어 보기로 한다. 2011년 상법이 개정되기 이전에 상법 제398조에서 이사의 자기거래에 대한 승인은 대체적으로 사전승인(事前承認)을 의미하는 것으로 풀이하였다. 그러나 대법원은 사전승인이 없는 이사의 자기거래를 무권대리인의 행위로 보아 사후승인이 가능하다고 판시한 바 있다(대법원 2007.5.10. 선고 2005다4284 판결). 그 후 상법 제398조에서 이사 등의 자기거래는 사전승인만 가능하다는 것을 내용으로 하는 상법개정안이 2011년 국회를 통과하여 현재 시행되고 있다. 결국 사법부의 판단을 입법적으로 뒤집은 것이다.

30) 민법 제139조의 취지를 제대로 언급한 판결로는 대법원 1983. 9. 27. 선고 83므22 판결; 대법원 1995. 4. 11. 선고 94다53419 판결; 대법원 2011. 6. 24. 선고 2009다35033 판결 등이 있다.

31) 박찬주, "무효행위와 취소행위의 추인," 「법학연구」 제18권 제1호(연세대학교, 2008), 175면.

보유하는 것이 일반적이어서 주주총회의 결의에 의하여 추인하는 것이 크게 어려운 일이 아니라고 하더라도[32] 주식양도가 자유로운 주식회사에서 과대평가된 재산의 인수를 추인하는 것은 잠재적인 주주에게 손해를 야기하는 것과 다를 바 없다. 또한 추인을 쉽게 허용한다면 설립중의 회사의 공시수단인 정관의 기능을 경시하는 결과를 낳는다. 잘못되거나 충분하지 못한 정보의 제공으로 인하여 투자자의 판단을 왜곡시킬 수 있는 우려가 있는 것이다. 이 밖에 법정요건을 결한 재산인수에 대한 추인은 상법이 요구하는 검사인의 조사를 받지 않게 되는 문제점까지 노정한다.[33] 요약하자면, 회사설립의 과정상 현실적인 필요성으로 인하여 엄격한 규제하에 상법이 재산인수를 발기인의 권한으로 특별히 허용한 것이라는 점을 고려한다면 정관에 기재되지 않은 재산인수는 절대적 무효이고, 추인을 허용하여서는 안된다.

(2) 판례의 경제적 의의

상법상 사후설립은 회사가 그 성립 후 2년 내에 그 성립 전부터 존재하는 재산으로서 영업을 위하여 계속하여 사용하여야 할 것을 자본금의 100분의 5 이상에 해당하는 대가로 취득하는 계약을 의미하며, 이 경우에 주주총회의 특별결의가 있어야 한다. 이처럼 사후설립은 회사가 성립된 후에 회사와 제3자 간에 체결되는 계약이어서 정관에 기재되어야 할 필요가 없지만, 재산인수는 회사가 설립되기 전에 발기인과 제3자 사이에 체결되는 정관의 상대적 기재사항이라는 점에서 양자는 차이가 있다. 이러한 차이로 인하여 어느 하나의 약정이 재산인수와 사후설립의 요건을 동시에 충족할 수는 없다.[34] 이 같은 사실은 1989년 대법원 판결에서도 분명하게 확인되고 있다. 따라서 1992년 대법원 판결에서 대법원이 재산인수가 "동시에 상법 제375조가 규정하는 사후설립에 해당하고 이에 대하여 주주총회의 특별결의에 의한 추인이 있었다면"이라고 적고 있더라도 이는 재산인수가 정관에 기재되지 않는 무효이지만 주주총회의 특별결의를 통해 사후설립으로서 유효하게 재산을 취득할 수 있다는 정도로 고쳐서

---

32) 김건식 외 6인, 「신체계회사법」 제6판(박영사, 2016), 54면.

33) 박상근, 앞의 논문, 327면.

34) 김인겸, "현물출자에 따른 제재를 회피하기 위하여 회사설립후에 재산을 양수하기로 한 약정의 유효성," 「상사판례연구」 제1권(박영사, 1996), 385~386면; 송옥렬, 「상법강의」 제9판(홍문사, 2019), 761면.

읽어야 할 것이다.[35)]

본디 민법상 '무효행위의 추인'이라 함은 어느 행위가 무효인 경우 이를 추인하여 새로운 법률행위를 한 것으로 보는 것에 지나지 않으므로, 무효행위가 추인되더라도 당초 무효였던 행위가 유효로 되는 것이 아니라 당초의 행위와 동일한 내용을 가지는 다른 행위가 유효하게 성립되는 것에 지나지 않는다. 1992년 대법원 판결에 나타난 재산인수의 '추인'은 이 같은 민법상의 추인과는 성격을 달리한다. 이 때문에 1992년 대법원 판결에서 대법원이 '추인'이라는 표현을 사용한 것은 사후설립에 필요한 사전(事前)의 주주총회의 특별결의를 거친 것이 아니라 약정을 한 후에 주주총회의 특별결의를 거쳤다는 의미로 풀이하거나[36)] 결과에 있어서 유효하게 재산을 취득하였다는 점에 비중을 두었기 때문으로 이해하여야 한다.

그렇다면 1992년 대법원 판결은 민법상 추인의 개념과는 일치하지 않음에도 불구하고 '추인'이라는 단어를 사용한 이유는 무엇인가? 그 이유를 거래상대방과 회사의 입장에서 나누어 살펴볼 수 있다. 첫째, 발기인이 회사설립을 기획하고 정관을 작성하고 설립등기에 이르기까지 그 절차가 단순하지 않다. 회사설립의 과정에서 설립중의 회사의 내부사정, 즉 재산인수를 정관에 기재하지 않았다는 것을 이유로 그 재산인수가 무효로 되고, 그로 인해 다시 계약을 체결하여야 한다면 거래상대방(양도인)은 당초 계약을 체결하는 시점에서 많은 잠재적인 위험을 감수하여야 한다. 위험을 감수한다는 것은 비용증가로 연결되어 거래성립을 저해할 우려가 있다. 1992년 대법원 판결처럼 설립중의 회사 내부의 사정으로 무효인 재산인수라 하더라도 추인의 길을 열어 둠으로써 그 위험

---

35) 특히 1992년 대법원 판결의 사안을 구체적으로 살펴보면, 문제가 된 재산인수의 약정이 있기는 하였지만 회사가 설립된 후에 사후설립에 해당하는 매매계약이 체결되고 주주총회에서 승인을 받은 것이어서 당사자간의 약정에 의하여 소급효를 부여하는 무효행위의 추인이라기보다는 실질적으로는 사후설립의 절차를 밟아서 취득한 것으로 보아야 한다(김인겸, 위의 논문, 387면; 최기원/김동민, 앞의 책, 507면).

36) 임재연, 「회사법 Ⅰ」 개정5판(박영사, 2018), 261면. 1992년 대법원 판결에서 인정하는 '추인'을 하기 위해서는 회사성립 후 회사가 새롭게 해당 행위를 하는 경우에 요구되는 사항을 충족시킬 필요가 있다. 대개 추인을 위해서는 대표이사의 결정으로 충분할 것이기는 할 것이지만, 예컨대 재산인수가 정관에 기재가 없더라도 당초 인수할 재산이 이사의 것인 경우에는 이사회의 승인을 통해 그 재산을 취득할 수 있고(제398조), 영업전부를 양수하는 경우에는 주주총회의 특별결의가 필요하다(제374조 제1항 제1호).

이 거래상대방으로 이전되는 것을 봉쇄할 수 있다. 절차의 복잡성으로 인한 법 위반의 효과가 거래상대방으로 전가되는 것을 추인을 통해 막을 수 있다는 것이다.

둘째, 1992년 대법원 판결에서 대법원이 굳이 '추인'이라는 표현을 쓴 것은 당초 재산인수의 당사자가 재협상을 하지 않아도 문제가 없도록 하여 추가적인 비용의 증대를 회피하고, 더 나아가 재산인수의 효력 유무를 회사가 선택할 수 있게 하기 위함이다. 즉, 어느 재산인수가 정관에 기재가 없어 무효인 경우 회사는 거래상대방과 다시 협상을 하여 그 재산을 취득하기 계약을 하여야 할 것인데 그 과정에서 재협상 비용이 수반된다. 따라서 성립 후의 회사에게 추인할 수 있는 권리를 인정하지 않으면 거래상대방에게 계약의 이행을 정당하게 회피할 구실을 주어 오히려 회사에 손해를 야기할 우려가 있다는 것이다.[37] 특히 당초의 재산인수 계약 후에 대상재산의 가격이 상승하는 경우에는 새롭게 계약을 맺는 것보다 추인을 통해 당초의 가격으로 체결한 계약을 선택하는 것이 회사에게는 더 큰 이익이 된다.

요약하자면, 대법원 판결은 비록 '추인'이라는 단어를 사용하고 있기는 하지만, 이는 민법상 추인의 개념과는 일치하지 않는다. 정관에 기재가 없는 재산인수를 무효로 보되, 사실상 새로운 계약에 의하여 대상재산을 같은 조건으로 취득하는 것을 막을 필요는 없다는 것이다.[38] 결론에 있어서 추인과 같은 효과는 있다. 이러한 대법원 판결의 입장은 경제적 효율성의 측면에서 수긍이 가며, 설령 추인부정설이라는 학설을 지지한다고 하더라도 이 입장을 수용하지 못할 이유가 없다.

37) 송옥렬, 앞의 책, 761면.
38) 정동윤, 「회사법」 제7판(법문사, 2001), 114면.

제6장

상업등기

제 6 장

상업등기

제 1 절 논의의 배경

'상업등기'라 함은 상법 또는 다른 법령에 따라 상인 또는 합자조합에 관한 일정한 사항을 등기부에 기록하는 것 또는 그 기록 자체를 말한다(상업등기법 제2조 제1호). 상업등기의 기본적 사항에 관해서는 상업등기법을 비롯하여 상법 제1편(총칙) 제5장에 여러 규정을 두고 있다(제34조부터 제40조). 상법에 상업등기 관련규정을 둔 것은 상업등기의 주된 목적이 상인의 기업에 관한 사항을 공시하는 데 있기 때문이다.

한국에서의 상업등기에 관련된 사무는 사법부의 소관이다(상업등기법 제4조). 매년 법원행정처는 연감(年鑑)을 통해 등기에 관련된 사건의 수 및 등기사항수수료의 규모를 집계하여 발표하고 있다. 법원행정처의 연감을 살펴보면, 등기는 사법제도의 중요한 위치를 점하고 있을 뿐만 아니라 등기사항수수료도 상당한 액수에 달한다는 사실을 확인할 수 있다.[1]

법관은 구체적 사례에 적용 가능한 관련 법률, 선례 및 학설 등을 조사·참조하여 최종적으로 판결하는 것이 일반적이다. 이러한 점에서 학설도 법원(法源)으로서의 역할을 사실상 수행한다고 하더라도 과언이 아니다. 특히 법관이

1) 법원행정처, 「2018 사법연감」(법원행정처, 2018), 1050~1075면 참조.

어느 법적 사안에 당면하여 "직관적 판단에 의하여 일정한 결론이 옳다고 일응 생각하는 경우에도, 그것이 옳다는 것을 확실히 하기 위하여 학설을 참조"[2]하는 것이다. 그러나 대법원 판례 중에는 최종적인 결론에서 학계에서의 통설 내지 다수설과 입장을 달리하는 경우가 다수 목격되고 있다. 상업등기에 관련된 몇몇 사안에서 법원은 학설의 큰 흐름을 의도적으로 배척하는 경향을 노골적으로 드러내고 있다.

이에 본장에서는 상업등기가 개입된 사안에서 사법부가 통설 내지 다수설을 무시하는 판결을 하는 이유가 무엇인지를 살펴보고자 한다. 이를 위하여 본장은 행위자가 각자 자신의 사적 이익을 추구하는 것을 전제로 경제적 분석을 시도하고자 한다. 법의 경제적 분석을 통해 법제도가 각 개인의 행동에 어떠한 영향을 주는지를 살펴볼 수 있다.[3] 본장에서의 논의는 일반적인 상법 교과서에서 논의하는 순서에 따른다.

제 2 절 상업등기 일반론

Ⅰ. 상업등기의 의의

거래활동을 담당하는 경제주체 사이에는 정보의 비대칭이라는 문제가 존재한다. 앞에서 여러 번 언급된 '정보의 비대칭'이란 어느 한쪽의 경제주체는 많은 정보를 가지지만, 상대방 경제주체는 그러한 정보를 가지지 않는 정보의 편재현상을 가리킨다. 기업은 거래당사자 사이의 정보의 격차를 이용하여 자기에게 유리한 정보를 외부로 전하는 반면에 불리한 정보를 은폐하는 기회주의적 행동을 할 가능성이 있다. 이러한 행동은 정보열위에 있는 특정한 이해관계자에게 손해를 야기하여 사회적 비효율을 발생시킨다. 보다 심각한 상태에 이르

---

2) 홍일표, "판례의 형성과 구속력의 범위," 「일감법학」 제12호(건국대학교, 2007), 26면.

3) Edmund W. Kitch, *Intellectual Foundations of "Law and Economics,"* 33 Journal of Legal Education 184, 187~188(1983).

게 되면 소비자가 기업과 거래를 하려 하지 않아 경제활동과 시장이 위축될 여지도 있다. 반대로 정보의 비대칭이 존재하지 않는 경우, 즉 동질의 정보가 널리 퍼지는 경우에는 거짓으로 말하거나 얼버무리는 기회주의적 행동이 발생하기 어렵다. 상업등기는 기업거래에 있어서 기업과 그 상대방 사이의 정보의 비대칭을 완화하기 위하여 마련된 제도이다. 말하자면, 상업등기의 주된 기능은 기업의 내용을 공시함으로써 이해관계자의 이해를 조정하는 것이다.[4] 따라서 상업등기를 통해 거래의 요구에 부응하여 신속하게(신속성), 진실한 법률관계를 정확하면서도(정확성), 이해관계자가 명료하게 이해할 수 있게(명료성) 공시할 수 있어야만 그 고유한 기능을 제대로 발휘하는 것으로 된다.[5]

Ⅱ. 상업등기의 제도상 특징

상업등기는 법률에 의하여 법원이 독점력을 이용하여 스스로 공급량과 판매가격을 결정할 수 있다. 상업등기 시장에서는 경쟁이 제한적인 것이 아니라 전혀 없다. 법률에 의하여 등기사항이 통제되고 있고 상업등기가 증거로서 기능을 하는 만큼[6] 유일하게 사법부만이 상품(등기)을 공급하도록 제도화되어 있는 까닭에 그 상품과 경쟁할 만한 대체재는 존재하지 않는다. 이처럼 상업등기는 자연독점(natural monopoly)적 또는 사회간접자본적 성격으로 인하여 경쟁원리를 적용하는 것이 부적당한 사업이다.[7]

---

4) 임중호, 「상법총칙·상행위법」 개정판(법문사, 2015), 207면; 장덕조, 「상법강의」 제3판(법문사, 2019), 64면.

5) 신언숙, “상업등기제도의 문제점과 개선방향,” 「법조」 제37권 제12호(법조협회, 1988), 154~156면.

6) 법률이 상업등기를 하여야 하는 사항을 명시적으로 규정하고 있는 결과 상업등기의무를 부과한다는 것 그 자체가 등기사항을 통제하는 기능이 있다. 또한 상업등기된 사항은 사실상 추정력을 가지므로 일종의 증거로서 기능한다(임중호, 앞의 책, 208면).

7) 여기서 ‘자연독점’이라 함은 현대경제에서 불가피하게 생겨난 독점을 뜻한다. 예컨대, 전기, 가스, 전화, 수도 등은 생산과정에 규모의 경제(economies of scale)가 존재하여 대량생산될수록 생산단가가 낮아지는 특성이 있다. 즉, 규모의 확대에 따라 비용절감이 현저하다면 오히려 일정한 지역에 하나의 사업자가 시장을 독점하는 것이 경제적인 면에서 더 효율적이다. 이러한 종류의 독점은 시장의 규모 또는 생산의 특성으로 인해 시장에서 자연스럽게 생겨난 것이어서 이를 자연독점이라 하며 통상 공익사업이 이에 속한다. Richard A. Posner, *Natural Monopoly and Its Regulation*, 21 Stanford Law Review 548, 548(1968).

상업등기가 독점되다 보니 개인(소비자)의 선택은 오직 사느냐 마느냐만 가능하다. 독점시장은 개인의 자유가 제한된다. 상업등기가 법률에 의하여 운용되는 다른 유형의 독점과는 어떤 차이가 있는가? 여기서 면허제도와 비교하여 살펴보기로 한다. 면허는 경쟁을 배제하고 가격을 인위적으로 높이기 위하여 이용되고 있는 제도로서 정부에 의하여 지지되고 있다. 물론 법률상 인정되는 면허제도가 입법부에서 통과된 법률에 의하여 운용된다는 점에서 상업등기와 다르지 않다. 그러나 상업등기의 경우에는 법원이 구체적인 사건에서 판결을 통해 자체적으로 그 운용과 관련하여 사실상의 규범을 창출할 수 있다는 점[8]에서 매우 큰 차이가 있다. 결국 법원은 상업등기라는 상품의 공급과 관련하여 입법기관의 입법에 의하여 부여된 독점권을 향유하는 것과 더불어 자체적인 입법기능에 의하여 그 지위를 견고하게 할 수 있는 권능까지 함께 갖추고 있다.

Ⅲ. 상업등기사항

상업등기법에 따르면 등기소가 편성하여 관리하는 11 종류의 상업등기부가 있다(상업등기법 제11조 제1항).[9] 상업등기부에 등기할 사항은 다양한 기준에 따라서 여러 가지로 분류할 수 있다. 우선 등기주체에 따라 분류하면 상인일반에 관한 사항, 개인상인에 관한 사항 및 회사에 관한 사항으로 나눌 수 있다. 이 중에서 상인일반에 관한 사항의 대표적인 예로서는 상호의 선정과 지배인의 선임을 들 수 있다.

등기의무의 유무에 따라서는 절대적 등기사항과 상대적(임의적) 등기사항으로 나눌 수 있다. 전자는 반드시 등기하여야 할 사항을 가리키며, 그 대표적인 예(例)로서 지배인의 선임과 회사설립 등이 있다. 후자는 상인이 스스로의 의사에 따라서 등기의 여부를 결정할 수 있는 사항을 의미하는데, 이에는 자연인 상인의 상호가 이에 속한다.

등기의 효력을 기준으로 설정적(창설적) 등기사항과 면책적(해소적) 등기사

8) 홍일표, 앞의 논문, 17면.

9) 상업등기법 제11조 제1항은 상업등기부의 종류로서 상호등기부, 무능력자등기부, 법정대리인등기부, 지배인등기부, 합자조합등기부, 합명회사등기부, 합자회사등기부, 유한책임회사등기부, 주식회사등기부, 유한회사등기부, 외국회사등기부를 한정적으로 열거하고 있다.

항으로 분류된다. 전자는 등기를 함으로써 법률관계를 설정(창설)하는 사항인데, 지배인의 선임(제10조)과 상호의 선정(제22조) 등이 이에 속한다. 후자에는 등기를 함으로써 기존의 법률관계가 소멸되는 경우로서 지배인의 해임등기(제13조)가 그 대표적인 예에 해당한다.[10)]

제 3 절 사법부의 전략적 행태

Ⅰ. 등기관의 심사권 관련

1. 서 설

상법은 상업등기를 둘러싼 실체법적 법률관계와 이에 관련되는 중요한 절차적 사항을 정한 규정을 두고 있을 뿐이다. 그 나머지 구체적인 절차들은 상업등기법과 상업등기규칙(대법원 규칙)에 상세하게 규정되어 있다.[11)] 상업등기는 당사자가 신청하는 것을 원칙으로 하지만 등기관의 직권 혹은 관공서의 촉탁에 의하여 등기가 이루어지는 경우도 있다. 당사자는 방식과 절차에 따라 신청하면 등기관은 등기의 신청이 적법하지 않다고 인정되는 때에는 그 이유를 기재한 결정으로서 각하하여야 한다(상업등기법 제26조). 이 경우에 등기관이 그 신청의 적법 여부와 관련하여 어느 범위까지 심사할 수 있는지에 관해서는 명시적인 법규정이 없으며, 학자들의 견해는 나누어져 있다. 판례는 학계에서의 다수설과 입장을 달리하고 있다.

2. 학 설

(1) 형식적 심사주의

등기관은 신청인이 제출한 서류에 대하여 등기관할권이 있는지의 유무, 법

10) 임중호, 앞의 책, 208~210면.

11) 위의 책, 210면.

정등기사항인지의 여부, 신청인이 적법한 신청자격을 가졌는지 또는 신청서류가 적법하게 구비되었는지 등 형식적 적법성만을 심사할 수 있다는 견해이다. 그 근거로서 등기관은 판사와는 구별되는 단순한 기록관에 지나지 않으므로 신청사항의 진실 여부를 심사하는 것은 그 임무가 아니며, 또한 그것이 사실상 불가능하다는 점, 등기는 진실된 사실을 기재하기보다는 신청된 내용을 기재하는 것이라는 점, 실질적 심사주의를 따를 경우 등기가 지연될 우려가 있다는 점, 등기내용에 대하여 공신력이 부여되지 않으므로 등기관으로 하여금 그 실체적·실질적인 진실성까지 심사하게 할 필요가 없다는 점을 들고 있다.[12)]

(2) 실질적 심사주의

등기관은 형식적 요건은 물론이고 신청사항의 실질적 진실성까지 조사할 권리와 의무를 가진다는 입장이다. 이 견해의 근거로서 등기제도가 거래상대방과 일반 공중(公衆)에게 객관적 사항을 알려서 불측의 손해를 방지하자는 것을 그 목적으로 하므로 가급적이면 진실을 공시하여야 하며, "법원은 직권으로 사실의 탐지와 필요하다고 인정하는 증거의 조사를 하여야 한다"고 규정한 비송사건절차법 제11조가 상업등기의 심사에도 적용된다는 점 등이 제시되어 있다.[13)]

(3) 절충주의

형식적 심사주의와 실질적 심사주의를 수정한 절충적인 견해가 있다. 이 견해를 구체적으로 살펴보자면, 등기관은 형식적 심사를 할 의무를 부담하지만 등기사항의 진실성에 대하여 의심할 사정이 있을 때에는 그 진실성을 심사할 의무와 권한이 있다는 견해[14)]와, 실질적 심사주의를 기본으로 하되 진실성에

---

12) 유시창, 「상법총칙·상행위법」 제2판(법문사, 2015), 97면; 이철송, 「상법총칙·상행위」 제15판(박영사, 2018), 245면; 임중호, 앞의 책, 213면; 조재영, "주식회사의 등기제도에 관한 문제점과 개선방안," 「한양법학」 제22권 제2집(한양법학회, 2011), 413면.

13) 한국에서 순수하게 실질적 심사주의를 주장하는 견해는 찾아보기 어렵다. 다만, 서돈각/정완용, 「상법강의(상권)」 제5보정판(법문사, 2000), 120면은 이론상으로 실질적 심사주의가 타당하다는 입장이다.

14) 김정호, 「상법총칙·상행위법」 제2판(법문사, 2014), 130~131면; 김홍기, 「상법강의」 제4판(박영사, 2019), 87면; 손진화, 「상법강의」 제8판(신조사, 2017), 131면; 전우현, 「상법총칙·상행위법」(박영사, 2011), 127~128면; 정동윤, 「상법(상)」 제6판(법문사, 2012), 99면; 최기원/김동민, 「상법학신론(상)」 제20판(박영사, 2014), 148면.

의문이 없다면 그러한 심사를 할 권한도 의무도 없다는 견해[15]로 다시 나누어진다. 이상의 견해들은 모두 등기관의 실질적인 심사를 인정한다는 점에서는 공통되기 때문에 양자의 견해를 준별할 수 있는 차이점은 발견되지 않는다.

3. 판 례

대법원 판례는 오래전부터 부동산등기와 관련하여 등기관의 심사권 범위와 관련하여 오직 신청서, 그 첨부서류 및 등기부에 의하여 등기요건에 합당하는지 여부를 심사할 형식적 심사권한만을 가진다는 형식적 심사주의를 취하고 있었다.[16] 이 때문에 등기관으로서의 "통상의 주의를 기울이면 제출된 등기권리증 등이 진정하게 작성된 것이 아님을 식별할 수 있음에도 불구하고 이를 간과하였다면 이는 그 형식적 심사권한을 행사함에 있어서 지켜야 할 주의의무를 위반한 것"으로 될 뿐이다.[17] 또한 등기관의 심사 및 처분은 등기신청에 따르는 것이 예정되므로 "등기신청인이 제출한 허위의 소명자료 등에 대하여 등기관이 나름대로 충분히 심사를 하였음에도 이를 발견하지 못하여 등기가 마쳐지게 되었다면 위계에 의한 공무집행방해죄가 성립할 수 있다."[18]

대법원은 상업등기와 관련해서도 형식적 심사주의의 입장에서 판결하고 있다. 예컨대, 이미 2006년 대법원은 허위로 상업등기를 신청하여 상업등기부원본에 그 기재를 하게 한 경우 공정증서원본부실기재죄가 성립한다고 판결[19]하였는데, 이 판결은 등기관의 형식적 심사주의를 전제로 한다. 그 후 2008년 판결에서 등기관은 "등기할 사항에 관하여 무효 또는 취소의 원인이 있는지 여부를 심사할 권한이 있다고 하여도 그 심사방법에 있어서는 등기부 및 신청서와 법령에서 그 등기의 신청에 관하여 요구하는 각종 첨부서류만에 의하여 그 가운데 나타난 사실관계를 기초로 판단하여야 하고, 그 밖에 다른 서면의 제출을

---

15) 장덕조, 앞의 책, 64~65면; 정찬형, 「상법강의(상)」 제21판(박영사, 2018), 157면.

16) 대법원 1989. 3. 28. 선고 87다카2470 판결. 같은 취지의 결정으로는 대법원 1995. 1. 20.자 94마535 결정이 있다.

17) 대법원 1989. 3. 28. 선고 87다카2470 판결. 같은 취지의 판결로는 대법원 2015. 11. 26. 선고 2013다18349, 18356 판결이 있다.

18) 대법원 2016. 1. 28. 선고 2015도17297 판결.

19) 대법원 2006. 10. 26. 선고 2006도5147 판결.

받거나 그 외의 방법에 의해 사실관계의 진부를 조사할 수는 없다"고 하여 형식적 심사주의 입장을 재확인하고 있다.[20]

4. 평 가

상업등기가 상인과 그 거래의 상대방 사이의 정보의 비대칭을 완화하는 것을 주된 취지로 한다면 진실하고 객관적인 사실을 공시하는 것이 바람직하다. 등기업무는 법률전문가가 아닌 법원직원인 등기관이 담당하는 현실에서 적어도 등기사항에 현저한 의문이 있다면 등기관이 등기의 실체적 진실성을 심사할 권한과 의무가 있는 것으로 풀이하여야만 등기제도의 고유한 기능에 (완전하지는 않을지라도) 어느 정도 부합한다고 할 수 있다. 이러한 점에서 국내에서는 절충주의가 다수설의 입장에 서 있다.

여러 학설 중에서 법원은 왜 형식적 심사주의를 택하고 있는가? 이를 경제학적으로 살펴보면 상업등기 그 자체는 가격탄력성(price elasticity)[21]이 없는 만큼 상품의 품질을 떨어뜨려서 실제적으로는 가격을 상승시킨다고 하더라도 수요량에 변화가 없다. 법원이 등기업무를 법률에 의하여 독점하는 이상 굳이 많은 자원을 투입할 유인을 가지기 어렵다. 이 때문에 형식적 심사주의, 실질적 심사주의 및 절충주의 중에 법원으로서는 가장 비용이 적게 드는 형식적 심사주의를 채택하여[22] 이익극대화(profit maximization) 전략을 펼치고 있는 것으로 이해될 수 있다. 한편으로 등기관으로 하여금 등기사항 전반에 관하여 실질적인 심사를 할 것을 요구한다면 이는 오히려 시간과 비용적인 측면에서 소비자

---

20) 대법원 2008. 12. 15.자 2007마1154 결정.

21) 가격이 변화할 때 수요자는 어떻게 반응하게 되는가? '가격탄력성'은 경제학자들이 소비자(수요자)의 가격민감도를 측정하는 기준으로 제시하는 것이다. 수요량의 백분율상 변화비율을 가격의 백분율상 변화비율로 나눈 것이 1보다 작다면 수요는 '비탄력적'이라 한다. 수요의 가격탄력성에 가장 크게 영향을 미치는 것이 대체재를 활용할 수 있는지의 여부이다. 가격이 상승하더라도 여러 대체재가 활용 가능하다면 탄력적이겠지만, 반대의 경우에는 가격민감도가 낮다. 법률에 의하여 강제되는 상업등기의 경우는 등기를 열람하고 증명서 발급을 받는 데 드는 수수료를 제외한다면 가격이 상승 혹은 하락하더라도 수요량에는 변화가 없으므로 완전비탄력적(perfectly inelastic)이다.

22) 2018년 현재 등기관이 있는 지방법원 및 등기소의 총수는 183개이며, 등기관의 총수는 712명이다. 등기관 1인이 등기를 담당하는 평균건수는 15,218.6건에 달한다. 등기관 1인이 15,000건 이상의 등기를 처리할 수 있는 것은 형식적 심사주의에 기인하는 것으로 보인다. 법원행정처, 앞의 책, 1068면.

인 등기신청인에게 부담을 줄 수 있음을 고려한 결과로 읽혀질 수 있다. 형식적 심사주의는 법원이 비용의 지출을 최소화하여 이익을 극대화하는 것으로 이해될 여지도 있으면서 등기신청인에게 부담을 최소화할 수 있는 이점도 있는 것이다. 그렇다고 해서 법원이 형식적 심사주의에 내재된 약점을 간과하지도 않는다. 법원은 다른 방법으로 실체적 진실성을 확보하려는 노력을 경주하고 있다. 허위로 등기를 하거나 허위로 소명한 경우에 공무집행방해죄 내지 공정증서원본부실기재죄의 성립을 인정하는 것은 그러한 노력의 구체적인 모습에 해당한다.

Ⅱ. 법인격의 부인 관련

1. 서 설

주식회사는 그 실체가 형성된 후에 법인격 취득의 단계를 밟아야 한다. 상업등기의 창설적 효력에 의하여 법인격은 설립등기를 해야만 취득이 가능하다(제172조). 설립등기에 관련된 절차와 등기사항은 상법 제317조에 규정되어 있다.

제3장에서 살펴본 바와 같이 판례에 의하여 인정되고 있는 법인격 부인론은 회사가 존속하는 중에 그 회사의 형식적 독립성을 관철하는 것이 오히려 형평의 이념에 반하는 예외적인 경우에 한하여 적용된다. 따라서 법인격 부인론은 회사의 법인격을 해당 법률관계에서 부인하여 그 배후에 있는 타인(사원)에게 직접 책임을 물어 사안(事案)의 형평적인 해결을 도모하는 법리라 할 수 있다. 이에 판례는 법인격 부인론의 근거를 신의성실의 원칙(민법 제2조 제1항)에서 찾고 있다.[23]

상법에 의하여 회사와 그 사원(주주)은 별개의 인격을 가지고 있으므로 법인격 부인론을 광범위하게 적용하는 것에는 수긍할 수 없다. 이 때문에 가능한 한 현행 실정법의 탄력적인 해석을 통하여 구체적으로 타당한 결론을 도출하려는 시도를 하였음에도 불구하고 그러한 결론 도출이 곤란한 경우에만 예외적으로 이 법리를 적용하는 것이 바람직하다.[24] 같은 맥락에서 판례는 법인격이 형

23) 대법원 2001. 1. 19. 선고 97다21604 판결; 대법원 2008. 9. 11. 선고 2007다90982 판결.
24) 송옥렬, 「상법강의」 제9판(홍문사, 2019), 712면; 이철송, 「회사법강의」 제27판(박영사,

해화되거나 법인격이 남용되는 경우에 법인격을 부인하고 있다.[25] 다만, 후자의 경우 회사의 배후에 있는 자가 회사를 자기의 뜻대로 이용할 수 있는 지배적 지위에 있으면서 회사의 법인격을 이용한다는 지배요건을 갖추어야 한다는 데 대해서는 이견이 없다. 그러나 지배요건 이외에도 그가 법인격을 남용하려는 주관적 의도 또는 목적이 있어야 하는지에 관해서는 견해가 나누어지는데, 다수학자들은 필요하지 않다는 입장을 취하는 반면에 법원은 그 같은 주관적 요건을 강조하고 있다.

2. 학 설

(1) 불필요설

이 견해는 지배주주의 법인격남용의사는 필요 없다고 한다. 회사 배후에 있는 자에게 남용의사가 없더라도 구체적인 정의에 부합하다면 그에게 책임을 지우는 것이 필요하다는 것이다. 또한 민법 제2조의 권리남용금지의 원칙은 주관적 요건을 요하지 않고, 만일 이를 요하면 그 증명의 어려움으로 법인격 부인론의 실용성이 반감될 것임을 이유로 들기도 한다.[26]

(2) 필요설

이 견해에 따르면 법인격 부인론을 적용하기 위해서는 위법한 목적달성을 위하여 회사제도를 남용하려는 주관적 요건이 필요하다고 본다. 이는 법인격 부인론이 남용되는 것을 방지하고 법적 안전성을 확보하기 위해서 이 법리를 가능한 한 좁게 적용하여야 한다는 입장을 기반으로 하고 있다. 여기서 '위법한 목적'의 구체적인 예로서는 회사의 법인격을 이용한 법률의 잠탈, 법률상·계약상 의무의 회피 또는 채권자사해 등이 있다.[27]

2019), 53면.

25) 대법원 2016. 4. 28. 선고 2015다13690 판결.

26) 김재형, "법인격, 그 인정과 부정 – 법인격 부인 또는 남용에 관한 판례의 전개를 중심으로 –,"「민사법학」 제44호(한국민사법학회, 2009), 55면; 송호영, "법인격 부인의 요건과 효과 – 대법원 2001. 1. 19. 선고 97다21604 판결 –,"「저스티스」 제35권 제2호(한국법학원, 2004), 264면.

27) 차한성, "법인격부인론,"「민사판례연구」 제24집(민사판례연구회, 2002), 579~581면.

3. 판 례

대법원 판례는 “배후에 있는 자가 회사의 법인격을 남용한 경우 회사는 물론 그 배후자인 타인에 대하여도 회사의 행위에 관한 책임을 물을 수 있으나, 이 경우 채무면탈 등의 남용행위를 한 시점을 기준으로 하여, 회사의 배후에 있는 자가 회사를 자기 마음대로 이용할 수 있는 지배적 지위에 있고 그와 같은 지위를 이용하여 법인제도를 남용하는 행위를 할 것”[28]이라는 지배요건을 기본적으로 하면서도 다음과 같이 주관적 요건까지 구비할 것을 요구하고 있다. 관련 대법원 판례를 간단히 소개한다.

첫째, 대법원은 자회사와 모회사 사이의 법인격 부인이 문제가 된 사안에서 “자회사의 법인격이 모회사에 대한 법률 적용을 회피하기 위한 수단으로 사용되거나 채무면탈이라는 위법한 목적 달성을 위하여 회사제도를 남용하는 등의 주관적 의도 또는 목적이 인정되어야 한다”고 판시[29]하여 주관적 요건을 명시적으로 요구하고 있다.

둘째, 대법원은 기존회사가 채무를 면탈할 목적으로 기업의 형태·내용이 실질적으로 동일한 신설회사를 설립한 사안에서 주관적 요건을 요구하고 있다. 즉, 대법원에 따르면 만약 신설회사를 설립한 것이 기존회사의 채무면탈이라는 위법한 목적달성을 위하여 회사제도를 남용하였다면 “기존회사의 채권자에 대하여 두 회사가 별개의 법인격을 갖고 있음을 주장하는 것은 신의성실의 원칙상 허용될 수 없고, 기존회사의 채권자는 두 회사 어느 쪽에 대하여서도 채무의 이행을 청구”[30]할 수 있으며, “기존회사의 채무를 면탈할 의도로 다른 회사의 법인격이 이용되었는지는 기존회사의 폐업 당시 경영상태나 자산상황, 기존회사에서 다른 회사로 유용된 자산의 유무와 그 정도, 기존회사에서 다른 회사로 이전된 자산이 있는 경우 그 정당한 대가가 지급되었는지 등 제반 사정을 종합적으로 고려하여 판단하여야 한다.”[31]

---

28) 대법원 2016. 4. 28. 선고 2015다13690 판결.
29) 대법원 2006. 8. 25. 선고 2004다26119 판결.
30) 대법원 2004. 11. 12. 선고 2002다66892 판결.
31) 대법원 2016. 4. 28. 선고 2015다13690 판결.

4. 평 가

법인격을 부인하는 것은 주식회사의 중요한 원칙인 주주유한책임제도에 대한 예외를 인정하는 것이어서 그 적용의 범위는 좁을 수밖에 없다. 판례에서 인정하는 법리에 따라 법인격이 부인되더라도 회사의 법인격 자체가 영구적으로 박탈되지는 않는다. 회사의 배후에 있는 자가 책임을 부담하는지의 여부가 문제가 된 특정 사안에 국한하여 일시적으로 회사의 독립된 법인격이 부정될 뿐이다. 이처럼 법인격 부인론하에서 회사의 법인격이 일시적으로만 부인된다는 점에서 회사의 법인격을 항구적으로 박탈하는 법원의 해산명령제도(제176조)와는 근본적인 차이가 있다.

학자들의 다수설은 법인격의 남용을 이유로 법인격을 부인하는 데에 굳이 주관적 의사를 요구하지 않는다고 풀이하는 반면에 대법원 판례는 주관적 요건을 충족하여야만 법인격이 부인된다는 입장을 견지하고 있다. 사실 판례가 신의성실의 원칙에 근거하여 법인격을 부인한다는 점에 비추어 본다면 제3장에서 밝힌 바와 같이 이 법리를 넓게 적용하는 것은 무리이다. 신의성실의 원칙은 한국과 같은 성문법주의 국가에서 법의 흠결을 보충하는 원칙으로서 기능하지만, 이 원칙을 적용하는 것이 법적 안정성을 해치는 결과를 초래할 수도 있어 매우 엄격한 요건하에 적용되어야 하기 때문이다.[32] 결국 법인격 부인의 주관적 요건은 실제 객관적 사정으로 미루어 추단할 수밖에 없어[33] 그 증명에 많은 노력을 투입하여야 한다. 이처럼 법원이 법인격남용의 주관적 의사를 요하는 것은 법인격 부인이 되는 경우를 최대한 억제하자는 의도에 기인하는 것으로 읽혀진다.

법원이 법인격 부인을 최대한 억제하려는 이유는 무엇인가? 그 이유를 두 가지로 나누어 살펴 볼 수 있다. 첫째, 형식적으로 보면 법원(등기소)에 의하여 부여된 법인격을 법원에 의해 부인한다는 자기모순에 빠질 여지가 있어 법원이 법인격 부인은 가급적 최소한의 경우에 한정되어야 한다는 입장을 견지하는 것으로 보인다. 법원은 등기관이 제출서류에 근거하여 형식적인 심사를 하는 것

32) 이연주, "신의성실의 원칙에 대한 고찰," 「인권과정의」 통권 제418호(대한변호사협회, 2011), 73면.

33) 송옥렬, 앞의 책, 712면.

만으로 충분하다고 보고 있으므로 현실적으로 등기신청인이 채무면탈을 목적으로 회사를 설립하는 경우를 제어하기 어렵다. 그렇다고 해서 이러한 상황에서 법인격 부인론을 광범위하게 적용하게 되면 등기관이 형식적 심사만으로 비교적 용이하게 회사설립을 허용한 후에 쉽게 법인격을 무시한다는 비난이 쏟아지게 될 것이며, 더 나아가 상업등기의 기능에 의구심이 확산될 우려가 있다.

둘째, 법인격 부인이 널리 인정되면 상업등기의 필요성을 반감시켜 법원의 수익감소를 초래한다. 법인격이 쉽게 부인되는 경우에는 기업가가 법인격을 취득하고자 하는 의욕을 감소시킬 수 있다. 말하자면, 법인격 부인론이 광범위하게 적용되면 법인격 취득을 통해 얻을 수 있는 편익이 줄어드는 것이다. 법인격 취득의 편익감소 때문에 회사설립을 기피하게 되면 상업등기의 빈도도 당연히 줄어들 것이고, 법원은 그만큼 수수료 수입의 축소를 감내할 수밖에 없다. 주주의 유한책임은 기업가정신을 고양시키는 제도로서, 상법상의 절차를 밟아 등기를 거쳐 적법하게 설립된 주식회사의 경우에만 인정된다.[34] 그러므로 법인격 취득을 통해 주식회사를 설립하고자 하는 유인을 축소하는 것은 역으로 기업가정신을 저해하는 것과 다름이 없다.

이상의 두 가지 이유를 요약하자면, 법원이 등기관의 형식적 심사주의를 인정하는 한 법인격의 남용을 이유로 하여 법인격 부인이 억제되는 것은 어쩔 수 없기는 하지만, 한편으로 법인격 부인을 억제하게 되면 법원의 수익감소에 대한 우려를 덜어내는 효과가 있는 것이다.

Ⅲ. 회사의 권리능력 관련

1. 서 설

회사는 법인이므로 그 자체가 독립된 법인격을 갖는 자이며, 회사 자신이 구성원(사원)으로부터 독립된 권리와 의무의 주체가 될 수 있는 능력, 즉 일반적 권리능력을 갖는다. 그러나 법에 의하여 인격을 부여받은 법인은 자연적 생물로서의 사람과 동일하다고 할 수 없으므로 권리능력에서 일정한 제한을 받는

34) Simon C. Parker, The Economics of Entrepreneurship 206(2009).

다. 설령 회사가 부채과다로 사실상 파산지경에 있어 업무도 수행하지 아니하고 대표이사나 그 외의 이사도 없는 상태에 있다고 하여도 적법한 해산절차를 거쳐 청산을 종결하기까지는 법인은 권리능력을 가진다.[35)]

민법에 따르면 정관소정의 목적이 법인의 권리능력을 제한한다(민법 제34조). 영리법인인 회사의 경우 정관에 목적을 기재하여야 하며(제179조, 제270조, 제289조, 제543조), 이는 등기사항이다(제180조 제1항, 제271조, 제317조 제2항, 제549조 제2항 제1호). 여기서 정관상의 '목적'이라 함은 회사의 사업목적을 말한다. 그러나 상법은 회사의 권리능력이 정관으로 정한 목적에 의하여 제한되는지에 관하여 아무런 규정을 두고 있지 않다. 때문에 과연 주식회사에 민법 제34조를 유추적용할 수 있는지가 문제된다. 이와 관련한 국내의 학설은 제한긍정설과 제한부정설로 나뉘어 있는데, 후자가 통설임에도 불구하고 법원은 전자의 입장에 서 있다.

2. 학 설

(1) 제한긍정설

제한긍정설은 회사가 특정의 목적을 위해서 설립된 법인이므로, 상법이 명시적으로 민법 제34조의 규정을 유추적용하는 것을 금지하는 규정이 없는 한 그 목적의 범위 내에서 권리능력을 가진다는 견해이다. 제한긍정설의 근거를 좀 더 자세히 살펴보면 첫째, 민법 제34조는 법인일반에 공통되는 기본원칙이다. 둘째, 회사재산이 특정한 설립목적을 위하여 사용될 것을 기대하는 사원(주주)의 이익을 보호할 필요가 있다. 셋째, 법인의 본질상 회사가 특정한 목적을 위하여 법인격이 부여된 이상 그 목적범위 내에서만 권리·의무의 주체가 되어야 한다. 넷째, 회사의 권리능력이 목적에 의해 제한되지 않는 경우 회사가 비영리사업도 할 수 있는 것으로 풀이할 수 있는데, 이는 민법이 채택하고 있는 비영리법인의 설립에 대한 허가주의(민법 제32조)의 취지를 몰각시키는 위험이 있다.[36)]

---

35) 대법원 1985. 6. 25. 선고 84다카1954 판결.

36) 조재영, 앞의 논문, 403면; 최준선, 앞의 책, 99~100면.

(2) 제한부정설

제한부정설은 회사의 목적이 등기되기는 하지만 제3자가 그것을 확인하고 판단하는 것이 곤란하므로 민법 제34조를 유추적용하는 것은 거래의 안전을 방해한다는 입장이다. 그 구체적인 근거로서는 첫째, 민법상 법인의 권리능력에 관한 제34조는 공익법인에 관하여 정책적으로 인정하는 규정이므로 사법일반(私法一般)에 적용될 수 있는 것은 아니다. 둘째, 회사의 목적은 등기사항이지만 현실적으로 제3자가 거래할 때마다 이를 확인한다는 것을 기대하기 어려우므로 거래의 안전을 도모하기 위해서는 목적에 의한 권리능력의 제한은 부정되어야 한다. 셋째, 비교법적으로 볼 때에도 목적에 의해 회사의 권리능력이 제한되지 않는 경향이 뚜렷하다.[37)]

3. 판 례

대법원은 제한긍정설의 입장을 일관하여 유지하고 있다. 다만, 목적의 범위와 관련하여 반드시 정관소정의 목적 자체에 한정하지 않고, 목적수행에 필요 또는 유익한 행위라면 모두 이것에 포함시키는 것으로 해석하고 있다.[38)] 즉, 거래의 안전 차원에서 목적수행에 필요한지의 여부는 목적달성을 위한 현실적 필요가 있었는지의 여부를 기준으로 하는 것이 아니라, 행위의 객관적 성질에 입각하여 추상적으로 판단해야 한다는 것이다.[39)] 이와 같이 대법원은 다소나마 거래안전을 고려하기 위하여 목적의 범위를 매우 넓게 풀이하고 있어 실제적으로는 제한부정설과 거의 구별할 수 없을 정도이다.[40)]

4. 평 가

회사의 목적을 정관에 기재하고 정관을 필수적인 등기사항으로 강제하는

37) 권기범, 「현대회사법론」 제7판(삼영사, 2017), 123면; 김정호, 「회사법」 제5판(법문사, 2019), 64~66면; 김홍기, 앞의 책, 313면; 손진화, 앞의 책, 382면; 장덕조, 「회사법」 제4판(법문사, 2019), 30면; 정찬형, 앞의 책, 484~485면.

38) 대법원 2013. 11. 28. 선고 2010다91831 판결

39) 대법원 2009. 12. 10. 선고 2009다63236 판결. 이 판결은 민법상 법인이 정관상의 목적에 의해 권리능력이 제한된다는 취지의 선례(대법원 1991. 11. 22. 선고 91다8821 판결; 대법원 2007. 1. 26. 선고 2004도1632 판결)를 고스란히 수용하고 있다.

40) 장덕조, 앞의 책(주 37), 30면.

것은 그것이 내부적으로 회사기관의 행동범위에 관한 의무 또는 업무집행상의 의무를 정하는 의미를 갖기 때문으로 이해되고 있다.[41] 즉, 정관상의 목적을 벗어난 행위를 한 이사에 대하여 회사가 그의 선관주의의무 위반을 이유로 손해배상책임을 추궁할 수 있으며, 주주총회에서 그 위반을 이유로 해임할 수 있다.[42] 그러나 굳이 정관에 목적을 적어두지 않더라도 회사와의 임용계약에 의하여 회사의 각 기관의 권한·의무의 범위를 정하고 그러한 범위를 일탈할 경우에는 채무불이행으로 인한 손해배상책임을 지게 하는 것도 충분히 가능하다. 따라서 정관상의 목적이 회사 내부적으로 이사, 이사회 기타 회사기관의 직무수행의 범위를 정한다고 이해하기보다는 회사가 추진할 사업의 방향을 정하는 의미를 가지는 것으로 풀이하여야 한다.

만약 통설의 입장에 서 있는 제한부정설에 따른다면 정관상의 목적은 큰 의의를 가지기 어렵다. 말하자면, 제한부정설은 거래안전의 보호라는 차원에서 정관의 비중이 경시되더라도 어쩔 수 없다는 취지를 담고 있다. 설령 회사가 새로운 사업목적을 정하였음에도 불구하고 정관상 목적을 고치지 않아도 된다는 뜻까지 내포하고 있다. 그러므로 이 같은 제한부정설을 추종하는 것은 자치법규로서의 정관의 의미를 퇴색시키는 것과 다를 바 없다.

정관의 의의가 줄어들면 들수록 상업등기를 할 유인마저 감소한다. 즉, 제한부정설에 따르면 정관상 목적이 의미가 없으므로 회사의 기존 사업목적을 변경하더라도 굳이 정관변경등기를 할 필요가 없게 된다. 주주총회에서 정관의 기재사항을 변경하였음에도 불구하고 변경등기를 하지 않는 것을 내버려 둔다면 이는 정관의 고유한 의의가 무색하게 되는 결과를 초래한다. 더 나아가 법원으로서는 정관변경등기로 인한 등기수수료의 수입을 포기하여야 하는 상황까지 감수하여야 하는 측면도 있다. 이 때문에 결론에서 제한긍정설과 제한부정설이 사실상 차이가 없음에도 불구하고 법원이 제한부정설을 외면한 채 애써 제한긍정설을 취하고 있는 것이다.

---

41) 위의 책, 30면.

42) 김건식/노혁준/천경훈, 위의 책, 59면.

Ⅳ. 주금의 위장납입 관련

1. 서 설

주금의 가장납입이라 함은 회사의 설립시 혹은 회사성립 이후 유상증자를 하는 때에 현실적인 주금납입이 없음에도 불구하고 형식상 납입이 된 것으로 꾸미는 것을 말한다. 상법(회사편)은 주식회사의 최저자본금 규모를 설정하지 않고 있다는 점과 액면주식의 역면가가 100원 이상으로 정하고 있다는 점(제329조 제3항)만을 고려한다면 액면주식을 발행하는 주식회사의 최저자본금은 사실상 100원이어서 회사설립시에 가장납입을 할 유인이 줄어들기는 하였다.[43] 그러나 일반적인 주식회사에서 최저자본금이 과도하게 소액인 경우에는 사업자등록증을 발급받기가 어려울 수 있다. 예외적으로 특정한 업종에서 영업을 영위하기 위해서 법률상 일정한 규모의 자본금이 필요한 경우도 있다. 예컨대, 일반여행업은 2억원 이상의 자본금을 가져야 하며, 국외여행업과 국내여행업은 각 6,000만원과 3,000만원의 자본금이 있어야 한다(관광진흥법 제4조 제3항; 관광진흥법 시행령 제5조 별표 1).[44] 상당한 규모의 자본금을 요구하는 업종에 종사할 주식회사에서는 주금의 가장납입이 일어날 가능성은 여전히 존재한다. 게다가 회사가 성립한 후에 신주를 발행하는 경우에는 주금의 납입을 가장할 가능성도 있다.

주금의 가장납입의 구체적인 유형 중 대표적인 것으로는 통모가장납입과 위장납입이 있다.[45] 통모가장납입은 납입금보관은행과의 공모에 의하여 이루어지는 가장납입(이른바 '예합'이라 함)을 말하며, 위장납입은 납입금보관은행과의 결탁 없이 일시차입금에 의해 이루어지는 가장납입(이른바 '견금'이라 함)을 뜻한다. 주금의 가장납입의 전형적인 모습은 위장납입이다.[46]

---

43) 김태진, "가장납입에 관한 새로운 해석론 – 자본시장법 제178조의 부정거래로서 포섭 –," 「상사법연구」 제32권 제1호(한국상사법학회, 2013), 298면; 송옥렬, 앞의 책, 771면.

44) 서동석, 「중소기업 사장이 꼭 알아야 할 기업경영상식사전」(책이 있는 마을, 2011), 43면.

45) 이 밖에 통모가장납입과 위장납입을 절충한 가장납입 및 회사자금에 의한 가장납입도 예상할 수 있다. 전자는 발기인대표가 납입금보관은행으로부터 납입금 상당액을 대출받아 주금으로 납입한 후 회사성립 후 이를 인출하여 발기인대표에게 빌려주고 그가 은행에 차입금을 변제하는 방식을 의미한다. 후자는 신주인수인이 회사로부터 융자받은 자금으로 신주인수가액을 납입하는 것을 말한다.

46) 김건식/노혁준/천경훈, 앞의 책, 109면.

상법은 주주의 출자의무와 관련하여 전액납입주의를 취하고 있다(제305조 제1항). 가장납입은 자본금충실의 원칙에 반하여 선의의 주주와 회사채권자의 이익을 해할 우려가 크다. 이에 통모가장납입이 무효라는 데에 학설이 일치하고 있다. 그러나 일시차입의 형태로 이루어지는 가장납입, 즉 위장납입에 대해서는 이하와 같이 통설적인 견해와 판례가 입장을 달리한다.

2. 학 설

(1) 무효설

위장납입은 상법이 규제하고 있는 통모가장납입행위를 잠탈하는 행위로서 실질적으로 자본금이 형성되지 않아 무효로 보는 견해이며, 학계에서 통설적인 위치에 서 있다. 그 근거로서 위장납입의 경우 애당초 주금을 납입할 의사가 없었을 뿐만 아니라 실제로도 납입이 이루어지지 않은 것과 다를 바 없음을 제시하고 있다. 따라서 위장납입은 회사법의 중요한 법리에 해당하는 자본금충실의 원칙에 반하는 탈법행위라는 점과 회사에 대한 진정한 출자 없이도 주주로서의 지위를 향유하는 불합리를 배제할 필요가 있다는 점에 비추어 이를 무효로 보아야 한다는 것이다.[47]

(2) 유효설

위장납입의 경우 제3자로부터 차입한 금전으로 주금을 납입하였지만 법률상 금원의 이동에 의하여 납입이 현실적으로 이루어졌다는 점을 감안하여 그 납입을 유효한 것으로 보는 견해이다. 또한 주금의 납입에 관련하여 발기인의 주관적 의도를 문제삼는 것은 단체법이 관여할 바가 아니므로 내심의 사정을 고려하여서는 안된다는 점에서도 위장납입을 유효로 보는 것이 타당하다는 것이다.[48]

3. 판 례

대법원은 위장납입을 사법적(私法的)으로 일관되게 유효로 보고 있다. 즉,

---

47) 권기범, 앞의 책, 453면; 김정호, 앞의 책(주 37), 116면; 손진화, 앞의 책, 428면; 이철송, 앞의 책, 265면; 정동윤, 앞의 책, 402면; 최기원/김동민, 앞의 책, 530면; 최준선, 앞의 책, 197면.

48) 김홍기, 앞의 책, 363면; 정찬형, 앞의 책, 685면.

"주금의 가장납입의 경우에도 금원의 이동에 따른 현실의 불입이 있는 것이고, 설령 그것이 실제로는 주금납입의 가장 수단으로 이용된 것이라고 할지라도 이는 그 납입을 하는 발기인 또는 이사들의 주관적 의도의 문제에 불과하므로, 이러한 내심적 사정에 의하여 회사의 설립이나 증자와 같은 집단적 절차의 일환을 이루는 주금납입의 효력이 좌우될 수 없다"는 점 등을 이유로 하여 일시적 차입금에 의한 가장납입을 유효한 것으로 보는 입장을 취하고 있다.[49] 다만, 주금납입절차가 일단 완료되고 주식인수인이나 주주의 주금납입의무도 종결되었다고 하더라도 회사가 "일시 차입금을 가지고 주주들의 주금을 체당 납입한 것과 같이 볼 수 있으므로 주금납입의 절차가 완료된 후에 회사는 주주에 대하여 체당 납입한 주금의 상환을 청구할 수 있다."[50] 물론 이와 같이 주금을 가장납입한 후 납입금을 인출하여 차입금을 변제한 경우에 대법원은 "특별한 사정이 없는 한 납입금 상당액이 사외로 유출된 것"으로 인식하고 있다.[51]

한편, 대법원은 위장납입을 사법적으로 유효로 보면서도 일관되게 형사적인 책임을 인정하고 있다. 즉, 대법원은 "사법상의 위법과 형법상의 위법은 반드시 일치하는 것은 아니"라는 입장[52]하에 위장납입을 형사적으로 처벌하는 납입가장죄는 그 취지가 회사의 자본금충실을 기하려는 데 있음을 분명히 하고서는,[53] 위장납입은 실제로 "이를 회사를 위하여 사용하였다는 특별한 사정이 없는 한 실질적으로 회사의 자본이 늘어난 것이 아니어서 납입가장죄 및 공정증서원본부실기재죄와 부실기재공정증서원본행사죄가 성립"한다고 판시하고 있다.[54]

4. 평 가

일본의 경우 구(舊) 상법이 시행되던 시기에 최고재판소의 판례와 다수의

49) 대법원 1997. 5. 23. 선고 95다5790 판결.

50) 대법원 1985. 1. 29. 선고 84다카1823 판결.

51) 대법원 2016. 9. 23. 선고 2016두40573 판결.

52) 대법원 1993. 2. 23. 선고 92도616 판결.

53) 대법원 2006. 6. 2. 선고 2006도48 판결("상법 제628조 제1항의 납입가장죄는 회사의 자본충실을 기하려는 법의 취지를 해치는 행위를 단속하려는 것"이다.); 대법원 2008. 5. 29. 선고 2007도5206 판결("상법 제628조 제1항의 납입가장죄는 회사의 자본에 충실을 기하려는 상법의 취지를 해치는 행위를 처벌하려는 것"이다.).

54) 대법원 2004. 6. 17. 선고 2003도7645 전원합의체 판결. 이러한 입장에 서 있는 판례로서는 대법원 1986. 8. 19. 선고 85도2158 판결; 대법원 2006. 6. 9. 선고 2005도8498 판결 등이 있다.

견해는 위장납입이 있는 경우 유효한 납입이 있었다고 해석할 수 없으므로 그 방법에 따르는 설립등기완료는 공정증서원본부실기재·동행사죄(일본 형법 제157조)에 해당하는 것으로 풀이하고 있었다고 한다.[55] 한국의 통설적 견해는 일본의 경우와 입장이 동일하다. 그러나 한국의 대법원 판례는 위장납입을 주금의 납입으로서 효력이 있다고 풀이하면서도 형사적 책임을 긍정하고 있다.

위장납입은 자본금충실을 해하는 만큼 채권자보호가 소홀히 될 수밖에 없음에도 불구하고 법원이 사법적인 처리와 형사적 처리를 달리하는 이유를 어디서 찾을 수 있는가? 회사설립과 증자는 상업등기사항이다. 이미 대법원이 판례에서 등기관의 심사권을 형식적 심사주의에 입각하다 바라보다 보니 회사설립과 증자를 위한 주금의 납입을 예외적으로 취급할 수는 없기 때문으로 이해하여야 한다. 말하자면, 등기관은 제출된 신청서류에 근거하여 등기사무를 수행할 뿐이므로 주금납입자의 내심적 사항이 고려의 대상이 될 수 없음은 당연한 것이다.[56] 한편으로 법원이 위장납입에 대하여 방관하는 태도를 취하고 있는 결과 발기인과 주주가 주금납입의 방법으로서 추가적인 선택지(選擇肢)를 가지는 것으로 되며, 이는 회사설립과 증자의 유인을 증대시키는 효과가 있다. 물론 회사설립과 증자의 빈도가 늘어나면 법원의 수수료 수입도 증가한다. 이러한 이유로 대법원은 발기인 혹은 주주가 납입금을 어떠한 방식으로 조달하는지는 주금납입자의 재무적 전략에 따른 것이어서 회사법이 관여할 수 없는 사항으로 풀이하면서도, 형식적 심사주의의 한계를 극복하기 위하여 주금납입자의 내심적 의사를 범죄의 구성요건으로 취급하여 형사적으로 다루고 있는 것이다. 결국 민사판결과 형사판결의 부조화는 법원의 미묘한 입장에서 기인한 것으로 읽힌다.

---

55) 岡田好史, "会社資金による仮装払込みと電磁的公正証書原本不実記録罪,"「専修ロージャーナル」 第4号(専修大学法科大学院, 2009), 190~193頁.

56) 이와 관련하여 위장납입을 무효라 한다면 자본금이 제대로 납입된 회사인지를 일일이 조사하여야 하는 결과 채권자들의 거래비용이 증가할 것이므로 이를 유효로 보는 것이 오히려 채권자 입장에서 그의 거래안정성을 증가한다는 취지의 주장이 있다. 김태진, 앞의 논문, 319~321면. 그러나 위장납입에 관련된 자들을 납입가장죄로 엄단하는 것은 주식회사의 자본금충실을 해친다는 것을 전제로 하고 있다는 점에서 위장납입은 그 효력의 유무와 상관없이 채권자의 지위에 부정적인 영향을 끼치는 것으로 풀이하여야 한다.

제7장

기관 간의 권한분배

제 7 장

기관 간의 권한분배

제1절 논의의 배경

신고전학파 경제학은 기업을 블랙박스(black box)로 바라보았다. 블랙박스 이론은 기업 내에서 어떻게 투입이 산출로 전환되며, 그 기업에 개인적으로 참여하는 자들 사이의 서로 상충하는 목적을 어떻게 해결할지에 관하여 제대로 설명하지 못하였다.[1] 즉, 신고전학파 경제학은 기업을 투입을 산출로 전환하는 매개체로 인식할 뿐이어서 경영자가 기업에 실제적인 영향을 미치지 못하는 것으로 평가하였다.[2] 그러나 오늘날 주식회사가 인위적인 실체(artificial entity)[3]이다보니 자연인으로 구성되고 법적으로 특정된 내부기관에 의사결정기능을 맡기고 있다. 주식회사의 내부기관이 회사의 운영에 있어서 중추적인 역할을 수행하고 있기 때문에 신고전학파 경제학이 기업을 블랙박스로 바라보는 것은 주식

---

1) Michael C. Jensen & William H. Meckling, *Theory of the Firm: Managerial Behavior, Agency Costs and Ownership Structure*, 3 Journal of Financial Economics 305, 306~307(1976).

2) Harold Demsetz, *The Firm in Economic Theory: A Quiet Revolution*, 87 American Economic Review 426, 426(1997).

3) 주식회사를 인위적인 실체로 보는 것은 보편적인 현상이다. 예컨대, 미국의 존 마셜(John Marshall) 전 연방대법원장은 19세기 초에 이미 회사를 '인위적인 존재'(artificial being)로 보았다. Trustees of Dartmouth College v. Woodward, 17 U.S. (4 Wheat.) 518, 636, 4. L. Ed. 629, 659(1819).

회사에서의 기관의 기능을 이해하기에는 매우 미흡하다.

현행 상법하에서 주식회사의 기관은 의사결정기관인 주주총회와 업무집행기관인 이사회(대표이사, 집행임원), 그리고 감독기관인 감사(감사위원회)로 구성된다. 이와 같은 주식회사의 기관구성은 근대민주주의 국가의 삼권분립(三權分立)의 원칙에 근거를 둔 것으로 이해되고 있다.[4] 주식회사에서 그 (경제적) 소유주인 주주가 회사의 모든 권한을 행사하는 것이 아니라 이사회와 대표이사가 회사의 업무를 위임받아 주주를 대신하여 집행한다. 이와 같이 주식회사 내부의 기관 간의 기능분화는 당연히 소유와 경영의 분리를 전제로 한다.[5]

현대의 기업에서 소유와 경영의 분리는 경영에 필요한 거래비용을 줄이는 효과를 거두고 있다. 예컨대, 주식이 잘 분산된 거대기업에서 모든 주주가 회사경영에 직접적으로 참가하여야 한다면 거래비용이 막대하게 들 것이지만, 현재처럼 경영을 소수(少數)의 이사에게 맡김으로써 그러한 거래비용을 감소시킬 수 있는 것이다.[6] 소유와 경영의 분리의 다른 긍정적 측면은 이사가 회사의 (경제적) 소유주인 주주의 뜻에 따라 주주를 위하고 사실상 그를 대신해서 회사를 경영하기 때문에 경영상의 융통성과 이사의 전문가적인 능력을 활용할 수 있다는 점이다.[7] 따라서 주주가 회사경영에 직접 참여하는 것과 달리 소유와 경영의 분리의 결과로서 이사에 의한 대리경영은 자본과 두뇌의 결합[8]을 가능하게 한다.

상법은 주주총회와 이사회 사이의 권한분배를 비롯하여 지배구조에 관련된 여러 규정을 두고 있다. 주식회사에서 주주와 이사 및 기타 기관 사이에 권한을 어떻게 나눌 것인지는 기업의 의사결정 및 경영자에 대한 감시와 관련하여 효율성 확보 차원에서 매우 중요한 사항이다. 이에 본장에서는 주주총회와 이사회, 그리고 감사(감사위원회) 사이의 권한분배와 관련하여 상법의 기능과 그 내용을 소개한 후 관련 판례를 살펴보고자 한다.

---

4) 徐治文, 「現代会社法理論と「法と経済学」」(晃洋書房, 2007), 2頁.

5) J. C. Shepherd, The Law of Fiduciaries 351~355(1981).

6) Alison G. Anderson, *Conflict of Interest: Efficiency, Fairness and Corporate Structure*, 25 UCLA Law Review. 738, 759, 778~79(1978).

7) Frank H. Easterbrook & Daniel R. Fischel, *Corporate Control Transactions*, 91 Yale Law Journal 698, 700(1982).

8) Allen D. Boyer, *Activist Shareholders, Corporate Directors, and Institutional Investment: Some Lessons from the Rubber Barons*, 50 Washington & Lee Law Review 977, 982(1993).

제 2 절 기관 간의 권한분배에 관한 상법의 기능

Ⅰ. 표준모델의 제공

계약을 맺거나 결정을 하는 데에는 비용이 발생한다. 주식회사 내에서 기관 사이 혹은 특정한 기관 내에서 권한을 어떻게 분배할 것인지를 결정하는 것에 비용이 든다. 예컨대, 주주총회와 이사회 사이의 권한분배 또는 다수주주와 소수주주 사이의 권한분배를 위해 합의를 도출하는 것에는 시간과 노력을 투입할 수밖에 없다.

상법은 주식회사의 기관 간의 권한분배의 모형 내지 표준모델을 제공한다. 표준모델을 따라 의사결정을 하거나 합의를 도출한다면 그러한 의사결정이나 합의에 드는 비용을 절약할 수 있다. 즉, 상법이 권한분배의 특정한 유형을 표준화함으로써 회사로 하여금 직접적인 합의를 통하여 결정을 하는 데 드는 품을 줄이는 기능을 한다는 것이다.[9] 만약 각 회사가 선택하는 권한분배의 유형이 크게 다르고 표준형으로부터의 괴리가 용이하다면 이러한 기능이 큰 의미를 가지지 못할 것이어서 상법은 여러 규정을 통해 권한분배의 표준모델을 마련하고 이를 강행적으로 적용하고 있다.[10] 권한분배의 표준모델을 제공하는 대표적인 예로서는 주주총회의 권한과 이사회의 권한을 각각 정한 상법 제361조와 제393조를 들 수 있다. 다른 예를 대법원 판례에서도 쉽게 찾을 수 있다. 예컨대, 상법 제388조는 회사와 주주 및 회사채권자의 이익을 보호하기 위하여 기관 간의 권한분배를 정한 규정의 일종이다.[11] 대법원은 정관에서 이사의 보수 또는 퇴직금에 관하여 주주총회의 결의로 정한다고 되어 있는 경우에 그 금액·지급시기·지급방법 등에 관한 주주총회의 결의가 있었음을 인정할 증거가 없다면 이사는 보수나 퇴직금을 청구할 수 없음을 명백히 밝히고 있다.[12]

9) 三輪芳朗/柳川範之/神田秀樹 編, 「会社法の経済学」(東京大学出版会, 1998), 51~52頁(柳川範之 집필부분).

10) 김일중/김두얼 편, 「법경제학: 이론과 응용」(해남, 2011), 355면(송옥렬 집필부분).

11) 대법원 2016. 1. 28. 선고 2014다11888 판결.

12) 대법원 2014. 5. 29. 선고 2012다98720 판결.

회사의 거래상대방, 잠재적 혹은 장래의 투자자 내지 근로자 등은 어느 회사와 거래(계약)를 체결하기에 앞서 정보의 비대칭을 줄이기 위하여 그 회사에 관하여 다양한 정보를 수집하여 분석하는 절차를 밟게 된다. 그 경우에 개개의 회사에서 주주총회와 이사회 사이의 권한분배가 가지각색이라면 그 회사가 어떻게 권한분배를 행하고 있는지 및 이사회에 어떠한 권한이 주어지고 있는지 등을 조사하는 데 많은 시간과 노력을 들여야 한다. 그러나 어느 회사가 표준적인 권한분배모델을 채용하고 있다면 다른 이해관계자가 그 권한분배에 관한 정보를 수집하는 데 드는 비용을 절감할 수 있다.[13] 만약 상법에 따라 그러한 권한분배모델을 채용하였다면 당해 회사와 거래를 한 이후에도 앞으로 기존의 권한분배구조를 자발적이든 비자발적이든 간에 함부로 변경하지 않겠다는 약속을 시장에 천명한 것으로 이해된다.[14] 그러므로 제3자의 입장에서는 각 회사가 권한분배의 모델을 자율적으로 선택하는 것을 인정하지 않는 것이 경제적이라 할 것인데, 바로 이 점에서 상법이 권한분배의 표준모델을 강행적으로 규정하는 의의를 찾을 수 있다.[15] 대법원 판례도 상법상 권한분배의 표준모델이 강행규정임을 인정하고 있다. 예컨대, 대법원 판례에 따르면 이사회는 고유권한을 가진 주식회사의 독립된 기관이므로 그 권한에 의하여 결의한 사항에 대하여는 주주총회의 결의로 번복하거나 무효화할 수 없다.[16] 반대로 주주의 의결권행사를 불가능하게 하거나 현저히 곤란하게 하는 것을 내용으로 하는 이사회결의는 주식회사 제도의 본질적 기능을 해(害)하는 것으로서 무효이다.[17]

상법이 권한분배의 표준모델을 강제하고 있는 한 그 규정을 벗어난 권한분배의 모델을 선택할 수 없어 각 회사의 고유한 사정에 따른 권한분배를 설계하는 것이 불가능하게 되는 경우가 출현한다. 현실에 있어 주식회사에서 기관의 역할과 기능이 각 회사의 형편에 따라 동일할 수 없어 업종·규모 또는 경제환경 등에 의하여 실제 요구되는 바람직한 권한분배의 모델이 다를 수 있다. 상법

13) Anita I. Anand, *An Analysis of Enabling vs. Mandatory Corporate Governance: Structures Post-Sarbanes-Oxley*, 31 Delaware Journal of Corporate Law 229, 241(2006).

14) Reinier Kraakman et al., The Anatomy of Corporate Law: A Comparative and Functional Approach 18(3d ed. 2017).

15) 三輪芳朗/柳川範之/神田秀樹 編, 앞의 책, 54頁(柳川範之 집필부분).

16) 대법원 1991. 5. 28. 선고 90다20084 판결.

17) 대법원 2011. 6. 24. 선고 2009다35033 판결.

은 이 문제를 해결하기 위하여 회사의 자본금 규모 또는 상장 여부 등에 따라 다른 권한분배의 표준모델을 제공하고 있다. 예컨대, 현행 상법은 자본금이 10억원 미만인 주식회사의 경우에는 1~2인의 이사를 둘 수 있고, 그 경우에는 이사회가 존재하지 않는다(제383조 제1항). 이사회가 존재하지 않는 경우에 정관에 따른 대표이사까지 정하지 않았다면 각 이사가 회사를 대표하고 이사회의 기능을 담담하거나(제383조 제6항), 상법이 요구하는 '이사회의 결의'가 '주주총회의 결의'에 의하여 갈음되어야 한다(제383조 제4항). 그러나 상법이 마련한 표준권한분배모델이 다양하지 않다보니 각 회사의 자유로운 선택을 방해할 우려를 불식시키지 못하고 있다.[18] 말하자면, 표준권한분배모델을 강제적으로 채용하여야 하다 보니 회사의 입장으로서는 준수비용(compliance cost)을 지불해가면서도 자신의 주주를 비롯한 이해관계자에게 최적의 권한을 분배하지 못하는 위험이 존재하는 것이다.[19]

Ⅱ. 사적 계약의 보완

단순히 경제학적으로만 살펴본다면, 예컨대, 회사가 적정한 보수지급계약을 통해 이사로 하여금 노력을 집중하게 하고 성실하게 직무집행을 하도록 강제할 수 있다면 상법이 특별하게 별도의 규정을 두어 이사의 행위를 통제할 필요가 없다.[20] 그러나 회사가 장래 일어날 수 있는 모든 상황에 대응하여 당사자가 취해야 할 행동을 일일이 상세하게 약정한 보수지급계약을 체결한다는 것은 현실적으로 불가능하다.[21] 특히 이해관계자가 많고 내부구조가 복잡하게 설계된 상당한 규모가 있는 회사의 경우에는 보수지급계약에 의한 통제가 불충분하

18) 三輪芳朗/柳川範之/神田秀樹 編, 앞의 책, 55頁(柳川範之 집필부분).

19) Jonathan R. Macey, *Corporate Law and Corporate Governance: A Contractual Perspective*, 18 Journal of Corporation Law 185, 189(1992~1993).

20) 三輪芳朗/柳川範之/神田秀樹 編, 앞의 책, 56頁(柳川範之 집필부분).

21) 계약의 당사자가 장래의 우발적인 상황을 비롯하여 일어날 수 있는 모든 상황과 당사자 관계에 영향을 미칠 수 있는 관련 법률에 관한 정보에 완벽하게 접근할 수 있어 계약의 체결과 이행을 둘러싼 모든 위험을 사전에 합리적으로 분배할 수 있는 계약을 완전계약(complete contract)이라 한다. 계약의 조건을 정하는 협상비용 등의 부담으로 인하여 완전계약의 체결을 기대하는 것은 현실성이 없다. Scott Baker & Kimberly D. Krawiec, *Incomplete Contracts in a Complete Contract World*, 33 Florida State University Law Review 725, 725~726(2006).

거나 혹은 과도한 비용이 들게 되는데, 그 경우에는 법률규정에 의하여 그러한 보수지급계약을 보완하는 것은 큰 의미를 지닌다.[22]

상법은 이사의 의무와 책임에 관련된 여러 규정을 두고 있는데, 이 규정들은 회사관계에서 체결되는 개별적인 사적 계약을 보완하는 기능이 있다.[23] 즉, 상법은 회사와 이사 사이의 계약이나 사적 합의를 보완하여 사회적으로 보다 바람직한 권한분배를 이끌어내는 데 기여한다. 구체적으로는 상법상 이사의 선관주의의무(제382조 제2항; 민법 제681조)[24]를 비롯하여 이사의 충실의무(제382조의3)는 이 같은 사적 계약에 대해 보완적 기능을 담당하는 핵심적인 제도이다.[25] 그러나 이사에게 부담시키는 여러 유형의 의무와 그러한 의무위반으로 인한 책임을 엄하게 추궁하는 것이 반드시 합리적인 것만은 아니라는 반론이 제기될 수 있다. 과도한 의무의 부담은 예컨대, 유능한 이사후보자가 이사로 진출하는 것을 기피하는 유인을 제공하여 오히려 당초 사적계약 체결 자체를 저해할 수 있기 때문이다.

제3절 상법상 기관간 권한분배의 주요 내용

Ⅰ. 상법상 주식회사의 기관체계

1. 이사회중심주의의 연혁

한국이 일본 상법을 사용하였던 의용상법시대(依用商法時代)에는 의사결정기관인 주주총회, 업무집행기관인 취체역(取締役), 그리고 감독기관인 감사역(監査役)이 주식회사의 필요기관이었다. 이들 중에서 주주총회는 광범위한 권한을 소유하여 주식회사의 최고(最高)이자 만능의 기관으로 자리매김을 하였다.

22) Eric W. Orts, Business Persons: A Legal Theory of the Firm 69(2013).

23) Kraakman et al., *supra* note 14, at 20.

24) 민법 제681조(수임인의 선관의무) 수임인은 위임의 본지에 따라 선량한 관리자의 주의로써 위임사무를 처리하여야 한다.

25) Henry N. Butler & Larry E. Ribstein, The Corporation and the Constitution 14~15(1995).

그리하여 주주총회는 강행법규나 공서양속에 반(反)하는 경우가 아니라면 회사의 모든 업무를 담당할 권한을 가졌다. 이 때문에 취체역 또는 감사의 권한인 사항이라도 취체역 또는 감사의 전속사항에 속하는 권한이 아니라면 회사의 의사결정에 관한 것인 한 이를 주주총회의 권한으로 할 수 있었다. 따라서 업무집행담당기관인 취체역은 편의상의 기관에 지나지 않게 되었다.

1963년 제정상법의 시행으로 취체역이라는 명칭이 폐기되어 이사로 개칭되었으며 이사회는 법정기관으로서 대폭 확대된 권한을 부여받았다. 주식회사에서 일반주주가 회사경영에 반드시 능통하리라는 것을 현실적으로 기대할 수 없을 뿐만 아니라 회사경영의 신속성을 확보하기 위해서는 소수가 참여하는 의사결정기관이 필요하였기에, 상법이 주식회사에서 권한을 내부기관 사이에 조정한 결과 주식회사의 중심이 주주총회에서 이사회로 넘어가게 되었다. 요컨대, 주식회사의 의사결정은 주주총회에서 이루어지고 업무집행은 이사로 구성된 이사회가 담당하게 되었다. 그 후 여러 번의 상법개정에도 불구하고 이사회중심주의는 큰 변동 없이 오늘에 이르고 있다.[26)]

2. 주식회사의 기관체계

상법상 이사회가 설치된 주식회사의 주요 내부기관으로는 주주총회와 이사회, 대표이사 또는 집행임원 등이 있으며, 이들 사이의 권한관계와 법적 책임의 구조는 마치 '역(逆)피라미드형'(inverted pyramid)의 형태를 취하고 있다.[27)] 주주가 역피라미드의 최상단 부분을 점하면서 주주총회에서 이사를 선임하고 감시·감독하며 회사구조의 근본적인 변경과 같은 중요한 의사결정을 담당하고

---

26) 상법은 이사의 수를 3인 미만으로 둔 소규모 회사의 경우에 이사회의 권한을 주주총회의 권한으로 하고(제383조 제4항) 이사회에 관한 일부 규정을 적용하지 않는다(제383조 제5항). 이상과 같이 상법은 소규모회사를 폐쇄회사로 운용하는 것을 인정하고 있다. 전형적인 폐쇄회사에서는 동일 인물이 출자자와 이사의 지위를 겸하여서 자본과 경영 사이에 밀접한 관계가 형성되고 있는 것이 현실이다. 주주 자신이 이사로서 회사경영에 직접 참여하여야 하므로 그는 회사의 이익을 적극적으로 제고하여야만 자신의 이익이 덩달아 증가한다. 따라서 출자자와 경영자 사이의 이익충돌이 상당히 완화되어 경영에 대한 감시·감독의 비용이 줄어들게 된다. 김재형, "폐쇄회사에 있어서 다수파주주의 억압과 대처방안," 「민사법연구」 제10권 제2호(대한민사법학회, 2002), 12면; Frank H. Easterbrook & Daniel Fischel, *Close Corporations and Agency Costs*, 38 Stanford Law Review 271, 274(1986).

27) Melvin A. Eisenberg, Corporations and Other Business Organizations: Cases and Materials 115(2000).

있다. 이사회는 이사로 구성되는 기관으로서 역피라미드의 중간부분에 위치하면서, 전통적으로 회사의 경영과 경영정책의 수립을 담당하며 집행임원을 선임할 수 있는 권한을 가지고 있다(제408조의2 제3항 제1호). 이사회는 주식회사의 필수적인 제3자 기관(Drittorganschaft)으로서 주로 회사업무와 관련하여 의사결정을 담당한다. 대표이사 또는 집행임원은 역피라미드의 최하단 부분을 점하면서 이사회의 결정과 이사회가 수립한 정책 등을 집행하는 역할을 담당하고 있다(제408조의4). 이 밖에 회사의 업무 및 회계 감사를 주된 직무로 하는 감사·감사위원회가 있다.

Ⅱ. 상법상 권한배분의 세부적 내용

1. 개 관

상법(회사편)이 달성하여야 하는 최우선적인 과업은 바로 회사가 회사에 관계된 자들이 각자 맡은 바의 책무를 성실하게 수행하도록 하는 지배구조를 만드는 데 있다.[28] 각자가 맡은 책무를 성실하게 수행하게 될 때 회사경영상의 대리인 문제가 감소하고, 대리인 문제의 감소는 주주의 부(shareholder wealth)를 증대시켜 궁극적으로 회사가 계속하여 생존하는 것을 가능하게 한다.

상법 제361조에 따라 주주총회는 법률 및 정관에 정해진 사항에 관하여 결의할 수 있다. 상법은 정관으로 주주총회의 결정권한을 확대하는 것은 인정하지만 반대로 상법이 정한 결의사항을 주식회사의 다른 기관에 위임하는 것은 가능하지 않다.[29] 예컨대, 상법상 주식회사의 대표이사를 이사회의 결의로 선정하는 것이 원칙이지만, 정관에 규정을 둔다면 주주총회가 선정할 수 있다(제389조 제1항). 이 때문에 주주총회가 주식회사의 최고의사결정기구로 인정되고 있는 것이다.[30]

---

28) Cornelis de Groot, Corporate Governance as a Limited Legal Concept 17~18(2009).

29) 대법원 2017. 3. 23. 선고 2016다251215 전원합의체 판결("상법에 정한 주주총회의 결의사항에 대해서는 정관이나 주주총회의 결의에 의하더라도 다른 기관이나 제3자에게 위임하지 못한다고 보아야 한다.").

30) 현행 상법하에서 주주총회가 그 권한이 현저히 축소되어 상법, 특별법 및 정관이 정하는 사항에 한하여 결의할 수 있는 기관임에도 불구하고 중요한 사항에 관한 회사의 의사를

조직 내에서 위임관계가 형성되면 위임자의 일부권한이 수임자에게 이동하게 된다.[31] 즉, 상법상 이사는 회사와 위임관계에 서 있지만,[32] 회사가 이사에게 위임할 수 있는 권능은 주주에 기원(起源)한다.[33] 현실적으로 대리경영이라는 관계의 성립을 통하여 회사경영에 관련된 의사결정권 등과 같은 주주가 주식회사의 최고의사결정기구로서 가져야 하는 권한 중의 일부가 회사를 통해 이사에게 넘어가게 된다.[34]

이사회가 의사결정을 담당하다 보니 이사회가 회사와 주주의 이익보다는 그 자신의 이익을 우선하는 의사결정을 할 우려가 있다. 소유와 경영의 분리로 인하여 발생하는 대리인 문제를 줄이기 위해 주주들이 직접적으로 경영자를 감시·감독하는 것은 용이한 일이 아니다. 이에 따라 상법은 주식회사의 다른 기관으로서 감사를 두거나 감사위원회를 설치하는 것을 의무화하여 이사에 대한 감시·감독권한의 일부를 위임하고 있다.

2. 주주총회의 권한

(1) 특 징

가. 대리인 문제의 부재

주주는 회사의 궁극적인 소유자인 위험인수자로서 회사의 업무와 경영에

결정하는 위치에 있다는 점에서 여전히 주식회사의 최고기관이다.

31) Shepherd, *supra* note 5, at 352.

32) 미국의 초기 판례에서도 이사를 우리나라와 마찬가지로 수임인(mandatary)으로 본 경향이 있었다. Nothwood P. Beveridge, *The Corporate Director's Duty of Care: Riddles Wisely Expounded*, 24 Suffolk University Law Review 923, 926~935(1990).

33) 참고로 미국의 경우에 Percival v. Wright, 2 Ch 421(1902)과 같은 초기 판례에서 이사는 회사에 대해서만 공식적인 관계가 인정되었기 때문에 그는 회사에 대해서만 의무를 부담하는 것으로 인식되었다. Shepherd, *supra* note 5, at 355~356. 그러나 현재 미국의 경우에는 이와 같은 인식은 폐기되고 이사는 주주를 위하여 자신의 의무를 이행한다는 관념이 정착되었다. Dodge v. Ford Motor Co., 204 Mich. 459, 170 N.W. 668, 3 A.L.R. 413(1919). 한국의 경우에는 이사는 회사에 대한 수임인으로서의 지위를 지닐 뿐이므로 적어도 형식적으로는 이사는 주주에 대해서 의무를 부담하지 않는다. 현행 상법만으로 볼 때에는 회사에 대한 이사의 관계는 지난 세기의 미국의 경향과 큰 차이가 없는 것으로 이해된다. 그러나 현실에 있어서 '회사'를 법적 편의성을 위하여 인격의 주체로 의제된 것으로 본다면 이사는 회사의 배후에 있는 전체 주주에 대하여 의무를 부담하는 것으로 이해할 여지가 있다. 한국상사법학회 편, 「주식회사법대계 Ⅱ」 제3판(법문사, 2019), 661~662면(고창현 집필부분).

34) Tamar Frankel, *Fiduciary Law*, 71 California Law Review 795, 809(1983).

참가할 수 있는 법적 지위에 있다.35) 주주총회라 함은 원칙적으로 주주 전원에 의하여 구성되어 그 총의에 의하여 회사의 기본적 사항에 관하여 의사를 결정하는 기관이다. 즉, 주주총회는 회사의 내부에서 주주의 의사를 수렴하여 기본적인 중요한 사항에 대하여 회사의 의사를 결정하는 필요적 기관이다. 이처럼 주주는 주주총회에서의 의결권행사를 통하여 주주의 이해(利害)에 중대한 관계가 있는 사항에 관여할 수 있다. 주주총회는 소유에 의해서 경영을 통제하는 장(場)이므로, 상법이 주주총회의 결의를 요구하는 사항들은 모두 주주의 이해에 중요하게 관련되어 있어 그 결정을 다른 기관에게 위임할 수 없다.

주주의 권한 내에 있는 속하는 사항은 크게 경상사항과 비상사항으로 분류된다. 전자에 해당하는 것으로는 주식회사기관의 선임과 해임에 관한 사항과 회사의 계산에 관련된 사항, 그리고 이사의 자의(恣意)를 방지하기 위한 사항 등이 있다. 후자에 해당하는 것으로는 정관의 변경, 회사의 해산·합병·계속·조직변경, 자본금의 감소, 회사 영업의 기본에 변화를 초래하는 사항 등이 있다. 적어도 주주가 회사경영에 관여하는 부분에 있어서는 이사의 관여가 요구되지 않는 까닭에 주주와 이사 사이의 이익충돌 문제는 원천적으로 발생하지 않는다.

나. 권한의 제한적 확장 허용

상법 제361조는 주주총회가 상법 또는 정관이 정한 사항에 한해서 결의할 수 있게 하여 그 권한을 법률적으로 제한하고 있다. 상법 제361조가 주주총회의 권한을 규정하고 있지만, 이 조문은 주주총회와 다른 기관 사이의 권한배분을 위한 일반조항으로 기능한다.

주주총회가 주식회사의 최고기관인데, 왜 상법 제361조가 그 권한범위를 제한하는가? 그 이유는 주주총회가 주식회사의 기관이기는 하지만 다수의 주주로 구성되다 보니 현실적으로 주주총회를 개최하는 데 많은 시간이 소요될 뿐만 아니라 전문성이 부족하여 회사의 합리적인 의사결정을 할 능력이 모자라기 때문이다. 특히 상장회사의 주주들은 주식의 매각을 통해 주주의 지위를 쉽게 벗어날 수 있으므로 회사의 진정한 소유자로서의 정체성이 보장되지 않는다.

---

35) Jonathan R. Macey, *An Economic Analysis of the Various Rationales for Making Shareholders the Exclusive Beneficiaries of Corporate Fiduciary Duties*, 21 Stetson Law Review 23, 26(1991).

이처럼 주주들은 회사 내에서 최고의 지위를 점하고 있지만 이상과 같은 이유로 인하여 스스로가 자신의 이익을 극대화하기에는 역부족이다. 이에 이사회나 감사(감사위원회)와 같은 다른 기관의 조력이 필요할 수밖에 없다.

상법 제361조에 따르면 예외적으로 정관상의 규정으로 주주총회의 권한을 확장할 수 있다. 이론적으로는 특정한 사항을 주주총회의 권한으로 추가할 수 있다. 그러나 주주총회의 최고기관성(最高機關性)을 이유로 하여 무제한적으로 주주의 권한을 확장하는 것은 기관 간의 권한분배의 모형 내지 표준모델을 제공한다는 상법의 기능에 배치된다.[36] 따라서 당초 법률이 원칙적으로 이사회의 권한사항으로 정하면서도 한편으로 주주총회의 권한으로 할 수 있음을 규정한 사항에 한해서만 주주총회의 권한을 확장할 수 있는 것으로 보아야 한다.[37] 이에 해당하는 대표적인 예로서 상법 제416조를 들 수 있다. 동조는 이사회가 신주발행에 관한 사항을 결정할 권한을 가지고 있지만 정관으로 주주총회가 결정할 수 있음을 정하고 있다. 다만, 현실에서 정관에서 주주총회의 권한사항으로 정하기 위해서는 정관변경을 하여야 하는데, 그러한 정관변경을 위한 주주총회의 특별결의(제433조, 제434조)를 이끌어 내기가 용이하지 않다.

이 밖에 상법 제383조 제4항은 1인 혹은 2인의 이사를 둔 자본금 총액이 10억원 미만인 소규모 회사의 경우 특정한 사항에 관한 이사회의 권한을 주주총회의 권한으로 할 것을 주문하고 있다.[38] 상법이 이사회가 없는 소규모 회사에서

36) 상법은 이사와 주주총회 사이에 권한을 분배하지만, 주주총회라는 기관이 권한을 행사하는 데 많은 조건을 내걸고 있다. 이사에 대한 권한을 규정한 규범이 투자자와 경영자 사이의 정치적 투쟁이 산물이라는 점에서 상법은 게임을 뒷받침하는 기본적인 규칙을 마련하고 있는 것에 지나지 않는다. 이 때문에 주주총회가 최고기관성을 이유로 기본적인 규칙을 변경하는 것을 수용하기 어렵다. Donald J. Langevoort, *The Human Nature of Corporate Boards: Law, Norms, and the Unintended Consequence of Independence and Accountability*, 89 Georgetown Law Journal 797, 831(2001).

37) 이철송, 「회사법강의」 제27판(박영사, 2019), 503면.

38) 주식양도의 제한시 주식양도의 승인에 관련된 사항(제302조 제2항 제5호의2, 제317조 제2항 제3호의2, 제335조 제1항 단서·제2항, 제335조의2 제1항·3항, 제335조의3 제1항·제2항, 제335조의7 제1항, 제356조 제6호의2), 이사의 경업행위의 승인 및 개입권의 행사(제397조 제1항·제2항), 회사기회 유용의 승인(제397조의2 제1항), 이사 등과 회사간의 거래의 승인(제398조), 신주발행사항의 결정(제416조 본문), 무액면주식발행시 자본금으로 계상할 총액의 결정(제451조 제2항), 준비금의 자본금전입(제461조 제1항 본문·제3항), 중간배당의 결정(462조의3 제1항, 464조의2 제1항), 사채의 모집(제469조), 전환사채의 발행(제513조 제2항 본문), 신주인수권부사채의 발행(제516조의2 제2항 본문(준용되는 경우

이사회의 결의를 주주총회의 결의로 대체한 것은 자기기관성(Selbstorganschaft)을 인정한 것으로서 주주총회의 권한확장을 법률적으로 용인하는 것과 다를 바 없다. 그러나 주주는 주식회사의 경제적인 소유자에 지나지 않는 까닭에 자신의 의결권행사가 회사에 대한 불법행위를 구성하지 않는 한 책임을 지지 않는다.[39] 이처럼 주주의 의결권행사는 회사법상 책임으로부터 격리되어 있는데, 이러한 현상은 폐쇄회사적인 성격이 강한 소규모 회사에서 두드러지게 나타나게 된다. 특히 지분다수결의 원칙이 지배하는 주주총회에서의 결의로 인하여 지배주주와 소수주주 간의 갈등이 심화될 우려가 있다.

(2) 구체적인 권한

가. 이사 및 감사의 선임·해임권

자본금 10억원 이상인 회사의 경우 이사를 3명 이상 두어야 하며(제383조 제1항), 감사를 선임하거나 감사위원회를 설치하여야 한다(제409조, 제415조의2). 회사의 기관인 이사 및 감사의 선임과 해임은 주주총회의 결의사항으로 되어 있다(제382조 제1항, 제385조 제1항, 제409조 제1항, 제415조). 주주총회가 이사 및 감사를 선임·해임할 수 있다는 것은 주주총회가 이사회를 실효적으로 감시·감독할 수 있는 권능을 가지고 있기 때문이다.

대법원은 이사·감사의 선임은 "원칙적으로 소유와 경영이 분리되는 주식회사의 특수성을 고려하여 주주가 회사의 경영에 관여하는 유일한 통로"이므로 주주총회에 전속적으로 부여되어 있다고 풀이한다.[40] 더 나아가 대법원 판례는 주주총회에서 이사를 선임하는 경우 그 선임결의와 피선임자의 승낙만 있으면 피선임자는 대표이사와 별도의 임용계약을 체결하였는지 여부와 관계없이 이사의 지위를 취득한다고 판시하여 주주총회의 이사선임권이 이사회에 대한 통제권적 성격을 가진다는 것을 분명히 하고 있다.[41]

포함)) 중 '이사회'를 각각 '주주총회'로 보아 이사회의 권한사항을 주주총회의 권한사항으로 하고 있다. 또한 합병반대주주의 주식매수청구의 전제가 되는 '이사회의 결의가 있는 때'(제522조의3 제1항)를 '제363조 제1항의 규정에 의한 주주총회의 소집통지가 있는 때'로 하여 반대주주가 반대의사를 밝힐 수 있도록 하고 있다(제383조 제4항).

39) 이철송, 앞의 책, 504~505면.

40) 대법원 2017. 3. 23. 선고 2016다251215 전원합의체 판결.

41) 위의 판결.

사실 주주가 이사의 업무집행에 세심하게 감시·감독할 전문성을 가지지 못하고 그러한 감시·감독에 투입할 시간을 쉽게 확보할 수 없는 것이 현실이지만 주주가 무능한 이사 또는 감사를 해임하여 교체할 수 있다는 것만으로 이사 또는 감사의 도덕적 해이[42](moral hazard)를 예방할 수 있으며, 더 나아가 이 권한을 통하여 주주가 자신의 이익을 스스로 보호할 수 있다.[43] 특히 대표이사와 같은 최고경영진의 교체는 경영성과를 개선시키는 데 현저하게 기여하는 것으로 알려져 있다.[44] 이처럼 이사가 항상 주주에 의한 해임 또는 재선임거부의 위험에 노출되어 있다는 사실은 이사가 문제시될 수 있는 행위를 억제하도록 하는데 기여한다.[45]

주주총회는 특별결의에 의하여 언제든지 이사를 해임할 수 있지만, 이사의 임기를 정한 경우에 정당한 이유 없이 해임하였다면 회사는 그 이사에 대하여 손해배상책임을 부담한다. 회사가 해임당한 이사에 손해배상책임을 부담하는 경우에는 주주에게 돌아갈 배당 가능한 이익을 줄이는 효과가 있다. 이에 상법은 이사 해임을 함부로 하지 말라는 의미에서 그 요건을 주주총회의 특별결의로 강화하고 있다(제385조 제1항).[46] 이처럼 주주의 부를 줄일 가능성이 있는 해임을 피하기 위해서는 우선적으로 이사 선임에 신중을 기할 수밖에 없다.

이사회는 원칙적으로 이사 중에서 대표이사를 선정할 권한을 가진다(제389조 제1항). 주주총회가 선임된 이사 중에서 대표이사를 선정한다는 것은 대표이

---

42) 이사·감사가 회사로부터 대리인의 지위를 수여받았지만 본인(회사)은 대리인(이사·감사)이 과연 정직하고 성실하게 행동하는지를 완벽하게 관찰하여 적정한 판단을 요구하기가 용이하지 않다. 때문에 대리인이 계약을 제대로 이행하지 않고 배신행위를 통해 개인적인 이익을 본인의 이익보다 우선하여 행동하고 나아가 그러한 행위를 숨겼다면 이 경우 대리인의 '도덕적 해이'가 있는 것이다.

43) Bernard S. Black, *Shareholder Passivity Reexamined*, 89 Michigan Law Review 520, 531(1990).

44) David J. Denis & Diane K. Denis, *Performance Changes Following Top Management Dismissals*, 50 Journal of Finance 1029, 1055(1995).

45) Julian Velasco, *The Fundamental Rights of the Shareholder*, 40 U.C. Davis Law Review 407, 418, 425(2006).

46) "상법 제385조 제1항은 주주총회의 특별결의에 의하여 언제든지 이사를 해임할 수 있게 하는 한편, 임기가 정하여진 이사가 그 임기 전에 정당한 이유 없이 해임당한 경우에는 회사에 대하여 손해배상을 청구할 수 있게 함으로써 주주의 회사에 대한 지배권 확보와 경영자 지위의 안정이라는 주주와 이사의 이익을 조화시키려는 규정"이다(대법원 2004. 12. 10. 선고 2004다25123 판결).

사의 선임에 주주총회가 간접적으로 개입한다는 것을 의미한다.[47)]

나. 이사의 보수 및 회사 재무제표의 승인 권한

이사의 보수는 정관 또는 주주총회가 결정하게 되어 있다(제388조). 이 같이 주주총회가 이사의 보수를 결정할 권한을 가진다는 것은 다음과 같은 순기능이 있다. 즉, 이사 스스로가 보수를 정하는 경우에 초래될 주주의 이익과의 충돌[48)]을 방지하면서도 주주가 보수결정권을 통해 이사를 통제할 수 있다. 또한 이사가 자신이 특정한 규모의 보수를 받을 능력이 있음을 보증하는 과정에서 이사와 주주 사이의 이익충돌의 가능성을 줄일 수 있다.

더 나아가 재무제표의 승인을 비롯하여 이익배당 등 주주의 이해가 직접 관계되는 사항에 관하여 주주총회의 승인이 필요하다. 상법 제449조 제1항은 재무제표는 정기주주총회에서 승인을 받을 것을 요구하고 있으며, 제462조 제2항은 주주총회의 결의로 이익배당을 정하도록 하고 있으며, 제462조의2 제1항에서 주식배당으로 이익배당을 할 수 있음을 규정하고 있다. 다만, 정관으로 정하는 경우에 한하여 일정한 조건을 충족한다면 재무제표의 승인이 정기주주총회의 승인을 얻을 필요는 없이 이사회의 결의로 승인할 수 있다(제449조의2 제1항). 중간배당에 관해서는 정관으로 이사회가 일정한 날에 할 수 있음을 정관으로 정할 수 있다(제462조의3 제1항).

재무제표는 회사경영의 성과를 나타내는 기초적인 정보를 보여주는 문서이다. 주주총회가 이사회의 업무집행 등을 직접적으로 완벽하게 감시하는 것은 현실적으로 불가능하다. 이 때문에 주주총회는 이사가 주주사이에 이익의 충돌이 있을 것으로 가정하여 선제적(先制的)으로 이사에게 지급할 보수를 줄이는 것을 고려할 수 있다. 이에 이사가 자신에게 부여될 보수가 감소되는 것을 방지하기 위하여 그의 성과나 행동을 주주로 하여금 신뢰하게 하는 수단으로서 재무제표를 정기주주총회에 제출하여 승인을 받는 것이다. 이처럼 주주총회가 재무제표를 승인하는 권한을 보유하여 이사의 업무수행실적을 평가할 지위에 있게 됨으로써 이사회를 감시·감독할 권능을 가지는 것이다. 이익배당은 잉여금의 처분에 해당되므로 재무제표에 속하는 이익잉여금처분계산서가 주주총회에

47) 三輪芳朗/柳川範之/神田秀樹 編, 앞의 책, 39~40頁(柳川範之 집필부분).

48) Robert A.G. Monks & Nell Minow, Power and Accountability 164~177(1991).

서 승인됨으로써 확정된다.

다. 회사의 근본적 변경 승인 권한

정관변경, 합병, 영업양도, 해산 등 회사 조직 전체에 관련되는 중요 사항은 주주총회의 결의가 있어야 한다. 정관변경은 제433조에 따른 주주총회의 특별결의가 있어야만 가능하다. 합병에 관해서는 제522조 제1항에 의해 그리고 영업양도에 관해서는 제374조 제1항에 의하여 주주총회의 결의를 얻어야 한다고 규정되고 있다. 상법 제517조 제2호과 제518조는 주주총회의 결의(특별결의)에 의해서 해산한다고 규정하고 있다. 이처럼 주주의 이해와 중요하게 관련되어 있는 사항에 대해서는 그 결정을 다른 기관에게 맡길 수 없다. 이 때문에 인수나 합병 등 근본적 변경(fundamental change)이 있는 경우에는 주주가 새로운 기업에 투자를 강요당하거나 아예 투자기회를 상실할 수 있으므로 주주 스스로의 보호 차원에서 주주총회의 특별결의를 요구하는 것이다.

법리적으로 볼 때에 근본적 변경권한은 상당히 강력하다. 주주가 이사 선임권한 내지 해임권한을 행사하는 경우 간접적으로 회사의 의사결정에 영향력을 미치는 데 그치지만, 회사의 근본적 변경에 대한 승인 권한을 행사하는 것은 직접적으로 회사의 의사결정에 영향력을 미치기 때문이다.[49] 더 나아가 회사의 근본적 변경이 사실상 이사회의 주도로 이루어진다는 점에 비추어 본다면 이 같은 근본적 변경에 대한 주주총회의 승인은 그러한 이사회에 대한 일종의 중간선거 내지 신임투표로서의 의미도 지닌다. 말하자면, 근본적 변경에 대한 주주총회의 승인은 일련의 과정을 마련한 이사회의 행위에 지지를 보내는 것과 같다는 것이다.[50]

3. 이사회의 권한

(1) 특 징

가. 지식과 정보의 우위

회사의 내부기관으로서 고유한 권한을 행사하고 의사결정을 하기 위해서

---

49) Peter V. Letsou, *Shareholder Voice and the Market for Corporate Control*, 70 Washington University Law Quarterly 755, 766(1992).

50) Frank H. Easterbrook & Daniel R. Fischel, The Economic Structure of Corporate Law 79~80(1991).

는 관련 정보를 검토하는 절차를 거쳐야 하기 때문에 어느 정도의 시간이 소요될 수밖에 없다. 그러나 주식회사에서 상당한 수의 의사결정에는 신속성이 요구되는 까닭에 그러한 결정에 많은 시간이 소요되면 적절한 시기에 결정을 하지 못하여 기회를 놓쳐버려 손실이 생길 수 있다. 예를 들면, 투자의 합리적인 시기나 방법 등에 관한 결정을 지체하면 큰 손실을 초래할 수도 있다. 이처럼 누가 의사결정을 하는가에 따라 의사결정에 있어서 시간이나 정확성에 차이가 발생한다면 보다 정확하고 신속히 결정할 수 있는 주체에게 의사결정을 맡기는 것이 비용절감 차원에서 효율적이다.

회사는 타인기관인 이사회에 의하여 운영된다. 이사회는 회사의 이사 전원으로 구성되며, 이사는 별도의 절차 없이 당연히 이사회의 구성원이 된다. 이사가 통상적인 회사의 의사결정에 직접 관여하므로 주주에 비하여 경영에 관한 지식이나 정보를 압도적으로 풍부하게 보유하고 있다. 이처럼 이사는 주식회사에서의 회사의 일상적인 업무를 집행하고 의사결정을 하는 전문가이다. 게다가 의사결정을 위해 이사회를 개최하는 데 드는 시간은 주주총회에 비해 현격히 짧고 이사회의 구성원이 소수여서 의사결정을 신속하게 할 수 있어[51] 의사결정에 투입되는 비용을 절감할 수 있다. 비용절감은 주주에게 돌아갈 배당규모를 늘리게 되므로 주주는 자신이 의사결정을 하는 것보다도 이사회에 의사결정을 맡기는 편이 풍부한 정보를 이용한 합리직한 의사결정을 할 수 있다고 믿는 경향이 있다. 이런 연유로 인하여 주주는 회사를 통하여 일상적인 의사결정을 이사회에 맡기는 것이다.[52] 그 결과 주식회사에서 소유와 경영이 분리되어 경영에 필요한 거래비용을 감소시키는 효과를 거두게 된다.[53]

나. 대리인 문제의 발생

제2장에서 살펴본 것처럼 주인-대리인 모델(principal-agent model)에서

---

51) 주주총회를 소집하기 위해서는 회사가 주주총회 개최일 2주 전에 각 주주에게 소집통지서를 발송해야 하며, 통지는 반드시 서면 또는 전자문서로 하여야 한다. 유선 또는 구두로 통지하는 것은 허용되지 않는다(제363조 제1항). 이에 반하여 이사회 소집의 경우에는 회일을 정하고 일주일 전에 각 이사 및 감사에게 통지를 발송해야 하나, 기간은 정관으로 단축할 수 있다(제390조 제3항).

52) 三輪芳朗/柳川範之/神田秀樹 編, 앞의 책, 45~46頁(柳川範之 집필부분).

53) Alison G. Anderson, *Conflict of Interest: Efficiency, Fairness and Corporate Structure*, 25 UCLA Law Review 738, 759, 778~779(1978).

의사결정은 대리인이 한다는 것이 암묵적으로 가정되어 있다.[54] 주식회사의 경우에도 마찬가지이다. 회사의 업무집행에 관한 의사결정은 이사회가 한다. 이사회가 일반적·구체적으로 대표이사에게 위임하지 않은 업무로서 일상 업무에 속하지 아니한 중요한 업무에 대해서는 이사회의 결의를 거쳐야 하는 것이다.[55] 상법 또는 정관에 이사회의 권한사항으로 규정된 것이 아니라 하여도, 상법 또는 정관의 규정에 의하여 주주총회의 권한사항으로 규정한 것이 아니면, 업무집행에 관한 의사결정권한은 모두 이사회가 가진다. 이밖에 이사회는 이사의 직무집행을 감독할 권한도 가진다.

회사를 경영하는 이사는 경영관련 정보를 수중에 가지지만, 회사를 경제적으로 소유하기는 하나 경영에 참가하지 않는 주주는 회사경영상의 정보에 어둡게 되어 이사와 주주 사이에는 정보의 비대칭이 존재하게 되며 그 결과 주주는 이사의 행동을 완벽하게 감시·감독할 수 없게 된다. 만약 법적인 통제나 주주의 감시·감독이 없다면, 이사는 회사(주주)의 이익을 무시한 채 자신의 사적인 이익을 추구하려는 유인을 가질 수 있다. 이사가 정보의 비대칭 상태를 이용하여 회사의 비용으로 자신의 사적인 이익을 추구하는 경우에는 회사와 이사 사이에 이익충돌이 발생, 즉 대리인 문제로 인하여 궁극적으로 주주의 이익을 해할 수 있다.

(2) 구체적인 권한

가. 주주총회 소집결정권

주주총회의 소집은 통상의 경우 이사회에서 결정한다(제362조). 상법이 주주총회의 소집 여부를 이사회가 결정한다고 규정한 이유는 무엇인가? 경영통제의 가장 핵심적인 방법은 주주의 의결권 행사이다.[56] 이에 상법은 무분별한 주주의 경영간섭을 차단하기 위하여 이사회에 주주총회 소집권을 부여하고 있다. 이렇게 경영간섭을 차단함으로써 회사의 경제적 소유권능을 주주에게 귀속시키고 경영권능을 이사에게 부여하여 소유와 경영의 분리를 보장하는 메커니즘을

54) 三輪芳朗/柳川範之/神田秀樹 編, 앞의 책, 42頁(柳川範之 집필부분).

55) 대법원 2010. 1. 14. 선고 2009다55808 판결.

56) Douglas R. Cole, *E−Proxies for Sale? Corporate Vote-Buying in the Internet Age*, 76 Washington Law Review 793, 802~803(2001).

창출하게 된다.[57]

나. 업무집행에 관한 의사결정권

이사회는 회의체이기 때문에 이사는 개별적으로 의사결정을 내릴 권한을 가지지 못한다. 이사의 행위가 회사에 대하여 구속력을 가지기 위해서는 적법한 이사회의(meeting of the board of directors)를 통하여 의사결정을 하여야 한다. 이와 같이 회의체에 의한 의사결정을 법률로 요구하는 것은 이사들 간의 토의와 의견교환을 통하여 이사회의 행동에 신중함을 도모하려는 데 그 목적이 있다.[58] 상법 제393조 제1항은 이사회가 '회사의 업무집행에 관한 의사결정권'을 가진다는 점을 포괄적으로 규정하면서, '중요한 자산의 처분 및 양도, 대규모 재산의 차입, 지배인의 선임 또는 해임과 지점의 설치·이전 또는 폐지 등'을 회사의 업무집행의 예로 들고 있다.

다. 직무감독권

이사회는 대표이사와 기타 이사의 직무집행을 감독한다(제393조 제2항). 이사회의 직무감독권이라 함은 이사회가 결정한 업무집행사항에 따라 대표이사와 다른 이사가 성실하게 업무집행을 하였는지 여부를 이사회가 감사한다는 것이다. 이사회의 감사는 적법성은 물론 타당성의 감사에도 미친다. 이사회의 직무감독권을 인정한 것은 경영에 전문성을 가진 이사로 구성된 이사회가 그 구성원의 직무집행을 감독하는 것이 전문성이 미흡한 주주에 의한 감시보다 더 효율적이라는 사실이 반영된 결과이다.

집행임원을 둔 경우에는 이사회가 그 업무집행을 감독한다(제408조의2 제3항 제2호). 이사가 1인인 회사(제383조 제1항 단서)에는 이사회가 없으므로 이러한 직무감독권도 인정되지 않는다(제383조 제5항).

라. 정보접근권

실제적으로 회사는 상근이사 중심으로 운영되고 정보가 대표이사에게 집중되는 경향이 있다. 회사정보의 비대칭은 정도의 차이는 있을 뿐 비단 회사내부자인 이사와 회사외부자인 주주 또는 채권자 사이에만 존재하는 것이 아니라

57) 이철송, 앞의 책, 506면

58) Robert C. Clark, Corporate Law 110(1986).

이사들 사이에서도 존재한다. 이 때문에 업무를 담당하지 않는 이사는 회사의 내부정보에 어둡기 마련이며, 설령 업무를 담당하는 이사라 하더라도 담당업무 이외의 정보에 대해서는 접근이 용이하지 않다. 이에 상법은 이사의 회사의 업무에 관한 정보접근권을 다음과 같이 보장하고 있다. 첫째, 이사는 대표이사로 하여금 다른 이사 또는 피용자의 업무에 관하여 이사회에 보고할 것을 요구할 수 있는 권리를 가진다(제393조 제3항). 둘째, 이사는 3개월에 1회 이상 업무집행상황을 이사회에 보고하도록 하여야 한다(제393조 제4항). 설령 이사회 내 위원회를 운영하고 있는 회사라 할지라도 전체이사회에 대하여 이사는 3개월에 1회 이상 업무집행상황 보고를 하여야 한다. 이로 인하여 회사는 적어도 매 분기마다 전체이사회를 개최할 수밖에 없다.

4. 감사 또는 감사위원회의 권한

(1) 특 징

회사는 감사와 감사위원회 중에서 하나를 선택하여야 한다(제415조의2 제1항 제2문). 자산총액 2조원 이상인 상장회사는 감사 대신 의무적으로 감사위원회를 설치해야 한다(제542조의11 제1항, 시행령 제37조 제1항). 감사 또는 감사위원회(이하 '감사'로 줄임)는 이사의 직무집행에 대한 감사를 통하여 대리인 문제를 축소하는 역할을 담당한다(제412조 제1항).

이사의 직무집행에 대한 감사의 감사권 행사를 효과적으로 할 수 있게 하기 위하여 상법은 감사에게 여러 가지 권한을 인정하고 있다. 다만, 상법상 감사가 경비견(watchdog)으로서의 역할을 성실하게 수행하기 위해서는 그 권한을 적극적으로 행사하여야 한다는 점에서 감사의 권한은 의무로서의 성격도 함께 지닌다. 대법원 판례도 같은 취지로 판시한 바 있다.[59)]

감사는 자신의 권한을 제대로 행사하지 못하거나 의무를 성실하게 이행하지 못한 경우에는 법적 책임을 부담한다. 이에 감사는 주의를 다하여 감사직무를 수행하여야 하며 그 결과에 대해서는 자신의 재력(deep pocket)으로 보증하

59) 대법원은 "감사는 상법상 … 권한 또는 의무와 기타 법령이나 정관에서 정한 권한과 의무를 선량한 관리자의 주의의무를 다하여 이행하여야 하고, 악의 또는 중과실로 선량한 관리자의 주의의무에 위반하여 그 임무를 해태한 때에는 그로 인하여 제3자가 입은 손해를 배상할 책임이 있다"고 판시하고 있다(대법원 2008. 9. 11. 선고 2006다68636 판결).

게 된다.[60]

(2) 구체적인 권한

가. 이사에 대한 영업보고요구권 및 업무·재산조사권

감사에게 어떠한 직무를 부여하는가? 이는 원래 입법정책의 문제이지만 상법은 감사에게 이사의 직무집행을 감사할 권한을 부여하고 있다. 주주가 직접 이사의 직무집행을 감시하기에는 역량이 모자라거나 충분한 유인이 없기 때문에 제3자인 감사를 선임하여 그에게 감사권한을 부여하는 것이다.

감사는 언제든지 이사에 대하여 영업 전반에 관한 보고를 요구할 수 있고, 회사의 업무와 재산상태를 조사할 수 있다(제412조 제1항·제2항). 비상장회사 또는 최근 사업연도 말 현재 자산총액이 2조원 미만인 상장회사의 감사가 되기 위해서는 반드시 전문적인 지식이나 자격이 요구되는 것이 아니므로[61] 회계 및 재무에 관하여 전혀 이해하지 못하는 자가 감사가 될 수도 있다. 그러므로 감사는 필요한 경우에는 회사의 비용으로 전문가의 도움을 구할 수도 있다(제412조 제3항). 예컨대, 회사의 재무제표가 시장으로부터 신뢰를 얻는데 필요한 재무제표를 읽을 수 있는 능력, 즉 재무이해력(financial literacy)을 갖추지 못한 감사라 하더라도 공인회계사와 같은 전문가부터 도움을 받아 효율적인 감사를 실시하여 회계정보가 교묘하게 조직적으로 왜곡되거나 오류를 포함할 우려를 불식시키려는 노력을 경주하여야 한다. 설령 상법 제412조 제3항이 없다고 하더라도 그러한 비용은 업무수행을 위하여 당연히 인정됨에도 불구하고 굳이 이 조문을 둔 것은 이사의 직무집행을 감사한다는 점에서 회사 내부의 이사회 내지 대표이사와 대립적인 위치에 있는 감사로 하여금 적극적으로 권한행사를 하도록 독려하기 위하여 주의적으로 규정한 것이다.

나. 임시주주총회 및 이사회 소집청구권

감사는 이사가 법령 또는 정관에 위반한 행위를 하거나 그 행위를 할 염려

---

60) 예컨대, 감사가 회사에 대하여 위임관계에 있는 만큼 감사로서의 역할을 충분하게 수행하지 못하여 제3자가 손해를 입은 경우에는 손해배상책임을 부담한다(제414조 제2항).

61) 상법은 최근 사업연도 말 현재의 자산총액이 2조원 이상인 상장회사의 경우에는 감사위원회 위원 중 1명 이상은 '회계 또는 재무 전문가'일 것을 요구하고 있다(제542조의11 제2항, 시행령 제37조 제1항).

가 있다고 인정한 때에는 이사회에 이를 보고하여야 한다(제392조의2 제2항). 감사의 보고의무는 이사에 대하여 이사회가 감독권을 발동할 것을 촉구하는 의미를 지닌다. 특히 그러한 행위를 할 염려가 있다고 인정한 때에는 회사에 손해가 발생하였는지를 불문하고 이사회에 대하여 보고를 하여야 한다는 점에서 감사의 보고의무는 이사의 위법행위를 사전에 예방하는 효과가 있다.

감사의 이사회에 대한 보고의무의 실효성을 확보하기 위하여 상법은 감사에게 임시주주총회 및 이사회의 소집청구권을 인정하고 있다(제412조의3, 제412조의4). 즉, 감사가 이사의 위법행위를 이사회에 보고를 하기 위해서는 이사회를 소집할 수 있는 권한이 전제되어야 하므로 감사에게 이사회 소집청구권을 인정한 것이다. 그렇게 소집된 이사회에 보고를 한 후에는 이사회에 적절한 조치를 촉구하여도 이사회가 수용하지 않을 경우 이사회에 직접적으로 임시주주총회 소집을 청구할 수 있다.

다. 자회사의 조사권

기업집단에서 자회사와 영업과 연결하여야만 모회사의 현황을 파악하고 모회사에 대한 적정한 감사가 가능할 경우가 있어 상법은 모회사 감사의 실효성을 확보하기 위한 차원에서 감사의 조사권을 자회사에까지 확장하고 있다.[62] 이에 상법에 따라 모회사의 감사는 그 직무를 수행하기 위하여 필요한 때에는 자회사에 대하여 영업의 보고를 요구할 수 있다(제412조의5 제1항). 자회사에 대하여 영업의 보고를 요구하였음에도 불구하고 자회사가 지체없이 보고를 하지 아니할 때 또는 그 보고의 내용을 확인할 필요가 있는 때에는 모회사의 감사가 자회사의 업무와 재산상태를 조사할 수 있는데(제412조의5 제2항), 이 경우 자회사는 정당한 이유가 없는 한 이 같은 보고 또는 조사를 거부할 수 없다(제412조의5 제3항).

62) 한국에서는 기업집단이 중요한 위치를 차지하는 경제현실에서 모회사가 자회사를 대상으로 하는 거래가 빈번해지면서 이들 간의 가공의 채권·채무를 계상하여 분식결산을 하는 경우가 발생하였다. 이에 따라 모회사의 진실한 현황이 은폐되는 문제가 드러났다. 게다가 모회사의 자산을 부당하게 유출하기 위한 도관으로써 자회사를 이용하는 행태도 목격되었다. 이에 자회사의 영업현황을 제대로 파악하여야만 모회사의 경영을 적정하게 감사할 수 있다는 취지에서 1995년 상법을 개정하여 모회사 감사가 자회사에 대하여 영업보고를 요구할 수 있는 권한과 조사할 권한을 부여하고 있다. 김건식/노혁준 편저, 「지주회사와 법」 보정판(소화, 2008), 338면; 이철송, 앞의 책, 866면.

라. 재무제표 및 영업보고서 감사권

감사는 이사로부터 정기주주총회일의 6주간 전에 재무제표와 그 부속명세서 및 영업보고서를 제출받아 4주간 내 이를 감사해 감사보고서를 이사에게 제출해야 한다(제447조의3, 제447조의4). 이는 주주총회에 재무보고를 하기 앞서서 이루어지는 일차적인 내부통제를 위한 절차이기에 경영정보의 공개를 통한 시장의 평가를 받기 이전에 회사 내부적으로 정보의 비대칭을 완화할 수 있는 권한이다. 그 후 재무제표는 정기주주총회의 승인을 받아 확정되어야 하며, 영업보고서는 정기주주총회에 제출하여 그 내용이 보고되어야 한다(제449조 제1항·제2항). 이처럼 감사의 재무제표 및 영업보고서 감사권은 감사가 재무제표와 영업보고서상의 모든 기록을 점검하여 그 결과를 이사와 주주 등 이해관계자에게 전달하고 필요시 적절한 조치를 취하도록 하거나 의사결정에 반영하게 할 수 있는 권한이라는 점에서 궁극적으로 이해관계자 보호를 목적으로 한다.

마. 이사회출석 및 의견진술권

감사는 이사회의 구성원이 아님에도 불구하고 이사회에 출석하여 의견을 진술할 수 있다(제391조의2 제1항). 감사에게 이사회가 법령이나 정관에 위반하는 결의를 하는 것을 사전에 차단하는 역할을 부여하기 위하여 그가 이사회에 출석하여 의견을 진술할 권한을 인정하고 있다. 이 권한을 제대로 행사할 기회를 보장하기 위하여 이사회 소집통지를 감사에게도 발송하여야 한다(제390조 제3항).[63] 이사회 소집절차를 생략하기 위해서는 이사와 감사의 동의를 받아야 한다(제390조 제4항).

바. 이사의 위법행위에 대한 유지청구권

감사는 이사가 법령 또는 정관에 위반한 행위를 하여 이로 인하여 회사에 회복할 수 없는 손해가 생길 염려가 있는 경우에는 사전적인 구제수단으로써 이사에 대하여 그 행위를 하지 말도록 유지청구할 수 있다(제402조). 이사의 위법한 행위가 이루어진 이후에 이를 사후적으로 무효화하는 것은 이미 형성된

63) "감사는 이사회 결의시 의견을 진술할 권한이 있을 뿐 의결권은 없어 그에 대한 소집통지가 되지 않아 감사가 출석하지 않은 상황에서 주주총회 소집을 의결하는 이사회 결의가 되었다고 하더라도 그 이사회의 의사형성에 결정적인 영향을 미쳤다고 보기 어려워, 이사회 결의가 무효"라고 볼 수 없다(부산고등법원 2004. 1. 16. 선고 2003나12328 판결).

법률관계를 전복시키는 것과 다를 바 없다. 특히 이해관계자가 많다보니 이사의 위법한 행위에 대한 구제책으로 그 행위 이전의 상태로 복귀하는 것이 사실상 불가능하거나 과도한 비용을 초래한다면 이해관계자가 사후적인 구제수단을 통해 그 행위의 무효를 확인하는 소를 제기하더라도 재량기각될 가능성이 높다. 이처럼 이사의 위법한 행위가 종료된 후에는 적절한 구제조치를 취하기 어려울 수 있을 뿐만 아니라 설령 구제조치를 실행하더라도 사회적으로 과도한 비용이 초래될 여지가 있다. 따라서 가급적 사전적인 통제가 합리적이고, 그러한 점에서 이사의 위법행위에 대한 유지청구권을 감사에게 인정하는 것이다.[64]

사. 이사와 회사 간의 소에 관한 회사대표권

회사가 소(訴)에 의하여 이사의 책임을 추궁하거나 역으로 이사가 회사에 대하여 소를 제기하는 것이 법리상으로 가능하지만 현실에서 이른바 구조적 편견(structural bias)으로 인하여 소송에서 공정성을 확보하기가 용이하지 않다. 여기서 '구조적 편견'이라 함은 사람은 자기와 동일한 사회적 내지 경제적으로 같은 부류에 속하는 자를 편애하는 경향을 일컫는다.[65]

이사와 회사 간의 특수한 관계로 인하여 이사와 회사 사이의 소의 경우에는 이사와 회사 간에 이해의 충돌이 발생하기가 쉬운 까닭에 상법은 비교적 객관적 지위에 있는 감사로 하여금 그 소에 관하여 회사를 대표하도록 하고 있다. 말하자면, 감사의 회사대표권 부여는 이사와 회사 간의 이익충돌을 방지하고 공정한 소송수행을 확보하기 위한 조치이면서도 동시에 감사의 권한을 강화한 측면이 있다.[66] 이사를 상대로 주주가 회사를 대위하는 대표소송(제403조)에서도 구조적 편견이 발견되는 까닭에 이 경우에도 감사가 회사를 대표한다(제394조 제1항).

감사위원회의 위원이 소의 당사자인 경우에도 구조적 편견이 존재할 수 있다. 왜냐하면 감사위원회는 감사에 갈음하여 이사의 직무집행을 감사하는 이사회 내 위원회이므로 그 위원은 이사의 신분으로 감사기능을 수행하기 때문이다.

---

64) 김차동, "금지청구권의 요건사실에 관한 법경제학적 검토," 「법경제학연구」 제7권 제1호 (한국법경제학회, 2010), 103면 참조.

65) Miller v. Register and Tribune Syndicate, Inc., 336 N.W. 2d 709, 716(Iowa 1983).

66) 대법원 2002. 3. 15. 선고 2000다9086 판결.

감사위원회를 설치한 회사에서 감사위원회 위원이 소의 당사자인 경우에 회사를 대표할 자를 미리 정해 두기가 곤하다. 이에 상법에 따라 감사위원회 또는 이사가 법원에 회사를 대표할 자를 선임하여 줄 것을 신청하여야 한다(제394조 제2항).

아. 각종의 소제기권

감사는 회사 내부기관이라는 점에서 회사 외부에 있는 주주에 비하여 내부정보에 대한 접근이 용이하다. 이에 상법은 회사의 대리인인 이사의 기회주의적으로 행동(opportunistic behavior)으로 인하여 본인인 회사의 부(富)가 감소하는 것을 사후적으로 구제하기 위한 수단으로서 감사에게 각종의 소제기권을 부여하고 있다.[67] 감사는 회사설립무효의 소, 주주총회결의취소의 소, 신주발행무효의 소, 자본금감소무효의 소, 합병무효의 소 등을 제소할 권한을 가진다(제328조, 제376조, 제429조, 제445조, 제529조). 이처럼 감사가 제소를 통하여 이사에 대해 감시·감독할 수 권한이 있다는 사실만으로도 법리적으로 회사의 내부통제가 효율적으로 이루어지는 데 기여한다.

---

67) de Groot, *supra* note 28, at 32.

제8장

주주권의 행사

제 8 장

주주권의 행사

제1절 논의의 배경

상법(회사편)상 주식회사의 지배구조는 소유와 경영의 분리를 전제로 하고 있다. 소유의 개념은 다음과 같이 형식적 의의의 소유와 실질적 의의의 소유로 나눌 수 있다. 형식적 의의의 소유라 함은 법적인 소유, 즉 소유권을 의미한다. 소유권이라 함은 대상이 되는 소유물을 자유롭게 사용하고 수익 및 처분할 수 있는 권리를 말한다. 실질적 의의의 소유는 경제적 지배권을 의미한다. 그리하여 주식회사는 법인으로서 주주로부터 독립된 법률상의 주체이지만 주주는 실질적으로 주식을 소유함으로써 기업을 지배할 수 있는 위치에 있다.[1)]

오늘날 주식회사가 기업의 가장 중요한 형태로 인식되는 이유는 무엇인가? 그것은 아마도 주식회사가 다수로 분산되어 있는 소유를 통할(統轄)하여 그 법률관계를 단순화시킬 수 있기 때문이다. 즉, 주식회사는 다수의 주주를 단체적 관계로 결합시킨 법인이므로 소유권의 단일적 귀속이 가능하다. 그 결과 주주가 투자한 재산은 회사에 귀속되어 주주는 자신의 투자에 대해 소유권을 잃게 된다. 예컨대, 주식회사에서 주주가 주식인수의 대가로 납입한 주금을 그가 원

1) Lynn A. Stout, The Shareholder Value Myth: How Putting Shareholders First Harms Investors, Corporations, and the Public 37(2012).

한다고 해서 어느 때라도 회사로부터 되돌려 받을 수 있는 것이 아니라는 사실과 회사재산이 무단침범되거나 설령 이사가 회사재산을 횡령하였더라도 주주가 개인적으로 행사할 수 있는 권한이 없다는 사실[2] 등에 비추어 볼 때 주주가 회사의 소유자가 아님을 알 수 있다. 단지 주주가 회사에 출자한 자이므로 경제적인 측면에서 회사가 주주의 소유에 속하는 까닭에 주주는 그 회사에 대한 투자의 정도에 비례한 지분(equity)을 가진다. 이 지분으로 인하여 주주는 회사의 의사결정에 대하여 가장 많은 이해를 가진 위험인수자(risk bearer)로서 회사의 경영을 궁극적으로 지배하는 법적 지위를 점한다.[3] 말하자면, 주주의 법적 지위는 투자로 인한 지분을 소유함으로써 가능한데, 여기서의 지분을 법률적으로는 주주권이라 한다. 그러므로 주주권은 소유권의 변형물이라고 할 수 있다.[4] 이 때문에 법률이 특별히 인정한 예외를 제외하고는 정관이나 주주총회의 결의로서 주주권을 제한할 수 없다.

본장에서는 주주권, 특히 주주의 권한행사에 관련한 몇 가지 사항에 관하여 경제적인 입장에서 살펴보고자 한다. 이를 위해 제2절에서는 주주의 권리를 분류한 후에 바로 제3절에서 주주가 자신의 권한행사와 관련하여 직면하는 소극성의 문제를 논하기로 한다. 그 다음 제4절에서 주주총회에서의 의사형성의 방법으로 인정되고 있는 다수결의 원칙과 그 한계로서의 투표의 역설을 비롯하여 의결권의 행사방법으로서 서면투표와 전자투표가 초래하는 정(正)의 효과와 부(負)의 효과를 면밀하게 고찰하고자 한다. 제5절에서는 경제적인 접근을 통해 소수주주권의 긍정적인 기능과 부정적인 기능을 논하고자 한다. 마지막 절

2) 대법원은 "주식회사의 주주가 이사의 악의 또는 중대한 과실로 인한 임무해태행위로 직접 손해를 입은 경우에는 이사에 대하여 상법 제401조에 의하여 손해배상을 청구할 수 있으나, 이사가 회사재산을 횡령하여 회사재산이 감소함으로써 회사가 손해를 입고 결과적으로 주주의 경제적 이익이 침해되는 손해와 같은 간접적인 손해는 상법 제401조 제1항에서 말하는 손해의 개념에 포함되지 아니하므로 이에 대하여는 위 법조항에 의한 손해배상을 청구할 수 없다"는 입장이다(대법원 2003. 10. 24. 선고 2003다29661 판결). 미국의 초기 판례도 "회사를 상대로 불법행위를 저질러서 회사의 권리를 침해한 자에 대해 주주는 아무런 관계가 없다"고 판시한 바 있다(Green v. Victor Talking Machine Co., 24 F.2d 378, 380(2d Cir. 1928)).

3) Frank H. Easterbrook & Daniel R. Fischel, The Economic Structure of Corporate Law 36~37(1991)["Economic Structure"로 인용함].

4) 森淳二朗, "會社法におけるダイナミズムの法化—會社病理の法理と會社生理の法理—," 「現代企業法の理論」(信山社, 1998), 642頁.

인 제6절에서는 주주총회 결의의 하자를 다투는 소에 관하여 개관한 후에 주주총회 결의취소의 소에서 인정되고 있는 법원에 의한 재량기각의 의의를 살펴보기로 한다.

제 2 절 주주권의 분류

Ⅰ. 분류의 기준

"주식회사의 주주는 주식의 소유자로서 회사의 경영에 이해관계를 가지고 있다고 할 것이나, 회사의 재산관계에 대하여는 단순히 사실상, 경제상 또는 일반적, 추상적인 이해관계만을 가질 뿐, 구체적 또는 법률상의 이해관계를 가진다고는 할 수 없고, 직접 회사의 경영에 참여하지 못하고 주주총회의 결의를 통해서 또는 주주의 감독권에 의하여 회사의 영업에 영향을 미칠 수 있을 뿐"이다.[5] 주주가 회사의 영업에 영향을 미칠 수 있는 권리는 그 행사의 목적에 따라 자익권과 공익권으로 나누어진다. 권리행사방법의 차이 내지 권리행사의 효용성과 경제성을 기준으로 단독주주권과 소수주주권으로도 구분된다. 또한 주주의 권리가 당해 주주의 동의 없이 박탈 가능한지의 여부에 따라 고유권과 비고유권으로 분류할 수 있다.

Ⅱ. 자익권과 공익권

주주권은 그 행사의 목적에 따라 다시 자익권과 공익권으로 나눌 수 있다. 자익권이라 함은 주주가 회사로부터 개인의 재산적 이익을 취할 목적으로 마련된 권리를 의미한다. 상법상의 자익권에는 이익배당청구권(제462조), 잔여재산분배청구권(제538조), 신주인수권(제418조), 전환사채인수권(제513조의2 제1항),

5) 대법원 2001. 2. 28.자 2000마7839 결정.

신주인수권부사채의 인수권(제516조의10, 제513조의2), 주권교부청구권(제355조 제1항), 명의개서청구권(제337조), 주권의 불소지신고권(제358조의2), 주권불소지 신고를 한 주주의 주권발행·반환청구권(제358조의2 제4항), 결의반대주주의 주식매수청구권(제374조의2, 제522조의3) 등이 있다.

공익권이란 주주가 회사의 이익을 목적으로 행사하는 권리이다. 이에는 의결권(제369조 제1항), 설립무효판결청구권(제328조), 합병무효판결청구권(제529조), 총회결의취소판결청구권(제376조), 총회결의무효 또는 부존재판결청구권(제380조), 자본금감소무효판결청구권(제445조), 신주발행유지청구권(제424조), 신주발행무효판결청구권(제429조), 불공정한 전환사채 또는 신주인수권부사채발행의 유지청구권(제516조 제1항, 제424조, 제516조의10), 정관 등의 열람권(제396조 제2항), 재무제표 및 그 부속명세서·영업보고서·감사보고서의 열람권(제448조 제2항), 대표소송제기권(제324조, 제403조, 제467조의2 제4항), 이사의 위법행위에 대한 유지청구권(제402조), 주주제안권(제363조의2), 총회소집청구권(제366조), 집중투표청구권(제382조의2), 이사·감사의 해임청구권(제385조 제2항, 제415조), 회계장부열람권(제466조), 회사의 업무와 재산상태의 검사청구권(제467조 제1항), 청산인의 해임청구권(제539조 제2항), 회사의 해산판결청구권(제520조 제1항) 등이 포함된다.

이상에서 살펴본 바와 같이 자익권은 소유권의 수익권능에 기인하며 공익권은 소유권의 지배권능으로부터 유래한다. 특히 공익권의 행사는 원칙적으로 주주총회에서 의결권행사를 통하여 가능하다. 왜냐하면 주식회사가 주주의 출자가 개성을 상실한 채 조직화(집단화·객관화)되었다는 점에서 그 지배권능의 행사형식도 조직화되어야 하기 때문이다. 주주는 의결권을 행사하여 자익권의 확보도 가능하다. 그 이유로서는 회사의 경영자의 임면사항과 관련하여 주주가 의결권을 행사하여 회사의 이익획득과 증진에 직접 또는 간접적으로 간여할 수 있으며[6] 획득한 이익의 분배도 주주의 의결권에 의해 결정된다는 점을 들 수 있다.[7]

---

6) 예컨대, 무능하거나 성실하지 못한 이사를 해임하고 유능한 이사를 선임하여 회사경영을 위임함으로써 회사의 수익을 높일 수 있다.

7) 이윤영, "주식회사의 의결권의 지위," 「상법논집 – 정희철선생 화갑기념논문집」(경문사, 1979), 65면.

Ⅲ. 단독주주권과 소수주주권

주주의 권리를 그 행사의 방법 내지는 그 효용성과 경제성에 따라 분류하면 크게 단독주주권과 소수주주권으로 나누어진다. 단독주주권은 단 1주를 소유하는 주주라도 행사할 수 있는 권리이다. 자익권은 성질상 모두 단독주주권이다.

주주의 권리를 단독주주권으로 정한다고 가정할 때 권리의 행사가 효용성을 갖지 못하거나 남용의 위험이 우려된다면 소수주주권으로 규정하는 것이 더 바람직하다. 이 때문에 상법은 주식회사의 총 발행주식 중에서 일정한 비율이상을 보유하면 행사할 수 있는 권리로서 소수주주권을 마련하고 있다. 물론 이 경우 당해 주식회사가 상장되었는지의 여부와 상관없이 소수주주권을 인정하지만, 상장회사의 경우에는 소수주주권의 행사에 필요한 지분율을 대폭 완화하되 소수주주권의 남용을 억제하기 위하여 일정한 보유기간의 요건을 추가하고 있다. 실정법은 소수주주권의 주식보유율요건을 반드시 1인의 주주가 갖출 것을 요구하지 않으므로 다수의 주주가 공동으로 이 요건을 충족시킬 수도 있다.[8] 또한 주주의 권익의 침해 여부는 소수주주권행사의 전제조건이 아니다.

Ⅳ. 고유권과 비고유권

고유권은 회사가 주주총회 내지 이사회의 결의 혹은 정관의 변경에 의하여 주주의 동의 없이 일방적으로 박탈하거나 제한할 수 없는 권리를 말한다. 다수결의 원칙(majority rule)이 지배하는 주식회사에서 고유권을 인정함으로써 소수파 주주에 대한 다수파 주주에 의한 억압을 방지하여 주주는 자신이 보유하는 주식의 수에 상관없이 자신의 독립적이고 본질적 이익을 보호받게 된다. 고유권의 예로서 의결권이나 이익배당청구권, 잔여재산분배청구권 등을 들 수 있다.[9] 만약 다른 주주나 제3자가 주주의 의결권행사를 방해한다면 이는 주주의

---

8) 대법원 2013. 9. 12. 선고 2011다57869 판결.

9) 서울중앙지방법원 2007. 5. 25.자 2007카합1346 결정은 주주의 의결권은 고유권이라는 점을 이유로 들어 보전의 필요성을 부정하지 않았다.

권리를 침해하는 것으로 되어 불법행위를 구성하고(민법 제750조), 회사가 방해를 하는 경우에는 주주총회결의의 하자를 이유로 하여 소를 제기할 수 있을 뿐만 아니라(제376조) 이사에 대해 책임추궁까지도 가능하다(제401조).

비고유권이라 함은 주주총회의 결의나 정관의 규정에 의하여 회사가 주주의 동의 없이 일방적으로 박탈할 수 있는 권리를 말한다. 상법상 주주권에 관한 규정은 모두 강행법규이므로 사실상 비고유권을 찾아보기 어렵다.[10)]

제3절 주주의 행동양태

Ⅰ. 총 설

상법상 주식회사의 기관으로서 주주총회는 의사결정기능을 비롯하여 다양한 기능을 수행한다. 무엇보다 주주총회는 (경제적 의미에서의) 소유에 의해서 회사경영의 합리성·타당성을 판단하는 장(場)으로서 시장(市場)의 불완전성을 보완하는 역할을 한다. 주주총회의 기능을 제대로 수행하기 위해서는 주주민주주의(shareholder democracy) 또는 회사민주주의(corporate democracy)가 이루어져야 한다.[11)] 여기서 '주주민주주의'라 함은 주주의 주권(主權)과 절차의 중시를 통해 주주의 경영자에 대한 지배를 명실상부하게 확립하고자 하는 회사법의 이념을 의미한다. 본래 주주민주주의의 이념은 회사의 실제적 경영에 정부가 간섭하는 것을 막기 위하여 제시된 것이었지만,[12)] 오늘날 주주민주주의에서 가장 중요한 핵심요소는 주주의 참여(participation)라 할 수 있다.[13)]

---

10) 이철송, 「회사법강의」 제27판(박영사, 2019), 316면.

11) Bob Tricker, Corporate Governance: Principles, Policies, and Practices 86(3d ed. 2015).

12) Margaret M. Blair, *Ownership and Control: Rethinking Corporate Governance for the Twenty-First Century* 69(1995).

13) Jonathan P. Charkham, Keeping Good Company: A Study of Corporate Governance in Five Countries 188(1994). 경영진에 대한 감시·감독의 효율성의 관점에서 주주민주주의를 적대적 M&A보다 더 선호하여야 하는 메커니즘이라고 주장되기도 한다. Martin Lipton, *Corporate Governance in the Age of Finance Corporatism*, 136 University of Pennsylvania

주주민주주의에서의 주주의 지위는 민주국가에서의 국민의 지위로부터 유추할 수 있다.[14] 주주민주주의는 국가정치에 있어서 민주주의의 이념과 개개 주주의 적극적인 역할이 강조된 초기 주식회사의 이념이 융합된 것이다. 민주주의국가에서 그 이념을 구체화하기 위하여 국민의 투표권이 강조되는 것과 마찬가지로 주주의 의결권이 주주민주주의에서는 당연히 강조되고 있다. 그리하여 주주민주주의는 자본다수결의 원칙의 범위 내에서 주주가 회사의 의사형성에 적극적으로 참가하여 이사의 경영활동을 감시·감독하는 것을 주된 내용으로 한다.[15] 그러나 현실에서는 주주의 참여가 제대로 이루어지지 못하고 있다.

회사와 이사 사이의 위임계약에 따른 이사의 대리경영으로 회사경영상의 의사결정권이 부분적으로 이사에게 이전된다. 이러한 상황에서는 이사는 경제적인 소유자인 주주의 이익을 뒤로한 채 자신의 사적인 이익을 우선적으로 추구하려는 유인을 가질 수 있어 이사의 행동에 대한 주주의 감시·감독이 필요하다. 그러나 현실에서 주주가 이사의 행동을 감시·감독하는 데에 일반적으로 소극적이다.[16] 이 때문에 주주는 1964년 미국 뉴욕시의 근교인 큐 가든스(Kew Gardens)에서 발생한 당시 28세의 키티 제노비스(Kitty Genovese)양 살인사건을 목격한 주민 38명에 비유되기도 한다. 하필 주주가 살인목격자들에 비유되는 것은 그 목격자들이 살인사건을 보고 듣기만 할 뿐 사건에 연루되는 것을 피하기 위하여 직접적인 신고 및 증언을 거절한 행동을 취하였기 때문이다.[17] 본절에서는 주주가 소극적인 이유를 단계별로 나누어서 살펴보고자 한다. 먼저 총론적인 측면에서 일반주주의 소극성에 관하여 논한 후에 과연 기관투자자가 일

Law Review 1, 69(1987).

14) Harvey Frank, *The Future of Corporate Democracy*, 28 Baylor Law Review 39, 41(1976).

15) R. Edward Freeman, Strategic Management: A Stakeholder Approach 196(2010).

16) Manuel A. Utset, *Disciplining Managers: Shareholder Cooperation in the Shadow of Shareholder Competition*, 44 Emory Law Journal 71, 73(1995).

17) John G. Simon et al., The Ethical Investor: Universities and Corporate Responsibility 22(1972). 이처럼 이익이 비용을 상회하는 경우에만 행동하는 경향을 '큐 가든스 원칙'(Kew Gardens Principle)이라고도 한다. David L. Engel, *An Approach to Corporate Social Responsibility*, 32 Stanford Law Review 1, 60(1979). 또한 이 사건에서 목격자들의 수가 많다는 이유로 그들의 책임감이 분산되어 살인을 방관한 현상을 꼬집어 방관자효과(bystander effect) 내지 제노비스 증후군(Genovese syndrome)이라고 한다. Al Gini, Why It's Hard To Be Good 70(2008).

반적인 주주의 소극성을 극복할 수 있는지를 가늠해 보기로 한다.

Ⅱ. 일반주주의 소극성

1. 합리적 무관심

제1장에서 살펴본 것처럼 법경제학은 경제학의 기본 가정을 전제로 하므로 인간이 합리적이라고 파악한다. 인간은 '자기이익'(self-interest)을 최대한으로 추구하는 합리적인 존재라는 것이다. 이 전제가 충족되면 인간은 외부로부터 제공되는 유인에 순응한다. 말하자면, 인간은 주위환경의 변화나 외부로부터의 유인이 있으면 거기에 재빠르게 반응한다는 것이다.

주주의 권한행사를 경제적으로 분석함에 있어서 주주가 합리적으로 행동한다고 바라본다. 주주가 회사경영에 관심을 두기는 하지만, 경영에 영향을 미치는데 드는 사적 비용이 회사경영에 영향을 미친 결과로부터 충분히 보상되지 않는다면 회사에 자신의 목소리를 높이지 않으려고 한다는 것이다. 이처럼 경제적인 유인을 바탕으로 주주의 행동양태를 살펴보면 주주가 이사의 업무집행에 대하여 적극적으로 감시하지 않는다는 것을 알 수 있다. 이와 같이 주주가 경제성을 추구하여 회사경영에 대하여 합리적으로 무관심[18](rational apathy, rational ignorance)하게 행동함에 따라 '주주의 소극성'(shareholder passivity)을 극복하지 못하여 오늘날 주주총회가 무기능화·형해화된 것으로 평가받고 있다.[19] 그 결과 주주민주주의는 현실에서 제대로 작동하지 않는다.[20]

주주가 자신의 권한행사에 합리적으로 무관심한 이유는 무엇인가? 원론적으로 살펴보면, 주주총회의 의결권행사에는 자본다수결의 원칙이 적용되는 결

---

18) Stephen M. Bainbridge, *Director Primacy: The Means and Ends of Corporate Governance*, 97 Northwestern University Law Review 547, 571(2003). 합리적 무관심이론에 관하여 자세한 것은 Lawrence E. Mitchell, Corporate Irresponsibility: America's Newest Export 140~142, 151~152(2001) 참조.

19) 미국에서 1930년대 이래 전통적 회사법 이론을 지배하고 있는 아돌프 벌리(Adolf A. Berle)와 가디너 민즈(Gardiner C. Means)의 회사법 이론에 따르면 공개회사(상장회사)에 있어서 주주가 적극적으로 경영자에 대한 감시·감독을 하지 않는다는 주주의 소극성의 문제는 필연이며 극복할 수 없는 것으로 여겨진다. Adolf A. Berle & Gardiner C. Means, The Modern Corporation and Private Property 64~65(Transaction Publishers 1991)(1932).

20) Mathias M. Siems, Convergence in Shareholder Law 89(2007).

과 소수주주는 다수주주의 결정에 복종하여야 하는 일종의 경험칙(經驗則)이 지배한다. 이런 이유로 인하여 다수주주(지배주주)를 제외한 일반주주가 주주총회에 참석하고자 하는 의욕이 줄어들게 되었다.[21] 예컨대, 소수주주가 이사선임에 행사할 수 있는 영향력에 한계가 있다는 인식하에 현실적으로 이사선임에 관심을 기울이지 않고 오히려 다수주주의 결정에 맡기겠다는 의사를 가지는 경향이 농후하다. 또한 많은 주주가 주가의 상승으로 인한 차액을 얻는 것을 목표로 하는 투기적인 성향을 가지고 있을 뿐 회사경영에 관한 지식이 결핍되어 있거나 아예 관심이 없기도 하다. 때문에 주주로서 대상회사의 경영에 불만이 있다하더라도 그 회사경영에 적극적으로 관여하여 의결권을 행사하기 보다는 해당주식을 처분하는 방법으로 의사를 표시할 뿐이다.

한국의 실정법하에서 주주의 소극성이 발현되는 현실적인 이유로서는 다음의 2가지를 들 수 있다. 첫째, 주주총회에 참석하는 데에 노력을 투입하거나 주주총회 참석을 위해 시간을 낼 수 없는 경우가 있다. 한국에서 많은 상장회사들이 12월 31일을 결산일로 정하고 있는 상황에서 자본시장법 제159조에 따라 주주총회를 대개 3월 하순경에 집중적으로 개최하고 있다. 때문에 위험분산 차원에서 여러 회사에 투자한 주주의 경우에는 다수의 안건을 검토하는 것이 쉽지 않음은 물론이고 물리적으로도 여러 회사의 주주총회에 참석하는 것이 사실상 용이하지 않는 것이다.[22]

둘째, 기준일과 주주총회 개최일이 상이한 결과 개최일 현재 주식을 소유하지 않은 자는 주주총회에서 의결권을 행사할 유인을 가지지 못한다. 한국에서는 상법 제354조에 따라 주주총회에서 주주로서 의결권을 행사할 자를 시기적으로 특정하는 기준일을 당해 주식회사의 결산일과 일치시키는 경향이 있다.[23] 주식회사의 결산일 현재 주주명부에 등록된 주주에 한하여 주주총회에서

21) 정용상, “주주총회의 운영현황과 문제점,” 「신세기회사법의 전개 – 우전 이병태교수 화갑기념」(대전서적, 1996), 224~226면; 鈴木千佳子, “書面投票制度の問題點とその展望,” 「法學硏究」 第70卷 第1号(慶応義塾大学, 1997), 116頁.

22) 상장회사는 자본시장법 제159조에 따라 사업보고서를 결산일로부터 90일 이내에 금융위원회와 한국거래소에 제출하여야 한다. 이 같은 법적 요건을 충족시키기 위하여 결산일을 기준으로 90일 이내에 주주총회 개최를 완료하여야 하다 보니 상장회사의 주주총회가 3월 하순에 집중적으로 개최되고 있다.

23) 기준일 제도는 상법에 의하여 강제되는 것은 아니다. 실무에서는 비상장회사의 경우 기준

의결권을 행사할 수 있고 배당을 받을 자격을 가진다. 실제 많은 상장회사의 주주총회가 3월 하순에 개최되다 보니 결산일(기준일)에는 주주였으나 그 후 주식을 양도하여 더 이상 주주가 아닌 경우가 발생한다. 이러한 상황에서 주주총회 개최일 전에 이미 주식을 처분한 자가 그 주식회사의 경영에 깊은 관심을 가질 것을 기대하기 어렵다. 말하자면, 주식을 매각한 자가 주주총회에 참석하여 의결권을 행사할 유인이 크지 않다는 것이다.[24] 동시에 결산일 후로 주식을 양수하여 새롭게 주주가 된 자라 하더라도 기준일 시점에는 주주가 아니었기에 현재 주식을 소유하더라도 의결권을 행사할 수 없다. 이처럼 기준일 이후에 양도된 주식의 경우에는 양도인은 의결권을 행사하지 않으려고 하고 양수인은 의결권 행사를 할 수 없게 됨으로써 사실상 그 주식에는 죽은 투표권(dead vote)이 부착되어 있을 뿐이다.[25]

2. 집단행동 문제

자금조달을 수많은 주주에게 의존하는 공개회사(상장회사)의 경우 주주들이 회사경영자(이사·집행임원)를 감시·감독할 때에는 주주들 사이에는 집단행동 문제(collective action problem)와 그에 연계된 무임승차 문제(free-riding problem)에 부닥치게 된다. 이 같은 집단행동 문제와 무임승차 문제를 극복하기 어려워서 주주들이 소극적으로 행동하는 것으로 알려져 있다.[26]

일을 설정하지 않는 경향이 뚜렷하다. 염춘필, "자본감소절차 및 등기실무에서 발생하는 제문제 – 사례별 실무내용 소개와 검토의견을 중심으로 –," 「법무사저널」 2008년 11월·12월호(서울지방법무사협회, 2008), 95면.

24) 주주가 의결권을 회사에 불리하게 행사한다고 해도 이로 인한 책임을 부담하지 않는다. 정반대의 경우도 상정할 수 있다. 예컨대, 기준일 현재 어느 주식회사의 주주였던 자가 주주총회 개최 전에 주식을 처분하여 주주의 지위를 상실하였지만, 이미 처분한 그 회사의 주식을 싼 값으로 다시 매입하기 위하여 실제적으로 주식을 소유하지 않았음에도 불구하고 주주총회에 참석하여 주가하락을 유도하는 쪽으로 의결권을 행사하는 경우를 예상할 수 있다. 이처럼 기준일과 주주총회 개최일이 상이한 결과 주식을 소유하지 않은 자가 주주총회에서 의결권을 행사하는 것을 공투표(empty voting)라 한다. Henry T. C. Hu & Bernard S. Black, *The New Vote Buying: Empty Voting and Hidden Ownership*, 79 Southern California Law Review 811, 832(2006).

25) Jacob A. Kling, *Disenfranchising Shareholders: The Future of* Blasius *After* Mercier v. Inter-Tel, 119 Yale Law Journal 2040, 2058(2010).

26) Bernard S. Black, *Shareholder Passivity Reexamined*, 89 Michigan Law Review 520, 526~528 (1990).

완전모회사와 완전자회사의 소유구조에서 볼 수 있는 것처럼 주주가 1인만 있는 경우에는 집단행동 문제는 발생하지 않는다. 이 경우의 회사의 수입이나 이익은 집단에 귀속되는 재화(collective good)가 아니기 때문이다.[27] 하지만 그 회사의 주주의 수가 2명 이상으로 되는 경우에는 집단행동 문제가 발생할 수 있다. 이 때문에 단순히 집단행동 문제를 분산된 다수의 주주가 대리인비용을 줄일 때에 직면하는 문제로 정의하기도 한다.[28] 집단행동 문제 및 무임승차 문제가 주주들의 소극적인 행동양태에 어떻게 관련되어 있는지에 관하여 자세히 살펴보면 다음과 같다.

첫째, 주주들은 유한책임만을 부담한다.[29] 주주들은 자신이 투자한 총액을 한도로 회사에 대하여 간접적으로 책임을 질 뿐이다. 예컨대, 주주대표소송에서 승소한 경우 그 승소의 이익은 회사로 귀속되는 까닭에 승소한 원고주주는 고작 자신이 소유하고 있는 주식의 가치가 증가하는 것만으로 만족하여야 한다. 과연 그러한 주가의 상승이 원고주주가 투입한 비용을 반드시 상회할 것인지에 대해서는 회의적이다. 그러므로 소유와 경영이 잘 분리되어 주식의 분산이 양호한 회사가 이사의 의무위반으로 인하여 파탄에 이르렀을 때 소수의 주식만을 가진 주주들은 자신들의 소규모 투자액을 한도로 책임을 지게 되므로 굳이 많은 비용을 들여서 이사의 행위를 적극적으로 감시·감독할 필요가 없다고 생각하는 것이다.

둘째, 주주들은 경영자(이사)에 대한 감시·감독보다 개인적인 시간과 노력이 덜 드는 시장에서의 주식매각을 선호한다.[30] 대체적으로 소수주주는 회사경

---

27) 예를 들어 단독주주권과 비교해서 설명하기로 한다. 한국에서 단독주주권인 주식매수청구권은 상당히 활발하게 이용되고 있다. 회사의 근본적 변경이 있는 경우에 주식을 계속해서 보유하기보다는 회사에 자신이 소유하는 주식의 매수를 청구하는 것을 쉽게 목격되고 있다. 이처럼 주주가 주식매수청구를 하는 경우에는 집단행동 문제가 발생하지 않는다. 즉, 주주가 주식매수청구권을 행사하여 얻을 수 있는 이익에 대해 그 주주가 독점적인(exclusive) 지위에 있으므로 다른 유형의 소수주주권보다 훨씬 빈번하게 이용되는 것이다.

28) 집단행동 문제는 분산된 다수의 주주가 있는 경우 주주는 자신 이외의 다른 주주의 행위에 의존하여 무임승차하려는 경향을 의미한다. Edward B. Rock, *The Logic and (Uncertain) Significance of Institutional Shareholder Activism*, 79 Georgetown Law Journal 445, 453(1991). 집단행동 문제에 관한 가장 기본적인 문헌으로는 Mancur Olson, The Logic of Collective Action: Public Goods and the Theory of Groups (2d ed. 1971)가 있다.

29) Henry N. Butler, *Contractual Theory of the Corporation*, 11 George Mason University Law Review 99, 107(1989).

30) Frank H. Easterbrook & Daniel R. Fischel, *The Proper Role of a Target's Management in*

영에 불만이 있다면 의결권을 행사하여 자신의 불만을 적극적으로 해소하기보다 자신이 소유한 주식을 매도하고자 하는 행태를 노정한다.[31] 주주들은 이른바 '월가의 원칙'(Wall Street rule)에 따라 시장에서의 주식매도가 경영자에 대한 감시·감독보다 경제적이라고 생각하는 경향이 있다.

셋째, 주주들의 경영자에 대한 감시·감독이 갖는 공공재(public good)로서의 성격 때문에 주주들은 무임승차(free-riding)하려는 성향을 드러낸다.[32] 소수주주들은 경영자에 대한 감시·감독에 필요한 비용을 타인에게 전가하려고 한다.[33] 예컨대, 주주대표소송에서 주주들은 그 스스로 원고가 되고자 하지는 않으면서도 내심 다른 주주들이 소송을 주도하기를 바란다는 것이다. 더 나아가 타인이 주도한 소송에서 승소한 경우에 주주 각자는 주식보유량(株式保有量)을 기준으로 손해회복의 비례적(pro rata) 배분을 적극적으로 즐기려는 성향까지 가지고 있다. 이처럼 감시·감독에 대한 비용부담을 기피하려는 주주들의 태도는 대리인 문제의 해결을 방관하는 결과를 낳는다.[34]

넷째, 경영자에 대한 감시·감독으로부터 얻은 이익은 적극적으로 감시·감독에 참여한 주주와 무임승차한 주주 사이에 차별이 없이 분배된다. 경영자에 대한 감시·감독으로부터 얻는 이익은 직접적으로 감시·감독의 주체로서 행동한 적극적인 주주들은 물론이고 그러하지 아니한 다른 주주들에게도 주식보유량을 기준으로 비례적으로 배분되는 것이다.[35] 예컨대, 주주대표소송의 경우 소송에 직접적으로 참가하지 않은 주주들에게도 주가상승을 통해 승소의 이익

Responding to a Tender Offer, 94 Harvard Law Review 1161, 1171(1981).

31) Louis Lowenstein, What's Wrong with Wall Street: Short-Term and the Absentee Shareholder 200~202(1988).

32) 공공재는 모든 소비자들이 공동으로 이용할 수 있는 재화 또는 서비스를 의미한다. 재화 또는 서비스는 소비(사용)하는 데 있어 사회구성원을 배제시킬 수 없으며(배제불가능성)과 집합적인 소비가 가능하여(비경합성) 무임승차의 문제가 발생한다. 신희권, "무임승차 분석으로서의 '죄수의 딜레마' 대 '소비자잉여'," 「정책개발연구」 제16권 제2호(한국정책개발학회, 2016), 3~4면.

33) Saul Levmore, *Monitors and Freeriders in Commercial and Corporate Settings*, 92 Yale Law Journal 49, 49(1982).

34) Robert C. Clark, Corporate Law 94(1986).

35) Stephen M. Bainbridge, *Abolishing Veil Piercing*, 26 Journal of Corporation Law 479, 491~492(2001).

이 분배됨에 따라 제소한 주주들이 승소에 따른 이익을 독점할 기회를 가지지 못하게 된다. 이처럼 제소한 주주가 승소의 이익을 독점적으로 향유하지 못하다 보니 경영자에 대한 감시·감독의 유인이 떨어진다.[36]

Ⅲ. 기관투자자의 소극성 극복 가부

1. 서 설

주주의 합리적 무관심으로 인하여 주주민주주의가 제대로 구현되지 않고 있다. 그렇다면 대규모의 자금을 모아 전문적으로 투자활동을 하는 기관투자자[37]는 어떠한가? 기관투자자는 집단행동 문제라는 장애물을 뛰어넘을 수 있는 것인가? 이른바 기관투자자 행동주의(institutional investor activism)[38]를 기대할 수 있을 것인가? 이 물음과 관련하여 기관투자자는 보유하는 주식의 수가 많다 보니 적극적인 감시·감독자가 될 수 있다는 주장과 여전히 주주로서의 소극성을 극복하지 못한다는 주장이 공존하고 있다. 이하에서는 기관투자자가 주주의 소극성을 극복가능한지에 관하여 긍정설과 부정설로 나누어 경제적인 관점에서 살펴보고자 한다.

---

36) Luca Enriques & Alessandro Romano, *Institutional Investor Voting Behavior: A Network Theory Perspective*, 2019 University of Illinois Law Review 223, 233(2019).

37) 상법 시행령 제34조 제6항에 따르면 기관투자자에는 각종 은행, 상호저축은행, 여신전문금융회사, 보험회사, 금융투자업자(투자매매업자, 투자중개업자 및 집합투자업자), 종합금융회사, 연금, 기금, 공제사업자 등이 포함된다.

38) 기관투자자의 행동주의는 다량의 주식을 가진 주주의 행동주의를 의미한다. 주주행동주의(shareholder activism)는 대상회사의 지배권상 변화를 야기하지 않은 채 회사내부의 개선을 추구하는 행위를 의미한다. Stuart L. Gillan & Laura T. Starks, *The Evolution of Shareholder Activism in the United States*, 19 Journal of Applied Corporate Finance 55, 55(2007). 주주행동주의는 투자대상 회사에 영향을 미쳐서 그 회사의 주주가치, 그 회사의 경쟁력 및 자원의 효율적 배분에 기여한다는 점에서 회사영향력시장(market for corporate influence)에서만 존재할 뿐이다. 회사외부의 통제기능이 작동되어 M&A가 이루어지는 시장을 회사지배권시장(market for corporate control)이라 하는데, 회사영향력시장은 회사지배권의 탈취라는 목적이 존재하지 않는 시장이라는 점에서 회사지배권시장과는 구별된다. Brian R. Cheffins & John Armour, *The Past, Present, and Future of Shareholder Activism by Hedge Funds*, 37 Journal of Corporate Law 51, 58(2011).

2. 학 설

(1) 긍정설

기관투자자는 주주로서의 소극성을 극복할 수 있다는 주장의 근거로 소개되는 몇 가지 견해를 정리하면 다음과 같다. 먼저 기관투자자는 상당한 규모의 주식을 보유하고 있으므로 적극적인 감시·감독자가 될 수 있다는 주장이 있다.[39] 이 주장은 주주가 보유한 주식이 많으면 많을수록 그는 적극적으로 감시·감독을 하고자 하는 유인을 가진다는 것을 전제로 한다. 이러한 전제를 뒷받침하는 논리는 알버트 허쉬만(Albert Hirschman)의 이론에서 발견된다. 허쉬만에 따르면 조직이 쇠퇴할 때 그 구성원은 '발언'(voice)과 '퇴출'(exit) 중 하나를 선택하게 된다. 만약 퇴출이 쉽다면 구성원들은 발언을 통하여 조직에 영향력을 행사하는 데 대해 별다른 관심을 보이지 않지만, 퇴출이 봉쇄된 경우에는 구성원들은 발언에 많은 관심을 나타낸다. 반대로 발언이 퇴출보다 어려운 경우에는 당연히 구성원은 조직을 떠나려고 한다.[40] 이 같은 맥락에서 대량의 주식을 보유하는 기관투자자가 시장에서 매각을 통한 '퇴출'을 선택하면 주가가 크게 하락할 우려가 있어 역으로 경영에 대한 개입, 즉 '발언'의 방법을 선택하여 경제성을 지향한다. 이처럼 기관투자자가 적극적으로 행동하여 그에게 자금을 위탁한 개인의 최선의 이익을 추구한다는 것이다.[41] 따라서 주주 사이의 집단행동 문제는 소유주식비율이 높은 공적연금 등과 같은 기관투자자의 출현에 의해 극복될 수 있는 것으로 풀이한다.

다음으로, 기관투자자는 회사의 경영자에 대하여 감시를 할 수 있는 능력과 자격을 갖춘 중요한 감독자라는 주장이 있다. 기관투자자가 보유한 주식이 대량이다 보니 규모의 경제성(economies of scale)으로 인하여 어느 회사의 주식을 소규모로 보유함으로써 유발되는 소극성의 유인을 상쇄하고도 남는다는 것

---

39) Bevis Longstreth, *Reflections on the State of Corporate Governance*, 57 Brooklyn Law Review 113, 113(1991); Mark J. Roe, Strong Managers, Weak Owners: The Political Roots of American Corporate Finance 237~238(1994).

40) Albert O. Hirschman, Exit, Voice and Loyalty: Response to Decline in Firms, Organizations, and States 3~4(1970) 참조.

41) Jonathan R. Macey, Corporate Governance: Promises Kept, Promises Broken 256~257 (2008).

이다.[42] 예컨대, 기관투자자가 위험분산 차원에서 다양한 회사에 반복적으로 투자를 하고, 그로부터 획득한 정보를 체계적으로 정리하여 차후에 투자하는 회사의 경영자에 대한 감시에 사용할 수 있어 비용을 줄일 수 있다는 것이다.

(2) 부정설

부정적인 견해를 가진 학자들은 다양한 근거를 들어 기관투자자가 여느 주주와 마찬가지로 소극적이라고 주장한다. 여기서 기관투자자가 소극적일 수밖에 없다는 근거를 몇 가지를 살펴보기로 한다.

첫째, 기관투자자가 대상회사(피투자회사)에 대한 지배보다는 투자의 유동성 확보에 더 많은 가치를 부여하는 까닭에 회사경영에 대해 지배권을 행사하고자 하는 유인이 크지 않다.[43] 일반적으로 소유한 주식의 양이 많으면 많을수록 유동성이 감소하여 퇴출비용을 과다하게 지출하여야 하므로 기관투자자는 다른 회사의 경영을 지배하는 데 요구되는 많은 주식을 보유하려 하지 않는다는 논리이다.[44]

둘째, 기관투자자가 현존하는 많은 실정법상의 제약 때문에 적극적인 감시·감독자가 될 수 없다. 예컨대, 기관투자자는 각자에게 적용되는 자기자본기준 또는 자산총액대비 전체 주식투자한도를 준수하여야 하거나 타 금융기관이나 일반기업을 지배하는 행위를 방지하기 위하여 동일 종목에 대한 보유한도가 규정되어 있다.[45] 또한 기관투자자가 보유한 계열사주식에 대해서도 의결권행사의 제한이 법제화되어 있다.[46]

---

42) Bernard Black, *Agents Watching Agents: The Promise of Institutional Investor Voice*, 39 UCLA Law Review 811, 834~835(1992).

43) Mark J. Roe, *A Political Theory of American Corporate Finance*, 91 Columbia Law Review 10, 28(1992).

44) Alan R. Palmiter, *Mutual Fund Voting of Portfolio Shares: Why Not Disclose?*, 23 Cardozo Law Review 1419, 1433(2002). 예컨대, 고객의 예금이 요구불인 경우 기관투자자는 그 고객을 위하여 유동성을 확보할 수밖에 없다. John C. Coffee, Jr., *Liquidity Versus Control: The Institutional Investor as Corporate Monitor*, 91 Columbia Law Review 1277, 1318~1320(1991).

45) 예컨대, 우체국예금·보험에 관한 법률 시행규칙 제15조의2는 우정사업본부의 주식투자한도를 예금자금 총액의 20% 이내로 규정하고 있다. 자본시장법 제81조는 집합투자업자의 집합투자재산을 운용함에 있어 동일종목 투자한도를 정하고 있다

46) 예컨대, 공정거래법 제11조는 상호출자제한기업집단에 속하는 기업으로서 금융 및 보험

셋째, 기관투자자의 중요한 의무는 예금자의 이익과 같은 고객의 이익을 보호하는 데 있기 때문에 (투자)대상회사의 경영자를 감시·감독하는데 충분한 정도의 능력이나 정보를 보유하고 있지 못하다.[47] 기관투자자가 대상회사의 경영자에 대하여 직접 감시·감독을 하기 위해 스스로 비용을 투입하는 경우 오히려 경쟁상태에 있는 기관투자자에게 무임승차의 기회를 열어주는 것과 다를 바 없다. 이 때문에 감시·감독을 직접 수행하는 기관투자자는 자신과 경쟁하는 기관투자자에 비해 수익률이 떨어져 고객을 잃을 위험이 있다.

넷째, 기관투자자가 중간자(intermediary)에 지나지 않으므로 대상회사의 주주와 이익충돌을 야기하는 행동을 할 우려가 있다.[48] 예컨대, 몇몇 기관투자자들은 대상회사의 현 경영자의 재선임에 찬성하는 것이 그 회사의 가치를 감소시킬 가능성이 있음을 인식함에도 불구하고 투자기회를 상실할 것을 우려하여 찬성 쪽으로 의결권을 행사하는 행태를 보이기도 한다.[49] 말하자면, 기관투자자가 대상회사와의 현재 혹은 잠재적인 투자관계를 확보하기 위하여 소극적으로 행동할 수 있다는 것이다.[50]

3. 스튜어드십 코드와 기관투자자의 역할

오랫동안 한국의 기업풍토에서는 기관투자자가 대상회사의 경영에 간섭하지 않는 것이 일반적이었다.[51] 기관투자자가 대상회사의 경영에 참가하는 것을

업을 영위한다면 취득 또는 소유하고 있는 국내계열기업주식에 대하여 의결권을 행사할 수 없음을 규정하고 있다. 이러한 제한을 두고 있는 이유를 재벌소속의 금융기관이 그 재벌의 사금고화(私金庫化)되는 것을 방지하는 데서 찾을 수 있다. 따라서 금융 및 보험회사는 기관투자자로서 투자를 위하여 일정한 한도 내에서 동일 재벌에 속한 계열사의 주식을 취득할 수 있지만, 투자 이외의 목적 — 예를 들면, 경영권 유지 또는 확보 등의 목적 — 을 위하여 계열사의 주식을 취득할 수는 없다.

47) Andrei Shleifer & Robert W. Vishny, *A Survey of Corporate Governance*, 52 Journal of Finance 737, 741(1997).

48) Bernard S. Black, *Agents Watching Agents: The Promise of Institutional Investor Voice*, 39 UCLA Law Review 811, 826~827(1992).

49) *Id.* at 826.

50) James A. Brickley, Ronald C. Lease & Clifford W. Smith, Jr., *Ownership Structure and Voting on Antitakeover Amendments*, 20 Journal of Financial Economics 267, 284(1988).

51) 정쾌영, "주주총회의 활성화를 위한 과제," 「기업법연구」 제30권 제2호(한국기업법학회, 2016), 133~134면.

경영권의 침해로 간주하는 기업문화가 팽배하였기 때문이었다.[52] 그리하여 한국의 기관투자자는 대상회사의 이사회에 자신들의 이익을 대표할 자를 선임하거나 추천하지는 것 등을 금기시하여 대상회사의 의사결정에 영향력을 행사하지 않았다. 간혹 기관투자자가 의결권을 행사하는 경우가 있다고 하더라도 그것은 주로 대상회사의 권유에 따라 위임장을 행사한 것에 지나지 않았다. 게다가 기관투자자가 1990년대 중반 이전에는 정부의 관치금융정책에 따라 운영되다 보니 경영자율성이 부족하였으며, 그 후 다소 경영자율성을 회복하기는 하였으나[53] 능력부족으로 일반 소수주주와 마찬가지로 단기시세차액을 노리는 행태를 보이는 경우도 허다하였다.[54] 따라서 기관투자자가 회사지배에 순기능적으로 참여하는 것을 기대할 수 없었다.[55] 이처럼 실정법상 대상회사에 대한 기관투자자의 의결권행사가 가능함에도 불구하고 여전히 소극적인 모습을 벗어나지 못한 것이 현실이었다. 그러나 정부는 장기적으로 회사의 가치를 제고하기 위해서는 기관투자자가 주주로서 대상회사의 경영에 적극 관여(engagement)하는 것이 필요하다고 보았다. 그리하여 금융위원회의 주도로 이른바 '스튜어드십 코드'(stewardship code)로 불리는 「기관투자자의 수탁자 책임에 관한 원칙」을 제정하여 2016년 12월부터 주주권행사 강화 프로그램을 시행하고 있다.

기관투자자의 주된 관심은 '투자'에 있다. 하지만 기관투자자가 대상회사 경영진의 의사결정에 관여하기 위해서는 대상회사의 경영에 정통하여야 한다. 전문성이 부족한 기관투자자가 대상회사의 의사결정에 제대로 관여하기 위해서는 외부의 자문을 구할 수밖에 없다.[56] 이 같은 수요에 부응하여 주주총회에

---

52) 이건성, "주주행동주의의 강화와 기업경영," 「주식」 제346호(증권거래소, 1997), 28면.

53) 한국은 1997년 외환위기 당시 회사의 지배구조를 개선하여야 한다는 과제에 직면하였다. 이에 1998년 증권투자신탁업법을 개정하여 기관투자자로 하여금 의결권행사를 통해 대상회사의 의사결정에 참여하는 것을 허용하였다. 이처럼 한국은 1998년에 이르러서야 기관투자자가 주주총회의 결과에 영향을 미치는 의결권행사를 할 수 있게 되었다. 송호신, "스튜어드십 코드와 기관투자자의 의결권행사," 「법과 정책연구」 제17집 제2호(한국법정책학회, 2017), 207면.

54) 이상복, "기업지배구조와 기관투자자의 역할," 「기업법연구」 제22권 제4호(한국기업법학회, 2008), 283면.

55) 김상조, "재벌개혁을 위한 금융개혁의 방향과 과제," 「한국재벌개혁론」(나남출판, 1999), 238~239면.

56) 송호신, 앞의 논문, 215면.

서 논의되는 안건을 분석하여 기관투자자에게 찬성 또는 반대 의견을 자문하고 그에 대한 수수료를 받는 것을 영업으로 하는 여러 의결권자문사가 운영 중에 있다.

요컨대, 기업의 불합리한 의사결정을 견제하기 위해서는 기관투자자가 소극성을 극복하는 것이 관건이다. 그러나 정치적 압력으로 인하여 기관투자자가 대상회사에 대하여 적극적인 감시·감독자로서의 역할을 충실히 수행하지 못할 것이라는 우려도 있다.[57] 구체적으로는 한국의 대표적인 공적연금과 기금이 주주의 이익을 대변하기보다 정부의 정치적인 압력을 전달하는 통로로 변질되어 그 의결권 행사가 왜곡된다면 더 이상 공적연기금에 대하여 적극적인 감시·감독자로서의 역할을 기대하기 어렵다는 주장이 제기되고 있다.[58]

제 4 절 주주총회에서의 결의

Ⅰ. 의 의

주주총회라 함은 원칙적으로 주주 전원으로 구성되어 그 총회에 의하여 회사의 기본적인 사항에 관하여 의사를 결정하는 기관이다. 현행 상법하에서는 주주총회의 권한이 축소되어 상법 또는 정관이 정하는 사항에 한하여 결의를 할 수 있는 기관이기는 하지만(제361조), 주주총회는 회사의 내부에서 주주의 의사를 수렴하여 기본적인 중요사항에 대하여 회사의 의사를 결정하는 필요적인 기관이면서도 최고기관으로 자리매김하고 있다.

---

57) Palmiter, *supra* note 44, at 1433.

58) 유주선, "기관투자자 의결권행사와 기업지배구조 개선과제 – 국민연금의 의결권행사와 관련하여 –,"「상사법연구」 제37권 제2호(한국상사법학회, 2018), 90면. 실제 미국의 캘리포니아 주지사는 미국 최대의 공적 연금으로서 활발한 활동을 벌이고 있는 캘리포니아 공공노동자퇴임연금(California Public Employees Retirement System: CalPers)이 정치적 영향력이 있는 기관투자자로 변질될 것을 우려하여 직접적인 지배를 시도한 바 있다. Coffee, Jr., *supra* note 44, at 1322~1323.

Ⅱ. 다수결의 원칙

1. 의 의

집단의 의사를 결정하는 데 있어서 만장일치제를 채택하는 경우를 상정할 수 있다. 이는 구성원 전체가 만족할 수 있는 파레토 최적(Pareto Optimality)을 요건으로 하는 의사결정이다. 파레토 최적은 다른 사람의 후생을 감소시키지 않고서는 어느 개인의 후생을 증가시키는 것이 불가능한 경우에 달성된다.[59] 파레토 최적은 파레토 효율(Pareto efficiency)이라고도 한다. 모든 구성원이 다 찬성한다는 것은 전원이 만족하는 상태에 있다는 것을 의미한다. 그러나 민주주의에서 만장일치제(unanimity)가 의사결정을 위한 최선의 방법이라 할 수 없다. 다수의 구성원을 가진 집단이 만장일치제에 의하여 의사를 결정한다는 것은 비용적인 측면에서 무조건적으로 바람직한 것은 아니다. 이 때문에 집단의 합리적 의사를 도출하기 위한 차선의 방법으로서 다수결을 원칙으로 채택하고 있는데,[60] 오늘날 다수결의 원칙은 일반적으로 의사결정을 위한 합리적인 방법으로 인정되고 있다. 민주주의라는 정치체제로부터 영향을 받은 주식회사는 나름대로의 고유한 조직형태와 그 운용방식을 합리화하기 위해 주식의 보유량을 기준으로 한 다수결의 원칙을 채택하여 이론적 정당성을 확보하고 있다.[61]

2. 만장일치제와 그 대안

(1) 상법상 주주총회 결의요건

주주의 의결권행사를 통한 주주총회에서의 결의방법으로는 보통결의, 특별결의 및 특수결의가 있다. 총회의 보통결의는 상법 또는 정관에 다른 정함이 없

59) 이탈리아 출신의 경제학자인 빌프레도 파레토(Vilfredo Pareto)가 주창한 파레토 최적은 구성원 중에서 적어도 어느 누구의 효용을 감소시키지 않고서는 다른 자의 효용을 증가시킬 수 없는 상태를 의미한다. Robin P. Malloy, Law and Economics: A Comparative Approach to Theory and Practice 38~40(1990).

60) Morton J. Horwitz, The Transformation of American Law, 1870~1960: The Crisis of Legal Orthodoxy 87~90(1992).

61) Brett W. King, *The Use of Supermajority Voting Rules in Corporate America: Majority Rule, Corporate Legitimacy, and Minority Shareholder Protection*, 21 Delaware Journal of Corporate Law 897(1996).

으면 출석한 주주의 의결권의 과반수와 발행주식 총수의 4분의 1 이상의 수로써 하여야 한다(제368조 제1항). 보통결의요건은 상법이나 정관에서 특별결의사항이나 특수결의사항으로 정한 이외의 모든 사항에 적용된다. 특별결의는 출석한 주주의 의결권의 3분의 2 이상의 수와 발행주식 총수의 3분의 1 이상의 수로써 하여야 한다(제434조). 특수결의는 총주주의 동의에 의하여 성립한다. 따라서 특수결의는 만장일치를 요건으로 한다. 특수결의에서 의결권의 수는 의미가 없으므로 의결권이 없거나 제한되는 주주에게도 의결권이 인정된다. 이처럼 주주총회는 원칙적으로 1주1의결권의 지분주의 내지 자본다수결이 적용되는 회의체이지만 특수결의에는 사실상 두수주의(頭數主義)가 적용되는 셈이다.

(2) 결의요건의 편익과 비용

소유와 경영의 분리를 원칙으로 하는 주식회사에서 주주는 주주총회에서 결의를 하는 방법으로 의사결정에 참여한다. 주주의 의결권행사를 불가능하게 하거나 현저히 곤란하게 하는 것은 주식회사 제도의 본질적 기능을 해하는 것으로서 허용되지 않는다.[62] 주주총회에서 의사결정을 위한 구체적인 방법으로 투표가 이용된다. 일반적으로 투표는 조직의 구성원이 선호하는 것이 무엇인지를 판단하는 데 필요한 중요한 방법이지만 결의요건의 유형에 따라 서로 다른 편익과 비용을 야기한다.

회의체에서 만장일치제는 가장 기초적인 의사결정의 준칙이다. 결의요건으로서 만장일치제는 근본적으로 위험회피의 속성을 지니고 있다. 만장일치제란 구성원 전원의 찬성이 있어야만 행동을 할 수 있다는 것을 의미하기 때문이다.

만장일치제의 최대 장점은 개인의 자유를 극대화시킬 수 있다는 점이다.[63] 주식회사의 경우 발행주식총수의 대다수를 가진 지배주주라 하더라도 자신의 목적을 달성하기 위해서 소수주주를 이용하거나 소수를 굴복시키는 것이 용이하지 않다. 이 같은 현실에서 만장일치제를 통해서는 개인의 완전한 자유로 인하여 조직의 의사형성에 관련된 효용이 최대화되지 못한다.

100명의 주주를 둔 어느 회사에서 주주 전원이 참석한 주주총회에서 99명

62) 대법원 2011. 6. 24. 선고 2009다35033 판결.

63) Melissa Schwartzberg, Counting the Many: The Origins and Limits of Supermajority Rule 83~84(2014).

이 특정한 의안에 찬성의 의사를 가지고 있다고 가정하자. 그럼에도 불구하고 나머지 1인의 주주가 그 의안에 찬성하지 않는다면 만장일치의 요건을 충족하지 못하여 그 의안은 부결된다. 그러므로 사실상 그 1인의 주주에게 자신이 보유한 주식수에 상관없이 거부권을 부여하는 것과 같다. 심지어는 그 1인이 찬성표를 던지는 것을 조건으로 하여 금전적인 요구를 하는 경우를 상상할 수도 있다.[64] 이처럼 결의요건으로 만장일치를 요구하는 것은 결과적으로 다수파 주주의 의결권을 침해할 수 있어 오히려 주식회사의 민주적인 운영을 저해하여 주주총회가 제대로 기능하지 못할 우려가 있다.

주주총회의 보통결의 또는 특별결의는 만장일치제(특수결의)가 직면하는 문제들을 해결하기 위한 확실한 대안이다. 주주총회의 보통결의 또는 특별결의는 주주가 비타협적 행위를 하고자 하는 유인을 감소시키는 효과가 있어 만장일치제를 채택함으로써 초래되는 비용을 절감할 수 있다.

상법은 예컨대, 주주총회에서 이사를 선임하거나 해임하는 데 보통결의 또는 특별결의의 요건을 채택함으로써 주주총회가 1주1의결권의 지분주의 내지 자본다수결이 적용되는 회의체임을 분명히 하고 있다. 법원도 "상법이 정한 것에 비해 특별결의의 요건을 더 엄격하게 정하면 소수파주주에 의한 다수파주주의 억압 내지 사실상 일부주주에게 거부권을 주는 것과 마찬가지의 결과를 초래할 수 있다"고 판시[65]한 바 있는데, 이는 한편으로 다수결의 남용이 정관에 의한 사적 자치의 한계를 넘어서고 있음을 분명히 하는 것이다.[66]

Ⅲ. 투표의 역설

일반적으로 다수결은 회의체에서 자주 활용되는 결의요건이며, 주주총회에서도 다수결이 이용되는 것은 극히 자연스럽다. 그러나 다수결은 다양한 문제를 내포한 결의방법이기도 하다. 니콜라 드 콩도르세(Nicolas de Condorcet)는 투표를 통해 어느 조직이나 집단의 구성원이 가장 이상적으로 선호(preference)하

64) Easterbrook & Fischel, *supra* note 3(Economic Structure), at 134.
65) 서울중앙지방법원 2008. 6. 2.자 2008카합1167 결정.
66) 송종준, "초다수결의제의 유효성과 그 법적 한계 – 주주총회 특별결의요건을 중심으로 –," 「인권과정의」 통권 제388호(대한변호사협회, 2008), 73~74면.

는 것이 선택되지 못할 수도 있다는 주장을 펼친 바 있다. 오늘날 그의 주장은 '콩도르세의 역설'(Paradoxe de Condorcet; Condorcet's paradox) 혹은 '투표의 역설'(voting paradox)로 불리고 있다.[67] 이를 간단히 소개하기로 한다.

여기 이사후보 A, B, C가 있다고 가정하자. 일반인들은 선호체계에서 이행성(transitivity)이 존재한다고 믿는다. 여기서 '이행성'이라 함은 만약 A를 B보다 선호하고, B를 C보다 선호하는 경우 A를 C보다 선호하여야 하는 관계를 말한다.[68] 그러나 다수결 투표제가 반드시 이러한 결과를 내놓는 것은 아니다.

주주총회에서 이사선임과 관련하여 노정되는 다수결 투표의 문제점을 살펴보자. 여기 각 주주가 위의 이사후보자 셋 중에서 어느 1인만을 고르는 것이 아니라 선호하는 순서대로 기재하는 방식으로 투표한다고 가정하자. 그런데 위의 가상의 사례에서 선호의 서열을 기재한 결과 주주 甲은 A, B, C의 순서로, 주주 乙은 B, C, A의 순서로, 주주 丙은 C, A, B의 순서로 선호한다는 것이 밝혀졌다.

〈표 8-1〉 투표의 역설

주주	선호순서
주주 甲	A > B > C
주주 乙	B > C > A
주주 丙	C > A > B

가상의 사례에서 주주 甲, 乙, 丙 3인이 다수결로 A, B, C 중 어느 후보를 최종 선임할 것인지와 관련해서 다음과 같은 과정을 거쳐야 한다. A와 B 중에서 다수결에 따르면 A[69]가, B와 C 중에서는 다수결에 따르면 B가, A와 C 중에서는 다수결에 따르면 C가 선택되어야 한다. 즉, 단순한 다수결에서는 A는 B에

67) Saul Levmore, *Public Choice Defended*, 72 University of Chicago Law Review 777, 779~780 (2005).

68) Herbert Hovenkamp, *Rationality in Law and Economics*, 60 George Washington Law Reveiw 293, 295(1992).

69) 각자의 선호도를 살펴볼 때 주주 甲의 경우 A>B이고 주주 丙도 A>B이지만 주주 乙의 경우에만 B>A이므로 A와 B 중에서는 A가 선택된다.

우선하며, B는 C에, C는 A에 우선하는 상황이 연출된다. 이들을 모두 합치면 A>B>C>A의 순서로 된다. 이 경우 개인적인 차원에서는 이행성 조건을 충족하였지만 집단적 차원에서는 주주 전체의 선호가 순환함(cyclic preference)에 따라 최종적인 결정을 내릴 수 없는 상태에 빠진다. 선호의 순환은 각 주주의 선택이 불안정하다는 의미를 내포함은 물론이고 다수결을 통해 이행성이 있는 의사결정을 도출하지 못하는 문제를 야기한다. 결국 민주적인 투표방식을 시행하였지만 합리적인 결과를 얻지 못한 것이다.[70)]

주주총회의 표결방법에 대하여는 관련 법령과 회사의 정관에 아무런 정함이 없으므로, 거수, 기립, 투표, 기타 어떠한 방법이든 출석주주의 의사를 확인할 수 있는 방법이면 무방하다. 따라서 상법하에서 어떠한 의안에 대해서 의장이 주주들에게 이의 여부를 묻고 아무런 이의가 없는 경우 박수로써 의안을 통과시키는 방법으로 가결하는 것도 적법하다.[71)] 이처럼 의장은 자신의 재량하에 주주총회의 표결방법을 선택할 수 있는 것이다. 때문에 이상과 같이 선호서열에 바탕을 두어 최다득표자를 선임하는 방식을 채택한 회사로서는 그 주주 중 일부가 모순된 선호체계를 가짐에 따라 이행성에 위배되는 결과(C>A)가 나올 수도 있다는 사실을 적극적으로 활용하여 결의의 결과를 조작할 우려가 있다. 예컨대, 의장이 먼저 주주들에게 A와 C의 후보 중 선호하는 쪽에 투표하도록 한다면 C가 다수표를 얻을 것이다. 그런 다음 C와 B의 후보 중에서 선호하는 쪽에 투표하도록 한다면 B로 결정된다. 이처럼 B와 C의 후보 중에서 선택하는 것으로 그치면 B가 다수표를 얻을 것이지만, 그 후에 B와 A의 후보 중에서 선호하는 쪽에 투표하도록 한다면 A가 최종적으로 이사로 선임된다.

위에서 살펴본 가상의 사례는 의안설정(agenda setting)에 따라 최종결정이 판이하게 달라질 수 있음을 시사한다.[72)] 투표대상의 서열(ordinal ranking)을 어떻게 정하는지에 따라 결과가 달라짐으로 인하여 다수의 의견이 왜곡될 우려가 제기되는 것이다. 이와 같이 투표자(주주)들이 그들의 선호의 순위만을 정하여야 하는 반면에 그들의 선호하는 강도(degree)를 무시하게 된다면 다수결로 의

70) Paul Edelman, *The Myth of the Condorcet Winner*, 22 Supreme Court Economic Review 207, 209~210(2014).

71) 서울지방법원 2003. 11. 20. 선고 2001가합18662,61253 판결.

72) 황수연, "투표의 역설," 「사회과학연구」 제21권 2호(경성대학교, 2005), 5~7면.

결하기는 하였으나 그 결정은 주주들이 진정 원하는 것을 제대로 반영하지 못할 수 있다. 말하자면, 위의 사례는 의안을 자유롭게 설정할 수 있는 권능을 가진 이사회와 주주총회에서 투표방법을 재량으로 정할 수 있는 주주총회 의장이 의사진행조작(agenda manipulation)을 통해 스스로가 원하는 결과를 이끌어 낼 수 있음을 보여준다.[73]

Ⅳ. 의결권행사의 방법

1. 전제: 주주총회의 형해화

상법은 주주가 주주총회에서 의결권을 행사하는 방법에 관하여 다음과 같이 정하고 있다. 즉, 주주가 총회에서 직접 의결권을 행사하는 방법이 있다(제368조 제1항). 주주의 직접적인 의결권행사는 총회출석을 당연히 전제로 하고 있다. 편의적으로 서면 혹은 전자적인 방법에 의하여 총회에 출석하지 않고서 의결권을 행사하는 길이 열려져 있다(제368조의3, 제368조의4). 이 밖에 주주가 대리인을 임명하여 그로 하여금 출석하도록 하여 의결권을 행사하게 하는 방법도 있다(제368조 제3항). 의결권을 적법하게 위임받은 대리인이 총회에 출석한 것은 그 의결권의 범위 내에서는 주주의 수권에 따른 것으로서 주주가 직접 출석하여 의결권을 행사하는 것과 마찬가지로 볼 수 있는 것이다.[74] 그러나 위에서 살펴본 것처럼 주주가 의결권을 행사할 수 있는 여러 길이 열려져 있음에도 불구하고 주주의 소극성으로 인하여 현재 주주총회는 마치 '관객이 적은 극장'(zuschauersgeringes Theater)처럼 무기능화·형해화된 것으로 평가받고 있다.[75]

---

73) David Post & Steven Salop, *Issues and Outcomes, Guidance and Indeterminacy: A reply to Professor John Rogers and Others*, 49 Vanderbilt Law Review 1069, 1083 n.37(1996).

74) 대법원 2014. 1. 23. 선고 2013다56839 판결.

75) 김재범, "서면투표제도를 이용한 주주총회의 운영," 「경영법률」 제12집(한국경영법률학회, 2001), 173면.

2. 서면투표와 전자투표

(1) 의 의

가. 정 의

주주는 주식회사의 구성원으로서 주주권을 의미하는 주식의 귀속자를 말한다. 주주는 회사의 의사형성에 참여할 수 있는 법적 지위를 점하고 있다.[76] 주주는 주주총회에서 의결권의 행사를 통하여 주주의 이해에 중대한 관련이 있는 사항에 관여할 수 있다. 물론 주주가 이사와 회사 사이에 발생하는 대리인 문제를 줄이려는 의도로 의결권을 행사하는 것이 가능하다. 이와 같은 주주의 의결권은 그 권리행사의 목적에 따라 분류하자면 공익권에 속한다.

주주민주주의의 실현을 위해서는 주주총회에 직접 출석할 수 없는 주주에게 적절한 의결권행사의 기회를 부여하는 것이 가장 이상적이다. '서면투표'라 함은 주주가 총회에 직접적으로 출석하지 않고서 총회의 의안에 대하여 찬반(贊反) 등의 표시를 한 서면을 회사에 제출하여 의결권을 행사하는 제도이다(제368조의3 제1항). 즉, 주주가 회사로부터 송부된 투표용지에 총회에서 다룰 의안에 관하여 찬성, 반대 또는 기권이라는 의사표시를 하여 이를 회사에 반송함으로써 주주총회개최 전에 직접적으로 의결권을 행사하는 것을 의미한다. 따라서 서면투표는 이른바 주주의 부재자투표를 인정하는 것이라 할 수 있다.[77] 전자투표제도는 서면에 의한 의결권행사를 전자적 방법으로 대체한 것을 의미한다(제368조의4 제1항). 전자투표도 사전투표를 위한 구체적인 수단의 하나로서 기능한다.[78]

나. 의결권 대리행사의 권유와 비교

상법은 주주의 의결권행사를 용이하게 하기 위하여 의결권 대리행사를 보

---

76) Jonathan R. Macey, *An Economic Analysis of the Various Rationales for Making Shareholders the Exclusive Beneficiaries of Corporate Fiduciary Duties*, 21 Stetson Law Review 23, 26(1991).

77) 김성탁, "사전투표에 의한 주주의 의결권행사 – 필요성, 가능성, 규율의 법리를 중심으로 –," 「상사판례연구」 제28집 제2권(한국상사판례학회, 2015), 9면.

78) 상법 시행령 제13조 제2항 제2호는 전자투표의 종료일은 주주총회 전날까지로 할 것을 강제하고 있다. 이 때문에 전자투표제도가 현장주주총회를 개최하면서 동시에 전자적 방식의 의결권행사를 허용한다는 주장(허항진, "개정법상 전자투표제도와 주요 법적 논점에 대한 소고," 「법학연구」 제38집(한국법학회, 2010), 301면)이 있으나 이는 현행 상법하에서는 수용할 수 없다.

장하고 있고, 이를 뒷받침하는 의결권 대리행사의 권유가 자본시장법에 마련되어 있다. 의결권 대리행사의 권유라 함은 회사가 주주총회의 소집통지와 함께 주주에게 위임장을 보내어 주주에 대하여 주식의 의결권의 행사를 자기 또는 제3자에게 대리하게 할 것을 권유하는 것을 말한다(자본시장법 제152조).[79]

자본시장법상의 의결권 대리행사 권유제도는 일반투자자의 의결권행사를 보장하는 것보다는 상장회사에서 총회의 정족수를 충족시키는 데 그 목적이 있는 것으로 이해된다. 의결권 대리행사 권유는 제도적으로 경영자에게 유리하므로 주주만을 위한 것이라고 할 수 없다. 왜냐하면 주주로부터 반송된 위임장의 대부분은 총회의 의안에 대하여 찬성의 뜻을 표하거나 아니면 경영자에 대하여 의결권의 백지위임을 하는 것이 일반적이어서,[80] 오히려 의결권의 대리행사는 경영자의 자기영속화의 수단으로 전락하는 경우도 있기 때문이다. 이와 같은 현상을 두고 주주에 의한 경영통제권이 주주로부터 분리되는 것으로 표현되기도 한다.[81] 이러한 폐해를 줄일 수 있는 제도가 바로 주주의 서면투표와 전자투표이다.

다. 경제적 분석

서면투표와 전자투표(이하 '서면투표 등'으로 줄임)는 어떤 이유로 허용되는가? 법률상 주주가 자유롭게 자신의 의결권을 행사할 수 있음에도 불구하고 실제 (지배주주가 아닌) 일반주주가 직접적이면서 적극적으로 의결권을 행사하는 경우를 찾아보기가 쉽지 않다. 주식이 광범위하게 분산된 회사의 경우에 주주가 주주총회에 참석하기 위해서는 교통비와 기회비용 등 현실적으로 상당한 비용이 든다. 또한 주주가 총회에 참석하기 위해서는 집단행동 문제로 인한 비용 문제를 극복하여야 한다. 이처럼 주식이 고도로 분산된 회사에는 회사의 의사형성에 참여하여 얻는 이익이 그 참여에 소요되는 비용을 하회하므로 주주가

---

79) 의결권 대리행사 권유제도는 자본시장법상의 제도이기 때문에 상장법인의 주주가 의결권을 행사하는데 한정하여 적용된다. 서면투표는 상법에 마련된 제도이므로 당해 법인이 상장법인인지의 여부에 상관없이 주식회사의 주주의 경우에 적용될 수 있다.

80) 김순석, "주주총회 의결권 행사의 활성화 방안 – 전자위임장 권유제도 및 전자투표를 중심으로 –," 「기업법연구」 제28권 제4호(한국기업법학회, 2014), 202~203, 205면.

81) 임정하, "주주의 개념과 회사법적 지위에 대한 고찰," 「상사법연구」 제37권 제2호(한국상사법학회, 2018), 48면.

자신의 의결권 행사에 소극적인 입장을 취하는 것이다.[82] 그 결과 총회에서의 결의를 이끌어 내는 데 필요한 의결권의 수(數)를 확보하기 어렵게 되었다. 이와 같은 문제점을 극복하기 위하여 상법은 주주가 의결권 행사를 제3자에게 위임하는 것을 허용하고 있다(제368조 제2항). 말하자면, 상법은 주식이 가지고 있는 비개성적인 성질에 터잡아 주주가 자신의 의결권을 제3자로 하여금 대리행사하게 하는 길을 열어놓고 있다.[83]

주주가 물리적으로 개최된 주주총회에서 왜곡된 의결권행사를 방지하고 자신의 뜻을 그대로 반영시키기 위해서는 충실한 대리인을 선임하여야 한다. 설령 주주가 적절한 대리인을 물색하고 그에게 의결권의 대리행사를 위임하였다고 하더라도 수임자가 주주의 지시에 반하여 의결권을 대리행사할 여지가 있다. 만약 대리인이 주주의 명시된 의사에 반하여 의결권을 행사한다고 하더라도 이것은 1차적으로 주주와 대리인 사이의 문제에 지나지 않기 때문에 주주총회결의의 하자(瑕疵)가 되는 것은 아니다. 그러나 현실적으로 주주의 이익을 옹호하고 대변할 대리인을 선임하기란 쉽지 않다. 때문에 충실한 대리인을 찾는 데에는 일종의 탐색비용(search cost)이 든다.[84] 서면투표 등은 주주에게 회사의 의사결정에 직접적으로 참여할 수 있는 기회를 제공함으로써, 주주의 의결권대리행사의 경우에 발생할 수 있는 대리인의 왜곡된 의결권행사를 원천적으로 봉쇄할 수 있다.[85]

---

82) 이와 관련하여 허항진의 연구를 살펴보기로 한다. 발행회사가 주주총회를 개최하는 데에는 다양한 비용이 소요된다. 2008 사업년도를 기준으로 할 때 주주총회 개최비용으로 상장회사 1사당 평균 1,729만원 정도를 지출한 것으로 조사되었다. 당시 상장회사의 수가 1,799개였으므로 상장회사 전체에 드는 주주총회운영비용이 연간 311억원에 달하였다. 또한 주주로서도 주주총회에 참석하는 데 필요한 교통비(5천원) 및 기회비용(16,000원) 등의 지출을 하여야 한다. 이 때문에 주주는 연간 49억원 정도(교통비용 12억원, 기회비용 37억원)의 비용이 소요되는 것으로 분석되었다. 허항진, 앞의 논문, 304면.

83) 양만식, "위임장권유와 주주총회결의의 취소," 「기업법연구」 제23권 제3호(한국기업법학회, 2009), 161면.

84) 김성탁, 앞의 논문, 13면.

85) 종래부터 의결권의 대리행사에 있어서 대리인이 본인인 주주의 지시에 반하여 의결권을 행사거나 또는 위임사항에 관계없이 의결권을 행사하는 것은 본인(주주)과 대리인의 양당사자 간의 문제에 지나지 않는 것으로 이해되어 왔다. 따라서 본인의 의사에 반한 의결권의 행사 또는 불행사가 있다고 해도 이는 총회결의의 성립절차에 관한 하자로 되는 것은 아니므로 결의취소의 소의 원인이 되지 않는다. 다만, 본인과 대리인 사이의 계약위반으로 인한 책임 문제가 발생할 뿐이다. 정준우, 앞의 논문, 19~20면.

대법원 판례에 따르면 의결권행사의 대리인의 자격을 주주로 제한하는 정관이라고 할지라도 그 효력은 인정된다.[86] 그러나 서로 대립하는 2인의 주주로만 구성된 회사에서 주주만이 대리인이 될 수 있다면 궁극적으로 어느 일방의 주주는 그의 권리를 포기하거나 반대편 주주에게 의결권대리행사를 위임하여야 하는 상황이 연출될 수 있다.[87] 서면투표 등은 대리인의 개입 없이 의안에 대해 주주의 의사를 직접적으로 주주총회에 반영할 수 있다는 점에서 위와 같은 교착상태(deadlock)를 벗어나기 위한 적절한 방법이다.

요약하자면, 서면투표 등은 대리인의 개입 없이 의안에 대해서 주주의 의사를 직접적으로 총회에 반영하므로 대리인에 의한 의결권남용의 위험이 없다는 점이 의결권의 대리행사제도와 큰 차이이다. 이처럼 서면투표 등은 주주총회의 개최와 그 운영에 드는 제반 비용을 줄여 편의를 도모함으로써[88] 사표(死票)의 발생을 줄여 주주총회에서의 결의를 용이하게 성립시킬 수 있는 제도이다.[89] 특히 자본시장의 개방으로 외국인투자가 활발하게 이루어지고 있는 현시점에서 서면투표 등은 외국인투자자의 의결권행사에 드는 비용을 크게 줄일 수 있는 이점이 있다. 예컨대, 소수주주나 외국인주주도 서면투표 등을 통해 의결권행사에 드는 제반 비용을 줄일 수 있고 회사도 주주의 수(數)에 구애받지 않고 주주총회의 장소를 마련할 수 있는 이점이 있다.

(2) 한 계

가. 형해화 관련

서면투표 등을 시행함에 있어서 주주에게 정보를 충실하게 제공하여야 한

86) "주주의 자유로운 의결권 행사를 보장하기 위하여 주주가 의결권의 행사를 대리인에게 위임하는 것이 보장되어야 한다고 하더라도 주주의 의결권 행사를 위한 대리인 선임이 무제한적으로 허용되는 것"은 아니다. "주주의 대리인의 자격을 제한할 만한 합리적인 이유가 있는 경우 정관의 규정에 의하여 상당하다고 인정되는 정도의 제한을 가하는 것까지 금지하는 취지는 아니라고 해석되는바, 대리인의 자격을 주주로 한정하는 취지의 주식회사의 정관 규정은 주주총회가 주주 이외의 제3자에 의하여 교란되는 것을 방지하여 회사 이익을 보호하는 취지에서 마련된 것으로서 합리적인 이유에 의한 상당한 정도의 제한이라고 볼 수 있으므로 이를 무효라고 볼 수는 없다"(대법원 2009. 4. 23. 선고 2005다22701,22718 판결).

87) 이철송, 앞의 책, 544면.

88) 허항진, 앞의 논문, 304면.

89) 정준우, 앞의 논문, 34면.

다는 것은 이 제도가 제대로 기능하는 데 매우 중요한 의미를 갖는다. 즉, 서면투표 등은 주주의 의결권행사 바로 그 자체이므로, 서면투표 등을 통한 의결권 행사의 전제로서 그 대상인 결의사항과 그 의안에 관한 상당한 정보가 당연히 요구되는 것이다. 더군다나 서면투표 등에 의하여 의결권을 행사한다는 것은 주주가 사전에 투표를 하는 것이고, 이는 그가 총회에서 질문권을 행사할 기회와 주주총회에서의 논의를 들을 수 있는 기회를 스스로 포기한 것과 다를 바 없다. 이와 같은 약점을 보완하기 위해서 서면투표 등에 있어서 주주에게 사전에 충분한 정보를 제공하는 것은 반드시 필요한 사항이다. 그러나 상법은 개시(disclosure)할 정보의 내용이나 질적인 면에 관하여는 특별히 정하지 않은 채 서면투표를 허용할 경우 소집통지에 의결권의 행사에 대해 참고로 할 사항을 기재한 자료를 첨부하여야 한다는 뜻만 규정하고 있다(제368조의3 제2항). 전자투표의 경우에도 회사는 의결권행사에 필요한 양식과 참고자료를 주주에게 전자적 방법으로 제공하여야 한다고만 규정하고 있다(제368조의4 제3항 제2문). 주주총회소집통지서에 참고자료를 함께 송부하여 의안에 대한 제대로 된 정보를 개시함으로써 정보의 비대칭을 완화하는 것이야말로 서면투표 등을 실시하기 위하여 충족하여야 하는 전제조건이며 다소 번거롭다고 하더라도 이는 주주민주주의를 위한 필수적 요건이다. 만약 회사가 참고자료를 부실하게 제공한다면 주주는 충분한 정보가 없는 상황에서 투표를 하는 것과 다를 바 없는 것이다.

통상 회의체의 구성원이 회의체의 의사형성에 관하여 의결권을 행사할 경우에는 그 의사는 회의에 관한 제안자 등과의 질의응답이나 회원간의 토의를 자료로 하여 형성되며, 그 과정에서 회의체의 존재의의가 인정된다. 주주총회는 회사가 의안에 대하여 설명하고 주주들이 의안에 대해 토의를 거쳐 표결을 통해 집단적 의사를 결정(collective decision-making)하는 주식회사의 최고의사결정기관이다.[90] 위에서 살펴본 것처럼 서면투표 등을 하는 경우 주주가 의안의 찬부 판단을 하고 의결권행사를 하기 전에 총회에서의 질의응답으로부터 자료를 얻을 기회를 부여받지 못할 뿐만 아니라 다른 주주들의 견해 등을 알지 못한 채

90) 인천지방법원 2000. 4. 28.자 2000카합427 결정은 "주주들로서는 주주총회에 참석하여 충분한 토론을 통하여 자신의 입장과 의견을 개진하고 표결에 참가함으로써 의사를 표시하는 것이 회사의 의사결정과정에 있어 실질적으로 유일하게 보장된 권리"라고 판단하고 있다.

주주총회라는 회의체의 최종적 의사결정에 참가한다는 문제가 있다.[91] 이처럼 서면투표 등은 주주의 의사를 회사의 의사결정에 효과적으로 반영하는 수단이기는 하나 총회로부터 분리된 의결권행사방법을 인정하는 것을 의미하므로 주주총회를 회의체로서 이해하고 있는 전통적 주주총회관(株主總會觀)으로부터 벗어난 상당히 과감한 수단이다.[92] 따라서 서면투표 등을 통해 의결권을 행사한다는 것은 주주가 총회에 출석하여 토론·심의를 한 후에 투표를 한다는 회사법 이념에 충실하지 못하게 된다.

만약 총 의결권수의 절대다수가 부재자로서 서면투표 등을 하였다면 그 의안에 대한 찬부는 총회개최 전에 결정되어 총회장에서 그 결과를 뒤집을 수 없게 된다. 물론 상법은 전자투표에 한하여 그 투표의 결과가 사전에 누설되는 것을 금지하고 있다(시행령 제13조 제5항). 법률상 전자투표 결과를 누설하지 않아야 하는 의무를 부담하는 자는 회사, 회사로부터 지정을 받아 전자투표를 관리하는 기관 및 전자투표의 운영을 담당하는 자에 한한다. 대주주가 자신의 서면투표 등의 내용을 누설하는 것은 현행법상 문제되지 않는다. 대주주의 투표결과가 총회개최 전에 대외적으로 알려진다면 소수주주는 투표를 하더라도 결과에 영향을 미치지 못한다고 판단하여 투표를 포기할 우려가 있다. 이처럼 서면투표 등으로 인하여 소수주주가 주주총회에 참석하고자 하는 유인을 잃게 될 수 있다. 그리하여 서면투표 등으로 인하여 오히려 주주총회가 더 심각하게 형해화될 수 있다는 비난을 받을 수 있다.

나. 수정동의 관련

서면투표 등을 하였지만 주주총회에 이미 제출된 의안에 대해 수정동의가 제출된 경우에 그러한 투표를 어떻게 취급할 것인가? 이는 서면투표 등을 둘러싸고 종래부터 강조되어온 문제이다. 서면투표에서는 서면의 반송이 바로 의결권행사 자체로 본다. 전자투표의 경우에도 투표의사가 전자적인 방법으로 회사에 도달하는 순간 의결권을 행사한 것으로 된다. 만약에 물리적으로 개최된 주주총회에서 공식적으로 당초 의안의 수정안이 제출되고 이에 대한 찬부를 묻는다면 회사에 이미 반송된 서면 혹은 도달된 투표의사는 그 투표대상을 잃은 것

---

91) 前田重行, 「株主総会制度の研究」(有斐閣, 1997), 137~138頁.

92) 위의 책, 101頁.

이다. 이처럼 수정동의안이 제출된 경우에 이미 투표한 주주의 의사를 어떻게 해석할 것인지가 문제되지만, 실무에서는 원안에 대한 찬부의 여부에 상관없이 이미 행사된 서면투표 등은 수정동의안에 모두 기권한 것으로 취급하고 있고 있다. 참고로 한국예탁결제원이 제정한 전자투표서비스 이용약관을 살펴보면 동 약관 제11조 제3항은 "주주총회에 상정된 의안에 대하여 수정동의가 제출된 경우 이 의안에 대한 전자투표권자의 전자투표는 기권으로 처리"한다는 것을 명시적으로 규정하고 있다.

수정동의에 대하여 서면투표 등을 기권으로 처리할 수밖에 없는 이유는 무엇인가? 예컨대, 서면투표 등에 의해 의결권을 행사한 주주는 투표용지에 기재된 의안에 대하여 이미 찬부의 의사를 표명하여 부재자투표를 하였으므로 총회 당일 회의장에 제출된 수정동의안에 대해서는 어떤 의사도 표명할 수 없다. 다시 말하자면, 서면투표 등을 한 주주는 원안에 대해서만 의결권을 행사할 수 있는 기회를 가지게 되어 수정동의안에 관한 의결권행사에 관여할 기회를 완전히 박탈당하는 단점이 있다. 이 경우 수정동의안에 대해서는 서면이나 전자적 방법에 의한 의결권행사가 불가능하기 때문에 당해 주주는 결석한 것으로 취급하는 방안을 고려할 수 있다.[93] 이 방안에 따르면 수정동의안에 대한 표결에 있어서 서면이나 전자적 방법에 의해 행사된 의결권의 수는 출석한 주주의 의결권의 수에 산입(算入)되지 않는다. 그러므로 수정동의안에 대해서는 그만큼 의결권수의 부족현상을 낳게 된다. 특히 특별결의사항에 대해서는 원안이 부결되어 총회에 출석(대리출석 포함)하고 있는 주주만으로 의사결정을 성립시킬 수 없다면 다시 총회를 개최하여야 하는 번거로움이 있다.[94] 또한 원안에 의결권을 행사한 주주는 수정동의안에 대하여 결석한 것으로 되어 이미 서면투표 등을 한 주주의 의사는 무시된 채 상당히 소수의 의결권에 의해 결의가 성립하는 모순이 발생한다. 예를 들어, 의결권의 총수가 1,000인 회사에서 주주의 보통결의를 요하는 의안에 대하여 750의 의결권이 서면 또는 전자적 방법에 의해 행사되었다고 가정하자. 또한 서면투표 등을 한 주주 중에서 원안에 찬성한 의결권이

93) 元木伸, "議決權の代理行使と書面投票等,"「商事法務」第937号(商事法務研究会, 1982), 14頁.

94) 森本滋, "書面投票の制度的意義と機能," 上柳克郎先生還暦記念「商事法の解釈と展望」(有斐閣, 1984), 127頁.

400, 반대가 350이며, 총회에 직접 출석한 주주는 원안에 100이 찬성하였고 150이 반대하였다고 가정하자. 이 경우는 가부동수(可否同數)이므로 부결된다. 그래서 수정동의안이 제출되었고, 이에 대하여 현장에서 찬성표가 250이고 반대표가 없어 가결·성립하였다고 하자. 이와 같이 원안에 대해서는 1,000의 의결권이 참가하여 가부동수로 인해 부결된 결과 750이나 되는 의결권이 배제되고 고작 전체 의결권수의 25%에 지나지 않는 출석한 주주에 의해 회사의 의사가 결정된다는 것은 서면투표 등이 목표로 하는 주주민주주의에 부합된다고는 할 수 없다.[95] 이처럼 당초 투표한 것을 결석으로 취급하는 방안은 주주의 의사에 대한 새로운 해석의 여지를 완전히 부정하고 주주의 의결권행사를 무효로 한다는 점에서 수용하기 어렵다. 이와 관련하여 서울남부지방법원 2010. 3. 5.자 2010카합84 결정을 살펴보자. 이 결정은 주택재건축정비사업조합에 관련된 사건이기는 하지만 수정동의안이 제출된 경우에 이미 제출된 서면결의서의 효력에 관하여 다루고 있다. 이 결정에서 서울남부지방법원은 서면결의서를 제출하여 이미 원안에 대하여 찬반의 의사표시를 한 경우에는 수정동의안에 대하여는 의사표시를 할 기회가 박탈당하므로 "서면결의서를 제출하는 방식에 의한 투표를 무효화하고 현장에 직접 참석한 자들만이 1인 1표의 투표방식으로 투표를 하여 그 중 많은 표를 얻은 순서대로 이사, 감사, 대의원을 선출하기로 결의"한 것은 효력이 없다고 판시하고 있다.

두 번째 방안으로 원안에 찬성의 뜻을 기재한 서면투표 등은 수정안에 반대한 것으로 계산하고, 원안에 반대하거나 기권한 서면투표 등을 수정안에 기권한 것으로 취급하는 것이다.[96] 이 방안은 원안에 대한 서면투표 등을 수정동의안에 대한 반대 또는 기권으로 취급함으로써 간접적이나마 수정동의에 대한 의사결정에 관여할 수 있는 기회를 가지게 된다는 점에서 결석으로 취급하자는 방안의 난점을 보완하고 있다. 그러나 두 번째 방안에 대해서는 원안에 찬성의 의사표시를 한 서면투표 등을 획일적으로 수정안에 반대하는 것으로 취급하는 것은 지나친 의제라는 비판이 가능하다. 다시 말하자면, 원안에 찬성한 주주가

95) 위의 논문, 128頁.

96) 西尾信一, "書面投票の実務的背景," 上柳克郎先生還暦記念「商事法の解釈と展望」(有斐閣, 1984), 107頁.

수정안에 대하여도 찬성할 가능성이 있음에도 불구하고 이를 무시한 것은 문제가 있다. 이처럼 원안에 대하여 수정안을 제출한 이유와 목적 및 수정안의 내용이 각 경우마다 동일하지 않음에도 불구하고 원안에 대한 서면투표의 찬부를 기준으로 하여 수정안에 대한 주주의 의사를 결정한다는 것에 대해서는 납득하기 어렵다.[97]

이상과 같은 두 가지 방안이 가지고 있는 한계를 고려할 때 서면투표 등에 의해 행사한 의결권을 모두 수정동의안에 기권한 것으로 취급하는 방안이 현재로서는 가장 합리적인 것으로 보인다. 위의 두 번째 방안과 마찬가지로 기권으로 처리하는 방안도 원안에 대하여 서면투표 등을 한 주주의 의사를 기권으로 '의제'하는 점은 동일하다. 그러나 두 번째 방안에 따를 경우 원안에 찬성으로 서면투표 등을 한 주주는 수정동의안에 대하여 모두 반대로 취급되지만, 기권으로 처리하는 방안은 서면투표 등을 한 주주가 수정안에 대하여 현실적으로 판단의 기회를 부여받지 못하였다는 점에 비추어 주주의 의사를 보다 충실하게 반영하고 있다.[98] 요컨대, 원안에 대해 주주가 서면투표 등을 하였다는 것은 주주가 시간과 노력을 들여 주주총회에서 의결권을 행사한 것과 다를 바 없지만, 그가 수정동의안에 어떤 의사를 표명할지는 분명하지 않으므로 원안에 대한 서면투표 등을 차라리 수정안에 대한 기권으로 보아 결의의 성립을 저지하고 이를 통해 의사형성에 참가한 것으로 풀이하여야 한다.

제 5 절 소수주주권의 법리

Ⅰ. 소수주주권의 인정근거

주식회사는 근대로부터 경제적 생활에 있어서 중심적인 위치를 차지하고

97) 今井宏, "書面投票制度の二, 三の問題," 上柳克郎先生還暦記念「商事法の解釈と展望」(有斐閣, 1984), 84頁.
98) 前田重行, 앞의 책, 141~142頁.

있다. 주식회사에는 주식의 보유량을 기준으로 한 다수결의 원칙이 적용되는 결과 소수주주[99]가 지배주주와 마찬가지로 회사에 대하여 출자를 하여 지분을 갖는 것은 동일하지만 의사결정에 있어서 자신의 지분에 정비례하는 영향력을 행사하지 못한다.[100] 민주주의에서 합리적인 의사결정방법으로 인정되고 있는 다수결의 원칙은 다수자(majority)의 위치와 소수자(minority)의 위치가 서로 교체할 가능성(interchangeability)이 있음을 전제로 한다. 즉, 다수자와 소수자가 상호 교체 가능한 경우에야 서로의 입장이나 견해를 존중한다는 것이다.[101] 그러나 주식회사에서는 그 물적 내지 자본적 속성으로 인하여 다수자가 자신의 지분을 양도하지 않는 한 다수자와 소수자의 위치가 상호 교체되는 경우란 존재하지 않는다. 이처럼 회사지배구조에서는 다수자에게 지배력이 항구적으로 편재하는 경향이 있다.

---

99) '소액주주'는 상법상의 개념인 '소수주주'와 상호 혼용되어 일반적으로 통용되고 있다. 엄밀히 말하자면 전자는 이른바 지배주주(대주주)에 대한 경제적이고 상대적인 측면이 강하며, 후자는 '다수주주'에 대한 회계학적 개념으로서 상법, 자본시장법과 세법 등에서 흔히 사용되고 있다. 김준기, "소액주주권의 적극적인 활용에 관한 고찰," 「'소액주주 운동'… 기업감시의 새로운 시도」(소액주주 권익운동에 관한 정책 토론회 프로시딩스, 1997), 16면 각주 1). 금융감독원이 작성한 기업공시서식 작성기준에 따르면 자본시장법의 적용을 받는 공시의무자는 사업보고서의 경우 공시서류작성기준일 현재 소액주주현황을 표로 작성하여 공시하여야 한다(제8-1-3조 제1항). 이 경우 "소액주주는 발행주식총수의 100분의 1에 미달하는 주식을 소유한 주주를 말한다." 한편, 법인세법 시행령(대통령령 제29529호)은 '소액주주'를 "유가증권시장상장법인의 경우 보유하고 있는 주식의 액면금액의 합계액이 3억원에 미달하고 그 주식의 시가(기획재정부령으로 정하는 시가를 말한다)의 합계액이 100억원 미만인 주주" 및 "코스닥시장상장법인의 경우 보유하고 있는 주식의 액면금액의 합계액이 3억원에 미달하고 그 주식의 시가(기획재정부령으로 정하는 시가를 말한다)의 합계액이 100억원 미만인 주주"로 정의한다. 다만, "코스닥시장상장 전에 주식을 취득한 경우에는 해당 주식의 액면금액의 합계액이 500만원 이하인 주주와 중소기업의 주식을 코스닥시장을 통하여 양도한 주주"를 가리킨다(제161조 제4항).

100) 다수의 주주가 공동출자하여 설립한 회사의 경영은 다수결의 원칙에 따라 지배주주의 손에 달려 있다. 그리하여 본질적으로 소수주주의 출자에 연계된 지배권은 지배주주에게 이전 당한 결과 자신의 유효지분은 0(zero)이 된다. 미국에서는 지배주주와 소수주주간의 대리인 문제가 여기서 기원하는 것으로 풀이한다. Grant M. Hayden & Matthew T. Bodie, *One Share, One Vote and the False Promise of. Shareholder Homogeneity*, 30 Cardozo Law Review 445, 478(2008).

101) 민주적 정치체제는 다수자의 권리남용을 막기 위하여 행정부는 헌법에서 허용하는 범위 내에서 권리행사가 가능하고, 입법부와 행정부로부터 독립된 사법부를 두어 국민의 권리보호에 힘쓰고 있음은 주지의 사실이다. Robert B. Thompson, *Exit, Liquidity, and Majority Rule: Appraisal's Role in Corporate Law*, 84 Georgetown Law Journal, 1, 1(1995).

지배주주가 의사결정을 함에 있어 이해충돌이 있거나 자신의 개인적 이익을 주주 전체의 이익보다 우선적으로 생각할 경우에는 소수주주의 이익이 침해될 수 있다. 특히 주식회사는 다수인의 자본적인 결합으로 이루어진 단체이기 때문에 그들이 추구하는 경제적 목적도 다양할 수밖에 없어 지배주주와 소수주주 사이에 이익충돌이 발생할 가능성이 크다. 예컨대, 지배주주가 자본이득(capital gains) 및 배당소득의 극대화 이외의 목적을 추구하는 경우에는 지배주주의 이익이 소수주주의 그것과 일치한다는 보장이 없다.[102] 다른 예를 들어 보기로 하자. 지배주주이면서 회사를 직접 경영하는 소위 소유경영자(owner-manager)가 자신의 지분을 바탕으로 거액의 보수와 장기간의 고용을 보장받는 이른바 경영진참호구축(management entrenchment)을 추구하여 소수주주의 이익을 침해할 우려가 있다. 이 때문에 법률로써 소수자의 지위를 보강하지 않는다면 소수자는 각자가 보유한 지분에 비례하는 영향력을 행사할 가능성을 상실하게 된다. 특히 폐쇄회사(close corporation)의 경우 회사내부에서의 교섭력(bargaining power)은 일방에만 치우쳐 있을 뿐만 아니라 시장에서의 주식매각이 용이하지 않아 주주가 퇴사(退社)하기가 곤란하다.[103] 이러한 환경을 다소간 개선하기 위해서는 공개회사의 경우이든 폐쇄회사의 경우이든 간에 소수주주에게 지배주주에 대항할 수 있는 일종의 저항권이 보장되어야 한다. 요컨대, 소수주주가 지배주주에 비하여 열등한 교섭력을 가지고 있으므로 이를 법률로써 보강할 필요가 있다는 점에 소수주주를 보호하고 소수주주권을 인정할 당위성이 있는 것이다. 궁극적으로 소수주주의 보호는 주식회사에서의 다수결의 원리를 법윤리적으로 보충하는 제도라 할 수 있다.

Ⅱ. 소수주주권의 종류

단독주주권은 1주 이상의 주식을 소유하는 주주가 행사할 수 있는 권리이

102) 다양한 계열회사를 보유하는 기업집단의 지배주주가 각 계열사의 이익에 앞서서 기업집단 전체의 이익을 극대화하는 경영전략을 우선적으로 취하는 경우에는 개별 계열사의 소수주주의 이익이 침해당할 염려가 있다.

103) Elizabeth Pollman, *Constitutionalizing Corporate Law*, 69 Vanderbilt Law Review 639, 652(2016).

다. 위에서 언급한 바와 같이 어느 특정한 권리를 단독주주권으로 규정하는 경우에 오히려 권리가 남용되어 회사 손실이 예상된다면 차라리 소수주주권으로 입법화하는 것이 타당하다. 그리하여 상법은 주권상장법인 여부와 상관없이 발행주식총수의 일정비율 이상을 가지면 행사할 수 있는 권리인 소수주주권을 마련하고 있다.

소수주주권은 그 행사목적상 대부분 공익권이다. 주주가 경영자를 감시·감독 내지는 통제하는 데 가장 중요한 대표소송제기권(제324조, 제403조, 제467조의2 제4항)과 이사의 위법행위에 대한 유지청구권(제402조)은 발행주식 총수의 100분의 1 이상을 가진 주주가 행사할 수 있다. 3% 이상의 주식을 보유하여야 하는 소수주주권으로 주주제안권(제363조의2), 주주총회소집청구권(제366조), 집중투표청구권(제382조의2), 이사·감사의 해임청구권(제385조 제2항, 제415조), 회계장부열람권(제466조), 회사의 업무와 재산상태의 검사청구권(제467조 제1항), 청산인의 해임청구권(제539조 제2항) 등이 있으며, 10% 이상의 주식보유를 필요로 하는 소수주주권으로 회사의 해산판결청구권(제520조 제1항) 등이 있다.

한편, 상장회사에 대한 상법상 특례규정에서는 소수주주권의 지주비율을 크게 완화하는 반면에 6개월의 보유기간을 요구하고 있다. 주주총회소집청구권과 회사의 업무·재산상태조사를 위한 검사인선임청구권의 경우에는 발행주식 총수의 1,000분의 15 이상(제542조의6 제1항), 주주제안권의 경우에는 의결권 없는 주식을 제외한 발행주식 총수의 1,000분의 10 이상(제542조의6 제2항), 이사·감사·청산인의 해임청구권의 경우에는 발행주식 총수의 10,000분의 50 이상(제542조의6 제3항), 회계장부열람권의 경우에는 발행주식의 총수의 10,000분의 10 이상(제542조의6 제4항), 이사의 위법행위유지청구권의 경우에는 발행주식 총수의 10,000분의 50 이상(제542조의6 제5항),[104] 대표소송의 경우에는 발행주식 총수의 10,000분의 1 이상(제542조의6 제6항)으로 지분율 요건이 완화되어 있다.

104) 상법 시행령에 따르면 상법 제542조의6 제2항부터 제5항까지에 규정한 소수주주권의 지주비율을 최근 사업연도 말 자본금이 1천억원 이상인 상장회사의 경우에 한하여 10,000분의 5로 낮추고 있다(시행령 제32조).

Ⅲ. 소수주주권의 유형과 구체적 기능

1. 서 설

소수주주권은 내용에 따라 정보에 접근할 권리, 주주총회를 통하여 정책을 실현할 권리, 이사 또는 기타의 자의 책임을 추궁할 권리, 법원에 회사의 해산을 청구할 권리 등 4개의 유형으로 나눌 수 있다. 이 분류를 바탕으로 이하에서 소수주주권이 가지는 구체적인 기능을 간단히 살펴보기로 한다.

2. 정보접근권

정보는 주주의 권한을 효과적으로 행사함에 있어서 그 전제가 된다. 충분한 정보가 없는 경우에는 주주가 자신의 의결권을 합리적으로 사용할 수 없으며 경영자의 비행을 밝혀 낼 수 없다. 또한 경영자에 대한 소송에서 승소를 기대하기 어렵다. 이론적으로 볼 때, 회사가 정보를 개시(disclosure)하여야 하는 것은 주주와 채권자 보호를 위해 경영의 투명성을 제고하는 데 요구되는 기초적인 의무이다. 그러나 공개된 정보는 일종의 공공재이다. 그 이유는 정보를 개시한 회사는 그 정보로부터 얻을 수 있는 이익을 독점하지 못하기 때문이다.[105)] 정보를 개시한 회사가 정보개시의 이익을 배타적으로 향유하지 못하므로 그만큼 정보개시에 관한 유인이 감소될 수밖에 없다. 예컨대, 재선을 희망하는 이사는 자신에게 불리한 회사내부정보를 공개하는 것을 회피하게 된다.[106)] 그러나 회사내부의 정보에 접근하기 위해서는 상당한 비용이 든다. 따라서 정보에 대한 접근이 쉬우면 쉬울수록 경영자에 대한 감시·감독비용이 감소하게 된다.[107)]

---

105) 어느 자가 일반적인 재화를 사용하는 경우 타인이 함께 사용할 수 없다. 그러나 정보를 개시한 회사는 투자자 및 제3자가 그 정보를 이용하는 것을 막을 수가 없다. 이처럼 공공재는 거의 무상으로 복제할 수 있을 뿐만 아니라 그것을 공유한다고 하더라도 개개인이 소비하는 정보량에 영향을 미치지 않는다. Easterbrook & Fischel, *supra* note 3(Economic Structure), at 287; Roberta Romano, The Genius of American Corporate Law 91(1993).

106) 김건식, “주주간의 이해조정에 관한 시론,”「한림법학 FORUM」 제1권(한림대학교, 1992), 84면.

107) Henry G. Manne, *The “Higher Criticism” of the Modern Corporation*, 62 Columbia Law Review 399, 408(1962); Russell B. Stevenson, Jr., Corporations and Information: Secrecy, Access, and Disclosure 186(1980).

이와 같은 정보의 비대칭 상황에서 소수주주의 감시·감독기능을 강화시켜 줄 수 있는 수단이 이른바 정보접근을 위한 권리이다. 이에 속하는 소수주주권으로는 회계장부열람권 및 회사의 업무와 재산상태의 검사를 위한 검사인 선임청구권이 있다.108)

회계장부열람권은 기업의 전반적인 운영상황에 관한 정보를 획득하기 위한 것으로서 소수주주권 중에서 가장 기본이 되는 권리이다. 이 권리를 행사하려면 주주가 정보개시청구의 이유를 구체적으로 기재하고 열람 또는 등사의 대상을 구체적으로 특정하여 회계장부와 서류의 열람을 요구하여야 한다. 추가적으로 상법은 소수주주가 회사의 업무와 재산상태를 조사할 검사인의 선임을 법원에 요구할 수 있는 권한을 인정하고 있다. 즉, 회사의 업무집행에 관하여 부정행위 또는 법령이나 정관에 위반한 중대한 사실이 있음을 의심할 사유가 있는 경우에는 주주는 회사의 업무와 재산상태를 조사할 필요가 있다. 이를 위하여 법원에 대하여 검사인의 선임을 청구할 수 있다.

3. 주주총회를 통한 정책실현권

주주총회를 통하여 정책을 실현할 수 있는 소수주주권으로서는 주주총회소집청구권, 주주제안권, 집중투표청구권 등이 있다. 정관에 달리 규정하지 않는 한 이사회가 주주총회를 소집한다. 통상의 경우 이사회가 결정할 사항이다(제362조).

주주총회는 의사결정기능, 경영자에 대한 감시·감독기능,109) 정보의 개시기능,110) 그리고 주주와 경영자 사이 또는 주주간의 커뮤니케이션 기능을 수행

---

108) 재무제표열람권은 모든 주주에게 인정되는 단독주주권이다. 이사는 정기총회일의 1주 전부터 재무제표 및 그 부속명세서, 영업보고서와 감사보고서를 본점에 비치하고, 그 등본을 지점에 비치하여야 한다(제448조 제1항). 주주는 영업시간 내에는 언제든지 이를 열람할 수 있으며. 회사가 정한 비용을 지급하고 그 서류의 등본이나 초본의 교부를 청구할 수 있다. 이 권리는 회사채권자에게도 인정되고 있다(제448조 제2항).

109) Lynne L. Dallas, *The Control and Conflict of Interest Voting Systems*, 71 North Carolina Law Review 1, 38(1992).

110) 주주총회에서 주주의 의결권행사의 전제가 되는 것이 바로 정보의 개시이다. 사실 주주총회를 소집하기 위한 통지 또는 공고에서 회의의 목적사항을 기재하여야 하며(제363조 제2항), 주주총회에서 주주에 대한 경영자의 경영보고나 설명이 이루어질 수밖에 없다는 점에서 주주총회 자체에도 정보개시기능이 있음을 부인할 수 없다.

한다.[111] 이와 같은 여러 기능 때문에 오히려 이사는 주주총회의 개최를 회피하고자 하는 유인을 가지게 된다. 이러한 유인에 대한 저항의 방법으로 주주에게 주주총회소집청구권을 부여하되, 영세한 주주가 주주총회를 무익하게 소집청구를 하여 이 권한을 남용할 우려가 있기 때문에 상법과 자본시장법은 소수주주권으로 규정하고 있다.

경영자에 대한 감시·감독의 수단으로 크게 발언(voice)과 퇴출(exit)로 나눌 때 주주제안권은 전자(前者)를 위한 제도이다. 주주는 이 권한을 행사하여 주주총회의 의제로 삼을 사항을 제안할 수도 있고(의제제안권) 구체적인 의결안을 제출할 수도 있다(의안제안권). 이처럼 주주제안권은 주주총회에서 정식으로 발언을 할 기회를 부여받아 주주가 좋다고 생각하는 정책을 스스로 실현할 수 있다는 데 그 의의가 있다. 그러나 지배주주의 지지를 받는 이사회가 의제 또는 의안을 설정하는 것이 아니라는 점 때문에 현실적으로 이러한 주주제안이 지지를 받는 경우는 거의 없지만, 이론적으로 이른바 회사민주주의 또는 주주민주주의의 이념에 합치될 뿐만 아니라 주주가 경영자에 영향력을 행사하여 감시·감독하는 효과가 있다. 따라서 주주제안권을 무제한적으로 허용하는 것은 회사법의 전제가 된 소유와 경영의 분리라는 원칙을 파괴할 우려가 있어 이를 소수주주권으로 규정하고 있다.

소수주주는 정관에 달리 정하는 경우가 아니라면 회사에 대하여 집중투표의 방법으로 이사를 선임할 것을 청구할 수 있다. 집중투표제는 수인의 이사를 동시에 선임함에 있어서 1주당 선임하고자 하는 이사의 수와 같은 수만큼 복수의 의결권을 부여하고 주주는 그 의결권을 특정한 이사후보 1인에게 몰아주거나 다수의 후보에게 분산하여 행사할 수 있다. 이 제도는 대주주가 이사회의 구성원 전부를 독점적으로 선임하는 것을 방지할 수 있어 경영자에 대한 전횡을 막는 데 도움이 된다. 이처럼 집중투표제는 소수주주가 그들을 대표하는 이사의 선임을 통해 스스로의 의사를 회사의 경영에 반영할 수 있는 장치로서의 의미를 지닌다.

4. 이사 등의 책임추궁권

이사, 감사 및 청산인의 책임을 추궁할 수 있는 소수주주권으로서 이사의

111) 末永敏和, “株主總會制度論·覺書,” 「現代企業法の理論」(信山社, 1998), 329~330頁.

위법행위에 대한 유지청구권, 대표소송제기권, 이사와 감사 및 청산인의 해임청구권 등이 있다. 이사의 위법행위에 대한 유지청구권이란 이사가 법령 또는 정관에 위반한 행위를 하려고 할 때에 소수주주가 회사의 대표기관적 지위에서 회사를 위하여 당해 이사에게 그 행위를 유지하여 줄 것을 청구하는 권리를 의미한다. 이 권리는 이사의 위법행위를 미리 방지한다는 점에서 손해의 사전적(事前的) 예방수단이다.

소수주주의 대표소송은 주주가 경영자를 감시·감독하는 데 있어서 가장 핵심적인 방법이다. 대표소송이란 회사가 이사 또는 기타의 자의 책임을 추궁하는 것을 게을리할 경우 소수주주가 회사를 대표하여 그 책임을 추궁하기 위해 제기하는 소송을 말한다. 대표소송은 이미 발생한 손해의 회복을 위한 사후적(事後的) 구제수단이다. 그리하여 소수주주가 대표소송을 제기함으로써 이사로 하여금 회사에 대하여 손해배상책임을 부담하게 하고 나아가 같거나 유사한 의무위반행위가 더 이상 발생하는 것을 억제하여 이사의 성실한 업무집행을 유도하는 효과가 있다.[112] 이러한 점에서 소송을 통한 경영자에 대한 감시·감독은 결과적으로 경영자의 주주에 대한 충성심(loyalty)을 확보하는 데 기여한다.

소수주주는 이사나 감사가 직무에 관하여 부정행위 또는 법령이나 정관에 위반한 중대한 사실이 있음에도 불구하고 주주총회에서 그 해임이 부결된 때에 그 이사 또는 감사의 해임을 법원에 청구할 수 있다. 청산인이 그 업무의 집행에 있어 현저하게 부적임하거나 중대한 임무에 위반한 행위가 있는 경우에도 그 청산인의 해임을 법원에 청구할 수 있다. 현실적으로 이 제도는 주주의 정당한 이익을 보호하기 위해서는 이사나 감사, 또는 청산인을 해임하여야 함에도 불구하고 다수결의 원칙이 주주총회를 지배함에 따라 이사 또는 기타의 자의 해임결의를 성립시킬 수 없는 경우에 이용 가능하다.[113] 결국 대주주의 비호 아래 부당하게 지위를 유지하려는 이사 또는 기타의 자의 책임을 추궁을 할 수 있게 되어 소수주주의 이익보호가 가능하다.

---

112) 2 American Law Institute, Principles of Corporate Governance: Analysis and Recommendations 12(1994).

113) 대법원 1993. 4. 9. 선고 92다53583 판결.

5. 회사의 해산판결청구권

소수주주는 회사의 해산을 법원에 청구할 수 있다. 이는 미국법으로부터 유래한 제도로서 회사의 해산이라는 비상수단을 통하여 주주를 구제하자는 데 그 목적이 있다. 다만, 회사의 해산은 주식회사의 단체성과 회사유지의 정신에 비추어 신중을 기하여야 할 사안이어서 높은 지주비율을 요구하고 있다.

상법은 발행주식총수의 10% 이상을 가진 소수주주는 회사의 업무가 현저한 정돈상태(停頓狀態)에 계속적으로 처하게 되어 회복할 수 없는 손해가 생기거나 생길 염려가 있는 경우[114]와, 회사재산의 관리나 처분이 현저하게 실당(失當)하여 회사의 존립이 위태롭게 된 경우[115]에 부득이한 사유가 있다면 법원에 대하여 회사의 해산을 청구할 수 있다고 규정하고 있다. 이처럼 이 권리는 회사가 자치능력을 상실하여 회사의 존속이 주주의 이익을 해할 경우에는 법인격을 영구히 박탈하여 주주의 손실을 방지하는 것을 주된 목적으로 한다. 특히 주식의 공개적 매도가 사실상 불가능한 폐쇄회사의 경우에는 이 권리가 투하자본의 회수를 위한 최후의 수단이 된다는 점에서도 그 의의가 있다.

Ⅳ. 소수주주권의 역기능

1. 서 설

주주는 회사의 궁극적인 소유자인 위험인수자로서 회사의 업무와 경영에 참가할 수 있는 법적 지위에 있다. 이에 주주는 주주총회에서 의결권행사를 통하여 주주의 이해(利害)에 중대한 관계가 있는 사항에 관여할 수 있다. 적어도 주주가 회사경영에 직접적으로 참여하는 부분에 있어서는 회사가 대리인을 활용하지 않기 때문에 대리인 문제가 발생할 수 있는 여지가 없다.

소수주주가 자신의 권한을 행사하여 경영에 대한 감시·감독기능을 한다면 회사와 이사 간의 대리인 문제를 줄일 수 있다. 그러나 한편으로는 지배주주나

---

114) 이에 관한 예로서 회사를 경영하는 이사들 간에 반목이 생겨서 회사업무의 정상적인 집행이 계속하여 정지된 경우를 들 수 있다.

115) 이에 관한 예로서 이사가 회사의 재산을 개인적 용도로 부당하게 유용하여 처분한 결과 회사의 유지가 위태로워진 경우를 생각할 수 있다.

전문경영자의 경우와 마찬가지로 소수주주도 자신의 권리를 남용할 우려가 있다. 그 결과 회사소득의 이전(wealth transfer) 등과 같은 이익충돌의 문제를 야기할 가능성이 있다. 이하에서는 소수주주권을 남용하는 경우 회사의 정당한 경영활동이 불안하게 되고 그 결과 회사의 부를 감소시킬 수 있다는 사실을 살펴보고자 한다.

2. 회사경영의 효율성 저하

(1) 단기업적주의적 경영의 강요

상장회사의 소수주주가 투자자(investor)가 아니라 투기자(speculator)로서의 성향을 띠는 경향이 있다. 즉, 상장회사의 소수주주는 주로 적은 거래비용으로 투자금을 회수를 할 수 있어 단기거래를 통하여 주가의 차액을 추구하기도 한다.[116] 그러나 회사가 발전하기 위해서는 장기적인 투자와 연구개발비가 필요하다. 만약 이사선임·해임권을 가지는 소수주주가 경영자에 대하여 불필요할 정도로 과도한 요구를 하고, 그러한 요구로 인하여 경영권의 교체가 빈번하게 이루어지거나 경영자가 일종의 위협으로 느낀다면 경영자는 장기전략적인 투자를 포기하고 단기적인 성과를 지향하는 방향, 예컨대 단기업적주의(short-termism)적 경영행태를 나타내게 될 것이다.[117]

회사가 단기업적주의에 몰두함으로 인하여 회사가 경영실패에 이른다고 가정할 때 그 결과는 누구에게 귀속하는가? 지배주주는 경영권의 획득과 유지를 위하여 상당한 지분을 가지고 있어 회사의 경영실패가 바로 자신의 큰 손실로 이어진다. 회사의 경영실패가 있는 경우 전문경영자는 자신의 명예가 실추되어 이직(移職)이 어렵게 될 것이라는 점을 감내하여야 한다. 이에 반하여 소수

---

116) Walter Mahler, *The Growth of the Korean Capital Market*, 27 Finance and Development 41, 43(1990).

117) Mark J. Roe, *Corporate Short-Termism — In the Boardroom and in the Courtroom*, 68 Business Lawyer 977, 985(2013). 미국의 경우 주주의 압력이 오늘날 만연하고 있는 단기업적주의를 초래하고 있으며, 단기업적주의는 기업경쟁력 저하의 주된 원인으로 평가하고 있다. Michael T. Jacobs, Short-Term America: The Causes and Cures of Our Business Myopia 32(1991). 제2차 세계대전의 종결 이전의 일본에서 주주권의 주도적 행사로 인하여 회사가 단기적 이익의 추구에 몰두한 나머지 분식결산을 유발한 경우도 있었다고 한다. 小野武美, "株主主権と経営者会計行動—その順機能と逆機能—,"「会計」 第163巻 第4号(森山書店, 2003), 524頁.

주주는 문자 그대로 회사에 대한 지분이 크지 않아 회사의 경영실패로 인하여 받을 손실의 규모는 지배주주의 그것 보다 작다.

(2) 소수주주의 무책임한 행동

주식회사에서 지분율이 높은 주주와 그렇지 않은 주주 중에서 회사와 관련하여 전자가 후자보다 더 책임있게 행동한다. 예컨대, 일반적으로 지분율이 20%인 주주는 1%인 주주보다 더 많은 책임감을 부담한다. 그 이유는 위에서 살펴본 바와 같이 지분율이 높을수록 부실경영으로 인한 손실을 더 많이 감당할 수밖에 없기 때문이다. 특히 상장회사의 소수주주는 지배주주보다 익명성을 더 강하게 보장받으며 시장에서의 퇴출이 비교적 용이하다. 이 때문에 소수주주는 소유경영자보다 기회주의적 행동을 할 가능성이 크다. 즉, 소수주주는 주주 전체의 이익보다 소수주주만의 이익을 위해 권한을 행사하는 경향이 있는 것이다. 소수주주가 오로지 자신의 이익만을 위해 주주권을 행사한다고 하더라도 그러한 소수주주를 감시·감독할 주체도 없다.[118)]

(3) 위험회피적 경영행태의 출현

회사경영을 함에 있어서 위험을 완전히 배제하는 것은 가능하지 않을지라도 위험을 무조건적으로 회피하는 것이 반드시 바람직하다고 할 수 없다. 회사가 이익을 창출하기 위해서는 투자나 영업을 할 기회를 가져야 하는데, 그러한 기회에는 위험을 동반하기 마련이다. 따라서 위험을 적절하게 관리하여 회사의 가치를 증대시키는 방향으로 나가는 게 필요하다.

소수주주가 자신의 권리를 활발하게 행사함에 따라 이사가 소송을 비롯하여 다양한 방법에 의해 책임을 추궁받을 가능성이 높아졌다고 가정하자. 이 경우 이사는 책임을 부담하는 것을 스스로 염려하여 위험[119)]을 회피하는 성향을

---

118) 이러한 맥락에서 소수주주운동은 전체 주주의 이해와 충돌을 일으키지 않는 범위 내에서 이루어져야 하며 또한 정치적 동기에 의하여 전개되는 것을 막아야 한다는 주장이 제기되고 있다. 더 나아가 소수주주운동을 주도하는 주주 및 관련단체 또는 기관에 대하여도 감시나 견제장치를 마련하여야 한다는 견해도 있다. 장대홍, “주주중시 경영과 기업지배구조 개선,” 「상장협」 제39호(한국상장회사협의회, 1999), 45면.

119) 일반적으로 회사경영상의 위험은 위험요인에 따라 시장위험, 신용위험, 운영위험, 사업위험 등 다양하다. 이 중에서 운영위험(operational risk)은 설정된 목표로부터 일탈을 초래하는 위험을 의미하며, 회사의 수익에 부정적으로 영향(재무적 손실)을 미치거나 소비자의 만족을 저해하는 결과(비재무적 손실)를 야기한다. 회사의 경영자가 소송을 당할

나타낼 수 있다. 즉, 이사가 도전적이고 전략적인 의사결정을 하기보다 안정적이고 보수적인 경영에 안주할 가능성이 있다.[120] 예컨대, 회사가 매우 신중하고도 보수적인 의사결정으로 인하여 새로운 투자를 하거나 새로운 영업으로의 진출을 회피한다면 그 회사는 경쟁력의 약화를 피할 수가 없게 된다. 특히 금융기관의 경우 이사가 소송을 당하지 않기 위하여 회수의 위험이 큰 투자나 대출을 기피하게 될 것이다.[121] 은행이사는 자연스럽게 담보력이 큰 대기업에 대출하는 것을 선호하게 될 것이어서 중소기업이나 벤처기업은 자금난에 허덕이게 될 여지가 있다.

한편 회사가 소수주주의 활발한 권한행사로 인하여 경영활동이 위축되는 것은 회사의 부가가치 창출에 도움이 되지 않는다는 보아 경영활동을 진작시키기 위한 자구책을 우선적으로 강구한다고 가정하자. 이에 이사의 손해배상위험을 줄이기 위하여 책임보험에 가입하는 경우를 상정하자. 그러나 이 같은 책임보험의 보험료는 상품의 가격에 전가될 것이고, 가격의 상승은 그만큼 상품의 경쟁력을 약화시키는 작용을 한다. 상품판매량이 줄어들면 실업자 수가 증가할 것이다. 결국 소수주주의 보호라는 명분 때문에 또 다른 이해관계자인 소비자와 근로자를 희생시키는 꼴이 된다. 그 결과 사회전체적인 후생이 감소할 우려가 있다.

제6절 주주총회 결의의 하자를 다투는 소송

Ⅰ. 소의 유형

주식회사에서 주주총회는 다수의 투자자의 의사를 단일한 단체의사로 수

위험도 운영위험에 속한다. Imad A. Moosa, Operational Risk Management 198~200(2007); David Tattam, A Short Guide to Operational Risk 10(2011).

120) Lynne L. Dallas, *The New Managerialism and Diversity on Corporate Boards of Directors*, 76 Tulane Law Review 1363, 1401(2002).

121) 천성권, "이사의 감시의무와 위험관리," 「법과 정책연구」 제17집 제1호(한국법정책학회, 2017), 409면.

렴하는 기관이다. 그 결의에 있어서 내용과 절차가 적법하고 공정하여야 한다. 만약 그 결의에 절차나 내용상 하자가 있다면 주주들의 정당한 의사로 인정될 수 없어 그 효력은 부정되어야 한다. 그런데 주주총회 결의는 사단적 법률행위로서 그 성립과정에 다수인의 의사와 이해관계가 개입이 되며, 결의가 있으면 그 유효를 전제로 하여 각종의 후속행위가 이루어진다. 그러므로 주주총회 결의의 하자에 대하여 취소·무효의 일반법리를 그대로 적용한다면 사단적 법률행위의 불안정을 초래하여 다수인의 이익을 해하게 된다.[122] 이에 상법은 주주총회 결의의 효력을 부정할 원인이 되는 하자의 유형을 법정하고 그 유형에 따라 결의취소의 소(제376조), 결의무효확인의 소(제380조), 결의부존재확인의 소(제380조), 부당결의취소·변경의 소(제381조) 등 4가지를 마련하고 있다.

Ⅱ. 소의 요건

주주총회의 결의가 이루어 지는 과정에 있어서 총회소집의 절차나 결의방법이 법령과 정관에 위반된 경우와 현저하게 불공정한 때 또는 그 결의의 내용이 정관에 위반한 때에는 그 결의의 날로부터 2개월 내에 주주 이사 또는 감사는 결의취소의 소를 제기할 수 있다(제376조). 결의취소는 경미한 형식적 하자가 있는 경우에 소에 의해서만 가능하고 제소권자와 결의가 있는 날로부터 2개월로 제소기간을 한정하고 있는 점이 특징적이다.

주주총회의 결의의 내용이 법령의 강행법규에 위반하는 실질적인 하자가 있는 경우에는 그 결의에 대하여 무효확인의 소를 제기할 수 있다(상법 제380조). 이 경우 무효를 주장할 수 있는 자 및 그 시기에 관하여 아무런 제한이 없다.

결의부존재확인의 소는 주주총회의 소집방법에 총회결의가 존재한다고 볼

---

122) 이철송, 앞의 책, 607~608면. 참고로 대법원 1992. 8. 18. 선고 91다39924 판결은 "비록 주주총회의 소집절차 또는 결의방법에 중대한 하자가 있어서 법률상 유효한 주주총회의 결의가 존재하지 않았던 것과 같이 평가할 수밖에 없더라도 주주총회의 결의라는 주식회사 내부의 의사결정이 일단 존재하는 경우에는, 의사결정절차상의 하자라는 주식회사 내부의 사정을 이유로 그 주주총회의 결의를 기초로 하여 발전된 사단적인 법률관계를 일거에 무너뜨리거나 그 주주총회의 결의가 유효한 것으로 믿고 거래한 제3자가 피해를 입도록 방치하는 결과가 되어서는 부당하다"고 판시하고 있다.

수 없을 정도의 중대한 하자를 그 이유로 한다. 예컨대, 소집권이 없는 자가 총회를 소집하여 결의한 경우 등이 이에 해당된다. 이 소는 결의무효확인의 소와 함께 규정되어 있다(제380조). 이상과 같이 주주총회결의 무효확인의 소와 부존재확인의 소는 제소권자의 제한이 없으므로 그 확인에 관하여 정당한 법률상 이익이 있는 자라면 누구나 소송으로써 확인을 구할 수 있다. 다만, 제소권자와 제소기간에 아무런 제한이 없기 때문에 상대적으로 남용될 우려가 있어 "확인의 소에 있어서 확인의 이익은 원고의 권리 또는 법률상의 지위에 현존하는 불안·위험이 있고 그 불안·위험을 제거함에는 확인판결을 받는 것이 가장 유효·적절한 수단일 때에만 인정된다."[123]

이밖에 주주총회의 결의에 관하여 특별한 이해관계를 가지기 때문에 의결권을 행사할 수 없었던 특정주주가 자기에게 현저하게 부당한 결의의 취소 또는 변경을 구하는 소를 제기할 수 있다(제381조). 이는 결의취소의 소와 같이 결의가 있는 날로부터 2개월 내에 소를 제기해야 하여야 한다.

Ⅲ. 법원의 재량기각

결의취소의 소가 제기된 경우 법원이 결의의 내용, 회사의 현황과 제반사정을 고려하여 그 취소가 부적당하다고 인정하는 경우 그 청구를 인용하지 않을 수 있다(제379조). 이 같이 법원의 재량에 의한 청구기각을 허용한 취지는 "결의의 절차에 하자가 있는 경우에 결의를 취소하여도 회사 또는 주주의 이익이 되지 않든가 이미 결의가 집행되었기 때문에 이를 취소하여도 아무런 효과가 없든가 하는 때에 결의를 취소함으로써 오히려 회사에게 손해를 끼치거나 일반거래의 안전을 해치는 것을 막고 또 소의 제기로써 회사의 질서를 문란케 하는 것을 방지하려는" 데 있다.[124] 이처럼 법원의 재량기각을 허용한 것은 주주총회결의의 하자가 경미함에도 불구하고 이를 이유로 하여 기존에 이루어진 의사결정을 번복할 경우 다수 이해관계자들에게 손해를 야기할 우려가 있어 상법은 "당사자의 주장이 없더라도 법원이 직권으로 재량에 의하여 취소청구를

123) 대법원 2016. 7. 22. 선고 2015다66397 판결.

124) 대법원 1987. 9. 8. 선고 86다카2971 판결.

기각"할 수 있다고 규정하고 있는 것이다.[125)]

이상에서 살펴본 법원에 의한 재량기각은 회사운영의 효율성과 이해관계자의 이익을 조정하려는 차원에서 인정되지만[126)] 주주총회를 위법·부당하게 운영하는 것을 용인하는 결과를 초래한다는 점에서 매우 엄격한 기준에 의하여 운용되어야 한다.[127)] 따라서 결의무효나 부존재 확인의 소의 경우에는 각 소송에서 다루는 결의의 하자의 정도가 중대할 뿐만 아니라 재량기각을 통하여 존치시킬 결의가 없다는 점에서 법원의 재량기각이 인정되지 않는다. 부당결의취소·변경의 소의 경우에도 주주총회 결의의 공정성 확보를 위하여 특별이해관계인의 의결권을 배제하였지만 오히려 그 상황을 악용하여 불공정한 결의를 이끌어 낸 경우에는 이미 형성된 단체법률관계의 공익성을 인정할 필요가 없어 법원의 재량기각을 인정하지 않는다.[128)]

125) 대법원 2003. 7. 11. 선고 2001다45584 판결.

126) 전형배, "회사소송과 법원의 재량기각,"「인권과정의」Vol.459(대한변호사협회, 2016), 8면.

127) 이철송, 앞의 책, 637면.

128) 위의 책, 638~639면.

제9장

이사의 선임과 보수

제 9 장

이사의 선임과 보수

제1절 논의의 범위

주식회사는 소유와 경영의 분리로 인하여 자본단체로서의 독립성을 누린다. 주식회사는 출자자인 주주로부터 독립한 비개인적인 사단으로서 행동할 수 있는 것이다. 이 경우 회사가 주주 개인의 존재로부터 초월하고 있다는 사실은 주식회사의 영속성을 보장해 주는 기초가 된다. 거래비용 이론에 따르든 대리인이론에 따르든 간에 이사회는 주식회사의 운영기관으로서 내생적(內生的)으로 출범할 수밖에 없는 것으로 바라본다.[1)]

상법은 주주총회가 이사를 선임하고 그 선임된 이사는 회사와 위임관계에 있음을 규정하고 있다(제382조 제2항). 주주총회에서 이사회의 구성원인 이사를 선임하는 것은 주주가 가진 가장 근본적인 권한에 속한다.[2)] 민법상의 위임관계에 있는 이사는 특약이 없으면 보수를 청구할 수 없다고 보는 것이 이론적으로 타당하다. 그러나 주식회사 운영의 실제에 있어서는 보수를 지급하는 것이 통례이다. 여기서 이사의 보수는 회사로부터 받는 이사의 직무집행에 대한 대가

1) Oliver E. Williamson, The Mechanism of Governance 174~175(1996).

2) John H. Matheson & Vilena Nicolet, *Shareholder Democracy and Special Interest Governance*, 103 Minnesota Law Review 1649, 1662(2019).

를 의미한다. 본장에서는 이사의 종류와 자격, 이사의 선임방법과 이사의 보수에 관하여 살펴보고자 한다.

제 2 절 이사의 종류와 자격

Ⅰ. 이사의 종류

본래 이사는 회사를 위하여 회사의 이익을 이사회의 의사결정에 반영시키는 역할을 담당한다. 상법상 이사는 사내이사(inside director)와 사외이사(outside director)로 구분하고, 기업실무를 반영하여 추가적으로 '그 밖에 상무에 종사하지 아니하는 이사'까지 인정하고 있다(제317조 제2항 제7호). '그 밖에 상무에 종사하지 아니하는 이사'는 상업등기부에 '기타비상무이사'로 등기된다.

이사는 주주총회에서 선임되면 그가 대표이사, 업무담당이사, 사용인겸무이사, 상근이사 또는 비상근이사, 사내이사 또는 사외이사인지를 불문하고 이사로서의 법적 지위를 가진다. 이에 상법에서 '이사'라는 용어를 사용한 규정은 원칙적으로 모든 유형의 이사에 적용되는 것으로 해석하여야 한다.

회사의 상무에 종사하는지의 여부를 기준으로 하면 사내이사는 상시 회사의 일상업무를 집행하지만, 사내이사와 기타비상무이사는 그러하지 않다. 이사가 사내에서 선임되는 경우가 많다 보니 독립성이 미흡하여 이사가 대표이사에 대한 경영감독기능을 제대로 수행하기 어려운 것이 현실이다. 이에 상법은 사내이사의 결점을 보충하여 업무집행기관에 대한 감독기능을 강화하려는 목적에서 사외이사 제도를 도입하여 현재 시행하고 있다. 따라서 상법상 사외이사라 함은 독립성을 가진다는 것을 전제로 해당 회사의 상무에 종사하지 아니하면서 상법이 정한 결격사유가 없는 이사회의 구성원으로 정의된다. 상법은 사외이사에 국한하여 적용되는 규정의 경우에는 '사외이사'라는 용어를 사용하고 있다.

'그 밖에 상무에 종사하지 아니하는 이사'라 함은 상무에 종사하지 않는 이사이면서 사외이사가 아닌 자로 정의할 수 있다. 이는 종전의 기업실무에서 사외이사와 관련없이 비상근이사 등의 명칭으로 상무에 종사하지 않는 이사를 두어 왔는데, 이러한 기업실무를 상법이 수용한 것이다. 상법상 사외이사의 결격사유가 있는 이사후보가 주주총회에서 기타비상무이사로 선임되는 경향이 있다.

Ⅱ. 이사의 자격

1. 법률과 정관에 의한 제한

이사의 자격과 관련하여 상법은 아무런 제한을 두지 않고 있다. 이사의 취임에는 주주 여부, 국적, 연령, 성별 등에 의하여 제약을 받지 아니한다. 그러나 상법상 이사자격에 제약을 두지 않는다고 해서 정관에 의한 자격제한까지 금지하는 것은 아니다. 정관으로 이사의 자격을 제한하더라도 사회질서에 반하거나, 주식회사의 본질에 반하거나, 또는 주주총회의 이사선임권을 불합리하게 제한하지 않는다면 유효한 것으로 보는 것이 다수의 입장이다. 예컨대, 정관으로 이사후보자가 보유하여야 하는 주식의 수를 정하거나, 국적을 한국인으로 한정하거나, 또는 행위능력자로 제한하는 것 등은 모두 허용된다.

이사의 자격요건을 정관에 명시하는 것은 적대적 M&A에 대한 방어수단으로써 기능할 수도 있다. 예컨대, 대상회사에서 10년 이상 근무한 자 중에서 이사를 선임한다는 등 이사의 자격요건을 정관에 규정하는 경우 정관을 개정하지 않는 한 대상회사를 인수한 자가 이사 전원을 인수자측의 인사들로 구성하는 것을 방지하여 회사 경영권의 즉각적인 이전을 어렵게 할 수 있다.[3] 이처럼 회사 경영권의 장악이 쉽지 않다면 적대적 M&A를 하고자 하는 유인을 줄일 수 있다.

사외이사는 이사회의 일원으로서 중요한 의사결정에의 참가와 경영에 대한 감시업무를 담당하지만 후자의 기능이 중요하다. 이에 사외이사의 경우에는

---

3) 이사의 자격요건에 관한 규정을 정관에 두었다고 하더라도 대상회사를 인수한 자가 그 규정을 변경하거나 배제할 수 있다면 별다른 의미를 가지지 못한다. 따라서 이사의 자격에 관한 규정을 개정하는데 필요한 요건을 강화하거나 또는 당해 규정을 개정 또는 변경할 경우 새로운 규정의 효력은 이사의 임기가 자연적으로 만료된 다음에 발생한다는 식의 조문을 별도로 두는 것이 바람직하다.

회사와의 독립성을 확보하기 위한 차원에서 상법은 그 자격을 엄격하게 규정하고 있다. 상법상 사외이사가 될 수 없는 자로서는 ① 회사의 상무에 종사하는 이사·집행임원 및 피용자 또는 최근 2년 이내에 회사의 상무에 종사한 이사·감사·집행임원 및 피용자, ② 최대주주가 자연인인 경우 본인과 그 배우자 및 직계 존속·비속, ③ 최대주주가 법인인 경우 그 법인의 이사·감사·집행임원 및 피용자, ④ 이사·감사·집행임원의 배우자 및 직계 존속·비속, ⑤ 회사의 모회사 또는 자회사의 이사·감사·집행임원 및 피용자, ⑥ 회사와 거래관계 등 중요한 이해관계에 있는 법인의 이사·감사·집행임원 및 피용자, ⑦ 회사의 이사·집행임원 및 피용자가 이사·집행임원으로 있는 다른 회사의 이사·감사·집행임원 및 피용자이다. 만약 현재 사외이사인 자가 위의 ①부터 ⑦까지에 열거한 자에 해당하게 되는 경우에도 그 직을 상실한다(제382조 제3항).

상장회사의 사외이사의 경우에는 이상의 요건 이외에도 ① 미성년자, 금치산자 또는 한정치산자, ② 파산선고를 받고 복권되지 아니한 자, ③ 금고 이상의 형을 선고받고 그 집행이 끝나거나 집행이 면제된 후 2년이 지나지 아니한 자, ④ 대통령령으로 별도로 정하는 법률을 위반하여 해임되거나 면직된 후 2년이 지나지 아니한 자, ⑤ 상장회사의 주주로서 의결권 없는 주식을 제외한 발행주식총수를 기준으로 본인 및 그와 대통령령으로 정하는 특수한 관계에 있는 자(이하 '특수관계인'이라 함)가 소유하는 주식의 수가 가장 많은 경우 그 본인 및 그의 특수관계인, ⑥ 누구의 명의로 하든지 자기의 계산으로 의결권 없는 주식을 제외한 발행주식총수의 100분의 10 이상의 주식을 소유하거나 이사·집행임원·감사의 선임과 해임 등 상장회사의 주요 경영사항에 대하여 사실상의 영향력을 행사하는 주주 및 그의 배우자와 직계 존속·비속, ⑦ 그 밖에 사외이사로서의 직무를 충실하게 수행하기 곤란하거나 상장회사의 경영에 영향을 미칠 수 있는 자로서 대통령령으로 정하는 자에 해당되지 아니하여야 하며, 이에 해당하게 된 경우에는 그 직을 상실한다(제542조의8 제2항).

이상과 같이 상법이 사외이사의 결격사유에 관하여 세밀하면서도 엄격하게 규정하고 있는 것과 달리 사외이사의 전문성을 요구하는 일반조항을 찾아볼 수 없다.[4] 상법은 사외이사의 독립성만을 강조하다 보니 전문성이 경시되고

---

4) 최근 사업연도말 자산총액 2조원 이상의 상장회사에는 이사회내 위원회의 일종으로서 감

있는 것이다. 이 때문에 전문성없는 사외이사가 다른 이사를 효율적으로 감시할 수 있을지에 대해서는 회의적이다. 따라서 '사내이사에 대한 감시'라는 사외이사의 주된 역할을 제대로 수행할 수 있을지가 분명하지 않다는 것이다.

2. 자격주

정관에 이사가 가질 주식의 수를 정하고 있는 경우 이사로 취임하기 위해서는 그 주식수를 보유하여야 한다(제387조). 이 경우 그러한 주식을 보유하는 것이 이사의 취임요건에 해당하므로 이를 자격주라 한다. 자격주 제도를 두는 가장 주된 이유는 이사가 자격주에 해당하는 주식을 보유함으로 인하여 그 부분에 있어서는 소유와 경영의 일치를 지향하는 데 있다. 이사가 주주의 지위를 함께 가진 채 회사경영을 담당하면 이사가 회사의 경제적 소유자이면서 회사의 대리인이라는 지위를 둘 다 가지기 때문에 대리인 문제가 발생할 수 있는 여지가 줄어든다. 요컨대, 자격주 요건으로 말미암아 이사는 회사의 업무에 밀접한 이해관계를 가지게 되어 업무집행에 보다 만전을 기할 것이라는 기대를 하게 되는 것이다.[5] 그러나 자격주는 이사의 피선자격을 의미하는 것은 아니기 때문에 이사가 그 취임과 함께 정관소정의 주식을 취득하는 것도 가능하다. 이러한 자격주는 이사직의 유지에도 필요하며, 만약에 자격주 요건을 충족하지 못한 경우에는 이사로서의 지위를 상실한다.[6]

정관으로 자격주의 공탁의무를 면제하거나 공탁방법을 정할 수 있지만, 이와 같은 규정이 없는 경우에는 감사에게 공탁하여야 한다. 공탁의무를 부과하는 것은 이사가 소유하는 주식을 회사에 대한 보증금으로 간주하여 이사직에 있는 동안 양도하지 못하도록 하는 데 그 목적이 있다. 결과적으로는 사실상 회

사위원회를 설치하여야 한다. 그 경우에 감사위원회 대표는 사외이사이어야 하며, 그 위원 중 1명 이상은 회계 또는 재무전문가이어야 한다(제542조의 11 제2항 1호). 상법시행령 제37조 제2항은 회계 또는 재무전문가의 요건을 자세히 규정하고 있다. 이처럼 일정한 규모 이상의 상장회사 감사위원회의 대표에 한하여 예외적으로 독립성과 전문성 요건을 함께 규정하고 있다.

5) James R. Booth, Marcia M. Cornett & Hassan Tehranian, *Boards of Directors, Ownership, and Regulation*, 26 Journal of Banking & Finance 1973, 1976(2002).

6) 김상규, "사외이사의 선·해임에 관한 소고."「법학논총」 제23집 제2호(한양대학교, 2006), 7면.

사가 감사를 통하여 그 주식을 보관하는 것이다.

일반회사의 경우 정관에 자격주의 수를 과도하게 정한다면 이는 대주주만이 이사가 될 수 있게 한 것이어서 소수주주의 이익을 제대로 보호할 수 없으므로 그러한 정관규정을 무효로 보아야 한다. 예컨대, 회사가 정관에 대량의 주식보유를 이사취임의 요건으로 정하고 있다면 이사후보자는 대주주로 한정될 수밖에 없어 소수주주들은 자신의 의사를 대변할 이사를 집중투표의 방식으로라도 선임하는 것이 사실상 불가능하게 된다. 이는 일종의 소수주주에 대한 억압으로 간주될 수 있다. 따라서 그러한 정관은 소유와 경영의 분리를 통한 기관의 분화라는 상법의 이념과 배치되므로 수용할 수 없다.[7] 요컨대, 정관에 상당한 규모의 자격주를 요구하는 것이 소수주주에 대한 강력한 억압에 해당되어 민법상 반사회질서의 법률행위(민법 제103조)를 구성한다면 이를 무효로 보아야 한다.

제 3 절 이사선임의 방법: 집중투표제

Ⅰ. 총 설

상법상 이사선임의 방법은 회사설립시와 설립 후로 나누어 살펴보아야 한다. 회사를 발기설립하는 경우에는 발기인이 의결권의 과반수로 이사를 호선(互選)하고(제296조), 모집설립하는 경우에는 창립총회에서 주식인수인의 의결권의 3분의 2 이상이며 인수된 주식의 총수의 과반수에 해당하는 다수로 이사를 선임한다(제309조, 제312조).

회사가 성립한 이후에 주주총회에서 이사를 선임하는 방법에는 단순투표제(straight voting)[8]와 집중투표제(cumulative voting)[9]가 있다. 회사가 설립된 후

---

7) 서헌제, 「사례중심체계 회사법」(법문사, 2000), 353면.

8) 단순투표제는 이사선임에 있어서 통상적인 방식(ordinary system)이라는 점에서 '일반투표제'라고도 한다.

9) 집중투표(제)라는 용어는 영미의 cumulative voting을 번역한 것이다. 1998년 상법개정안이 국회에 제출될 때까지만 해도 학계에서는 cumulative의 뜻에 충실하여 '누적'투표제로

에는 주주총회에서 보통결의에 의하여 이사를 선임한다. 그러므로 주주총회에서의 이사 선임에는 출석한 주주의 과반수의 찬성과 발행주식총수의 4분의 1 이상의 찬성이 요구된다(제368조 제1항). 이러한 이사선임결의의 요건은 정관의 규정에 의하여 완화할 수 없으며, 정관이나 주주총회의 결의로써 다른 기관에 위임할 수 없다.

집중투표제는 1998년 상법에 새롭게 도입되었다. 상장회사에 대한 특례는 상법 제542조의7에 규정되어 있다. 이하에서는 집중투표제의 개념과 장단점에 관한 논의로 시작하여 한국 회사법에서의 집중투표제를 살펴보기로 한다.

Ⅱ. 집중투표제의 개념

1. 집중투표제의 의의

단순투표제에 의하여 이사를 선출하는 경우 각 주주는 자신이 보유한 주식의 수 만큼의 의결권을 자신이 원하는 후보에 대해서 행사할 수 있다. 예컨대, 의결권 있는 주식을 총 100주 발행한 어느 주식회사에서 정관에 의해 3인의 이사를 선임한다고 가정하자. 그 회사의 주주 甲이 51주를, 주주 乙이 49주를 보유하고 있어 甲은 후보 A, B, C에게, 乙은 후보 D, E, F에게 투표한다면 甲의 지지를 얻은 후보 3명이 이사로 선임된다. 이처럼 단순투표제하에서 이사를 선임함에 있어서는 51%의 지분을 가진 주주, 즉 제1대주주가 자신이 원하는 이사 전원을 항상 선임하는 이른바 다수자독식원칙(the winner-take-all tendency)이 지배한다.[10] 즉, 단순투표제에 방식으로 이사를 선임하는 경우에는 늘 다수파가 이사선임과정을 지배하게 되어 소수파 주주는 자신의 이익을 대표할 이사를 선임하기란 매우 어렵다. 이처럼 단순투표제에서의 이사선임은 대주주의 의사에 의하여 좌우되므로, 결국 소수주주는 이사선임에 있어서 자신이 보유하는 주식의 수에 비례하는 영향력(voice)을 행사할 수 없다.

번역되었으나 소위원회의 심사과정에서 '누적'이라는 표현이 생경하다고 하여 '집중'투표제로 변경된 바 있다.

10) Frank H. Easterbrook & Daniel Fischel, *Close Corporations and Agency Costs*, 38 Stanford Law Review 271, 274(1986).

집중투표제는 단순투표제의 문제점을 극복하기 위한 대안으로 이해되고 있다.[11] 따라서 집중투표제하에서 "2인 이상의 이사를 선임하는 경우에 각 주주가 1주마다 선임할 이사의 수와 동일한 수의 의결권을 가지고 이를 이사 후보자 1인 또는 수인에게 집중하여 투표"할 수 있다.[12] 집중투표제에서의 1주에 대해서는 선임할 이사의 수만큼의 의결권이 부여되는 것이다. 가령 후보 4인 중에 3인의 이사를 선임하는 경우 의결권 있는 발행주식총수 100주 중에 51주를 가진 甲은 51주×3인=153개의 의결권을, 그리고 49주를 가진 乙은 49주×3인=147개의 의결권을 가진다.[13] 만약 甲이 자기의 의결권을 후보 A와 B에게 각각 77개 및 76개씩 나누어 행사하는 반면에 乙이 후보 D에 대하여 의결권 전부 또는 적어도 78개 이상을 투표한다면 乙은 소수주주의 위치에서 1인의 이사를 확실하게 선임할 수 있다. 만약 甲이 후보 A, B, C를 이사로 선임하기 위해서 3후보에 대하여 각 51개의 의결권을 행사하고, 乙이 후보 D와 E에 대하여 77개 및 70개의 의결권을 투표한다면 乙은 다득표 순에 따라 무려 2인의 이사를 선임할 수도 있다. 이상과 같이 소수주주가 의결권을 아껴 두었다가 특정한 이사후보자에 집중적으로 행사함으로써 그가 지지하는 후보를 이사로 선임할 수 있는 제도인 것이다. 이에 소수파 주주는 집중투표를 통해 다수파 주주에 의한 이사회의 장악을 견제할 수 있다.

2. 집중투표제 관련 공식

집중투표제하에서 일정한 수의 이사를 선임하는 데 필요한 주식의 수(X)를 산정하기 위한 공식으로 널리 알려진 것은 다음과 같다.[14] 이 공식은 소수점 이하를 절사하는 것을 전제로 한다.

---

11) John F. Coyle, *Altering Rules, Cumulative Voting, and Venture Capital*, 2016 Utah Law Review 595, 597~598(2016).

12) 대법원 2017. 1. 12. 선고 2016다217741 판결.

13) R. Franklin Balotti & Jesse A. Finkelstein, The Delaware Law of Corporations & Business Organizations: Statutory Deskbook 190(2011 ed. 2011).

14) Amihai Glazer et al., *Cumulative Voting in Corporate Elections: Introducing Strategy into the Equation*, 35 South Carolina Law Review 295, 298(1984).

$$X=(A\times C)\div(B+1)+1$$

A : 의결권 있는 발행주식의 총수
B : 주주총회에서 선임될 이사의 총수
C : 당해 주주가 선임하기 원하는 이사의 수

이 공식을 C를 중심으로 변형하면 $C=(X-1)\times(B+1)\div A$가 된다. 때문에 위의 예에서 발행주식 100주 중에서 49주를 가진 乙은 전체 3명 중에서 최대 2명을 선임할 수 있다. 이처럼 이사회 구성원의 과반수가 소수주주에 의해 선임될 가능성이 있다. 이 공식에서 알 수 있듯이 소수주주가 선임할 수 있는 이사의 수는 주주총회에서 선임할 이사의 총수가 클수록 커지며 발행주식총수가 클수록 작아진다.[15)]

어느 특정한 후보가 주주의 의결권행사 동향에 상관없이 무조건적으로 이사로 선임될 수 있는 최저찬성득표율(threshold of exclusion: TE)을 산정하는 공식은 다음과 같다.

$$TE=1/(B+1)$$

B : 주주총회에서 선임될 이사의 총수

이 공식에 따를 경우 총 100주를 발행한 주식회사에서 3인의 이사를 집중투표방식으로 선임하는 경우에 어느 특정한 후보가 이사가 되기 위해서는 주주총회에서 적어도 총 의결권의 25%를 획득하여야 한다. 즉, 소수주주는 자신이 원하는 어느 특정 후보에 대하여 75개 이상의 의결권을 던져야만 그를 이사로 선임할 수 있다.[16)] 이처럼 선임될 이사의 수가 많을수록 소수주주가 1명 이상의 이사를 선임할 수 있는 가능성도 높아진다.

---

15) 김정호/박양균, 「집중투표제의 경제학」(자유기업센터, 1999), 27면.
16) Steven J. Mulroy, *Alternative Ways Out: A Remedial Road Map for the Use of Alternative Electoral Systems as Voting Rights Act Remedies*, 77 North Carolina Law Review 1867, 1880(1999).

Ⅲ. 상법상 집중투표제

1. 집중투표제 도입의 배경

1997년말 한국 경제가 국제통화기금(International Monetary Fund: IMF)으로부터 구제금융(bailout)을 지원받아야 하는 상황에 처하면서 한국 기업의 지배구조에 관한 총체적인 개선이 요구되었다. 즉, 1960년대 이후부터 계속하여 한국 기업의 규모가 외형적으로 크게 성장하였음에도 불구하고 기업경영의 투명성은 뒤떨어져 있었으며, 대주주 내지 지배주주, 또는 그의 가족(이하 '대주주'로 줄임) 중심으로 이루어지는 기업의 지배구조는 후진성을 떨쳐버릴 수 없었다. 이에 정부는 대주주에 의하여 이사회가 사실상 독점되는 문제점을 시정하고 소수주주의 이익과 경영상의 투명성을 제고하고자 미국법과 일본법을 모델로 삼아 집중투표제의 도입을 시도하였다.[17] 1998년 상법개정 당시 집중투표제의 도입 여부와 관련하여 찬성과 반대로 심각하게 나누어졌지만, 진통 끝에 완화된 형태로 이 제도를 도입하는 것으로 결말을 맺었다.[18]

2. 집중투표제 도입의 취지

단순투표제에 대비되는 이사선임방식인 집중투표제를 도입한 것은 집중투표를 통해 소수자가 자신의 이익을 옹호하고 대변할 수 있는 후보를 이사로 선임함으로써 오로지 다수자에 의한 이사선임을 지양하고 소수자가 회사의 의사결정에 영향력을 미칠 수 있도록 하기 위한 것이다. 예컨대, 기관투자자처럼 상당한 규모의 주식을 가진 주주들이 집중투표제를 통해 이사회를 구성할 이사를 선임한다고 가정할 때 그 이사는 회사의 내부정보에 용이하게 접근할 수 있어 다른 이사의 의무위반행위를 효과적으로 감시·감독할 지위를 가질 수 있다.[19]

---

17) 정부가 제출한 상법개정안에서 임승관 국회전문위원은 "누적투표제도는 상법상 자본다수결원칙이 적용되는 결과, 이사의 선임이 지배주주의 일방적인 의사에 따라 이루어지고 있는 실정에서 이사회가 주주전체의 이익보다 지배주주의 이익을 위하여 행동하고 있으므로 이사선임에 있어 소수주주의 의사가 반영되도록 하여 소수주주의 이익과 기업경영의 투명성을 유도하고자 하는 점"에서 집중투표제의 도입이 필요하다는 의견을 제시하였다.

18) 김성탁, "대주주의 이사선임 독점현상을 시정하기 위한 제도모색 – 집중투표제의 실효성 제고방안을 중심으로 –,"「상사법연구」 제20권 제3호(한국상사법학회, 2001), 249면.

19) Jeffrey N. Gordon, *Institutions as Relational Investors: A New Look at Cumulative Voting,*

3. 상법상 집중투표제의 주요 특징

(1) 정관에 의한 배제 가능

1998년 개정 상법은 제382조의2에서 집중투표제 실시요구권을 소수주주권으로 규정하고 있다. 2인 이상의 이사의 선임을 목적으로 하는 주주총회의 소집이 있는 때에 의결권없는 주식을 제외한 발행주식총수의 3% 이상의 주식을 가진 주주는 정관에서 달리 정하는 경우가 아니라면 회사에 대하여 집중투표의 방법으로 이사를 선임할 것을 청구할 수 있다(제382조의2 제1항). 이처럼 상법은 집중투표제를 도입함에 있어 이 제도의 채택 여부를 회사의 자율적인 결정 내지 자치에 위임한 것이 아니라, 이른바 opt-out 방식을 채택하여 집중투표제를 원칙으로 인정하되 정관에 의하여 배제할 수 있는 입장을 취하고 있다. 만약 회사가 정관으로 배제하지 않는다면 집중투표제를 채택한 것으로 의제된다.[20]

최근 사업연도 말 현재의 자산총액이 2조원 이상인 상장회사의 의결권 없는 주식을 제외한 발행주식총수의 100분의 1 이상에 해당하는 주식을 보유한 자는 집중투표의 방법으로 이사를 선임할 것을 청구할 수 있다(제542조의7 제2항). 물론 위의 상장회사가 정관으로 집중투표제의 채택을 배제할 수 있다.[21] 다만, 상장회사가 정관으로 집중투표를 배제하려는 경우에는 의결권 없는 주식을 제외한 발행주식총수의 100분의 3을 초과하는 수의 주식을 가진 주주는 그 초과하는 주식에 관하여 의결권을 행사하지 못한다. 이 경우 정관에서 이보다 낮은 주식 보유비율을 정할 수는 있다(제542조의7 제3항).

(2) 다득표순으로 선임

집중투표제는 이사 선임에만 투표의 방법으로 사용할 수 있기 때문에 감사 선임시에는 활용할 수 없다. 집중투표의 방법으로 이사를 선임하는 경우에는 투표의 최다수를 얻은 자부터 순차적으로 이사에 선임된다(제382조의2 제4항). 현행 상법상 집중투표제에서는 득표를 많이 받은 자부터 차례로 이사로 선임되므로 극소수의 표를 얻고도 이사로 선임될 여지가 있어 오히려 대표성에 문제

---

94 Columbia Law Review 124, 142(1994).

20) 서울고등법원 2010. 11. 15.자 2010라1065 결정.

21) 주식회사가 정관에 의하여 집중투표제를 배제하기 위해서는 주주총회에서의 특별결의가 있어야 한다(제433조, 제434조).

가 야기될 여지가 있다.

구체적으로 예를 들어보기로 한다. 어느 한 회사에서 제1대주주 甲이 40%를 보유하고 있고, 다른 주주 乙과 丙이 각 39%, 21%를 가지고 있는 상태에서 집중투표의 방법으로 5명의 후보 중 2명을 이사로 선임한다고 가정하자. 甲, 乙, 丙은 각 80개, 78개, 42개의 의결권을 가지게 된다. 만약 甲, 乙, 丙 모두가 투표를 전략적으로 하는 과정에서 甲은 자신이 원하는 후보 1명 이상을 이사로 뽑겠다는 의도로 후보 A에게 79표를 투표하고 나머지 1표를 후보 B에게 투표하였는데, 공교롭게도 乙과 丙도 모두 후보 A에게만 투표하였다고 하자. 이 경우 5인의 후보 중 다득표순으로 199표를 받은 후보 A와 1표를 받은 후보 B가 이사로 선임된다. 하지만 A와 B가 이사회의 구성원인 이사인 것은 분명하지만 득표수의 차이가 무려 198표나 나는 것은 권한행사의 정당성 확보차원에서 논란이 발생할 수 있다. 단순투표제하에서는 이사선임을 위하여 발행주식총수의 4분의 1 이상의 찬성이 있어야 하는 반면에 집중투표하에서는 1표를 얻어도 이사로 선임될 가능성을 남겨두고 있다는 것 자체가 문제라는 것이다.[22]

(3) 집중투표제의 무력화 여지

현행 상법상 집중투표제가 무력화될 여지가 있다. 이를 좀 더 구체적으로 살펴보기로 한다. 상법은 '2인 이상의 이사의 선임을 목적으로 하는' 경우에 집중투표제를 활용할 수 있다. 이처럼 상법은 복수의 이사선임을 요건으로 할 뿐이어서 후보자의 수와 선임할 이사의 수를 동일하게 하더라도 법률위반으로 볼 수 없다. 만약 정관에 이사를 집중투표제에 의하여 선출하는 규정이 있다고 하더라도 후보자의 수와 선임할 이사의 수가 동일하다면 경선이 필요없게 되어 집중투표제를 채택한 의미가 상실된다.

---

22) 상법 제368조 제1항은 주주총회의 결의는 '이 법 또는 정관에 다른 정함이 있는 경우'가 아니라면 보통결의에 의할 것을 규정하고 있다. 상법 제382조의2 제4항에서 "투표의 최다수를 얻은 자부터 순차적으로 이사에 선임되는 것"은 상법 제368조 제1항 '상법에 다른 정함이 있는 경우'에 해당한다.

Ⅳ. 집중투표제의 장단점

1. 장 점

(1) 소수주주의 발언권 강화

회사가 대주주의 황제적·독단적 지배로부터 벗어나고 회사경영에 대한 다양한 이해관계자의 이해가 반영되기 위해서는 대주주로부터 독립한 이사(independent director)의 선임이 필수적이다. 집중투표제는 소수주주에게 자신을 대표할 수 있는 이사를 선임할 수 있는 길을 터주는 방법이다.[23] 따라서 집중투표제는 최대주주는 아닐지라도 기관투자자와 같은 상당한 규모의 주식을 보유한 주주가 이사회에서 발언권을 확보할 가능성을 높인다. 이처럼 집중투표제를 통해 소수주주가 이사를 선임함으로써 대주주의 전횡을 방지하고 소수주주의 권익을 보호하며 더 나아가 기업경영의 투명성을 확보하는 데 기여할 수 있는 것이다.

집중투표제의 실효성을 높이기 위해서는 이 제도의 시행과 아울러 시차임기제(staggered terms)의 도입을 금하여야 한다.[24] 시차임기제는 소수주주가 이사를 선임할 기회를 감소시켜 집중투표제를 무력화시킬 수 있는 방안이기 때문이다. 본래 시차임기제도는 이사 전원이 동시에 퇴임하는 것을 피하여 경영의 계속성(consistency)을 확보하는데 그 목적이 있다. 이사의 시차임기제는 선출시기를 달리함으로써 1회에 선임될 이사의 수가 줄어들게 된다. 특히 1인의 이사를 선임하는 경우에는 집중투표제를 활용할 수 없다.[25]

(2) 사표의 방지

주식회사가 대주주의 지배하에 놓이면 소수주주는 자신의 출자에 연계된 공익권의 실효성을 사실상 확보하지 못하게 된다. 왜냐하면 다수가 전체를 독식하는 지배구조에 따라 소수주주는 의사결정에 있어서 자신의 지분에 정비례하는 영향력을 행사할 수 없기 때문이다. 하지만 집중투표제는 이사선임에 있

23) Ralph Nader, The Ralph Nader Reader 122(2000).

24) Robert P. Bartlett, III, *Shareholder Wealth Maximization as Means to an End*, 38 Seattle University Law Review 255, 287(2015). 현행 상법에서는 이사의 임기는 3년을 초과하지 않는 범위 내에서(제383조 제2항) 회사가 자율적으로 정관 또는 주주총회의 결의로 정할 수 있으므로, 시차임기제를 시행하는 것은 가능하다.

25) 서울고등법원 2010. 11. 15.자 2010라1065 결정.

어서 주주의 의사를 보다 정확하게 반영하는 수단으로서 의의가 있다. 다시 말하자면, 단순투표제하에서는 51%를 가진 주주가 이사 전원을 선임할 수 있으므로 나머지 49%에 해당하는 주식은 이사선임과 관련해서는 의미가 없다. 이 경우 대주주에 의해 선임된 이사는 50%를 간신히 넘긴 정도의 대표성을 가질 뿐이고 나머지 49%의 의결권은 사표(死票)가 된다. 이러한 상황은 집중투표제를 채택함으로써 극복할 수 있다.

집중투표를 통해 특정한 이사후보에 표를 몰아줌으로써 소수파 주주는 자신을 대표할 이사를 선임할 수 있지만 각 주주가 자신의 의결권을 어느 정도로 분산과 집중할 것인지를 예측할 수 없다. 어느 한쪽에 몰아 줄 수 있어 누구에게 돌아갈 것인지를 알 수 없는 것이다. 이 때문에 대주주들이 이사선임에 있어서 예측가능성을 확보하기 위해서는 서로간의 장외협상(場外協商)을 통하여 일정한 몫을 사전에 할당받는 것이 더 효과적일 수 있다. 요컨대, 사실상 제2, 제3의 대주주와 제1 대주주 사이에는 이사선임에 있어서 서로 경쟁하는 것보다는 상호간의 협상을 통해 합의점을 도출하는 것이 오히려 거래비용이 적게 들 수도 있다. 이처럼 집중투표제를 채택하면 대주주와 소수주주 간의 협의가 원활하게 이루어질 수 있게 됨으로써[26] 오히려 이사회의 독립성을 높이는 데 기여할 수 있는 것이다.

(3) 소규모 폐쇄회사에서 유용

집중투표제는 소규모 폐쇄회사에서 매우 의미 있는 제도이다. 집중투표제는 태생적으로 회사운영의 편의성과 효율성을 제고하기 위하여 고안된 것이 아니라 처음부터 소수에 의한 경영참가가능성을 높이는 것을 목적으로 한다는 점에서 주주의 수가 적고 주주 상호간에 인적 신뢰관계가 있으며 주주가 이사 또는 사용인으로서 회사경영에 직접 참여하여 이익배당뿐만 아니라 자신의 노력제공에 대한 보수 또는 급료를 받을 수 있는 폐쇄회사의 경우에 효과적이다.

폐쇄회사의 주주는 시장에서의 주식매각이라는 퇴출방법(exit option)이 허용되지 않으며 회사내부에서의 교섭력(bargaining power)은 일방에만 치우쳐져 있다. 이러한 환경을 다소간 개선하기 위해서는 폐쇄회사의 소수주주가 회사경

26) Rivka Weill, *Declassifying the Classified*, 31 Delaware Journal of Corporate Law 891, 931(2006).

영에 직접적인 참여를 지속할 수 있는 길이 열려 있어야 한다. 폐쇄회사에서는 소수주주가 지분율에 따라 스스로를 이사로 선임할 수 있도록 하기 위해서는 집중투표제를 시행하는 것이 유용한 것이다.[27] 말하자면, 주주 대부분이 경영에 직접 참여하는 폐쇄회사에서 다수파 주주가 소수파 주주를 포용하여 회사경영에 대한 참여를 유도하고자 할 경우 이 제도가 실효성이 있다.[28]

2. 단 점

(1) 다수결의 원칙에 반함

주식회사가 자발적으로 집중투표제를 채택하고 이를 시행하는 것은 기업의 자율적인 의사 내지 자치적 범주에 속하는 것이어서 수인할 수 있다. 그러나 집중투표제를 법에 의하여 의무화하는 것은 다수결의 원칙과 관련하여 다음과 같은 문제점을 야기한다.

첫째, 민주주의에서 다수는 소수에게 자신의 지위를 넘겨 줄 준비를 항상 하고 있다. 그렇지만 인위적으로 다수로 하여금 소수에게 지위를 이전시키는 것은 바람직하지 못하다. 또한 소수가 소수의 지위에 머무르고 있으면서도 특정한 사항에 관해서 다수의 지위를 차지하는 것도 옳지 않다. 그 이유는 민주주의에서는 다수는 그 지위에 연계된 무거운 책임을 부담하기 때문이다. 따라서 소수주주가 기교적인 방법으로 대주주보다 다수의 이사를 선임하여 이사회를 지배하고 회사의 경영권을 차지하는 경우 그 지위와 책임 사이에서는 정비례 관계가 성립되지 않는다는 점은 집중투표제가 다수결의 원칙, 더 나아가 민주주의와 양립되기 어렵다는 것을 시사한다.[29]

둘째, 소수의 존재는 다수가 있음으로서 그 가치가 있다. 다수가 존재하지 않으면 소수는 의미가 없다. 민주주의에서 다수는 소수의 지위를 보호하고 배

---

27) 미국 공개기업이 집중투표제를 채택한 경우가 줄고 있다는 사실은 집중투표제가 폐쇄회사에 유용한 도구라는 것을 시사한다. 김성탁, "대주주의 이사선임 독점현상을 시정하기 위한 제도모색 – 집중투표제의 실효성 제고방안을 중심으로 –,"「상사법연구」제20권 제3호(한국상사법학회, 2001),

28) Herbert F. Sturdy, *Mandatory Cumulative Voting: An Anachronism*, 16 Business Lawyer 550, 557~558(1961).

29) Cally Jordan, *The Conundrum of Corporate Governance*, 30 Brooklyn Journal of International Law 983, 1019(2005).

려할 뿐이지 소수가 다수를 극복하고 다수 위에 군림하는 것을 용인할 수 없다. 이 때문에 법률이 소수주주에게 다양한 권한을 인정하여 그 지위를 보강한다고 해도 그것에는 일정한 한계가 있다. 이러한 한계 중에서 가장 중요한 것으로 주식회사에서 최종적인 의사결정은 다수에 의해 이루어져야 한다는 점을 들 수 있다. 예컨대, 소수에게 토론과정에서 의견을 개진할 기회를 부여하고, 다수는 그 의견에 대하여 경청하고 수렴하여 이를 정책에 반영하여야 한다. 물론 토론과정에서 다수는 소수를 이해시키도록 노력하여야 한다. 그러나 소수의 보호가 다수결의 원칙이 추구하고자 하는 목적의 전부는 아니다. 다수결의 원칙은 문자 그대로 최종적인 의사결정은 다수에 따른다는 것을 근본이념으로 한다. 즉, 다수결의 원칙은 다수에 의하여 결정된 의사를 전체의 의사로 인정하며 소수도 이를 흔쾌히 승복할 것을 전제로 한다. 그러나 만약 현행 상법의 규정을 개정하여 집중투표제를 의무화한다면 일정규모 이상의 상장회사 등은 경우에 따라 대주주가 이사회 의석 과반수를 확보할 수 없는 결과를 초래할 수 있어 결과적으로 소수주주들이 사실상 대주주의 의사를 사실상 배제하고 회사운영을 좌우할 수 있게 된다.[30] 이처럼 소수의 의사가 회사의 최종적인 의사로 되는 것은 다수결의 원칙이 큰 기둥으로 자리 잡고 있는 주주민주주의 이념과 갈등을 낳는다.

(2) 이사회의 고유기능과의 충돌

이사회의 구성원인 이사는 주주의 가치를 제고하는 역할을 수행하여야 한다. 이 때문에 특정한 이해관계집단의 이익을 대변하는 자를 이사회의 구성원으로 참가시키는 것은 바람직하지 않다. 예컨대, 대주주와 대척점에 있는 소수주주만을 대변할 사람을 이사회에 참가시키는 것은 적당하지 않다. 이사회는 다양한 이해관계집단의 대변자가 모여 각 집단의 이익을 조정하는 기관이 아니라, 주주 전체의 이익을 보호하는 자리이다.

상법은 주주총회라는 기관을 두어 대주주와 소수주주 간의 이익을 조정하는 자리를 마련하고 있다. 그러므로 주식회사에서 대주주와 소수주주 사이의 대립은 주주총회에서 해결하여야 하므로 이를 회사의 의사를 결정하는 이사회에까지 연장시킬 것은 아니다. 요컨대, 집중투표제를 통해 소수주주만을 대변하

30) Charles W. Steadman & George D. Gibson, *Should Cumulative Voting for Directors Be Mandatory – A Debate*, 11 Business Lawyer 9, 18(1955).

는 이사를 선임하는 것은 이사회의 기능에 비추어 유익한 제도는 아니다.

(3) 이사회 내 갈등으로 인한 경영효율성 저하

이사회는 이사들 상호간의 응집성(cohesiveness)을 바탕으로 신뢰하고 협력하여 의사결정을 하여야 한다.[31] 이사는 이사회의 구성원으로서 주주 전체를 위하여 회사를 경영하여야 한다. 그러나 집중투표제에 의하여 선임된 이사는 아무래도 자신을 선임하여 준 자의 이익을 주주 전체의 이익보다 우선하여 생각하게 될 것이다.[32] 그 결과 소수주주를 대표하는 이사는 대주주에 의하여 선임된 이사와 함께 이사회를 구성하지만 이들 사이에는 이익의 충돌이 발생할 우려가 제기된다. 즉, 집중투표제는 이사회 구성원을 이질화시키고 이사들로 하여금 당파적 행동을 하도록 하는 유인을 제공할 수 있으며, 결국 이로 인하여 시의적절하고 과감한 의사결정을 지연 또는 방해받을 염려가 있다.[33] 의사결정이 지연되면 기업이 설령 위험이 있더라도 수익창출이 유망한 분야로 신규로 진출하는 것이 어려워지게 될 것이므로 이는 기업경쟁력의 약화를 초래할 것으로 보인다. 이 때문에 집중투표제에 의하여 구성된 이사회는 단순투표제를 통해 구성된 이사회보다 비효율적이라는 평가가 있는 것이다.[34]

(4) 소수주주의 무책임한 행동의 가능성

단순투표제에 의하여 이사를 선임하는 경우에는 회사의 주된 이해관계자인 까닭에 많은 책임감을 부담하는 주주(대주주)가 선임하는 자가 이사가 되지만, 집중투표제에서는 무책임한 소수주주가 이사를 선임할 수 있는 길이 열려 있다. 그리하여 소수주주는 이사선임에 있어 주주 전체의 이익을 위해 적극적

---

31) Robert J. Haft, *Business Decisions by the New Board: Behavioral Science and Corporate Law*, 80 Michigan Law Review, 1, 22~24(1981).

32) 만약 소수주주의 집중투표를 통해 선임된 이사가 자신을 선임해 준 소수주주의 이익을 위한다는 것이 정당화될 수 있다면 "대주주로부터 표를 얻어 선임된 이사가 대주주의 이익을 대변하는 것이 왜 문제가 되는가?" 하는 의문도 제기될 수 있다.

33) 민주주의는 나름대로 장점을 가지기는 하나 기업이 고대 아테네 민주주의를 실현하기에는 적당하지 않다. 왜냐하면 의사결정의 지연처럼 그 민주주의의 이행에는 고유한 비용을 치러야 하기 때문이다.

34) Bernard Black & Reinier Kraakman, *A Self-Enforcing Model of Corporate Law*, 109 Harvard Law Review 1911, 1949(1996). 미국에서 집중투표제 흥망의 역사를 살펴보면 편익이 비용을 능가하는지에 관하여 회의가 든다는 견해도 있다. Bo Gong, Understanding Institutional Shareholder Activism: A Comparative Study of the UK and China 208(2014).

인 노력을 하지 않을 가능성이 있으며, 극단적인 경우에서는 소수주주는 자격이나 능력을 제대로 갖추지 못한 자를 이사로 선임할 우려가 있다.[35)]

(5) 제2 또는 제3의 대주주만을 위한 제도

집중투표제에 의하여 이사를 선임하는 경우에도 소수주주가 상장회사에서 자신을 대변할 이사를 선임하는 것도 그의 주식 보유비율이 높지 않는 한 사실상 어렵다. 다수의 군소주주들이 의결권을 모아 집단적으로 이사선임을 할 수 있는 가능성은 거의 없다. 왜냐하면 의결권을 모아 연합전선을 펴는 것에는 상당한 거래비용이 들기 때문이다. 따라서 집중투표제가 실시되면 회사의 제2, 제3의 대주주들이 주로 이용할 것으로 예상된다.[36)] 결국에는 집중투표제는 기관투자자와 같은 어느 정도 규모를 가진 주주를 위한 제도에 머무를 수밖에 없다.

(6) 경영권에 대한 위협

공개회사의 경우 보통의 주주는 자신이 보유한 주식을 시장에서 매도함으로써 주주의 지위를 벗어날 수 있다. 하지만 대주주의 경우에는 한 회사에 많은 투자를 하였기 때문에 주식을 쉽게 매도할 수 없다. 그 이유는 대량의 주식을 일시에 처분할 경우 주식가격이 추락할 가능성이 크기 때문이다. 이처럼 공개회사의 경우 소수주주가 많은 비용을 들이지 않고서도 자신의 주식을 매도할 수 있으나 대주주의 경우에는 그러하지 않다. 그럼에도 불구하고 많은 주식을 보유하여 대주주가 되고자 하는 것은 경영권획득을 그 주요 목적으로 하고 있기 때문이다. 그러나 집중투표제는 대주주에 의한 경영권확보에 부정적인 영향력을 미친다는 점에서 상대적으로 대주주가 되려는 유인도 줄이는 효과가 있다.[37)] 심지어는 대주주 스스로의 지위를 포기할 가능성도 있다.

---

35) 이 같은 이유로 인하여 소수주주가 집중투표제에 의하여 이사를 선임하는 것을 지대추구행위(rent-seeking activity)의 일종으로 보기도 한다. 통상 '지대'(rent)라 함은 공급량이 고정되고 있는 경우에서의 생산자의 수입(초과 이윤)을 의미한다. 즉, 수요곡선이 변화하여 가격상승이 생기는 것만으로 공급량이 증가하지 않는 경우에 있어서의 생산자의 기회비용을 넘는 수입(초과 이윤)을 가리킨다. 지대는 정당한 노력에 의하여 추구하는 것이 아니라 인위적인 제한의 결과로서 발생하기도 한다. 이처럼 소수주주가 개인의 이익을 위하여 법률 등을 이용하여 부(富)의 이전을 도모하는 비생산적 행위를 하는 경우 그러한 행위를 지대추구행위라 하는 것이다. Gordon, *supra* note 19, at 128.

36) Steadman & Gibson, *supra* note 30, at 17.

37) Bo Gong, *supra* note 34, at 208.

(7) 경영정보의 유출위험

집중투표제의 가장 중요한 기능 중의 하나로서 소수주주가 회사경영에 대한 정보를 취득하여 대주주의 전횡에 대해 감시·감독할 수 있음을 들 수 있다. 하지만 다양한 정보 중에서 대주주의 전횡에 대한 감시·감독에 필요한 정보만을 골라내기란 쉽지 않다. 이 때문에 사업에 관한 정보가 구분 없이 외부로 유출될 우려가 있다.[38] 예컨대, 회사경영에 관한 중요정보를 접할 수 있는 이사의 지위를 이용하여 소수주주에게 그 정보를 사전에 유출하는 경우 비밀유지가 요구되는 사업의 채산성을 떨어뜨리게 되거나 심지어는 사업 자체의 성사까지도 곤란하게 만들 우려가 있다.

제 4 절 이사의 보수

Ⅰ. 총 설

회사와 이사 간의 관계가 위임이므로 민법의 법리에 따라 이사는 보수를 받지 않은 채 직무를 수행하는 것이 원칙이다(민법 제686조 제1항). 이 원칙을 고수하면 이사는 자신이 가진 회사의 주식의 가치가 증가하는 것으로 만족하여야 하거나, 아니면 이사직에 수반된 영예(prestige)로부터 보상을 받을 수밖에 다른 도리가 없다.[39] 그러나 현실에서는 이 원칙은 큰 의미가 없다. 오늘날 이사의 특수한 지위와 책임부담으로 특별한 사정이 없는 한 보수지급을 청구할 수 있다고 보는 것이 일반적이다.[40] 이에 상법은 이사의 직무집행과 이사회 출석 등

---

38) Steadman & Gibson, *supra* note 30. at 19.

39) 이철송, 「회사법강의」 제27판(박영사, 2019), 677면. 이러한 현상은 비단 한국에 국한된 현상은 아니다. 미국 회사법의 역사에서도 이 같은 시기가 등장한다. Dalia T. Mitchell, *Status Bound: The Twentieth Century Evolution of Directors' Liability*, 5 New York University Journal of Law & Business 63, 69~70(2009).

40) 상법 제402조 제2항은 이사가 부담하는 회사에 대한 책임을 감면함에 있어 그 상한선을 이사의 보수액의 일정한 배수(倍數)를 기준으로 정하고 있다. 이처럼 상법은 이사가 보수

에 대한 보수(compensation)를 정할 주체를 명백히 하는 명문규정을 두고 있다. 즉, 상법은 정관에 이사보수의 액을 정하거나 주주총회의 결의로 정하도록 강제함으로써(제388조) 이사의 보수에 대한 결정권을 주주총회가 가지는 것으로 하여 권한을 분배하고 있는 것이다.[41] 그리고 회사와 이사 사이의 임용계약에서 계약당사자의 권리와 의무를 정하고 이사(대리인)의 행위에 관한 평가기준 및 이사에 대한 보수액 등을 명기하는 것이 일반적이다.[42]

Ⅱ. 이사보수의 유형

1. 기본유형

이사보수의 기본적인 유형은 크게 2가지로 나눌 수 있다. 먼저 금액확정형이 있다. 이는 많은 회사에서 선택하고 있는 보수의 유형으로서, 보수의 규모를 사전에 미리 확정하는 방법이다. 이는 다시 "이사 A의 보수는 연 8천만원으로 한다"는 식으로 이사 개개인의 보수액을 각각 결정하는 방법과 이사 전원의 보수 총액의 최고 한도액만을 정해 구체적인 분배를 아래에서 살펴보는 바와 같이 이사회에 맡기는 방법이 있는데, 실제 후자가 많이 사용된다. 다음으로 비금전형이 있다. 이는 직접 보수액을 이사에게 현금으로 지급하는 것 이외의 방법으로 보수를 정하는 유형을 말한다. 예컨대, 월세가 300만원인 아파트를 무상으로 제공하는 경우 그 월세에 해당하는 300만원은 이사의 보수로 되며, 이사가 거주하는 주택에서 근무하는 경비원의 임금을 회사가 부담하는 경우 그 임금도 이사의 보수에 속한다.[43]

를 받는 것을 전제로 하여 책임감면제도를 마련하고 있는 것이다.

41) 상법상 정관의 변경은 주주총회의 결의를 필요로 한다는 점(제433조 제1항)에서 정관에 이사보수의 액을 정하는 것도 궁극적으로는 주주총회가 이사보수를 결정하는 권한을 가지고 있음을 의미한다.

42) Eugene F. Fama & Michael C. Jensen, *Separation of Ownership and Control*, 26 Journal of Law & Economics 301, 302(1983).

43) 대법원 2007. 10. 11. 선고 2007다34746 판결.

2. 성과연동보수

(1) 전제: 도덕적 해이

유인(incentive)이라 함은 어느 행동을 하게 하는 동기 및 자극 등의 의미를 지닌다.[44] 많은 거래는 그 거래를 행하는 복수의 거래당사자 사이에 형성되는 대리인 관계에 바탕을 둔 경우가 흔하다. 대개 그 거래를 행함에 있어서 위임인은 자신이 위임한 행위에 관한 정보가 대리인이 그 행위에 관하여 가지는 정보보다 열위(劣位)의 상태에 놓여서 양자 사이에 정보의 비대칭성의 문제가 발생한다. 회사의 경우 이사에게 보수를 지급하면서 업무집행을 위임하지만 이사 스스로가 일반주주보다 회사의 경영실태와 자신의 업무능력의 수준을 더 잘 알고 있다. 거래당사자 사이에 이해대립이 있다면 정보우위에 있는 대리인은 정보를 은닉하거나 왜곡하여 자기의 사적 이익을 우선적으로 추구하는 행위를 범할 수 있다. 이 같은 대리인의 도덕적 해이가 있다면 정보의 수준에서 열등한 위치에 있는 본인에게 손해를 초래한다. 정보의 비대칭이 보다 심각하다면 본인은 대리인과 거래를 하려 하지 않을 것이고, 그 결과 경제활동과 시장이 위축될 여지가 있다.

(2) 도덕적 해이의 극복을 위한 보수체계

이사가 범할 수 있는 도덕적 해이의 문제를 해결하기 위한 방안으로서 이사보수의 체계를 성과에 연동하여 설계하는 것을 생각할 수 있다. 여기서 주주총회는 이사로 하여금 회사의 입장—궁극적으로 주주의 이익최대화의 입장—에서 바람직한 것으로 바라보는 행동을 '행동 A'라고 하고 그렇지 않은 행동을 '행동 B'라고 하자. 이 경우 회사는 행동 A를 할 경우 이사에게 주워지는 보상(報償)을 UA라고 하고, 행동 B를 하였을 때 그 자가 향유할 이익인 UB라고 할 때 UA의 규모가 UB의 그것보다 크도록 보수체계를 설계함으로써 이사에게 바람직한 행동을 하게 하는 유인을 부여할 수 있다. 이같이 UA>UB의 조건을 유인양립(incentive compatibility: IC) 조건이라 한다.[45]

주주는 이사가 행동 A를 하는지 또는 행동 B를 하는지를 직접적으로 들어

44) Roger A. Arnold, Microeconomics 23(11th ed. 2013).

45) Stephan Leitner, Information Quality and Management Accounting: A Simulation Analysis of Biases in Costing Systems 48~49(2012).

다 보고 평가할 수는 없지만 그 행동의 결과, 즉 회사의 성과 등에 연동하는 적절한 보수체계를 설계하여 그에 따라 이사에게 보수를 지급함으로써 이상의 IC 조건을 충족시킬 수 있다. 구체적인 방법은 예컨대, "이사 전원의 연간보수 총액은 전 영업연도의 경상이익의 20%로 한다"는 식으로 이사의 보수를 정하는 계약을 생각할 수 있다.[46)]

Ⅲ. 이사보수의 결정

1. 서 설

상법은 주식회사의 기관으로 주주총회, 이사회, 대표이사(집행임원), 감사(위원회)를 두고 이들 기관 사이에 권한을 분배하고 있다. 상법 제361조는 주주총회와 이사회 사이의 권한분배를 규정하고 있다. 이에 따르면 주주총회는 상법이 정한 사항 또는 정관이 정한 사항에 한해서 결의할 수 있는 것으로 규정하여 주주총회의 권한을 법률적으로 제한하고 있다. 이사의 보수를 정관 또는 주주총회에서 정하도록 한 것(제388조)은 주식회사의 최고기관인 주주총회가 보수결정권을 가진다는 점을 분명히 하여 이사 스스로가 자신에게 유리한 보수를 결정하는 것을 원천적으로 봉쇄하기 위한 것으로 알려져 있다. 이하에서는 상법이 이사의 보수를 주주총회에서 정하도록 설계한 의의를 비롯하여 주주총회에서의 이사보수결정권을 둘러싼 몇 가지 중요한 사항에 관하여 구체적으로 살펴보기로 한다.

2. 상법 제388조의 취지

상법 제388조의 취지에 관해서 견해가 정책규정설과 비정책규정설로 나뉜다. 먼저 정책규정설을 살펴보기로 한다. 이 견해는 이사의 보수결정은 원래 이사회의 업무집행 권한에 속하기는 하지만 그러한 업무집행을 한다는 것은 이사와 회사 간의 이익충돌이 있는 거래행위를 하는 것과 다를 바 없다는 것으로부터 출발한다. 말하자면, 이사회의 구성원인 이사가 자신의 보수를 스스로 결정

46) 대법원 2010. 12. 9. 선고 2009다59237 판결.

하는 것은 회사재산을 축낼 우려가 있으므로 논리적으로 받아들이기 어렵다는 것이다. 이에 회사이익을 보호하기 위한 정책적 배려에서 상법이 이사의 보수를 정관에 규정을 두거나 그 결정을 주주총회의 권한으로 한 것으로 풀이하여야 한다는 입장[47]이다.

한편, 비정책규정설은 이사의 보수결정은 이사회의 업무집행행위에 속하지 않는다고 본다. 이 견해의 논리적인 구조를 살펴보자. 주주총회의 이사선임결의는 일방적인 단체법상의 기관행위이다.[48] 회사의 부(富)가 주주에게 돌아갈 배당규모와 직접적으로 연계되어 있다는 점을 고려한다면 선임권자인 주주가 이사의 임용조건까지 결정하는 것이 원칙이고, 보수는 임용계약에 필요한 중요한 조건이다. 그러므로 이사의 선임권·해임권을 가지는 주주총회(제382조 제1항, 제385조 제1항)가 보수를 결정하는 것이 당연하다는 주장이다. 즉, 본래 이사에 대한 감시권능을 가진 기관인 주주총회가 보수결정을 하는 만큼 법에 의하여 정책적으로 부여된 권한으로 볼 수 없다는 것[49]이다.

생각건대, 주식회사에서 각 이사가 담당하여야 하는 직무의 내용과 성질을 규정하는 것은 물론이고 그 직무를 제대로 수행하였는지 여부를 파악하는 데 대한 전문성은 업무집행에 관한 의사결정기관인 이사회가 가지고 있다.[50] 그러나 이사회가 그 구성원인 이사의 보수를 정하는 경우에는 이사와 회사간의 이익충돌의 위험이 존재한다.[51] 이 때문에 주주가 일반적으로 회사경영에 관심이 크지 않다는 현실에도 불구하고 어쩔 수 없이 상법은 정책적인 측면에서 주주총회에 이사보수의 결정권을 부여하고 있는 것이다.

---

47) 김건식/노혁준/천경훈, 「회사법」 제3판(박영사, 2018), 445~446면; 문정해, "주식회사 이사의 보수 규제 – 대법원 2016. 1. 28. 선고 2014다11888 판결을 중심으로 –," 「원광법학」 제32권 제3호(원광대학교, 2016), 64면; 이철송, 앞의 책, 677면; 최기원/김동민, 「상법학신론(상)」 제20판(박영사, 2014), 780면; 한철, "대표이사직의 해임에 따른 보수청구와 회사의 손해배상책임: 대상판결 대법원 2004. 12. 10. 선고 2004다25123 판결," 「상사판례연구」 제18집 제3권(한국상사판례학회, 2005), 106면.

48) 대법원 2017. 3. 23. 선고 2016다251215 전원합의체 판결.

49) 奥島孝康, "退職慰労金の怪＝関西電力事件 – 取締役の報酬," 「法学セミナー」 通巻 448号(日本評論社, 1992), 93頁.

50) 이와 관련하여 상법 제393조 제2항은 이사회가 이사의 직무의 집행을 감독한다고 규정하고 있다.

51) Robert A. G. Monks & Nell Minow, Power and Accountability 164~177(1991).

대법원 판례도 이사의 보수결정은 회사와 이사간의 이익충돌의 문제를 야기하는 것으로 인식하고 있다. 예컨대, 이사가 자신이 개인적으로 지급하여야 하는 비용을 회사로 하여금 대신 지급하게 하는 것은 당해 이사에게 금전적 이익을 제공하는 것으로서 특수한 보수에 해당하는 까닭에 주주총회의 결의가 없이 이를 지급한 것은 이사로서 선관주의의무에 위반하여 회사에 손해를 입게 한 것으로 판단한 판결이 있다.[52] 더 나아가 대법원이 상법 제388조의 입법취지가 이사들이 임용계약을 체결하는 과정에서 개인적인 이득을 취할 목적으로 과다한 보수를 약정하여 그 사익을 도모하는 폐해를 방지하여 회사와 주주의 이익을 보호하기 위한 차원에서 주주총회의 결의를 필요로 한다는 데 있다고 판시한 것[53] 등에 비추어 본다면 대법원이 상법 제388조와 관련하여 정책규정설의 입장을 취한다는 것에 의견을 달리할 수 없다.

3. 보수규모의 적정성

현행 상법상 이사의 보수에 대한 규정은 절차적인 측면만을 규제를 할 뿐이다.[54] 이는 법원이 이사의 보수규모의 적정성 혹은 상당성을 판단할 것을 전제로 하지 않음을 시사한다.[55] 그럼에도 불구하고 국내의 학설은 이사의 직무와 그 보수는 합리적인 비례관계에 있어야 하며 회사의 재무상태에 비추어 적정하여야 한다는 견해가 제시되어 있다. 그 이유는 이사의 보수가 적정하지 않는 것은 회사의 자본금충실을 해쳐 주주와 채권자에게 손실을 초래한다는 것이다.[56] 대법원 판결도 이사의 "보수가 합리적인 수준을 벗어나서 현저히 균형성을 잃을 정도로 과다하거나, 오로지 보수의 지급이라는 형식으로 회사의 자금을 개인에게 지급하기 위한 방편으로 이사 … 로 선임하였다는 등의 특별한 사정이 있는 경우에는 보수청구권의 일부 또는 전부에 대한 행사가 제한되고 회

52) 대법원 2007. 10. 11. 선고 2007다34746 판결.

53) 대법원 2006. 11. 23. 선고 2004다49570 판결. 일본 최고재판소의 판례도 정책규정설의 입장을 취하고 있다. 最高裁判所 1985年 3月 26日, 「判例時報」 1159号(判例時報社, 1985), 150頁.

54) 임재연, "임원의 보수에 관한 연구," 「인권과 정의」 통권 제385호(대한변호사협회, 2008), 54면.

55) 浜田道代, 「新版注釈会社法(6)株式会社の機関(2)」(有斐閣, 1997), 386頁.

56) 이철송, 앞의 책, 682~683면; 임재연, 앞의 논문, 54면; 장덕조, 「회사법」 제4판(법문사, 2019), 302면.

사는 합리적이라고 인정되는 범위를 초과하여 지급된 보수의 반환을 구할 수 있다"고 판시하고 있다.[57]

그러나 다음의 2가지 이유에서 법원이 이사보수의 적정성을 판단하는 것에 대해서는 회의적이다. 첫째, 상법상 이사보수의 결정에 대한 통제는 다층적으로 이루어진다. 즉, 이사의 보수가 정관의 규정이나 주주총회에서 정해질 뿐만 아니라 이사보수의 결정을 위한 주주총회에서 주주인 이사는 특별이해관계인에 해당되어 의결권을 행사할 수 없다.[58] 한국과 마찬가지로 원칙적으로 주주총회에서 이사의 보수를 정하는 일본[59]에서도 법원이 이사보수의 적절성을 심사하지 않는다고 한다.[60] 게다가 보수의 적정성을 판단하는 것은 주관적인 성격이 강하고 평가방법도 매우 다양하기 때문에 그 판단은 지난(至難)한 작업이다. 이 때문에 미국과 같이 이사의 보수를 이사회의 결의에 의하여 정하는 국가에서도 사실상 이사의 보수의 적정성을 따지려 하지 않는 경향을 노정한다.[61]

둘째, 상법상 이사가 회사에 대하여 수임인의 지위에 있고 회사의 이익이 주주의 이익과 반드시 동일하다고는 볼 수 없지만, 그렇다고 해서 회사의 이익과 주주의 이익이 상호 괴리되었다고 단정하기에는 무리가 있다.[62] 주주가 회

57) 대법원 2015. 9. 10. 선고 2015다213308 판결.

58) 이사보수의 결정에 있어서 주주인 이사는 특별이해관계인으로서 주주총회에서 의결권을 행사할 수 없다는 견해가 국내의 다수설이다. 문정해, 앞의 논문, 65면; 윤영신, "이사 보수의 회사법적 문제," 「BFL」 제65호(서울대학교 금융법센터), 2014, 43면; 이철송, 앞의 책, 537면; 장덕조, 앞의 책, 303면. 이 같은 입장을 취하고 있는 판례로서는 서울중앙지방법원 2008. 9. 4. 선고 2008가합47805 판결이 있다. 주주인 이사가 위의 경우에 특별이해관계인에 해당되지 않는다고 보는 견해가 소수이기는 하지만 존재한다. 김진오, 앞의 논문, 163~164면; 김화진, "주식회사 이사의 보수와 상법 제368조 제4항의 해석," 「저스티스」 통권 제102호(한국법학원, 2008), 56~57면.

59) 일본에서는 위원회가 설치된 회사에서 보수위원회가 대표이사 및 개별 이사의 보수를 결정한다. 따라서 위원회설치회사의 경우 정관의 규정 내지 주주총회에서의 결의에 의한 이사보수를 결정하는 절차가 요구되지 않는다(일본 회사법 제409조). 그러나 위원회설치회사를 제외한 나머지 회사는 한국과 동일하게 정관의 규정 내지 주주총회의 결의로써 이사의 보수를 정한다(일본 회사법 제361조 제1항·제2항).

60) 伊藤靖史, "取締役·執行役報酬の相当性に関する審査について," 「同志社法学」, 56巻 5号(同志社法学会, 2006), 57~58頁.

61) Charles M. Elson, *Executive Overcompensation – A Board-Based Solution,* 34 Boston College Law Review 937, 948~949(1993).

62) 三輪芳朗/柳川範之/神田秀樹 編, 앞의 책, 60頁(柳川範之 집필부분).

사의 주된 이해관계자라는 점을 전면적으로 부인하기 어렵다면 주주총회가 원칙적으로 이사보수의 적정성에 대하여 판단하는 것을 비난할 수 없다. 따라서 주주총회의 자주적 판단으로 이사의 보수가 결정되는 한 주주총회가 그 주어진 권한을 현저하게 일탈하여 공서양속에 반하는 결의를 했을 경우가 아니라면 이사의 보수규모의 적정성과 관련하여 법원이 후견적으로 개입하는 것은 자제되어야 한다.[63]

4. 이사회에 대한 보수분배권의 일임

의사결정의 주체가 누구인가에 따라 투입되어야 하는 시간이나 정확성에 차이가 발생한다면 보다 정확하고 신속히 결정할 수 있는 자에게 의사결정을 맡기는 편이 효율적이다. 이사의 보수는 주주총회가 정하지만 일반주주가 각 개별 이사에게 지급될 보수와 관련하여 구체적으로 적정한 규모를 산정할 것을 기대하기란 사실상 어렵다. 각 개별 이사의 보수를 산정하는 것과 관련하여 풍부한 지식을 가지는 전문가에게 구체적인 분배를 맡기는 편이 비용을 줄인다는 점에서 바람직하다. 주주총회에서 개개 이사가 수령할 보수의 구체적인 규모까지 결정할 필요는 없고, 최고 한도액수 또는 보수의 총액을 결정하는 것만으로도 이사와 회사 사이의 이익충돌 문제를 해소할 수 있으므로 개별적인 이사에게 돌아갈 보수액의 분배를 이사회에 일임하는 것이 가능하다.[64] 이처럼 각 이사의 보수규모를 결정하는 것을 이사회에 위임하는 것이 되레 효율적이어서 현

63) 무엇보다 대가에 있어서의 '적정성'이라 함은 범위를 갖춘 개념이다. 민법상 위임관계에서의 보수에 관한 판례를 여기에 참고할 수 있다. 대법원은 "위임계약에서 보수액에 관하여 약정한 경우에 수임인은 원칙적으로 약정보수액을 전부 청구할 수 있는 것이 원칙이지만, 그 위임의 경위, 위임업무 처리의 경과와 난이도, 투입한 노력의 정도, 위임인이 업무 처리로 인하여 얻게 되는 구체적 이익, 기타 변론에 나타난 제반 사정을 고려할 때 약정보수액이 부당하게 과다하여 신의성실의 원칙이나 형평의 원칙에 반한다고 볼 만한 특별한 사정이 있는 때에는 예외적으로 상당하다고 인정되는 범위 내의 보수액만을 청구할 수 있다"고 판시하면서 "뇌물공여 등 로비를 하는 자금이 그 보수액에 포함되어 있다고 볼 만한 특수한 사정이 있는 때에는 그 위임계약은 반사회질서적인 조건이 결부됨으로써 반사회질서적 성질을 띠고 있어 민법 제103조에 의하여 무효로 보아야 한다"고 판결한 바 있다(대법원 2016. 2. 18. 선고 2015다35560 판결).

64) 임재연, 앞의 논문, 52면; 임정하, "이사의 회사에 대한 책임의 관점에서 바라 본 보수규제 – 보수 환수제도를 중심으로 –," 「서울법학」 제24권 제3호(서울시립대학교, 2016), 208면; 최기원/김동민, 앞의 책, 781면.

재 회사실무도 이사회가 보수분배권을 가지는 것이 일반적이다. 이에 대해서는 한국에서 반대의 견해를 찾아 볼 수 없으며, 법원 판례도 그러한 일임을 인정하고 있다.[65] 그러나 주주총회가 이사보수의 총액 등에 관하여 아무 것도 정하지 않은 채 이사회에 보수결정을 무조건으로 일임하는 취지의 주주총회 결의는 효력이 없다.[66] 상법상 권한분배의 취지에 어긋난다는 데에 그 이유가 있다. 주주총회로부터의 위임에 터잡아 이사회가 각 이사의 보수액을 결정하는 업무는 이사회의 재량권의 범위 내에 있는 것이므로 경영판단원칙의 적용을 받는다.

---

65) 대법원 2012. 3. 29. 선고 2012다1993 판결.

66) 서울중앙지방법원 2008. 7. 24. 선고 2006가합98304 판결.

제10장

반대주주의 주식매수청구권

제10장

반대주주의 주식매수청구권

제1절 논의의 범위

주식매수청구권제도는 자본다수결 원칙이 적용되는 영업양도, 주식교환·주식이전, 합병 또는 분할합병 등(이하 '합병 등'으로 줄임)[1]에 반대하는 소수주주로 하여금 그가 투하한 자본을 회수할 수 있도록 하여 소수의 반대주주를 보호하고자 하는 데에 기본적인 취지가 있으며,[2] 아울러 합병 등 "회사의 중요한 변경을 추진할 수 있도록 하여 회사거래(corporate transaction)의 활성화를 도모" 하는 효과를 거두어들일 수 있는 것으로 알려져 있다.[3] 소수주주가 주식매수청구를 할 수 있다는 것만으로도 다수주주(지배주주) 또는 경영자가 합병 등과 같은 회사거래에서 자신들의 사적이익을 추구하거나 자신들에게로 부(富)를 이전하고자하는 유인이 봉쇄되거나 축소되기도 한다. 그러므로 주식매수청구권은 다수주주와 소수주주의 이해관계를 조정하는 기능을 가진다.[4]

---

1) 전체 주식매수청구권 사건 중에서 합병의 경우에 행사되는 빈도가 90% 이상을 차지하는 것으로 집계되고 있다. 노미리, "주식매수청구권의 남용 방지에 관한 연구 – 델라웨어주 일반회사법의 비교법적 고찰 –," 「상사법연구」 제38권 제1호(한국상사법학회, 2019), 52면.

2) 서울고등법원 2011. 12. 9.자 2011라1303 결정. 이 결정에 불복하여 대법원에 재항고하였으나 2012년 3월 30일 심리불속행으로 기각되었다(대법원 2012. 3. 30.자 2012마11 결정).

3) 서울고등법원 2010. 10. 14. 선고 2010나27061 판결.

4) 송옥렬, 「상법강의」 제9판(홍문사, 2019), 952면.

본장에서는 주식매수청구권의 전반을 먼저 살펴본 후에 전통적인 이론을 바탕으로 우선적으로 주식매수청구권의 순기능을 소개하기로 한다. 그 다음으로, 주주가 기회주의적으로 이 권리를 행사하고자 하는 유인을 가지는 경우처럼 주식매수청구권 행사의 부정적인 측면도 함께 살펴보기로 한다. 마지막에서는 주식매수청구권을 행사한 주주의 지위에 관하여 논하고자 한다.

제 2 절 주식매수청구권의 일반론

Ⅰ. 주식매수청구권의 의의

상법(회사편)의 중요한 전제 중의 하나가 바로 주주가 잔여재산청구권자라는 것이다. 주식회사에서 주주가 자기 자신의 이익을 추구함에 있어 합리적으로 행동한다고 가정한다면 그는 회사의 잔여재산의 가치를 높이고자 하는 유인을 당연히 가질 것이다. 이 같은 유인을 감안한다면 주주가 자신의 출자에 바탕을 두는 의결권을 행사하여 회사의 가치를 높일 수 있는 의안에 찬성하지만 그 가치를 훼손하는 의안에 반대할 것임을 쉽게 예상할 수 있다. 보유한 주식이 많지 않은 주주의 경우, 즉 소수주주라면 특정한 의안에 자신이 반대하는 쪽으로 의결권을 행사한다고 하더라도 자본다수결의 원칙에 따라 그 반대표가 큰 의미를 가지지 못한다. 그러나 회사의 근본적인 변경(fundamental change)이 있는 경우에는 예외이다. 예컨대, 합병 등을 계획하는 경우에 소수주주는 그러한 계획에 반대의사를 밝힐 수 있음은 물론이고 더 나아가 회사에게 자신이 보유한 주식을 매수할 것을 청구할 수 있다.[5] 이때 주주가 청구할 수 있는 권리를 주식매수청구권이라 하며, 이는 대개 특정한 상황에서 중요한 결의에 반대하는 주주가 공정한 가격으로 투자금을 회수하는 것을 보장하기 위한 제도로 이해되고 있다. 이처럼 상법은 반대주주의 의사를 존중하되 그가 투하자본을 회수할 수

5) 양기진, "반대주주의 주식매수청구권에 관한 연구," 「기업법연구」 제26권 제1호(한국기업법학회, 2012), 185면.

있는 수단으로서 주식매수청구권을 인정하고 있으며,[6] 이 권리의 행사로 주주의 지위는 소멸하게 된다.[7]

이상과 같이 한국에서는 주식매수청구권의 기능을 주로 반대주주의 경제적 구제(救濟)에 한정하는 경향[8]이 있다. 이 때문에 주주가 자유롭게 주식을 내다 팔 수 있는 한 경제적 구제에 중점을 두는 주식매수청구권이 별로 의미가 없다고 볼 여지가 있다. 그러나 대상이 된 주식이 시장성이 없거나 반대하는 주주들이 보유하는 주식이 너무 많다 보니 일시적인 매각으로 가격폭락이 예상되는 경우와 같이 시가에 의한 환급에 제약이 있다면 합병 등에 반대하는 주주가 주식매수를 청구하고 회사가 시가에 의하여 그 주식을 매수하는 이러한 경제적 구제는 큰 의미가 있는 것이 분명하다.

현행 상법은 1962년 1월 20일 공포되어 그 다음 해부터 시행되어 오늘에 이르고 있지만, 주식매수청구권의 역사는 상대적으로 일천하다. 1982년 (지금은 폐지된) 증권거래법을 개정하여 일정한 경우에 한하여 상장회사의 주주에게 주식매수청구권을 인정함으로써 국내에서 이 제도가 처음 시행되었다. 그 후 1995년 개정상법이 이 제도를 명문으로 도입한 결과 오늘날에는 비상장회사에도 적용되고 있다.[9]

Ⅱ. 주식매수청구권의 법적 성질

주식매수청구권은 형성권으로서 성격을 가진 것으로 풀이된다.[10] 주주의 매수청구가 있는 경우 회사의 승낙여부와 상관없이 매매계약이 성립한다. 대법원이 매매계약이 성립하기 위해서는 매매계약의 본질적 사항(essentialia negotii)

---

6) 小川宏幸, "企業組織再編と少数株主保護,"「亜細亜法学」43巻 2号(亜細亜大学, 2009), 9頁.

7) 대법원 2003. 2. 11. 선고 2001다14351 판결(합병에서 "소멸회사의 사원(주주)은 합병에 의하여 1주 미만의 단주만을 취득하게 되는 경우나 혹은 합병에 반대한 주주로서의 주식매수청구권을 행사하는 경우 등과 같은 특별한 경우를 제외하고는 원칙적으로 합병계약상의 합병비율과 배정방식에 따라 존속회사 또는 신설회사의 사원권(주주권)을 취득하여, 존속회사 또는 신설회사의 사원(주주)이 된다.").

8) 김화진/송옥렬, 「기업인수합병」(박영사, 2007), 135~136면; 이철송, 「회사법강의」 제27판(박영사, 2019), 597면; 홍복기/박세화, 「회사법강의」 제6판(법문사, 2018), 89면.

9) 임홍근, 「한국 상법전 50년사」(법문사, 2013), 293~294면.

10) 대법원 2011. 4. 28. 선고 2010다94953 판결.

이나 중요 사항에 관하여는 구체적으로 의사의 합치가 있거나 계약성립 후에 적어도 구체적으로 특정할 수 있는 기준과 방법 등에 관한 합의는 있어야 한다는 입장을 취하고 있는 것[11]에 비추어 보면 주식매수가격이 결정되지 않은 상태에서도 주식매매계약이 성립할 수 있다.

Ⅲ. 주식매수청구권 행사의 요건

상법상 주식회사에서 영업양도 등을 위한 특별결의(제374조의2), 합병계약서의 승인을 위한 특별결의(제522조의3), 분할합병을 위한 특별결의(제530조의11 제2항), 주식교환·주식이전의 승인을 위한 특별결의(제360조의5, 제360조의22)에서 반대주주에게 주식매수청구권이 인정된다. 이상과 같이 법률에 규정된 사유 이외에 회사가 임의적으로 주식매수청구권을 인정하는 것은 불가능하다.[12] 요컨대, 상장 여부와는 무관하게 주식회사의 근본적 변경에 반대하는 주주에게 인정되며, 그 변경에 반대하는 한 의결권이 없거나 제한되는 주주도 주식매수청구권을 행사할 수 있다(제374조의2 제1항). 그리하여 회사의 근본적 변경에 반대하는 주주는 주식매수청구권을 행사하거나 타인에 대한 양도 등 2가지 방법을 통해 투자금(출자금)을 회수할 수 있다.

상법 제374조의2 제2항에 따르면 비상장회사는 매수청구기간이 종료하는 날로부터 2월 이내에 매수하여야 한다. 여기서 '매수하여야 한다'는 것은 "주식의 소유권을 취득하기 위하여 대금을 지급하여야 한다"를 의미하므로, '2월'은 주식매매대금의 이행기를 정한 것으로 본다. 주식매매대금의 지급과 주권의 교부는 동시이행의 관계에 있다.[13] 또한 상법이 정한 2월을 도과하면 회사가 지체책임을 부담하게 된다는 사실[14]은 회사로 하여금 신속하게 매수가액의 협의에 응하도록 하는 유인을 부여한다.

회사의 주식매수가액은 주주와 회사 간의 협의에 의하여 결정한다(제374조

---

11) 대법원 2006. 11. 24. 선고 2005다39594 판결.

12) 이형근, "주식매수청구권 – 매수가액에 대한 법원 결정례 검토를 중심으로 –," 「BFL」 제38호(서울대학교, 2009), 59~60면.

13) 대법원 2011. 4. 28. 선고 2010다94953 판결.

14) 이 경우 상사법정이율인 연 6분이 적용된다(제54조).

의2 제3항). 매수청구일로부터 30일 이내에 주주와 회사 간에 매수가액에 대한 협의가 이루어지지 않으면 회사 또는 주식의 매수를 청구한 주주는 법원에 대하여 매수가액의 결정을 청구할 수 있다(제374조의2 제4항). 상장회사의 경우 주식의 매수가격은 주주와 해당 회사 간의 협의로 결정하되(자본시장법 제165조의5 제3항), 가격에 대한 합의가 이루어지지 않는 경우에는 이사회결의일 이전에 증권시장에서 거래된 해당 주식의 거래가격을 기준으로 하여 대통령령으로 정하는 방법(자본시장법 시행령 제176조의7 제2항)에 따라 산정된 금액(법정매수가격)을 매수가격으로 한다.[15] 만약 협의에 이르지 못한 당해 회사나 매수를 청구한 주주가 법정매수가격에 반대하면 법원에 매수가격의 결정을 청구할 수 있다(자본시장법 제165조의5 제3항 단서).

주주와 회사 사이에 매수가격의 협의방법에 관하여 법은 구체적으로 규정하지 않고 있다. 비상장회사의 경우 주식매수가격의 협의는 매수를 청구한 주주가 개별적으로 해당 법인과 행하거나 단체적으로 행사하는 것도 모두 가능하다. 합병당사자 전부 또는 일부가 상장회사인 경우에는 자본시장법 및 그 시행령이 상법에 우선하여 적용된다. 상장회사가 합병하는 경우는 증권신고서에 자본시장법 시행령 규정에 따라 산정한 법정매수가격이 '협의를 위한 회사의 제시가격'이며, 만약 당해 회사 또는 매수를 청구하는 주주가 협의를 위하여 회사가 제시한 가격에 반대하면 법원에 매수가격의 결정을 청구할 수 있다는 사실을 증권신고서(합병)의 주석에 기재한다. 주주가 회사측이 제시한 가격을 수용하면 그 가격에 기초하여 매수대금을 회사로부터 지급받는다. 이처럼 실무에서는 주식매수가격이 회사와 개별적인 주주 사이의 협의에 의하여 정해지는 것이 아니라 회사가 제시한 단일의 주식매수가격을 주식매수청구를 한 주주가 수용할지의 여부를 결정하게 되므로 사실상 협의가격이 주주별로 달라지는 경우는 없다.[16]

---

15) 자본시장법 시행령에 따르면 이사회가 개최되기 전일을 기준일로 하여 과거 2개월간, 1개월간, 1주일간의 거래량 가중평균주가 3개를 다시 산술평균한 가격을 주식매수청구권 가격으로 삼는다(자본시장법 시행령 제176조의7 제3항). 이처럼 주식매수청구권 가격을 3개의 기간별 거래량 가중평균의 산술평균으로 정한 것은 주가조작에 의한 일시적인 가격변동의 가능성을 최대한 줄이고자 한 것에서 그 이유를 찾을 수 있다. 김근수/변진호, "주식매수청구권 행사 결정요인에 대한 분석," 「증권학회지」 제36권 3호(한국증권학회, 2007), 474면.

16) 김정수, 「자본시장법원론」 제2판(서울파이낸스앤로그룹, 2014), 1061~1062면.

제 3 절 주식매수청구권의 기능(1): 전통적 이론

Ⅰ. 투하자본의 회수

1. 가상의 사례: 주식매수청구권이 인정되지 않는 경우

여기 2개의 비상장회사가 있다. 甲주식회사의 시가총액은 1억원이고 乙주식회사는 그 규모가 1,000만원이다. 甲회사의 1주의 액면가는 100원이지만 발행주식총수가 1만 주에 이르다보니 1주당 가치는 1만원이다. 乙회사의 1주의 액면가는 100원이고 발행한 주식의 총수가 1만 주이어서 1주의 가치는 1,000원이다. A가 甲회사가 발행한 주식총수 1만 주 중에서 60%를 보유하고 있으며, A의 아들인 B가 나머지 주식 전량을 보유하고 있다. 이와 동시에 A가 乙회사의 발행주식총수 1만 주 중에서 50%를 보유하고 있으며, B도 동 회사 주식의 30%를 보유하고 있다. 乙회사가 발행한 나머지 주식은 C와 D가 각각 10%를 보유하고 있다. A와 B는 甲회사의 이사로서 甲회사가 乙회사를 흡수합병하기 위해 乙회사 주식 1주에 대해 액면가에 해당하는 현금을 지급하는 교부금합병계약[17]을 체결하였다. 사실 乙회사 주식의 가치는 1주당 1,000원이지만, A와 B가 乙회사의 주식을 대규모로 보유하고 있다 보니 1주당 100원을 대가로 하는 약탈적인 합병계약이 체결된 것이다. 이 같은 합병계약은 乙회사의 주주에게 불리하여 부당하므로 乙회사의 주주가 동 회사의 주주총회에서 위의 합병계약을 승인하지 않는 것이 바람직하지만, 현실은 그러하지 않다. 그 이유는 A와 B가 甲회사의 발행주식을 모두 보유한 주주이면서 동시에 乙회사의 다수주주이기 때문이다. 교부금합병을 통해 A와 B는 乙회사의 주주총회에서 합병에 찬성하여 부(富)의 부당한 이전을 도모할 수 있다. 이를 도식화하면 <표 10-1>과 같다.

---

17) '교부금합병'(cash-out merger)이라 함은 흡수합병시 합병계약에 따라 존속회사가 합병의 대가로 소멸회사의 주주에게 존속회사의 주식 대신에 금전, 사채, 모회사주식 등을 교부하는 것을 의미한다(제523조 제4호).

〈표 10-1〉 합병 전후의 주주의 가치

다수주주의 가치			단계	소수주주의 가치		
A	B	총합		C	D	총합
6,500만원	4,300만원	1억 800만원	합병 전	100만원	100만원	200만원
6,590만원	4,390만원	1억 980만원	합병 후	10만원	10만원	20만원

A와 B는 합병 전(前)의 단계에서 이들이 보유하는 甲회사와 乙회사 주식의 가치는 총 1억800만원이다.[18] 여기서 합병을 진행하는 데 소요되는 비용과 합병으로 인하여 발생하는 유·무형의 득(得)과 실(失)을 전혀 고려하지 않는다고 가정할 경우 甲회사가 乙회사를 흡수합병한 후의 가치는 총 1억900만원이 될 것으로 전망된다.[19] 이 때 A는 B와 합병 후의 甲회사의 제1대주주 및 제2대 주주로서의 지위가 변동되지 않을 뿐만 아니라 乙회사 주식을 각 50% 및 30%를 보유하고 있어 본 교부금합병에서 80만원의 현금까지 취득할 수 있다.[20] 그리하여 A와 B는 본 합병을 통하여 적어도 이론상으로는 180만원의 이익을 얻을 수 있다.[21] C와 D로서는 본래 1주당 1,000원의 가치를 가지는 乙회사 주식을 100원으로 강제로 매도당하는 결과 본 합병을 통해 180만원이 손실을 부담한다.[22] 이

18) 甲회사의 시가총액 1억원에 乙회사의 시가총액 1,000만원 중에서 A와 B가 보유하고 있는 80%에 대한 시가 800만원을 합한 규모이다.

19) 甲회사가 乙회사의 모든 주주에게 총 100만원(100원×1만주)의 현금을 지급하여 시가로 1,000만원의 가치가 있는 乙회사를 흡수하는 것이므로 甲회사의 가치(1억원)와 乙회사의 가치(1,000만원)에서 지급된 현금(100만원)을 공제하면 합병 후 甲회사는 1억900만원의 가치를 지닌다. 합병 후에도 A와 B는 여전히 각 60%와 40%의 지분율을 가지고 있으므로 甲회사에 대하여 각 6,540만원과 4,360만원의 가치를 나누어 보유한다.

20) 乙회사의 주주로서 A와 B가 보유하는 8,000주에 대하여 1주당 100원씩 교부금을 수령하는 것에 기인한다. A에게 50만원이 돌아가고, B도 30만원을 가지게 된다.

21) 甲회사의 乙회사 흡수합병이 경료된 후 A와 B가 甲회사의 발행주식총수를 보유함으로써 1억900만원의 가치를 향유함은 물론이고 이에 추가하여 이들이 乙회사의 주주에 대한 교부금 80만원까지 수령하였으므로 본 합병에서 1억980만원의 가치를 누리게 된다. 본 합병이 있기 전에는 A와 B는 甲회사와 乙회사에 1억800만원의 몫을 가질 뿐이었으나 본 합병을 통해 180만원의 이익을 추가적으로 취득하게 된 것이다. 따라서 A는 합병 후 甲 회사의 가치 1억900만원의 60%와 교부금합병으로 수령한 50만원의 가치를 누리게 된다. B의 경우에도 甲 회사의 가치 1억900만원의 40%와 교부금합병의 대가인 30만원을 보유한다.

22) C과 D은 乙회사의 주식을 200주를 보유하는데, 그 시가 총액은 200만원임에도 불구하고

처럼 본 합병을 통하여 부(富)가 乙회사의 소수주주인 C과 D로부터 다수주주인 A와 B로 이전하는 것이다.

2. 법률에 따른 투하자본의 회수

(1) 주주의 매수청구 및 주주총회 특별결의

회사의 지배권은 희소성을 가지는 재화이다.[23] 희소한 재화를 효율적으로 이용하여 사회적으로 바람직한 것이 되기 위해서는 당해 재화를 가장 높게 평가하는 자가 이를 취득하여 이용하여야 한다.[24] 합병 등을 통해 회사지배권의 이전을 추진할 것인지의 여부를 판단함에 있어서는 지배주주에게 돌아가는 사적 이익을 비롯하여 회사가 얻을 수 있는 효용의 총합이 증가하는지의 여부를 기준으로 삼을 수 있다. 만약 회사지배권의 이전이 사회적 후생을 촉진시키는 경우라면 법률이 조력(助力)할 필요가 있다. 그러나 해당 합병 등의 거래에 찬성하는 주주가 어느 정도의 이익을 획득하였고 반대하는 주주가 어느 정도의 손실을 입는지를 분명하게 살펴보기가 어렵기 때문에 결국에는 개개 주주가 참석하여 의결권을 행사하는 주주총회에서 결의의 방법으로 합병 등을 단체적으로 승인할 수밖에 없다. 말하자면, 합병 등을 통해 이익증대를 기대하는 주주가 찬성의 표를 던지고 그러하지 않는 주주가 반대의 표를 던지도록 하여 그 찬반의 우열을 가려서 사회적 후생의 촉진 가부를 판단하는 방식을 이용하는 것이다.

본래 회사로부터 주식을 인수하고 그 대금을 납입하는 계약을 통해 주주가 된 경우 그는 회사의 조직이 그대로 유지되는 것을 기대하고, 회사가 획득한 이익에 대하여 배당을 청구할 수 있으며, 주주총회에서 의결권을 행사할 수 있는 권한 등을 보유한다. 이러한 주주의 권한은 주주의 지위로부터 유래하는 것이므로 주주의 의사에 반하여 변경될 수 없다. 주주의 이 같은 기득권(vested right) 때문에 합병과 같은 중대한 조직변경은 주주 전원의 동의가 없으면 불가능하다

1주당 단지 100원씩의 현금만을 수령할 수 있어 180만원의 손실을 보게 된다.

23) Henry G. Manne, *Mergers and the Market for Corporate Control*, 73 Journal of Political Economy 110, 112(1965).

24) Zohar Goshen, *Voting (Insincerely) in Corporate Law*, 2 Theoretical Inquiries in Law 815, 816(2001).

는 인식도 한때 존재하였다.[25] 제8장 제4절에서 살펴본 바와 같이 만장일치제도하에서는 구성원 중 단 1인이 반대하더라도 새로운 정책이 채택될 수 없다. 이 같은 사정을 아는 반대자가 전략적으로 행동한다면 기존 정책이 좋건 나쁘건 간에 새로운 정책을 도입하기 어렵게 된다. 이러한 현상을 주식회사에 투영하여 설명하여 보자.

만약 주주 전원의 일치에 의한 찬성을 요구하는 투표제를 채택한 상황에서 모든 주주가 찬성한다면 모든 주주가 만족상태에 있는 것으로 되지만, 단 1인의 주주라도 반대하면 새로운 정책이 도입되지 못하므로 소수자의 횡포라는 문제가 발생한다. 즉, 만장일치는 주식회사의 주주가 현재의 상황을 그대로 유지하게 하고 자원분배의 개선을 어렵게 하는 매우 보수적인 방법이어서 회사지배권의 이전에 도움이 되지 않는다. 경우에 따라서는 소수의 주식을 가진 주주가 높은 이익을 얻을 주주에게 만장일치를 기화로 자신의 의결권을 매각하기 위하여 흥정을 도모할 여지도 있다. 이에 교섭비용을 감소시키기 위해서는 만장일치보다는 다수결이 효율적이다.

오늘날 현실성 없는 만장일치에 따른 파레토 최적 기준에 비하여 칼도-힉스 효율성(Kaldor-Hicks efficiency)[26]이 선호되고 있다.[27] 어느 거래에 찬성하는 사람이 1단위의 이익을 받았고 반대하는 사람이 1단위의 손실을 입는 상황에서 다수가 찬성한다면 해당 거래는 칼도-힉스 효율성이 있는 것으로 된다. 이익을 얻는 자가 손실을 입는 자에게 보상하고도 이익이 남으면 칼도-힉스 효율성이 있다는 것이다. 다만, 이 같은 보상은 사회 전체적인 입장에서 바라본 것이므로 개인들 간에 실제적 보상이 이루어질 필요는 없다. 누군가의 희생이

25) Robert B. Thompson, *Squeeze-Out Mergers and the "New" Appraisal Remedy*, 62 Washington University Law Review 415, 416(1984).

26) 칼도-힉스 효율성은 영국의 경제학자인 니콜라스 칼도(Nicholas Kaldor)와 존 힉스(John R. Hicks)가 주장한 효율성의 기준으로서 사회 전체적인 후생을 최대화하였는지의 여부에 근거한다. 이는 자원의 재배분이 개인의 후생을 감소시키는지의 여부에는 관심을 두지 않는다. 따라서 칼도-힉스 효율성에 따르면 자원의 재분배는 그것에 의해서 이익을 얻는 자가 그것에 의해 손실을 입는 자에 대하여 충분하게 보상할 정도로 이익을 얻고 있다면 실제로 보상이 행해지는가에 관계없이 효율적인 것으로 된다. Robin P. Malloy, Law and Economics: A Comparative Approach to Theory and Practice 40~41(1990).

27) Herbert Hovenkamp, *Positivism in Law & Economics*, 78 California Law Review 815, 833 (1990).

있더라도 전체 효용이 증가한다면 사회적으로 수용가능하다는 것이다.

주식회사의 합병 등에서 주주총회의 특별결의를 요구하는 것도 다수에 의한 승인이 칼도-힉스 효율성을 충족한다고 가정하기 때문이다. 이는 사회 전체적으로 보았을 경우에 이익이 손실보다 크다면 바람직한 합병 등에 해당하여 실행되는 것이 필요하다는 의미이다.[28] 합병 등이 일부의 주주에게 이익을 가져주는 반면에 일부의 주주에게는 손실을 초래할 것으로 예상되더라도 전체적으로 이익이 손실보다 크다면 그 합병을 추진하는 것이 바람직하다는 것이다. 반대로 손실이 잔존하거나 잔존할 것으로 예상되는 경우는 칼도-힉스 효율성이 없는 합병 등에 해당하므로 실행되지 않아야 한다.

주식매수청구권은 합병 등에 반대하는 주주에게 합병 등이 실행되기 전(前)의 가치를 보상함으로써 손실을 입는 자의 출현을 방지하기 위하여 고안된 것이다.[29] 상설하자면, 해당 합병 등으로부터 이익을 얻을 수 있는 주주는 그 합병 등에 찬성하지만, 그러한 합병 등에 반대하는 주주에게 주식매수청구권을 인하여 합병 등이 실행되기 전의 가치를 보상받을 길을 열어두어 합병 등으로부터 손실을 입지 않게 된다. 즉, 합병 등으로 인하여 손실을 입는 주주에게 회사가 주식매수를 통해 합병 등이 단행되기 전의 가치를 보상하고서도 이익이 있어야만 합병 등이 실행되는 데 대한 정당성이 확보된다. 이상과 같이 주식매수를 통한 보상이 이루어져 사회전체적인 효용이 증가한다면 해당 거래는 칼도-힉스 효율성이 있는 것으로 된다.[30] 이 때문에 만장일치제하에서 각 주주가 행사할 수 있는 거부권(veto power)이 다수결제도의 시행으로 인하여 박탈되는 것에 대한 일종의 보상으로서 반대주주의 주식매수청구권을 인정하여 유동성(liquidity)을 부여하는 것으로 이해할 수 있다.[31]

---

28) William J. Carney, *Shareholder Coordination Costs, Shark Repellents, and Takeout Mergers: The Case against Fiduciary Duties*, 8 American Bar Foundation Research Journal 341, 344(1983).

29) Rutheford B. Campbell, Jr., *Corporate Fiduciary Principles for the Post-Contractarian Era*, 23 Florida State University Law Review 561, 574(1996).

30) Roberta Romano, Answering the Wrong Question: The Tenuous Case for Mandatory Corporate Laws 1599, 1613(1989).

31) Mary Siegel, *Back to the Future: Appraisal Rights in the Twenty-First Century*, 32 Harvard Journal on Legislation 79, 93~94(1995). 이상과 같은 주식매수청구권의 전통적인 견해에 대하여 베일리스 매닝(Bayless Manning)은 다음과 같은 입장을 제시하였다. 즉, 합병 등의

요컨대, 합병 등과 같이 회사의 근본적 변경을 초래하는 일정한 중요사항이 주주총회에서 결의되는 경우 그러한 합병 등에 반대하는 주주에게는 주식매수청구권의 행사를 통한 경제적 구제를 가능하게 하여 그를 만족시킴과 동시에 다수주주가 원하는 결정을 다수결의 결과에 따라 추진할 수 있게 하는 방식으로 균형을 모색하고 있는 것이다. 하급심 판례[32]에서 언급한 바와 같이 합병 등에 반대하는 주주가 주식매수청구권을 행사하여 투하자본을 회수할 수 있고 동시에 다수주주의 의사에 따라 합병 등을 성사시킬 수 있는 것이다.

(2) 법원의 매수가액 결정

합병 등을 위해 당사 회사에서 주주총회의 특별결의가 있어야 한다는 것만으로는 소수주주에 대한 다수주주의 착취를 막기에는 역부족이다. 이러한 착취가 있다는 것은 소수주주를 불공정하게 대접한 것에 그치지 않는다. 이는 주식투자에 대한 신뢰를 근본적으로 파괴하여 주식회사의 주식발행을 통한 자금조달을 방해할 수 있다. 이 같은 상황에 직면하는 것을 막기 위하여 앞에서 살펴본 것처럼 상법은 일정한 기간 내에 매수청구한 주주와 회사 간에 매수가액에 대한 협의가 이루어지지 않는다면 법원에 매수가액의 결정을 청구할 수 있으며(제374조의2 제4항), 법원이 주식의 매수가액을 결정하는 경우에는 회사의 재산상태 그 밖의 사정을 참작하여 공정한 가액으로 이를 산정하여야 할 것을 정하

경우 이외에도, 예를 들어 대통령이 심장마비를 일으켰을 경우, 경쟁회사가 전망좋은 신제품을 출시하는 경우, 종업원이 파업을 하는 경우나, 중요한 거래처가 회사에 대한 공급을 거절하는 경우 등에는 주식의 가치가 영향을 받음에도 불구하고 주식매수청구권이 인정되지 않는다. 합병 등의 경우처럼 이사·주주의 승인이 필요한 거래이면 주식매수청구권을 인정하지만 그 이외의 중대한 변화의 경우에 주식매수청구권이 발생하지 않는다는 것은 주식매수청구권을 경제적인 문제에 관심을 두고 입법한 것이 아님을 의미한다. 오히려 합병 등에 주주 전원의 동의가 필요하다는 원칙을 포기하면서 주주 전원의 동의라는 방법과는 다른 형태로 주주보호의 수단을 마련할 필요가 있다고 보아 법적인 측면과 이념적 관심에서 주식매수청구권을 인정한 것이다. Bayless Manning, *The Shareholders's Appraisal Remedy: An Essay for Frank Coker*, 72 Yale Law Journal 223, 241~247(1962).

32) 대법원 2011. 4. 28. 선고 2009다72667 판결의 원심판결인 서울고등법원 2009. 8. 21. 선고 2009나13851 판결에서 법원은 이와 같은 취지로 판단하고 있다. 즉, 법원은 "상법 제522조의3에서 합병 반대주주의 주식매수청구권을 인정한 취지는 다수파 주주에 의한 회사합병이라는 중요한 경영상 결정을 가능하게 하면서 동시에 이에 대한 반대의사를 관철시키지 못한 소수파 주주에게 투자금을 간편하고도 신속하게 회수하고 조기에 회사를 떠날 기회를 부여하고자 하는 데에 있[다]"고 본 것이다.

고 있다(제374조의2 제5항).

위에서 살펴본 가상의 사례에서는 A가 그의 아들인 B와 함께 乙회사의 주식을 80%를 소유하고 있어 상법이 요구하는 특별결의의 요건을 충족하고도 남기 때문에 당해 합병은 주주총회에서 승인될 것이 분명하다. 乙회사의 소수주주 C와 D가 합병에 반대하여 주식매수청구권을 행사하더라도 A와 B는 주식매수의 대가로 이미 합병계약에서 제시한 교부금의 규모보다 더 큰 금액을 제시하지 않는다고 가정하자. 주식매수 대가의 규모를 높인다는 것은 기존에 제시한 교부금의 규모가 잘못 산정되었다는 것을 시인하는 것과 다를 바 없기 때문에 이러한 가정은 현실적이다. 결국 주주와 회사 사이에 매수가액에 대한 협의가 제대로 이루어지지 않아 법원에 비송사건절차법에 따라 주식매수가액결정신청을 하고 법원이 공정한 가액으로서 乙회사가 발행한 주식 1주의 가치를 1천원으로 산정한다면 반대주주가 주식매수청구권을 행사함으로써 다수파 주주에 의한 부당한 착취를 면하는 것으로 된다.[33]

마찬가지로 기업가치를 훼손하는 합병 등은 주주총회에서 부결되어야 하는 것이 당연하지만, 그럼에도 불구하고 주주총회에서의 특별결의요건을 충족할 수 있는 다수파 주주가 존재한다면 그러한 합병 등은 주주총회에서 쉽게 통과될 것이다. 위의 가상의 사례에 추가하여 다음의 경우를 상정할 수 있다. 甲회사의 영업이 乙회사의 그것과 이질적이다 보니 乙회사를 흡수합병함으로써 영업 간의 충돌과 조직에서의 부조화가 발생하여 오히려 비용이 증대되고 수익이 낮아지는 등 규모의 비경제(diseconomies of scale)가 예상되거나 혹은 양 회사간 합병의 효율성에 대하여 주주사이에 의견이 분분하다고 가정하자. 이 경우 흡수합병 후의 존속회사인 甲회사의 기업가치가 합병 전 시점에서의 甲회사와 乙회사의 가치를 합한 것보다 감소하였다고 하더라도 법원이 산정한 공정한 가액에 따라 乙회사가 C와 D의 주식을 매수하였다면 이는 합병 등의 근본적인 변경이 이루어지지 않았던 시점에서의 경제적인 가치를 반대주주에게 보장한다는 의미가 있다.

33) Siegel, *supra* note 31, at 94~105.

Ⅱ. 이사의 부정행위 방지

주주는 이사의 경영업적을 평가하기 위해서 제대로 이사를 감시하여야 한다. 합병 등의 계약은 일단 먼저 이사회의 결의를 요한다. 실무상으로는 대표이사가 체결한 합병계약서를 이사회가 추인하면서 동시에 합병 등의 계약을 승인할 주주총회 소집결의를 함께하는 것이 일반적이다. 회계연도 중에 합병 등과 같이 회사의 근본적인 변경이 초래되는 경우 그러한 변경 후의 회사는 변경 전의 회사와는 크게 달라질 수 있다. 왜냐하면 2개의 회사가 합병 등으로 인하여 1개의 회사로 변경됨으로써 경영의 업적이 근본적 변경 전후를 시점으로 하여 달라질 수밖에 없으며, 게다가 변경 전 회사의 경영에 관한 많은 정보가 상실되므로 주주로서는 감시가 어렵게 될 수밖에 없다. 이러한 때에 주식매수청구권을 행사하면 매수가격 산정을 위해서 관련절차를 통하여 주식을 평가할 수 있는 기회를 가지게 되는데, 이같이 주식의 가치를 평가한다는 것은 사실상 회사의 가치를 평가하는 것과 다를 바 없어 사실상 이사의 경영실적에 대한 평가를 하는 측면이 있다는 것을 부인할 수 없다. 매수가격 산정을 위해서는 과거의 실적을 평가하고 거기다가 미래에 발생할 추정이익도 고려되는 만큼[34] 결정된 매수가격을 바탕으로 하여 이사의 장래 실적을 예상할 수 있다는 것이다.[35]

회사의 근본적 변경에 불만을 가지는 반대파가 주식매수를 대거 청구할 우려가 있다고 가정하자. 그러한 우려는 이사가 자신과 개인적으로 이해관계가 있는 거래행위를 방지하는 효과가 있다.[36] 이를 좀 더 자세히 살펴보기로 한다. 여기에 이사만이 알고 있는 회사의 비밀이 있다. 만약 이러한 비밀을 공개하면

34) 대법원에 따르면 "영업양도 등에 반대하는 주주의 주식매수청구에 따라 비상장주식의 매수가액을 결정하는 경우, 특별한 사정이 없는 한 주식의 가치가 영업양도 등에 의하여 영향을 받기 전의 시점을 기준으로 수익가치를 판단하여야 하는데, 이때 미래에 발생할 추정이익 등을 고려하여 수익가치를 산정하여야 한다"(대법원 2006. 11. 23.자 2005마958, 959, 960, 961, 962, 963, 964, 965, 966 결정).

35) Hideki Kanda & Saul Levmore, *The Appraisal Remedy and the Goals of Corporate Law*, 32 University of California at Los Angeles Law Review 429, 441~442(1985).

36) Joel Seligman, *Reappraising the Appraisal Remedy*, 52 George Washington Law Review 829, 841(1984).

그동안 비밀로 하고 있던 정보의 가치가 손상될 것이므로 이사는 계속적으로 비밀을 유지하기를 원한다. 그러나 합병 등과 같이 회사의 근본적인 변경을 할 경우에 이사는 회사의 비밀을 제3자에게 전달하고 자신은 존속회사에 매력적인 조건으로 다시 임용되거나 다른 특별한 대가를 받고자 하는 유인을 가질 수 있다. 현실적으로 보자면 주주의 주식매수청구권 행사는 회사에 시간적·비용적인 부담을 가져다주는 것은 물론이고 회사자산의 유출을 초래할 수 있다. 많은 주주가 주식매수청구권을 행사하면 근본적 변경이 실패할 가능성이 높아지므로, 현재 근본적 변경을 주도한 이사는 주주의 주식매수청구권 행사 자체를 자신의 지위를 위협하는 요인으로 인식함으로써 역으로 이사는 자신의 지위 유지를 위해 그 위협을 제거하는 데 노력하게 된다. 그리하여 이사는 장래의 장밋빛 청사진을 제시하면서 잠재적인 반대주주를 설득하거나 심지어 회사의 부담을 줄이기 위하여 비효율적인 거래를 스스로 단념하게 된다. 이와 같이 주식매수청구권이 가지는 일종의 '방해효과'(nuisance value)로 인하여 이사의 부정행위가 방지되고 주주를 위한 공정한 거래가 조장되는 것이다. 이는 이사 자신이 알고 있는 비밀을 제3자에게 양도하는 것으로부터 얻는 대가를 전체 주주에게 이전하는 것과 다를 바 없다.[37] 다만, 합병 등을 통해 회사를 처분하여 이사가 은퇴하는 경우에는 그 이사는 주주와의 계속적인 관계로부터 이탈하는 까닭에 이사의 기회주의적인 행동을 제어하기 어렵다는 문제는 여전히 남는다.[38]

---

37) Kanda & Levmore, *supra* note 35, at 443~444.

38) 이를 게임이론(game theory)과 합리적 선택 경제학(rational choice economics)에서는 '말기문제'(last period problem)라 한다. 말기문제는 반복거래를 실시하는 것이 예상되는 상황하에서는 어느 거래에서 부정행위를 하는 자(者)가 그 후의 거래를 통해 상대방으로부터 책임추궁을 받을 것이 예상되면 부정행위를 단념하는 유인을 가지지만, 그 거래가 마지막인 경우에는 그 거래의 후에 상대방으로부터 책임을 추궁받을 기회가 없거나 그 가능성이 희박하므로 부정행위를 할 유인을 가진다는 것을 의미한다. Sean J. Griffith, *Deal Protection Provisions in the Last Period of Play*, 71 Fordham Law Review 1899, 1942(2002).

제 4 절 주식매수청구권의 기능(2): 부정적 측면

Ⅰ. 주주의 풋옵션

위에서 살펴본 것처럼 주식매수청구권은 주식회사의 합병 등에 반대하는 주주의 이익을 보호하는 기능을 가지고 있지만, 한편으로 그러한 주식매수청구를 한 특정한 주주의 주식을 회사가 매입하여야 한다는 것은 자기주식의 취득과 동일한 결과를 초래하기 때문에 회사재산이 사외(社外)에 유출되어 자본금충실을 해치는 위험이 있다.[39] 때문에 "주주의 주식매수청구권은 상법상 자본[금] 충실의 원칙에 반하여 예외적인 경우에만 인정되는 것"으로 평가되고 있다.[40]

여기서 어느 주주가 상당한 수의 주식을 보유하였지만 그 보유한 주식의 규모가 합병 등의 승인에 영향을 줄 정도는 아니라고 가정하자. 그는 주식매수를 청구한다는 것을 자신이 보유한 주식을 한 번에 처분할 수 있는 가장 유리한 경우라고 믿고서 합병 등에 반대를 하는 경우를 상정할 수 있다. 이처럼 어느 회사가 주식매수청구권의 행사대상이 되는 합병 등을 계획할 때에 그 주주는 당해 합병 등의 효율성 유무를 고려하지 않은 채 오로지 투자금을 회수할 수 있는 출구(exit)로서 주식매수청구권을 이용할 우려가 있다. 말하자면, 합병 등이 바람직한지의 여부를 따져보지도 않고서 합병 등을 위한 이사회의 결의가 있을 때 주주가 회사에 서면으로 반대의사를 통지한 다음 실제로 주주총회에서의 합병승인을 위한 결의에 반대하고 주식매수를 청구하여 합법적으로 자신의 투자금을 회수해 가려는 유인을 가질 수 있다.[41] 이처럼 주식매수청구권이 주주의 사실상 기회주의적인 행동을 합법적으로 허용한다는 점에서는 문제가 있다.

---

39) 이철송, 앞의 책, 391~392면은 비록 정관에 의하여 주식양도가 제한된 주식에 대한 주주의 매수청구권에 관한 논의이기는 하지만 반대주주의 주식매수청구권의 경우에도 유사하게 다루어질 수 있다.

40) 서울서부지방법원 2004. 3. 24.자 2001파41 결정.

41) 진태홍과 김성수의 실증연구는 합병반대의 의사표시는 합병의 효율성과 무관하게 이루어지고 있음을 밝히고 있다. 진태홍/김성수, "합병의 효율성과 주식매수청구권", 「규제연구」 제17권 제1호(한국규제학회, 2008), 139면.

위에서 살펴본 바와 같이 상장회사의 경우 회사와 주주들 사이에서 매수가격에 대한 협의가 이루어지지 않을 때에 적용되어야 하는 보충적인 가격을 어떻게 산정하는지에 관하여 자본시장법 시행령이 규정하고 있다. 일반적으로 상장회사는 그 보충적 가격을 회사의 협의가격으로 합병을 단행하기 전에 미리 제시하는데, 이 가격이 회사가 매수하는 가격의 기준가이며 주주가 주식매수청구권을 행사하는 가격이다.[42] 이 때문에 주주가 주식매수청구권을 가진다는 것은 일종의 풋옵션(put option)을 갖는 것과 다를 바 없다. 즉, 주주가 합병 등에 대한 반대의사를 표시하는 데 드는 비용은 서면의사통지비용에 국한되지만, 당해 회사 주식의 시가가 회사의 매수가격의 기준가보다 하락하더라도 매수가격으로 매도할 수 있다는 점에서 주주가 합병 등에 반대의사를 표시함으로써 주식을 매수청구의 기준가격으로 매각할 수 있는 풋옵션을 취득하는 셈이다.[43]

Ⅱ. 효율적인 합병 등의 억제

1. 주식매수가격의 고저에 따른 구분

회사의 주식매수가격이 합병 등에 미치는 영향을 살펴보기로 한다. 만약 주식의 매수가격이 현재의 시가보다 높은 경우에 합병 등을 억제하는 효과가 있다. 구체적으로 살펴보자면, 거래비용 등을 감안하더라도 매수가격이 시가보다 높은 경우 주주는 주식매수청구권을 행사할 유인을 가진다. 자본시장법 시행령에 따라 산정한 상장회사에서의 반대주주의 주식에 대한 매수가격은 과거의 주가를 바탕으로 하지만(자본시장법 제165조의4 제1항 제1호, 시행령 제176조의5 제1항 제1호), 합병 등에 따라 기대되는 상승효과는 예컨대, 합병 등의 승인을 위한 주주총회가 개최된 후로부터 기산하는 주식매수청구기간 동안의 주식 가격에 반영된다. 만약 합병 등에 따른 상승효과가 기대되지 않는다면 오히려 주가가 하락할 것이다. 이처럼 주가가 하락하여 주식매수가격이 시가보다 높다면 반대하는 주식의 수가 늘어날 것이어서 회사측이 부담할 매수비용이 증가하게

42) 이형근, 앞의 논문, 72면.
43) 진태홍/김성수, 앞의 논문, 116면.

되고 그 결과 합병 등이 성공할 가능성이 줄어든다. 반대주주의 주식에 대한 매수가격이 시가보다 낮은 경우 주주는 매수청구권을 행사하는 유인을 가지지 않는다. 이 경우에 그러한 주가가 합병으로 인한 상승효과를 반영하고 있다면 장기적으로 보았을 때 합병이 효율적임을 시사하고 있으므로 굳이 합병 등을 반대할 필요가 없기 때문이다.

한편, 주식매수가격이 지나치게 높거나 낮은 경우에는 합병의 효율성과 무관하게 매수청구권이 행사될 수 있다. 예를 들어, 세계경제의 이상변동으로 인하여 주가가 폭등하는 바람에 주식매수가격이 지나치게 높게 형성되었다가 합병공시 이후 세계경제가 안정되거나 오히려 주식시장의 침체로 주가가 큰 폭으로 하락한 경우 효율성이 높은 합병이라고 하더라도 반대주주의 매수청구가 쇄도하여 합병이 저지될 수 있다.[44] 말하자면, 주식매수청구권의 행사가가 높게 책정되어 있는 것을 기화로 주주가 권한을 행사하여 단기적 이익을 추구한다면 당해 회사는 주주총회에서 합병 등에 대한 승인을 도출하지 못하거나 자금부담을 감당하지 못하여 효율적인 합병이 저지될 우려도 있다. 반대로 합병 등이 비효율적이어서 많은 주주가 매수청구권을 행사하여 저지하는 것이 경제적으로 바람직함에도 불구하고 제시된 매수가격이 지나치게 낮다면 오히려 주주가 매수청구권을 행사하지 않아 그 합병 등이 성사될 수도 있다.[45] 이상의 논의는 주식매수청구권의 행사 가부는 주식가격의 변화에 좌우되는 까닭에 합병 등의 효율성과는 거리가 있음을 시사한다.[46]

2. 자본시장의 유형에 따른 구분

(1) 가상의 사례[47]

이상에서 살펴본 것처럼 주식매수청구권은 합병 등이 일부 주주에게는 유리하고, 다른 주주에게는 불리한 경우 그 거래로 인해 불이익을 받는 주주에게

---

44) 김근수/변진호, 앞의 논문, 491면.

45) 진태홍/김성수, 앞의 논문, 113면.

46) 이승철, "주식매수청구권에 관한 증권거래법 규정에 대한 비판적 검토," 「저스티스」 통권 제105호(한국법학원, 2008), 96~98면.

47) 이하의 논의는 Peter V. Letsou, *The Role of Appraisal in Corporate Law*, 39 Boston College Law Review 1121(1998)을 많이 참조하였다.

회사가 보상하는 것을 주된 내용으로 한다. 그러한 보상에 드는 비용은 경제적으로 그 거래로부터 이익을 받는 주주가 부담한다. 즉, 합병 등으로부터 이익을 받는 주주가 그 거래에 찬성하는 것은 그 이익이 반대주주의 주식매수에 대한 대가로 지급하는 금액을 상회하는 경우를 전제로 하는 것이다.[48)]

여기서 가상의 사례를 들어 설명하기로 한다. 어느 회사가 위험성 있는 합병을 실행하려 한다. 주주는 2개의 그룹으로 나누어져 있다. A그룹은 위험회피적이지 않은 주주들로 구성된 그룹으로서 당해 회사가 발행한 주식총수 1,000주 중 700주를 보유하고 있고, 1주당 현재 1,000원의 가치가 있는 것으로 평가하고 있다. A그룹의 주주는 합병이 성사되면 주식의 가치가 1주당 1,050원으로 상승할 것으로 기대하고 있다. B그룹은 위험회피적인 주주그룹으로서 300주를 보유하고 있으며, 현재는 1주당 1,000원의 가치가 있는 것으로 생각하고 있다. B그룹의 주주는 합병을 한 이후에 주식의 가치가 1주당 900원으로 떨어질 것으로 예상하고 있다.

(2) 자본시장이 존재하지 않는 경우

합병 전·후에 주식을 시장에 내다 팔 수 없는 경우를 가정하기로 한다. A그룹의 주주가 받는 이익의 합계 35,000원에 비하여 B그룹이 부담하는 손해가 30,000원이다. 전체적으로는 주주의 이익이 더 크다는 점에서 사회적으로는 효율적인 합병에 해당하며, A그룹에 속하는 주주가 보유한 주식의 수가 상법상 합병에 요구되는 주주총회의 특별결의의 요건을 충족하고 있으므로 주주총회에서 승인받기가 용이하다. 그러나 현실은 이와 달리 작동할 수 있다.

〈표 10-2〉 주주그룹별 주식의 가치

주주그룹	소유주식 수	현재 가치	합병 후 기대가치	합병 후 이익의 합계
A그룹	700주	1,000원	1,050원	35,000원(=50원×700주)
B그룹	300주	1,000원	900원	−30,000원(=−100원×300주)

48) *Id.* at 1124.

위의 합병에 B그룹에 속하는 주주 전원이 주식매수청구권을 행사한다고 할 때 회사는 B그룹의 주식을 매수하기 위하여 1주당 1,000원을 지급하여야 한다면 300,000원의 현금이 필요하다. 이를 조달하기 위하여 은행으로부터 차입을 하는 것으로 가정한다. 이 경우 은행은 당해 합병이 회사의 위험을 증대시킨다는 점을 감안하여 고리(高利)로서 금전을 대여할 것이므로 차입에 드는 비용을 차입금액의 20%로 상정한다. 이 경우 차입비용은 무려 60,000원이나 된다. 따라서 B그룹 주주들의 주식매수청구권의 행사로 인하여 회사는 60,000원을 지출하여야 한다. 이는 합병으로부터 생기는 이익 35,000원을 웃돌기 때문에 A그룹의 주주로서는 위의 합병을 실행하지 않는 것이 오히려 더 유리하다. 이처럼 합병에 반대하는 주주의 주식매수청구권 행사에 의하여 초래되는 비용은 회사가 부담하지만 이는 결과적으로 합병에 찬성하는 주주가 부담하는 것과 다를 바 없다. 따라서 그 비용이 이익을 웃돈다면 합병을 실행하지 않게 된다.[49)]

(3) 불완전한 자본시장이 존재하는 경우

이상의 가상의 사례에서 합병의 실행으로 인하여 시장에서 주가가 1,000원에서 1,050원으로 오른다고 가정하자. 자본시장이 완전하지 않기 때문에 시장에서의 매매에는 거래비용이 발생한다. 그 거래비용은 매매가격의 10%로 상정한다. B그룹의 주주가 합병에 찬성한 이후에 주식을 시장에서 매각하면 1,050원으로 매각할 수 있지만, 105원의 거래비용을 지불하여야 하므로 순수한 매각가격은 945원이 된다. B그룹의 주주가 입는 손실은 합병이 실행되지 않은 시점에서 가지고 있던 가치인 1,000원에서 945원을 공제한 55원이다. 이는 자본시장에 대하여 전혀 접근할 수 없는 경우에 입는 손실인 100원보다는 작은 규모이기는 하지만 손실이 발생하였다는 사실 자체는 동일하다. 결국 B그룹의 주주는 가상의 사례에서의 합병이 효율적임에도 불구하고 이에 반대하여 주식매수청구권을 행사하게 될 것이다. 만약 거래비용이 줄어들어 B그룹의 주주가 주식매각을 통해 순이익을 획득할 수 있다면 그 때에는 합병에 찬성표를 던질 것으로 예상한다.[50)]

---

49) *Id.* at 1143~1144.
50) *Id.* at 1145~1146.

3. 절차적 측면

반대주주가 주식매수청구권을 행사하기 위해서는 회사에 대하여 주주총회가 개최되기 전에 당해 회사에 서면으로 반대의사를 통지하여야 한다(제522조의3 제1항). 비상장회사의 경우에는 합병 등을 내용으로 하는 이사회결의가 있은 후에 주식을 취득한 주주도 주식매수청구권을 행사할 수 있다.[51] 반대의사의 통지 후에 거쳐야 하는 매수청구의 각 단계에서 원칙적으로 매수청구권자의 동일성은 인정되어야 한다. 다만, 회사의 매수대금 지급의 부담을 덜어준다는 점에서 서면으로 반대의사를 통지한 주주가 나중에 주주총회에 참석하여 합병 등에 찬성하는 것이 가능할 뿐만 아니라 주주총회에서 보유한 주식 전부에 대하여 반대하였더라도 실제로는 일부 주식에 대하여서만 매수청구를 하는 것도 인정된다.[52] 반대주주가 주식매수를 청구한 후에 주주와 회사 사이에 매수가액의 합의가 이루어지지 않아 매수대금이 지급되지 못한 경우라 하더라도 회사는 매수청구기간의 종료일로부터 2개월의 경과로 이행기가 도래하여 연 6%의 상사법정이율(제54조)에 따른 지연이자를 부담하여야 한다. 이와 같은 일련의 절차들은 반대주주의 주식매수청구에 관련된 유인을 왜곡할 수 있어 효율적인 합병 등을 억제하는 부정적인 결과를 야기할 수 있다. 이를 구체적으로 나누어서 살펴보기로 한다.

첫째, 비상장회사의 경우 합병 등을 위한 이사회 결의 이후에 주식을 취득한 주주에게도 주식매수청구권이 인정되는 까닭에 이사회의 결의가 있은 후에 차익거래(arbitrage)를 목적으로 당해 주식을 취득하는 경우도 발생할 수 있다.[53] 이와 같이 합병 등의 효율성 여부를 판단하지 않고 오직 차익만을 기대하여 주식매수청구권을 행사하는 것은 반대로 효율적인 합병 등을 억제하는 효과가 있다.

---

51) 이철송, 앞의 책, 601면.

52) 위의 책, 602면.

53) 실제 미국의 경우에는 이사회가 합병계획을 발표하면 주주총회 직전에 당해 회사의 주식을 대량으로 매집한 주주가 다른 주주에게 합병에 반대할 것을 권유하고 법원에 주식매수청구권 행사가액 결정을 청구하는 경향이 심화되고 있으며, 이로 인하여 회사의 거래비용이 현격하게 증가하고 있다고 한다. 김희철, “주식매수청구권 차익거래 예방을 위한 법적 기반 연구 – 미국 델라웨어주의 최근 법 개정 논의를 중심으로 –,” 「경희법학」 제50권 제4호(경희대학교, 2015), 349면; 최민용, “반대주주의 주식매수청구권 사례 검토와 시사점: 미국의 경우,” 「KERI Insight」 KERI 정책제언 16–07(한국경제연구원, 2016), 7~8면.

둘째, 합병 등을 결정한 이사회의 결의에 대하여 서면으로 반대의사의 통지를 해야만 주식매수청구권을 행사하는 자격이 주어진다. 주주는 실제 의사(意思)나 당해 합병의 효율성 유무와는 상관없이 일단은 그러한 통지부터 해 놓고 보자는 유인을 가진다.[54] 반대통지 후 의사를 번복하는 것은 충분히 가능한 까닭에 주식매수청구의 규모와 이사회 결의에 대한 반대의사 통지의 규모 사이에 괴리가 있다. 실무에서도 이사회의 결의에 대한 반대비율이 전반적으로 높은 것으로 나타나고 있는데, 이는 이사회가 결의한 행위가 주주에게 이익이 되는지와 무관하게 주식매수청구권 행사자격을 확보하려는 경제적 요인에 기인하는 것으로 분석되고 있다.[55] 그 결과 회사로서는 주식매수청구권을 행사할 반대주주의 규모를 정확하게 예측하기가 곤란하여 거래비용을 높이는 효과가 있다.

셋째, 반대주주는 주식매수가격에 합의가 되지 않으면 매수대금의 지급이행기 이후 대금수령일까지 연 6% 비율에 의한 지연이자를 수령할 수 있다. 이와 같이 회사측이 고리의 지체책임을 부담한다는 점에서 주식매수대금의 협의에 있어서 반대주주에게 회사측의 가격제안을 적극적으로 수용할 유인을 가지기 어렵다. 이 때문에 반대주주 중에서 충분한 분산투자의 포트폴리오를 보유하고 있는 주주가 아니라면 연 6%의 확정수익률을 올릴 수 있는 가격분쟁을 마다할 이유가 없다.[56] 말하자면, 주주로서는 합병 등이 효율적인지의 여부를 불문하고 그에 대해 반대할 유인을 가진다는 것이다.

제 5 절 주식매수청구한 주주의 지위

회사가 주식매수대금의 이행기를 도과하는 경우 주식매수청구권을 행사한 주주에게 그 대금과 관련하여 원본에 이자까지 지급하여야 한다는 것은 그러한

54) 송옥렬, 앞의 책, 954면.

55) 김근수/변진호, 앞의 논문, 484면.

56) 노혁준, “주식매수청구권 행사 이후의 법률관계에 관한 연구 – 합병에 대한 반대주주 사안을 중심으로 –,” 「인권과정의」 통권 제461호(대한변호사협회, 2016), 21면 참조.

매수청구자가 사실상 채권자로서의 지위를 누리게 된다는 측면이 있음을 부인할 수 없다. 그럼에도 불구하고 합병 등에 반대하여 주식매수청구를 한 주주가 그 대금을 수령하기 전까지는 주주의 지위를 잃지 않는 것으로 이해되고 있다. 주식매수청구권의 행사로 매매계약이 체결된 것으로 보는 대법원 판결[57]에 따르더라도 "주식매수청구권을 행사한 주주도 회사로부터 그 주식의 매매대금을 지급받지 아니하고 있는 동안에는 주주로서의 지위를 여전히 가지고 있으므로"[58] 회사가 대금을 지급한 시기에 주주가 그 지위를 잃는다고 보는 것이 타당하다. 이를 뒷받침하는 구체적인 근거를 다음과 같다.

첫째, 주식매수청구권을 행사하게 되면 형식적으로는 매매계약이 체결되기는 하지만 궁극적으로는 그 실질적인 목적은 출자의 환급에 있다. 매수청구한 주주가 주식매매대금을 받지 못하였다면 이는 출자의 환급이 이루어지지 않은 것과 다를 바 없다. 그 경우에는 주식매수청구권 행사의 고유한 목적을 달성하지 못하였으므로 주주의 지위를 여전히 유지하는 것으로 풀이하여야 한다.

둘째, 주식매수청구권에 부여된 다수주주에 대한 견제기능 및 다수주주와 소수주주 간의 이해조정기능은 단순히 주식매수를 청구한 시점에서 충분하게 작동하는 것으로 볼 수는 없다. 이와 관련하여 다수주주측이 의결권있는 주식의 지분율에 변화를 기대하고 합병 등에 찬성하는 경우를 가상의 예로 들어 살펴보기로 하자. 甲 주식회사가 발행한 주식총수의 75%를 보유한 지배주주 A와 15%와 10%를 각각 보유한 B와 C가 있다고 가정하자. 만약 B와 C가 합병 등에 반대하여 각각 주식매수청구를 한다면 이들이 보유하고 있던 25%의 주식은 甲 회사의 자기주식으로 되어 공익권과 자익권이 휴지된다. 반면에 A는 자신이 보유한 주식의 수에는 변동이 없지만 甲 회사의 의결권있는 주식 전부를 보유하는 것으로 된다. A의 실질적인 지배력은 당초 75%에서 B와 C의 주식매수청구 후 100%로 증가하는 것이다. 이처럼 합병 등에 반대하는 주주가 주식매수청구권을 행사하여 그 주식매매대금이 지급되었다면 매수된 주식이 자기주식화되어 의결권이 휴지되며, 그 결과 다수주주의 지분율 혹은 실질적인 지배력이 상대적으로 증가한다. 이같이 지분율의 상승을 원하는 다수주주는 주식매수청구를

57) 대법원 2011. 4. 28. 선고 2010다94953 판결.

58) 대법원 2018. 2. 28. 선고 2017다270916 판결.

한 반대주주를 퇴사시키기 위하여 매수청구된 주식의 매매대금이 조기에 지급되도록 노력하게 된다. 그러한 노력의 일환으로 다수주주가 회사로 하여금 반대주주가 수용할 수준의 금액을 매수가격으로 제시하게 한다면 이는 주식매수청구권의 견제기능과 이해조정기능이 제대로 작동한 것으로 된다. 반대로 주식매수청구 시점에서 청구자가 주주로서의 지위를 잃는 것으로 풀이한다면 이는 다수주주가 위와 같은 노력을 경주할 필요가 없다는 것을 의미하므로 소수주주의 이익을 제대로 보살피지 못하였다는 비난에 직면한다. 이처럼 주주가 매수청구한 주식을 회사가 대금을 지급하고 취득하여야만 그 주식이 자기주식으로 되어 주주로서의 권리를 행사할 수 없게 되므로 매매대금이 지급되지 않은 주식에 대하여 회사의 자기주식이 아닌 주식(outstanding share)에 부착된 주주권을 부인할 수 없는 것이다.

제11장

이사의 의무와 책임

제 11 장

이사의 의무와 책임

제 1 절 논의의 범위

주식회사의 경제적인 소유자인 주주는 회사와 운명을 같이하는 존재이다. 회사가 양호한 경영실적을 달성하는 경우에는 그러하지 않는 경우보다 더 많은 배당을 기대할 수 있으며(제462조), 회사가 존립기간의 만료 등 여러 가지 이유로 인하여 해산·청산하는 경우에 주주는 원칙적으로 잔여재산에 대한 분배청구권을 행사할 수 있다(제538조).[1] 주주는 자신이 좀 더 많은 배당을 받고 종국적으로 더 많은 잔여재산을 분배받기 위하여 자신보다 경영에 더 전문적이고 효율적인 능력이 있는 자들을 이사로 선임하고, 회사는 이사에게 경영의 권한과 임무를 위임한다. 이로 인하여 소유와 경영의 분리가 이루어지는 것이다. 더 나아가 주주가 자신이 선임한 이사를 감시하는 유인을 가지는 것도 배당과 잔여재산분배를 많이 받기 위한 것에서 찾을 수 있다.

권한의 위임은 권한의 이동(power shift)을 필연적으로 수반한다.[2] 그러다

1) 상법 제538조 본문은 주주가 잔여재산분배에 대한 청구권을 가진다는 것을 규정하고 있으며, 그 단서는 회사가 상법 제344조 제1항에 따라 잔여재산의 분배에 대한 권한을 부여하지 않는 종류주식을 발행하는 경우에 한하여 이러한 청구권이 인정되지 않음을 명시하고 있다.

2) Lawrence E. Mitchell, *Fairness and Trust in Corporate Law*, 43 Duke Law Journal 425,

보니 수임인은 위임자의 뜻에 반(反)하거나 합리적인 주의를 기울이지 않아 태만하거나 또는 자신의 이익을 회사의 그것보다 앞세우는 행태를 보일 수 있다. 소유와 경영의 분리는 경영진의 전문적인 지식을 이용할 수 있다는 점에서 효율성이 있지만 정보의 비대칭으로 인하여 이사는 자신의 권리를 남용할 기회를 가질 수 있다. 이사가 회사와 주주의 이익을 해하면서 자신의 사적인 이익을 추구할 수 있는 것이다. 이에 상법은 이사에게 의무를 부과하여 성실하게 회사를 위해 업무집행을 하게 함으로써 이사와 회사—궁극적으로는 주주—사이의 대리인 문제를 줄이려는 것이다.[3] 구체적으로 살펴보자면, 상법(회사편)은 주주가 본디 행사하였던 권한 중 일부가 이사에게 위임됨으로써 발생할 수 있는 도덕적 해이 현상을 줄이기 위하여 사전적으로 주주가 성실하게 임무를 수행할 이사를 선임할 수 있도록 하고(제382조 제1항), 이사에게 다양한 의무를 부담시켜서 이사가 수임인으로서 제대로 역할을 수행할 것을 직접적으로 강제하고 있다. 예컨대, 이사는 회사에 대해 업무집행에 있어서 선량한 관리자로서의 주의를 다할 의무(선관주의의무, 제382조 제2항)와 법령·정관을 준수하고 회사를 위해 충실히 직무를 수행할 의무(충실의무, 제382조의3)를 부담한다.

사후적으로 주주는 임무를 해태하거나 자신의 의무를 저버린 이사를 해임할 수 있으며(제385조 제1항) 이사는 자신의 의무위반으로 인하여 회사가 입은 손해에 대하여 손해배상책임을 져야 한다(제399조 제1항). 이사의 법령위반이나 임무해태를 이유로 책임을 추궁하기 위해서는 회사가 그 이사를 상대로 채무불이행책임을 추궁하는 직접적인 소송을 제기하거나, 주주가 그 이사의 책임을 추궁하는 직접적인 소송을 제기하거나(제401조) 또는 주주가 대표기관적인 지위에서 대표소송을 제기할 수 있다(제403조). 다만, 이사의 경영판단 자체에 모험과 위험이 수반되는 경우가 허다하므로, 대법원 판례는 이사의 경영판단이 회사의 업무집행 본연의 취지에 맞게 신중하게 이루어졌고 그 판단의 내용이 부적절하지 않다면 이사에게 선관주의의무 위반의 책임을 묻지 않는 경영판단의 원칙을 적용하고 있다. 이사가 회사에 대하여 손해배상책임을 부담하는 경우라

430(1993).

3) Calvin Massey, *American Fiduciary Duty in an Age of Narcissism*, 54 Saskatchewan Law Review 101, 101(1990).

하더라도 상법에 따라 총주주 동의나 정관의 규정으로 감면할 수 있다(제400조). 이 같은 이사의 책임감경제도는 이사의 도덕적 해이를 초래하여 주주의 부를 훼손할 수 있음에도 불구하고 이사의 부담을 줄여서 기업가적인 정신을 고취하기 위하여 도입된 것이다.

본장에서는 이사의 선관의무와 충실의무의 관계에 관하여 살펴본 후에 회사의 손해를 회복하기 위하여 주주가 대신 제소하는 형식으로 자리잡은 주주대표소송과 주주대표소송에서 이사가 행사할 수 있는 일종의 항변사유로서의 경영판단의 원칙에 관하여 경제적으로 분석하고자 한다. 마지막으로는 이사의 책임감경제도의 긍정적인 측면과 부정적인 측면을 간단히 살펴보고자 한다.

제 2 절 이사의 의무

Ⅰ. 총 설

1962년 제정상법이 시행된 이래로 회사와 이사의 관계에는 민법상 위임에 관한 규정이 준용되고 있어(제382조 제2항), 이사는 회사의 업무를 처리함에 있어 선관주의의무를 부담한다(민법 제681조). 조직 내에서 위임관계가 형성되면 위임자의 일부권한이 수임자에게로 이동하지만,[4] 수임자는 위임자의 뜻을 저버리고 자신이 맡은 임무를 게을리 할 우려가 있어 상법은 이사에게 민법규정을 준용하여 선관의무를 지우고 있는 것이다. 이처럼 이사가 부담하는 선관의무는 고도의 인적 신뢰를 바탕으로 하며, 그 개념은 로마법상의 'diligentia boni patris familias'에서 유래하고 있을 정도로 긴 역사를 가지고 있다.[5]

한국은 1997년 12월 외환위기로 인하여 국가부도라는 미증유의 위기에 처하면서 IMF로부터 구제금융을 받았다. 이와 같은 국가적 경제위기를 극복하기

4) J. C. Shepherd, The Law of Fiduciaries 352(1981).
5) 로마법상의 수임인의 책임과 의무에 관하여 Alan Watson, Contract of Mandate in Roman Law 195~216(1961) 참조.

위하여 다양한 방법으로 국민들의 역량이 집결된 바 있다. 이 같은 시대적 배경하에 상법 제382조의3은 기업경영의 투명성을 제고하고 주식회사의 지배구조의 혁신을 도모하는 차원에서 이사의 책임을 강화하는 것을 주된 목적으로 1998년 개정상법에서 신설되었다. 상법 제382조의3은 '이사의 충실의무'라는 표제어 하에 "이사는 법령과 정관의 규정에 따라 회사를 위하여 그 직무를 충실하게 수행하여야 한다"고 규정하고 있다. 그러나 상법 제382조의3의 내용이 너무 추상적이다 보니,[6] 학계에서는 이사의 충실의무의 입법취지가 구체적으로 무엇인지를 비롯하여 대법원 판례가 이사의 충실의무를 어떻게 개념지우고 있는지에 관하여 여러 논의가 제기되어 왔다. 특히 법제정 이후로 단 한 차례도 개정되지 않은 상법 제382조 제2항에 터잡은 이사의 선관의무와 어떤 질적인 차이가 있는지에 관해서도 의문이 제기되었으며, 아직도 양자의 차이가 무엇인지에 관해서는 의견이 일치되지 않고 있다.[7]

Ⅱ. 이사의 선관주의의무

회사와 이사간의 위임관계는 계약에 의하여 성립되는 관계이며, 그 내용은 회사법과 회사의 정관 등에 의하여 결정된다. 이에 이사는 법에 따라 회사의 위임사무에 관하여 회사에 선량한 관리자로서의 주의의무를 부담한다. 이사는 이사라는 지위에 있는 자에게 통상적으로 요구되는 정도의 주의로서 업무를 수행하여야 한다. 따라서 이사가 그의 주의의무를 다하기 위해서는 이사가 의사결정을 할 때 충분한 정보를 바탕으로 하여야 하므로 다분히 절차적인 측면이 중시되는 경향이 있다.[8]

이사이면 선관주의의무의 주체가 된다. 이사인 한 그가 상근인지 혹은 비상근인지를 묻지 않으며 사내이사 혹은 사외이사 여부를 불문한다. 다만, 평이

6) 김병연, "이사의 충실의무와 영미법상 신인의무(Fiduciary Duty)," 「상사법연구」 제24권 제3호(한국상사법학회, 2005), 62면.

7) 이와 관련한 대표적인 연구로서는 임중호, "이사의 충실의무론," 「비교사법」 제6권2호(한국비교사법학회, 1999)와 장근영, "영미법상 신인의무 법리와 이사의 지위," 「비교사법」 제16권1호(한국비교사법학회, 2008) 등이 있다.

8) E. Norman Veasey, *The Defining Tension in Corporate Governance in America*, 52 Business Lawyer 393, 397~398(1997).

사, 업무담당이사 혹은 대표이사인지, 사내이사 혹은 사외이사인지, 보수를 받는지, 금융기관의 이사인지의 여부에 따라 그가 부담하는 주의의무의 정도에 차이가 있다.[9] 선관주의의무는 이사가 회사로부터 위임받은 업무를 처리하는 범위 내에서 적용된다.

이사의 선관의무에 속하는 대표적인 하위의무로서는 감시의무가 있다.[10] 대법원 판례에 따르면 이사의 감시의무는 회사의 규모나 조직, 업종, 법령의 규제, 영업상황 및 재무상태에 따라 그 구체적인 내용이 크게 다를 수 있다.[11]

Ⅲ. 이사의 충실의무

위에서 언급한 바와 같이 상법 제382조의3의 내용이 자세하지 않다보니 그 의의에 관하여 의견이 나누어지고 있다. 이를 간단히 살펴보면, 상법 제382조의3의 입법연혁을 바탕으로 하여 이사의 충실의무를 정의하는 입장이 존재한다.[12] 즉, 상법 제382조의3을 그 입법연혁적인 사항을 고려하여 미국의 경우와 동일하게 또는 미국법상의 신인의무(fiduciary duty)를 모법으로 삼아 이사의 이

---

9) 대법원 2002. 3. 15. 선고 2000다9086 판결("금융기관인 은행은 주식회사로 운영되기는 하지만, 이윤추구만을 목표로 하는 영리법인인 일반의 주식회사와는 달리 예금자의 재산을 보호하고 신용질서 유지와 자금중개 기능의 효율성 유지를 통하여 금융시장의 안정 및 국민경제의 발전에 이바지해야 하는 공공적 역할을 담당하는 위치에 있는 것이기에, 은행의 그러한 업무의 집행에 임하는 이사는 일반의 주식회사 이사의 선관의무에서 더 나아가 은행의 그 공공적 성격에 걸맞는 내용의 선관의무까지 다할 것이 요구된다."); 대법원 2008. 9. 11. 선고 2007다31518 판결("일정한 업무분장하에 회사의 일상적인 업무를 집행하는 업무집행이사는 회사의 업무집행을 전혀 담당하지 아니하는 평이사에 비하여 보다 높은 주의의무를 부담한다고 보아야 한다.").

10) 성승제, "이사의 주의의무와 대법원 2002. 3. 15. 선고 2000다9086 판결,"「상사판례연구」 제17집(한국상사판례학회, 2004), 131면.

11) 대법원 2008. 9. 11. 선고 2007다31518 판결.

12) 상법 제382조의3은 일본이 1950년 상법개정에서 신설한 충실의무규정(제254조의3)을 모델로 한 것이며, 일본의 규정은 미국법의 영향을 받은 것으로 알려져 있다. 일본의 구 상법 제254조의3은 "이사는 법령 및 정관에 따라 총회의 결의를 준수하고 회사를 위하여 충실히 그 직무를 수행할 의무를 부담한다"고 규정하고 있어 표현과 내용상 한국 상법 제382조의3과 큰 차이가 없다. 임중호, "이사의 충실의무론,"「비교사법」 제6권2호(한국비교사법학회, 1999), 584면. 일본 구 상법 제254조의3은 2006년부터 시행된 일본 제정 회사법 제355조의 전신이다.

익충돌행위를 제어하기 위한 입법으로 풀이하는 견해[13]가 있다. 한편, 미국법상의 신인의무에는 한국법에 포섭될 수 없는 내용도 많은 만큼 미국법의 경우처럼 명문의 규정없이 주의의무의 범위를 넘어서는 내용까지 상법 제382조의3이 규율하는 것으로 볼 수 없으므로 큰 의미를 부여하지 않아야 한다는 견해[14]도 있다.

대법원 판례는 입장이 나누어진다. 이사의 퇴직금을 과도하게 정한 규정을 마련하고 이를 주주총회에서 통과시킨 것은 회사재산의 부당한 유출을 야기하는 까닭에 회사의 책임재산을 감소시켜 주주 등의 이익을 중대하게 침해하는 경우에 해당하므로 이사의 충실의무에 위반한 행위라고 보는 판결[15]과 충실의무와 경업금지의무가 상호 교체가능한 의무처럼 표현하는 판결[16]에 비추어 보면 상법 제382조의3이 회사와 이사간의 이익충돌행위를 방지하는 데 목적이 있는 것으로 보인다. 그러나 대법원이 다른 판결에서 대표이사가 제3자에 대한 단기매매차익금반환소송에서 승소하였음에도 불구하고 회사에 아무런 이득 없이 일방적으로 그 반환채무를 면제하는 취지의 약정을 한 것은 이사의 충실의무에 위배되는 행위라고 판단한 것[17]을 함께 감안한다면 상법 제382조의3의 목적이 회사와 이사간의 이익충돌행위를 제어하는 데 한정되지 않음을 보여준다. 그 이유를 살펴보기로 한다. 첫째, 단기매매차익금은 내부자가 미공개중요정보를 이용하여 취득한 이익을 의미할 뿐 본래부터 회사가 보유하던 재산이 아니기 때문에 그 반환채무를 면제한다고 하더라도 현재의 회사재산이 유출되지 않는다. 둘째, 회사와 이사간의 이익충돌은 회사의 부가 이사에게 이전되는 것을 의미하는데, 단기매매차익금의 반환채무를 면제한다고 하더라도 이사의 부가 증가하지 않는다.

---

13) 송옥렬, 「상법강의」 제9판(홍문사, 2019), 1034면; 장근영, "영미법상 신인의무 법리와 이사의 지위," 「비교사법」 제16권1호(한국비교사법학회, 2008), 294면.

14) 이철송, 「회사법강의」 제27판(박영사, 2019), 756면,

15) 대법원 2016. 1. 28. 선고 2014다11888 판결.

16) 대법원 2016. 6. 9. 선고 2014다82491 판결("피고가 충실의무 또는 경업금지의무를 위반하거나 …").

17) 대법원 2016. 8. 24. 선고 2016다222453 판결.

Ⅳ. 이사의 선관주의의무와 충실의무의 관계

1. 개 관

상법상 이사가 부담하는 선관주의의무와 충실의무의 차이에 관해서는 의견이 일치되지 않고 있다. 상법 제382조 제2항(와 이에 의해 준용되는 민법 제681조)에 근거한 이사의 선관주의의무와 상법 제382조의3에 따른 이사의 충실의무와의 관계에 관하여 견해가 나누어지고 있는 것이다.

2. 학 설

충실의무와 선관주의의무와의 관계에 관하여 동질설과 이질설이 제시되어 있다. 동질설(同質說)은 이사의 충실의무는 선관주의의무와는 다른 별개의 고도의 의무를 규정한 것이 아니라는 입장이다. 즉, 이사의 충실의무는 단지 민법상의 추상적인 선관주의의무를 구체적으로 명확히 한 것에 지나지 않는다는 것이다. 그 근거로서 위임계약의 수임인에게 부과되는 선관주의의무는 특정한 자의 주의력을 기준으로 하는 것이 아니라 통상의 지식과 경험을 가지는 사람이 위임된 사무를 처리하는 것에 즈음하여 사용해야 하는 주의를 기준으로 하는데, 이사가 수임인으로서 회사의 업무집행에서 투입하여야 하는 주의도 이것과 차이가 없다는 점을 들고 있다. 말하자면, 이사가 회사에서 가지는 지위의 중요성을 감안하더라도 선관주의의무 자체를 강화하는 것에 큰 의미를 두기 어렵다는 것이다. 요컨대, 상법이 이사의 충실의무를 규정하더라도 그것만으로 이사의 선관주의의무 자체를 강화한 것으로 풀이할 수 없으므로 결과적으로 이사의 충실의무는 선관주의의무의 범주속에 포함된다는 논리이다. 현재 국내의 다수설의 입장이다.

이에 반하여 이질설(異質說)은 이사의 충실의무는 회사와 이사 사이에 존재하는 신뢰적 법률관계로부터 유래하는 고도의 의무로서 선관주의의무와 성질을 달리하는 것으로 풀이한다. 그 근거로서 이사의 선관주의의무위반으로 책임을 부담하기 위해서는 고의 또는 과실을 요건으로 하지만 충실의무위반으로 인한 책임의 경우에는 고의나 과실이 요구되지 않는다는 점과 선관주의의무위반과 충실의무위반으로 인한 책임의 범위가 다르다는 점 등을 들고 있다.

3. 판 례

대법원은 대체적으로 동질설의 입장에서 이사의 선관주의의무가 충실의무를 포섭하는 광의의 개념으로 인식하고 있는 것으로 보인다. 예컨대, 대법원 판결[18]에 따르면 첫째, 충분한 정보를 바탕으로 의사를 결정한 경우에는 선관주의의무 내지 충실의무를 다한 것이며 둘째, 설령 이사가 자기이익을 회사이익보다 우선시하는 경우에도 이사의 선관주의의무 위반으로 되어 고의 또는 중과실로 인한 책임을 부담한다. 이처럼 대법원 판례는 상법 제382조의3은 이사의 선관주의의무의 일부로 자리잡을 수 있는 독특한 의미의 충실의무만을 인정하고 있을 뿐이다.[19] 충실의무가 선관주의의무를 '충실'히 수행하여야 하는 '의무'로 인식되고 있는 결과 상법 제382조의3이 구체적인 법률효과를 발생시키지 않는 단순한 선언규정 혹은 주의규정에 머무르고 있는 것이다.

4. 평 가

이사의 선관주의의무와 충실의무의 관계에 대하여 다수의 견해가 동질설을 취한 이유는 무엇인가? 그 주된 이유는 이사의 선관주의의무와 충실의무를 구분하는 경계선이 분명하지 않다는 데 있다. 더욱이 양자를 각각 위반하는 경우 일단 그 손해는 회사에게 귀속되어 주주가 회사에 대하여 청구할 잔여재산의 규모를 감소시키는 결과를 낳는 까닭에[20] 이들을 구별하는 것은 실제 쉽지 않다. 예컨대, 이사로서 10 수준의 업무집행능력을 가진 것으로 평가받는 이사가 있다고 가정하자. 추가적으로, 그가 자신의 업무집행능력을 다 발휘하기 위해서는 10 수준의 주의를 기울여야 한다고 가정하자. 주주총회는 그가 10 수준의 능력을 다 투입할 것으로 상정하여 그의 업무집행능력 수준 1단위당 10만원을 기준으로 총 보수를 100만원으로 정하였다고 하자. 하지만 그 이사가 9 수준의 주의를 기울이는 경우, 즉 그가 받는 보수에 걸맞지 않게 회사경영을 수행한다면 선관주의의무를 위반한 것으로 된다. 회사가 이사의 책임을 추궁하여 손해를 완전히 구제받지 못하는 한 이사의 선관주의의무위반으로 인하여 회사의

18) 대법원 2002. 6. 14. 선고 2001다52407 판결.

19) 대법원 2004. 5. 13. 선고 2002도7340 판결; 대법원 2007. 10. 11. 선고 2007다34746 판결.

20) Michael P. Dooley, *Two Models of Corporate Governance*, 47 Business Lawyer 461, 486(1992).

부가 감소한다. 만약 그 이사가 행하는 실제적인 업무집행능력의 수준은 9에 머물러서 항상 9 수준으로 업무집행을 함에도 불구하고 그가 10 수준의 능력으로 10 수준의 업무집행을 하는 것으로 평가받아 100만원의 보수를 수령한다면 그의 능력이나 업무수행에 비하여 더 많은 보수를 받는 것으로 된다. 구체적으로는 이 경우에 회사에 10만원의 손해를 야기하는 반면에 이사에게 10만원의 이익을 이유없이 지급하는 것이 되어 이익충돌이 발생하는 상황에 놓이게 된다. 말하자면, 이러한 상황에서 이사의 행위는 충실의무위반을 구성하는 것이다.

대법원 판례가 상법 제382조의3에 큰 의의를 부여하지 않은 이유는 무엇인가? 상법상 이사의 충실의무가 그 내용이 매우 추상적이다 보니 이사 스스로가 이를 제대로 이행하기 어렵고 법원도 이사의 의무위반을 판단하기가 용이하지 않다. 이 같은 불명확성으로 인한 법적 위험을 줄이기 위하여 예컨대, 이사가 별도의 비용을 들여 외부로부터 충분한 조언을 구한 후에 의사결정을 해야 한다면 회사의 경영효율성이 떨어질 수밖에 없다. 이처럼 법규정이 불명확할수록 오히려 수범자의 준수비용(compliance cost)이 상승하게 된다. 이에 대법원은 법문의 추상성으로 야기되는 비효율성을 이사에게 전가하는 것은 합리적이지 않다고 보아 상법 제382조의3에 의한 이사의 충실의무를 기존의 선관주의의무의 체계 내에서 하나의 부분집합으로 해석한 것이다. 요약하자면, 성문법주의국가인 한국에서 사법부는 원칙적으로 법규정의 문리적 해석을 바탕으로 법적용을 할 수 밖에 없는 상황에서 오히려 규정의 내용이 비교적 단순한 상법 제382조의3이 적용될 여지를 축소하는 것이다.

제 3 절 이사의 책임추궁: 주주대표소송

I. 의 의

1. 개 관

"무엇이 어떻게 해결이 되어야 하는가?"의 물음에 대한 대답은 하나가 아니고, 당사자 각각이 주어진 위치나 시점에 의해서 다양할 수밖에 없다. 그럼에도 불구하고 제소를 최종적으로 결정하는 과정에는 일정한 패턴이 있다. 즉, 제소를 위한 의사결정과정은 다음과 같은 요소를 단계적으로 구분하여 파악할 수 있는 것이다.

① 회사손해의 인지 ➡ ② 책임귀속 주체의 인지 ➡ ③ 요구표출

2. 제소결정의 과정

(1) 회사손해의 인지

이는 어떤 유형의 침해가 발생하는 경우에 그것에 대하여 회사가 명확하게 손해를 입었다고 인지하는 단계를 의미한다. 하지만 회사가 손해를 입었다고 인지하는 것은 실제로는 그렇게 단순하지 않다. 예컨대, 실상 이사의 임무해태로 인하여 회사가 손해를 입었음에도 불구하고 회사는 그러한 손해의 원인을 이사의 임무해태보다는 경기(景氣)탓으로 돌리는 경우가 발생할 수 있다. 또는 그러한 손해의 원인이 이사의 임무해태에 있었다는 사실을 수년이 흐른 후에야 간신히 인지하는 경우도 있을 수 있다.

(2) 책임귀속 주체의 인지

책임귀속 주체의 인지라 함은 이사의 임무해태로 인한 회사의 손해에 대해 책임을 부담해야 할 주체를 특정하는 것이다. 이것도 단순한 인지 과정이라고 하기는 어렵다. 회사에 손해가 발생하였다고 하더라도 여러 이사 중에서 임무를 해태한 이사를 특정하는 것이 곤란한 경우가 존재한다.

(3) 요구표출

회사가 이사에 대하여 요구를 제시하는 것은 손해와 책임귀속의 주체를 인지한 이후에 진행되는 과정이다. 손해와 책임귀속의 주체를 인지한다고 하더라도 바로 요구가 표출되는 것은 아니다. 현실적으로 요구를 표출할 수 있을지의 여부는 손해의 규모, 회사와 임무해태를 한 이사와의 관계, 금전적인 비용과 투입하여야 하는 시간 등 여러 가지 함수를 감안하여야 하기 때문이다.

회사에 대한 책임은 이사에게 권한을 부여한 회사가 추궁하는 것이 논리적으로 타당하지만 회사는 타인기관[21]에 의하여 경영되는 만큼 회사가 이사를 대상으로 그의 책임을 추궁하는 것은 현실성이 떨어진다. 그 이유는 이사에 대한 책임을 추궁하는 것을 회사에 맡겨두면 이사들 사이의 동료의식으로 인하여 책임추궁을 게을리 하는 것이 일반적이기 때문이다. 말하자면, 회사가 소에 의하여 이사의 책임을 추궁하는 것은 법리상으로는 가능하지만 현실에서는 이른바 구조적 편견[22]으로 인해 회사가 이사에 대해 직접적으로 소를 제기하는 것을 기대하기란 쉽지 않다. 실제 손해와 책임귀속의 주체를 인지하였다고 하더라도 굳이 책임추궁을 하지 않는 형태로 요구표출을 단념하는 경우도 매우 많이 볼 수 있는 것이다.

이 때문에 상법이 이사와 직접적으로는 아무런 관계가 없는 주주가 나서서 이사의 책임을 추궁할 수 있도록 길을 터놓은 제도가 바로 주주대표소송(제403조)이다. 즉, 주주대표소송은 주주가 실질적으로 회사의 대표기관적 지위에 서서 수행하는 것이다.[23] 보다 구체적으로 살펴보자면, 주주가 대표소송의 원고가 된다는 것은 소송의 형식적 측면에서 주주가 타인인 회사의 이익을 위해 이사를 상대로 제소해서 판결을 받을 수 있는 자격권능을 전제로 하며[24] 이른바 제3자의 소송담당(Prozeβstandschaft des Dritten)의 한 형태이다. 이는 상법 제403조 제3항이 "회사를 위하여 소를 제기할 수 있다"라고 규정한 것에서 더욱 명확해진다.

---

21) '타인기관'이라 함은 기관자격과 사원자격이 일치하지 않는 것을 의미한다. 주식회사의 경우 타인기관은 주주로서의 자격을 요건으로 하지 않는 이사회를 주로 의미한다. 이철송, 앞의 책, 488면.

22) 한국에서는 이사와 감사가 회사의 임원일 뿐만 아니라(공정거래법 제2조 제5호 참조) 퇴직한 이사가 감사로 선임되는 경우가 많다는 점에서 한국 기업에서 구조적 편견은 쉽게 발견된다. Douglas M. Branson, *The Rule That Isn't a Rule—The Business Judgment Rule*, 36 Valparaiso University Law Review 631, 641~642(2002) 참조.

23) 이는 주주대표소송이 가지는 대표소송성 때문이다.

24) 이는 주주대표소송의 대위소송성 때문이다. 加藤良三/田中裕明/吉田直, 「株式会社法の理論 2」(中央経済社, 1995), 269頁.

Ⅱ. 상법상 주주대표소송제도의 주요 내용

1. 당사자

상법은 대표소송을 제기할 수 있는 자를 지주비율을 기준으로 정하고 있는데, 이에 따라 발행주식총수의 100분의 1 이상에 해당하는 주식을 가진 자만이 원고적격을 가진다(제403조 제1항). 상장법인의 경우에는 이러한 지주율 요건이 더 완화되어 발행주식총수의 1만분의 1 이상의 주식을 가진 주주만이 대표소송 제기권을 가진다. 다만, 상장법인의 경우에는 6월 전부터 계속하여 주식을 보유하여야 한다는 요건이 추가되어 있다(제542조의6 제6항). 이처럼 소수주주만이 제소권자가 될 수 있도록 규정한 것은 남소를 방지하기 위한 것이다. 물론 1인의 주주가 이러한 요건을 충족하여도 되고 여러 명의 주주가 공동으로 이 요건을 충족시켜도 상관없다.

한편, 상법 제403조 제5항은 제소한 "주주의 보유주식이 제소 후 발행주식총수의 100분의 1 미만으로 감소한 경우(발행주식을 보유하지 아니하게 된 경우를 제외한다)에도 제소의 효력에는 영향이 없다"고 규정하고 있다. 즉, 제소시에 지주비율요건을 충족하면 제소한 후에는 그러한 지주비율에 미달되는 경우라 하더라도 1주 이상의 주식을 보유하기만 하면 기존의 제소에 대해서는 아무런 영향이 없다.[25)]

대표소송의 피고는 임무를 해태한 이사 또는 이사였던 자이다.[26)] 이사가 재임 중에 임무를 해태한 행위에 대해 퇴임 후에도 대표소송을 제기하여 책임을 추궁할 수 있는 것이다.

2. 제소전 절차

주주는 대표소송을 정식으로 제기하기 전에 회사에 대하여 소제기를 청구

25) 대법원은 주주대표소송을 제기한 후에 주식을 전량처분한 주주는 특별한 사정이 없는 한 원고적격을 상실하며, 설령 대표소송을 함께 제기한 다른 원고들이 주주의 지위를 유지한다고 하더라도 마찬가지라고 판시하고 있다(대법원 2013.9.12. 선고 2011다57869 판결).

26) 상법상 주주대표소송 관련 규정은 발기인, 업무집행지시자, 감사, 감사위원회 위원 및 청산인의 책임(제324조, 제401조의2 제1항, 제415조, 제415조의2 제7항, 제542조 제2항), 불공정한 가격으로 신주를 인수한 자의 책임(제424의2), 그리고 주주권의 행사와 관련하여 이익을 공여받은 자의 책임(제467의2)을 추궁하는 데에 준용된다.

하여야 한다. 제소청구를 통하여 회사로 하여금 본격적인 소송의 단계에 들어가기 전에 이사의 행동을 적정하게 하거나 제소청구권자와의 화해를 조장하여 소송의 필요성을 줄일 수 있을 뿐만 아니라 이 같은 소제기전 절차는 주주들의 남소로부터 이사를 보호하고, 더 나아가 주주들의 위협소송(strike suit) 또는 착취소송을 억제하는 기능이 있다.[27)]

주주가 대표소송을 제기하기 위해서는 원칙적으로 먼저 회사에 대하여 이유를 기재한 서면으로 이사의 책임을 추궁할 소의 제기를 청구할 수 있다(제403조 제1항). 물론 소수주주는 회사와 이사 간의 소에서 감사가 회사를 대표한다는 상법의 규정(제394조 제1항 제2문)에 따라 원칙적으로 감사에 대하여 소의 제기를 청구하여야 한다.

감사가 소제기청구를 받은 날로 부터 30일 이내에 제소하지 아니할 때에야 비로소 제소를 청구하였던 소수주주가 직접 소를 제기할 수 있다(제394조, 제403조 제3항). 이 경우 소를 제기하지 않은 이유를 묻지 않는다. 만약 30일이라는 기간이 경과된 후에 소를 제기한다면 회사에 회복할 수 없는 손해가 발생할 염려가 있는 경우라면 즉시 제소할 수 있다(제403조 제4항). 따라서 이사가 회사의 재산을 은닉하거나 무자력으로 되는 경우 또는 이사에 대하여 가지는 회사의 채권이 시효로 소멸되거나 회사에 대한 이사의 책임이 해제(제450조)될 경우 등은 회사에 회복할 수 없는 손해가 발생할 염려가 있다고 보아 즉시 제소가 가능하다. 또한 전체 이사의 과반수가 이사의 문제된 행위에 관련되어 있거나 이사회가 이사의 위법한 행위를 추인한 경우 등에는 회사가 이사에 대한 책임추궁을 위한 소송의 제기를 기대할 수 없다. 이 경우에 제소청구요건을 법률상 강제하는 것은 의미가 없어 일종의 시간낭비에 해당하므로 이는 궁극적으로

---

27) Grimes v. Donald, 673 A.2d 1207, 1216(Del. 1996). '위협소송' 내지 '착취소송'이라 함은 이사의 의무위반행위로 인한 회사의 손해의 회복을 그 목적으로 하는 것이 아니라 주로 방해효과(nuisance value)를 도모하는 소송을 가리킨다. William M. Lafferty & W. Leighton Lord III, *Toward a Relaxed Summary Judgment Standard for the Delaware Court of Chancery: A New Weapon against "Strike" Suits*, 15 Delaware Journal of Corporate Law 921, 924~928(1990). 어느 특정한 상황에서 주주대표소송의 제기가 바람직하지 않음에도 불구하고, 변호사가 오로지 자신의 보수를 받아낼 목적으로 원고를 대리하여 대표소송을 제기한 경우 그러한 대표소송이 전형적인 위협소송에 해당한다. 위협소송으로 인하여 발생하는 비용은 회사의 자산을 잠식하는 결과를 낳게 되며 이는 궁극적으로 주주의 부를 감소시킨다.

주주의 이익을 해하는 것이 된다. 따라서 이 경우에도 역시 제소청구 없이 즉시 대표소송을 제기할 수 있다.

3. 담보의 제공

상법은 애초 주주대표소송제도를 도입하면서 위협소송이 제기되는 경우처럼 그 남용을 방지하려는 차원에서 원고주주의 악의가 소명되는 경우 법원이 담보제공 명령을 내릴 수 있음을 정하고 있다. 즉, 소수주주가 대표소송을 제기한 경우에는 피고인 이사는 원고주주가 악의로 소제기를 하였다는 것을 소명(Glaubhaftmachung)하고 주주에게 상당한 담보를 제공할 것을 법원에 청구할 수 있고, 법원은 이에 따라 상당한 담보의 제공을 원고주주에게 명할 수 있다(제403조 제7항, 제176조 제3항·제4항). 여기서의 '악의'라 함은 원고주주의 이사에 대한 악의로서 피고이사를 해한다는 것을 아는 것으로 족하므로, 굳이 부당하게 피고이사를 해할 의사가 있는 것까지를 요하지는 않는다.

법원은 제공할 담보의 금액과 그 제공기간을 재량으로 결정하지만 이 같은 규모와 기간이 어느 정도인지에 따라 대표소송의 운명이 좌우되거나 그 의의가 손상될 수 있다. 원고주주가 법원이 명한 담보제공을 하지 아니한 때에는 법원은 변론 없이 판결로 소를 각하할 수 있다(민사소송법 제117조, 제124조). 만약 법원이 원고에게 고액의 담보를 제공할 것을 명하거나 단기간에 담보를 제공하도록 정하는 바람에 원고가 그 담보를 마련하지 못하여 주주대표소송이 각하되는 경우를 상정할 수 있다. 따라서 담보제공의무는 담보능력이 있는 대주주와 그러하지 않은 소수주주를 불공정하게 차별하는 역효과가 있으며, 이는 위협소송뿐만 아니라 법원의 판단이 반드시 요구되는 소송까지도 함께 억제하는 부작용이 있다. 반대로 담보액이 너무 과소하다면 대표소송의 남용에 대한 억제책으로 마련된 담보제공제도의 취지가 무의미하게 된다.

4. 소의 취하, 청구의 포기·인낙·화해의 제한

제소주주는 법원의 허가를 받아야만 소 취하, 청구의 포기·인낙·화해를 할 수 있다(제403조 제6항). 예컨대, 만약 원고주주가 화해를 하는 것은 회사의 권리를 주주가 임의적으로 처분하는 것과 다름없으므로 원칙적으로 이를 할 수 없다는 것을 의미한다. 원고주주와 피고이사 간의 야합에 따른 부당한 화해를 하는 경우에는 회사와 다른 주주의 이익이 침해된다. 그러나 원고의 제소능력이나 소송수행의욕의 결여와 같은 구체적인 사정을 고려하지 않은 채 일단 소를 제기하였으면 계속하여 소송을 진행하도록 강요하는 것은 가혹하다. 이에 상법은 법원의 허가를 조건으로 하여 소의 취하, 청구의 포기·인낙·화해를 예외적으로 인정하고 있다.[28]

5. 판결의 효력

일반적으로 소송법상 승소한 본안판결에 따른 실제적 이익이 귀속되는 주체는 자신의 권리를 스스로 주장한 원고이다. 그러나 대표소송의 경우 승소할 경우 그 소송의 결과로서 발생한 손해의 회복은 소송의 성질상 당연히 회사에 귀속된다. 원고주주가 승소한 경우 판결문에 주주가 원고로, 상대방인 이사가 피고로 각 표시되지만 청구취지와 주문은 “피고는 소외 甲주식회사에게 금 ○○○원을 지급하라”는 형태로 패소한 피고가 회사에게 급부할 것을 명한다. 즉, 원고주주가 주주대표소송의 당사자이기는 하지만 판결주문의 급부명령은 제3자인 회사를 위하여 발하여지는 까닭에 소송담당자와 급부수령권자가 동일하지 않다는 특이한 구조를 형성한다.[29] 이처럼 원고주주가 받은 판결은 본래의 실질적 이익주체로서의 회사 자신이 판결을 받은 것과 동일한 효력을 가지므로 다른 주주는 중복하여 동일한 주장을 할 수 없게 된다. 왜냐하면 원고주주가 받은 판결은 승소 또는 패소의 여하와는 상관없이 그 기판력이 회사에 미치며 원고주주 이외의 다른 주주에게도 일종의 반사적 효력이 미치는 것으로 해석되기 때문이다.

6. 소송비용의 부담

(1) 원고가 승소한 경우

대표소송을 제기한 원고주주가 승소한 때에는 민사소송법에 따라 원칙적

28) John Matheson, *Restoring the Promise of the Shareholder Derivative Suit*, 50 Georgia Law Review 327, 350~351(2016).

29) 이덕기, “주주대표소송의 승소판결에 의한 강제집행절차,” 「민사집행법연구」 제7권(한국민사집행법학회, 2011), 110~111면.

으로 패소한 피고이사가 소송비용을 부담한다(민사소송법 제98조). 소를 제기한 주주가 승소한 때에는 그 주주는 회사에 대하여 소송비용 및 그 밖에 소송으로 인하여 지출한 비용 중 상당한 금액의 지급을 청구할 수 있다. 소송비용에는 변호사보수도 당연히 포함된다. 이처럼 "상법은 직접적인 이익 취득이 없는 주주가 소송에 소요되는 비용에 대한 걱정 없이 그 감시·통제 기능을 원활히 수행할 수 있도록 제소주주에게 주주대표소송과 관련된 비용의 지급을 회사에 청구할 수 있도록 규정하고 있는" 것이다.[30] 소송비용을 지급한 회사는 이사 또는 감사에 대하여 구상할 수 있다(제405조 제1항). 여기서의 승소한 경우에는 전부승소는 물론이고 일부승소가 포함된다(민사소송법 제101조 참조).

(2) 원고가 패소한 경우

대표소송의 원고주주가 패소한 경우에는 그가 소송의 비용을 부담하여야 한다(민사소송법 제98조). 만약 주주가 악의인 경우에는 회사에 대하여 손해를 배상할 책임을 진다(제405조 제2항). 여기서 '악의'라 함은 회사를 해할 것을 알면서도 부적당한 소송을 수행한 경우를 말한다.[31] 위와 같이 원고가 패소한 경우에 부담할 소송비용으로 인하여 주주로서는 소송에서 승리할 가능성이 매우 크지 않는 한 함부로 소를 제기할 수 없게 되고 이는 결과적으로 소제기의 유인을 떨어뜨린다.

7. 강제집행

주주대표소송이 제기되었다는 것은 이사의 책임추궁과 관련하여 회사와 원고주주가 입장을 달리하는 것을 의미하므로 회사가 원고주주의 승소판결에 따라 강제집행을 신청할 것을 기대하기 어렵다. 승소의 이익이 회사에 귀속된다는 이유만으로 승소한 원고주주에게 집행채권자적격을 부정한다면 집행할 권원이 없는 경우, 즉 대표소송을 제기하지 않은 경우 내지 패소한 경우와 사실상 차이가 없게 되는 결과가 초래된다. 때문에 주주대표소송이 인정되는 한 그 취지를 살리기 위해서는 주주가 자가 자신의 이름으로 강제집행을 할 적격이 부정되어서는 안된다. 이 같은 맥락에서 대법원은 "주주대표소송의 주주와 같이

30) 서울동부지방법원 2016. 8. 11. 선고 2015가합108763 판결.
31) 이철송, 앞의 책, 837면.

다른 사람을 위하여 원고가 된 사람이 받은 확정판결의 집행력은 확정판결의 당사자인 그 원고가 된 사람과 다른 사람 모두에게 미치므로, 주주대표소송의 주주는 집행채권자가 될 수 있다"는 입장을 취하고 있다.[32]

Ⅲ. 주주대표소송의 기능

1. 손해전보기능

주주대표소송의 주요한 목적이 원고주주의 손해회복에 있다는 견해가 있다.[33] 이 견해에 따르면 주주대표소송은 이사의 의무위반행위로 인하여 회사가 입은 손해를 원고인 주주의 주도로 배상을 강제하는 것을 목적으로 한다.[34] 이 견해는 현실에서는 크게 관심을 끌지 못하고 있다. 그 이유를 다음과 같이 두 가지로 제시할 수 있다. 첫째, 회사의 손해가 반드시 주주가 입은 손해와 동일하다고는 할 수 없기 때문이다. 예컨대, 이사가 현재 의무위반을 하지 않을지라도 장래 임무해태의 가능성을 미리 반영하여 주식의 가치가 시장의 힘에 의하여 떨어질 수 있지만, 이러한 부가적인 손해는 대표소송에서 주주가 승소하더라도 회사가 피고부터 획득하는 배상액에 반영되지 않는다.[35] 둘째, 회사가 이사로부터 받는 배상액을 총 규모면에서 보면 클지 몰라도 승소로 인한 1주의 가치상승분의 규모는 보잘것없다는 점[36]에서 원고주주의 주도에 의한 손해전

32) 대법원 2014. 2. 19.자 2013마2316 결정.

33) Coffee와 Schwartz는 "대표소송은 회사의 임원들이 그들의 신임의무를 성실하게 수행하도록 강제할 수 있고 이 의무의 위반에 대하여 처벌하는 중요한 수단으로서의 역할을 수행한다"고 보았다. John C. Coffee & Donald E. Schwartz, *The Survival of the Derivative Suit: An Evaluation and a Proposal for Legislative Reform*, 81 Columbia Law Review 261, 302(1981).

34) *Id.* at 302~303; Jessica Erickson, *Corporate Misconduct and the Perfect Storm of Shareholder Litigation*, 84 Notre Dame Law review 75, 104(2008).

35) Rafael Pagán-Colón, *Quis Custodiat Custodium? Corporate Oversight Through Derivative Action*, 2 University of Puerto Rico Business Law Journal 35, 50(2011).

36) 미국의 경험에서 볼 때, 공개회사의 경우 대표소송의 승리로부터 얻은 주주의 직접적인 이익은 투입한 노력에 비하여 지극히 미미하다. 예컨대, 1944년의 Wood보고서에 의하면 1942년 Winkelman v. General Motors Corp. 사건에서 승소한 주주가 얻은 이익은 세전(稅前)으로 단돈 10센트였다고 한다. Ralph M. Carson, *Further Phases of Derivative Actions Against Directors*, 29 Cornell Law Review 431, 456 n. 76(1944).

보기능은 비상한 주목을 받지 못하고 있는 형편이다.[37)]

그렇다면 도대체 대표소송은 어떠한 유인에 의하여 누가 주도하는가? 대표소송은 궁극적으로 회사를 위하여 제기되고 수행되는 것이어서(제403조 제3항) 원고와 피고, 그리고 원고측의 변호사에게 각각 독특한 금전적 유인을 부여한다. 소송원인이 회사에 속하므로 승소하는 경우 회사는 금전적 배상을 받을 수 있으나 실제 소송을 수행하는 주주는 자신들의 노력에 대하여 직접적인 대가를 받을 수 없다. 그 결과 회사를 위하여 원고로서 법정에 서야 하는 주주로서는 대표소송을 제기하여야 할 분명한 유인을 가지기 어렵다. 그러나 원고측의 변호사는 이러한 종류의 소송을 제기하는 것에 대하여 특별한 유인을 가질 수 있다. 대표소송에서 승소하는 경우에는 원고는 변호사보수를 비롯하여 원고가 소송에 투입한 비용을 회사로부터 받아 낼 수 있는 것이다.[38)] 현실적으로 변호사가 대표소송을 통하여 자신의 노력에 대한 대가를 받을 수 있는 경우에만 소송을 대리할 것이라는 점을 감안한다면,[39)] 원고측의 변호사는 적절하지 아니한 대표소송을 걸러내는 데 기여한다.

이 밖에 한국에서는 상장회사의 경우 시민단체가 주주를 규합하여 대표소송을 제기하거나 노동조합 또는 우리사주조합이 제기한 대표소송이 다수를 이루고 있다는 점이 특징이다.[40)] 시민단체나 노동조합 등이 제3자인 회사의 손해회복이라는 공익적 성격[41)]에 터잡아 주주대표소송을 제기하는 것이다. 이처럼 주주대표소송에서 승소한다는 것은 이사의 의무위반행위에 대하여 회사의 손해

---

37) Coffee & Schwartz, *supra* note 33, at 302~304.

38) 어느 재벌그룹에 속하는 회사의 소수주주들이 경영자를 상대로 한 주주대표소송에서 하급심 법원은 피고가 회사에 130억4,978만원을 지급해야 한다는 원고승소 판결을 내렸다(대구고등법원 2012. 8. 22. 선고 2011나2372 판결). 그 후 회사 측을 상대로 제기한 금전청구소송에서 법원은 3억 2,000여만원을 변호사보수로 인정하여 회사로 하여금 지급하도록 판결하였다(서울고등법원 2017. 4. 7. 선고 2016나2064815 판결). 피고는 이에 불복하여 상고하였으나 대법원에서 심리불속행으로 기각되어 확정되었다.

39) John C. Coffee, *Rescuing the Private Attorney General: Why the Model of the Lawyer as Bounty Hunter is not Working*, 42 Maryland Law Review 215, 231(1983).

40) 이승희, 「1997~2017 주주대표소송 제기 현황과 판결 분석」 ERRI경제개혁리포트2018-3호(경제개혁연구소, 2018), 11~14면.

41) 주주대표소송은 "승소의 경제적 성과가 소송을 제기한 쪽에게 귀속되지 않고 법인에 귀속된다는 점에서 공익적 성격의 소송"으로 이해되고 있다(서울고등법원 2017. 4. 7. 선고 2016나2064815 판결).

가 전보된다는 것을 뜻한다.

2. 의무위반 억제기능

주주대표소송은 이사로 하여금 자신의 의무위반에 대해 사후적으로 책임지도록 하는 것과 아울러 장래에 일어날 수 있는 의무위반행위를 억제하는 데 주효한 수단이다.[42] 의무위반행위에 대한 억제효과는 과거지향적이기보다는 미래지향적인 특성을 지닌다. 말하자면, 장래에 발생하거나 반복될 이사의 의무위반행위를 억제하는 효과가 있다는 것이다.[43]

이사의 의무위반행위를 억제하는 주주대표소송의 기능을 경제학적 모델을 이용하여 설명해 보기로 한다.[44] 이사의 의무위반행위를 억제할 수 있는지의 여부는 이사의 의무위반으로 인한 손해배상의 가능성과 잠재적인 손해배상액의 규모에 따라 좌우된다.[45] 손해배상의 가능성은 다시 원고주주가 법정에서 증명책임을 다할 수 있는지에 달려 있다. 즉, 소송에서의 원고가 승리할 가능

42) 이 밖에 대표소송의 목적은 이사의 권한남용으로부터 소수주주를 보호하는 데 있다고 하는 이론도 있다. George W. Dent, *The Power of Directors to Terminate Shareholder Litigation: The Death of the Derivative Suit?*, 75 Northwestern Law Review 96, 110(1980). 하지만 이러한 목적만을 강조하는 것은 대표소송의 목적의 일부에만 초점을 둔 것으로서 적당하지 아니하다.

43) 억제효과(deterrent effect)는 다음과 같이 구체적으로 나타난다. 첫째, 대표소송은 피고이사의 장래 의무위반행위를 억제하며, 둘째, 대표소송은 다른 회사 이사의 유사한 의무위반행위를 억제한다. 다만, 미국에서는 많은 대표소송이 본안판결까지 가지 않고 화해로 끝나기 때문에 다른 회사의 이사들은 의무위반행위에 관하여 크게 주의를 기울이지 않는다. 미국의 경우 제기된 주주대표소송의 과반수가 화해로 끝을 맺는다. Thomas M. Jones, *An Empirical Examination of the Resolution of Shareholder Derivative and Class Action Suits*, 60 Boston University Law Review 542, 545(1980).

44) Gregory J. Werden & Marius Schwartz, *Illinois Brick and the Deterrence of Antitrust Violations – An Economic Analysis*, 35 Hastings Law Journal 629, 639(1984). 이 문헌에서 나타난 그레고리 워든(Gregory Werden)과 매리우스(Marius Schwartz)의 경제학적 분석모델은 본래 반트러스트법(antitrust law)의 위반을 분석하기 위하여 작성된 것이지만 이 모델이 소송을 통하여 제3자의 적법하지 않는 의사결정을 억제하는 것을 다루고 있다는 점에서 이 모델의 억제효과에 대한 분석은 대표소송에도 역시 적용 가능하다.

45) *Id.* at 640. 잠재적 손해배상액의 정도는 이사의 의무위반행위와 이와 관련된 특정한 사실관계에 달려 있다. 손해배상액의 크기는 회사의 영업상의 평판(business reputation)의 훼손이나 직업의 상실(loss of job)이라고 하는 비금전적인 배상(non-pecuniary)을 포함하는 경우에는 수정될 수 있다.

성은 이사의 의무위반행위가 발각되고 피고이사에게 불리한 증거가 얼마만큼 설득력을 가지는지에 크게 영향을 받는다. 결국 대표소송이 가지는 억제기능은 이사가 자신의 의무위반행위에 대한 손해배상의 가능성과 손해배상액의 규모가 그 행위로부터 획득 가능한 이익보다 더 큰 경우에 의미가 있다. 이사가 부담하는 기대책임(expected liability)의 정도가 이사의 의무위반행위로 얻는 잠재적 이익을 능가할 경우에만 대표소송은 제대로 억제기능을 가질 수 있는 것이다. 예컨대, 이사가 회사에 자신의 소유물을 시장가격보다 1억원을 더 주고 구입하라고 강제한 경우를 가정하자. 이 경우 예상되는 손해배상액이 1억원인 데 반하여 그 물건이 비싸게 거래되었다는 사실이 드러날 가능성이 100% 미만이라면 그 이사는 자기거래를 할 것이다.[46] 반대로 이사의 예상되는 손해배상액이 1억원 이상인 경우에는 이사의 자기거래는 당연히 억제될 것이다.[47] 이처럼 이사의 의무위반행위가 발각될 가능성이 높은 경우에는 이사의 책임에 대한 기댓값도 올라갈 수밖에 없으므로 이사의 의무위반행위를 억제하는 효과도 그만큼 증가한다. 요컨대, 이사의 의무위반행위의 발각가능성과 예상되는 손해배상액의 정도가 바로 대표소송의 억제효과를 결정하는 중요한 2가지 요소인 것이다.[48]

---

46) 이사의 자기거래가 발각될 가능성이 단지 50%인 경우 이사는 예상되는 손해배상액은 1억원의 절반인 5,000만원에 머무른다. 이는 마치 이사가 자기거래로부터 얻는 이익은 1억원이지만 5,000만원만 배상을 하여 사실상 이사가 5,000만원의 이익을 보는 것으로 이해될 수 있다.

47) 회사의 평판을 더럽힐 가능성과 이사가 해임될 가능성 등도 이사가 자기거래를 하기 전에 이사측에서 고려할 요소이다. 하지만 이러한 것들은 화폐로 평가하기가 쉽지 않고 그 가치도 이사에 따라 다양할 수 있다. 현실에서는 화폐로 계산할 수 없는 요소들을 함께 고려하여 이사의 손해배상의 규모를 가늠하여야 한다.

48) 이와 같이 억제효과에 초점을 맞춘 논의는 이사가 합리적 인간이어서 비용이 편익을 초과하면 이사의 의무위반행위가 억제될 수 있음을 전제로 한다. 만약 이사가 대표소송의 제기에 수반된 위협(threat)에 대하여 아무런 가치도 부여하지 않는다면 대표소송은 전혀 억제효과를 가지지 못한다.

제 4 절 이사의 항변: 경영판단의 원칙

Ⅰ. 기초이론

이사는 통상적 능력과 식견을 가진 전문직의 기업인이며 회사경영의 주체로서 회사의 규모 및 종류, 담당업무의 내용 등에 따라 객관적·합리적으로 인정되는 고도의 신중한 주의로써 의사를 결정하고 업무를 집행하여야 하는 의무를 부담한다.[49] 이를 위해서는 경영판단에 관련된 적절하고도 충분한 의견, 보고, 설명 등을 듣거나 받고 자료를 수집하여야 하며, 그 수집된 정보에 입각하여 사실조사와 검토를 행하여 사실관계를 인식하고, 그 인식을 바탕으로 하여 경영판단의 내용을 결정하여야 한다. 이와 같은 의무를 위반한 경우에는 이사는 임무해태로 인한 손해배상책임을 부담한다(제399조).

주주가 회사를 위하여 이사를 상대로 그 책임을 추궁하기 위해 대표소송을 제기한 사건[50]에서 대법원은 이미 판례상 다른 직업군에서의 주의의무부담자에 대하여 인정되고 있는 사후책임(ex post facto liability) 내지 결과책임(Erfolgshaftung)의 배제원칙[51]을 이사에게까지 확장하여 적용하고 있다. 대법원은 이러한 결과책임배제의 원칙을 '경영판단의 원칙'으로 명명하면서 주식회사 영역에 적용하여 일정한 요건하에 주식회사의 이사에게 그의 행위에 대한 사후적 관점에서의 책임부과를 사법적으로 부정하고 있다.[52] 대법원 판례의 법리에 따르면 이 경우 이사의 행위가 경영판단의 원칙의 기준을 충족한다면 그는 선관주의의무를

---

49) 이철송, 앞의 책, 746면.

50) 대법원 판결 중에는 제3자에 대한 이사의 손해배상책임과 관련하여 경영판단의 원칙을 적용한 것으로 읽힐 수 있는 것도 있으나(대법원 2002. 10. 2. 선고 2001다78942 판결), 이를 일반화하기가 어렵다는 점에서 논의에서 제외한다. 정호열/ 이영철/ 박임출, 「이사의 손해배상책임과 제한에 관한 연구」 상장협 연구보고서 2003－1(한국상장회사협의회, 2003), 78면 참조.

51) 예컨대, 의사의 진료행위에 대하여 결과책임을 배제하는 것은 판례법상 확립된 기준이다. 대법원 1984. 6. 12. 선고 82도3199 판결; 대법원 1987. 1. 20. 선고 86다카1469 판결; 대법원 1992. 5. 12. 선고 91다23707 판결; 대법원 1996. 6. 25. 선고 94다13046 판결 참조.

52) 예컨대, 대법원 2002. 6. 14. 선고 2001다52407 판결 참조.

이행한 것으로 되어 회사에 대하여 아무런 책임을 부담하지 않는다. 말하자면, 대법원 판례상 경영판단의 원칙은 이사의 경영판단에 대한 폭넓은 재량권을 인정하고, 이사의 과실에 의한 선관주의의무위반 여부를 결정함에 있어 경영판단의 특수성을 고려하여야 한다는 뜻을 내포하고 있다. 이 때문에 경영판단의 원칙이 실정법의 체계에서 규정되고 있는 과실책임의 원칙을 수정하는 것으로는 볼 수 없다.

Ⅱ. 경영판단의 원칙의 취지

1. 서 설

한국에서의 경영판단의 원칙은 1990년대 후반기에 처음으로 관련 하급심 판례가 나온 이래 지금까지 수차례의 대법원 판결을 통해 정립되었다.[53] 이사의 경영판단에 대한 결과책임의 배제는 한국만의 현상은 아니다. 이는 이사의 경영판단에 대한 주의와 내용상 정도의 차이는 있을지언정 거의 세계적으로 공통된 사항이다.[54] 경영판단의 원칙은 아무리 좋은 결정이라 하더라도 원하지 않는 결과를 낳을 수 있으며 또한 그 결정이 사후의 안목(hindsight)에서 공정하지 못하게 평가되는 것을 회피하여야 한다는 사실에 터잡고 있다.[55] 경영판단의 원칙을 정확하게 이해하기 위해서는 그 인정취지를 살펴 볼 필요가 있다.

2. 경영판단의 원칙의 인정취지

(1) 모험거래의 고무

대법원 판례는 경영판단이 일종의 모험거래(Riskogeschäft)적인 성격을 가지고 있으므로 단순히 결과가 처음에 의도한 것과 달리 나왔다는 사실만으로 이사의 선관주의의무 해태를 인정할 수 없다는 입장을 취하고 있다. 예컨대, 대법

53) 김홍기, "경영판단기준의 명료화와 운용방안에 관한 연구 – 판례의 분석 및 해석론을 중심으로 –," 「경제법연구」 제12권 2호(한국경제법학회, 2013), 208면.

54) 김건식, "은행이사의 선관주의의무와 경영판단원칙", 「민사판례연구」 XXVI(박영사, 2004), 419면.

55) Jeffrey J. Rachlinski, *A Positive Psychological Theory of Judging in Hindsight*, 65 University of Chicago Law Review 571, 621(1998).

원은 이사의 경영판단이 문제된 초기의 사건에서 "대표이사를 상대로 주식회사에 대한 임무 해태를 내세워 채무불이행으로 인한 손해배상책임을 물음에 있어서는 대표이사의 직무수행상의 채무는 … 손해 등의 결과가 전혀 발생하지 않도록 하여야 할 결과채무가 아니라, 회사의 이익을 위하여 선량한 관리자로서의 주의의무를 가지고 필요하고 적절한 조치를 다해야 할 채무이므로 회사에게 … 손해가 발생하였다는 결과만을 가지고 곧바로 채무불이행사실을 추정할 수는 없는 것"으로 판시하고 있다.[56] 이처럼 대법원이 선관주의의무를 준수한 이사의 행위에 대해 결과책임을 부정하는 등의 방법으로 경영판단의 원칙을 인정하는 주된 이유는 이사에게 회사의 업무집행과 관련하여 광범위한 재량권을 부여함으로써[57] 회사경영상의 위험에도 불구하고 그의 혁신적인 행동을 고무시키자는 데 있다.

만약 이사의 의무위반으로 되는 경우가 광범위하게 인정된다면 이사는 회사 안팎의 지원인력을 통해 의견을 구할 뿐만 아니라 이사 스스로가 경영판단을 함에 있어서 조사와 검토에 시간을 소비하여야 하는데, 여기에 드는 비용의 대부분은 회사의 부담으로 된다. 이에 대법원은 "이사에 의한 직무수행이나 경영판단의 특수성을 충분히 배려하고 가혹한 책임의 위협에 의하여 회사경영을 부당하게 위축시키지 않도록" 하기 위하여 경영판단의 원칙을 인정하고 있는 것이다.[58] 경영상의 판단과 관련한 형사판결에서도 대법원은 이사에게 결과책임을 묻는다면 이는 영업이익의 원천인 기업가 정신을 위축시켜 당해 기업뿐만

56) 대법원 1996. 12. 23. 선고 96다30465, 30472 판결. 이와 같은 취지의 판결은 현재 상당한 정도로 축적되어 있다. 예컨대, 대법원 2002. 3. 15. 선고 2000다9086 판결에서 "금융기관인 주식회사의 이사가 한 대출이 결과적으로 회수곤란 또는 회수불능으로 되었다고 할지라도 그것만으로 바로 대출결정을 내린 대표이사 또는 이사의 판단이 선관주의의무 내지 충실의무를 위반한 것이라고 단정할 수 없음"을 밝히고 있다. 이 밖에도 대법원 2002. 6. 14. 선고 2001다52407 판결; 대법원 2002. 11. 22. 선고 2001다16265 판결; 대법원 2003. 4. 11. 선고 2002다61378 판결; 대법원 2004. 7. 22. 선고 2002도4229 판결; 대법원 2004. 8. 20. 선고 2004다19524 판결; 대법원 2005. 1. 14. 선고 2004다8951 판결; 대법원 2005. 1. 14. 선고 2004다34349 판결; 대법원 2005. 5. 27. 선고 2004다8128 판결; 대법원 2007. 10. 11. 선고 2006다33333 판결; 대법원 2011. 10. 13. 선고 2009다80521 판결; 대법원 2015. 10. 29. 선고 2011다81213 판결.

57) Frank Partnoy, *Corporations and Human Life*, 40 Seattle University Law Review 399, 411(2017).

58) 대법원 2005. 5. 27. 선고 2004다8128 판결.

아니라 사회적으로 큰 손실을 야기할 것으로 바라보고 있다.[59]

이처럼 경영판단의 원칙은 이사들이 교과서적인 의사결정을 불가능하게 하는 시간상의 압박과 불확실성속에서 일상적인 경영판단을 한다는 현실을 반영하고 있는 것이다. 이사의 의사결정에서 시간은 돈이고, 따라서 과도하게 신중을 기하는 것은 차라리 미덕(virtue)이라고 하기보다는 악덕(vice)일 수 있다는 것이다. 경영판단의 원칙은 이사의 기업가적인 위험의 인수(entrepreneurial risk-taking)를 고무시키기 위하여 시간상의 압박과 불확실성을 적절하게 파악하여 이를 용인하는 역할을 한다.[60]

(2) 법원에 의한 판단오류의 배제

경영의 전문가가 아닌 법원은 전문성이 부족한 까닭에 자신의 의무를 제대로 이행한 이사에 대하여 의무를 위반하였다고 판단할 가능성(이를 '1종 오류'라 함)과 자신의 의무를 제대로 이행하지 않은 이사에 대하여 의무위반을 하지 않았다고 판단할 가능성(이를 '2종 오류'라 함)이 있다.

〈표 11-1〉 1종 오류와 2종 오류

		법원의 판단	
		의무위반 없음	의무위반 있음
이사의 행위	의무이행	진음성 (true negative)	위양성(1종 오류) (false positive)
	의무불이행	위음성(2종 오류) (false negative)	진양성 (true positive)

실제로는 1종 오류와 2종 오류가 존재함에도 불구하고 법원은 스스로가 공정하고 중립적이라고 평가한다면 1종 오류와 2종 오류는 지속적으로 발생하게 된다. 예컨대, 제1심 법원의 판단에서 1종 오류가 발생하면 이사는 법원의 판단에 불복할 가능성이 크며, 제2심을 통해 그 오류가 제거될 수 있다. 따라서 제1심에서 한번으로 종결될 수 있었던 사안이 제2심 법원에서야 의무위반이 없는

59) 대법원 2004. 7. 22. 선고 2002도4229 판결.

60) Bayless Manning, *The Business Judgment Rule in Overview*, 45 Ohio State Law Journal 615, 622(1984).

것으로 판단받는다는 것은 그만큼 이사로서는 추가적인 시간과 자원을 소비한 것으로 된다. 이는 1종 오류가 발생하면 법원 판단의 효율성(efficiency)이 떨어진다는 것을 의미한다. 이에 비하여 2종 오류가 발생하면 이사는 법원의 판단을 기꺼이 수용할 가능성이 크다. 그 결과 중요한 오류가 묻혀버리게 되어 사실상 법원에 의한 사후적 구제는 그 목적을 달성하지 못한 채 실패로 끝나게 된다. 따라서 2종 오류가 지속적으로 발생하면 이사가 의무를 위반할 위험이 높아지게 될 것이어서 법원 판단의 효과성(effectiveness)은 상대적으로 떨어지게 된다.[61]

이사는 자신이 의무위반으로 인한 책임을 지지 않기 위해서는 법원의 판단 경향을 염두에 둘 수밖에 없다. 이사가 성실하게 의무를 이행하였음에도 불구하고 법원이 그릇되게 판단하여 그의 의무위반을 인정하여 책임을 부과할 우려가 있다보니 이사는 단순히 책임을 피하기 위해서라도 과도하게 보수적인 의사결정을 할 것이다.[62] 이사의 보수적인 의사결정행동을 취하는 데 대한 비용은 회사가 부담하며, 이는 궁극적으로 주주에게 돌아갈 배당의 규모를 줄이는 효과가 있다. 이처럼 1종 오류로 인한 비용이 2종 오류로 인한 비용과 같은 수준이거나 그보다 더 클 것으로 보인다.[63] 이 같은 1종 오류를 줄여 이사를 보호하기 위한 차원에서 경영판단의 원칙이 마련된 것이다. 결국 경영판단의 원칙을 통해 이사를 보호하게 됨으로써 결과에 있어서 실패한 경영판단으로 인한 손해는 회사와 주주가 부담하게 된다.[64]

정리하자면, 이사가 경영상의 판단을 잘못하였다고 해서 무조건적으로 그 임무를 해태한 것으로 되지는 않는다. 결과책임을 배제한다는 것은 의사결정상의 위험에 대한 이사의 태도를 변화시킨다. 즉, 경영판단의 원칙은 이사로 하여금 결과에 있어서 성공과 실패의 가능성이 공존하는 의사결정과 업무집행을 행하도록 하는 유인을 부여한다. 아울러 종국적으로 이사의 경영판단의 실패로 인한 위험은 이사를 선임하여 회사경영을 위임한 주주가 인수하여야 한다는 의

61) Julian Velasco, *The Diminishing Duty of Loyalty*, 75 Washington & Lee Law Review 1035, 1081(2018).

62) Lyman Johnson, *Unsettledness in Delaware Corporate Law: Business Judgment Rule, Corporate Purpose*, 38 Delaware Journal of Corporate Law 405, 412(2013).

63) Melvin A. Eisenberg, *Bad Arguments in Corporate Law*, 78 Georgetown Law Journal 1551, 1553(1990).

64) 近藤光男,「判例法理 経営判断原則」(中央経済社, 2012), 4頁.

미가 반영되어 있다.

Ⅲ. 경영판단의 원칙의 주요체계 및 내용

1. 법령위반시 적용배제

(1) 적용배제의 의의

이사의 행위가 법령에 위반하였다면 행위자인 이사는 회사에 대한 채무를 불이행한 것이다. 상법 제399조 제1항의 법령위반은 임무해태를 추정 가능하게 하는 전형적인 경우에 해당한다.[65] 법령위반에 대해서는 비난가능성이 크기 때문에 이사를 보호할 합리적인 이유가 없는 것이다. 이에 대법원은 그로 인하여 회사에 손해가 발생하였다면 특별한 사정이 없는 한 손해배상책임을 면할 수 없으므로 그러한 법령위반행위에 대해서는 당초부터 경영판단의 원칙의 적용을 배제하여 이사를 보호하지 않는다는 입장을 취하고 있다.[66] 말하자면, 대법원은 법령위반이 있는 경우는 임무해태, 즉 선관주의의무의 위반과는 근원적으로 차별화하여 법령위반을 한 행위에 대해서는 경영판단의 원칙의 적용이 배제되어 이사의 책임이 인정되는 것으로 보고 있다. 다만, 여기서 '특별한 사정이 없는 한'이라는 조건을 달고 있는 것은 경영판단의 원칙을 적용받을 수 있는 경우는 아닐지라도 기타의 책임감경사유에 의한 책임감경이 가능하다는 것을 염두에 둔 것으로 보인다.[67]

(2) '법령'의 의미

이사의 임무해태가 추정되는 법령위반행위에서 그 대상이 되는 법령의 범위를 제한하지 않는다면 이사의 책임이 부당하게 넓게 인정될 위험이 있다. 이에 대법원은 상법 제399조 제1항에서의 '법령'이라 함은 "일반적인 의미에서의 법령, 즉 법률과 그 밖의 법규명령으로서의 대통령령, 총리령, 부령 등"을 의미

65) "경영판단의 원칙,"「인권과 정의」통권 제364호(대한변호사협회, 2006), 45면(장상균 발언부분).

66) 대법원 2005. 10. 28. 선고 2003다69638 판결; 대법원 2006. 11. 9. 선고 2004다41651, 41668 판결; 대법원 2007. 12. 13. 선고 2007다60080 판결; 대법원 2015. 10. 29. 선고 2011다81213 판결.

67) 이철송, 앞의 책, 794면 주 3).

하고,[68] 구체적으로는 "이사로서 임무를 수행함에 있어서 준수하여야 할 의무를 개별적으로 규정하고 있는 상법 등의 제 규정과 회사가 기업활동을 함에 있어서 준수하여야 할 제 규정"을 뜻하는 것으로 설시하고 있다.[69] 그리하여 예컨대, 상법상 자기주식의 취득금지규정 등(제341조, 제622조, 제625조 제2호)을 비롯하여[70] 뇌물공여를 금지하는 형법규정[71]과 구 보험업법상 보험계약자 또는 피보험업자에 대한 특별이익의 제공금지규정은 경영판단의 원칙의 적용이 배제되는 법령에 해당한다.[72]

이와는 달리 종합금융회사 업무운용지침,[73] 외화자금거래취급요령, 외국환업무·외국환은행신설 및 대외환거래계약체결 인가공문, 외국환관리규정, 종합금융회사 내부의 심사관리규정 등은 상법 제399조 제1항의 법령에 포함되지 않는다. 설령 이사가 이들 규정을 위반하더라도 경영판단의 원칙이 적용될 여지가 있어 그 결과 선량한 관리자의 주의의무위반으로 인한 임무해태가 인정되지 않을 수도 있는 것이다.[74]

2. 선관주의의무의 요소로서의 지위

(1) 선관주의의무와의 관계

상법상 이사의 선관주의의무의 이행 여부를 판단함에 있어서 어떤 유형의 이사를 그 의무의 주체로 할 것인지, 그리고 어느 정도의 주의를 기울여야 하는지를 가늠하여야 한다. 이와 관련하여 대법원은 일관되게 통상의 이사 내지 통상의 기업인을 기준으로 삼아 이사가 선관주의의무를 다하였는지의 여부를 판단하고 있다.[75]

대법원은 통상의 이사가 경영판단을 "그 상황에서 합당한 정보를 가지고 적합한 절차에 따라 회사의 최대이익을 위하여 신의성실에 따라 … 한 것이라면

68) 대법원 2006. 11. 9. 선고 2004다41651, 41668 판결.
69) 대법원 2005. 10. 28. 선고 2003다69638 판결; 대법원 2007. 9. 20. 선고 2007다25865 판결.
70) 대법원 2007. 7. 26. 선고 2006다33609 판결; 대법원 2007. 7. 26. 선고 2006다33685 판결.
71) 대법원 2005. 10. 28. 선고 2003다69638 판결.
72) 대법원 2006. 7. 6. 선고 2004다8272 판결.
73) 대법원 2004. 9. 24. 선고 2004다3796 판결; 대법원 2005. 1. 14. 선고 2004다34349 판결.
74) 대법원 2006. 11. 9. 선고 2004다41651, 41668 판결.
75) 예컨대, 대법원 2007. 10. 11. 선고 2006다33333 판결.

그 의사결정과정에 현저한 불합리가 없는 한 그 임원의 경영판단은 허용되는 재량의 범위 내의 것으로서 회사에 대한 선량한 관리자의 주의의무 내지 충실의무를 다한 것"으로 보고 있다.[76] 이 판결을 언뜻 살펴본다면 법원은 의사결정과정이 합리적이면 그 결정의 내용도 합리적일 개연성이 높다고 보아 경영판단의 전제가 된 사실의 인식이나 의사결정과정만을 심사하고 경영판단의 내용에 관해서는 심사하지 않겠다는 것으로 읽힌다.[77]

그러나 대법원은 다른 판결에서 "통상의 합리적인 금융기관의 임원이 그 당시의 상황에서 적합한 절차에 따라 회사의 최대이익을 위하여 신의성실에 따라 직무를 수행하였고 그 의사결정과정 및 내용이 현저하게 불합리하지 않다면, 그 임원의 행위는 경영판단의 허용되는 재량범위 내에 있다고" 판시하고 있어, 기존의 기준을 충족함은 물론이고 의사결정의 내용까지 합리적이어야 한다.[78] 이처럼 대법원 판례가 판시사항을 달리 쓴 것은 필요한 정보를 수집하고 충분히 검토·고려하여 의사결정을 하였다고 하더라도 그 의사결정의 내용이 반드시 합리적일 것이라고는 보장할 수 없다는 점을 고려한 까닭으로 보인다.

이상과 같은 이사의 경영판단에 대한 사법심사의 기준은 행정법상 재량행위의 사법심사에 관한 대법원 판례의 태도와 일맥상통하는 부분이 있다.[79] 즉, 대법원은 이사의 경영판단을 그 요건 중심으로 심사한 결과 재량권이 일탈 또

---

76) 대법원 2006. 7. 6. 선고 2004다8272 판결. 대법원은 의사의 주의의무와 관련하여 "의사는 진료를 행함에 있어 환자의 상황과 당시의 의료수준 그리고 자기의 지식경험에 따라 적절하다고 판단되는 진료방법을 선택할 상당한 범위의 재량을 가진다고 할 것이고, 그것이 합리적인 범위를 벗어난 것이 아닌 한 진료의 결과를 놓고 그중 어느 하나만이 정당하고 이와 다른 조치를 취한 것은 과실이 있다고 말할 수는 없다"고 판시하고 있다(대법원 1992. 5. 12. 선고 91다23707 판결). 대법원 판례상 경영판단의 원칙은 의사의 진료행위에 있어서의 선택적 재량을 인정하는 것과 그 표현상 유사한 점이 있다.

77) 이는 경영판단의 원칙을 "경영상의 결점에 대해서 일정한 절차적 요건을 갖출 경우에 법원이 그 내용에 대해서 판단하지 않는다는 것을 의미한다"고 정의하는 입장과 매우 유사하다. 김택주, "경영판단의 원칙의 적용요건(대법원 2005. 7. 15. 선고 2004다34929 판결)," 「기업법연구」 제20권 제1호(한국기업법학회, 2006), 62면.

78) 대법원 2007. 7. 26. 선고 2006다33685 판결.

79) 재량행위 내지 자유재량행위는 "행정청의 재량에 기한 공익판단의 여지를 감안하여 법원은 독자의 결론을 도출함이 없이 당해 행위에 재량권의 일탈·남용이 있는지 여부만을 심사하게 되고, 이러한 재량권의 일탈·남용 여부에 대한 심사는 사실오인, 비례·평등의 원칙 위배, 당해 행위의 목적 위반이나 동기의 부정 유무 등을 그 판단 대상으로 한다"(대법원 2001. 2. 9. 선고 98두17593 판결).

는 남용되지 않았으면 주의의무위반이 없다는 입장이다. 어쨌든 대법원은 이사의 선관주의의무위반 여부를 판단함에 있어서 경영판단의 원칙의 요건을 충분히 감안하여야 한다는 것을 제시하고 있는데, 이는 결국 경영판단의 원칙을 이사의 선관주의의무의 하나의 요소이자 그 의무를 구체화한 것으로 보기 때문이다. 따라서 경영판단의 원칙을 단순히 이사의 선관주의의무위반으로 인한 책임을 감면하기 위한 제도로 풀이하는 것은 곤란하다.

(2) 경영판단의 원칙의 적용요건

대법원은 경영판단을 심사함에 있어서 경영판단에 대한 준비의 영역과 판단의 영역을 구별하고 있다. 먼저, 준비(preparedness)의 영역에서는 일반적인 선관주의의무의 기준과 큰 차이가 없다. 대법원 판례상 경영판단의 원칙에서 '그 상황에서' 내지 '그 당시의 상황에서'라는 요건에는 이사의 경영판단을 사후의 안목에서 비난할 수 없다는 취지[80]와 이사의 선관주의의무위반을 판단함에 있어서 대상회사의 경영판단환경의 개별성을 고려한 상황적합성을 인정하여야 한다는 뜻이 포함되어 있다. 또한 합당한 정보와 적합한 절차의 요건도 충족하여야 한다. 이렇게 융통성을 보장하는 요건들은 이사가 부담하는 선관주의의무의 내용을 일률적으로 단정하기 어렵다는 것을 전제로 하고 있다. 그리하여 개별적인 사안이 처한 구체적인 상황에서 합리적으로 요구되는 정보와 이사회의 결의 등 적절한 절차를 감안하여야만 당해 거래의 통념에 상응하게 기울여야 할 주의의 정도(degree)를 파악할 수 있다.[81] 따라서 "관계회사에게 자금을 대여하거나 관계회사의 유상증자에 참여하여 그 발행 신주를 인수함에 있어서 … 단순히 회사의 경영상의 부담에도 불구하고 관계회사의 부도 등을 방지하는 것이 회사의 신인도를 유지하고 회사의 영업에 이익이 될 것이라는 일반적·추상적인 기대하에 일방적으로 관계회사에 자금을 지원하게 하여 회사에 손해를 입게 한 경우 등에는, 그와 같은 이사의 행위는 허용되는 경영판단의 재량범위 내에 있는 것이라고 할 수 없다"[82]라는 대법원의 판결은 지극히 타당하다.

---

80) 오성근, "경영판단원칙의 적용기준의 법리에 관한 검토," 「기업법연구」 제20권 제1호(한국기업법학회, 2006), 31면.

81) 이태종, "제일은행 경영진에 대한 주주대표소송," 「BFL」 제2호(서울대학교 금융법센터, 2003), 108면.

82) 대법원 2007. 10. 11. 선고 2006다33333 판결.

그 다음으로 판단의 영역을 살펴보자. 이 영역에서는 이사 자신의 경영판단이 회사를 위한 최선의 선택이라는 것을 확신할 수 있어야 한다는 기준과 의사결정과정 및 내용이 현저하게 불합리하지 않아야 한다는 기준이 제시되어 있다. 이를 나누어서 살펴보면 첫째, '회사의 최대이익을 위하여 신의성실에 따라'의 기준은 회사와 이사 간의 이익충돌이 있어서는 안된다는 취지에 터잡아 그러한 이익충돌의 회피는 선관주의의무의 준수에 직접적으로 연관되어 있다는 의미가 빈영되어 있다.[83] 따라서 이해관계 있는 이사의 의사결정에는 경영판단의 원칙이 적용되지 않는다. 둘째, '의사결정과정 및 내용이 현저하게 불합리하지 않아야 한다'는 기준은 이사가 경영판단을 함에 있어서 광범위한 재량권을 가진다는 것을 의미한다. 대법원은 금융기관의 이사의 경우 그가 대출과 관련하여 선량한 관리자의 주의의무를 위반하여 자신의 임무를 해태하였는지의 여부는 "그 대출결정에 통상의 대출담당임원으로서 간과해서는 안 될 잘못이 있는지의 여부를 대출의 조건과 내용, 규모, 변제계획, 담보의 유무와 내용, 채무자의 재산 및 경영상황, 성장가능성 등 여러 가지 사항에 비추어 종합적으로 판정해야" 한다고 판시하고 있다.[84] 이는 회사의 사업기회가 성공할지의 여부가 불투명한 상황에서도 이사는 매우 다종다양한 사항들을 종합적으로 고려하여 의사결정을 하여야만 선관주의의무를 성실히 이행한 것으로 된다는 것을 뜻한다.[85]

3. 사법심사의 존재

대법원은 이사의 행위에 대하여 결과책임을 물리지는 않지만 그래도 경영판단에 이르게 된 과정이나 판단내용까지 심사한 후에서야 경영판단의 원칙의 적용 여부를 판단한다. 말하자면, 사법부는 이사의 문제된 행위가 일단 법령에 위반된다고 판단한 경우에는 경영판단의 원칙의 적용을 배제하지만, 그 나머지 경우에는 이사의 경영판단의 절차, 의사결정과정 및 내용을 따져서 그 행위가 경영판단의 재량범위 내에 속하는지의 여부를 심사한다. 물론 이와 같은 심사를 함에 있어서 법원은 경영판단의 내용보다는 절차적인 측면에 더 큰 비중을

83) 김건식, 앞의 논문, 427면.

84) 대법원 2006. 7. 6. 선고 2004다8272 판결.

85) 김건식, 앞의 논문, 415면; 박찬주, "경영판단과 위험선호적 의사결정,"「인권과 정의」 2006년 5월호(대한변호사협회, 2006), 153면 참조.

두고 있음은 분명하다.

이상과 같이 법원이 이사의 경영판단을 사법심사[86]의 대상으로 삼고 있는 것은 의사와 같은 다른 전문적 직업인의 행위에 대해서도 사법심사를 하고 있는 현실이 반영된 것으로 미루어 짐작한다. 만약 의사의 의료행위에 대하여는 사법심사를 하면서도 이사의 경영판단에 대해 사법심사를 배제한다면, 이는 마치 이사에게 일종의 특권을 부여하는 것과 차이가 없다는 점이 고려되었을 것으로 생각한다.

4. 증명책임

이사의 손해배상책임을 주장하는 자는 이사가 법령이나 정관에 위반한 사실 또는 선량한 관리자로서의 주의의무를 위반하는 등 그 임무해태의 사실 및 손해의 발생사실, 임무해태와 손해의 인과관계 등을 구체적으로 주장·증명하여야 한다.[87] 주주가 이사에 대한 소송에서 제대로 증명하여 승소가능성을 높이기 위해서는 정보접근권을 행사할 필요가 있다. 예컨대, 주주가 충실하게 증명하기 위하여 영업시간 내에 이사회의사록을 열람·등사를 청구할 수 있는 권리(제391조의3 제1항)와 회계장부의 열람·등사를 청구할 수 있는 권리(제466조 제1항)를 선제적으로 행사하는 것이 필요하다. 이사가 손해배상책임을 면하기 위해서는 자신에게 귀책사유가 없음을 주장·증명하여야 한다.[88]

5. 손해배상액의 제한 가능

대법원 판례는 "이사가 법령 또는 정관에 위반한 행위를 하거나 그 임무를 해태함으로써 회사에 대하여 손해를 배상할 책임이 있는 경우에 그 손해배상의

---

86) 여기서 굳이 '사법심사'라고 표현한 것은 미국에서 이사의 경영판단에 대한 법원의 사후판단의 배제는 마치 통치행위(political question)가 사법심사(judicial review)의 대상으로부터 배제된다는 사실에 비견할 수 있기 때문이다. Kevin D. Hughes, *Hostages' Rights: The Unhappy Legal Predicament of an American Held in Foreign Captivity*, 26 Columbia Journal of Law and Social Problems 555, 568 n.75(1993). 참고로 국내에서 경영판단에 대한 법원의 사후판단을 사법심사라는 용어로 표현한 문헌으로 석종현, "경영판단에 대한 사법적 심사의 한계," 「토지공법연구」 제15집(한국토지공법학회, 2002)이 있다.

87) 대법원 2005. 1. 14. 선고 2004다34349 판결 참조.

88) 대법원 1996. 12. 23. 선고 96다30465, 30472 판결; 대법원 2004. 8. 20. 선고 2004다19524 판결.

범위를 정함에 있어서는, 당해 사업의 내용과 성격, 당해 이사의 임무위반의 경위 및 임무위반행위의 태양, 회사의 손해 발생 및 확대에 관여된 객관적인 사정이나 그 정도, 평소 이사의 회사에 대한 공헌도, 임무위반행위로 인한 당해 이사의 이득 유무, 회사의 조직체계의 흠결 유무나 위험관리체제의 구축 여부 등 제반 사정을 참작하여 손해분담의 공평이라는 손해배상제도의 이념에 비추어 그 손해배상액을 제한할 수 있다"고 판시하고 있다.89)

원칙적으로 이사는 선관주의의무위반과 상당한 인과관계가 있는 모든 손해에 대하여 손해배상책임을 부담하여야 한다(민법 제393조 제1항). 그럼에도 불구하고 이사의 손해배상액을 제한 가능하게 한 것은 그의 법령위반 또는 임무해태가 있음에도 불구하고 인간의 오류가능성(fallibility)을 감안하여 이사의 모험적인 경영판단에 대한 결과책임을 제한하려는 취지도 일부 반영되어 있는 것으로 보인다.90) 이 경우 책임감경사유에 관한 사실인정이나 그 비율의 결정은 사실심의 전권사항이다.91)

제 5 절 이사의 책임감경

Ⅰ. 총 설

상법 제400조 제1항은 이사의 회사에 대한 책임을 총주주의 동의로 면제할 수 있다고 규정하고 있다. 동조 제400조 제2항은 책임면제 이외에도 정관에서 정하는 바에 따라 그 책임을 감경하는 것을 허용하고 있다. 구체적인 책임감경의 기준으로서 이사의 최근 1년간의 보수액의 6배(사외이사의 경우는 3배)를 초과하는 금액을 면제할 수 있지만, 이사가 고의 또는 중대한 과실로 손해를 발생

89) 대법원 2004. 12. 10. 선고 2002다60467, 60474 판결; 대법원 2005. 10. 28. 선고 2003다69638 판결; 대법원 2007. 10. 11. 선고 2007다34746 판결.

90) 박찬주, 앞의 논문, 135면; 이철송, "이사의 책임에 관한 몇 가지 이론,"「BFL」제4호(서울대학교 금융법센터, 2004), 92면.

91) 대법원 2007. 11. 30. 선고 2006다19603 판결.

시킨 경우와 이사의 경업금지(제397조), 회사기회유용금지(제397조의2) 및 자기거래금지(제398조)를 위반한 경우에는 면제할 수 없다. 집행임원의 회사에 대한 책임의 경우에도 제400조가 준용된다(제408조의9).

Ⅱ. 원칙과 예외

1. 원 칙

모든 주주가 지분적 이해관계를 가지고 있는 주식회사의 특성상 재산권인 손해배상청구권을 포기하는 것은 주주에게 손실을 초래한다. 부정행위(misconduct)에 대한 배상책임제도의 억제적 기능을 인정한다면 이사의 책임을 면제하는 것은 매우 엄격한 조건하에 이루어져야 한다. 이에 상법 제400조는 다수결이 아닌 총주주의 동의가 있어야만 이사의 책임을 면제할 수 있음을 규정하고 있다.

상법상 주식의 포괄적 교환(제360조의2부터 제360조의14)이나 포괄적 이전(제360조의15부터 제360조의23) 등을 통하여 어느 한 회사가 다른 회사의 주식전부를 소유하는 완전지주회사(완전모회사)와 완전자회사 관계가 형성된 경우에는 항시 총주주(완전지주회사)의 동의에 의하여 완전자회사 이사의 책임을 면제시킬 수 있다. 그러나 상장회사의 경우 총주주의 동의를 얻는다는 것이 현실적으로 불가능하기 때문에 유능한 자를 이사로 영입하여 기업가적 행위를 고양하고 종국적으로는 회사의 이익증대에 적극적으로 기여하도록 하기 위해서는[92] 기존의 총주주동의 요건을 완화하는 책임제한제도를 마련하자는 주장[93]이 지속적으로 제기되어 왔다.[94] 게다가 위에서 살펴본 바와 같이 대법원 판례는 이미 여러 차례에 걸쳐서 이사의 회사에 대한 책임에 대한 제한이 가능한 것으로 판시해 오고 있었다.[95]

---

92) 최문희, 「이사의 손해배상책임의 제한」(경인문화사, 2007), 19~22면.

93) 김병연, "상법상 이사의 책임제한에 대한 연구," 「비교사법」 제15권 1호(한국비교사법학회, 2008), 238면; 정경영, "회사법 개정안의 중요쟁점에 관한 고찰 – 주식회사의 지배구조를 중심으로 –," 「조세법연구」 제12집 제2호(한국세법학회, 2006), 454면.

94) 김범준/정주렴/권세원, "이사책임경감조항 도입 기업의 특성," 「회계·세무와 감사 연구」 제60권 제1호(한국공인회계사회, 2018), 218면.

95) 대법원 2004. 12. 10. 선고 2002다60467, 60474 판결; 대법원 2005. 10. 28. 선고 2003다69638

주식회사의 이사선임실태를 볼 때 이사의 책임감경이 유능한 이사를 확보하는 것과 직접적인 연관성이 있다는 주장이 과장되었다는 견해[96)]가 있기는 하지만 어쨌든 이사의 책임감경제도가 이사의 부담을 덜어준다는 점에서 이사직에 대한 선호를 증가시킬 것은 분명하다. 특히 사외이사의 법적 지위나 회사 내부의 정보에 대한 접근가능성이 사내이사보다 열등한 현실을 고려하여 사내이사와 사외이사의 책임제한의 폭을 달리 한 것도 사외이사직으로의 훌륭한 유인책이다.[97)] 이사의 책임제한은 이사의 책임보험료를 줄이는 효과 등 다양한 긍정적인 기능도 있기는 하지만 회사손해가 전액전보되는 것을 방해하여 회사채권자를 해(害)하는 측면을 부정할 수 없다.

상법상 이사의 책임감경은 정관에 규정을 둔 경우에 한하여 가능하다. 이는 궁극적으로 정관변경의 주체인 주주총회의 의사가 무엇인지가 책임감경제도의 채택여부에 지대한 영향을 미친다는 것을 의미한다. 그러나 이사의 책임감경은 주주의 부에 부정적임에도 불구하고 사실상 주주가 회사의 경영에 관심이 없는 것을 기화로 만약 이사회가 정관에 책임감경규정을 마련하는 절차를 주도한다면 이는 이사가 자신의 책임을 스스로가 제한하는 모순이 발생한다.[98)]

2. 예 외

상법 제400조 제2항 단서는 이사의 책임에 대한 감경예외사유로서 이사가 고의 또는 중대한 과실로 손해를 발생시킨 경우(이하 '전자'로 줄임)와 제397조 및 제398조에 해당하는 경우(이하 '후자'로 줄임)를 한정적으로 열거하고 있다. 전자의 경우 고의로 인하여 손해가 발생한 때에 책임감경을 불허하는 것은 정의 또는 법감정은 물론이고 이사의 도덕적 해이를 방지하기 위한 차원에서 당

판결; 대법원 2007. 10. 11. 선고 2007다34746 판결.

96) 홍복기, "주식회사의 지배구조에 관한 개정시안,"「저스티스」 통권 제94호(한국법학원, 2006), 24면.

97) 김병연, 앞의 논문, 238, 263면; 정경영, 앞의 논문, 455면. 사외이사가 정보를 수집하는데 필요한 수단과 방법이 미비하다고 하더라도 사외이사로서의 본분을 충실히 수행하게 하여 사외이사 제도를 안정되게 정착시키기 위해서는 오히려 상법이 사외이사의 책임을 감경 내지 완화하는 것이 부당하다는 견해도 있다. 김영균, "사외이사의 책임면제·완화론에 대한 비판적 검토,"「기업법연구」 제21권 제2호(한국기업법학회, 2007), 120면.

98) 최문희, 앞의 책, 275~278면.

연하다. 중과실은 고의와 동등하게 평가될 수 있는 주관적 사정일 뿐만 아니라 고의를 증명하는 것이 용이하지 않다는 점을 감안하여 그 증명의 곤란을 덜어 주기 위하여 중대한 과실이 있는 경우까지를 예외로 삼고 있다.[99] 결국 이 같은 이유로 인하여 예컨대, 이사의 감시의무위반으로 인한 책임처럼 이사의 경과실에 의한 책임만이 감경될 수 있다.[100] 후자는 상법상 대표적인 이익충돌행위 금지규정들을 위반한 경우만을 예외사유로 인정하고 있다. 즉, 이사의 경업, 회사기회의 유용 및 자기거래는 회사의 이익을 편취하는 것이므로 비난받아 마땅하기 때문에 감경예외사유로 규정한 것이다. 이러한 유형의 의무위반에 따른 책임에는 무과실책임적인 특징을 부분적으로 가지고 있는 까닭에 후자가 전자에 포섭되기가 용이하지 않아 상법 제400조 제2항의 단서에서 별도로 정하고 있다.

99) 강대섭, "이사의 책임제한에 관한 입법론 검토," 「지식사회와 기업법」(횡천이기수교수화갑기념논문집 간행위원회, 2005), 123면.

100) 김차동, "이사의 책임제한의 근거 및 논리구조," 「법학논총」 제24집 제2권(한양대학교 법학연구소, 2007), 365면.

제12장

신주의 발행

제12장

신주의 발행

제1절 논의의 범위

주식회사는 회사설립시에 주식을 발행하여 자금을 조달하고 회사설립후에도 당연히 주식을 발행할 수 있다. 후자의 주식발행을 전자의 그것과 구별하여 신주발행이라고 한다. 이처럼 후자는 회사가 성립한 후 신주를 발행하여 회사의 자본금을 증가시키는 것을 의미하며, 이는 다시 통상의 신주발행과 특수한 신주발행으로 나누어진다. 통상의 신주발행은 회사가 자금조달을 위하여 행하는 신주발행을 의미하는 반면에 특수한 신주발행은 회사의 자본금은 증가하지만 실질재산은 증가하지 않는 경우를 가리킨다.

통상의 신주발행은 원칙적으로 이사회의 권한사항이다(제416조). 주주는 원칙적으로 그가 가진 주식의 수에 비례하여 신주를 배정받을 권리가 있다(제418조 제1항). 이처럼 회사가 신규로 발행하는 주식에 대하여 이를 우선적으로 인수할 권리를 신주인수권이라 한다.[1] 신주를 배정하는 방법은 기존 주주에게 배정하는 방법과 주주 외의 자(제3자)에게 배정하는 방법이 있다. 신주를 발행하는 회사의 동의가 있으면 채권의 출자전환이 허용된다. 또한 신주를 제3자에게 배정하는 경우 신주발행사항을 사전공시하여야 한다. 이미 주주들에게 구체적

1) 대법원 1989. 3. 14. 선고 88누889 판결.

신주인수권을 부여하였음에도 불구하고 주주들이 그 신주를 인수하지 아니하여 실권된 주식을 제3자에게 배정할 수 있다. 본장에서는 통상의 신주발행하는 경우를 대상으로 하여 먼저 신주발행의 주체와 방법의 전반을 살펴본 후에 채권의 출자전환 및 실권주의 제3자에 대한 처분시의 이사의 의무부담 여부에 관하여 차례대로 살펴보고자 한다.

제 2 절 신주발행의 주체와 방법

Ⅰ. 신주발행의 주체

'신주발행'이란 문자 그대로 새로운 주식을 발행하여 회사의 자본금을 증가시키는 것을 말한다. 회사가 주주들에게 지분비율에 따라 신주를 유상으로 발행한다면 회사에 그 인수대금만큼 자금이 유입되어 자본 및 자산이 증가한다. 주주의 입장에서는 신주를 인수하더라도 기존 지분비율에는 아무런 영향이 없이 보유한 주식의 수만 늘어나는 것이므로 실질적으로는 기존 주식의 분할과 주주들의 추가 출자가 동시에 이루어지는 셈이다.[2)]

통상의 신주발행은 원칙적으로 이사회의 결의에 의하여 이루어진다(제416조 본문). 이는 주식회사의 자금조달의 기동성을 중시하고 하고 있음을 반영하고 있다. 이사회는 신주발행의 결정을 대표이사에게 위임할 수 없다. 따라서 주주는 신주발행의 결정에는 관여할 수 없다. 예외적으로 상법에 다른 규정이 있거나 정관으로 주주총회에서 결정하기로 정한 경우에는 그에 따른다(제416조 단서). 유입된 자금은 회사의 자기자본화되므로 주주에게 상환할 부담이 없다.

2) 대법원 2009. 5. 29. 선고 2007도4949 전원합의체 판결.

Ⅱ. 신주발행의 방법 등

1. 기초적 사항

신주발행에 관하여 상법과 자본시장법은 매우 엄격하게 규정하고 있다. 먼저, 자본금충실의 원칙에 따라 액면미달발행은 원칙적으로 금지된다. 그러나 현실에 있어서는 회사의 주가가 하락하여 액면가 또는 그 이상으로 주식을 발행할 수 없는 경우가 있다. 그렇다고 해서 자본금충실의 원칙과 회사의 원만한 자금조달의 필요성이 상호 충돌되어서는 안된다. 이에 상법은 회사성립 후 2년이 경과한 회사의 경우에는 주주총회 특별결의와 법원의 인가가 있으면 액면미달가액으로 신주발행이 가능한 것으로 규정하고 있다(제417조 제1항).

다음으로, 상법과 자본시장법에 따르면 신주인수권의 부여에 관련된 방법으로 기존주주로 하여금 신주를 인수하게 하는 주주배정(제418조 제1항; 자본시장법 제165조의6 제1항 제1호), 회사의 임원·종업원·거래처 등 연고관계에 있는 자에게 신주를 인수시키는 제3자배정(제418조 제2항; 자본시장법 제165조의6 제1항 제2호)과, 널리 일반으로부터 주주를 모집하는 공모(제418조 제2항; 자본시장법 제165조의6 제1항 제3호) 등이 있다.[3] 주주배정방식과 제3자배정방식을 구별하는 기준은 회사가 신주를 발행하면서 주주들에게 그들의 지분비율에 따라 우선적으로 인수할 기회를 부여하였는지 여부에 따라 객관적으로 결정되어야 한다.[4]

2. 주주배정

주주가 지분비율에 따라 신주를 인수할 권리, 즉 주주의 신주인수권은 주식회사제도에서 보편적으로 인정되고 있다.[5] 이와 같이 기존주주의 이익보호를 위해 신주발행은 기본적으로 주주배정을 전제로 하는 것이다. 주주에게 신주인

---

3) "상법상 주식회사가 신주를 발행하는 경우 주주 또는 제3자는, 주주배정, 제3자배정, 모집 등의 방법에 의하여 해당 신주를 인수하여 취득하거나, 또는 해당 신주를 인수한 자로부터 이를 매수하여 취득하는 것이 통상적이라고 할 것이고, 이와 달리 제3자가 직접 그 주식회사와 해당 신주에 관한 매매계약을 체결하여 그 주식회사로부터 해당 신주를 직접 매수하여 취득할 수는 없다고 할 것이다"(대법원 2008. 9. 25. 선고 2008다42515 판결).

4) 대법원 2012. 11. 15. 선고 2010다49380 판결.

5) Fuller v. Krogh, 15 Wis. 2d. 412, 420(1961).

수권을 인정하는 이유는 무엇인가? 기존주주 이외의 자에게 신주발행이 이루어지면 기존주주의 주식수는 그대로인 채 회사의 발행주식총수만이 증가해서 상대적으로 그의 지주비율이 감소하게 되어 회사에 대한 지배력이 떨어진다.[6] 이처럼 신주를 발행할 경우 발행주식 총수의 증가로 인하여 주식가치가 희석되어 주가가 떨어질 위험이 상승하게 되는데, 이 같은 가치희석화를 원천적으로 봉쇄하기 위하여 주주에게 신주인수권을 인정하는 것이다.

대법원 판례에 따르면 회사가 주주배정의 방법으로 신주를 발행하는 경우에는 발행가액 등을 반드시 시가에 의하여야 하는 것은 아니다. 말하자면, 이사는 원칙적으로 액면미달발행이 아니라면 주주 전체의 이익과 회사의 자금조달의 필요성과 급박성 등을 감안하여 경영판단에 따라 자유로이 그 발행조건을 정할 수 있으므로 시가보다 낮게 발행가액 등을 정하는 것이 가능하다.[7] 이러한 대법원의 논리를 예를 들어 설명하기로 한다. 어느 회사가 100주를 발행하고 있다고 가정하자. 주주는 1주당 800원을 주금으로 납입하였지만, 그 후 회사가 발전하면서 1주의 가치가 1,000원으로 상승하였다고 가정하자. 이 회사의 현재 가치는 10만원이다. 회사가 100주 규모의 신주를 시가보다 낮게 1주당 600원으로 발행하여 그 대금의 총액이 6만원인 경우 신주를 발행한 직후의 시점에 회사의 가치는 16만원으로 된다. 만약 어느 주주가 당초 1주를 보유하였지만 신주를 인수하여 총 2주를 보유하게 되었다면, 그의 총 납입대금은 1,400원이지만, 2주의 가치는 1,600원이다. 그 주주는 주가상승분 200원을 여전히 향유한다는 데에는 변함이 없다. 이처럼 신주발행이 이루어졌지만 구주의 주가상승분이 외부로 유출되지 않았다. 따라서 주주가 지분비율에 따라 신주를 인수하는 것만 지켜진다면 시가보다 낮은 가격으로 발행하더라도 문제가 되지 않는 것이다.

3. 제3자 배정

상법은 제3자에 대한 신주배정은 정관이 정한 바에 따라서만 가능하도록 하면서, 그 사유도 신기술의 도입이나 재무구조 개선 등 회사의 경영상 목적을 달성하기 위하여 필요한 경우에 한하여 예외적인 경우로 제한하고 있다(제418조

6) Alexander H. Frey, *Shareholders' Pre-emptive Rights*, 38 Yale Law Journal 563, 569~574(1929).
7) 대법원 2009. 5. 29. 선고 2007도4949 전원합의체 판결.

제2항 단서). 이 제한 역시 주주의 신주인수권에 대한 보호를 강화하고자 하는데 그 취지가 있다.[8)]

왜 신주의 제3자 배정에 대해서는 엄격하게 규제하는가? 예를 들어 설명하기로 한다. 위에서 제시한 예와 마찬가지로 어느 회사가 100주를 발행하고 있다고 가정하자. 주주는 1주당 800원을 주금으로 납입하였지만, 그 후 회사가 발전하면서 1주의 가치가 1,000원으로 상승하였다고 가정하자. 이 회사의 가치는 10만원이다. 회사가 100주 규모의 신주를 발행하여 전량을 제3자에게 배정하였고 그 대금의 총액이 6만원인 경우 신주를 발행한 직후의 시점에 회사의 가치는 16만원으로 되며, 1주의 가치는 800원이다. 신주를 인수한 제3자는 1주당 600원을 납입하자마자 1주의 가치가 800원으로 상승한 것이다. 이는 신주발행전의 1주의 가치 중에서 200원이 기존 주주으로부터 새로운 주주에게 이전된 결과이다. 이처럼 기존 주주의 부가 제3자에게 이전되어 기존 주주의 이익을 해하게 된다. 때문에 신주의 제3자 배정은 제한될 필요가 있는 것이다

상법은 이상과 같은 규제에 추가하여 제3자에게 신주를 배정하기 위해서는 기존 주주에게 신주발행사항을 통지·공고하여야 하는 의무를 부담시키고 있다(제418조 제4항). 이 공시제도는 기존 주주가 회사의 신주발행에 대하여 합리적으로 견제하는데 도움이 된다. 즉, 기존 주주들은 자신이 보유한 주식의 가치가 제3자 배정으로 인하여 자신이 전혀 모르는 사이에 희석되는 것을 줄일 수 있다.[9)] 이처럼 신주발행사항의 사전공시제는 매우 중요한 의미를 갖는 제도이기 때문에 이를 위반한 신주발행은 무효이다.[10)]

회사가 법령 또는 정관에 위반하거나 현저하게 불공정한 방법에 의하여 주식을 발행함으로 인하여 주주가 불이익을 받을 염려가 있는 경우에는 그 주주는 회사에 대하여 그 발행을 유지할 것을 청구할 수 있다(제424조). 만약 제3자에 대하여 이사와 통모하여 현저하게 불공정한 발행가액으로 주식을 인수한 때에는 회사에 대하여 공정한 발행가액과의 차액에 상당한 금액을 지급할 의무가 있다(제424조의2 제1항).

---

8) 대법원 2009. 1. 30. 선고 2008다50776 판결.
9) 김홍식, 「M&A 개론」 (박영사, 2009), 240면.
10) 이철송, 「회사법강의」 제27판(박영사, 2019), 920면.

제 3 절 채권의 출자전환

Ⅰ. 의 의

상법상의 자본금충실의 원칙에 따라 주식에 대하여는 전액납입이 요구된다(제421조 제1항). 회사가 성립한 이후에 신주를 발행하는 경우에는 예외적으로 회사의 동의가 있으면 신주인수인의 납입채무와 주식회사에 대한 채권을 상계할 수 있다(제421조 제2항). 이는 채무자(회사)가 채권자에게 주식을 발행하여 교부하고 채권자의 신주인수대금채무와 채무자의 기존 채무를 같은 금액만큼 소멸시키기로 하는 내용의 상계계약 방식에 의하여 출자전환을 하는 것이다.[11] 여기서의 '동의'라 함은 채권자에 대한 채무자의 신주배정과 인수가 완료된 후에 이루어지는 납입 자체에 국한된다. 약정채권자의 전형적인 예가 금융기관이므로, 금융기관이 회사에 대출한 금원을 회수하지 않고 그 회사의 동의를 전제로 하여 주식을 취득하는 경우를 쉽게 상정할 수 있다. 출자전환으로 채권자가 주주가 되고 타인자본이 자기자본으로 바뀐다. 이처럼 채권의 출자전환이 이루어지면 채권자의 입장에서는 '채권의 주식화'가 되는 것이고 채무자의 입장에서는 '부채의 자본화'가 이루어지는 것이다.

채권의 출자전환은 특별법에 의해서도 가능하다. 「채무자 회생 및 파산에 관한 법률」 제206조에 따른 회생절차에서의 출자전환과 기업구조조정촉진법 제33조 등에 따른 금융채권자의 출자전환이 허용된다. 전자의 경우에는 법원의 주관하에 이루어지는 회생절차의 일환으로 이루어지며, 후자의 경우에는 금융채권자가 보유한 금융채권을 기업구조조정을 위하여 출자전환하는 것을 내용으로 한다. 상법에는 출자전환은 채무자인 회사의 동의만으로 가능하며, 그 대상이 되는 채권의 성격에 대해서도 제한이 없어 특별법에 따라 이루어지는 출자전환보다 훨씬 수월하다. 때문에 채권의 출자전환을 제3자에 대한 신주배정을 우회하는 방법으로 사용될 여지가 있다.

---

11) 대법원 2010. 9. 16. 선고 2008다97218 전원합의체 판결.

Ⅱ. 목 적

채권을 출자전환한다는 것은 채무자의 입장에서는 채무변제를 위한 자금의 유출이 없고 대차대조표상 부채로 잡혀져 있던 것을 자본금 계정으로 이동시켜 장부상 재무구조를 개선하는 것을 주된 목적으로 한다. 예를 들어서 설명하기로 한다.

[그림 12-1] 출자전환의 전개

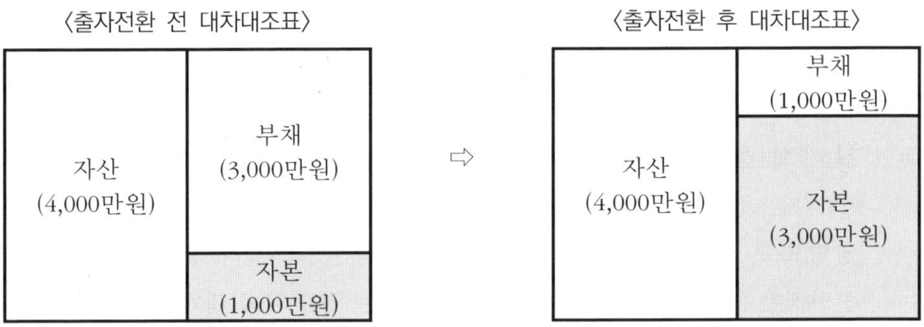

위 회사의 자산 4,000만원은 부채 3,000만원과 자본 1,000만원으로 구성되어 있는데, 부채가 자본의 300%에 달하는 부실한 기업이다. 일반적으로 회사에 부채가 과도한 경우 채무불이행의 가능성이 높아진다. 채무불이행가능성이 크면 회사경영상 많은 어려움에 처하게 된다. 예컨대, 원자재 공급자 측에서 당해 회사에 대하여 신용거래를 하지 않으려 하고, 새로운 근로자를 채용하는 것도 용이하지 않게 된다. 소비자도 당해 회사가 파산하면 애프터서비스를 받기 어렵다고 생각하여 그 회사의 상품을 매입하지 않으려고 할 것이다. 또한 회사가 새로운 자금의 조달을 원하더라도 자금제공자에 많은 비용을 지불할 수밖에 없다. 이 때문에 과도하게 부채를 지고 있는 회사는 부채를 신속하게 감소시키는 방법으로 채권의 출자전환을 이용할 수 있다. [그림 12-1]에서의 회사가 원래 부담하고 있던 부채 중에서 2,000만원을 주식으로 전환하면 자기자본이 1,000만원에서 3,000만원으로 증가하는 동시에 부채는 1,000만원으로 감소한다.

이처럼 출자전환은 부채의 감소와 자기자본의 증가를 동시에 초래한다는 점에서 자본구조를 크게 변화시키면서도 당해 회사의 자산에는 아무런 영향을 미치지 않는다.

이상과 같이 채무자(회사)입장에서 채무를 주식화(debt-equity swap; DES)함으로써 자산시장의 침체로 인하여 채무자가 자산을 매각하여 채무(차입금)를 변제하는 것이 곤란하거나 주된 수익창출원(cash cow)을 매각하지 않으면 변제가 곤란한 경우 그러한 부담으로부터 벗어나서 비교적 손쉽게 회사의 재무건전성을 제고할 수 있다.[12] 이처럼 채권의 출자전환은 실적악화 등의 이유로 부채비율이 높은 회사에서 시행된다. [그림 12-1]처럼 대부분의 경우 채무가 자본을 초과하거나 채무초과에 가까운 회사가 출자전환을 실시하는 것이다.

Ⅲ. 경제적 효과

1. 긍정적 효과

일반적으로 채무불이행의 가능성이 높거나 이미 채무불이행을 한 회사의 주식은 가치가 거의 없지만 당해 회사가 파산하면 채권자가 실제로 회수가능한 금액이 크게 감소할 것으로 전망되는 경우, 출자전환으로 부채가 감소하여 채무초과상태를 벗어나고 동시에 금융비용(이자)의 부담을 덜어 당해 회사가 즉각적인 파산을 피할 수 있는 경우 및 장기적으로 채무자의 실적이 개선하고 있음에 따라 장래에 회사가치가 증가할 것이라고 예상되는 경우 채권자로서는 채권의 출자전환에 적극적일 것으로 보인다.[13] 이 경우 그간에는 정보의 비대칭이

12) Sanjay Banerji, *Asset Sales and Debt-Equity Swap under Asymmetric Information*, 99 Economic Letters 189, 189(2008).

13) 박승두, "출자전환시 채무의 소멸성에 관한 연구," 「법학연구」 제21권 제4호(경상대학교, 2013), 312면. 대법원 2010. 1. 14. 선고 2009두12822 판결("이 사건 출자전환은 원고가 ○○건설 주식회사에 대한 채권을 회수할 가능성이 거의 없고 또 ○○건설 주식회사가 파산할 경우 거액의 담보 및 보증제공으로 인하여 원고 또한 적지 않은 타격을 입을 것으로 예상되는 상황에서, 원고의 손해를 조금이나마 줄이기 위해서는 채권을 그대로 보유하는 것보다는 출자전환하여 ○○건설 주식회사의 재무구조를 개선함으로써 신규 공사수주가 가능하도록 하여 계속기업으로서 존속하게 하는 것이 낫다는 판단하에 이루어진 것으로서, 건전한 사회통념이나 상관행에 어긋나는 비정상적인 거래로서 경제적 합리성이 없는 것이라고 볼 수 없다고 판단하였다.").

존재하는 상황이었지만 채권의 출자전환으로 인하여 해당 회사의 미래현금흐름에 대한 정보가 새롭게 주주가 된 채권자에게 전달되는 효과가 있다. 요컨대, 출자전환이 이루어지면 채권자의 입장에서는 장래 주식을 현금화할 수 있다고 보아 채무자의 채무불이행에 따른 손해를 축소할 수 있는 것으로 기대하는 것이다.

채권자의 채권이 주식으로 전환됨에 따라 대주주의 지분율이 상대적으로 줄어들게 된다. 기존 주주의 지분율을 축소시킨다는 것은 그동안 이사에 대한 감시·감독을 제대로 하지 못하여 회사의 재무구조가 부실하게 되었다는 데 대한 일종의 징계로서 의미가 있다.[14] 예컨대, [그림 12-1]에서 자본의 영역에 속하는 자본금[15]을 1인이 전부 출자하였다고 가정하는 경우 출자전환 후에는 채권자의 지분이 기존 출자자의 그것의 2배가 되어 최대주주의 지위를 차지하여 경영진을 교체할 수 있게 된다.

더 나아가 채권자가 주주로서 주주총회를 통해 직접 회사의 의사결정에 참여하여 자신의 채권을 회수하는 데 보다 더 적극적으로 노력할 수 있다. 이밖에 채권자가 출자전환을 할 경우에는 일반채권자보다 후순위인 주주로 변경되는 대신에 기타 채권자에 대한 책임재산이 사실상 증가하는 것과 다를 바 없으므로 다른 채권자에 대한 보호가 강화되는 장점이 있다.

2. 부정적 효과

채권자로서는 채권이 출자전환되면서 이자를 받을 수 없게 될 뿐만 아니라 법적으로 더 이상 채권자가 아니므로 주주에 우선하여 변제를 받을 수 있는 지위를 상실한다. 또한 채권자의 입장에서는 채권이 주식으로 변함에 따라 단기간에 환가할 수 없게 되어 채권자의 재무상태마저 부실하게 될 여지가 있다. 게다가 경영이 정상화될 가능성이 낮은 회사에 채권을 출자전환을 한다는 것은 채권회수의 시점이 늦추어질 뿐이지 실질적인 효과가 없는 경우도 존재한다. 만약 금융기관의 출자전환이 확산된다면 산업에 대한 금융의 지배가 가속화될

14) 이제원, “출자전환의 법적 성질,” 「증권법연구」 제1권 제1호(한국증권법학회, 2000), 284면.
15) 대차대조표상의 ‘자본’에는 자본금, 자본잉여금, 이익잉여금, 기타포괄손익누계액이 들어간다.

수 있다. 특히 출자전환을 받은 회사가 비교적 규모가 큰 금융기관의 자금지원만을 기대하고 경영개선노력을 하지 않는 등의 도덕적 해이가 발생할 여지도 있다.[16)]

제 4 절 실권주의 처리

Ⅰ. 상법에 따른 실권주 처리

1. 서 언

'실권주'라 함은 회사가 신주를 발행함에 있어 구주주(舊株主)에게 그가 보유하고 있는 주식의 수에 비례하여 신주인수권을 부여하였음에도 불구하고 당해 주주가 청약기일까지 신주를 인수하지 않거나 인수는 하였지만 납입기일까지 납입을 하지 않아 인수 내지 납입되지 않아 발생한 잔여주식을 말한다(제419조 제3항, 제423조 제2항). 이와 관련하여 상법은 신주인수권자가 청약·납입을 하지 않아 발생하는 실권주의 처리방법에 관하여 아무런 규정도 두지 않고 있다. 이에 이사가 실권주를 제3자에게 함부로 배정하지 않아야 하는 의무를 부담하는지의 여부와 만약 그러한 의무를 부담한다면 이를 방치한 것이 임무해태를 구성하는지가 문제된다.

2. 학 설

(1) 긍정설

이사가 신주를 발행할 때 충실의무를 부담하는 것처럼 실권주를 처리하는 시점에서도 동일하게 충실의무를 부담한다는 입장이다. 즉, 실권주의 처리는 주주의 이해관계에게 중요한 영향을 미치기 때문에 회사와 기존 주주(구주주)에게 어떤 영향을 초래할지를 판단하여 회사와 구주주의 장기적인 이익을 최대화할

---

16) 이승환, "대출금의 출자전환에 관한 연구 – 채권평가방법을 중심으로 –," 「법학연구」 제17권 제4호(연세대학교, 2007), 213~214면.

수 있는 방향으로 행동하여야 한다는 것이다.[17] 이 입장은 실권주의 처리는 제3자에게 신주를 배정하는 것과 경제적 효과가 차이가 없기 때문에 이사는 충실의무를 부담하여야 한다는 것으로 요약된다.[18] 이 밖에 지배권 문제와 관련하여 이사가 부담하는 중립의무로 인하여 그가 자기이익을 앞세울 수 없는 까닭에 어느 자금조달행위가 결과적으로 지배권의 변동을 초래한다면 이는 이사의 중립의무 위반으로 된다는 견해[19]도 있다.

(2) 부정설

실권주는 주주가 신주의 인수를 포기하여야만 발생하는 것이므로 상법상 명문의 근거가 없는 이상 구주주가 이미 포기한 이익을 이사가 의도적으로 회복시킬 이유가 없을 뿐만 아니라 구주주에게 그 구체적 신주인수권에 따라 이미 배정절차를 거쳤으므로 이사가 그의 지분가치가 희석되는 것을 방지하기 위해 더 이상 배려할 어떠한 의무도 부담하지 않는다는 입장이다.[20]

3. 판 례

대법원은 세칭 삼성에버랜드 전환사채 발행사건[21]에서부터 오늘에 이르기까지 일관되게 실권주를 제3자에게 배정하는 경우를 구주주에게 신주를 배정하는 것으로부터 차별하여 취급하고 있다.[22] 회사가 구주주에게 신주를 인수할 수 있는 정당한 기회를 부여하였음에도 불구하고 그가 그러한 권리를 포기하였다면 굳이 이사가 포기한 구주주의 이익을 다시 고려할 의무를 부담하지 않는다는 것이다. 심지어 신주가 지배권의 이전을 수반하는 대규모의 물량이더라도

---

17) 송옥렬, “신주의 저가발행에서 이사의 임무위배,” 「민사판례연구」 33-1권(박영사, 2011), 732면.

18) 위의 논문, 734면.

19) 이성웅, “회사의 이익 - 전환사채발행에 대한 이사의무와 관련하여 -,” 「법학연구」 제18권 제3호(경상대학교, 2010), 112면. 이와 같은 취지의 견해로서 최문희, “실권주에 관한 법적 쟁점의 검토 - 최근의 판례를 소재로 하여 -,” 「상사법연구」 제32권 제3호(한국상사법학회, 2013), 125면이 있다.

20) 나세준, “자본시장법상 상장회사의 신주발행방법에 관한 연구.” 「법과기업연구」 제6권 제2호(서강대학교, 2016), 17면; 이철송, 앞의 책, 925면.

21) 대법원 2009. 5. 29. 선고 2007도4949 전원합의체 판결.

22) 대법원 2012. 11. 15. 선고 2010다49380 판결.

그것이 현저히 저가로 발행된 것이 아닌 이상 실권주를 인수할 제3자를 모색하는 데에는 아무런 의무도 부담하지 않는다는 취지의 판례[23]도 존재한다. 즉, 실권주라는 것은 이미 구주주에게 구체적 신주인수권을 부여하였음에도 불구하고 그 신주를 인수하지 아니하여 실권된 것이므로, 이를 그 정체가 누구이든지 간에 제3자에게 배정한다고 하여 구주주가 자발적으로 포기한 신주인수권을 침해한다고 볼 수 없다는 것이다.

4. 평 가

상법이 수권자본제[24](authorized capital)를 채택한 것은 자본조달의 기동성을 확보하기 위한 것이다.[25] 수권자본제하에서는 실권주의 처리와 관련하여 이사의 자본조달의 기동성 확보와 주주의 이익보호 중에서 전자에 더 많은 비중을 두는 경향이 있다. 주식회사에서 이사의 의사결정도 존중되어야 하지만, 주주의 의사결정도 존중할 필요가 있다. 그러나 제 아무리 중요한 권리라고 하더라도 버려지거나 포기한 경우라면 갖은 노력을 다하여 이를 버린 자 혹은 포기한 자에게 다시 찾아 줄 필요는 없다. 특히 주주의 지위를 구성하는 구체적 신주인수권을 양도(제416조 제5호)하여 환가[26]함으로써 신주발행으로 인해 희석되는 구주(舊株)의 가치를 일부라도 보전할 수 있는 기회까지 포기한 구주주를 다시금 보호하자는 것은 비용적인 측면에서 의미를 부여할 수 없다. 그러므로 신주를 일단 주주배정방식으로 발행하였으나 실권된 경우 그 발행조건에 변경이 없다면 회사의 자본금충실에는 부정적인 영향을 미치지 않으므로,[27] 이사는 (특

---

23) 대법원 2013. 9. 12. 선고 2011다57869 판결.

24) '수권자본제'라 함은 주식회사의 정관에 수권주식총수를 의미하는 회사가 발행할 주식총수(제289조 제1항 제3호)만을 기재하고, 정관에 신주발행을 주주총회에서 결정하도록 규정하고 있는 경우를 제외하고는 회사의 필요에 따라 이사회의 결의만으로 신주를 발행할 수 있는 제도를 의미한다. 수권자본제 본래의 취지는 '자본조달의 기동성 내지 편의성의 확보'에 있다(서울고등법원 1987. 12. 8. 선고 86구501 판결).

25) 송옥렬, "신주의 저가발행에서 이사의 임무위배," 「민사판례연구」 33-1권(박영사, 2011), 737면; 양승규, "주식회사의 자본조달과 신주발행," 「상법의 논점」(삼지원, 2002), 227면.

26) 정관으로 또는 신주발행의 결의시에 신주인수권을 양도할 수 있다는 것을 정하지 않았다 하더라도 민법상 지명채권양도의 방법과 효력으로 신주인수권을 양도할 수 있다(대법원 1995. 5. 23. 선고 94다36421 판결).

27) 한국상사법학회 편, 「주식회사법대계 Ⅲ」 제3판(법문사, 2019), 20면(정명재 집필부분).

별한 의무를 부담하지 않은 채) 자유롭게 실권주을 제3자에게 배정할 수 있다.[28)] 이러한 시각에서 이사가 실권주의 처리와 관련하여 특별한 의무를 부담하지 않는다는 부정설과 판례의 입장을 충분히 이해할 수 있다.

Ⅱ. 자본시장법에 따른 실권주 처리

자본시장법은 실권주를 유리한 조건으로 특정인에게 배정하여 경영권의 상속 또는 제3자에 부당이득을 제공하는 수단으로 이용되는 것을 봉쇄하기 위하여 실권주 처리에 관한 규정을 명시적으로 두고 있다. 이에 따르면 주권상장법인이 유상증자 과정에서 실권주가 발생하는 경우 원칙적으로 그 부분에 관한 발행을 철회하여야 한다(자본시장법 제165조의6 제2항 본문). 자본시장법에서의 실권주는 주주배정, 제3자배정 및 일반공모의 경우(자본시장법 제165조의6 제1항)에 발생할 수 있다는 점에서 상법과 구별된다.[29)] 다만, 신주발행가액이 금융위원회가 정하는 일정수준 이상인 경우로서, 계열관계에 있지 않은 투자매매업자가 인수인으로서 그 실권주 전부를 취득하는 인수계약을 미리 체결한 경우, 주주배정에 한하여 일정한 한도에서 초과청약을 한 구주주에게 미리 그 한도 내에서 실권주를 추가배정하기로 합의한 경우,[30)] 기타 상장회사의 지금조달의 효율성, 주주 등의 이익보호, 공정한 시장질서 유지의 필요성 등을 종합적으로 고려하여 시행령으로 정한 경우 등에 한하여 실권주를 제3자에게 임의처리할 수 있다(자본시장법 제165조의6 제2항 단서). 특히 구주주에게 초과청약을 허용함에 따라 발행회사는 실권주를 제3자에게 배정하는 절차를 밟지 않아도 되므로 자금조달에 투입되는 시간과 비용을 줄일 수 있을 뿐만 아니라 구주주의 지분이 희석되는 것을 최소화할 수 있다.

---

28) 대법원 2009. 5. 29. 선고 2007도4949 전원합의체 판결.

29) 나세준, 앞의 논문, 14~15면.

30) 구주주는 배정받은 신주의 20%까지 주식을 초과청약할 수 있다. 구주주의 청약 이후 발생한 실권주가 있는 경우 구주주가 초과청약한 물량이 실권주의 규모에 미달하면 청약분 100%에 대해 신주를 배정하지만, 초과청약물량이 실권주의 수를 넘는 경우에는 청약한 주식수에 비례해 배정한다. 따라서 신주 100주를 청약할 수 있는 주주가 120% 초과청약하여 120주를 배정받을 수 있는 길이 열려져 있다(자본시장법 제165조의6 제2항 제2호, 시행령 제176조의8 제2항).

제13장

액면분할

제13장

액면분할

제1절 논의의 범위

상법상 액면주식 1주의 금액은 100원 이상으로 하여야 한다(제329조 제3항). 상장회사가 1주의 금액을 5천원 이하인 주권을 발행하는 경우에는 그 액면가(par value; face value)를 100원, 200원, 500원, 1,000원, 2,500원, 5,000원으로 할 수 있다(유가증권시장 상장규정 시행세칙 제130조 제1호; 코스닥시장 상장규정 시행세칙 제6조 제1항). 액면가를 변경하는 것도 가능하다. 액면변경의 구체적인 방법은 액면분할과 액면병합이 있다. 액면병합은 여러 주를 합하여 1주당 액면가를 높이는 것을 가리키며, 이는 한때 상법 부칙(1984. 4. 10) 제5조 제2항에 규정된 바 있는 주식병합에 해당한다. 액면분할은 이미 발행된 주식을 세분하여 발행주식 총수를 증가시키되 그 증가된 부분을 기존 주주의 보유주식수에 따라 배분하는 것을 말한다. 따라서 액면분할의 경우 신주는 발행되지만 자금조달을 수반하지 않는다.[1)] 단주가 발생하지 않는다면 대차대조표상의 자본의 부에 아무런 변화를 야기하지 않는다. 다만, 주식의 시장성(marketability)을 제고하여 주주의 이익에 영향을 미칠 뿐이다.[2)] 본장에서는 경제적인 측면에서 액면분할

1) 花枝英樹, “資本政策としての株式分割,” 「成城大学經濟研究」 第162号(成城大学経済学会, 2003), 51頁.

2) 대기업이 중소기업을 흡수합병하는 경우에 합병비율을 정하여야 한다. 만약 대기업과 중

의 긍정적인 효과(장점)와 부정적인 효과(단점)에 관련된 기존의 이론을 검토하기로 한다.

제 2 절 액면분할의 개념과 절차

Ⅰ. 액면분할의 개념

개념적으로 '주식분할'은 회사가 대가를 수령하지 않고 주주에게 신주를 교부하는 것을 의미한다. 주식분할의 영역에 포함되는 것으로는 협의의 주식분할이라고 할 수 있는 액면분할,[3] 주식배당 및 법정준비금의 자본금전입으로 인한 신주의 발행 등을 들 수 있다.[4]

상법은 협의의 주식분할에 관한 규정(제329조의2, 제530조 제2항)을 두고 있는데, 하급심 판결에 따르면 "주식분할은 회사가 이미 발행한 주식을 분할하여 증가한 주식을 주주에게 그 소유주식수에 비례하여 배분하는 것으로 주식분할이 있게 되면 회사의 자본금과 자산에는 변동이 없이 발행주식수만 증가하게 되어 주식 1주의 가치가 주식분할의 비율에 따라 감소되고, 따라서 주식분할이 있게 되면 [단주가 발생하지 않는 한] 회사의 자본 또는 주주의 지위에는 아무런 변화 없이 기존의 주식이 분할됨으로써 주식 1주의 가치가 그만큼 감소하게 되는 것에 불과한 것"이다.[5] 예컨대, 액면가를 5,000원에서 500원으로 분할한 결

소기업이 각각 발행한 주식의 가격이 크게 차이가 난다면 합병비율을 정하기가 곤란하다. 그 경우 양측 합병당사자가 합병비율을 쉽게 산정할 수 있기 위해서는 주가를 맞추는 노력을 하여야 한다. 주가를 맞추는 방법 중에 하나가 고가주를 액면분할하는 것이다. 이같이 합병비율조정을 위한 액면분할은 주식의 유동성 제고와는 관련이 없기 때문에 본장의 논의에서 제외한다.

3) '액면분할'은 상법전상의 용어는 아니지만 상법상 주식분할의 의미로서 대법원 판례에서 자주 사용되고 있다. 그러한 판례의 예로서는 대법원 2009. 11. 26. 선고 2008도9623 판결; 대법원 2015. 12. 10. 선고 2015두41531 판결 등이 있다.

4) 송옥렬, 「상법강의」 제9판(홍문사, 2019), 812면.

5) 서울고등법원 2009. 6. 24. 선고 2008누28716 판결.

과 발행주식총수가 10배로 늘어나더라도 대차대조표상 회사의 자본이 늘어나지 않으며 주주의 지위에 어떠한 변화가 초래되지도 않는다. 이처럼 협의의 주식분할에 해당하는 액면분할의 경우에는 주식의 액면가를 일정한 비율로 나누는 것을 뜻할 뿐이므로 자본금의 증가가 초래되지 않지만, 주식배당이나 무상증자의 경우에는 자본금이 증가한다는 점에서 차이가 있다. 현행 상법상 무액면주식의 경우에도 분할이 가능하지만, 무액면주식은 문자 그대로 액면금액이라는 개념이 존재하지 않으므로 '액면분할'이 아니라 '주식분할'이라는 용어를 사용하여야 한다.[6]

Ⅱ. 액면분할의 절차

상법은 액면분할을 하기 위해서는 주주총회의 특별결의가 있어야 한다(제329조의2 제1항). 액면분할을 시행함에 있어서 주주총회의 특별결의가 필요한 이유는 무엇인가? 그 이유로서 다음과 같이 3가지를 들 수 있다. 첫째, 다수설에 따르면 액면분할은 자본금의 변경을 초래하지 않아 주주나 채권자의 이익과 무관한 까닭에 회사의 중요한 의사결정이라고 할 수 없지만, 액면가 자체가 정관의 절대적 기재사항(제289조 제1항 제4호)이므로 그 변경을 위해 주주총회의 특별결의가 있어야 한다는 것이다.[7] 그러나 이와 같은 다수설의 입장은 상법의 취지와 일치하지 않는다. 왜냐하면 상법이 액면분할과 관련하여 정관의 변경에 주주총회의 특별결의를 요구하는 규정(제434조)과는 별도로 특정한 조문(제329조의2 제1항)을 둔 것은 뒤에서 살피는 바와 같이 액면분할이 중요한 의사결정임을 전제로 하고 있는 것으로 읽어야 하기 때문이다. 그러므로 액면분할을 위한 주주총회를 개최하는 경우 주주로 하여금 결의의 목적사항이 '주식분할'과 '정관변경'에 있음을 분명하게 인식할 수 있도록 의안을 '발행주식 액면분할 및 액면분할을 위한 정관변경의 건'[8] 또는 이와 유사한 문구로 기재하여야 한다. 요컨대, 액면분할이라는 사안의 중요성을 감안하여 신중을 기하라는 취지에서

6) 정수연, "국내·외 사례 분석을 통한 액면분할 기대효과,"「KRX MARKET」제115호(한국거래소, 2014), 68면.
7) 송옥렬, 앞의 책, 812면; 이철송,「회사법강의」제27판(박영사, 2019), 456면.
8) 예컨대, 삼성전자 주식회사 제49기 정기주주총회(2018.3.23.) 소집공고 참조.

상법이 주주총회의 특별결의를 요구하는 것으로 이해하여야 한다.

둘째, 상법은 제329조의2 제3항에서 제440조, 제441조, 제442조를 준용하고 있다. 상법 제440조는 자본금감소를 위한 주식병합의 절차에 관한 규정이며, 제441조는 그러한 주식병합의 효력발생시기를 정하고 있다. 제442조는 주식병합으로 인한 신주권의 교부에 관한 규정이다. 주식병합을 통한 자본금감소에는 주주총회의 특별결의가 필요하다(제438조 제1항). 주식병합의 효력이 발생하기 위해서는 구주권(舊株券)이 실효되고 신주권(新株券)이 발행되어야 한다. 이처럼 굳이 상법이 주식병합의 절차와 그 효력의 발생시기를 정한 것은 구주권의 실효 및 신주권의 발행이 주주 및 제3자의 이해관계에 중대한 영향을 미칠 염려가 있음에 그 이유를 찾을 수 있다.[9] 액면분할에 주식병합에 필요한 절차가 그대로 준용되어 구주권의 실효와 신주권의 발행이 수반되어야 하므로 당연히 주주 및 제3자의 이익에 영향을 끼칠 수밖에 없다. 이와 같이 액면분할이 주주 및 제3자의 이해관계에 연계되어 있으므로 주주총회의 특별결의를 위시하여 엄격한 절차를 요구하는 것은 당연하다.

셋째, 상법 제329조의2 제3항은 주식병합에 있어서의 단주처리에 관한 규정(제443조 제1항)을 준용하고 있다. 액면주식을 정수(整數)로 나누어지지 않는 경우에는 예외적으로 단주가 발생한다. 예컨대, 현재 1주의 액면가가 2,500원인 주식을 액면가 1,000원으로 분할하는 경우 단주가 발생한다. 이 경우 주식병합의 경우와 마찬가지로 단주를 경매하여 각 주수에 따라 그 대금을 종전의 주주에게 지급하여야 한다. 다만, 거래소의 시세 있는 주식은 거래소를 통하여 매각하고, 거래소의 시세 없는 주식은 법원의 허가를 받아 경매 외의 방법으로 매각할 수 있다. 여기서 가상의 사례를 들어 설명하기로 한다. 액면가 2,500원인 주식을 100주 발행한 회사에서 20주를 가진 주주가 있다고 하자. 동 회사의 자본금 규모는 250,000원이며, 이 주주는 동 회사의 발행주식총수 중 20%를 보유하는 것이다. 액면가를 1,000원으로 분할하는 경우 구주 1주당 신주 2주가 배정되어 총 40주를 보유하게 되며, 나머지는 단주로 된다. 여러 주주로부터 나오는

9) 참고적으로 주식병합에 관련된 대법원 판례를 소개하기로 한다. 대법원은 상법 제440조가 "주식병합에 일정한 기간을 두어 공고와 통지의 절차를 거치도록 한 취지는, 신주권을 수령할 자를 파악하고 실효되는 구주권의 유통을 저지하기 위하여 회사가 미리 구주권을 회수하여 두려는 데 있다"고 판시하고 있다(대법원 2009. 12. 24. 선고 2008다15520 판결).

단주가 경매를 통해 새로운 자에게 매각되었다고 하자. 액면분할 후 동 회사의 자본금 규모는 동일하지만 발행주식총수는 250주로 늘어난다. 액면분할 후 이 주주가 보유한 지분율은 16%로 떨어진다. 대신에 경매를 통해 낙찰받은 자가 새로운 주주가 되는 것이다. 이처럼 단주처리를 한다는 것은 현금을 대가로 하여 주주를 축출하고 그로 인하여 지배력의 변화(change of control)를 초래한다. 말하자면, 단주의 대가로서 금전을 교부받은 주주로서는 더 이상 주식 보유를 통한 회사의 수익분배에 참여할 기회를 박탈당하게 되는 것이다. 이와 같이 지배력의 변화를 가져오는 액면분할을 단순히 이사회의 결의 혹은 주주총회의 보통결의만으로 승인하도록 내버려 둘 수 없다.

요약하자면, 현행 상법규정을 고려한다면 액면분할은 회사의 중요한 이벤트이다. 액면분할이 주주 및 제3자의 이해에 영향을 미칠 수 있을 뿐만 아니라 단주처리로 인하여 주주의 지배력에 변화를 초래할 수 있다. 이에 회사가 액면분할을 할 경우에 그 목적 여하에 상관없이 절차적 신중을 기하라는 취지로 상법은 액면분할에 주주총회의 특별결의를 갖출 것을 요구하고 있다.

제 3 절 액면분할의 효과

Ⅰ. 긍정적인 효과

1. 서 설

액면분할은 원칙적으로 주주의 지분비율에 변화를 초래하지 않으며 자본금에 어떠한 변화도 야기하지 않는다. 이론적으로 생각하자면, 회사의 실적에 영향을 주지 않으므로 회사의 가치는 변하지 않는다. 특히 액면분할은 개념적으로 분할비율에 비례하여 주가가 떨어지는 것에 지나지 않기 때문에 주식분할은 주주에게 있어서 특별한 이익을 가져다 주지 않는다.[10)]

---

10) 정균화, “주식병합에 대한 시장의 반응,” 「한국증권학회지」 제42권 제4호(한국증권학회, 2013), 640면.

그럼에도 불구하고 상장회사가 액면분할을 단행하는 무엇인가? 그 이유는 시장이 액면분할에 대하여 긍정적으로 반응하기 때문이다.[11] 시장의 긍정적인 반응(장점)은 대체적으로 다음과 같은 3가지 정도로 알려져 있다. 그 첫 번째는 액면분할로 인하여 유동성(liquidity)이 증대하는 효과가 있다. 두 번째로는 액면분할은 분할하는 상장회사의 장래의 수익 전망에 대한 좋은 신호를 투자자들에게 전달한다는 효과가 있다. 세 번째는 액면분할로 인하여 주주구성이 변화한다.[12] 이와 같은 세 가지 효과에 관하여 간단히 살펴보기로 한다.

2. 유동성 증대

한국의 경우 학자들은 대체적으로 유동성증대를 긍정하는 입장에 서 있는 것으로 보인다.[13] 긍정설의 입장을 한마디로 요약하면 액면분할은 1주당 액면가를 낮추어 희망자로 하여금 매수를 용이하게 할 수 있게 하여 보다 많은 자에게 매매의 기회를 제공하는 제도라는 것이다. 즉, 주가가 지나치게 높은 경우에는 자금부담으로 인하여 소액투자자들이 쉽게 매수하기 어렵다. 그리하여 매매마저 부진할 경우 액면분할을 단행하여 주당 가격을 낮춘다면 소액투자자가 우량주에 용이하게 접근할 수 있으며,[14] 그 결과 거래량이 증가하고 증권시장의 활성화에 도움이 된다는 것이다. 더 나아가, 액면분할을 한 회사에 대해 개인투자자 등의 신규수요가 발생하여 유동성이 증가하고 주가가 상승할 수 있다는 것이다. 이와 같은 주장은 주식의 매매회전율·매매금액이 증가하거나 매매호가스프레드(bid－ask spread)가 감소하면 매매가 활발하게 되고 유동성이 높아진

11) Gow－Cheng Huang, Kartono Liano & Ming－Shiun Pan, *The Effects of Stock Splits on Stock Liquidity*, 39 Journal of Economics & Finance 119, 119(2015).

12) 花枝英樹, 앞의 논문, 73頁.

13) 학자들의 사이에서는 액면분할의 유동성 증대효과에 대해서 부정적인 견해와 긍정적인 견해가 공존하고 있다(김선호/홍정훈, “주식분할의 유동성가설 및 최적거래가격범위가설 실증분석,” 「대한경영학회지」 제21권 제5호(대한경영학회, 2008), 2296면). 유동성증대효과를 실증적으로 분석한 연구들은 이가연/박경인, “한국 주식시장에서 주식분할 효과에 대한 연구,” 「대한경영학회지」 제25권 제3호(대한경영학회, 2012), 1306~1307면에 소개되어 있다.

14) ‘고가주’로 인식되는 것 자체가 투자자의 접근을 막는 장애가 된다. 액면분할 후 1주당 시가가 낮아지면 투자자가 그 주가가 낮다고 인식하면서 주식매수를 늘리는 효과가 있다는 의미이다.

다는 데 그 근거를 두고 있다.[15] 같은 맥락에서 한국의 상장회사가 액면분할을 하는 경우 대개 그 목적을 '유동성확보'로 공시하고 있다.[16] 특히 유동성 부족을 이유로 저평가되었던 고가의 우량주가 액면분할을 통하여 적정하게 평가받을 수도 있다.

3. 신호전달

투자자와 회사 사이에 만연한 정보의 비대칭 상황에서 회사가 특정한 재무결정을 발표하여 공시하는 것만으로 투자자에게 일종의 신호를 전달하여 주가나 회사의 가치에 영향을 미치기도 한다. 이를 신호(전달)효과(information signalling effect)라 한다.[17] 액면분할도 그러한 신호를 보내는 일종의 수단이다. 경영자가 회사의 미래수익이 긍정적일 것으로 보아 분할된 후에 주가가 떨어지지 않을 것이 예상되어야만 액면분할을 결정한다. 때문에 경영자는 미래의 현금흐름에 관한 우호적 정보를 전달하기 위하여 액면분할을 단행하는 것이며, 투자자는 그러한 액면분할의 공시를 호재로 인식함으로써 주가가 상승하게 된다.[18] 회사의 주가가 상승하면 시가총액이 증가하여 기업가치가 높아지는 효과가 있다. 더 나아가 주가상승으로 인하여 회사의 시가총액이 증가하면 회사는 비교적 유리한 조건으로 유상증자를 할 수 있어 대규모의 자금을 용이하게 조달할 수 있다. 말하자면, 시가총액이 증가하면 할수록 신주발행을 통해 대규모의 자금을 조달하기가 어렵지 않다는 것이다.[19]

굳이 경영자가 주주에게 우호적인 정보를 직접적으로 공개하지 않고 액면

---

15) 유통되는 주식이 과소(寡少)하면 단지 몇 주만 거래되더라도 주가가 크게 상승하거나 하락하여 가격이 왜곡될 여지가 있고, 소액투자자들이 주식을 적시에 사고 팔 수가 없어 당해 주식의 매수를 꺼릴 수 있다. 그러나 액면분할을 통해 유통가능한 주식의 총수가 늘어나고 주가의 변동폭이 줄어들게 되면 소액투자자의 접근이 용이하여 증권시장에서의 유동성이 증대한다는 것이다. 이가연/박경인, 앞의 논문, 1316면.

16) 위의 논문, 1304면.

17) 황선웅/신우용, "우리나라에서 주식분할에 따른 시장반응과 유동성효과,"「재무관리연구」제23권 제4호(한국재무관리학회, 2007), 204면.

18) David L. Ikenberry, Graeme Rankine & Earl K. Stice, *What Do Stock Splits Really Signal?* 31 Journal of Financial and Quantitative Analysis 357, 373(1996).

19) 한국거래소 유가증권시장본부 주식시장부,「[보도자료] 저유동성 고가주의 액면분할을 위한 제도 개선 방안」(2015. 1. 20), 2면.

분할이라는 방법을 통하는 것은 첫째, 회사가 유용한 정보를 직접 유출하는 경우에는 경쟁사가 이를 입수하여 이용할 우려가 있기 때문이며, 둘째, 설령 그러한 직접적인 정보가 나중에 환경의 변화로 쓸모가 없게 되어 주주가 손해를 입게 되더라도 그 경우에 경영자가 책임을 부담하지 않으려는 의도 때문이다.[20]

4. 주주구성의 변화

액면분할의 신호효과로 인하여 개인투자자 혹은 기관투자자를 불문하고 액면분할에 긍정적으로 반응한다면 주주의 수가 증가하는 양상을 나타낸다.[21] 특히 액면분할이 있는 경우 개인투자자의 거래가 두드러지게 증가한다는데, 그 이유는 무엇인가? 액면분할이 있는 경우 소액투자자가 부(富)의 변동 없이 투자자금의 범위 내에서 쉽게 분산투자를 할 수 있어 저가주의 거래가 증가한다. 또한 장래의 미래수익성에 대하여 양호한 신호를 보내는 액면분할이 있는 경우 증권사로서는 장밋빛 청사진을 이유로 그러한 주식에 대한 추천이 증가하게 됨으로써 소액투자자의 거래가 증가한다는 주장도 있다. 무엇보다도 저가주를 판매하는 것이 증권사에게는 높은 수익을 가져다주는 까닭[22]에 더 많은 수수료 수익을 얻을 목적으로 소액투자자에게 저가주 구매를 촉진하고 그 결과 소액투자자의 거래행위가 증가한다는 이유도 제시되어 있다.[23]

한편, 주주의 구성비 중에서 외국인투자자의 비중이 높은 회사가 배당을 하면 배당금이 외국으로 유출된다.[24] 그러나 개인투자자의 비중이 높아지면 배

---

20) 변종국, "주식분할에 따른 시장반응,"「재무관리논총」 제9권 제1호(한국재무관리학회, 2003), 122~123면.

21) 주주 수의 증가는 유동성에 긍정적인 효과를 부여한다. Yakov Amihud, Haim Mendelson & Jun Uno, *Number of Shareholders and Stock Prices: Evidence from Japan*, 54 Journal of Finance 1169, 1169(1996).

22) 증권사로서는 주식의 매매회전율이 높을수록 수익이 증가한다. 개인이 선호하는 저가주의 회전율이 고가주의 회전율보다 더 높은 것이 일반적이다. 고광수/김근수, "투자주체별 포트폴리오 특성과 성과 분석: 개인, 기관, 외국인,"「증권학회지」 제33집 4호(한국증권학회, 2004), 58면.

23) 박진우/김경순/이진휘, "주식분할 후 변동성 증가와 거래행태의 변화,"「한국증권학회지」 제39권 제4호(한국증권법학회, 2010), 549, 562면.

24) 연강흠, "상장회사의 배당정책 개선을 위한 제언,"「월간 상장」 Vol. 484(한국상장회사협의회, 2015), 15면; 정수연, 앞의 논문, 73면.

당금이 가계소득으로 되어 외국유출을 우려할 필요가 없다는 긍정적인 효과도 있다.[25] 주주 수의 증가로 주식이 분산되면 주식을 매집하기가 어려워 적대적 M&A를 시도하기가 곤란하게 된다.[26]

Ⅱ. 부정적 효과

1. 서 설

액면분할로 거래단위가 낮아짐에 따라 거래가 용이해질 뿐 회사의 본질적 가치가 변하는 것은 아니다. 액면분할의 긍정적인 효과는 주식이 싼 것으로 느껴지는 심리적인 것에 크게 기인한다. 액면분할이 향후 추가적인 주가상승이 기대된다는 신호로서의 기능을 하는 것을 부인하기는 어렵지만 주주의 수와 유동성이 증가함에 따라 주가의 변동성이 높아지고 저가주의 이미지로 인하여 오히려 회사의 가치가 저평가될 우려도 있다. 또한 액면분할은 법률이 요구하는 엄격한 절차를 거쳐야 하므로 많은 비용과 시간이 드는 단점도 있다. 이하에서는 액면분할이 초래하는 부정적인 효과 내지 단점을 간단히 살펴보기로 한다.

2. 주가안정성 저해

개인투자자는 소형주 내지 저가주를 주된 대상으로 하여 거래하고 시세차액만을 노리는 등 비합리적 투자판단에 의존하는 경향이 있다.[27] 액면분할에 의하여 액면가가 인하하여 개인투자자의 비중이 증가하면 덩달아 주가변동성마저 확대될 우려가 제기된다. 액면분할에 따른 유동성의 증가로 인하여 주가가 회사의 본질가치보다 급등하고 그 후 급락하는 현상도 나타날 수 있어 주가안정성이 저해된다. 또한 회사의 실적이 양호한 것으로 기대되더라도 경우에 따라서는 유통물량의 부담으로 인해서 주가상승에 제약을 받을 수도 있다. 예컨

25) 한국거래소 유가증권시장본부 주식시장부, 「[보도자료] 액면분할 활성화 관련 추진 성과 및 주요 특징 분석」(2015. 12. 15), 1면.

26) 박정식/장욱, "액면분할이 주가 및 거래량에 미치는 영향: M&A 방어수단으로의 가능성," 「경영논집」 제35권 1호(서울대학교, 2001), 42면.

27) 강장구/권경윤/심명화, "개인투자자의 투자심리와 주식수익률," 「재무관리연구」 제30권 제3호(한국재무관리학회, 2013), 37면.

대, 액면분할 전에는 주가가 고액이다보니 기관투자자가 매도를 원하더라도 매수상대방을 구하기가 용이하지 않았지만 액면분할 후에는 쉽게 매도가 가능한 까닭에 기관투자자가 공급물량을 대폭 늘리면 주가가 크게 떨어질 여지도 있다. 이 때문에 오히려 다른 기관투자자와 외국인이 당해 주식의 비중을 축소할 수도 있다.

3. 착시현상

주가에 대한 착시현상이 발생할 수 있다. 액면분할을 하면 주가가 싼 것처럼 보이기도 한다. 특정한 회사에 액면분할이 있었다는 사실을 알지 못하는 신규투자자는 실제 액면분할로 인하여 주식의 가치가 변하는 것이 아님에도 불구하고 유사업종의 다른 기업과 주가를 비교하여 주식이 저평가되었다고 오해할 우려도 있다.[28] 한편, 액면분할로 인하여 고가주 이미지가 사라짐에 따라 그 이미지에 바탕을 둔 투자유인 효과마저 희석되거나 심지어 낮은 주가로 인하여 주식을 보유한 주주들의 긍지가 손상되어 주가가 떨어질 우려도 있다.[29]

4. 과도한 비용

상장회사가 액면분할을 하기 위해서는 엄격한 절차를 밟아야 한다. 회사로서는 액면분할에 상당한 정도의 노력과 비용을 투입하고 지출하여야 한다. 우선 액면분할은 주주총회의 결의사항이므로 주주총회의 소집과 의안(목적사항) 상정을 위한 이사회 결의가 전제되어야 한다. 그 다음으로 주주총회는 액면분할을 위한 특별결의를 하여야 하며(제329조의2 제1항), 회사가 발행할 주식의 총수 및 1주의 액면금액(제289조 제1항 제3호·제4호)이 정관의 절대적 기재사항이어서 이를 변경하려면 정관변경을 위한 특별결의도 있어야 한다.[30] 여기에는 2015년 현재 약 1,500만원에서 2,000만원 정도의 비용이 소요된다고 한다. 다음

---

28) 임도원/서기열, "5000원에서 200원으로 … 제일모직 액면분할 추진," 「한국경제」(2014년 7월 11일자), A23면.

29) 한국투자신탁증권 리서치센터 투자분석팀, "고가주 액면분할 논의에 대한 코멘트," 「Hantu Tams Daily」(2012. 1. 31), 1면.

30) 발행예정주식총수의 미발행분이 충분한 경우에는 발행예정주식의 총수를 굳이 변경할 필요는 없다. 이철송, 앞의 책, 456면.

단계로서 구주권을 제출하여야 한다. 구주권의 제출기간이 만료한 때에 액면분할의 효력이 발생한다(제329조의2 제3항, 제440조). 이 때 명의개서에 드는 수수료는 약 200만원으로 추산된다. 그 후 액면분할의 효력발생일로부터 2주 이내에 등기를 완료하여야 하며, 등기비용은 약 50만원 정도이다. 이러한 모든 절차가 완료된 후에 한국거래소에 변경상장에 필요한 신청서류를 제출하여 변경상장한다. 변경상장 수수료는 100만원이다. 만약에 정기주주총회에서 액면분할 안건을 상정하고 결의하는 경우에는 약 350만원의 비용으로 액면분할 및 변경상장을 완수할 수 있다.[31)]

이상과 같은 산술적인 비용 이외에도 상장회사는 다음과 같은 추가적 수고와 노력을 경주하여야 한다. 우선, 주주총회에서 특별결의의 요건을 충족시키기 위하여 주주에게 액면분할의 당위성을 설명하고 참여를 독려하여야 한다. 게다가 액면분할 후에 주주관리에 추가적인 비용이 들어간다는 점에서 부담이 증가할 여지도 있다. 예컨대, 상장회사의 경우에는 주권을 인쇄하는 데 드는 비용과 인지세 및 주주수의 증가로 인한 주주총회의 소집통지의 발송 등의 업무가 증가하므로 추가적인 비용이 소요될 수밖에 없다. 회사 내의 주식당당자는 주주의 수가 늘어나는 만큼 주주로부터 다양한 질문이나 항의를 받을 수도 있다. 이 같은 비용부담으로 인하여 액면분할 이후 오히려 주가가 추락할 수도 있다.[32)]

---

31) 김원대, “코스피 저유동성 종목의 액면분할 촉진을 위한 제도 개선 추진 방안”(2015. 1. 20. 한국거래소 파워포인트 자료), 18면.

32) 일본의 경우에는 액면분할의 사전·사후업무에 수억 엔의 비용이 들어간다고 한다(花枝英樹, 앞의 논문, 76頁).

제14장

자본금의 감소

제14장

자본금의 감소

제1절 논의의 범위

'자본금의 감소'(이하 '감자'로 줄임)라 함은 회사의 자본금 규모를 감소시키는 것을 말한다. 감자는 신주발행에 의한 증자에 대립되는 개념이다. 예를 들면, 자본금 1,000만원인 회사가 그 자본금을 500만원으로 줄이면 500만원을 감자한 것이다. 이는 주주의 지위를 소멸시키거나 약화시키는 결과를 가져오는 동시에 재산적으로 회사신용의 기초를 축소시킨다. 본래 자본금은 물적회사인 주식회사의 근본을 이루므로 상법은 감자에 관하여 엄격하게 규정하고 있다.

감자에 관해 명문상의 규정을 두고 있는 법률로서는 상법과 「금융산업의 구조개선에 관한 법률」(이하 '금융산업구조개선법'으로 줄임) 등이 있다. 상법은 주식회사에서의 감자에 관한 가장 일반적이고 기본적인 절차를 규정하고 있다. 금융산업구조개선법은 금융산업의 구조적인 문제를 개선하고 부실의 심화에 따라 야기된 금융산업의 전체위험을 감소 내지 해소시킴으로써 금융산업이 본래의 기능을 회복할 수 있도록 도와주는 법률이다. 본장에서는 감자에 관해 명문상의 규정을 두고 있는 상법과 금융산업구조개선법을 대상으로 하여 각 법률상의 감자제도를 소개한 후 감자의 경제적 목적을 살펴보고자 한다.

제 2 절 자본금 감소의 분류

Ⅰ. 분류기준

감자는 다음과 같은 기준에 의하여 분류할 수 있다. 즉, 자산의 실질적인 감소가 이루어지는지의 여부에 따라 실질적 감자와 명목상(형식적) 감자로 나눌 수 있다. 또한 주주의 자율적인 의사결정에 의하여 감자를 단행하는지의 여부에 따라 자율적 감자와 강제적 감자로 구분할 수 있다. 감자의 범위에 따라 부분감자와 완전감자로 분류할 수 있다. 감자의 근거법에 따라 상법상의 감자와 금융산업구조개선법상의 감자로 나누어 진다.

Ⅱ. 자본금 감소의 구체적 유형

1. 자산의 현실적 감소 여부에 따른 분류

감자는 자산이 현실적 감소하는지의 여부를 기준으로 실질적 감자(유상감자)와 명목상 감자(무상감자)로 나눌 수 있다. 실질적 감자는 일정금액을 주주에게 환급 또는 소멸된 주식의 대가를 주주에게 지급함으로써 회사의 순자산이 실제적으로 감소한다는 점에서 유상감자라고도 한다. 예컨대, 5,000원인 주식의 액면가를 2,500원으로 줄인다면 1주당 감소된 금액에 해당하는 2,500원을 주주에게 돌려주는 경우이다. 실질적 감자는 회사가 영위가능한 사업의 규모에 비하여 현재의 자본금이 과다하게 높은 경우에 자본금을 적절하게 축소하여 회사의 가치를 높이는 방법이다.

명목상 감자는 계산상 자본금만 줄이고 회사의 자산을 회사 밖으로 유출시키지 않는 방식이다. 이는 주주에게 감자의 대가가 지급되지 않아 자산의 규모에 변함이 없다는 점에서 무상감자의 한 형태에 속한다.[1)] 예컨대, 액면가의 일

---

1) 권기범, "주식회사의 자본감소에 관한 연구,"「상사법연구」제23권 제1호(한국상사법학회, 2004), 84면.

부를 감액하더라도 그 감소된 금액을 주주에게 반환하지 않는 경우가 명목상 감자에 해당한다. 이 경우 감소된 금액은 주주의 손실로 처리된다. 자본금의 결손이 발생한 때에 장래의 이익배당을 가능하도록 하기 위하여 회사의 자본금을 실제로 감소시키지 않고 회계장부상으로만 감소하기 위하여 이용된다.

2. 자본금 감소의 자율성 여부에 따른 분류

회사의 자본금액을 주주의 자율적 의사에 의하여 감소시키는지의 여부에 따라 자율적 감자와 강제적 감자가 있다. 자율적 감자란 자율적으로 주주총회의 결의를 통하여 이루어지는 감자이다. 감자를 위한 주주총회의 특별결의에 반대하는 주주는 감자무효의 원인이 있는 경우에 그 무효의 소를 제기할 수 있을 뿐 주식매수청구권은 상법상 인정되지 않는다. 상법은 감자의 여러 유형중에서 자율적 감자를 원칙으로 한다.

강제적 감자란 문자 그대로 회사의 자본금을 주주의 자율적 의사를 고려하지 않고 강제적으로 감소시키는 것을 말한다. 금융산업구조개선법에 따르면 금융위원회가 금융기관에 대하여 감자명령을 내릴 수 있다(금융산업구조개선법 제10조 제1항, 제12조 제3항·제4항, 제10조 제1항). 이러한 감자는 다른 감자와는 달리 반대하는 주주에게 주식매수청구권이 인정된다(금융산업구조개선법 제12조 제7항·제8항·제9항).

3. 자본금 감소액의 범위에 따른 분류

회사의 자본금 중 감자되는 금액의 범위에 따라 부분감자(일부감자)와 완전감자(전액감자)로 분류할 수 있다. 부분감자란 자본금의 일부분만을 감소시키는 방법을 말하며, 통상적인 감자는 부분감자의 형태를 취한다. 완전감자란 자본금의 전부를 감소시켜 자본금을 영(0)으로 만드는 방법을 말한다. 금융산업구조개선법은 명문의 규정으로 완전감자를 허용하고 있다.

4. 근거법에 따른 분류

위에서 살펴본 바와 같이 현행 법제상 주식회사에서의 감자에 관하여 규율하는 주요한 법률로서는 상법과 금융산업구조개선법 등이 있다. 상법은 감자에 관한 일반적인 사항에 관하여 규정하고 있으며 금융산업구조개선법은 상법에 대한 특별법적인 지위에 있다. 금융산업구조개선법은 금융산업의 구조개선을 지원하여 금융기관 간의 건전한 경쟁을 촉진하고 금융업무의 효율성을 높임으로써 금융산업의 균형 있는 발전에 이바지함을 목적으로 하는 법으로서(금융산업구조개선법 제1조) 금융기관의 감자나 금융위원회의 명령에 의한 부실금융기관의 감자를 규정하고 있다.

제 3 절 자본금의 감소

Ⅰ. 상법상 자본금의 감소

1. 자본금 감소의 방법

(1) 분류기준

액면주식의 경우 자본금은 발행주식의 액면총액, 즉 액면가×발행주식총수이므로 감자의 방법도 액면가(주금액)를 줄이는 방법과 기발행된 주식의 수를 줄이는 방법이 있다. 주식의 수를 줄이는 방법은 다시 두 가지로 나누어진다. 먼저 여러 주의 주식을 합하여 그보다 적은 수의 주식으로 바꾸는 주식병합과 일정한 주식을 절대적으로 소멸시키는 주식소각으로 구분할 수 있다. 이 밖에 기타의 방법에 의한 자본금 감소도 가능하다.

회사가 종류주식을 발행한 때에는 그 종류에 따라 감자의 방법을 다르게 정할 수 있으나 반드시 손해를 받는 종류의 주식을 소유한 주주의 총회인 종류주주총회의 승인결의가 있어야 한다(제344조 제3항, 제436조). 무액면주식은 주식과 자본금이 상호 견련되지 않으므로 아래의 방법에 의하여 감자가 되는 것으로 보기는 어렵다.[2] 따라서 이하의 논의는 액면주식을 대상으로 한다.

---

2) 이철송, 「회사법강의」 제27판(박영사, 2019), 951~952면.

(2) 액면가의 감액

정관을 변경하여 1주의 금액(제289조 제1항 제4호)을 인하하는 방법으로 감자를 할 수 있다. 이 방법에 의한 감자는 액면가만을 감액시킬 뿐 발행주식의 총수에는 변함이 없다. 예를 들어, 자본금을 감소시키기 위해 정관을 변경하되 발행주식수를 건드리지 않고 액면가 5,000원의 주식을 2,500원으로 감소하는 것이다. 이 경우 주식의 액면가는 균일해야 하며(제329조 제3항) 모든 주주에게 평등하게 적용되어야 한다.

감자를 위해 액면가를 감액시키는 것과 관련하여 개념상 구별하여야 하는 것으로는 액면분할이 있다. 제13장에서 살펴본 바와 같이 액면분할은 높은 가격으로 거래되는 주식의 주가를 낮추어서 주식의 유동성을 높이기 위한 방법으로서, 1주의 주식을 다수의 주식으로 분할하여 액면가를 인하한 뒤 인하비율만큼 주식수를 단순히 증가시키는 것이다. 이 경우 개별주주의 지주비율의 크기는 전혀 변하지 않으므로 감자의 효과는 거둘 수 없다.

1998년 상법을 개정하기 이전까지는 액면가의 최저액을 5천원으로 정하고 있었기 때문에 실제 액면가의 감액에 의한 감자는 거의 이용되고 있지 않았으나 1998년 상법 개정으로 액면가의 최저액을 5,000원에서 100원으로 인하한 바 있으므로(제329조 제4항) 감자를 위하여 액면가를 감액시키는 방법이 이용될 가능성이 확대되었다.

(3) 주식수의 감소

가. 주식의 병합

주식의 병합이란 주식 2주를 1주로 하는 것과 같이 액면가를 고치지 않은 채 수 개의 주식을 합하여 그것보다 적은 수의 주식으로 변경하는 방법이다. 주식의 병합은 주주평등의 원칙에 따라 모든 주주에 대하여 획일적으로 행하여진다. 다만, 주식병합의 경우는 단주가 발생할 수 있으므로 상법은 병합에 적당하지 아니한 주식(단주)의 처리에 관한 규정을 두고 있다(제443조). 이 때문에 주식의 병합은 — 예컨대, 10주를 1주로 병합하는 경우 9주를 가진 소수주주의 주식을 단주로 처리하는 경우처럼 — 소수파 주주를 축출하기 위한 수단으로 악용될 여지가 있다.[3)]

3) 황현영, "소수주주축출의 실무상 쟁점과 향후 과제," 「인권과정의」 통권 제461호(대한변

나. 주식의 소각

주식의 소각이란 특정한 주식을 절대적으로 소멸시키는 방법이다. 다만, 주식의 소각이 회사의 존속 중에 발행주식의 일부를 절대적으로 소멸시키는 회사의 행위라는 점에서 법인격이 소멸하게 되는 해산으로 인하여 모든 주식이 절대적으로 소멸하는 경우와는 구분된다. 주식 자체가 절대적으로 소멸한다는 점에서 주식인수인의 주주권이 상실되어 주식을 상대적으로 소멸시키는 실권절차(제307조)와 다르며, 주주권에는 아무런 변화가 없으나 그를 표창하는 주권(증권)만 무효화시키는 제권판결(제360조)과도 차이가 있다.

주식소각은 주주의 의사에 따라 회사가 주주와의 계약에 의해 자기주식을 취득한 후 실효시키는 임의소각과 주주의 의사와는 관계없이 회사가 일방적으로 하는 강제소각으로 나눌 수 있다. 임의소각에서 원래 소각예정인 주식의 수보다 소각을 원하는 주식이 더 많다면 소각을 희망하는 주식의 수에 비례하여 소각해야 한다. 강제소각의 경우에는 추첨,[4] 청약선착순 또는 안분비례(pro rata) 등의 방법으로 그 대상을 정할 수 있다. 또한 대가의 유무에 따라 유상소각과 무상소각으로 구분할 수 있다. 전자의 재원이 자본에 속하는 것으로 하는 경우 실질상의 감자로 되며, 후자는 대가를 전혀 지급하지 않는 명목상 감자이다. 어느 경우에 있어서나 주식평등의 원칙은 준수되어야 한다.

임의소각과 관련하여 특정주주의 주식만을 소각할 수 있는가? 당해 특정주주의 동의가 있으면 무상소각이 가능하며 이는 주주평등의 원칙을 위반하는 것으로 되지 않는다.[5] 무상소각은 소각되지 않은 주식의 가치를 높이게 되므로 결과적으로 소각되지 않은 주식을 가진 기존주주의 이익으로 된다. 경우에 따라서는 소수주주에 대해서는 유상소각을 하는 반면에 대주주 혹은 자기주식에 대해서는 무상소각을 하기도 한다. 또는 주식을 소각하면서 지배주주의 소각비

호사협회, 2016), 57~58면.

4) 주주의 지위의 변동을 초래하는 감자를 추첨이라는 사행적 방법에 의해 결정하는 것은 이해관계인의 신뢰에 반할 뿐만 아니라, 추첨 그 자체로서 기회의 평등을 보장할 수는 있지만 실질적 평등이 보장되지 않는다는 점에서 주주(주식)평등의 원칙에 어긋난다는 견해가 있다(이철송, 앞의 책, 951면).

5) 대법원 2008. 7. 10. 선고 2005다24981 판결(임의소각은 “회사가 특정 주식의 소각에 관하여 주주의 동의를 얻고 그 주식을 자기주식으로서 취득하여 소각하는” 것을 의미한다.).

율에 비하여 소수주주의 그것을 낮게 정하는 차등감자도 가능하다. 이와 같은 차등감자는 지배주주에 경영실패에 대한 책임을 부담시키면서 아울러 소수주주의 피해를 최소화하기 위한 방안으로 이용된다. 차등감자가 완료된 후에 소수주주는 상대적으로 지분율이 확대되므로 감자로 인한 손실을 부분적으로 보전받을 수 있다.

(4) 기 타

주가가 너무 낮게 형성됨으로 인하여 그 주식을 소유한 주주의 긍지가 손상될 수 있다는 판단하에 주가상승을 도모하기 위하여 액면병합을 단행하기도 한다.[6] 예컨대, 1,000원으로 거래되는 액면가 5,000원인 주식을 2대1로 병합하여 이를 액면가 10,000원으로 변경하여 그 시가를 2,000원으로 상승시키려는 경우를 상정할 수 있다. 단순히 정수로만 액면가만 높이는 경우에는 자본금의 변동이 없다. 이와 달리 단주가 발생하는 경우에는 단주를 처리하는 과정에서 감자의 효과를 얻을 수 있다. 대법원 판례를 통해 실례를 살펴보기로 한다.

甲주식회사는 액면가 500원 기명식 보통주 10,000주를 액면가 5,000,000원 기명식 보통주 1주로 병합한 바 있다. 이로 인하여 10,000주 미만의 주식은 단주로 처리되어 그 규모의 주식을 가진 주주는 주주로서의 지위를 상실하게 되었다. 이에 甲회사의 주주 2인이 위의 방식으로 이루어진 자본금감소가 무효라고 주장하였으나 법원은 그러한 주장을 받아들이지 않았다. 대법원은 상법에 자본금감소의 원인과 관련하여 특별한 규정을 두고 있지 아니하므로 주주총회의 특별결의가 있으면 원칙적으로 자유롭게 자본금감소를 할 수 있다는 점을 원고의 청구를 기각한 이유 중의 하나로 제시하였다.[7]

2. 자본금 감소의 절차

(1) 이사회의 자본금 감소결의 및 주주총회의 소집

감자를 위해서는 먼저 이사회에서 감자승인 결의를 위한 임시주주총회소

---

6) 정균화, “주식병합에 대한 시장의 반응,” 「한국증권학회지」 제42권 4호(한국증권학회, 2013), 640면.

7) 대법원 2012. 7. 26. 선고 2012다40400 판결. 사실관계는 이 판결의 하급심 판결(서울동부지방법원 2011. 8. 16. 선고 2010가합22628 판결; 서울고등법원 2012. 4. 26. 선고 2011나68397 판결)을 바탕으로 정리한 것이다.

집을 결의하여야 한다(제362조). 권리주주가 확정되면 주주총회일로부터 2주 전까지 소집통지를 발송하여야 한다(제438조 제2항, 제363조 제1항). 회사가 종류주식을 발행하는 경우 감자를 위한 주식병합이나 소각에 관하여 주식의 종류에 따라 다르게 정하여 어느 종류의 주주가 손해를 받게 된 결과 종류주주총회의 결의가 필요하다면 해당 종류주주에게 종류주주총회 소집통지를 하여야 한다(제435조).

(2) 주주총회의 특별결의 및 정관변경

감자는 주주의 이해관계에 중대한 영향을 미치는 사항인 까닭에 주주총회의 특별결의가 있어야 한다(제438조 제1항). 감자는 주주총회의 전속결의사항이므로 이사회 또는 기타의 기관이나 제3자에게 위임할 수 없다. 감자결의에서 그 감자의 방법도 정하여야 한다(제439조 제1항). 주주총회에서 단순히 자본금을 감소한다는 것만을 정하는 결의는 무효이다.

액면가는 정관의 절대적 기재사항이므로(제289조 제1항 제4호) 액면가를 낮추는 방법으로 감자한다면 정관변경이 필요하지만, 그 밖의 방법에 의할 때에는 정관변경은 필요 없다. 또한 자본금의 규모는 정관의 절대적 기재사항이 아니므로(제289조 참조) 그 금액을 변경하였더라도 정관의 변경을 요하지 않는다.[8)]

액면가의 감액을 통해 감자를 단행할 경우 주주총회에서 감자결의 외에도 정관변경결의가 있어야 하는가? 감자와 정관변경은 주주총회의 특별결의사항이기는 하나 전자가 후자의 절차보다 더 엄격하다는 점에서 감자결의만 있으면 정관변경의 결의를 따로 할 필요가 없다.[9)] 말하자면, 액면가 감액으로 정관변경이 필요하더라도 감자결의 이외에 정관변경에 관한 별도의 결의는 필요 없으며 절차상 감자의 결의로 갈음할 수 있는 것이다. 다만, 주주총회의 목적사항에 주주가 감자와 정관변경이 동시에 이루어진다는 사실을 충분히 인식할 수 있게 하기 위하여 목적사항을 '액면금액 감소방식에 의한 자본감소 및 정관 일부 변

8) 상법이 수권자본주의를 채택하고 있는 까닭에 회사가 설립시의 자본금 규모가 설립 후에 변경되었다고 하더라도 그 변경된 자본금 규모를 정관에 기재할 수 없다. 정동윤, "이른바 자본의 삼원칙에 대한 반성 – 우리 상법상 자본확정의 원칙이 인정되는가 –," 「상사법연구」 제4집(한국상사법학회, 1986), 153면.

9) 이철송, 앞의 책, 952면.

경의 건'[10] 또는 이와 유사하게 적시하여야 한다.

(3) 채권자보호를 위한 절차

감자는 법적 절차에 따라 자본금의 양을 줄이는 것이다. 즉, 자본금의 규모를 줄이는 것은 자본금의 유출을 초래하여 채권자의 이익을 해치는 것이다.[11] 이처럼 감자는 회사채권자에 대한 담보액이 감소하는 결과를 초래하므로, 회사채권자를 보호하기 위한 절차가 필요하다. 이는 실질상의 감자에만 적용되는 사항이다. 명목상 감자의 경우에는 순자산의 유출이 없기 때문에 채권자보호절차를 밟을 필요가 없다.

상법은 감자에 회사합병시의 채권자보호절차를 준용하고 있다. 회사는 감자의 결의가 있는 날로부터 2주 내에 회사채권자에 대하여 감자에 이의가 있으면 1월 이상의 일정한 기간 내에 이의를 제출할 것을 공고하고, 알고 있는 채권자에게는 따로 따로 이를 최고하여야 한다(제439조 제2항, 제232조 제1항). 이의를 제출한 채권자에게는 변제하거나, 상당한 담보를 제공하거나, 또는 이를 목적으로 하여 상당한 재산을 신탁회사에 신탁하여야 한다(제439조 제2항, 제232조 제3항). 회사가 감자를 하면서 이상과 같은 채권자보호절차를 제대로 이행하지 않는다면 이의제출권자는 감자무효의 소를 제기할 수 있으며(제445조), 이사·감사 등은 과태료의 제재를 받는다(제635조 제1항 제14호).

(4) 자본금 감소의 실행

액면가를 감액하는 경우 회사가 주주에게 그 뜻을 통지·공고하고 구주권을 제출받아 신주권을 교부하여야 한다. 기타 절차와 효력발생 등은 주식병합의 경우와 동일하다(제440조, 제441조, 제442조). 액면가를 감액하는 경우에는 단주가 발생하지 않는다.

주식병합의 절차는 먼저 주권제출을 위한 공고통지를 하여야 한다. 이를 위해 회사는 1월 이상의 기간을 정하여 감자로 인하여 그 기간 내에 주권을 회사에 제출할 것을 공고하고, 주주명부에 기재된 주주와 질권자에 대해서는 개별적으로 통지하여야 한다(제440조). 주식병합은 주권제출기간이 만료한 때에 그 효력이 발생한다(제441조). 그러나 채권자이의기간 및 이의에 따른 변제 등

10) 예컨대, 주식회사 동남합성 2019년 제1차 임시주주총회(2019. 6. 27.) 소집공고 참조.
11) 부산고등법원 2010. 12. 29. 선고 2010노669 판결.

채권자보호를 위한 절차가 종료하지 않았다면 그 절차가 종료한 때에 병합의 효력이 발생한다(제441조 단서). 병합의 효력발생으로 구주권은 실효된다. 이러한 효력은 주주의 주권제출 유무에 관계없이 발생한다. 구주권을 제출한 주주에게 신주권을 교부한다.[12] 주식병합의 경우는 단주가 발생할 수 있다. 주식병합에 적당하지 아니한 수의 주식(단주)이 있는 때에 그 부분에 대하여는 발행한 주식을 경매하여 각 주수에 따라 그 대금을 종전의 주주에게 지급하여야 한다. 그러나 거래소의 시세 있는 주식은 거래소를 통하여 매각하고 거래소의 시세 없는 주식은 법원의 허가를 얻어 경매 이외의 방법으로 임의매각할 수 있다. 이때 병합에 적당하지 아니한 구주권을 제출할 수 없는 자가 있을 경우에는 신주권교부절차가 종료된 후 대금을 교부하면 된다(제443조).

주식의 소각에 의한 감자의 경우에도 주식병합에 관한 절차가 준용된다(제343조 제2항). 유상소각으로 인하여 발생하는 1주 미만의 단주도 주식병합의 경우와 마찬가지 방법으로 처분하여야 한다.

Ⅱ. 금융산업의 구조개선에 관한 법률상 자본금의 감소

1. 개 관

국가의 경제적 번영은 일반적으로 금융기관의 건전성에 크게 의지하고 있고[13] 국가경제에 대한 금융기관이 지니는 중요성을 고려한다면 금융기관은 공공적 성격을 지닌 준공공기관(準公共機關)이라 할 수 있다.[14] 국가경제의 번영을 위해서는 금융기관이 공공성을 유지하고 금융산업의 건전성을 확보하여야

12) 명의개서대리인을 둔 회사에서 감자의 효력이 발생하면 감자 후 변경된 등기부등본을 첨부하여 교체발행을 의뢰하여야 한다. 구주권 제출 종료일 현재 주주명부상 주주를 대상으로 감자에 따른 신주를 배정하고 신주배정내역을 통보하여야 한다.

13) 금융산업이 건전해야 하는 주된 이유는 상업분야(commercial world)에 대한 금융기관의 관계가 인체에 대한 동맥의 관계와 같기 때문이다. 생명을 불어넣는 신진대사의 매개체가 동맥을 통하여 움직이는 것처럼 상업활동과 상업상의 번영은 주로 금융기관이 건강한지의 여부에 달려 있다. 1 Carl Zollmann, The Law of Banks and Banking: A Treatise Concerning the Organization, Stockholders, Staff, Customers and Public Control of Banks, §64 at 37(1936).

14) Van Reed v. People's National Bank, 198, U.S. 554, 557(1905); Dyer v. Broadway Central Bank, 233 N.Y.S. 96, 97(1929); In re Thorton, 7 F.Supp. 613, 614(D. Colo. 1934).

할 필요성이 있어 정부가 금융기관에 대하여 직접적으로 규제 및 감독을 한다.[15] 이 같은 맥락에서 금융위원회는 금융산업구조개선법에 따라 금융기관의 경영건전성을 제고하기 위해 부실금융기관의 지정 및 금융기관의 합병, 영업의 양도 및 계약이전 등의 명령을 내릴 수 있다(금융산업구조개선법 제10조). 또한 금융산업구조개선법은 금융기관 스스로의 결의에 의한 감자와 금융위원회의 명령에 의한 부실금융기관의 감자와 관련하여 그 절차의 신속성을 확보하기 위하여 특별한 규정을 두고 있다. 이에 관하여 자세히 살펴보기로 한다.

금융산업구조개선법은 금융기관의 감자절차에 관하여 금융기관과 부실금융기관으로 구분하여 규정하고 있는데,[16] 전자는 금융기관의 합병과 전환을 목적으로 하는 자율적 감자이며 후자는 부실금융기관의 정비 문제를 다루고 있는 강제적 감자이다. 특히 금융산업구조개선법은 강제적 감자의 경우에 의사결정의 신속성을 확보하기 위해 감자결의를 주주총회가 아닌 이사회의 의결사항으로 정할 수 있게 규정하고 있다(금융산업구조개선법 제12조 제4항). 그 결과 주주의 권한이 축소되어 그 권익을 침해할 여지가 있으므로 상법상 감자와는 달리 금융산업구조개선법에 의한 강제적 감자의 경우 그 감자에 반대하는 주주들에게 주식매수청구권이 인정된다(금융산업구조개선법 제12조 제7항). 동법은 주주총회소집 통지기간, 주주명부폐쇄 공고기간, 채권자의 이의제출기간 등이 상법에서 규정된 기간보다 대폭 단축하고 있다(금융산업구조개선법 제5조의2, 제13조의2). 금융산업구조개선법에 규정하는 것 이외의 사항에 대해서는 상법을 비롯한 기타 관계법령의 규정에 따른다(금융산업구조개선법 제24조의4).

2. 자본금 감소의 절차

(1) 주주총회 또는 이사회 결의 및 채권자보호절차

금융기관이 스스로 주식을 소각하거나 병합하여 감자를 결의하는 경우 채

15) 한국에서는 정부가 금융투자업자를 요람에서부터 무덤까지 통제하므로 극단적으로는 당해 사업자의 생사여탈이 금융위원회를 통한 정부의 입김에 달려 있다고 풀이하는 견해도 있다. 정호열, "금융개혁과 관치금융의 법적 문제,"「저스티스」 통권 제58호(한국법학원, 2000), 45면.

16) 금융기관과 부실금융기관의 정의에 관해서는 금융산업구조개선법 제2조 제1호 및 제2호 참조.

권자의 이의제출 및 주주총회의 소집과 절차는 금융산업구조개선법에 따라 이루어진다(금융산업구조개선법 제5조 제3항·제4항·제6항, 제5조의2, 제12조 제6항).

금융위원회로부터 금융기관이 적기시정조치[17](금융산업구조개선법 제10조)에 의하여 감자명령을 받았거나 주식의 시가가 액면가에 미달하는 금융기관으로서 금융위원회의 증자명령을 받아 주식을 병합하는 금융기관(금융산업구조개선법 제10조 제1항, 제13조의2), 또는 정부 등이 출자 또는 유가증권의 매입 내지는 매입하기로 결정된 부실금융기관이 금융위원회로부터 특정주주가 소유한 주식의 일부 또는 전부를 유상 또는 무상으로 소각하거나 특정주주가 소유한 주식을 일정비율로 병합하여 감자하도록 명령을 받은 때[18]에는(금융산업구조개선법 제12조 제3항) 당해 금융기관의 이사회에서 감자를 결의하거나 감자의 방법과 절차, 주식병합의 절차 등에 관한 사항을 정할 수 있다(금융산업구조개선법 제12조 제4항).[19]

이사회에서 감자결의를 한 당해 부실금융기관은 채권자에 대하여 10일 이상의 기간을 정하여 이의를 제출할 것을 2개 이상의 일간신문에 공고하여야 하며, 이의를 제출한 채권자가 있는 때에는 그 채권자에 대하여 변제 또는 상당한 담보를 제공하거나 이를 목적으로 하여 상당한 재산을 신탁회사에 신탁하여야 한다. 다만, 부실금융기관의 경우 실제 감자금액(자기주식을 유상소각하는 경우에는 그 매입금액)이 정부 등이 출자하는 금액에 미달하는 경우에는 그러하지 않다(금융산업구조개선법 제12조 제5항).

금융위원회가 부실금융기관에 대하여 적기시정조치의 일환으로서 주식의 전부소각이라는 경영개선명령을 내린다면 완전감자가 가능하다. 경영개선명령

---

17) 금융산업구조개선법에서 '적기시정조치'라 함은 금융기관을 그 경영건전성의 정도에 따라 일정한 등급으로 구분하고 등급에 따라 단계적으로 금융당국이 개입하여 금융기관의 경영부실을 제거해 나가도록 유도하는 조치이다. 이는 미국의 prompt corrective action을 도입한 것으로서 금융의 건전성규제수단이다. 노철우, "우리나라 적기시정조치제도의 현황 및 개선방안,"「금융법연구」 제11권 제2호(한국금융법학회, 2014), 111면.

18) 이 경우 금융위원회는 정부 등이 소유한 주식에 대하여는 정부 등의 출자 또는 유가증권의 매입의 지원을 고려하여 다른 특정주주가 소유한 주식보다 유리한 조건이나 방법으로 소각 또는 병합을 하도록 명령할 수 있다(금융산업구조개선법 제12조 제3항).

19) 금융산업구조개선법이 부실화 우려 있는 금융기관으로 하여금 이사회결의만으로 자본감소를 할 수 있도록 하더라도 이는 주주 재산권의 본질적 내용을 침해하는 것은 아니다(대법원 2010. 4. 29. 선고 2007다12012 판결).

은 적기시정조치 중에서 가장 무거운 것이기 때문에 반드시 금융기관이 금융기관으로서의 건전한 신용질서나 예금자의 권익을 해할 우려가 뚜렷하다고 인정하는 경우에 발할 수 있다(금융산업구조개선법 제10조 제4항). 감자로 인하여 자본금이 법정최저자본금 미만으로 감소하더라도 이는 한시적으로 용인될 수 있다(금융산업구조개선법 제11조 제4항). 더 나아가 금융산업구조개선법은 적기시정조치에 의하여 주식을 소각하는 경우 아래에서 살펴보는 바와 같이 당해 주주의 권리박탈에 따른 보상이라는 차원에서 주식매수청구권을 부여하고 있어(금융산업구조개선법 제12조 제7항·제8항·제9항), 설령 완전감자를 단행한다고 해도 사적 재산권에 대한 침해나 투자자의 보호 여부는 실정법적으로 문제가 될 소지가 작다.[20]

(2) 주식병합

이사회에서 감자결의한 후 주식을 병합하는 경우에 당해 부실금융기관은 5일 이상의 기간을 정하여 그 기간 내 주권을 회사에 제출할 것을 공고하고, 그 기간 중의 마지막 날로부터 1월 이내에 신주권을 교부하여야 한다. 다만, 자본시장법에 따라 주권이 예탁결제원에 예탁되어 있는 주식을 병합하는 경우에는 주식병합 기준일에 실질주주명부의 기재에 의하여 구주권의 제출 및 신주권의 교부가 이루어진 것으로 할 수 있으며, 이 경우 그 사실을 구주권제출 공고시 함께 공고하여야 한다(금융산업구조개선법 제12조 제6항).

(3) 주식매수청구권의 행사

금융위원회가 주주의 의사를 묻지 않고 명령으로 하는 강제적 감자는 주주총회절차를 무시한 채 단행되는 것이어서 그로 인한 손실을 보전한다는 취지에서 주주의 주식매수청구권이 인정된다. 당해 부실금융기관은 감자에 관한 이사회결의가 있은 후 지체없이 2개 이상의 일간지에 그 결의사항의 공고와 결의사

---

20) 현실은 법과는 다르다. 감자에 대하여 주주에게 주식매수청구권이 부여된다고 해도 실제적으로는 주주들의 손실이 불가피하다. 예컨대, 1999년 2월 정부의 명령으로 완전감자를 단행한 충북은행의 경우 감자가 기정사실화되기 직전일(直前日)에는 1주의 거래가격이 1,240원이었으나 감자로 인한 주식매수청구가격은 불과 239원에 불과하였다. 「한국경제」(2000년 12월 18일자), 3면. 2000년 12월 완전감자명령을 받은 서울은행은 명령받기 전의 마지막 거래가격이 1,246원이었으나 주식매수청구가격은 불과 95원으로 산정되었다. 「매일경제」(2000년 12월 19일자), 3면.

항에 반대하는 주주는 이사회 결의일부터 10일 이내에 주식의 종류와 수를 기재한 서면으로 회사에 대하여 자기가 보유한 주식의 매수를 청구할 수 있다는 사실을 공고하여야 한다(금융산업구조개선법 제12조 제7항). 당해 부실금융기관은 주주의 매수청구가 있는 경우 그 청구를 받은 날로부터 2월 이내에 당해 주식을 매수하여야 한다. 이 경우 주식의 매수가격은 주주와 회사의 협의에 의하여 결정하며, 협의가 이루어지지 않은 경우에는 회계전문가가 정부 등의 출자 또는 유가증권의 매입이 이루어지기 전의 부실금융기관의 재산가치와 수익가치 등을 고려하여 산정한 가격으로 한다(금융산업구조개선법 제12조 제8항). 회사 또는 매수를 청구한 주주의 30% 이상이 그 매수가격에 반대하는 경우에는 그 가격을 결정한 때부터 30일 내에 법원에 매수가격의 결정을 청구할 수 있다(금융산업구조개선법 제12조 제9항). 결국 강제소각명령이 있는 경우 주주가 주식매수청구권을 행사할 수 있다는 것은 사실상 유상소각을 인정하는 것과 다를 바 없다.[21]

제 4 절 자본금 감소의 경제적 목적

Ⅰ. 총 설

감자를 실시하는 목적은 실제 매우 다양하므로 오히려 상법은 감자에 대하여 특별한 사유를 명시하지 않고 있다.[22] 감자를 실시하는 경제적 목적에 관해서는 학제적 측면에서 다음과 같이 다양한 견해가 제시되어 있다. 첫째, 감자의 가장 일반적이고 전형적인 경제적 목적은 주식회사의 재무구조 건전성을 제고하는 것이다. 둘째, 투자자에게 투자금을 돌려주기 위한 방법으로 감자를 이용한다. 셋째, 사업상 자본금이 과도하게 유입된 상황에서 과잉자본금을 주주에게 반환하여 자본금의 규모를 줄일 수 있다. 넷째, 주가를 높이기 위해 감자를 단

21) 서울지방법원 2003. 7. 31. 선고 2002나61476 판결.
22) 부산고등법원 2010. 12. 29. 선고 2010노669 판결.

행하기도 한다. 다섯째, 부(富)를 무상으로 이전하기 위해 감자를 편법적으로 이용할 가능성이 있다. 여섯째, 구 경영진과 주주의 경영책임을 묻는 징벌적 감자도 있다. 일곱째, 회사합병절차를 용이하게 하기 위하여 감자를 실시할 수 있다. 마지막으로, 기타의 경우로서 회사합병절차에서 소멸예정주주의 지분을 줄이거나 회사의 청산절차를 간편하게 하기 위해 감자를 단행할 수 있다. 본절에서는 위에서 언급한 감자의 경제적 목적을 하나씩 검토하기로 한다.

Ⅱ. 경제적 목적의 검토

1. 재무건전성 제고

감자를 실시하는 경우 일반적으로 그로부터 얻을 수 있는 자본잉여금으로 자본금의 결손보전에 충당하여 그 기업의 재무구조의 건전성을 높일 수 있다.[23] 예를 들어, 대차대조표상 자본금이 10,000원이었으나 여러 해 동안 적자를 내는 바람에 실제 자본금이 5,000원밖에 남지 않은 어느 회사가 감자를 통해 명목상으로 자본금을 5,000원으로 줄인다고 가정하자. 이처럼 명목상 감자는 자본금에 결손이 발생한 때에 장래 이익배당을 가능하게 하기 위하여 회사의 자본금을 실제로 감소시키지 않고 회계장부상으로만 감소시키기 위하여 이용된다. 이 같은 유형의 감자를 단행함으로써 얻을 수 있는 효과를 다음과 같이 둘로 나누어서 살펴보기로 한다.

첫째, 감자를 통해 미래의 배당재원을 확보하기가 용이하다. 상법은 회사채권자를 보호하기 위하여 자본금충실의 원칙에 따라 이익배당에 사용할 수 있는 재원인 배당 가능한 이익이 없으면 배당할 수 없다고 규정하고 있어(제462조 제1항) 자본금상 결손이 있다면 이익배당을 할 수 없다. 때문에 회사가 장래에 오랫동안 회복가능성이 없는 결손금을 그대로 방치한다면 주주에 대한 이익배당을 장래에 실행하기 어렵다. 여러 해 동안 배당을 하지 않으면 회사의 주가가

---

23) 최병성, "자본감소의 회계처리,"「상장협」제14호(한국상장회사협의회, 1986), 119~120면. 자본잉여금은 자본거래를 원천으로 하여 형성된 자본의 증가분으로서 이는 상법상 자본준비금으로 적립된다. 자본준비금은 자본금의 결손보전에 충당하기 위해서만 사용할 수 있다(제460조 제1항).

떨어지고 회사의 신용도가 하락될 것이며 그 결과 회사의 재무상태가 위태로워질 여지가 있다. 상장회사의 경우 자본잠식률이 50% 이상이면 관리종목으로 지정되며, 2년 연속 관리종목으로 남게 되면 상장폐지된다(유가증권시장 상장규정 제47조 제1항 제3호, 제48조 제1항 제3호 나목). 자본잠식률이 100%의 경우에도 마찬가지로 상장폐지를 면할 수 없다(유가증권시장 상장규정 제48조 제1항 제3호 가목). 또한 대차대조표는 회사의 이해관계자에 대한 정보를 공시하는 수단인데, 그 대차대조표상 이월결손금이 거액으로 기재되어 있다면 그 회사의 도산가능성이 문제될 수 있으므로 대차대조표상으로 재무건전성을 확보하였다는 외형을 갖추기 위해 이월결손금과 자본 — 구체적으로는 자본잉여금에 속하는 감자차익[24] — 을 상계하는 것이 필요하다. 이 때 회사는 명목상 감자를 통해 자본금의 규모를 회사의 실제재산액에 일치시켜 결손금을 털어내게 되면 장래에 이익배당이 가능하게 된다.[25] 예컨대, 오랜 기간 누적된 이월결손금을 감자차익으로 상계한 후 배당기회를 모색하는 것이다.

[그림 14-1] 무상감자의 전개

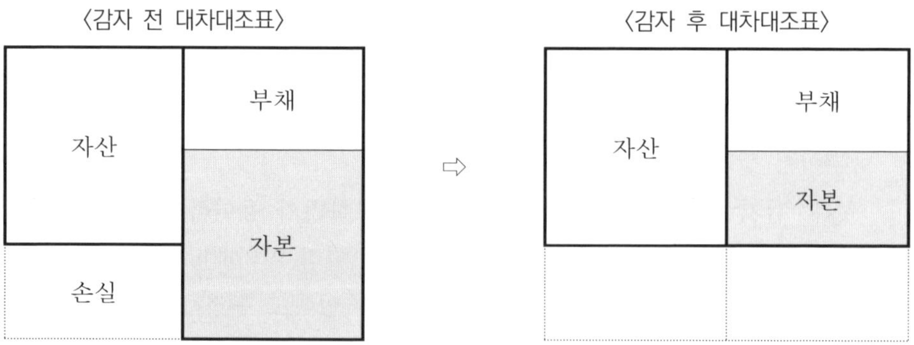

24) '감자차익'이라 함은 감소하는 자본금이 감자에 드는 비용보다 클 경우에 발생하는 이익을 말한다. 자본금 감소를 위해 액면가 5,000원인 주식 1주를 3,000원에 매입해서 소각하는 경우 감소한 자본금은 5,000원이지만 소각에 든 비용은 3,000원이므로 감자차액은 2,000원으로 된다. 만약 무상감자를 한다면 이 경우의 감자차익은 5,000원이다.

25) 김건식/노혁준/천경훈, 「회사법」 제3판(박영사, 2018), 870면.

둘째, 감자는 신규투자를 유치하는 데 밑거름이 된다.[26] 회사 재무구조의 재건(Sanierung)을 위하여 명목상 감자와 동시에 신주발행에 의한 증자를 하는 경우가 있다.[27] 특히 상법이 극히 예외적인 경우에만 액면 미만으로 신주를 발행할 수 있음을 정하고 있는 까닭에(제330조), 주가가 액면가에 미달하는 회사는 자본금을 조달하기가 매우 어려워진다. 이 경우 상법상의 액면 미만 발행제한 제도를 회피하기 위하여 시가가 액면가를 상회하도록 조정한 후에 자본금을 조달하기 위하여 무상감자를 활용하는 것을 상정할 수 있다.[28] 위에서 예로 든 회사가 감자를 통해 명목상으로 자본금을 5,000원으로 줄였다고 할 경우에 새로운 투자자가 5,000원을 납입한다면 그는 50%의 지분을 확보하게 된다. 만약 감자를 하지 않았다고 가정할 때에는 그가 5,000원을 투자하였다고 해도 약 33%의 지분만을 취득하게 되므로 감자한 경우에 비하여 상대적으로 투자를 하고자 하는 유인이 줄어든다. 이처럼 자본금이 줄어들면 신규 투자자가 동일한 금액을 투자하고도 더 많은 지분을 보유하게 된다는 점에서 외부로부터 자금을 쉽게 유치할 수 있다.[29]

이상의 두 가지 효과를 종합적으로 살펴보기로 하자. 감자로 인하여 자본금 결손을 보전한 결과 장부상 회사의 가치와 실제 기업의 가치가 동일하게 되고 이월된 결손금이 없게 되므로 그만큼 회사의 재무구조가 건전하게 되었다. 이에 따라 이익배당이 가능하고 신규자본의 참여가 용이하게 되어 잠재적 투자자로부터 투자의욕을 불러일으킨다면 자연히 그 회사가 발행한 주식의 시장가격이 상승하게 될 것이다.[30] 이같이 결손보전을 통한 재무건전성의 제고는 감자를 단행하는 가장 전형적인 목적이라 할 수 있다.[31] 다만, 이 유형의 감자가 무상으로 이루어지므로 주식의 내재가치는 변하지 않는다. 그러나 무상감자를 한다는 것은 당해 회사가 경영실적이 악화되었다는 사실을 알리는 정보효과

---

26) 대법원 2004. 6. 18.자 2001그132 결정 참조.

27) 이철송, 앞의 책, 947면.

28) 장욱/전상경, 「증권발행가격 규제의 문제점과 제도개선 연구」(자본시장연구원, 2010), 17면.

29) 이와 유사한 사실관계를 가진 사건으로 대법원 2013. 11. 28. 선고 2011두16407 판결이 있다.

30) 최준선, 「회사법」 제13판(삼영사, 2018), 707면.

31) 中村忠, 「株式会社会計の基礎」新訂版(白桃書房, 1996), 149頁; Barbara Black, Corporate Dividends and Stock Repurchases 2~20(1996).

(information effect)가 있을 뿐만 아니라 무상감자를 시행하는 데 많은 거래비용이 발생한다.[32] 이처럼 자본금 감소로 인하여 회사 장부상 재무건전성은 높아졌지만 주가(시장가치)가 급격하게 변화되거나 회사의 신용도가 저하된 것으로 인식될 여지는 잔존한다.[33]

2. 투자금 회수

투자자가 투자금을 회수하는 수단으로 유상감자를 이용할 수 있다. 특히 주주의 지위에서 탈퇴하고자 하더라도 매각할 시장이 제대로 존재하지 않는 비상장회사의 주주가 감자를 통해 투자금을 회수한다면 결과적으로 채권자에 앞서 주주가 출자금액을 회수하는 것과 다를 바 없다. 예컨대, 액면가 1,000원인 주식 10주를 발행하여 10,000원의 자본금을 가진 주식회사가 있다고 하자. 동 회사의 최대주주가 동 회사가 발행한 주식총수의 40%(4주)를 보유하고 있는 상황에서 동 회사가 대가(액면가)를 지급하고 주식총수의 반을 소각하는 방법으로 유상감자를 하면 자본금은 5,000원으로 축소한다. 최대주주가 보유한 주식의 수가 2주로 줄지만 그의 지배력에는 변함이 없다. 이처럼 "유상감자는 회사법에 의해서 보호되는 주주의 투하자본 반환수단으로서 개인의 처분행위와는 명백히 구별될 뿐만 아니라, 유상감자를 통하여 회사재산이 감소한다고 하더라도 동시에 주주의 회사에 대한 지분의 가치 내지 주주에 대한 회사의 투하자본 환급의무도 함께 감소"하게 될 뿐 지분율을 변화시키지는 않는다.[34] 유통되는 주식의 수가 줄어든다는 점에서 주가가 상승할 여지도 있다. 감자는 배당이 아니므로 세금이 부과되지 않는다. 하지만 유상감자를 통해 회사규모가 줄어들게 됨에 따라 신용도가 떨어질 위험은 존재한다.

3. 과잉자본금의 반환

회사사업이 당초 예상하였던 만큼 자금이 필요하지 않게 되거나 또는 회사

---

32) 2008년부터 2009년까지 무상감자를 실시한 173개의 상장기업을 대상으로 실시한 조사에서 유상증자를 위한 감자과정에 평균 237일이 소요되었으며, 다시 증자결의를 한 후에 재상장일까지 평균 40일이 소요되었다고 한다. 장욱/전상경, 앞의 보고서, 18면.

33) 위의 보고서, 21면.

34) 부산고등법원 2010. 12. 29. 선고 2010노669 판결.

사업을 축소할 필요가 있다면 감자를 통해 과잉자본금을 주주에게 반환할 수 있다. 이에 관한 예로서는 채광사업을 하는 회사가 석탄자원이 고갈되어 사업의 규모를 축소해야 하는 경우 또는 특정한 건설을 목적으로 하여 설립한 회사가 그 건설을 완료하는 경우 등을 들 수 있다. 그러나 대부분의 경우 이와 같은 사정에 직면한다고 하더라도 다른 사업이나 생산활동으로 이전하는 것이 보통이기 때문에 자본금을 반환하기 위하여 감자를 단행하는 경우를 실제 찾아보기가 어렵다.[35)]

4. 주가상승

시장에서 회사의 주가를 끌어올리기 위한 방법으로 감자를 단행하기도 한다.[36)] 주가상승의 목적을 주식소각을 통한 감자와 주식병합을 통한 감자로 나누어 살펴보기로 한다.

일반적으로 주가는 수요와 공급, 특히 유통되는 주식의 수에 의해 영향을 많이 받는다. 주식을 소각하면 발행한 주식의 수가 절대적으로 감소하게 되므로 그 만큼 유통되는 주식의 수가 줄어든다. 따라서 수요가 소각 전과 비슷하다면 주가는 상승탄력을 받게 된다.[37)] 예컨대, 회사가 보유한 자기주식을 소각하는 경우 유통주식의 수를 줄여 주가가 상승한다. 다만, 주가상승은 주당 가치가 높아지는 무상으로 소각하는 경우에 한한다. 왜냐하면 배당 가능한 이익으로 자기주식을 매입·소각을 하게 되면 상대적으로 부채비율이 그만큼 늘어나므로 재무구조가 취약한 기업에게는 오히려 주가에 부정적인 영향을 끼칠 수도 있기 때문이다.

주식병합을 통하여 감자를 하는 경우에도 기업의 자산가치는 바뀌지 않는다. 이처럼 주식병합은 주식의 수만 줄인 것이므로 적어도 이론적으로는 주가가 감자비율의 역수에 해당하는 배수로 상승하게 된다. 회사에 따라서는 주가

35) 최병성, 앞의 논문, 117면.

36) 물론 위에서 논한 바와 같이 회사의 재무건전성을 확보함으로써 자연스럽게 주가가 상승하기도 하지만 여기서는 재무건전성의 확보에 직접적으로 연계된 주가상승에 관해서는 논의에서 제외한다.

37) 발행주식총수와 유통주식수가 감소하여 주식의 수급상황이 개선되면 자기자본이익률(return on equity: ROE)과 주당순이익(earnings per share: EPS)이 증가하므로 당해 주식은 투자대상으로서의 매력이 높아진다.

가 낮게 형성되는 것을 피하고 적정수준까지 인상시켜 주식의 시장성을 높이려는 목적으로 주식병합을 실시하기도 한다. 예컨대, 액면가가 500원인 주식이 시장에서 300원으로 거래되고 있다고 가정하자. 그 주식을 2대1로 병합하여 감자를 단행한 후라면 단순히 산술적으로 그 주식은 액면가 500원에 1주당 600원으로 거래될 것이다.

5. 부의 무상이전

감자가 부(富)의 무상이전을 위한 방법으로 이용될 수 있다. 특히 비상장회사의 경우에는 상법상의 절차를 이용하여 특수관계가 있는 주주·출자자 사이에 부를 이전하는 사례가 나타나고 있다. 이러한 부의 이전에 관하여 예를 들어 살펴보자.

어느 비상장회사가 액면가 1,000원인 보통주 10주를 발행하였는데, 동 회사의 부채의 규모가 7,000원이고 잉여금은 8,000원이다. 동 회사의 주식은 甲이 5주, 甲의 아들인 乙이 3주, 甲의 처인 丙이 2주를 가지고 있다고 가정하자. 이때 대차대조표에 의거하여 순자산가치평가법으로 1주당 가액을 평가하면 1,800원으로 된다.[38] 동 회사는 甲이 보유하는 5주를 임의소각의 형식으로 유상감자하여 액면가 전액을 환급하였다. 그 결과 회사의 자본금은 5,000원으로 줄어들었다. 감자 후 대차대조표에 의하여 1주당 가치는 2,600원으로 된다.[39] 감자 후 1주당 가액이 감자 전보다 800원이나 상승하였으며 전체 주식으로 볼 때 4,000원이 증가한 것으로 된다. 따라서 감자 후 乙은 발행주식총수 5주 중에 3주를 가지고 있으므로 그 주식의 가치는 2,400원이나 증가한 것으로 되며 丙이 보유한 주식의 가액이 1,600원이 증가하게 된다. 이처럼 감자라는 방법을 이용하여 부를 타인에게 이전시키는 효과를 얻을 수 있다.

6. 구 경영진 및 주주에 대한 경영책임 추궁

금융산업구조개선법은 부실금융기관의 경영부실을 제거하기 위하여 공적

38) 1주당 순자산가치는 순자산가액을 발행주식총수로 나눈 것이다(상속세 및 증여세법 시행령 제54조 제2항). 자산은 부채 및 자본의 합으로서 25,000원이다. 따라서 1주당 가액의 산출공식은 (25,000원－7,000원)÷10주＝1,800원이다.

39) 이 경우 1주당 가액의 산출공식은 (20,000원－7,000원)÷5주＝2,600원이다.

자금[40](public fund)의 투입 전 절차의 하나로서 특정주주의 주식을 강제소각할 것을 예정하고 있다. 즉, 금융위원회는 정부 등이 출자 또는 유가증권의 매입을 하였거나 또는 하기로 결정한 부실금융기관에 대하여 특정주주가 소유한 주식의 일부 또는 전부를 유상 또는 무상으로 소각하거나 특정주주가 소유한 주식을 일정비율로 병합하여 자본금을 감소하도록 명령할 수 있다. 구체적으로 살펴보면, 금융위원회는 정부 등이 소유한 주식에 대해서 다른 특정주주가 소유한 주식보다 유리한 조건이나 방법으로 소각 또는 병합을 하도록 명령할 수 있는 것이다(금융산업구조개선법 제12조 제3항). 여기서 '특정주주'라 함은 정부 등이 출자 또는 유가증권을 매입하거나 출자 또는 유가증권의 매입을 결정할 당시의 주주 또는 당해 금융기관의 부실에 책임이 있다고 금융위원회가 인정하는 주주를 뜻한다. 이처럼 금융산업구조개선법은 강제적 감자를 통하여 특정주주의 경영책임을 추궁할 수 있다.[41] 동시에 이러한 감자는 정부 등의 출자로 인해 당해 금융기관의 주주들이 주가상승의 이득을 취득할 수 없도록 하기 위한 제도로도 이해된다.[42]

7. 회사합병절차상 편의성 제고

회사합병절차를 용이하게 하기 위하여 감자를 단행하기도 한다. 즉, 합병의 당사회사의 재산상태가 다르다면 주식병합이 요구될 수 있다(제530조 제3항). 그리고 합병으로 인하여 소멸하는 회사의 주주에게 교부하는 신설 또는 존속회사의 주식의 비율산정과 교부 자체를 용이하게 하기 위해 감자를 하는 경우도 있다. 예컨대, 소멸회사의 주식 5주에 대하여 존속회사의 주식 1주를 배정

40) '공적자금'이라 함은 정부가 금융기관의 구조조정을 지원하기 위해 마련한 재정자금을 말한다. 이는 정부예산에서 직접 지원하는 자금이 아니라 한국자산관리공사의 부실채권정리기금과 예금보험공사의 예금보험기금이 채권발매 형식으로 조성한 기금이며, 관련법령에 근거하여 금융기관의 부실채권매입과 금융기관에 대한 출자 및 예금대지급 등에 사용된다. 백윤기, "금융행정에 있어서 법치주의 구현방법 – 금융행정법의 정립과 발전방향의 모색 –,"「저스티스」 통권 제58호(한국법학원, 2000), 28면.

41) 대법원 1999. 11. 24.자 99그66 결정("부실경영주주의 중대한 책임 있는 행위로 인하여 회사의 이해관계인이 손해를 입었으므로 정리절차에서 해당 주주의 주식 전부를 소각하는 불이익을 받게 하는 것은 불가피하다고 할 것이고, 또한 정리절차가 지배주주의 경영 배제를 통하여 제3자 인수를 촉진함으로써 회사의 정리·재건을 도모하게 된다.") 참조.

42) 대법원 2010. 4. 29. 선고 2007다12012 판결.

하여야 하는 것을 피하기 위하여 소멸회사의 주식을 병합하여 소멸회사 주식과 존속회사의 주식을 1:1의 비율로 교부하는 경우를 생각할 수 있다.[43)]

8. 기 타

합병으로 인하여 소멸될 회사의 재산이 너무 거액이라서 그 회사의 주주들이 합병 후 취득하게 될 존속예정회사에 대한 지분이 지나치게 클 것으로 예상되는 경우 그 주주들의 지분을 줄이기 위하여 소멸예정회사의 주식 중 일부를 유상소각하여 감자할 수 있다. 또한 회사해산을 예상하고 청산절차를 간편하게 할 필요성이 있는 경우에도 감자를 이용할 수 있다.[44)]

43) 김두환, "상법상 자본감소에 관한 논고 – 방법과 절차를 중심으로 –,"「상장협」 제14호 (한국상장회사협의회, 1986), 107면.

44) 대전고등법원 2011. 12. 1. 선고 2011누1571 판결.

제15장

기업의 인수·합병(Ⅰ): 우호적 M&A

제15장

기업의 인수·합병(Ⅰ): 우호적 M&A

제1절 논의의 배경

Ⅰ. M&A의 정의

M&A라는 용어는 법학보다 경영·경제학에서 자주 이용되고 있다. M&A가 구체적으로 합병을 뜻하는 merger와 인수를 뜻하는 acquisition의 약자를 가리키지만 법적으로 정확한 개념정의 없이 기업의 경영권 취득을 목적으로 하는 거래의 총체로 이해되고 있다.[1] 실무에서 M&A는 '인수·합병,' '매수·합병,' '기업인수,' '매수' 등 다양한 용어로 읽히고 있는데, 여기서 합병은 독립적인 2 이상의 기업이 하나의 기업으로 합해지는 경우이며, 인수는 어떤 기업이 다른 기업, 즉 대상기업을 매입하는 경우이다.

상법 제174조 제1항은 "회사는 합병할 수 있다"고 정하고 있다. 위에서 언급한 것처럼 합병이란 2 이상의 회사가 법적인 단일체를 형성하는 것을 말한다. 합병의 종류에는 크게 흡수합병(merger)과 신설합병(consolidation)으로 나누어진다. 전자는 어느 회사가 다른 회사를 흡수하여 그 결과 다른 회사가 소멸되는 경우이며, 후자는 기존의 2 이상의 회사가 소멸하고 제3의 회사를 새롭게 설립

1) 홍복기 외 7인, 「회사법 – 사례와 이론」 제6판(박영사, 2019), 679면.

하는 경우를 뜻한다. 인수의 방법에도 크게 다음의 3가지로 나누어진다. 먼저 주식인수(stock acquisition)는 주식의 상당부분을 매수함으로써 대상회사의 경영권을 취득하는 경우이며 자산인수(asset acquisition)는 대부분의 자산을 매입하여 실제적으로 대상회사를 인수하는 경우이다.[2] 대상회사의 영업을 양도받는 것도 대상기업을 지배하는 것과 같은 경제적 효과를 얻을 수 있어 영업의 양수(business transfer)도 M&A에 속하는 거래이다.[3]

Ⅱ. M&A의 유형

M&A의 유형은 매우 다양하다. 그 유형을 분류하는 기준도 다양하다. 그 중에 가장 대표적인 것은 M&A를 대상회사(subject firm) 내지 표적기업(target firm)(이하 '대상회사'로 총칭함)의 경영진의 거래의사 또는 동의 여부를 기준으로 하여 살펴보는 것인데, 이 기준을 바탕으로 우호적 M&A, 적대적 M&A 및 중립적 M&A로 분류할 수 있다.

우호적 M&A(friendly M&A)는 인수희망기업(acquiring firm) 내지 인수희망자(acquirer)가 대상회사와 합의하에 M&A를 하는 경우이다. 이 경우 대상회사의 경영진이 반대하지 않거나 경영진의 동의하에 M&A가 행하여지므로 당사자 사이에서 분쟁이 발생할 개연성이 상당히 적다.

적대적 M&A(hostile M&A)는 대상회사의 경영진의 의사에 반하여 그 경영진을 교체하려는 목적을 가지고 대상회사의 경영권을 획득하는 것을 말한다. 적대적 M&A의 경우 인수당하는 회사의 의사와 관계없이 인수희망자가 독단적으로 경영권을 빼앗는 구조이므로 공격자와 방어자 간의 이해가 첨예하게 대립하여 법적 분쟁으로 비화되기도 한다. 주식인수의 경우 인수대상회사 경영진이 반발하는지의 여부에 따라 우호적 인수[4]와 적대적 인수로 분류할 수 있는 반면

2) 일반적으로 M&A라고 하면 주식인수에 의한 경영권획득을 의미한다. 자산인수에 의한 경우로서 P&A(purchase & assumption)가 있는데 이는 자산과 부채를 동시에 인수하는 방식을 말한다. 화인 경영회계법인 외 2인, 「M&A를 알아야 경영할 수 있다」(매일경제신문사, 2000), 209~210면.

3) 김건식/노혁준/천경훈, 「회사법」 제3판(박영사, 2018), 714면.

4) 적대적 M&A의 경우에는 '인수'보다는 '매수'라는 용어가 보다 합리적이라는 연구도 있다. 그 연구에 따르면 인수는 '기업을 넘겨받는 모든 행위'를 의미하지만 매수는 '돈으로

에, 자산인수와 영업양수는 기존의 경영진 또는 채권단과의 계약을 통하여 이루어지기 때문에 적대적인 경우는 없다.[5] 중립적 M&A(neutral or unopposed M&A)는 대상회사의 경영진이 인수희망자에게 M&A에 관해 찬성도 반대도 하지 않는 경우를 말한다.[6]

우호적 M&A는 적대적 M&A에 비하여 적은 비용과 노력을 투입한다는 점에서 성공할 확률이 높지만, 적대적 M&A의 경우에는 대상회사가 적극적으로 방어를 할 경우 우호적 M&A에 비하여 상당히 많은 비용과 노력이 든다.

Ⅲ. 논의의 범위

본장에서는 우호적 M&A 국면에 관련된 몇 가지 중요한 사항에 관하여 살펴보고자 한다. 먼저 인수합병을 추진하는 당사자들이 거래를 보호하기 위하여 활용하는 독점교섭권 조항이 가지는 의의를 경제적으로 살펴보기로 한다. 그 다음으로 합병비율을 산정하는 공식을 자본시장법령에 마련한 이유를 경제적인 측면에서 다루기로 한다. 마지막으로 영업양도시 영업양도인이 부담하는 경업금지의무에 관하여 논하기로 한다.

제 2 절 M&A 거래에 있어서 독점교섭권 조항

Ⅰ. 총 설

M&A의 경우 교섭을 개시하는 시점으로부터 그 계약이 체결되고 최종적으

기업을 사서 넘겨받는 행위'를 의미하므로 양자를 구별할 필요가 있다고 한다. 장세진/MCC, 「M&A의 경영전략」(박영사, 2004), 91면. 그러나 본장에서는 포괄적으로 '인수'라는 용어를 사용한다. 그 이유는 이하에서 보는 바와 같이 적대적 M&A의 가장 전형적인 방법이 공개매수이기는 하지만 돈으로 기업을 사는 행위라 할 수 없는 위임장대결 같은 방법도 이용되고 있기 때문이다.

5) 화인 경영회계법인 외 2인, 앞의 책, 224면.

6) 정충명, "적대적 기업매수(hostile M&A)의 방어행위에 대한 법적 고찰 – 제3자에 대한 신주발행의 적법성을 중심으로 –," 「사법연구자료」 25집(법원행정처, 1998), 407~408면.

로 종결하기까지 일반적으로 수개월이 소요된다. M&A 거래가 성사되는 데에 상당한 시간이 걸리다 보니 1990년대 중반 미국에서는 우호적 M&A를 진행하고 있는 거래에 제3자가 출현하여 우월적인 매수제안을 하는 경우(deal jumping)가 급격히 증가하게 되었다. 이에 미국에서는 제3자에 의하여 M&A 거래가 파괴되는 것을 방지하기 위한 방안들을 고안하여 실무에 활용하기 시작하였으며,[7] 그 결과 오늘날 우호적 M&A 거래의 성공적인 완성을 위하여 다양한 거래기법이나 내용을 합의 내지 계약에 편입하는 관행들이 형성되었다.[8] 그러한 관행 중의 하나가 '거래보호조치'(deal protection measure) 내지 '거래보호장치'(deal protection device)를 마련하는 것이다.

실무에서 M&A의 당사자끼리가 체결한 합의안에 포함되는 거래보호조치가 구체화된 조항을 이른바 '거래보호조항'(deal protection provision)이라 한다.[9] 거래보호조항의 세부적인 유형은 다양하지만, 실제 거래에서 가장 널리 이용되는 것은 독점교섭권 조항이다.[10] 이에 본 절에서는 독점교섭권 조항의 의의를 소개한 후 경제적 측면에서 그 기능을 고찰하고자 한다.

Ⅱ. 독점교섭권 조항의 의의

1. 독점교섭권 조항의 정의 및 유형

M&A에는 주주총회의 승인을 비롯하여 관계기관의 승인, 신주의 발행 등

---

7) Heath P. Tarbert, *Merger Breakup Fees: A Critical Challenge to Anglo-American Corporate Law*, 34 Law & Policy in International Business 627, 631(2003).

8) 적대적 M&A의 경우에는 당사자 간에 인수계약서를 작성하는 것을 예상하기 어렵기 때문에 거래보호조항은 우호적 M&A 거래에서만 이용된다. 송종준, "기업인수계약상 거래보호조항의 유효성 – 미국 판례의 태도와 시사점을 중심으로 –,"「인권과 정의」 통권 제394호(대한변호사협회, 2009), 42면.

9) Wayne O. Hanewicz, *Director Primacy, Omnicare, and the Function of Corporate Law*, 71 Tennessee Law Review 511, 513 n.8(2004)

10) William M. Lafferty, Lisa A. Schmidt & Donald J. Wolfe, Jr., *A Brief Introduction to the Fiduciary Duties of Directors Under Delaware Law*, 116 Penn State Law Review 837, 867(2012). 한국에서 이용되고 있는 양해각서에서 독점교섭권 조항을 두는 경향이 있다. 남유선, "M&A계약교섭단계에서의 법적 책임에 관한 연구 – 대법원 2008. 2. 14. 선고 2006다18969 판결을 중심으로 –,"「증권법연구」 제10권 제1호(한국증권법학회, 2009), 278면.

의 절차가 필요하므로 당초에 합병제안을 한 매수자(이하 '당초 매수희망자' 또는 '당초 매수후보자'로 줄임)와의 합의로부터 해당 거래가 완료하기까지 상당한 시간이 걸릴 수밖에 없다. 이에 우호적 M&A가 제대로 '종결'(closing)되어 '성공적인 완성'(successful completion)을 이끌어 내기 위하여 거래당사자간의 합의로 그 거래를 보호하는 기법이나 조항을 마련하는 것을 예상할 수 있다.[11]

독점교섭권 조항은 M&A에 있어서 당초의 매수합의로부터 매수완료까지의 기간 동안에 당초 매수희망자 외의 제3자가 출현하여 경합적 매수로 변화되지 않게 하려는 목적에서 M&A의 당사자끼리 체결한 합의안에 포함시키는 거래보호조항을 말한다. 독점교섭권 조항을 위반하면 당초 매수희망자의 손해배상청구권이 인정되어 대상회사(매도희망자)가 상당한 규모의 손해배상을 하여야 하는 책임을 부담하게 된다. 이처럼 독점교섭권 조항은 M&A 계약에 있어서 특정한 상대방(매수희망자)이 독점적 교섭을 할 수 있도록 대상회사가 자기 행동에 제약을 마련하는 조항으로서, 구체적으로는 No-Shop 조항과 No-Talk 조항의 두 가지가 있다.[12] 전자는 대상회사 및 그 경영진이 기존 합의와 경합할 새로운 매수후보자를 적극적으로 찾아 매수를 권유하는 것을 금지하는 조항을 의미한다.[13] 후자는 대상회사의 경영진이 새로운 매수후보자(매수희망자)에게 매수를 권유하는 것은 물론이고 그에게 비공개정보를 제공하는 것까지 금지하는 조항으로서 사실상 그 새로운 매수후보자와의 협의·교섭의 실행을 불가능하게 한다.[14] 이들 양자의 차이점을 요약하면 다음과 같다. 즉, 대상회사가 수동적으로 새로운 매수희망자로부터 매수제안을 받는 것은 No-Shop 조항의 위반으로 되

---

11) Mark Lebovitch & Peter B. Morrison, *Calling a Duck a Duck: Determining the Validity of Deal Protection Provisions in Merger of Equals Transactions*, 2001 Columbia Business Law Review 1, 2(2001).

12) 일본에서는 No-Talk 조항을 '교섭금지조항'으로 그리고 No-Shop 조항을 '권유금지조항'으로 번역하기도 한다. 玉井利幸, "合併契約の保護(1) − ディールプロテクションの有効性について −,"「商学討究」第56巻 第2·3号(小樽商科大学, 2005), 200頁.

13) Karl F. Balz, *No-Shop Clauses*, 28 Delaware Journal of Corporate Law 513, 514(2004). 대상회사가 새로운 매수후보자에 대하여 적극적인 매수를 권유하는 것은 금지되지만 정보제공을 허용하는 조항을 Window Shop 조항이라 한다. 이는 No-Shop 조항의 변종(變種)으로 이해되고 있다. Christina M. Sautter, *Shopping During Extended Store Hours: From No Shops to Go-Shops*, 73 Brooklyn Law Review 525, 534(2008).

14) Balz, *supra* note 13, at 514.

지 않지만, No-Talk 조항을 두는 경우에는 대상회사가 새로운 매수희망자로부터 기존의 M&A 거래와 경쟁하는 일정한 거래를 제안을 받는 것조차도 금지된다. 따라서 No-Talk 조항이 No-Shop 조항보다 제한의 강도가 더 강력하다.[15)]

2. 독점교섭권 조항의 구체적인 예

한국에서 발생하는 M&A의 대부분은 우호적인 성격을 띠지만,[16)] 우호적 M&A는 대상회사 경영진의 동의를 전제로 하는 것인 까닭에 매수자와 대상회사(의 경영진) 사이의 분쟁이 흔하지 않으며, 설령 분쟁이 발생하더라도 법정으로 가는 경우가 희소하여 사회적인 관심을 끌어내지 못하는 것이 일반적이다. 그러다 보니 한국에서 이러한 거래보호조항의 효력 유무에 대한 사법부(司法府)의 판단은 소수에 지나지 않는다. 하지만 한국에서도 이 같은 거래보호조항이 실제 M&A 거래에서 이용하는 경우는 빈번하게 목격되고 있다.[17)]

실제 판결[18)]에서 유효한 것으로 인정된 독점교섭권 조항을 살펴보기로 한다. 甲주식회사는 A가 소유하고 있는 乙주식회사와 丙주식회사의 주식 전부를 甲회사가 400억원을 기준으로 하여 인수하되 추후 실사(due diligence) 및 인수대금 조정을 거쳐 주식양수도계약을 체결하기로 하는 내용의 양해각서를 A와 체결하였는데, 그 양해각서에 다음과 같은 규정을 두었다.

제2조(배타적 협상) 본 양해각서에 의하여 A는 대상주식의 양수도와 관련한 실사와 협상이 진행되고 있는 동안 甲회사를 제외한 어떠한 제3자와도 대상주식의 양수도에 대한 협상을 진행하지 아니하며, 甲회사는 A의 사전 동의를 받지 아니하고 본 양해각서에 따른 배타적 협상자로서의 지위를 제3자에게 양도할 수 없다.

---

15) 김병태/이성훈/김수련, "M&A계약상 Fiduciary－Out 조항에 관한 연구,"「BFL」제20호(서울대학교, 2006), 34면 주 6).

16) 천경훈, "한국 M&A의 특성과 그 법적 시사점에 관한 시론,"「선진상사법률연구」통권 제56호(법무부, 2011), 144면.

17) 김병태, "기업인수합병상 거래보호를 위한 약정에 관한 연구 － 독점교섭권 및 위약금 관련 약정을 중심으로 －,"「상장협연구」제53호(한국상장회사협의회, 2006), 182면.

18) 서울고등법원 2009. 8. 18. 선고 2009나16768, 16775 판결. 이 판결은 대법원 2010. 1. 14. 선고 2009다75666, 2009다75673 판결로 상고기각됨으로써 확정되었다.

Ⅲ. 독점교섭권 조항의 기능

1. 개 관

독점교섭권 조항은 당사자의 계약자유의 관점에서 당연히 인정되는 것으로 이해되지만, 한편으로는 매수희망회사(매수희망자)와 매도희망회사(매도희망자) 사이에 M&A 계약체결을 위한 과정에서 후자의 경합적 매도를 피하려는 의도로 합의서에 삽입되어 매도희망자(대상회사)의 상대방 선택의 자유를 부당히 제한한다는 점에서 사적인 거래사회를 지배하는 기본원리인 계약교섭자유의 원칙을 제약하는 것으로 풀이될 수 있다.[19] 또한 M&A라는 복잡하고 역동적인 회사간 거래 과정에서 합의가 당사자 간의 의사의 합치라는 명목 아래 대상회사(매도희망자) 및 그 주주의 이익을 무시하는 거래보호조항이 부당하게 활용될 우려도 있다. 왜냐하면, 예컨대 이러한 거래보호조항이 특정한 M&A에 이해관계를 가지는 이사의 주도로 합의서에 편입될 수 있으며, 그러한 이해관계가 없다고 하더라도 이사의 경영판단이 잘못되어 특정한 상대방과의 거래에 대한 보호조항이 오히려 대상회사의 최선의 이익에 반하는 경우도 예상할 수 있기 때문이다.[20] 그럼에도 불구하고 독점교섭권 조항은 매수후보자를 유인하고, M&A 거래당사자로 하여금 M&A를 성실하게 수행하도록 유인을 부여하며, 재무적 매수자에 대하여 견제하는 효과가 있는 등 다양한 기능을 가지는 것으로 평가받고 있다.[21]

2. 독점교섭권 조항의 기능에 대한 경제적 분석

(1) M&A 거래의 성실한 수행에 기여

M&A 거래도 통상의 매매계약과 마찬가지로 매수희망자와 매도희망자 사이에 정보의 비대칭이 존재한다. 특히 M&A 거래는 교섭단계에서부터 완성단계

19) 島田真琴, "独占的契約交渉權の實效性 ど限界,"「慶應法学」第2号(慶應義塾大学, 2005), 24頁.

20) 伊勢田道仁, "M&A契約における取引保護条項の有効性,"「金沢法学」47巻 2号(金沢大学, 2005), 62~63頁.

21) 이하에서 독점교섭권 조항의 기능을 논하고 있지만, 이러한 기능은 경우에 따라서는 다른 거래보호조항의 기능으로 동일 혹은 유사하게 이해될 수 있다.

에 이르기까지 그 진행이 대개 비밀리에 이루어진다는 점[22]에서 그 거래의 당사자는 정보의 비대칭을 쉽게 극복할 수 없다. 이러한 상황에서 대상회사가 현재의 상대방(매수희망자)과 M&A 계약을 성실하게 수행하여 완성시키고자 하는 노력을 게을리 할 유인이 발생할 수 있다.[23] 심지어는 대상회사가 정보의 비대칭을 이용하여 해당 거래를 일방적으로 파기하고 제3자와 M&A 거래를 진행하려는 유인이 발생할 수 있다. 한편, 매수희망자도 정보의 비대칭으로 인한 위험의 부담을 줄이기 위한 일종의 자구책으로서 오히려 대상회사가 희망하는 매도가격보다 더 적은 대가를 치르려는 유인을 가진다면 결국 대상회사의 주주는 그 주식을 제대로 매각할 기회마저 상실하게 된다. 독점교섭권 조항은 대상회사의 경합적 거래를 단념시킨다는 거래보호조항이라는 점에서 매수희망자와 매도희망자의 위와 같은 유인을 감소시키는 기능이 있다.[24]

(2) 재무적 매수자에 대한 견제효과

M&A 거래에 있어서 매수자를 일반적으로 전략적 매수자(strategic buyer)와 재무적 매수자(financial buyer)로 나눌 수 있다. 전략적 매수자는 기업의 경영에 직접 참여하거나 개발사업 등을 함께 진행하여 장기적인 이득을 추구하는 반면에, 재무적 매수자는 일정한 규모의 수익을 얻는 것에 집중하다보니 회사의 장래를 비중있게 고려하지 않는 경향이 있다. 말하자면, 전략적 매수자는 동업 내지 경영의 다각화를 목표로 하는 사업자를 지칭하는데, 그는 사업의 시너지(synergy) 효과를 목적으로 하여 M&A 거래를 하기 때문에 장기적 시각에서 매수조건을 설정하고 대상회사의 주주에게도 이익이 되는 사업계획을 제안하는 경향이 있다. 반면에 재무적 매수자는 매매차액을 통한 재무적 이득의 획득을 최종목적으로 하다 보니 기존의 경영활동과 연계하여 시너지 효과를 추구하는 것에 관심을 두지 않는 행태를 노정한다.[25] 이처럼 재무적 매수자는 순전히 경

---

22) 남유선, 앞의 논문, 253면.

23) 井垣太介, 井垣太介, "米国M&A実務の検証：取引保護措置の有用性と限界 ∽ 急速に普及するGo-Shop条項を中心として∽,"「Kitahama Law Review 速報」Vol.7(北浜法律事務所, 2008), 13頁.

24) Thanos Panagopoulos, *Thinking Inside The Box: Analyzing Judicial Scrutiny of Deal Protection Devices in Delaware*, 3 Berkeley Business Law Journal 437, 439(2006).

25) Brian J.M. Quinn, *Re-Evaluating the Emerging Standard of Review for Matching Rights in Control Transactions*, 36 Delaware Journal of Corporate Law 1011, 1039(2011).

제적인 관점에서 대상기업을 매수하는 자이다.

만약 합의서 중에 독점교섭권 조항이 없다면 자금력이 상대적으로 우수한 재무적 매수자가 출현하여 그 거래를 탈취할 우려를 불식시키기가 곤란하다. 반대로 합의서에 매도희망자와 당초의 매수희망자가 협력하여 계약을 지킬 수 있는 거래보호조치를 채택한다면 재무적 투자자의 이익이 단기적으로 상승하기 어려운 구조를 만들어 낼 수 있다. 예컨대, 대상회사가 합의서상의 독점교섭권 조항을 위반하여 당초 매수희망자에 상당한 규모의 손해를 배상할 수밖에 없다면 대상회사의 재산이 손해배상액의 규모만큼 줄어들면서 재무적 투자자로서는 그만큼 대상회사에 대한 투자매력이 감소한다. 이처럼 독점교섭권 조항은 일정한 경우 재무적 매수자를 견제하는 기능이 있다.[26] 요컨대, 독점교섭권 조항의 존재로 인하여 제3자가 대상회사를 매수하는 비용이 증가하고, 그 결과 제3자는 자신의 수익감소 우려 때문에 대상회사에 대하여 투자하고자 하는 유인이 감소하게 되는 것이다. 독점교섭권 조항 덕분에 기존의 당사회사는 당초의 M&A 계획을 방해받지 않게 된다.[27]

(3) '들러리 후보'로 이용되는 것의 회피

매도희망자가 다른 매수희망자로부터 유리한 조건을 제시하도록 유도하기 위하여 당초 매수희망자를 '들러리 후보'(stalking horse)[28]로 이용하는 것을 예상할 수 있다. 예컨대, 대상회사를 상대로 한 최초 매수희망자의 매수제안이 있는 경우 시장에서는 대상회사가 매수할 만한 가치가 있고 그 제안된 매수가격 정도의 가치를 지닌다는 인식이 확산된다. 때문에 이러한 제안은 다른 잠재적인 매수자의 관심을 유도하여 제3자로 하여금 최초의 매수제안보다 더 유리한 조건의 제안을 하게 하는 단초가 될 수 있다. 이 경우 최초 매수희망자와 그 이후의 제3자 사이의 매수전(買收戰)이 일어나 제3자가 매수에 성공하게 되면 이는

---

26) 井垣太介, 앞의 논문, 13~14頁. 실제 미국의 판례에서는 원고측이 거래보호조항에 의하여 재무적 매수자가 견제되어야 한다는 주장을 펼치기도 한다. *In re Toys "R" Us, Inc. Shareholder Litigation*, 877 A.2d 975, 1019 (Del. Ch. 2005).

27) 伊勢田道仁, 앞의 논문, 61頁.

28) '들러리 후보'는 경영판단의 원칙을 적용하지 않아 이사의 주의의무위반을 인정한 판례로서 가장 널리 인용되는 Smith v. Van Gorkom 사건의 판결에서도 사용된 표현이다. 488 A.2d 858, 866(Del. 1985).

결과적으로 대상회사의 가치(내지 궁극적으로는 대상회사 주주의 이익)를 제고하는 효과가 있다. 그러나 최초 매수희망자로서는 자신이 들러리 후보로 이용되는 것에 그친다면 그가 투입한 시간과 노력의 무위로 돌아간다. 결국 대상회사는 최초 매수희망자의 희생을 통해 자신의 수익을 더 많이 획득한 것이다.[29] 반대로 최초 매수희망자는 그가 대상회사를 상대로 한 매수전에서 패배하였다는 사실 자체가 회사 또는 현 경영진의 평판에 부정적인 영향을 미칠 수 있다.[30] 따라서 매수희망자는 제3자의 출현을 봉쇄하여 자신이 단순한 들러리 후보로 이용되는 사태를 가능한 한 회피하기 위한 방안으로서 독점교섭권 조항을 요구하기도 한다.[31]

(4) 회사비밀의 유출방지

당초 매수후보자가 교섭상의 필요에 따라 매도희망자에 대하여 자사의 장래 사업계획이나 영업상의 노하우 등을 일정범위 내에서 제시하여야 하는 경우가 있다. 당초 매수후보자가 자사의 회사비밀을 매도희망자에 제공한 후에 그 거래가 무산되고 오히려 그와 경합하는 제3의 매수희망자 사이에 M&A가 성립하여 종결될 경우 매도희망자를 비롯하여 제3의 매수희망자에게 자사의 회사비밀을 제공하는 것과 동일한 상황에 처하게 될 위험이 있다. 역으로 당초의 매수후보자에 대하여 매도희망자가 회사비밀을 제공한 이후에 거래가 무산되는 경우에도 동일한 현상이 발생할 수 있다. 이러한 경우에 대비하여 회사비밀이 유출되는 것을 방지하려는 차원에서 비밀을 유출한 때에 손해배상을 요구할 수 있는 규정을 별도로 두는 것이 일반적이다.[32] 그러한 목적으로 마련해 두는 규정의 일례(一例)가 독점교섭권 조항이며, 이는 회사비밀의 유출 우려를 감소시켜 이를 염려하는 매수후보자 내지 매도후보자로 하여금 M&A 거래에 전념하도록 유인하는 데 많은 기여를 한다.[33]

---

29) Panagopoulos, *supra* note 23, at 443.

30) Guhan Subramanian, *The Drivers of Market Efficiency in Revlon Transactions*, 28 Journal of Corporation Law 691, 702(2003).

31) 伊勢田道仁, 앞의 논문, 61頁; 井垣太介, 앞의 논문, 14頁.

32) 남유선, 앞의 논문, 253, 281~281면.

33) 井垣太介, 앞의 논문, 15頁.

(5) 매수후보자 유인

M&A 거래에는 많은 인적 자원을 투입하여야 하는 등 막대한 비용이 발생한다. 이는 M&A 거래에 매수희망자를 비롯하여 대상회사의 경영진이 시간과 노력을 투입하여야 하고, 외부의 자문을 구하여야 할 뿐만 아니라 심지어 그 기간 동안 다른 사업기회를 놓쳐 주주의 부(富)를 감소시킬 여지가 있기 때문이다.[34] 그 결과 매수희망자는 "많은 비용을 투입하였음에도 불구하고 경쟁하는 다른 회사에 기회를 빼앗긴다면 크나큰 경제적 손실을 입기 때문에 처음부터 포기하자"는 식의 선택을 할 가능성이 있다.

만약 계약서에 당초 매수희망자가 매도희망자의 독점교섭권 조항의 위반으로 인하여 제3자에게 거래를 빼앗겨 최종적으로 그와의 계약이 체결되지 못하는 경우에 실사 등에 투입한 비용을 대상회사(매도희망자)로부터 보전받을 수 있다는 비용상환 조항(expense reimbursement provision)[35]을 합의서에 편입시킬 수 있다면 대상회사를 매수하는 것에 대하여 흥미가 있는 매수희망자를 폭넓게 모집할 수 있을 것이다. 즉, 독점교섭권의 실효성을 확보하기 위해 합의서에 '비용의 보전약속'이 가능하다고 명시한다면 매수후보자를 유인하는 데 도움이 된다.

(6) 기회상실 등에 대한 보상

M&A는 실사와 계약교섭에 상당한 시간이 소요되며, 때에 따라서는 주주로부터 M&A 거래의 승인을 얻기 위해서는, 혹은 해당 정부부처로부터 허가를 얻거나 중요한 거래계약에 대하여 계약당사자로부터의 동의를 취득하기 위해서는 많은 시간을 투입하여야 한다. 어느 매수희망자가 가장 유력한 매수후보자로서 계약교섭에 임하여 양해각서에 서명하는 등 M&A 거래가 진행되고 있는 동안에 다른 사업기회를 기회를 놓칠 수도 있다. 만약 대상회사와 매수후보자와 계약이 최종적으로 체결되지 못하여 그 매수희망자가 다른 사업을 행할 기회를 잃

34) Sean J. Griffith, *Deal Protection Provisions in the Last Period of Play*, 71 Fordham Law Review 1899, 1929(2003).

35) 미국에서 M&A에 거래에서 비용상환 조항을 두는 것은 일반적인 일이라 한다. 예컨대, *In re Answers Corporation Shareholders Litigation*, No. 6170－VCN, 2011 WL 1366780(Del. Ch. Apr. 11, 2011) 사건에서 피고인 Answers Corporation의 이사회가 No-Talk 조항과 No-Shop 조항, 그리고 비용상환 조항을 합의서에 규정한 바 있는데, 원고는 이사가 이러한 규정을 설정한 것이 그의 신인의무를 위반한 것이라고 주장한 바 있다.

은 것에 대하여 위약금 조항[36](break-up fee provision; bust-up fee provision; termination fee provision)으로 배상하는 규정까지 둔다면 대상회사로서는 그 매수후보자와 거래를 중단할 유인이 줄어들게 된다.[37] 실무에서 위약금의 규모는 거래액의 일정 비율이라는 형태로 규정되는 것이 대부분이어서 거래규모가 대개 거액인 까닭에 위약금도 고액이 되는 것이 보통이다.[38]

제 3 절 합병비율의 산정

Ⅰ. 합병비율의 중요성

합병비율은 원래 합병계약서에 기재되어야 하는 사항이다(제523조 제3호). 제1절에서 살펴본 바와 같이 합병은 크게 흡수합병과 신설합병으로 나누어진다(제235조). 전자는 어느 기업이 다른 기업을 흡수하여 그 결과 다른 기업의 존재가 사라지는 것을 말하는데, 이는 대상기업을 완전히 지배하는 경우에 해당한다.[39] 후자는 어느 2 이상의 기업이 합병을 위해 해체 후 새로운 기업을 설립하는 경우를 뜻한다. 소멸회사의 주주가 합병에 의하여 1주 미만의 단주만을 취득

36) '위약금 조항'이란 당초 매수희망자의 매수시도가 제3자의 개입으로 성공하지 못한 경우를 비롯하여 그 매수희망자에 의한 매수가 대상회사 주주의 승인을 얻지 못한 경우 등 일정한 사유가 발생하는 경우에 대상회사가 그 매수희망자에 대하여 지급하여야 하는 위약금을 부과하는 조항을 뜻한다. 위약금 조항에는 독점교섭권 조항을 위반하여 대상회사가 위약금을 지급하여야 할 책임이 발생하는 경우에 대상회사 그 매수희망자가 당해 거래를 해제하는 권리까지 함께 행사할 수 있도록 규정하는 것이 일반적이다. Gregory V. Varallo & Srinivas M. Raju, *A Process Based Model for Analyzing Deal Protection Measures*, 55 Business Lawyer 1609, 1612(2000).

37) 井垣太介, 앞의 논문, 14~15頁.

38) 예컨대, ACE Ltd. v. Capital Re Corp. 사건(747 A.2d 95 (Del. Ch. 1999))에서 Capital Re의 발행주식총수의 12.3%를 소유하고 있는 Ace는 Capital Re의 33.5%의 주식을 보유한 주주와 나머지 주식을 취득하는 방식으로 합병하기로 하는 구속력 있는 합의서를 작성하면서 No-Talk 조항과 2,500만 달러 규모의 위약금 조항을 채택한 바 있다.

39) 주식회사 간의 흡수합병의 경우 소멸회사의 영업과 재산이 존속하는 회사에 포괄적으로 이전승계되어 사실상 의연 존속하게 된다(대법원 1976. 9. 28. 선고 76누110 판결).

하게 되는 경우나 혹은 합병에 반대한 주주가 주식매수청구권을 행사하는 경우(제374조의2) 등과 같은 특별한 경우를 제외하고는 원칙적으로 합병계약상의 합병비율과 배정방식에 따라 존속회사 또는 신설회사의 주주권을 취득하여, 존속회사 또는 신설회사의 주주가 된다.[40] 그러므로 '합병비율'이라 함은 흡수합병의 경우에는 존속회사가 소멸회사의 사원에게 신주를 발행하여 배정함에 있어서 그 기준이 되는 소멸회사의 주식과 존속회사의 주식 간의 교환비율, 즉 소멸회사의 주식 1주에 대하여 존속회사의 주식을 몇 주 배정할 것인지를 정한 비율을 의미하며,[41] 신설합병에서는 신설회사의 주식과 소멸회사의 주식 간의 교환비율을 가리킨다.[42] 만약 흡수합병의 경우에 "합병비율이 합병할 각 회사의 일방에게 불리하게 정해진 경우에는 그 회사의 주주가 합병 전 회사의 재산에 대하여 가지고 있던 지분비율을 합병 후에 유지할 수 없게 됨으로써 실질적으로 주식의 일부를 상실하게 되는 결과를 초래"하는 것이다.[43] 이처럼 합병비율이 불공정할 경우 그로 인한 손해는 주주에게 귀속한다.

한국의 경우에는 현저히 불공정한 합병비율은 가장 전형적인 회사합병의 무효원인이다. 상법상 합병무효의 소에 관하여도 설립무효의 소 등에 관한 재량기각 규정이 준용(제189조, 제240조, 제530조 제2항)되고 있지만, "그 입법 취지 및 규정 내용 등에 비추어 보더라도 합병비율의 불공정성이 법적 안정성 등의 제반 사정을 참작하더라도 허용될 수 없을 만큼 현저한 경우에만 합병무효의 사유에 해당한다."[44]

Ⅱ. 자본시장법령에 따른 합병비율 산정기준의 타당성

1. 서 설

자본시장법 제165조의4 제1항 제1호와 동법 시행령 제176조의5 제1항 제1호는 주권상장법인 간의 합병에서 이사회 결의일과 합병계약을 체결한 날 중

40) 대법원 2003. 2. 11. 선고 2001다14351 판결.
41) 대법원 2008. 1. 10. 선고 2007다64136 판결.
42) 장덕조, 「회사법」 제4판(법문사, 2019), 549~550면.
43) 대법원 2015. 7. 23. 선고 2013다62278 판결.
44) 대전지방법원 2006. 12. 28. 선고 2006가합252 판결.

앞서는 날의 전일을 기산일로 하여 최근 1개월간 평균종가, 최근 1주일간 평균종가, 최근일의 종가를 산술평균한 가액을 기준으로 합병가액을 산정하는 것을 요구하고 있다. 여기서 실질적으로 자산가치, 수익가치, 상대가치 등 시장가치 이외의 여러 요소에 대한 고려가 합리적인 범위 내에서 이루어지지 않은 채 이사회가 자본시장법에 의하여 산정된 합병가액과 이를 바탕으로 합병비율을 산정하는 것이 현저하게 불공정하다고 볼 수 있는지가 문제된다.

2. 학설의 동향

한국처럼 법률이나 명령으로서 합병비율의 산정기준을 규정한 국가는 매우 희소하다.[45] 대부분의 국가는 합병당사자의 협상에 따라 합병가액을 결정하되 합병조건에 대한 엄격한 공시를 통해 투자자에게 판단자료를 제공하게 하는 이른바 간접적인 규제방식을 채택하고 있다.[46] 이에 반하여 한국은 자본시장법령에 합병비율의 산정기준을 마련하여 직접 규제하는 입장을 취하고 있다. 이와 같이 한국에서 사전적인 직접규제주의를 채택한 이유는 무엇인가? 이에 관해서 제한적이기는 하지만 몇 가지 의견이 소개되어 있다. 먼저, 합병비율이 지배주주(모회사 포함)의 이익을 도모할 위험을 불식하려는 데 그 목적이 있는 것으로 이해하는 견해[47]가 있다. 그 다음으로, 한국의 입법방식은 과감하면서도 일의적인 기준을 제시한 것으로써 이를 통해 합병비율의 공정성에 관한 다툼을 일거에 잠재울 수 있는 장점이 있는 제도로 보는 입장[48]도 있다.

자본시장법령상 합병비율의 산정기준을 준수하는 것이 강제되는지의 여부

---

45) 중국에서는 법률은 아닐지라도 규범력을 가진 부분규장에서 상장회사의 경우 주가를 기준으로 하여 합병가액을 산정하는 방법을 취하고 있다고 한다. 즉, 중국에서 상장회사가 합병하는 경우에는 상장회사중대자산재편관리방법(上市公司重大资产重组管理办法)을 따라야 한다는 것이다. 비상장회사의 경우에는 중국자산평가협회(中国资产评估协会)가 제정한 자산평가준칙－기업가치(资产评估准则－企业价值)에 따라 가치를 산정하여야 한다(최정연, "중국의 상장회사 합병과 소수주주 보호에 관한 연구 – 한국 법제와의 비교를 중심으로 –"(서울대학교 법학박사 학위논문, 2018), 99~102면).

46) "기업공시 유의사항 ⑸," 「상장」 2012년 12월호(한국상장회사협의회, 2010), 59면.

47) 송옥렬, 「상법강의」 제9판(홍문사, 2019). 1229면; 임재연, 「회사법 Ⅱ」 개정5판(박영사, 2018), 667면; 장덕조, 앞의 책, 550면.

48) 김현룡, "주식회사 흡수합병 시 합병비율," 「청연논총(손용근 사법연수원장 퇴임기념)」 제8집(사법연수원, 2011), 97면.

에 관해서도 견해가 나누어진다. 먼저 이 산정기준이 임의규정임을 전제로 하는 견해가 있다. 말하자면, 합병시 이 산정기준을 준수하지 않았다고 하여 항상 불공정하다고 할 수 없어 합병 자체의 효력에는 영향을 미치지 않지만, 합병의 공정성이 다투어질 경우에는 일응 판단의 기준이 될 수 있다는 견해[49]가 있다. 이에 반하여 이 산정기준이 강행규정성을 가지는 것으로 풀이하는 입장도 있다. 회사의 근본적 구조변경은 수많은 이해관계자에게 영향을 미치다 보니 그러한 구조변경에 관한 규정은 강행성을 띠고 있으며, 따라서 이 산정기준의 준수도 근본적인 구조변경에 관련된 것이어서 강행성을 가진다는 견해[50]가 이에 해당한다. 강행규정성을 인정하는 또 다른 의견으로서, 자본시장법 제165조의4 제1항은 주권상장법인이 합병 등을 하려면 동법 시행령이 정한 합병비율의 산정을 위한 "기준에 따라야 한다"고 규정한 것은 합병비율을 산정함에 있어서 자본시장법령상 기준 외의 것에 의할 수 없음을 의미할 뿐만 아니라,[51] 자본시장법령에 따른 합병비율 산정기준을 준수하지 않는다면 금융위원회는 자본시장법 제120조 제2항에 근거하여 존속회사가 제출하는 증권신고서를 수리하지 않을 것이기 때문에 이 산정기준은 (사실상) 강제력이 있다고 보는 견해[52]도 있다.

3. 판례의 동향

구 증권거래법 시행령은 1997년 4월 1일자로 상장법인의 합병비율 산정기준을 마련하였으며, 이러한 산정기준은 오늘날까지 큰 변동 없이 이어지고 있다. 자본시장법 시행령은 제176조의5 제1항 제1호에서 주권상장법인 간의 합병비율 산정기준을 적고 있으며, 동항 제2호는 주권상장법인과 다른 주권비상장법인간의 합병비율 산정기준이다. 이와 관련하여 대법원은 "주권 상장법인과 주권 비상장법인을 구별하여 합병가액을 정하도록 한 위 시행령 규정 등이 헌법상의 평등의 원칙이나 재산권보장을 규정한 헌법 제23조 및 국민의 기본권 제한은 법률에 의하여만 제한된다고 규정한 헌법 제37조를 침해한 것이라고 볼

49) 이철송, 앞의 책, 1115면.
50) 김화진, 앞의 논문, 190면.
51) 임재연, 앞의 책, 667~668면.
52) 송옥렬, 앞의 책, 1229면; 장덕조, 앞의 책, 550면.

수도 없다"고 판시하였다.[53]

구 증권거래법령에 따라 합병비율을 산정한 것과 관련하여 대법원 2008. 1. 10. 선고 2007다64136 판결에서 "합병비율은 자산가치 이외에 시장가치, 수익가치, 상대가치 등의 다양한 요소를 고려하여 결정되어야 할 것인 만큼 엄밀한 객관적 정확성에 기하여 유일한 수치로 확정할 수 없는 것이고, 그 제반 요소의 고려가 합리적인 범위 내에서 이루어진 것이라면 결정된 합병비율이 현저하게 부당하다고 할 수 없을 것"이며, "관련 법령이 정한 요건과 방법 및 절차 등에 기하여 합병가액을 산정하고 그에 따라 합병비율을 정하였다면 그 합병가액 산정이 허위자료에 의한 것이라거나 터무니없는 예상 수치에 근거한 것이라는 등의 특별한 사정이 없는 한, 그 합병비율이 현저하게 불공정하여 합병계약이 무효로 된다고 볼 수 없을 것"이라고 판시하고 있다. 요약하자면, 대법원 판례는 합병비율에 관하여 자본시장법령에 따르는 것에 대하여 비난할 수 없다는 것이다.[54]

4. 경제적 분석

한국에서 합병비율이 현저히 불공정한 경우 신의성실의 원칙이나 공평의 원칙 등에 비추어 합병무효의 소의 원인이 된다. 합병비율의 공정성 여부는 합병의 성패를 좌우하는 중요한 요소로 작용할 수밖에 없다.

합병당사자 전부 또는 일부가 상장회사인 경우에는 자본시장법 및 그 시행령이 특별법으로서 상법에 우선하여 적용된다. 상장회사가 합병하는 경우에는 그 합병을 둘러싸고 수많은 이해관계자가 존재하므로 합병비율을 두고 다양한 분쟁이 제기될 여지가 있고, 그러한 분쟁이 발생한다면 합병이 지체되거나 제대로 이루어지지 못할 우려가 있다. 이에 자본시장법은 상장회사 주식의 시가(市價)가 거래당사자들이 모든 정보를 종합적으로 판단하여 투자가치에 대한 평가를 한 결과로 형성된 것임을 전제로 하여[55] 이를 바탕으로 해서 합병비율을 정하도록 사실상 강제하는 것이다. 따라서 모든 상장회사가 과거 구 증권거래법령이 시행되던 시절부터 이에 근거하여 상장회사 간의 합병비율을 산정해 온

53) 대법원 2004. 12. 9. 선고 2003다69355 판결.

54) 이에 관하여 대법원 2018. 5. 11. 선고 2015두41463 판결; 대법원 2018. 5. 11. 선고 2017두54791 판결 참조.

55) 김현룡, 앞의 논문, 96면.

이상 그 산정기준 자체 또는 그 산정기준을 따르는 것이 이제는 타당한 규범으로 자리잡았다고 하더라도 무리가 아니다. 조금 달리 보자면, 자본시장법령에서 정하는 합병비율의 산정기준이 소멸회사와 존속회사의 이해관계자의 이익에 반드시 부합하는 것이 아닐지라도 현실에서는 이를 사실상 강제하는 것이 합병비율 산정과 관련하여 이사의 부담을 덜고 더 나아가 합병의 법적 불확실성까지 줄인다는 점에서 의의가 있는 것으로 이해할 수 있다.[56] 주주는 합병계약서의 승인을 위한 주주총회에서 토의와 자주적 판단을 통해 그 적부(適否)를 평가할 기회를 가지지만, 합병비율이 자본시장법령에 따라 산정되었기에 그 합리성과 상당성을 가지는지를 다투는 것이 큰 의미가 없게 되어 주주총회에서의 갈등의 소지가 줄어든다.

제 4 절 영업양도인의 경업금지의무

Ⅰ. 총 설

실무적으로 영업양도는 빈번하게 목격할 수 있는 경제현상이면서 상법상의 거래이다.[57] 상법상 영업은 이를 구성하는 유형·무형의 재산과 경제적 가치를 가지는 사실관계가 서로 유기적으로 결합하여 수익의 원천으로 기능하며,

---

56) 송옥렬, 앞의 책, 1229면. 대법원은 2015. 7. 23. 선고 2013다62278 판결에 따르면 비상장회사간 합병의 경우 합병비율의 산정방법에 관하여 법령에 규정이 없기 때문에 "합병에 있어서 적정한 합병비율을 도출하기 위한 합당한 정보를 가지고 합병비율의 적정성을 판단하여 합병에 동의할 것인지를 결정하였고, 합병비율이 객관적으로 현저히 불합리하지 아니할 정도로 상당성이 있다면, 이사는 선량한 관리자의 주의의무를 다한 것"으로 된다. 비상장회사 간의 합병비율이 공정한지가 다투어질 경우에는 이사가 합당한 정보를 바탕으로 합병비율을 산정하였고 그렇게 산정된 합병비율이 객관적으로 합리성과 상당성을 결여하지 않았다는 것을 증명하여야 한다. 만약 이사가 "전문성을 가진 회계법인과 법무법인의 검토보고서, 국세청에 대한 질의회신내용 등을 토대"로 합병비율을 정하였다면 선관주의의무를 준수한 것으로 된다.

57) 신현탁, "영업양도에 관한 분야별 대법원 판례의 비판적 검토," 「상사법연구」 제34권 제4호(한국상사법학회, 2016), 9~10면.

하나의 재화처럼 거래의 객체가 된다.[58] 영업양도는 영업의 동일성을 유지하면서 일체로서 이전하는 것을 의미한다. 상법상 영업양도에 해당하기 위해서는 그것이 회사 내지 자연인 사이에서 행해지더라도 양도인은 반드시 상인이어야 한다.[59] 이 같은 영업양도인의 영업양도와 영업양수인의 영업양수를 총칭하는 '영업양수도'는 수익이 나지 않는 사업부분을 철수시키거나 사업전환을 위해, 사업규모의 확대·사업의 다각화·제조공정의 일관화에 의한 효율화 및 신사업 분야에의 효율적인 진출을 위하여 사용되는 기업의 구조조정을 위한 수단으로 알려져 있다. 이 밖에도 경영위기상태에 놓인 회사가 새로운 회사로 탈바꿈하기 위하여 사용하거나 회사가 파산하는 경우 청산의 목적으로 회사를 정리하기 위해 영업양도가 행해지기도 한다.[60]

영업양수(양도)는 합병에 뒤지지 않는 유력한 M&A의 수단이다. 특히 영업양수를 한 회사가 양수의 대가로서 신주를 발행한다면 합병하는 것과 큰 차이가 없다.[61] 그럼에도 불구하고 영업양수를 합병과 비교할 때 다음과 같은 중요한 차이가 있다. 첫째, 합병에서는 당사회사 중 적어도 어느 일방의 법인격이 소멸하게 되는 반면에 영업양수에 있어서는 양도회사의 법인격이 소멸되지 않는다. 둘째, 합병은 그 자체로서 모든 권리 의무가 포괄적으로 승계되지만, 영업양수의 경우에는 영업재산의 이전을 위해서 개개 재산에 대한 별도의 양도절차(예컨대, 부동산의 경우 소유권이전등기, 증권의 경우 교부, 지명채권의 경우 채무자에 대한 통지 또는 승낙 등)를 밟아야 하는 번거로움이 있다. 셋째, 합병은 합병등기를 요하고 이에 의하여 합병의 효력이 발생하지만, 영업양수의 경우 그 자체의 등기는 없다. 넷째, 합병의 경우 상법 제527조의5의 규정에 의한 채권자보호절차를 요하지만, 영업양수의 경우 명시적인 채권자보호절차를 요하지 않는다.[62]

상법은 영업양도를 둘러싸고 형성될 수 있는 다음과 같은 3개의 관계에 관련하여 체계적으로 규정하고 있다. 영업양도인과 영업양수인 사이의 관계에 관한 규정과 영업양도당사자와 그 채권자 내지 채무자와의 관계에 관한 규정을

58) 대법원 1997. 11. 25. 선고 97다35085 판결; 대법원 2015. 12. 10. 선고 2013다84162 판결.
59) 대법원 1969. 3. 25. 선고 68다1560 판결.
60) 原秀六, 「合併シナジー分配の法理」(中央経済社, 2000), 122頁.
61) 김건식/노혁준/천경훈, 「회사법」 제3판(박영사, 2018), 724면.
62) 권기범, 「기업구조조정법」 제4판(삼지원, 2011), 61~62면.

비롯하여 영업양도당사자가 회사인 경우에는 그 내부적 절차에 관한 규정이 바로 그것이다.[63] 이들 중에서 앞의 2가지에 관해서는 상법 제1편(총칙)에서 찾아볼 수 있지만, 세 번째 것은 상법 제3편(회사)에 규정되어 있다.[64]

본절에서는 위의 첫 번째 규정과 관련하여 살펴보고자 한다. 영업양도의 경우 영업양도 후에 그 양도인(상인)이 완전하게 영업을 폐지하는 경우(이하 '전자'로 줄임)와 그 양도 후에도 다시 영업을 시작하거나 유지하는 경우(이하 '후자'로 줄임)를 예상할 수 있다. 전자의 경우처럼 영업양도 후에 양도회사가 해산하고 청산절차를 거친다면 양수회사가 양도회사를 흡수합병한 것으로 구조적인 면에서는 유사하다.[65] 그러나 영업양도는 개별적인 거래행위에 지나지 않지만, 합병은 조직법적인 행위로서 포괄승계의 효력이 발생한다는 점에서 차이가 있다. 상법은 합병의 경우와는 달리 다른 약정이 없는 한 영업양도의 경우에 영업양도인이 경업금지의무를 부담하는 것으로 규정하고 있다(제41조 제1항). 후자에 해당하는 예로서는 사실상 관계회사 혹은 관계영업부를 만드는 경우처럼 경업을 통하여 일종의 시너지 효과를 얻을 수 있는 경우를 들 수 있다.[66]

Ⅱ. 영업양도인의 경업금지의무의 의의

1. 의무의 취지

영업양도는 영업양도인이 영업양수인에게 물적시설은 물론이고 종래의 거래처 관계, 구입처 관계, 그 외의 사실관계를 양도함으로써 영업양도인이 하던 것과 같은 영업을 그대로 계속할 수 있도록 하는 것을 전제로 한다.[67] 따라서

63) 강희철, "영업양수도의 법률관계," 「BFL」 제38호(서울대학교, 2009), 39면.

64) 상법(회사편)에서는 소수주주 보호차원에서 영업양도를 주주총회의 특별결의사항으로 정한 것은 물론이고 주식매수청구권까지 부여하고 있다(제374조, 제374조의2).

65) 양도회사가 영업의 전부를 양도한다면 그 회사의 운명에 중대한 영향을 미치게 되어 그 회사는 영업을 수행할 수 없게 된다. 이에 상법은 영업양도를 중요한 의사결정이라 보아 주주총회의 특별결의를 요하고 있다(제374조 제1항).

66) 정병덕, "2015년 상법총칙·상행위법 판례의 동향과 분석," 「상사판례연구」 제29집 제1권(한국상사판례학회, 2016), 169면.

67) 대법원 판례 중에는 영업양도의 존재여부는 "양수인이 유기적으로 조직화된 수익의 원천으로서의 기능적 재산을 이전받아 양도인이 하던 것과 같은 영업적 활동을 계속하고 있다고 볼 수 있는지의 여부에 따라 판단되어야 한다"고 판시한 것이 다수 있다(대법원 2005.

영업양도인이 스스로의 행위에 의하여 영업양도의 실효성을 파괴하는 것은 허용되지 않는다.[68] 이에 상법은 부작위의무로서 경업금지의무를 부과하고 있는 것이다.[69] 이 의무는 인계·인수할 종업원이나 노하우, 거래처 등이 존재하지 아니하는 소규모 자영업의 경우에도 동일하게 적용된다.[70]

경업을 무제한적으로 금지하는 것은 헌법상 인정되는 직업선택의 자유(영업의 자유)를 침해할 수 있다. 영업양도인의 경업금지의무를 직업선택의 자유와 조화롭게 규정하는 것은 극히 곤란한 문제이다. 이에 상법은 영업양도의 실효성을 확보하면서도 직업선택의 자유까지 함께 고려한 결과 제한된 기간동안 제한된 지역에서 영업양도인의 기존의 영업과 동종의 영업을 금지하는 의무를 규정하고 있다.[71]

2. 의무의 성질

(1) 학설과 판례

영업양도인의 경업금지의무의 성질과 관련하여 견해가 나누인다. 이 의무를 계약상 의무로 보는 입장(계약설)과 법이 정책적으로 인정하는 특별한 의무로 보는 입장(정책설)이 그 것이다. 전자는 영업양도계약에 예컨대, 영업양도인이 기존의 거래처를 완전하게 이전하게 하는 등 그 계약의 실효성을 확보하기 위한 차원에서 경업금지의무는 당연히 포함되는 것으로 바라본다.[72] 이 입장에 따르면 상법 제41조는 경업금지의무의 범위를 주의적으로 규정한 것에 지나지

---

7. 22. 선고 2005다602 판결; 대법원 2008. 4. 11. 선고 2007다89722 판결). 그러나 이러한 전제가 반드시 충족되어야 하는 것은 아니다. 영업양도계약에 있어서 영업양도인은 경업금지의무를 부담하지만 영업양수인이 반드시 양수한 영업을 영위하여야 하는 것은 아니기 때문이다. 영업을 양수한 측이 양수한 직후에 그 영업을 포기하거나 폐지하는 경우를 쉽게 상상할 수 있다.

68) 헌법재판소 1996. 10. 4.자 94헌가5 결정.

69) 대법원 1996. 12. 23. 선고 96다37985 판결.

70) 대법원 2009. 9. 14.자 2009마1136 결정.

71) 임중호, 「상법총칙·상행위법」 개정판(법문사, 2015), 251면.

72) 김현철, "영업양도와 경업금지의무 – 대법원 2009. 9. 14.자 2009마1136 결정 –," 「판례연구」 제23집(부산판례연구회, 2012), 239~240면; 이철송, 「상법총칙·상행위」 제15판(박영사, 2018), 288~289면; 최준선, 「상법총칙·상행위법」 제10판(삼영사, 2016), 229면; 神作裕之, "商法における競業禁止の法理(一)," 「法学協会雑誌」 107巻8号(法学協会, 1990), 1211頁.

않는다. 후자는 영업양도인이 동종영업을 재개함으로써 발생하는 위험과 그로 인한 영업양수인의 불이익을 예방하기 위하여 상법이 정책적으로 제시한 의무로 보는 견해[73]이다.

학자에 따라서는 계약설이든 정책설이든 간에 큰 차이가 없다는 현실론도 존재한다.[74] 그러나 계약설에 따를 경우에는 경업금지의무는 영업양도계약의 요건으로서 의미를 가지는 반면에 정책설에서는 그 계약의 효과[75]로서의 지위를 가진다는 점에서 구별된다.

판례의 입장은 어떠한가? 헌법재판소는 "경업금지의무를 약정하는 것이 당사자의 합리적인 의사"라고 보아 상법 제41조 제1항은 이러한 합리적인 당사자의 의사가 명확히 약정되어 있지 않은 경우를 대비하여 영업양도의 본질에 기초하는 의사보충규정으로 평가하고 있다.[76] 서울고등법원은 제대로 된 영업양도계약이 체결된 상황에서는 "경업금지의무는 계약의 목적 달성에 있어 필요불가결하고 이를 이행하지 아니하면 계약의 목적이 달성되지 아니하여 영업양수인이 계약을 체결하지 아니하였을 것이라고 여겨질 정도의 주된 채무라 할 것이므로, 영업양수인은 영업양도인의 경업금지의무위반을 이유로 하여 계약을 해제할 수 있다"고 판시하였다.[77] 이상의 결정과 판결로 보아 법원의 입장은 계약설의 입장에 서 있는 것으로 이해된다.[78]

(2) 검 토

이상과 같은 굳이 학설 중에서 어느 하나를 지지하라면 계약설이 정책설보다 설득력이 있어 전자를 선택하고자 한다. 그 이유를 간단히 제시하면 다음

---

73) 김정호, 「상법총칙·상행위법」 제2판(법문사, 2014), 162면; 장덕조, 「상법강의」 제3판(법문사, 2019), 77면; 전우현, 「상법총칙·상행위법」(법문사, 2011), 154면; 정병덕, 앞의 논문, 163면; 정찬형, 「상법강의(상)」 제21판(박영사, 2018), 185면; 최기원/김동민, 「상법학신론(상)」 제20판(박영사, 2014), 177면; 福井守, "営業譲渡人の競業避止義務," 「駒澤大學法學部研究紀要」 第二十五號(駒澤大學, 1967), 88頁.

74) 손진화, 「상법강의」 제8판(신조사, 2017), 151면; 임중호, 앞의 책, 211면.

75) 田中亘, "競業避止義務は事業の譲渡の要件か," 「東京大学法科大学院ローレビュー」 Vol.5(東京大学, 2010), 316~318頁.

76) 헌법재판소 1996. 10. 4.자 94헌가5 결정.

77) 서울고등법원 2007. 9. 4. 선고 2006나93788 판결.

78) 이철송, 앞의 책, 289면.

과 같다. 영업양도에서 영업양수인은 개별적인 영업용 재산이 각각 가지는 가치의 합계를 초과하는 대가를 영업양도인에게 지급한다.[79] 경업금지의무가 영업양도계약의 일부를 구성하는 만큼 경업금지의무의 적용범위는 계약관계에서 급부의 등가성(economic equivalence) 측면에서 매우 중요하게 고려하여야 하는 사항이다.[80] 예컨대, 영업을 양도하였음에도 불구하고 영업양도인이 영업을 계속하여 영업양수인과 경업을 하는 경우에는 경업금지의무가 전적으로 배제되어야 하는 만큼 영업권의 배타성에 대하여 높은 가치를 부여하기 어렵다. 이 경우 외에는 달리 취급하여야 한다. 영업양도인과 영업양수인 사이에 계약을 체결하면서 경업금지의무를 어느 수준으로 배제할 것인지는 그 영업양도에 대한 대가의 규모에 영향을 미칠 수 있다는 것이다. 예컨대, 영업양도계약의 체결과 동시에 영업양수인이 영업을 계속하는 경우, 영업양도계약을 체결하였지만 영업양수인이 영업을 포기하거나 폐지하는 경우 혹은 영업양수인이 상당기간 영업을 포기하였다가 제2양수인에게 영업을 다시 양도하고 그 제2양수인이 영업을 하는 경우 등에 따라 영업양도에 대한 대가의 규모가 달라질 수 있다.[81] 이와 관련하여 주목할 만한 하급심 판결이 있다. 서울동부지방법원 1999. 10. 22. 선고 99가합4427 판결은 단순한 시설물 일체를 양도하는 것을 내용으로 하는 매매계약에서 영업양도인의 경업금지의무 부담에 대한 대가가 전혀 고려되지 않은 까닭에 차후에 경업금지의무를 부담하는 것으로 밝혀진다고 해도 그 의무위반을 이유로 하여 계약해제를 할 수 없음을 시사하는 것으로 읽힌다.[82]

---

79) 송양호, "상법상 경업금지 법리의 새로운 전개,"「경영법률」 제24권 제4호(한국경영법률학회, 2014), 163면. 영업양도시에 영업양도인에게 개별적인 영업용 재산의 가치총액보다 초과하여 지급하는 금전을 권리금이라 부른다(수원지방법원 2011. 2. 10. 선고 2010가합14646 판결). 영업양도인의 경업금지의무가 권리금의 지급에 기인하여 부과되는 것은 아니라 할지라도 경업금지의무의 유무는 그러한 권리금의 규모산정에 영향을 미칠 것이라는 것은 경험칙상 쉽게 인식할 수 있다. 정병덕, 앞의 논문, 163면.

80) 유시창, "가맹거래에 있어서 경업금지 약정,"「경희법학」 제45권 제3호(경희대학교, 2010), 485면.

81) 이와 관련하여 "상법이 영업양도인에 대하여 경업금지의무를 인정하는 취지는 양수인이 지급한 댓가에 맞게 영업양수의 실효를 거둘 수 있도록 하기 위한 것이다"라는 주장은 경청할 만하다. 김현철, 앞의 논문, 239면.

82) 서울동부지방법원 1999. 10. 22. 선고 99가합4427 판결. 이 판결에서 서울동부지방법원은 당초의 매매계약에 따라 단순한 시설물 일체를 양도하였지만 차후에 오히려 일정한 영업목적에 의하여 조직화된 유기적 일체로서의 기능적 재산으로서 영업시설 및 고객관계 등

Ⅲ. 영업양도인 경업금지의무의 요건

1. '다른 약정'의 부존재

상법 제41조 제1항은 임의규정이다. 영업양도인은 영업을 양도하기 전에 스스로 동종영업을 계속할 계획이 있다면 영업양수인과 협의하여 상법상 경업금지의무를 배제하거나 제한하는 구체적인 별도의 약정을 할 수 있다. 이 같은 별도의 약정이 반드시 명시적이어야 하는 것은 아니다. 특히 영업의 일부만 양도하는 경우에는 영업양수인의 의사는 반대의 특약이 없는 한 양도된 영업과 양도되지 않은 기존의 영업 사이의 경업관계가 예정되어 있는 것으로 보게 된다.[83] 이와 같이 당사자들이 스스로 다른 약정을 통해 자신의 권리·의무관계를 규율할 수 있음에도 불구하고 임의규정으로서 상법 제41조를 두는 것은 영업양도의 당사자들이 원할 것으로 보이는 사항을 미리 조문에 규정하여 공개함으로써 계약체결에 관련된 거래비용을 절감할 수 있기 때문이다.[84]

2. '10년간' 금지

상법상 경업금지의무는 헌법상 직업선택의 자유와 긴장관계에 놓여 있다. 말하자면, 경업금지의무가 헌법상 인정되고 있는 자유를 제한한다는 점[85]에서 법률에 명문의 규정을 두고 있는 것은 바람직한 현상이다. 영업양도인의 직업

영업 일체를 양도한 것이라 봄이 상당하여 그 경우에 상법 제41조상 영업양도인의 경업금지의무를 부담하는 것은 당연하다고 하면서도 매매계약의 당사자 사이에 경업금지에 관하여 구체적인 언급 내지 명시적인 약정이 있었다고 보이지 않는다는 등의 이유를 들어 경업금지의무위반을 이유로 하는 계약해제를 할 수 없다고 판단하였다.

83) 서울중앙지방법원 2009. 10. 8. 선고 2009가합31692 판결. 이 판결은 서울고등법원에 항소(사건번호: 2009나105842)되었으나 2010년 8월 12일 조정이 성립되어 종결되었다.

84) 최준규, 앞의 논문, 64~65면.

85) 헌법재판소 1996. 10. 4.자 94헌가5 결정은 상법 제41조상 영업양도인의 경업금지의무에 의하여 "양도인의 직업선택의 자유가 제한된다고 할지라도 제한의 입법목적 자체는 정당하고 이를 시장경제질서에 반하는 것이라고도 할 수 없다"고 판시하고 있다. 제주지방법원 1998. 6. 3. 선고 98가합129 판결도 "상법이 영업양도인에게 경업금지의무를 부과한 것은 영업양수인을 보호하는 데 그 목적이 있지 영업양도인을 제재하는 데 그 목적이 있는 것은 아니며, 경업금지 조항에 의하여 영업양수인이 보호되는 것은 사실이지만 다른 한편 그 규정에 의하여 양도인의 직업 선택의 자유가 침해되는 점 또한 부인하기 어[렵다]"고 판시한 바 있다.

선택의 자유를 과도하게 제한하면 당연히 헌법위반을 구성한다.86) 이에 경업금지에 관하여 특약이 없으면 영업양도인은 상법에 따라 10년 간 동종영업을 하지 못하도록 되어 있고, 특약이 있다면 그 약정에 따르는 것이 원칙이지만 그 약정은 20년을 초과하지 않는 범위 내에서 효력이 있다.

3. '동종영업'의 금지

(1) 학설과 판례

상법 제41조 제1항에서 영업양도인의 경업금지의무가 발생하는 대상인 '동종영업'은 무엇을 의미하는가? 학자들은 대체적으로 동종영업을 동일한 영업뿐만 아니라 널리 양도한 영업과 경쟁관계·대체관계가 있는 영업으로 넓게 이해한다.87)

법원의 판례도 학설과 매우 유사하다. 대법원은 "경업이 금지되는 대상으로서의 동종 영업은 영업의 내용, 규모, 방식, 범위 등 여러 사정을 종합적으로 고려하여 볼 때 양도된 영업과 경쟁관계가 발생할 수 있는 영업을 의미한다"고 보고 있다.88) 말하자면, 법원은 "상법 제41조에서 정한 동종의 영업이라 함은 반드시 동일한 영업뿐만 아니라 경쟁관계를 유발하는 영업 또는 대체관계 있는 영업까지 포함하는 넓은 의미에서의 동종영업을 의미"하는 것으로 바라보는 것이다.89)

(2) 검 토

계약을 체결하는 데에는 비용이 들 수밖에 없다. 계약의 조건이 명확하여야만 그 이행에 드는 비용을 절감할 수 있다. 이러한 점에 비추어 본다면 학설과 판례가 내세우는 바를 수용하기 어렵다. 이를 좀 더 상설하면 아래와 같다.

영업양도인이 지금 행하는 영업이 영업양도인이 양수한 영업과 동종의 것인지를 판단하는 것은 비교적 용이하지만, 이들이 상호 경쟁관계 내지 대체관계 있는지의 여부를 판단하는 것은 쉬운 일이 아니다.90) 경쟁 내지 대체관계는

---

86) 이철송, 앞의 책, 290면.

87) 김성태, 「상법[총칙· 상행위]강론」 제2판(법문사, 2000), 367면; 김현철, 앞의 논문, 240~241면; 송옥렬, 앞의 책, 84면; 이철송, 앞의 책, 289면.

88) 대법원 2015. 9. 10. 선고 2014다80440 판결.

89) 대구지방법원 2008. 11. 19.자 2008카합481 결정.

90) 엄밀하게 말하면, 어떤 영업이 다른 영업과 경쟁 혹은 대체하는지의 여부를 판단하기 위

수요자의 기호 등에 따라 변화할 수 있는 성질을 가지고 있는데, 10년이라는 긴 기간 내에 당초에는 경쟁관계에 있어 경업금지의무가 발생하였지만 어떤 이유로 인하여 경쟁관계가 해소되면 영업양도인의 영업을 재개할 수 있게 되는 상황이 연출될 여지가 있다. 그 역(逆)의 상황도 발생할 수 있다. 이처럼 영업양도인의 경업금지의무의 부담 여부가 영업양도계약의 당사자 외의 자들의 형편에 좌우되는 모순이 발생하는 것이다.[91] 때문에 만약 장래의 경쟁 내지 대체관계의 생성이나 소멸을 적절하게 예측하지 못한 채 경업금지의무를 설정하여 영업양도의 대가를 산정한다면 그러한 예측의 불확실성으로 인한 위험을 영업양도계약의 일방당사자가 부담하는 것으로 된다. 이러한 불명확성은 계약체결에 드는 비용을 높이는 효과가 있어 영업양도인과 영업양수인의 계약체결의 유인이 줄어들 수 있다. 따라서 영업양도가 제대로 되었는지의 여부는 일반사회관념에 의하여 결정되어져야 할 사실인정의 문제인 것처럼[92] 동종영업에 해당하는지에 관해서도 오롯이 일반사회관념에 의하여 판단하는 것이 바람직하다. 게다가 영업금지의무도 영업양도인이 영업양도의 대가를 받은 만큼 일정기간 동안 기존의 영업과 동종영업을 재개하지 않음으로써, 즉 부작위(Unterlassung)를 통해 영업양수인이 제대로 영업을 영위할 수 있게 하라는 의무로 이해할 수

해서는 우선 그 경계를 정한다는 의미에서 관련시장(relevant market)의 획정이 요구된다(대법원 2009. 9. 10. 선고 2008두9744 판결 참조). 상법에서 복수의 영업이 경쟁관계 내지 대체관계에 있는지를 판단하는 데에 굳이 경쟁법상 관련시장의 획정절차를 밟을 필요는 없을 것이지만, 그렇다고 해서 그러한 판단과정이 쉬운 일은 아닐 것으로 예상된다. 참고로 이사가 경업금지의무를 위반하였는지를 판단하는 기준과 관련하여 대법원은 이사가 속한 회사와 경업대상 여부가 문제되는 회사인지의 여부는 “두 회사의 지분소유 상황과 지배구조, 영업형태, 동일하거나 유사한 상호나 상표의 사용 여부, 시장에서 두 회사가 경쟁자로 인식되는지 여부 등 거래 전반의 사정에 비추어” 판단하여야 한다고 판시한 바 있다(대법원 2013. 9. 12. 선고 2011다57869 판결).

91) 예컨대, 하이트맥주 주식회사와 주식회사 진로의 기업결합 사건에서 맥주와 소주가 밀접한 대체재인지 아니면 서로 다른 상품인지가 다투어졌는데, 공정거래위원회는 설문조사를 활용하여 소주와 맥주를 상품의 특성, 소비의 패턴, SSNIP 검정(the Small but Significant Non-transitory Increase in Prices test)을 위한 임계매출감소분석을 통하여 소주와 맥주시장을 상호 분리된 시장으로 판단한 바 있다. 공정거래위원회 의결 제2006－9호 2005기결1494, 2005기결2725, 2006. 1. 24; 최현경 외 2인, 「경제분석을 위한 설문조사 방안 연구 및 FedEx-TNT 기업결합 건에의 적용」 2015년 공정거래위원회 연구용역보고서(산업연구원, 2015), 34~35면. 이처럼 소비의 패턴을 고려하여 대체관계의 여부를 결정한다는 것은 국외자에 의하여 의무의 생성과 소멸이 결정되는 결과를 초래한다.

92) 대법원 1989. 12. 26. 선고 88다카10128 판결; 대법원 2003. 5. 30. 선고 2002다23826 판결.

있다. 이 같은 부작위의무는 헌법상 직업선택의 자유와 긴장관계에 있는 만큼 그 적용대상의 범위를 문리적 해석에 충실하게 '동종영업'에 한정하는 것으로 읽어야 한다.

4. '동일 내지 인접 특별시·광역시·시·군'에서의 금지

(1) 학설과 판례

상법 제41조 제1항의 문언에 충실하게 되면 영업양도인의 경업금지의무는 지역적으로 동일 내지 인접 특별시·광역시·시·군에 적용된다. 이와 같은 지역적 적용범위를 특약에 의하여 좁히는 것은 가능하지만 확대하는 것은 불가능하다. 개별적인 사건에서 상법 규정을 경시한 채 경업금지의무의 지역적 적용범위를 판단하는 것이 타당한가? 이에 대하여는 학설이 일치하지 않고 있다.

먼저, 업종에 따른 지역성을 고려하여 영업양수인과의 경쟁을 야기할 염려가 없다면 굳이 상법상의 규정에 얽매이지 않아도 된다는 입장이 있다(제1설).[93] 여기서 서울특별시의 동남단에 위치한 송파구 장지동에서 숙박영업(모텔영업)을 양도한 甲주식회사가 인천광역시에 속한 영종도에서 다른 모텔을 개업하는 경우를 가상으로 상정하여 예로 들어 보기로 한다. 제1설을 주장하는 견해에 따르면 이 경우 단순히 문리적으로만 보면 영업양도인이 인접지역에서 동종영업을 한 것으로 되어 상법 제41조를 위반한 것으로 되기는 하지만, 현실적으로 행정구역상 서울특별시에 속하지만 경기도 성남시에 인접한 서울특별시 송파구 장지동에 소재한 모텔의 고객이 인천광역시에 소재한 영종도의 모텔을 찾아갈 이유가 없으므로 합리적이지 않은 상법 규정에 따를 필요가 없다는 것이다.

그 다음으로는 유효경쟁을 기준으로 하여 경업금지지역을 정하는 것은 상법 제41조의 문언에 반한다는 입장이 있다(제2설). 이 견해는 경업금지지역은 상법 제41조상의 문언을 충실하게 적용하되 영업양수인과 사실상 경업이 되지 않는 것이 명백한 경우에는 권리남용의 법리 혹은 신의칙에 의하여 해결하자는 것이다.[94] 위에 소개한 가상의 사례의 경우 영종도에 다시 모텔을 차린 영업양도인이 장지동에서 모텔을 경영하는 영업양수인에 대하여 인접한 지역에서 영

---

93) 손진화, 앞의 책, 153면; 이철송, 앞의 책, 291면; 정병덕, 앞의 논문, 168면.

94) 송옥렬, 앞의 책, 84면.

업을 영위한다는 이유로 상법 제41조에 따른 경업금지의무를 위반한 것으로 된다. 다만, 위 사례의 경우에 영종도 소재 모텔과 장지동 소재 모텔 사이에 유효한 경쟁이 존재하지 않아 양수인이 양도인의 비용으로 그 위반한 것을 제거할 것과 장래에 대한 적당한 처분을 구하는 청구(민법 제389조 제3항)를 한다는 것은 권리남용 혹은 신의칙에 반하는 것이어서 수용할 수 없음은 물론이고 경업으로 인한 손해가 초래되지 않으므로 배상의 문제(민법 제389조 제4항, 제390조)는 발생하지 않는 것으로 된다. 본래 영업양도인이 경업금지의무를 위반하여 영업양수인이 영업양수에 대한 대금을 회수하고자 할 경우에는 그 영업양도계약을 해제하고 반환을 청구할 수도 있지만(민법 제544조, 제548조), 이 경우 그러한 반환청구는 권리남용 혹은 신의칙위반에 해당하여 인정되지 않는다.

법원의 판례 중에도 상법 제41조 제1항의 경업금지의무의 지역적 적용범위를 무시한 것이 발견되고 있는데, 이러한 판례는 상법의 근거규정의 문리적 해석을 뛰어넘는 것이다. 예컨대, 영업양도인의 경업금지지역은 물적 설비의 소재지를 기준으로 하는 것이 아니라 "통상적인 영업활동이 이루어지던 지역을 기준"으로 정하여야 하며 "이때 통상적인 영업활동인지 여부는 해당 영업의 내용, 규모, 방식, 범위 등 여러 사정을 종합적으로 고려하여 판단하여야 한다"면서 애써 상법 제41조 제1항을 무시하고 있는 것이다.[95] 하급심 판례 중에는 사실상 경업금지의 실효를 거둘 수만 있다면 상법 제41조 제1항에 따라 "경업금지의무의 지역적 범위를 인접 행정구역에까지 넓혀 인정하는 것은 부적절하다"고 판시한 것[96]과 상법 제41조 제1항의 명시적인 규정에도 불구하고 영업양도인의 경업금지지역을 영업양도인이 영업을 하던 곳이면서 동시에 영업양수인이 현재 영업하는 곳을 특정하여 하나의 시(市)에 한정한 것[97]도 있다. 위의 하급심은 상법조문을 무시하게 된 이유에 관해서는 분명히 밝히고 있지는 않지만, 아마도 유효경쟁이 있는 지역을 경업금지구역으로 정한 것으로 짐작한다.

(2) 검 토

이상의 학설과 판례는 다음과 같은 점에서 문제점이 발견된다. 첫째, 영업

95) 대법원 2015. 9. 10. 선고 2014다80440 판결.
96) 제주지방법원 1998. 6. 3. 선고 98가합129 판결.
97) 수원지방법원 2011. 2. 10. 선고 2010가합14646 판결.

상 경쟁가능성과 고정된 지역적 범위는 상호 양립하기 어려운 기준이다. 어느 한쪽에 비중을 두다 보면 다른 쪽을 경시할 수밖에 없다. 제1설과 판례처럼 경업금지의무의 대상이 되는 동종영업에 해당하는지를 판단하는 단계에서 경쟁의 개념을 도입하는 한 상법이 규정한 경업금지의무의 지역적 범위는 그 의미가 없게 된다. 따라서 상법 제41조 제1항이 굳이 지역적 범위를 고정하는 것은 동종영업에 해당 여부를 판단함에 있어서 경쟁의 개념을 받아들이지 말라는 주문으로 읽는 것이 바람직하다. 그러므로 제1설과 판례에 따른 해석은 상법 제41조 제1항의 경업금지의무의 입법취지에 부합하지 않는다.

둘째, 이미 영업양도계약의 단계에서 경업금지에 대한 대가가 지급된 상황에서 다시 경쟁의 여부를 판단하고, 만약 경쟁이 되지 않으면 경업금지의무가 소멸된다는 식의 풀이는 받아들이기 어렵다. 제2설은 경업금지구역과 관련하여 상법 제41조상의 문언을 충실하게 적용하면서도 유효경쟁이 사실상 없다면 권리남용의 법리 혹은 신의칙에 의하여 영업양도인의 책임이 발생하지 않는 것으로 다루자는 주장인데, 여기서 영업양도인의 책임이 없다는 것은 결국 경업금지의무가 소멸되는 것과 다르지 않다. 또한 헌법상 인정되는 직업선택의 자유에 관련된 사항을 개념이 확고하게 정리되지 않은 권리남용의 법리 혹은 신의칙에 의하여 재단(裁斷)하는 것도 덩달아 수용하기 곤란하다.

국내의 학계에서는 경업금지의무가 적용되는 지역의 범위를 개선하여야 한다는 데에는 여러 가지 의견이 있다. 예컨대, 오늘날 업종이 세분화되고 생활이 대도시에 밀집되고 있으므로 상법 제41조 제1항에서의 영업양도인의 경업금지지역을 지금보다 행정구역단위를 좁혀야 한다는 견해[98)]가 있는가 하면 전자상거래가 광범위하게 이루어지는 실정에 비추어 보면 경업금지의무를 지역적 구분없이 부과하는 것이 타당하다는 견해[99)]도 있다. 이러한 주장은 다소 모순되는 부분이 있기는 하지만 장래 상법개정의 방향을 설정하기 위해서는 각각의 견해를 경청할 가치가 있는 것은 분명하다. 하지만 (장래의 개정방향까지 고려하지 않는다면) 현재로서는 불확정적인 개념에 의미를 두기보다는 상법규정에 대

98) 송양호, 앞의 논문, 179~180면.

99) 이형규, "인터넷기업의 영업양도·합병과 개인정보의 보호," 「인터넷법률」 제4호(법무부, 2001), 98면; 정병덕, 앞의 논문, 168면.

하여 문리적으로 충실한 해석을 하는 것이 바람직하다. 즉, 영업양수도 계약에서 영업양수인이 영업양도인의 경업금지의무 부담에 대한 대가를 지급한다는 점에 비추어 보면 상법 제41조 제1항의 경업금지지역의 판단을 유효경쟁이 있는 지역이라는 불확정적인 개념에 의존하기보다는 문리적 해석에 따라 명문의 규정을 그대로 적용하여야 한다.

제16장

기업의 인수·합병(Ⅱ): 적대적 M&A

제16장

기업의 인수·합병(Ⅱ): 적대적 M&A

제1절 논의의 범위

적대적 M&A(hostile M&A)는 인수희망자와 대상회사 사이에 합의 없이 전자가 후자의 경영권을 획득하는 것을 말한다. 대개의 경우 적대적 M&A의 과정에서 과거의 경영진이 새로운 경영진으로 교체된다는 점이 특징이다. 이처럼 M&A를 통해 새로운 경영권을 장악하기 위해서는 이사선임에 요구되는 의결권을 확보하는 것이 필요하다. 이사의 선임권을 확보하기 위해서는 주식 자체를 시장에서 매집 또는 공개매수를 통해 취득하거나 또는 주식매수없이 의결권을 위임받아야 한다.

어떤 제도이든 밝은 면과 어두운 면을 모두 가지고 있다. 적대적 M&A의 경우에도 그 목적과 방법이 현실에서 다양한 형태로 전개되고 있어 그 기능을 한마디로 정리하기는 힘들지만, 순기능과 (또는) 역기능을 초래할 수 있다. 적대적 M&A는 징계효과로 인하여 경영상의 효율성을 제고할 수 있지만 경영진으로 하여금 회사의 장기적인 발전보다는 단기적인 업적에 매달리게 하고 인수회사 및(또는) 대상회사 주주의 부를 이전·감소시키는 부작용이 있는 것이다. 본장에서는 적대적 M&A의 구체적인 유형을 먼저 소개한 후에 그 기능에 있어서 긍정적인 측면과 부정적인 측면을 경제적 시각에서 살펴보기로 한다. 다음으로 적대적 M&A의 기능에 비추어 보아 이사가 과연 방어행위를 할 수 있는지와 방어행위가 가능하다면 그 기준이 무엇인지에 관하여 논하고자 한다.

제 2 절 적대적 M&A의 유형

Ⅰ. 분류기준

적대적 M&A는 그것이 실행된 동기와 수단을 기준으로 유형화할 수 있다. 먼저 적대적 M&A를 실행된 동기에 따라 대체적으로 그린 메일형, 사업다각화형, 그리고 차익거래형으로 나눌 수 있다.[1] 적대적 M&A를 실행하는 수단에 따라서도 주식의 취득에 의한 적대적 M&A와 위임장대결에 의한 적대적 M&A로 분류할 수 있다. 그러나 이상과 같이 적대적 M&A를 유형화시킨다고 하더라도 어느 한 M&A가 반드시 이상에서 열거한 1가지 유형에 속하여야 한다는 법은 없다. 예를 들자면, 차익거래형 M&A의 경우 투자한 주식을 처분하는 과정에서 그린 메일의 방법을 쓸 수 있으며, 공개매수와 위임장대결이 혼합된 경우도 있다.[2] 따라서 이상의 유형은 편의상 분류한 것에 지나지 않으므로 반드시 배타적인 것으로 볼 수 없다.

Ⅱ. 동기를 기준으로 한 분류

1. 그린 메일형 적대적 M&A

그린 메일(green mail)이라 함은 목표대상인 대상회사의 주식을 사전에 대량매입한 후 M&A를 포기하는 것을 조건으로 경영권을 쥔 대주주를 위협하여

1) 武井一浩, "企業買収防衛戦略の必要性と正當性 − 近時の狀況と日本企業の特殊性を踏まえて −," 武井一浩 外 2人 編著 「企業買收防衛戰略」」(商事法務, 2004), 6頁.

2) 예컨대, Hilton Hotels Corp. v. ITT Corp. 978 F.Supp. 1342(1997) 사건은 1997년 힐튼호텔이 ITT의 주식을 공개매수하겠다는 제의로 시작하였으나 동년의 정기주주총회에서 위임장대결로 끝난 경우를 대상으로 하고 있다.

자신들이 사들인 주식을 프리미엄을 얹어 되사들이도록 강요하는 행위를 말한다.[3] 만약 프리미엄을 얹어 매수하지 않으면 공개매수를 하겠다고 으름장을 놓지만 매매차액을 통해 재무적 이득을 획득하는 것을 최종목적으로 하고 있을 뿐이어서 대개 기업경영권의 확보를 추구하지는 않는다.

이와 관련된 대표적인 사례로서는 1999년 SK텔레콤의 3대 주주였던 외국계 헤지펀드인 타이거 펀드(Tiger Fund)의 그린 메일을 들 수 있다. 동 사건에서 타이거 펀드는 동 펀드가 보유한 주식을 바탕으로 SK텔레콤의 경영권을 위협하자 SK그룹은 타이거 펀드가 보유한 지분을 고가로 매입하였는데, 그 과정에서 타이거 펀드는 6,300억원의 시세차익을 얻었다. 이 밖에도 1998년 미국계 헤지펀드인 아팔루사 펀드(Appaloosa Fund)가 그 해 1월 효성 T&C의 주식 17.8%를 매집한 후 7월의 어느 날에 단 하루 동안에 주식을 전량 처분하여 50억원의 투자수익을 올렸다. 아팔루사는 효성의 구조조정에 반대한다는 명분을 내세우며 주식을 매각하였고 효성물산 등 효성그룹의 계열사가 그 주식을 모두 고가로 매수하였다. 이와 같은 아팔루사의 행위는 전형적인 그린 메일에 해당한다.[4]

2. 사업다각화형 적대적 M&A

사업상 시너지 효과(synergy effect)를 추구하거나 경영상의 위험을 분산시키는 등의 동기를 가지고 적대적 M&A를 할 수도 있다. 만약 M&A의 방법으로 시장에 진입할 수 있다면 진입에 드는 비용과 시간을 상당히 감소시킬 수 있다. 이러한 사업다각화형 적대적 M&A에서는 인수자가 대상회사의 지배권을 취득한 후에도 계속하여 경영을 담당한다는 점이 특색이다.[5] 예컨대, 주로 기술자원의 도입을 원하거나 투자비용을 절약해서 투자위험을 회피하려는 경우에 시도되는 적대적 M&A 유형이다.

---

3) 주식을 매집한 자가 보유주식을 팔기 위한 목적으로 대주주에게 편지를 보내는 것이 일반적인데, 그러한 편지송부행위로부터 그린 메일이라는 용어가 유래한다. 즉, 그린 메일은 영어에서 공갈 내지 갈취를 뜻하는 블랙 메일(black mail)에서 '메일'과 미국 달러를 의미하는 '그린백'(greenback)에서 '그린'을 합성한 용어이다. Daniel J. Hartnett, *Greenmail: Can the Abuses be Stopped?*, 80 Northwestern University Law Review 1271, 1275(1986).

4) 성희활, "국내 헤지펀드의 본격 도입에 따른 규제체계 정비방향에 대한 고찰," 「KRX Market」 제63호(한국거래소, 2010), 35면.

5) 武井一浩, 앞의 논문, 6頁.

한국에서 사업다각화형 적대적 M&A에 해당하는 사례는 다른 경우보다 빈도가 높다. 이에 해당하는 사례로서는 1993년 삼성그룹이 자동차사업에 진출하기 위하여 기아자동차의 주식을 매집한 건, 1994년 한솔제지가 금융업에 진출하기 위하여 동해투자금융의 주식을 시장매집과 공개매수한 건, 1995년 동부그룹이 한농을 인수하기 위하여 위임장대결을 벌인 건 등을 들 수 있다.[6)]

3. 차익거래형 적대적 M&A

차익거래(arbitrage)형 적대적 M&A는 대상회사에 투자하는 데 따른 사업상의 시너지 효과 등을 목적으로 하기보다 시장에서 주식을 취득하여 인수한 후 대상회사의 자산을 현금화하여 매매차익을 획득하는 유형이다. 차익거래형 적대적 M&A의 주체는 주로 투자형 펀드가 된다. 이 유형에서 적대적 M&A의 대상이 될 수 있는 전형적인 회사는 시가총액이 회사의 실질적 자산가치를 밑돌고 있는 회사이다. 예컨대, 어느 기업이 유동성이 높은 자산을 소유하고 있는 경우, 주가순자산비율(price book-value ratio: PBR)이 낮은 경우,[7)] 그리고 시가총액 대비 잉여현금흐름(free cash flow)의 비율이 높은 경우는 적대적 M&A의 대상으로서 매력적이다.[8)]

Ⅲ. 수단을 기준으로 한 분류

1. 주식의 취득에 의한 적대적 M&A

(1) 개 관

적대적 M&A의 가장 기본적인 수단은 대상회사의 주식을 취득하는 것이다.

6) 이들 사건은 김영산, "한국의 적대적 M&A 시장: 제도와 사례," 「경제연구」 제24권 제1호(한양대학교, 2003), 58~68면에서 추출하였다.

7) 주가순자산비율(PBR)이라 함은 주가를 주당순자산가치(book-value per share: BPS)로 나눈 비율을 말하는데, 이는 주가와 1주당 순자산을 비교한 수치이다. PBR은 주가를 순자산에 비교하여 1주당 몇 배로 거래되고 있는가를 측정하는 지표이다. 이 때문에 PBR은 기업의 재무적 측면에서 주가를 판단하는 기준이 된다. 예컨대, PBR이 1이라면 주가와 기업의 1주당 순자산이 같은 경우이다. PBR이 낮으면 낮을수록 당해 기업의 자산가치가 시장에서 저평가되고 있음을 의미한다. PBR이 1 미만이라면 주가가 장부상 순자산가치(청산가치)에도 미치지 못함을 나타낸다.

8) 武井一浩, 앞의 논문, 7~8頁.

주식취득의 구체적인 방법으로는 공개시장에서 주식을 매집하거나 공개적으로 매수하는 것이 있다. 이 밖에도 주식취득을 할 수 있는 기타의 수단으로는 주식인수, 회사분할, 주식교환, 제3자 신주배정 등을 들 수 있다.

(2) 공개시장에서의 주식매집(시장매집)

가. 의 의

공개시장에서의 주식매집(open market purchase) 내지 시장매집(market sweep)(이하 '시장매집'으로 통일하여 사용함)이라 함은 주식시장을 통해 대상회사의 주식을 비공개적으로 장기간에 걸쳐 지속적으로 매수하여 목표지분을 확보해 나가는 전략이다. 이러한 시장매집은 공개매수의 전단계(前段階)에서 이루어질 수 있으며, 대상회사의 주가에 따라 상대적으로 낮은 가격대에서 주식을 매수할 수 있는 장점이 있다. 다만, 시장매집에는 비교적 상당한 기간이 소요될 수 있으므로, 만약 대상회사가 주식이 매집당하고 있다는 사실을 알고 조기에 대응수단을 행사하게 되면 적대적 M&A가 어려워질 수 있다.

나. 관련 법률규정

시장매집의 경우 일정한 범위까지 공개시장에서 주식을 매수하는 것은 자유롭지만, 그 범위를 넘어서는 순간부터 자본시장법의 규제를 받게 된다. 이에 관한 대표적인 제한으로 주식의 대량보유 등의 보고에 관한 규정(자본시장법 제147조 제1항)을 들 수 있는데, 이는 주식시장에서 의결권 있는 주식 등의 보유와 변동사항을 공시케 함으로써 시장의 투명성을 확보하고 유익한 투자정보를 제공하려는 취지에서 시행되고 있다.

자본시장법상 주식대량보유보고제도에 따르면 의결권 있는 주식 등의 보유자로서 본인 또는 본인의 특수관계인과 함께 주식 등의 보유비율이 5% 이상이 되는 사람(대량보유자)은 주식 등의 보유상황, 보유목적(발행인의 경영권에 영향을 주기 위한 목적 여부), 그 보유 주식 등에 관한 주요 계약내용 등의 사항을 기재한 보고서(대량보유보고서)를 대량보유자가 된 날로부터 5일 이내에 관계기관인 금융위원회와 한국거래소에 제출하여야 한다. 또한 대량보유자는 주식 등의 보유비율이 1% 이상 상승하거나 하락해도 대량변동보고서를 5일 이내에 제출하여야 한다(자본시장법 제147조 제1항).

참고로 상법에도 자본시장법상 주식대량보유보고제도와 같은 취지의 규정이 있다. 상법 제342조의3에 따르면 회사는 다른 회사의 발행주식 총수의 10%를 초과하여 취득한 때에는 그 다른 회사에 대하여 지체 없이 이를 통지하여야 한다. 이는 비밀스럽게 주식을 매집하는 등의 방법으로 10% 이상의 주식을 취득하는 경우 상대회사에 이 사실을 통지하여 적대적 M&A에 대비할 수 있도록 해야 한다는 뜻으로 해석된다.

(3) 공개매수

가. 의 의

공개매수(tender offer, takeover bid)라 함은 인수희망자가 대상회사의 불특정 다수를 상대로 장외에서 일정기간 유가증권을 특정 가격으로 매수청약 또는 매수청약을 권유하여 당해 유가증권을 대량으로 매수하는 것을 말한다.[9] 이는 일정기간 일정한 가격으로 원하는 수량의 주식을 매수하는 합법적인 주식매수 방법으로서 선진국에서는 적대적 M&A를 위하여 널리 이용되는 수단이며 현실적으로 적대적 M&A를 위한 가장 강력한 기법으로 평가되고 있다.[10]

공개매수는 관련법령에 따라 대상회사의 주주를 상대로 매수기간, 매수가격, 매수량 등을 미리 공시하고 장외에서 주식을 매수하는 절차를 밟기 때문에 취득하고자 하는 주식의 양을 비교적 짧은 기간에 취득할 수 있고 구체적인 매수대금을 예측할 수 있다는 이점이 있다. 매수가격이 시가(market price)보다 높게 책정되어야만 성공적인 매수를 할 가능성이 크다는 점에서 소수주주들의 이익보호에도 소홀하지 않다.[11] 다만, 인수희망자의 입장에서는 적대적 M&A를 성공으로 이끌기 위해서 대상회사의 내재가치보다 비싼 가격으로 인수하는 것

9) 미국법률협회(American Law Institute: ALI)가 작성한 "기업지배구조의 원칙: 분석과 권고"(Principle of Corporate Governance: Analysis and Recommendations) 제1.39조의 정의에 의하면 '적대적인 공개매수'(unsolicited tender offer)란 현금, 증권, 그 밖의 대가에 의해, 또는 그러한 대가의 조합에 의해, 증권을 취득하여 회사지배권의 변경을 실현하기 위해, 이사회의 승인을 얻지 않고 해당 의결권증권보유자에 대하여 이루어진 매수청약, 또는 증권제공의 유인을 가리킨다"라고 되어 있다.

10) 유영일, "적대적 공개매수에 대한 방어행위와 그 적법성에 관한 연구 – 미국법을 중심으로 –," 「사회과학논집」 제3권 1호(울산대학교, 1993), 25면.

11) 시장가격에 일정한 프리미엄을 덧붙여서 매수가격을 제시할 수밖에 없는 것은 인수희망자가 대상회사를 인수한 후 향상될 경영성과를 일부 반영하는 매수가격을 제시하여야만 주주들이 그 매수에 응할 것으로 예상되기 때문이다.

은 부담으로 작용한다. 더구나 대상회사가 강력한 방어행위를 하거나 경쟁매수자가 나타날 경우 높은 비용이 들이거나 반대로 인수에 실패할 수도 있다. 또한 공개매수가 '기업의 성장전략'이 아닌 '경영권 탈취행위'로 인식되는 부작용이 발생하여 기업인수가 실패한다면 오히려 인수희망자의 이미지가 손상될 우려도 있다.

인수희망자가 공개매수를 개시하기 전에 대상회사의 경영진에게 매도압력을 가하는 시도를 하기도 하는데, 이를 곰의 포옹(bear hug)[12]이라 한다. 즉, 인수희망자가 대상회사를 직접적인 공개매수를 할 것이라는 의사를 밝힘으로써 대상회사의 경영진에 대하여 압력을 가하는 것이다.[13] 이처럼 곰의 포옹의 대표적인 유형으로 매수제안의 유효기간을 짧게 한정하고, 만약 매수제안이 수용되지 않으면 그 제안 자체를 일반에게 공개하겠다는 내용의 문서를 대상회사에 보내는 방식으로 강한 압력을 가하는 경우를 들 수 있다.[14]

곰의 포옹이라는 전술은 인수희망자가 제시하는 매수가액이 고액이고 대상회사의 주주에게 유리한 제안이라는 사실이 명백함에도 불구하고 대상회사의 이사(회)가 매수제안을 수용하는 데에 소극적이어서 만약 이를 거절한다면 이사는 주주대표소송에 노출될 위험에 직면하게 되므로 그 이사(회)는 매수제안을 진지하게 검토할 수밖에 없다는 점을 노린 것이다. 그러므로 곰의 포옹은 인수희망자가 대상회사의 경영권을 확보할 의사를 공식화하면서 지분의 규모를 늘릴 것을 암시하고 퇴로를 차단함으로써 대상회사의 경영진이 방어행위를 할 수 있는 여유를 빼앗아 스스로 경영권을 포기하게 만드는 일종의 심리전술에 해당한다.[15]

---

12) '곰의 포옹'이라는 용어는 인수희망자가 사나운 곰이 대상회사의 뒤를 몰래 껴안는 것과 같은 공포분위기를 조성하는 것으로부터 유래하였다. Steven M. Davidoff, Gods at War: Shotgun Takeovers, Government by Deal, and the Private Equity Implosion 190(2009).

13) Donald DePamphilis, Mergers, Acquisitions, and Other Restructuring Activities 99(2015).

14) 예컨대, Kahn v. Lynch Communication Systems, Inc., 638 A.2d 1110 (Del. 1994) 참조. 이 때 인수희망자가 대상회사의 경영진에게 보내는 서신을 '곰의 포옹 편지'(bear hug letter)라고 한다. John C. Coates, IV, *Takeover Defenses in the Shadow of the Pill: A Critique of the Scientific Evidence*, 79 Texas Law Review 271, 291(2000).

15) E. C. Lashbrooke, Jr., *Asymmetric Information in Mergers and the Profits of Deceit*, 28 Loyola of Los Angeles Law Review 507, 537(1995). 최초 인수가격과 기타 조건을 대상회사의 경영진이 받아들이지 않는다면 인수희망자는 최초에 제시한 가격보다 더 낮은 가격

이처럼 곰의 포옹은 그 성격상 적대적 M&A의 목적으로 시도되지만 인수희망자의 의사가 대상회사의 경영진에 의하여 수용될 경우에는 우호적 M&A로 종결된다.16) 따라서 곰의 포옹이 성공할 경우 시장매집, 공개매수나 위임장대결보다 비용이 적게 든다는 장점이 있다. 하지만 이 방법은 대상회사의 대주주가 소수주주의 반대를 피하기 위하여 못이기는 척 경영권을 넘기려는 경우 또는 대상회사의 주가를 상승시키려는 목적으로 이용될 우려도 있다.17)

나. 관련 법률 규정

자본시장법은 공개매수자의 회사지배권 취득, 대상회사의 경영권 유지, 대상회사 투자자 보호 등의 3가지 문제를 염두에 두고 공개매수의 대상, 절차와 방법에 관한 규정(제133조부터 제146조까지)을 두고 있다. 동법에 따르면 '공개매수'라 함은 '불특정 다수인에 대하여 의결권 있는 주식 등의 매수(다른 증권과의 교환 포함)의 청약을 하거나 매도(다른 증권과의 교환 포함)의 청약을 권유하고 증권시장 및 다자간매매체결회사(이와 유사한 시장으로서 해외에 있는 시장 포함) 밖에서 그 주식 등을 매수하는 것을 말한다(자본시장법 제133조 제1항). 이처럼 현행 자본시장법은 공개매수의 방법으로 현금매수(cash offer)를 비롯하여 주식 등을 교환하는 교환매수(exchange offer)도 허용하고 있다.

자본시장법상 공개매수의 구체적 요건은 다음과 같다. 즉, 적대적 M&A를

으로 주식을 사겠다고 외부에 발표해 버리는 경우를 특히 초강력 곰의 포옹(super-strong bear hug)이라 한다. 이러한 곰의 포옹전략에 대응하는 대상회사의 전술로서 인수희망자의 교섭에는 응하지만 매수가액을 현저하게 끌어올려 최종적으로 적대적 M&A를 단념시키는 방법을 역(逆) 곰의 포옹(reverse bear hug)이라 한다. 太田洋, "米國におけるポイズン·ピル以外の企業買收防衛戰略と日本への示唆," 武井一浩 外 2人 編著「企業買收防衛戰略」(商事法務, 2004), 142頁 注 3).

16) Sharon Hannes, *The Hidden Virtue of Antitakeover Defenses*, 24 Cardozo Law Review 1903, 1940(2003).

17) 코스닥상장법인인 세니콘의 2대주주인 토건업체 길성산업개발의 최고경영자가 2004년 10월 우편을 통해 세니콘의 최고경영자들에게 사장에게 경영권을 양도할 의사가 있는지 묻는 질의서를 보낸 바 있다. 이와 같이 길성산업은 곰의 포옹방식으로 적대적 M&A의 의사를 표시하였으나 오히려 인수희망자인 길성산업의 재무구조가 악화되어 결국은 M&A 시도를 포기하게 되었다. 한편, 한국에서 곰의 포옹에 해당하는 것으로 언론에 알려진 최초의 사례는 1997년 9월 고니정밀의 경영권 획득을 위해 소수주주들이 대리인을 통해 고니정밀의 현 경영진에게 서면으로 통보한 것이 있다. 그러나 이 건의 행위는 곰의 포옹을 하는 것처럼 속여서 주가조작을 시도한 것으로 판명이 났다.

시행하고자 하는 자가 주식 등을 과거 6개월 동안 증권시장 밖에서 10인 이상의 자로부터 매수 등을 하고자 하는 자는 그 매수 등을 한 후에 본인과 그 특별관계자가 보유하게 되는 주식 등을 합산한 보유비율이 그 주식 등의 총수의 5% 이상이 되는 경우(5% 이상 기보유자가 추가 취득하는 경우 포함)에는 공개매수절차에 의하여 주식 등을 취득하여야 한다(자본시장법 제133조 제3항).

2. 위임장대결에 의한 적대적 M&A

(1) 의 의

위임장대결(proxy fight) 내지 위임장경쟁(proxy contest)이라 함은 지배권을 획득하기 위한 수단으로써 의결권대리행사를 위해 의결권 위임장을 차지하려는 행위를 의미한다. 시장매집이나 공개매수는 대상회사의 주식을 대량으로 획득하여 최대주주로서의 권리를 확보하는 수단이다. 그러나 주주총회에서 최대주주에 버금갈 규모로 의결권을 행사하기 위해서 반드시 의결권 있는 주식을 실제로 보유할 필요는 없다. 대상회사의 주요주주 또는 일반주주에 대한 설득과 권유를 통해 주주의 의결권 행사를 위임받는다면 막대한 자금이 드는 직접적인 주식매수를 하지 않더라도 주주총회에서 최대주주로서의 권리를 확보할 수 있다. 즉, 대상회사의 다수주주가 적대적 M&A를 시도하는 자에게 협조한다면 주식을 대량보유하지 않더라도 기존의 경영진을 표결에 의해 교체하고, 경영권을 확보할 수 있는 것이다. 이처럼 적대적 M&A를 추진하는 자가 주주총회에서 영향력을 행사할 수 있는 최소한의 지분을 확보한 후 주주를 설득하여 이사의 선임과 해임에 필요하는 규모로 위임장을 확보할 수 있다면 기존 경영진을 교체할 수 있다. 이와 같이 주식의 직접적인 소유보다는 다수의 주주로부터 주주총회에서의 의결권행사에 대한 위임장을 확보하여 M&A를 추진하는 전략을 위임장대결이라 한다.[18)]

위임장대결은 대주주가 보유한 주식의 지분율이 낮거나 분산이 양호한 회사나 지분분쟁이 진행 중인 회사를 대상으로 할 경우 쉽게 성공할 수 있다. 특히 대상회사의 경영자가 무능하다보니 실적이 악화되어 주가가 낮거나 기타 시

---

18) Michelle M. Harner, *Disciplining Corporate Boards and Debtholders Through Targeted Proxy Access*, 92 Indiana Law Journal 227, 260~264(2016).

장에서의 경쟁에서 뒤진 경우에는 대상회사 경영자에 대한 불만이 팽배하여 주주로 부터의 협력을 유도하기가 쉽다. 그러나 위임장대결을 통해 경영권을 취득하기에는 시장매집이나 공개매수보다 상대적으로 장기간이 소요되며, 대상회사의 지배 및 소유구조에 대한 확실한 정보를 바탕으로 주주의 호응을 얻어낼 수 있는 전략을 제대로 갖추어야만 위임장대결에서 승리할 수 있다.

(2) 관련 법률규정

상법에 따르면 의결권의 대리행사를 허용한다(상법 제368조 제3항). 이러한 의결권 행사의 대리권을 증명하는 서면을 보통 위임장(proxy)이라 한다. 자본시장법 제152조부터 제158조까지의 조문이 의결권대리행사의 권유(proxy solicitation)에 규제하는 것은 특정인이 의결권을 자기에게 위임하도록 권유하는 행위는 자

〈표 16-1〉 수단별 적대적 M&A의 유형

구분	시장매집	공개매수	위임장대결
특징	주식시장에서 대상회사의 주식을 은밀하게 매수하여 보유지분을 증가시킴으로써 지배권을 획득하는 적대적 M&A	특정 기간 동안 일정한 가격으로 일정한 수량의 주식을 취득함으로써 지배권을 획득하는 적대적 M&A	대상회사의 주주, 특히 불만주주에 대한 설득 및 권유를 통해 의결권 행사의 위임을 받아 경영권을 획득하는 적대적 M&A
장점	• 은밀한 매집 가능 • 저가매입 가능 • 시가에 따라 탄력적 주식매집 가능	• 단기간에 대량매수 가능 • 공개매수에 드는 자금의 합리적 예측 가능 • 공개매수절차가 공개됨으로 인해 매수의 투명성 및 일반 투자자의 이익 확보	• 소규모 자금으로 용이하게 경영권획득 가능 • 유리한 여론조성을 통한 위임장 확보 가능
단점	• 주식매집에 상당한 시간 소요 • 정보 누출시 주가가 급등할 우려	• 상대적으로 고가에 의한 주식매수 • 공개매수 실패시 이미지 추락 위험 • 적대적 M&A의 선전포고로서의 기능	• 법적 절차의 엄격성 • 대상회사의 지배 및 소유구조 분석 필요 • 항구적 지배권 확보의 어려움

자료: 김동환 외 2인, 「21C 최신 M&A: 이론과 실제 및 전략」(무역경영사, 2000), 418면.

칫하면 회사 운영은 물론이고 주주의 이익에 큰 문제를 야기할 수 있기 때문이다. 이에 자본시장법은 상장주권(그 상장주권과 관련된 증권예탁증권 포함)의 의결권 대리행사의 권유를 하고자 하는 자(이하 '의결권권유자'라 함)는 그 권유에 있어서 그 상대방(이하 '의결권 피권유자'라 함)에게 대통령령으로 정하는 방법에 따라 위임장 용지 및 참고서류를 교부하여야 한다(자본시장법 제152조 제1항). 의결권 권유자는 위임장 용지 및 참고서류를 의결권 피권유자에게 제공하는 날 2일 전까지 이를 금융위원회와 거래소에 제출하여야 하며, 총리령으로 정하는 장소에 이를 비치하고 일반인이 열람할 수 있도록 하여야 한다(자본시장법 제153조).

제 3 절 적대적 M&A의 기능

Ⅰ. 적대적 M&A의 순기능

1. 서 설

적대적 M&A의 순기능으로 부정직하거나 무능한 경영진을 정직하고 효율적으로 회사를 경영할 자로 교체하는 일종의 징계효과가 있으므로 경영상의 효율성을 제고할 수 있다는 점, 회사라는 자원이 보다 효율적인 경영인에게 이전되므로 사회의 부(富)를 증대시킨다는 점, 경영참여가 어려운 소수주주도 주식의 시장가격을 상회하는 프리미엄을 지급받을 수 있어 주주의 부(富)가 증대한다는 점 등을 들 수 있다.

이하에서는 적대적 M&A의 징계효과에 바탕을 둔 기능을 대리인이론과 효율적 자본시장가설[19](efficient capital market hypothesis)의 시각에서 대리인 문제

19) '효율적 자본시장가설'은 주식가격이 모든 공개된 정보를 반영한다는 가설을 말한다. 이 가설에서는 주식시장이 효율적이라면 주식가격은 공개된 재무제표의 내용을 반영하게 된다. Ronald J. Gilson & Reinier H. Kraakman, *The Mechanisms of Market Efficiency*, 70 Virginia Law Review 549, 554~556(1984).

의 감소와 경영효율성 및 사회경제적 부(富)의 증대라는 효과를 자세하게 살펴보기로 한다.

2. 대리인 문제의 감소

적대적 M&A는 경영진의 업무수행을 감시·감독하여 대리인 문제(agency problem)를 줄이는 기능이 있다. 적대적 M&A가 공개회사에서 대리인 문제를 축소한다는 논리는 이사는 자신이 맡은 임무를 성실하게 수행하지 않으려고 한다는 것을 전제로 한다. 이러한 전제는 인간의 이기적인 성향에 바탕을 둔 것으로서 이사가 아무리 열심히 맡은 바의 임무를 성실하게 수행한다고 하여도 그 노력의 결과는 회사의 경제적 소유자인 주주에게 귀속되기 때문에 자연히 복지부동(伏地不動)하거나 이익충돌행위를 하려는 인간의 행위양태(行爲樣態)에 초점을 맞추고 있다.

경영진이 성실하게 자신의 업무를 수행하지 않으면 회사의 이익이 감소한다. 회사의 이익감소는 자연스럽게 그 회사 주식의 가치를 떨어뜨리게 된다. 주식의 시장가격이 하락하는 경우 그 회사의 지배권을 획득하여 주식의 가격을 상승시켜 보고자 하는 희망자가 M&A를 하려는 유인을 가지게 된다.[20] 이와 같은 시나리오에서 보는 바와 같이 적대적 M&A의 표적이 되지 않기 위해서 경영진은 주식의 가격을 상승시켜 주주가치(shareholder value)를 높이는 데 노력하여야 하며 이러한 노력의 결과는 대리인문제의 감소로 이어진다.[21]

---

20) Frank Easterbrook & Daniel R. Fischel, *The Proper Role of a Target's Management in Responding to a Tender Offer*, 94 Harvard Law Review 1161, 1168~1171(1981).

21) Deborah A. DeMott, *Down the Rabbit-Hole and into the Nineties: Issues of Accountability in the Wake of Eighties-Style Transactions in Control*, 61 George Washington Law Review 1130, 1133(1993). 이와 관련하여 면도기와 건전지, 만년필 등의 제품에서 세계적인 브랜드를 가지고 있는 질레트(Gillette)사의 사례를 소개한다. 질레트는 1980년대 초부터 경영상의 어려움에 직면하다가 1980년대 중반에는 그 정도가 심각하게 되었다. 1981년 1억 2,000만 달러에 달했던 순이익이 1986년에는 회계상 적자만 면하는 정도로 경영이 부실하게 된 것이었다. 그러자 화장품 회사인 레브론(Revlon)사가 1986년 질레트 주식을 대상으로 하여 40억 달러 규모로 공개매수를 시도하였다. 질레트는 그러한 적대적 M&A에 대항하기 위하여 5억5,800만 달러를 투입하였다. 이러한 홍역을 치른 후 질레트는 인적구성원의 효율성을 높이기 위하여 고위경영진을 재편한 것을 비롯하여 종업원의 해고를 통한 구조조정을 단행하였으며, 공장의 현대화와 이전을 통하여 비용절감을 도모하였다. 이 밖에도 수익이 저조한 소규모 사업부를 매각하고 새로운 기술의 개발을 위하여 노력하게 되었

3. 경영효율성 및 사회·경제적 부의 증대

적대적 M&A는 회사외부적인 견제기능으로 인하여 회사의 경영효율성 및 사회·경제적 부(富)를 증대시킨다. 이는 인수희망자가 대상회사 주식에 대하여 현재 시장가격에 프리미엄을 얹혀서 적대적 M&A를 시도하는 것은 우선적으로 대상회사가 비효율적인 경영을 행하고 있다는 것과 아울러 인수희망자가 인수 후에 대상회사의 자산을 보다 효율적으로 관리·운용하는 능력과 자신을 가지고 있다는 것을 증명하는 것과 다를 바 없으므로 적대적 M&A가 완수되면 회사업경영의 효율화가 달성될 것이라는 논리이다. 이처럼 비효율적으로 경영되고 있는 회사의 경영진을 적정하게 교체시킬 수 있다는 것은 자본시장의 활성화를 위해서도 중요하다. 특히 주식의 시장가치와 회사의 자산가치와의 차이가 경영자의 비효율적 경영으로 인하여 초래된 것이라면 적대적 M&A에 의해 경영진을 교체시켜 그 비효율적인 경영을 효율적 경영으로 전환시키는 것이 오히려 사회·경제적으로 득이 된다는 것이다.[22]

Ⅱ. 적대적 M&A의 역기능

1. 서 설

모든 적대적 M&A가 기업경영의 효율성 향상을 초래한다고는 단언할 수 없다. 경우에 따라서는 적대적 M&A가 비효율적인 경영진에게 별다른 징계효과를 가지지 못하기도 한다. 단적인 예로서 인수희망자가 대상회사를 선정함에 있어 회사의 경영효율성 이외에 소유·지배구조 등과 같은 경영외적인 요인을 함께 고려하기도 한다.[23] 심지어 현실에서는 비효율적인 경영진에 대한 징계보다 지지와 격려를 보내는 것이 오히려 경영의 효율성을 제고하는데 더 큰 도움이 될 수도 있으며 회사내부에서의 통제가 적대적 M&A에 의한 외부견제보다 신속

다. *$124.3 Million Loss for Gillette*, The New York Times, February 23, 1987 at Page 2, Section D; *A New Razor For Gillette*, The New York Times, September 30, 1989, Page 33, Section 1.

22) 武井一浩, 앞의 논문, 10~11頁.

23) Melvin A. Eisenberg, *The Modernization of Corporate Law: An Essay for Bill Cary*, 37 University of Miami Law Review 187, 204(1983).

성·비용면에서 더 유리할 수도 있다. 게다가 적대적 M&A의 잠재적 위협으로 인하여 경영진이 회사의 장기적인 발전보다 단기적인 업적에 매달리는 경향을 보일 우려도 제기된다. 또한 보유한 현금이 많은 회사는 적대적 M&A의 표적이 될 것을 염려하여 의도적으로 현금을 지출하려는 성향을 나타낼 여지도 있다.[24)]

적대적 M&A를 통해 대상회사를 인수한 자가 만약 인수과정에서 부채가 증가하였다면 피인수된 기업마저 그 부채를 공동으로 부담하게 될 가능성이 있어 오히려 경쟁력이 악화될 수 있다. 만약 인수희망자와 대상회사 간의 공격과 방어가 격화되어 막대한 인수시도비용과 방어비용을 투입한다면 오히려 재무건전성이 악화되어 인수희망자 및 대상회사가 공멸할 우려도 있다. 이하에서는 인수희망자와 (또는) 대상회사 주주 부(富)의 이전·감소와 경영진의 단기업적주의라는 역기능에 관하여 자세히 살펴보기로 한다.

2. 주주 부의 이전·감소

인수희망자가 막대한 규모의 자금을 들여 대상회사를 적대적 M&A하는 경우에는 인수희망자의 주주의 부가 대상회사의 주주에게 이전되는 효과가 있다. 예컨대, 인수희망회사가 대상회사의 주식을 시장가격을 상회하는 가격으로 공개매수하는 경우에는 인수희망회사 주주의 부(富)로서 대상회사의 주식에 대하여 프리미엄을 지불하는 것과 차이가 없다.

차입매수(leveraged buyout: LBO)는 대상회사의 자산을 담보로 조달한 부채를 자금으로 하여 매수를 실행하는 것을 말하는데,[25)] 만약 인수희망회사가 매수자금을 차입하여 적대적 M&A를 하는 경우에는 그 차입금이 인수희망회사의 부담으로 작용하여 당해 회사의 가치가 떨어져 주주의 부가 감소될 여지도 있다.[26)] LBO의 경우 적은 자본으로도 기업매수를 할 수는 있지만 거액의 부채로 인하

---

24) Roberta Romano, *A Guide to Takeovers: Theory, Evidence and Regulation*, 9 Yale Journal on Regulation 119, 132(1992).

25) 대법원 판례에 따르면 “이른바 차입매수 또는 LBO(Leveraged Buy-Out의 약어)란 일의적인 법적 개념이 아니라 일반적으로 기업인수를 위한 자금의 상당 부분에 관하여 피인수회사의 자산을 담보로 제공하거나 그 상당 부분을 피인수기업의 자산으로 변제하기로 하여 차입한 자금으로 충당하는 방식의 기업인수 기법을 일괄하여 부르는 경영학상의 용어”를 말한다(대법원 2010. 4. 15. 선고 2009도6634 판결).

26) 武井一浩, 앞의 논문, 14頁.

여 회사매수 후에는 자기자본비율이 크게 저하되어 재무구조가 악화되는 것이다.[27)]

반대로 대상회사가 그린 메일러(green mailer), 즉 그린 메일을 하는 자로부터 그가 매집한 주식을 고가로 매수하는 경우에는 대상회사의 자산이 부당하게 유출되어 그린 메일러에게 이전되므로 대상회사 주주의 부가 감소하게 된다. 그린 메일이 이루어지고 있는 시점에서 대상회사의 주가가 일시적으로 등귀하였다고 하더라도 그 가격이 진정한 회사가치를 반영하지 않는다. 그 후 주가가 하락한다면 그린 메일 시점부터 주가하락시점 사이에 주식을 매수한 일반주주는 잘못된 주가정보로 인하여 손해를 입게 된다. 이처럼 그린 메일행위는 그린 메일러만의 이익을 위해 대상회사의 주주는 물론이고 기타 이해관계자(stakeholder)의 이익을 희생시키는 결과를 초래한다.[28)]

적대적 M&A를 위한 공격과 그에 대한 방어에는 상당한 비용이 들기 때문에 인수회사는 물론이고 대상회사의 주주의 부를 감소시킬 수도 있다. 위에서 살펴본 바와 같이 기존의 경영자(이사)를 해임하거나 새로운 후보를 이사회에 추천·선임하기 위한 위임장대결은 시장매집이나 공개매수보다 상대적으로 자금이 덜 드는 적대적 M&A의 수단이다. 그러나 인수희망자와 대상회사가 공격과 방어를 쉽게 포기하지 않는다면 공격과 방어에 많은 비용을 지출하게 된다.[29)] 그 결과 적대적 M&A는 자원의 재분배보다는 자원의 파괴라는 큰 사회적·경제적 손실을 초래할 수도 있다. 예를 들면, 1997년 신동방그룹의 미도파백화점에 대한 공개매수에서 공격하는 측과 방어하는 측이 모두 합하여 1,000억원대 이상의 막대한 자금을 투입하는 바람에 신동방과 미도파는 치명적인 손실을 입었다. 신동방의 공개매수는 전국경제인연합회가 공동으로 미도파를 원조

---

27) LBO의 주대상은 PER(price earning ratio)나 PBR이 낮아 M&A를 통해 개선효과가 클 것으로 기대되는 회사이다. 이러한 LBO의 재원은 주로 신용등급이 낮은 채권인 정크 본드(junk bond)의 발행을 통하여 조달되는 까닭에 매수 후 인수회사의 재무구조가 악화될 가능성이 높다. Myron M. Sheinfeld & David H. Goodman, *LBO: Legitimate Business Organization or Large Bankruptcy Opportunity?*, 2 Journal of Bankruptcy Law and Practice 799, 801(1993).

28) 武井一浩, 앞의 논문, 12頁.

29) Jayne W. Barnard, *Shareholder Access to the Proxy Revisited*, 40 Catholic University Law Review 37, 39(1990).

하는 바람에 실패로 돌아갔다. 그러나 미도파는 방어비용으로 자산을 과도하게 소진하는 바람에 부도 후 법정관리에 들어갔으며, 미도파가 속해 있었던 대농그룹 역시 공중분해되었다.[30] 이처럼 적대적 M&A를 성공시키기 위해서는 많은 비용을 투입할 수밖에 없으므로 그 효율성에 의문이 제기되기도 한다. 즉, 적대적 M&A는 너무 많은 비용을 필요로 하는 까닭에 실제로는 이론처럼 빈번하게 발생하지 않으며 따라서 이사는 이로 인한 위협을 거의 느끼지 않는다는 견해도 제시되고 있다.[31]

3. 단기업적주의 경향

적대적 M&A의 시도에 대하여 주주의 동요를 방지하기 위한 효과적인 수단 중의 하나는 배당과 같은 주당 수익률을 높이는 일이다. 경영자는 자신의 재직 기간 내에 효율적인 경영으로 인하여 좋은 성과를 거두어야만 배당을 할 수 있다. 이 때문에 경영자는 장기적인 관점에서의 경영성과를 향상시키기보다는 자신의 재직 기간 중에 좋은 가시적인 경영성과를 내는 일에 집착하게 된다. 그 결과 회사는 장기적인 이익을 희생시켜가며 근시안적인(myopic) 경영성과에 치중하게 된다.[32] 예컨대, 연구개발비 내지 사원교육 등 장래에 대한 투자가 이루어져야만 장기적으로 회사의 경쟁력을 제고시킬 수 있지만 당장에는 그러한 투자가 회사의 비용으로 처리되기 때문에 경영자는 그 연구개발비를 줄이는 방향으로 의사결정을 내리게 되는 것이다. 요컨대, 적대적 M&A로 인하여 경영권의 교체가 빈번하게 이루어지거나 경영자에 대하여 과도한 위협으로 작용한다면 경영자는 장기전략적인 투자를 포기하고 단기적인 성과를 지향하는 경향, 즉 단기업적주의(short-termism)적 경영행태를 취하게 된다.[33]

---

30) 정규재, 「기업 최후의 전쟁 M&A」(한국경제신문사, 1997), 162~215면.

31) Ralph K. Winter, Jr., *State Law, Shareholder Protection, and the Theory of the Corporation,* 6 Journal of Legal Studies 251, 267~269(1977).

32) 김건식/노혁준/천경훈, 「회사법」 제3판(박영사, 2018), 718면.

33) 미국의 경우 만연하고 있는 단기업적주의 및 그로 인한 기업경쟁력 저하의 주된 원인 중의 하나로서 주주의 압력을 들고 있다. Michael T. Jacobs, Short-Term America: The Causes and Cures of Our Business Myopia 32(1991).

제 4 절 적대적 M&A에 대한 방어행위의 정당성 및 기준

Ⅰ. 총 설

적대적 M&A는 현실에서 매우 다양한 목적을 가지고 시도되므로 그 효용을 일률적으로 말하기가 용이하지 않다. 적대적 M&A가 일어나는 각각의 사정에 따라 인수희망자 및 (또는) 대상회사의 모든 주주에게 이익이 되기도 할 것이며 이와는 반대의 경우도 발생할 수 있다. 따라서 적대적 M&A의 순기능은 계속 유지·발전시킬 필요가 있는 반면에 역기능에 대해서는 적절한 조치가 취해져야 한다. 본절에서는 적대적 M&A에 대하여 이사가 방어행위를 하는 것이 정당한지의 여부를 먼저 살펴본 후에 만약 정당하다면 어떠한 기준에 의하여 방어할 수 있는지를 다루고자 한다.

Ⅱ. 방어행위의 정당성

1. 학 설

적대적 M&A는 반대를 무릅쓰고 대상회사의 주식을 매집 내지 매수하여 지배권을 회득하거나 위임장대결을 통해 경영권을 취득하는 행위이다. 이러한 행위가 성공하는 경우 대상회사의 이사(경영자)가 교체되는 경우가 보통이다.[34)]때문에 과연 적대적 M&A의 시작부터 종결에 이르는 과정에서 대상회사의 이사가 인수희망자의 공격을 저지하기 위하여 방어행위를 할 수 있는지에 관하여 견해가 나누어진다.

먼저 대상회사의 이사가 적대적 M&A에 대하여 방어행위를 할 수 없다는 견해가 있다. 즉, 적대적 M&A는 회사의 자산을 보다 효율적인 경영자에게 옮김으로써 효율성을 증대시키는 효과가 있기 때문에 그에 대한 이사의 방어행위는

34) 서울북부지방법원 2007. 10. 25.자 2007카합1082 결정("통상적으로 적대적 M&A의 국면 또는 경영권 분쟁 중인 상황에서 경영권을 인수하고자 하는 자가 그 목적을 달성한 경우에는 대상회사의 경영진이 교체되는 것이 일반적"이다.).

인정할 수 없는 논리이다.[35] 말하자면, 이사에게 경영권 방어행위를 허용하는 것은 이사 자신의 지위를 영구화할 수 있는 권한을 부여하는 것을 뜻하는데, 이는 주주에게 이사의 선임·해임권을 부여하고 있는 상법(회사편)과 모순되므로 이사는 주주간의 지배권분쟁이라고 할 수 있는 적대적 M&A에 개입할 수 없다는 입장이다.

이에 반하여 이사는 적대적 M&A에 대하여 자신의 경영판단으로 적극적으로 방어할 수 있다는 방어행위 긍정론도 있다. 이 견해는 첫째, 적대적 M&A가 반드시 사회적 부의 증대를 가져온다고 할 수 없으므로 사회적인 측면에서 이사의 방어행위가 허용되어야 하며 둘째, 공개매수에 대한 이사의 방어행위는 실증적으로 주식의 매수가격을 높이게 된다는 점에서 주주의 이익증대라는 시각에서 정당화될 수 있다. 셋째, 이사는 주주는 물론이고 회사의 종업원, 거래상대방, 채권자 등과 같은 이해관계자의 이익도 보호할 의무를 지는 까닭에 이사의 방어행위를 긍정한다는 것이다.[36] 따라서 적대적 M&A의 시도가 회사와 전체주주의 이익을 침해하는 것이라고 판단되면 이사가 적극적으로 방어하여야만 그의 선관주의의무 및 충실의무를 성실히 수행하는 것으로 된다.

이 밖에 절충적인 입장으로서 적대적 M&A에 있어 대상회사 이사의 방어행위는 인정할 수 없는 것을 원칙으로 하지만 일정한 경우에 한하여 예외적으로 방어행위를 인정할 수 있다는 견해가 있다. 이 견해는 다시 주주에게 해를 끼칠 수 있는 이사의 방어행위는 금지되는 반면, 주주에게 이익을 가져다 주는 방어행위는 허용된다는 입장[37]과 대상회사의 이사는 주주들을 설득하거나 제3의 경쟁자를 찾는 것 이외에는 어떠한 방어행위도 할 수 없다는 입장[38]으로 나누어 진다.

---

35) 유진희, "유럽연합의 기업인수 규제 – 공개매수 지침을 중심으로 –,"「기업법연구」제19권 제3호(한국기업법학회, 2005), 276~277면; Easterbrook & Fischel, *supra* note 20, at 1184.

36) 송종준, "M&A에 대한 주요 방어대책,"「상사법연구」제14집 제1호(한국상사법학회, 1995), 203면.

37) Ronald J. Gilson, *A Structural Approach to Corporations: The Case Against Defensive Tactics in Tender Offers*, 33 Stanford Law Review 819(1981).

38) Lucian A. Bebchuk, *The Case for Facilitating Competing Tender Offer*, 95 Harvard Law Review 1028(1982).

2. 평 가

(1) 방어행위의 인정 여부

이상의 3가지 견해 중에서 방어행위 긍정론이 타당하다. 원래 적대적 M&A에 대하여 무방비 상태로 있는 것 자체가 회사경영상 비효율성을 야기할 수 있다. 즉, 적대적 M&A의 장점으로서 회사의 효율성 제고를 들고 있지만 실제로 그것을 뒷받침할 수 있는 증거가 충분하지 않은 형편이다.[39] 회사가 적대적 M&A에 대하여 아무런 방어조치를 취하지 않는다는 것이 오히려 경영에 대한 비효율성을 낳을 수 있다. 일반적으로 적대적 M&A의 대상이 된 회사는 그 결과가 명확하지 않은 기간 동안에 자사의 영업을 보호하기 위해 고액의 비용이 드는 일련의 조치를 취할 수밖에 없다. 그 일련의 조치의 실례를 들면 다음과 같다.

어느 회사가 적대적 M&A의 대상이 되는 경우 그 회사는 대규모 자본지출이나 새로운 전략적 프로젝트를 연기할 수밖에 없다. 적대적 M&A의 대상이 되었다는 것만으로 당해회사의 주요 임직원이 이직을 고려할 가능성이 높아짐에 따라 주요 임직원의 고용을 현상태로 유지하기 위해 고액의 상여금(bonus)을 부여하거나 인센티브제도(incentive plan)를 실시하여야 한다. 게다가 적대적 M&A로 인하여 고객과 납품업자는 거래상대방회사(대상회사)의 장래에 대하여 불안감을 가지게 될 것이다. 따라서 대상회사는 그들의 동요를 막기 위해서 염가판매를 하거나 납품대가의 지급보증을 해야 할 처지에 놓이게 된다. 금융기관도 대상회사의 채권자로서 새로운 융자계약을 체결하기를 꺼리게 될 것이며, 기존의 대출에 대해서도 보전조치를 강구하려고 할 것이다. 마지막으로 지역사회도 적대적 M&A로 인하여 회사가 소멸될 경우를 대비하여 새로운 기업을 유치하기 위한 노력을 경주할 것으로 보인다.

이상과 같은 모든 조치들은 대상회사에 상당한 재정적 부담을 지우게 되는데, 적대적 M&A의 시도가 어느 쪽으로 결말을 맺는다고 하더라도 이 비용을 회수하기가 거의 불가능하다. 즉, 인수희망자가 적대적 M&A를 성공적으로 수행

39) Stuart R. Cohn, *Tender Offers and the Sale of Control: An Analogue to Determine the Validity of Target Management Defensive Measures*, 66 Iowa Law Review 475, 508~509(1981); Felicia Smith, *Recognition of the Fiduciary Duties of Corporate Directors and Officers Defending Against Change of Control by Tender Offer*, 7 Mississippi College Law Review 117, 151(1987).

한다고 하더라도 위에서 열거한 비용을 부담하며, 반대의 경우에는 대상회사의 주주가 이와 같은 비용을 부담하게 된다. 이 같은 비용으로부터 대상회사를 보호하여야 하는 것에 대하여 의견을 달리 할 수 없다.[40]

(2) 방어행위의 주체

상법은 적대적 M&A의 경우에 방어권을 행사하는 것이 어느 기관에 속하는 권한사항인지에 관하여 전혀 규정을 두고 있지 않다. 학자에 따라서는 적대적 M&A의 경우 이사는 중립의무를 부담한다고 주장하는 견해[41]도 있다. 그러나 주식회사에서 이사회가 주주의 이익을 보호할 수 있는 가장 유리한 위치에 있다는 점을 고려한다면 이사회의 방어행위를 허용하는 것이 바람직하다. 이사(회)가 회사경영에 관하여 풍부한 정보를 가지고 있다는 점, 인수희망자에 대해 상당한 교섭력을 가지고 있다는 점 등으로 인하여 주주총회나 시장(市場)보다 이사회 쪽이 제1차 판단권자로서 적격이라는 것이다.[42] 또한 이사가 법률적으로 회사에 대하여 수임자의 위치에서 회사의 이익을 위하여 노력해야 한다는 것은 적어도 간접적으로는 주주에 대하여 그 이익을 보호하여야 할 의무가 있다는 것을 의미하는데, 이 같은 주주의 이익보호를 제대로 할 수 있는 주식회사의 기관은 이사회밖에 없다. 따라서 이사회가 적대적 M&A에 대한 방어여부를 판단하는 것은 이사의 통상적인 경영행위의 범위 내에 일단 속하는 것으로 보

---

40) Martin Lipton, *Pills, Polls, and Professors Redux*, 69 University of Chicago Law Review 1039, 1059~1060(2002). 미국을 비롯하여 많은 국가가 적대적 M&A에 대하여 다양한 방어방법을 인정하고 있는 것도, 적대적 M&A가 초래하는 회사경영의 효율성에 대한 부정적인 영향을 감안한 것이다. 이 때문에 미국에서는 반대하는 일부 학설이 있음에도 불구하고 대부분의 주법과 판례는 대상회사의 방어행위를 인정하고 있다(김두식, "M&A 법제의 개선방안 연구," 「상장협」 제50호(한국상장회사협의회, 2004), 45면).

41) 김두식, 앞의 논문, 47~48면; 한정미, 「적대적 M&A 관련 법제의 비교법적 연구」 비교법제연구 2006-11(한국법제연구원, 2006), 86~87면.

42) 김건식/노혁준/천경훈, 앞의 책, 719면; Jennifer Arlent, *Designing Mechanisms to Govern Takeover Defenses: Private Contracting, Legal Intervention, and Unforeseen Contingencies*, 69 University of Chicago Law Review 917, 921(2002). 사실 적대적 M&A에 대한 방어 여부에 있어서 주주총회를 판단권자로 한다면 큰 회의체를 주체로 할 경우에 야기되는 비효율성 등과 같은 실무상 많은 문제가 제기된다. 이 때문에 주주총회를 판단권자로 하자는 주장은 아직까지 판례나 실무에서 많은 지지를 얻지 못한 상황이다. 오히려 주주는 적대적 M&A 자체에 대한 방어 여부를 평가하는 주체이기보다는 인수희망자의 M&A제안에 응하지 않은 이사회의 구성원을 교체시킬 수 있는 권한을 행사하는 것이 더 합리적이라는 주장이 있다. Lipton, *supra* note 40, at 1060~1061.

아야 한다. 만약 이사가 자신의 지위를 보전(entrenchment)하기 위하여 주주의 이익과 상반되는 방어행위를 할 경우에는 이는 회사(주주)의 이익을 해하는 선관주의의무 및 충실의무의 위반행위로서 이사의 권한남용으로 된다.[43] 이와 같이 이사가 균형잡힌 방어를 할 경우에는 인수희망자측에 지나치게 기울어진 힘을 상쇄시키는 한편 주주와 경영자를 비롯하여 광범위한 이해관계자의 이익을 회복시킬 수 있다.

Ⅲ. 방어행위의 인정기준

1. 서 설

적대적 M&A 과정에서 대개 이사가 공격에 대한 방어에 성공할 경우에만 자신의 지위를 보전할 수 있다. 때문에 이사는 회사경영 또는 주주의 이익보호에 정(正)의 효과가 있든 없든 간에 그에 대해 방어에 나서게 될 것이므로, 이사의 방어행위는 회사와 주주에 대하여 이익충돌의 관계에 놓일 우려가 크다. 적대적 M&A에 대한 방어가 주주의 이익증진이라는 정당한 목적과 효과를 가지지 못한다면 그 방어는 일정한 한계를 넘는 과도한 것으로서 이사의 책임이 문제된다. 말하자면, 적대적 M&A에 대한 대상회사 이사회의 방어는 어디까지나 회사경영의 효율성을 향상시켜 주주의 이익을 확보·증가시키는 데 도움이 되어야 한다는 것이다. 그러므로 회사와 주주의 이익을 충실히 보호하기 위해서는 적대적 M&A에 대한 이사의 방어행위의 기준을 정립할 필요가 있다.

---

43) Robert A.G. Monks & Nell Minow, Corporate Governance 211(1995). 이와 관련하여 주목할 하급심 결정이 있다. 서울북부지방법원 2007. 10. 25.자 2007카합1082 결정에 따르면 "경영권 분쟁의 국면에서 이사가 한 방어행위는 자신의 경영권 교체를 저지하는 데 결정적인 역할을 하고, 그 과정에서 회사와 주주의 이익이 침해될 수 있는 잠재적 위법성을 안고 있으므로, 이러한 경영권 방어행위의 본질적인 특성과 방어자측이 회사에 관한 중요 정보를 독점하고 있는 상황을 감안할 때 이 경우에도 입증책임의 일반 원칙을 그대로 적용하여 경영권 공격자에게 방어행위의 위법성을 입증하도록 한다면 이는 결국 무제한적인 경영권 방어를 허용함으로써 위법을 용인하는 부당한 결과가 초래될 수 있다. 따라서, 공격자 측에서 대상회사 이사의 행위가 경영권 분쟁 중의 방어행위에 해당한다는 점을 입증한 경우에는 그 이사의 방어행위는 일응 자신의 경영권 유지 또는 기존 지배주주의 지배권 유지의 목적이 있어서 방어권 남용이 된다고 추정하고, 오히려 방어행위를 한 이사가 그 방어행위의 적법성을 입증하도록 하여 입증책임을 전환함이 공평하다."

한국에서 적대적 M&A에 대한 이사의 방어행위가 권한남용에 해당하는지를 판단하는 기준과 관련하여 심도 있는 논의는 아직까지 전개되지 않고 있다. 지배권분쟁 국면에서 이사가 행한 방어행위에 정당성이 있는지에 관해서 몇 개의 판결만 소개되어 있을 뿐이다. 게다가 그러한 판결도 대체적으로 종업원지주제도의 이용, 그리고 신주, 전환사채 및 신주인수권부사채 발행의 경우에 국한되어 있다.[44]

종업원지주제도(Employee Stock Ownership Plan: ESOP)라 함은 기업이 자사 종업원에게 특별한 조건과 방법으로 자사 주식을 보유하게 하는 제도를 의미하는데, 한국기업에서 많이 시행되고 있는 우리사주제도가 이에 속한다. 적대적 M&A가 시도될 때 우리사주조합이 회사측의 유상증자에 참여하거나 또는 우리사주조합에게 자사주를 지급한다면 인수희망자의 주식보유비율을 희석시키고 사내의 보유지분을 증대시킬 수 있어 적대적 M&A에 대해 방어가 가능하다.[45] 신주발행를 제3자에게 배정하거나 전환사채 또는 신주인수권부 사채를 우호적인 제3자에게 인수시키고 그 제3자가 전환사채의 전환권이나 신주인수권부사채의 신주인수권을 행사한다면 인수희망자의 지분율이 낮아지는 반면에 대상회사에게 우호적인 지분율이 높아지게 되므로 적대적 M&A를 방어할 수 있다.[46]

---

44) 지유미, "적대적 M&A에 대한 경영권방어법제의 정립 – 대상회사 경영진과 주주 사이의 이해충돌의 통제를 중심으로 –," 「가천법학」 제9권 제2호(가천대학교, 2016), 33면.

45) 종업원은 대상회사 주식의 매수자가 될 수 있는 훌륭한 후보자이다. 종업원들은 통상적으로 현 경영진에게 호의적이다. 더구나 종업원은 적대적 M&A가 성공하면 오히려 자신의 지위가 불안정하게 될 것을 우려하여 우리사주조합은 현 경영진의 친위주주로서 기능한다. 실제적으로 우리사주조합은 회사측의 주도로 운영되고 있으며 대개 회사에 의해 임명된 조합장이 우리사주조합의 의결권을 행사하고 있다. 정상근, "현행 종업원지주제의 쟁점과 법률상 문제점," 「경영법률」 제17집 제1호(한국경영법률학회, 2006), 178면.

46) 유영일, "M&A에 대한 방어행위로써의 전환사채발행의 적법성," 「상사판례연구」 제8집(상사판례연구회, 1997), 96면. 전환사채(convertible bond: CB)란 일정한 조건을 갖추면 발행회사의 주식으로 전환시킬 수 있는 권리(전환권)가 부여되어 발행되는 사채를 뜻한다. 신주인수권부사채(bond with warrants: BW)라 함은 일정한 조건에 의하여 발행회사의 신주를 인수할 수 있는 권리(신주인수권)가 부여된 사채를 말한다. 전자의 경우 그 소유자는 회사의 경영상태가 양호하지 않은 기간에는 채권자로서 소정의 이자를 받다가 회사의 영업이 호전되어 주가가 상승하면 전환권을 행사하여 주주가 되어 이자를 능가하는 이익배당을 받을 수 있다. 그리하여 전환사채는 사채의 안정성과 주식의 투기성을 함께 가지고 있다. 이러한 특성으로 인하여 회사는 전환사채를 발행함으로써 유리한 조건으로 손쉽게 자금을 조달할 수 있는 이점이 있다. 후자도 전환사채와 마찬가지로 일정한 수의 신주의 인수를 청구할 수 있는 권리가 부여됨으로 인하여 투자를 촉진시키는 기능과 아울러 발행

이하에서는 주식회사에서 경영권 분쟁과 관련하여 이사회가 종업원지주제도를 활용한 경우, 신주를 발행한 경우, 전환사채 또는 신주인수권부 사채를 발행한 경우를 대상으로 한 판례의 동향을 간단히 살펴보기로 한다.

2. 판례의 동향

대법원은 "종업원지주제도는 회사의 종업원에 대한 편의제공을 당연한 전제로 하여 성립하는 것인 만큼, 종업원지주제도하에서 회사의 경영자가 종업원의 자사주 매입을 돕기 위하여 회사자금을 지원하는 것 자체를 들어 회사에 대한 임무위배행위라고 할 수는 없을 것이나, 경영자의 자금지원의 주된 목적이 종업원의 재산형성을 통한 복리증진보다는 안정주주를 확보함으로써 경영자의 회사에 대한 경영권을 계속 유지하고자 하는 데 있다면, 그 자금지원은 경영자의 이익을 위하여 회사재산을 사용하는 것이 되어 회사의 이익에 반하므로 회사에 대한 관계에서 임무위배행위가 된다"는 입장이다.[47] 또한 대법원은 상법 제418조 제2항에 규정한 신주의 제3자배정이 필요한 "사유가 없는데도 회사의 경영권 분쟁이 현실화된 상황에서 경영진의 경영권이나 지배권 방어라는 목적을 달성하기 위하여 제3자에게 신주를 배정하는 것은 상법 제418조 제2항을 위반하여 주주의 신주인수권을 침해하는 것이라고 할 것"으로 판시하고 있다.[48]

1997년 서울고등법원은 경영권분쟁이 발생한 상황에서 전환사채를 제3자 배정방식으로 발행한 경우와 관련하여 "전환사채의 발행이 … 기존 주주를 완전히 배제한 채 제3자인 우호세력에게 집중적으로 '신주'를 배정하기 위한 하나의 방편으로 채택된 것이라면, 이는 … 무효로 보아야 하고, 뿐만 아니라 그 전환사채 발행의 주된 목적이 경영권 분쟁 상황하에서 우호적인 제3자에게 신주를 배정하여 경영권을 방어하기 위한 것인 점, 경영권을 다투는 상대방인 감사에게

회사의 자금조달을 용이하게 하는 기능까지 가지고 있다. 이처럼 전환사채는 전환권의 행사로 인하여 그리고 신주인수권부사채는 신주인수권의 행사로 인하여 발행주식의 총수가 늘어난다는 점에서 우회적 증자의 효과를 가진다. 이 이유로 인하여 이들 사채는 법적으로는 사채이지만 경제적으로는 주식의 성격을 동시에 지니고 있어 잠재적 주식(potential stock)으로 부르기도 한다. 유영일, "주주의 신주인수권에 관한 연구,"「기업법연구」제15집(한국기업법학회, 2003), 149면.

47) 대법원 1999. 6. 25. 선고 99도1141 판결.

48) 대법원 2009. 1. 30. 선고 2008다50776 판결.

는 이사회 참석 기회도 주지 않는 등 철저히 비밀리에 발행함으로써 발행유지 가처분 등 사전 구제수단을 사용할 수 없도록 한 점, 발행된 전환사채의 물량은 지배구조를 역전시키기에 충분한 것이었고, 전환기간에도 제한을 두지 않아 발행 즉시 주식으로 전환될 수 있도록 하였으며, 결과적으로 인수인들의 지분이 경영권 방어에 결정적인 역할을 한 점 등에 비추어, 그 전환사채의 발행은 현저하게 불공정한 방법에 의한 발행으로서 이 점에서도 무효라고 보아야 한다"고 판시한 바 있다.[49] 서울고등법원은 2000년 삼성전자 전환사채발행무효소송 항소심에서도 동일한 입장을 견지하고 있다. 즉, 동 법원은 전환사채발행의 무효와 관련하여 "경영상의 필요가 없음에도 불구하고 전환사채가 주식으로 전환되는 점을 악용하여 회사지배구조의 변경을 기도하거나 그러한 세력으로부터 기존의 지배주주를 보호할 목적으로 특정인에게 전환사채를 대량으로 발행하는 것과 같은 행위는 회사의 집행기관인 이사회나 대표이사의 권한을 일탈하는 행위"에 해당한다고 하면서 "단순한 금전적 이득 외에 지배권 강화의 목적[을] … 정상적인 전환사채 발행에 편승하여 … 꾀하는 것이라면 이를 위법하다고 말할 수 없을 것"으로 판시하였다.[50]

이 밖에 신주인수권부사채를 제3자에게 발행한 경우를 다룬 대법원 판례가 있다. 2015년 대법원은 상법 제418조 제2항의 조건을 충족하지 못한 채 제3자에게 배정하여 신주인수권사채를 발행하는 것을 무효로 보았다. 경영권 분쟁이 현실화된 국면에서 경영진의 경영권이나 지배권 방어라는 목적을 달성하기 위하여 신주인수권부사채를 제3자에게 발행할 수 없다는 것이다.[51]

3. 평 가

판례의 동향을 정리하자면 다음과 같다. 대법원은 적대적 M&A에 대한 종업원지주제도를 이용한 방어행위와 관련하여 회사 경영자가 안정주주를 확보하여 경영권을 계속 유지하는 것을 주된 목적으로 종업원의 자사주 매입에 회사자금을 지원하였다면 업무상배임죄가 성립한다고 판시하고 있다. 신주의 제3자

49) 서울고등법원 1997. 5. 13.자 97라36 결정.

50) 서울고등법원 2000. 6. 23. 선고 98나4608 판결. 이 판결에 대하여 원고가 대법원에 상고하였으나 기각되었다(대법원 2004. 6. 25. 선고 2000다37326 판결).

51) 대법원 2015. 12. 10. 선고 2015다202919 판결.

배정의 적법성과 관련하여 그 배정이 자금조달목적 등의 정당한 목적이 주요한 목적이었다면 해당 신주발행은 현저하게 불공정한 방법에 의한 신주발행이 아니므로 적법한 반면에, 그 신주발행의 주요목적이 단순히 이사의 지위보전만을 위하여 지배권에 영향을 주는 데 있었다면 현저하게 불공정한 방법에 의한 신주발행이다. 또한 회사의 지배권에 분쟁이 있는 주식회사에서 이사회가 제3자에게 전환사채 내지 신주인수권부사채를 발행한 경우에는 그 여러 가지 동기 가운데 회사의 경영상의 목적보다 이사 자신의 지위만을 보전하기 위하여 의결권의 과반수를 확보하려는 동기가 우월하다면 이는 위법한 사채발행에 해당하게 될 것으로 보인다.

이상과 같이 법원이 적대적 M&A에 대해 경영권의 계속유지를 주된 목적으로 행한 방어행위가 위법하므로 무효라고 판단한 것에 비추어볼 때 적대적 M&A에 대한 이사의 방어행위의 남용은 이사행위의 주요목적(primary purpose)이 무엇인지를 기준으로 판단하는 것으로 보인다. 즉, 법원은 이사의 방어행위가 회사의 이익이 된다고 성실히 믿고 실제로 방어를 한 경우에 한하여 그 적법성이 인정되므로, 결국 이사의 방어행위에 내재하는 동기나 목적을 중시한다. 그러나 적대적 M&A 상황에서 이루어지는 이사의 방어행위에 대한 남용기준을 일률적으로 도출하는 것은 상당히 어려운 작업이다.[52] 왜냐하면 방어행위의 목적과 수단이 매우 다양함은 물론이고 적대적인 M&A의 목적과 태양도 어느 한 가지에 국한되는 것이 아니므로 모든 경우에 적용 가능한 기준을 찾기란 무리이기 때문이다. 이는 모든 유형의 적대적 M&A가 그 자체로서 전면 금지되지 않는 것과 마찬가지로 적대적 M&A에 대한 방어도 다양한 기준이 허용될 수밖에 없다는 것과 동일한 논리이다.

52) 지유미, 앞의 논문, 54~55면.

참고문헌

■ 국내 문헌 ■

[단행본]

권기범, 「기업구조조정법」 제4판(삼지원, 2011).

______, 「현대회사법론」 제7판(삼영사, 2017).

김건식/노혁준 편저, 「지주회사와 법」 보정판(소화, 2008).

김건식/노혁준/천경훈, 「회사법」 제3판(박영사, 2018).

김건식 외 6인, 「21세기 회사법 개정의 논리」(소화, 2007).

김건식 외 6인, 「신체계회사법」 제6판(박영사, 2016).

김성태, 「상법[총칙· 상행위]강론」 제2판(법문사, 2000)

김성택, 「CSR 5.0—기업의 사회적 책임과 역할—」(청람, 2012).

김일중/김두얼 편, 「법경제학: 이론과 응용」(해남, 2011).

김정수, 「자본시장법원론」 제2판(서울파이낸스앤로그룹, 2014).

김정호, 「상법총칙·상행위법」 제2판(법문사, 2014).

______, 「회사법」 제5판(법문사, 2019).

김정호/박양균, 「집중투표제의 경제학」(자유기업센터, 1999).

김홍기, 「상법강의」 제4판(박영사, 2019).

김화진/송옥렬, 「기업인수합병」(박영사, 2007).

법원행정처, 「2018 사법연감」(법원행정처, 2018).

서돈각/정완용, 「상법강의(상권)」 제5보정판(법문사, 2000).

서동석, 「중소기업 사장이 꼭 알아야 할 기업경영상식사전」(책이 있는 마을, 2011).

서헌제, 「사례중심체계 회사법」(법문사, 2000).

손진화, 「상법강의」 제8판(신조사, 2017).

송옥렬, 「상법강의」 제9판(홍문사, 2019).

유시창, 「상법총칙·상행위법」 제2판(법문사, 2015).

이기수/최병규, 「회사법」 제10판(박영사, 2015).
이철송, 「상법총칙·상행위」 제15판(박영사, 2018).
______, 「회사법강의」 제27판(박영사, 2019).
이춘우 외, 「기업가정신의 이해」(중소기업청·한국청년기업가정신재단, 2014).
임재연, 「회사법 Ⅰ」 개정5판(박영사, 2018).
______, 「회사법 Ⅱ」 개정5판(박영사, 2018).
임중호, 「상법총칙·상행위법」 개정판(법문사, 2015).
임홍근, 「한국 상법전 50년사」(법문사, 2013).
장덕조, 「상법강의」 제3판(법문사, 2019).
______, 「회사법」 제4판(법문사, 2019).
장세진/MCC, 「M&A의 경영전략」(박영사, 2004).
장욱/전상경, 「증권발행가격 규제의 문제점과 제도개선 연구」(자본시장연구원, 2010).
전우현, 「상법총칙·상행위법」(박영사, 2011).
정규재, 「기업 최후의 전쟁 M&A」(한국경제신문사, 1997).
정동윤, 「회사법」 제7판(법문사, 2001).
______, 「상법(상)」 제6판(법문사, 2012).
정찬형, 「상법강의(상)」 제21판(박영사, 2018).
정호열/이영철/박임출, 「이사의 손해배상책임과 제한에 관한 연구」 상장협 연구보고서 2003−1(한국상장회사협의회, 2003).
최기원/김동민, 「상법학신론(상)」 제20판(박영사, 2014).
최준선, 「상법총칙·상행위법」 제10판(삼영사, 2016).
______, 「회사법」 제13판(삼영사, 2018).
한국상사법학회 편, 「주식회사법대계 Ⅰ」 제3판(법문사, 2019).
________________, 「주식회사법대계 Ⅱ」 제3판(법문사, 2019).
________________, 「주식회사법대계 Ⅲ」 제3판(법문사, 2019).
홍복기/박세화, 「회사법강의」 제6판(법문사, 2018).
홍복기 외 7인, 「회사법−사례와 이론」 제6판(박영사, 2019).
홍 훈, 「신고전학파 경제학과 행동 경제학」(2013, 신론사).
화인 경영회계법인 외 2인, 「M&A를 알아야 경영할 수 있다」(매일경제신문사, 2000).

[논문]

강위두, "법정요건을 결한 재산인수,"「저스티스」 제30권 제2호(한국법학원, 1997).

강장구/권경윤/심명화, "개인투자자의 투자심리와 주식수익률,"「재무관리연구」 제30권 제3호(한국재무관리학회, 2013).

고광수/김근수, "투자주체별 포트폴리오 특성과 성과 분석: 개인, 기관, 외국인,"「증권학회지」 제33집 4호(한국증권학회, 2004).

권기범, "주식회사의 자본감소에 관한 연구,"「상사법연구」 제23권 제1호(한국상사법학회, 2004).

권영준, "불법행위의 과실 판단과 사회평균인,"「비교사법」 제22권 1호(한국비교사법학회, 2015).

권재열, "개정상법상 주식관련제도의 개선내용과 향후과제,"「선진상사법률연구」 제56호(2011).

김건식, "주주간의 이해조정에 관한 시론,"「한림법학 FORUM」 제1권(한림대학교, 1992).

______, "은행이사의 선관주의의무와 경영판단원칙,"「민사판례연구」 XXVI(박영사, 2004).

김광윤, "자본거래에 따른 증여세문제의 실증연구,"「경영학연구」 제23권 제4호(한국경영학회, 1994).

김교창, "상사대리법,"「한미상사법비교연구」 한국상사법학회 편(삼영사, 1982).

김근수/변진호, "주식매수청구권 행사 결정요인에 대한 분석,"「증권학회지」 제36권 3호(한국증권학회, 2007).

김대연, "법정요건을 갖추지 못한 재산인수의 효력,"「상사판례연구」 제8집(한국상사판례학회, 1997).

김두식, "M&A 법제의 개선방안 연구,"「상장협」 제50호(한국상장회사협의회, 2004).

김두환, "상법상 자본감소에 관한 논고 – 방법과 절차를 중심으로 –,"「상장협」 제14호(한국상장회사협의회, 1986).

김범준, "한국 회사법의 변천과 발전과제 – M&A법제의 최근 동향을 심으로 –,"「법학논총」 제38권 제2호(단국대학교, 2014).

김범준/정주렴/권세원, "이사책임경감조항 도입 기업의 특성,"「회계·세무와 감사 연구」 제60권 제1호(한국공인회계사회, 2018).

김병연, "이사의 충실의무와 영미법상 신인의무(Fiduciary Duty),"「상사법연구」 제24권 제3호(한국상사법학회, 2005).

______, "상법상 이사의 책임제한에 대한 연구," 「비교사법」 제15권 1호(한국비교사법학회, 2008).

김병태, "기업인수합병상 거래보호를 위한 약정에 관한 연구 – 독점교섭권 및 위약금 관련 약정을 중심으로 –," 「상장협연구」 제53호(한국상장회사협의회, 2006).

김병태/이성훈/김수련, "M&A계약상 Fiduciary–Out 조항에 관한 연구," 「BFL」 제20호(서울대학교 금융법센터, 2006).

김상규, "사외이사의 선·해임에 관한 소고," 「법학논총」 제23집 제2호(한양대학교, 2006).

김상조, "재벌개혁을 위한 금융개혁의 방향과 과제," 「한국재벌개혁론」(나남출판, 1999).

김선호/홍정훈, "주식분할의 유동성가설 및 최적거래가격범위가설 실증분석," 「대한경영학회지」 제21권 제5호(대한경영학회, 2008).

김성탁, "대주주의 이사선임 독점현상을 시정하기 위한 제도모색 – 집중투표제의 실효성 제고방안을 중심으로 –," 「상사법연구」 제20권 제3호(한국상사법학회, 2001).

______, "사전투표에 의한 주주의 의결권행사 – 필요성, 가능성, 규율의 법리를 중심으로 –," 「상사판례연구」 제28집 제2권(한국상사판례학회, 2015).

김순석, "자본금 제도상 채권자 보호의 법적 과제," 「기업법연구」 제26권 제2호(한국기업법학회, 2012).

______, "주주총회 의결권 행사의 활성화 방안 – 전자위임장 권유제도 및 전자투표를 중심으로 –," 「기업법연구」 제28권 제4호(한국기업법학회, 2014).

김영산, "한국의 적대적 M&A 시장: 제도와 사례," 「경제연구」 제24권 제1호(한양대학교, 2003).

김원대, "코스피 저유동성 종목의 액면분할 촉진을 위한 제도 개선 추진 방안," (2015.1.20. 한국거래소 파워포인트 자료).

김인겸, "현물출자에 따른 제재를 회피하기 위하여 회사설립후에 재산을 양수하기로 한 약정의 유효성," 「상사판례연구」 제1권(박영사, 1996).

김재범, "서면투표제도를 이용한 주주총회의 운영," 「경영법률」 제12집(한국경영법률학회, 2001).

김재형, "폐쇄회사에 있어서 다수파주주의 억압과 대처방안," 「민사법연구」 제10권 제2호(대한민사법학회, 2002).

김재형, "법인격, 그 인정과 부정 – 법인격 부인 또는 남용에 관한 판례의 전개를 중심으로 –,” 「민사법학」 제44호(한국민사법학회, 2009).

김재호, “주식분할과 병합의 절차 해설,” 「상장」 2012년 12월호(한국상장회사협의회, 2012).

김지환, “회사법 판례 회고 – 2015년 회사법 주요 판례를 중심으로 –,” 제29집 제1권(한국상사판례학회, 2016).

김진방/홍기현, “현대 미국의 경제사상의 제조류: 제도주의 경제사상,” 「미국학」 제20집(서울대학교, 1997).

김차동, “금지청구권의 요건사실에 관한 법경제학적 검토,” 「법경제학연구」 제7권 제1호(한국법경제학회, 2010).

김 춘, 「주식회사의 이익분배에 관한 법적 연구」(성균관대학교 법학박사 학위논문, 2012).

김태진, “가장납입에 관한 새로운 해석론 – 자본시장법 제178조의 부정거래로서 포섭 –,” 「상사법연구」 제32권 제1호(한국상사법학회, 2013).

김택주, “경영판단의 원칙의 적용요건(대법원 2005. 7. 15. 선고 2004다34929 판결),” 「기업법연구」 제20권 제1호(한국기업법학회, 2006).

김현룡, “주식회사 흡수합병 시 합병비율,” 「청연논총(손용근 사법연수원장 퇴임기념)」 제8집(사법연수원, 2011).

김홍기, “경영판단기준의 명료화와 운용방안에 관한 연구 – 판례의 분석 및 해석론을 중심으로 –,” 「경제법연구」 제12권 2호(한국경제법학회, 2013).

김화진, “주식회사 이사의 보수와 상법 제368조 제4항의 해석,” 「저스티스」 통권 제102호(한국법학원, 2008).

김희철, “주식매수청구권 차익거래 예방을 위한 법적 기반 연구 – 미국 델라웨어주의 최근 법 개정 논의를 중심으로 –,” 「경희법학」 제50권 제4호(경희대학교, 2015).

나세준, “자본시장법상 상장회사의 신주발행방법에 관한 연구.” 「법과기업연구」 제6권 제2호(서강대학교, 2016).

남유선, “M&A계약교섭단계에서의 법적 책임에 관한 연구 – 대법원 2008. 2. 14. 선고 2006다18969 판결을 중심으로 –,” 「증권법연구」 제10권 제1호(한국증권법학회, 2009).

노미리, “주식매수청구권의 남용 방지에 관한 연구 – 델라웨어주 일반회사법의 비교법적 고찰 –,” 「상사법연구」 제38권 제1호(한국상사법학회, 2019).

노철우, “우리나라 적기시정조치제도의 현황 및 개선방안,” 「금융법연구」 제11권 제2

호(한국금융법학회, 2014).

노혁준, "주식매수청구권 행사 이후의 법률관계에 관한 연구 – 합병에 대한 반대주주 사안을 중심으로 –,"「인권과정의」 통권 제461호(대한변호사협회, 2016).

문정해, "주식회사 이사의 보수 규제 – 대법원 2016. 1. 28. 선고 2014다11888 판결을 중심으로 –,「원광법학」 제32권 제3호(원광대학교, 2016).

박상근, "「설립중의 회사」이론의 재구성,"「서울대학교 법학」 제46권 제2호(서울대학교, 2005).

박승두, "회사정리법상 자본감소제도에 대한 고찰,"「산업경제」 제102호(한국산업은행, 1998).

박승두, "출자전환시 채무의 소멸성에 관한 연구,"「법학연구」 제21권 제4호(경상대학교, 2013).

박정식/장욱, "액면분할이 주가 및 거래량에 미치는 영향: M&A 방어수단으로의 가능성,"「경영논집」 제35권 1호(서울대학교, 2001).

박진우/김경순/이진훤, "주식분할 후 변동성 증가와 거래행태의 변화,"「한국증권학회지」 제39권 제4호(한국증권법학회, 2010).

박찬주, "경영판단과 위험선호적 의사결정,"「인권과 정의」 2006년 5월호(대한변호사협회, 2006).

______, "무효행위와 취소행위의 추인,"「법학연구」 제18권 제1호(연세대학교, 2008).

배성호, "민법상 단체에 대한 규율,"「인권과정의」 Vol.388(대한변호사협회, 2008).

백윤기, "금융행정에 있어서 법치주의 구현방법 – 금융행정법의 정립과 발전방향의 모색 –,"「저스티스」 통권 제58호(한국법학원, 2000).

변종국, "주식분할에 따른 시장반응,"「재무관리논총」 제9권 제1호(한국재무관리학회, 2003).

석종현, "경영판단에 대한 사법적 심사의 한계,"「토지공법연구」 제15집(한국토지공법학회, 2002).

성희활, "국내 헤지펀드의 본격 도입에 따른 규제체계 정비방향에 대한 고찰,"「KRX Market」 제63호(한국거래소, 2010).

손주찬, "주식회사의 자본금과 준비금과의 이동,"「사법행정」 제5권 제8호(한국사법행정학회, 1964).

송옥렬, "자본제도의 개정방향: 2008년 상법개정안을 중심으로,"「상사법연구」 제28권 제3호(한국상사법학회, 2009).

______, “법경제학적 방법론의 유용성과 한계에 관한 소고,” 「서울대학교 법학」 제55권 제3호(서울대학교, 2014).

송종준, “M&A에 대한 주요 방어대책,” 「상사법연구」 제14집 제1호(한국상사법학회, 1995).

______, “초다수결의제의 유효성과 그 법적 한계 – 주주총회 특별결의요건을 중심으로 –,” 「인권과정의」 통권 제388호(대한변호사협회, 2008).

______, “기업인수계약상 거래보호조항의 유효성 – 미국 판례의 태도와 시사점을 중심으로 –,” 「인권과정의」 통권 제394호(대한변호사협회, 2009).

송호신, “스튜어드십 코드와 기관투자자의 의결권행사,” 「법과 정책연구」 제17집 제2호(한국법정책학회, 2017).

송호영, “법인격 부인의 요건과 효과 – 대법원 2001. 1. 19. 97다21604판결 –,” 「저스티스」 제35권 제2호(한국법학원, 2004).

신석훈, 「회사지배구조모델의 법경제학적 접근 – 계약주의 회사모델을 중심으로」(연세대학교 대학원 박사학위논문, 2006).

신언숙, “상업등기제도의 문제점과 개선방향,” 「법조」 제37권 제12호(법조협회, 1988).

신희권, “무임승차 분석으로서의 ‘죄수의 딜레마’ 대 ‘소비자잉여’,” 「정책개발연구」 제16권 제2호(한국정책개발학회, 2016).

양기진, “반대주주의 주식매수청구권에 관한 연구,” 「기업법연구」 제26권 제1호(한국기업법학회, 2012).

양만식, “위임장권유와 주주총회결의의 취소,” 「기업법연구」 제23권 제3호(한국기업법학회, 2009).

여운승, “역사적 관점에서 본 기업이론의 전개과정,” 「경영학연구」 제28권 제2호(한국경영학회, 1999).

연강흠, “상장회사의 배당정책 개선을 위한 제언,” 「월간 상장」 2015년 4월호(한국상장회사협의회, 2015).

염춘필, “자본감소절차 및 등기실무에서 발생하는 제문제 – 사례별 실무내용 소개와 검토의견을 중심으로 –,” 「법무사저널」 2008년 11월·12월호(서울지방법무사협회, 2008).

오덕교/신범철/이의영, “기업의 사회공헌활동이 기업의 재무성과에 미치는 영향,” 「국제지역연구」 제20권 3호(국제지역학회, 2016).

오성근, “경영판단원칙의 적용기준의 법리에 관한 검토,” 「기업법연구」 제20권 제1호

(한국기업법학회, 2006).

옥무석, “자기주식의 이익소각제도에 대한 몇 가지 시사점,” 「비교사법」 제8권 2호(한국비교사법학회, 2001).

유영일, “적대적 공개매수에 대한 방어행위와 그 적법성에 관한 연구 – 미국법을 중심으로 –,” 「사회과학논집」 제3권 1호(울산대학교, 1993).

______, “M&A에 대한 방어행위로써의 전환사채발행의 적법성,” 「상사판례연구」 제8집(한국상사판례학회, 1997).

______, “주주의 신주인수권에 관한 연구,” 「기업법연구」 제15집(한국기업법학회, 2003).

유주선, “기관투자자 의결권행사와 기업지배구조 개선과제 – 국민연금의 의결권행사와 관련하여 –,” 「상사법연구」 제37권 제2호(한국상사법학회, 2018).

유진희, “유럽연합의 기업인수 규제 – 공개매수 지침을 중심으로 –,” 「기업법연구」 제19권 제3호(한국기업법학회, 2005).

윤영신, “이사 보수의 회사법적 문제,” 「BFL」 제65호(서울대학교, 2014).

윤철홍, “신의성실의 원칙의 적용 영역 확장에 따른 위험성에 관한 소고,” 「법학연구」 제30권 제1호(충남대학교, 2019).

이가연/박경인, “한국 주식시장에서 주식분할 효과에 대한 연구,” 「대한경영학회지」 제25권 제3호(대한경영학회, 2012).

이건성, “주주행동주의의 강화와 기업경영,” 「주식」 제346호(증권거래소, 1997).

이덕기, “주주대표소송의 승소판결에 의한 강제집행절차,” 「민사집행법연구」 제7권(한국민사집행법학회, 2011).

이상복, “기업지배구조와 기관투자자의 역할,” 「기업법연구」 제22권 제4호(한국기업법학회, 2008).

이승철, “주식매수청구권에 관한 증권거래법 규정에 대한 비판적 검토,” 「저스티스」 통권 제105호(한국법학원, 2008).

이승환, “대출금의 출자전환에 관한 연구 – 채권평가방법을 중심으로 –,” 「법학연구」 제17권 제4호(연세대학교, 2007).

이승희, 「1997~2017 주주대표소송 제기 현황과 판결 분석」 ERRI경제개혁리포트2018–3호(경제개혁연구소, 2018).

이윤영, “주식회사의 의결권의 지위,” 「상법논집 – 정희철선생 화갑기념논문집」(경문사, 1979).

이제원, “출자전환의 법적 성질,” 「증권법연구」 제1권 제1호(한국증권법학회, 2000).

이철송, “이사의 책임에 관한 몇 가지 이론,” 「BFL」 제4호(서울대학교 금융법센터, 2004).

이태종, “제일은행 경영진에 대한 주주대표소송,” 「BFL」 제2호(서울대학교 금융법센터, 2003).

이형근, “주식매수청구권 – 매수가액에 대한 법원 결정례 검토를 중심으로 –,” 「BFL」 제38호(서울대학교 금융법센터 , 2009).

임의영, “H. A. Simon의 제한된 합리성과 행정학,” 「행정논총」 제52권 제2호(서울대학교, 2014).

임재연, “임원의 보수에 관한 연구,” 「인권과 정의」 통권 제385호(대한변호사협회, 2008).

임정하, “이사의 회사에 대한 책임의 관점에서 바라 본 보수규제 – 보수 환수제도를 중심으로 –,” 「서울법학」 제24권 제3호(서울시립대학교, 2016).

______, “주주의 개념과 회사법적 지위에 대한 고찰,” 「상사법연구」 제37권 제2호(한국상사법학회, 2018).

임중호, “이사의 충실의무론,” 「비교사법」 제6권2호(한국비교사법학회, 1999).

장근영, “영미법상 신인의무 법리와 이사의 지위,” 「비교사법」 제16권1호(한국비교사법학회, 2008).

장대홍, “주주중시 경영과 기업지배구조 개선,” 「상장협」 제39호(한국상장회사협의회, 1999).

정균화, “주식병합에 대한 시장의 반응,” 「한국증권학회지」 제42권 4호(한국증권학회, 2013).

정경영, “회사법 개정안의 중요쟁점에 관한 고찰 – 주식회사의 지배구조를 중심으로 –,” 「조세법연구」 제12집 제2호(한국세법학회, 2006).

정대근, “재산인수,” 「상사판례연구」 제6권(한국상사판례학회, 1994).

정대익, “주주행동주의의 법적 한계,” 「경영법률」 제27집 제2호(한국경영법률학회, 2017).

정동근, “신 우리사주조합제도의 법적 쟁점과 개선방안,” 「기업법연구」 제15집(한국기업법학회, 2003).

정동윤, “이른바 자본의 삼원칙에 대한 반성 – 우리 상법상 자본확정의 원칙이 인정되는가 –,” 「상사법연구」 제4집(한국상사법학회, 1986).

정상근, “현행 종업원지주제의 쟁점과 법률상 문제점,” 「경영법률」 제17집 제1호(한국경영법률학회, 2006.

정수연, “국내·외 사례 분석을 통한 액면분할 기대효과,” 「KRX MARKET」 제115호(한국거래소, 2014).

정영진, “주식회사 설립에 관한 법적 고찰 – 발기인, 발기인조합과 설립중 회사의 개념을 중심으로 –,” 「법학연구」 제17집 제1호(인하대학교, 2014).

정용상, “주주총회의 운영현황과 문제점,” 「신세기회사법의 전개 – 우전 이병태교수 화갑기념」(대전서적, 1996).

정준우, “주주의 의결권 행사방법의 편의성 제고와 그 문제점,” 「법학연구」 제13집 제3호(인하대학교, 2010).

정충명, “적대적 기업매수(hostile M&A)의 방어행위에 대한 법적 고찰 – 제3자에 대한 신주발행의 적법성을 중심으로 –,” 「사법연구자료」 25집(법원행정처, 1998).

정쾌영, “주주총회의 활성화를 위한 과제,” 「기업법연구」 제30권 제2호(한국기업법학회, 2016).

정호열, “금융개혁과 관치금융의 법적 문제,” 「저스티스」 통권 제58호(한국법학원, 2000).

조재영, “주식회사의 등기제도에 관한 문제점과 개선방안,” 「한양법학」 제22권 제2집(한양법학회, 2011).

지유미, “적대적 M&A에 대한 경영권방어법제의 정립 – 대상회사 경영진과 주주 사이의 이해충돌의 통제를 중심으로 –,” 「가천법학」 제9권 제2호(가천대학교, 2016).

진계원, “주식회사의 정관,” 「법무사」 제312호(대한법무사협회, 1993).

차한성, “법인격부인론,” 「민사판례연구」 제24집(민사판례연구회, 2002).

천경훈, “한국 M&A의 특성과 그 법적 시사점에 관한 시론,” 「선진상사법률연구」 통권 제56호(법무부, 2011).

천성권, “이사의 감시의무와 위험관리,” 「법과 정책연구」 제17집 제1호(한국법정책학회, 2017).

최민용, “반대주주의 주식매수청구권 사례 검토와 시사점: 미국의 경우,” 「KERI Insight」 KERI 정책제언 16–07(한국경제연구원, 2016).

최병규, “개정 상법상 무액면주식제도에 관한 연구,” 「경영법률」 제21권 제4호(한국경영법률학회, 2011).

최병성, “자본감소의 회계처리,” 「상장협」 제14호(한국상장회사협의회, 1986).

최완진, “무액면주식제도에 관한 법적 고찰,” 「외법논집」 제29집(한국외국어대학교, 2008).

최정연, "중국의 상장회사 합병과 소수주주 보호에 관한 연구 – 한국 법제와의 비교를 중심으로 –," (서울대학교 법학박사 학위논문, 2018).

최준선, "주주권 행사와 관련한 이익공여금지 소고,"「성균관법학」제27권 제1호(성균관대학교, 2015).

한 철, "대표이사직의 해임에 따른 보수청구와 회사의 손해배상책임: 대상판결 대법원 2004. 12. 10. 선고 2004다25123 판결,"「상사판례연구」제18집 제3권(한국상사판례학회, 2005).

______, "기업의 사회적 책임(CSR),"「기업법연구」제22권 제1호(한국기업법학회, 2008).

허항진, "개정법상 전자투표제도와 주요 법적 논점에 대한 소고,"「법학연구」제38집(한국법학회, 2010).

홍석범, "경영판단의 원칙의 수용과 그 한계,"「인권과정의」통권 제364호(대한변호사협회, 2006).

홍일표, "판례의 형성과 구속력의 범위,"「일감법학」제12호(건국대학교, 2007).

황선웅/신우용, "우리나라에서 주식분할에 따른 시장반응과 유동성효과,"「재무관리연구」제23권 제4호(한국재무관리학회, 2007).

황수연, "투표의 역설,"「사회과학연구」제21권 2호(경성대학교, 2005).

황현영, "소수주주축출의 실무상 쟁점과 향후 과제,"「인권과정의」통권 제461호(대한변호사협회, 2016).

■ 동양 문헌 ■

[단행본]

加藤良三/田中裕明/吉田直,「株式会社法の理論 2」(中央経済社, 1995).

国立国会図書館,「企業の社会的責任 (CSR) —背景と取り組み—」ISSUE BRIEF NUMBER 476(2005).

近藤光男,「判例法理 経営判断原則」(中央経済社, 2012).

藤田勇,「法と經濟の一般理論」(日本經濟社, 1974).

柳川隆/高橋裕/大内伸哉 編,「エコノリーガル・スタディーズのすすめ – 社会を見通す法学と経済学の複眼思考」(有斐閣, 2014).

浜田道代,「新版注釈会社法6)」(有斐閣, 1997).

三輪芳朗/柳川範之/神田秀樹 編,「会社法の経済学」(東京大学出版会, 1998).

上柳克郎/鴻常夫/竹内昭夫,「新版注釈会社法(12)」(有斐閣, 1990).

徐治文,「現代会社法理論と「法と経済学」」(晃洋書房, 2007).
前田重行,「株主総会制度の研究」(有斐閣, 1997).
田中誠二/並木俊守,「商法の論点(第2巻) 会社法」(法学書院, 1959).
中山信弘/神田秀樹 編,「市場取引とソフトロー」(有斐閣, 2009).
中村忠,「株式会社会計の基礎」新訂版(白桃書房, 1996).

[논문]

仮屋広郷, "「法と経済学」への招待 : 法学の側面から,"「一橋論叢」第113巻 第4号(一橋大学, 1995).
岡田好史, "会社資金による仮装払込みと電磁的公正証書原本不実記録罪,"「専修ロージャーナル」第4号(専修大学法科大学院, 2009).
近藤光男, "コーポレート・ガバナンスと株主の権利,"「商事法の展望—新しい企業法を求めて—」(商事法務研究會, 1998).
今井宏, "書面投票制度の二, 三の問題," 上柳克郎先生還暦記念「商事法の解釈と展望」(有斐閣, 1984).
島田真琴, "独占的契約交渉権の實效性 ど限界,"「慶應法学」第２号(慶應義塾大学, 2005).
鈴木千佳子, "一人会社と株主総会,"「法學研究: 法律・政治・社会 」65巻 6号(慶應義塾大学法学研究会, 1992).
______, "書面投票制度の問題點とその展望,"「法學研究」第70巻 第1号(慶応義塾大学, 1997).
末永敏和, "株主總會制度論・覺書,"「現代企業法の理論」(信山社, 1998).
武井一浩, "企業買収防衛戰略の必要性と正當性—近時の狀況と日本企業の特殊性を踏まえて—," 武井一浩 外 2人 編著「企業買収防衛戰略」(商事法務, 2004).
森本滋, "書面投票の制度的意義と機能," 上柳克郎先生還暦記念「商事法の解釈と展望」(有斐閣, 1984).
森淳二朗, "會社法におけるダイナミズムの法化—會社病理の法理と會社生理の法理—,"「現代企業法の理論」(信山社, 1998).
西尾信一, "書面投票の実務的背景," 上柳克郎先生還暦記念「商事法の解釈と展望」(有斐閣, 1984).
小野武美, "株主主権と経営者会計行動—その順機能と逆機能—,"「会計」第163巻 第4号(森山書店, 2003).
小川宏幸, "企業組織再編と少数株主保護,"「亜細亜法学」43巻 2号(亜細亜大学, 2009).
松井英樹, "新・会社法における会社の営利性,"「中央学院大学法学論叢」第21巻 第1号

(中央学院大学, 2007).

奥島孝康, "退職慰労金の怪＝関西電力事件 – 取締役の報酬,"「法学セミナー」通巻 448号(日本評論社, 1992).

玉井利幸, "合併契約の保護(1) – ディールプロテクションの有効性について –,"「商学討究」第56巻 第2·3号(小樽商科大学, 2005).

元木伸, "議決権の代理行使と書面投票等,"「商事法務」第937号(商事法務研究会, 1982).

伊藤靖史, "取締役·執行役報酬の相当性に関する審査について,"「同志社法学」56巻5号(同志社法学会, 2006).

伊勢田道仁, "M&A契約における取引保護条項の有効性,"「金沢法学」4 7巻 2 号(金沢大学, 2005).

井垣太介, "米国M&A実務の検証：取引保護措置の有用性と限界 〜 急速に普及するGo-Shop条項を中心として〜,"「Kitahama Law Review 速報」Vol.7(北浜法律事務所, 2008).

中條秀治, "会社の社団性と法人性を考える – 団体の概念を手掛りとして –,"「中京経営研究」第9巻 第2号(中京大学, 2000).

太田洋, "米國におけるポイズン·ピル以外の企業買收防衛戰略と日本への示唆," 武井一浩 外 2人 編著「企業買收防衛戰略」(商事法務, 2004).

向井貴子, "株主有限責任のモラル·ハザード問題と非任意債権者の保護,"「九大法学」第91号(九州大学, 2005).

花枝英樹, "資本政策としての株式分割,"「成城大学經濟研究」第162号(成城大学経済学会, 2003).

■ 서양 문헌 ■

[단행본]

Michael Abramowicz, Predictocracy: Market Mechanisms for Public and Private Decision Making (2007).

Roger A. Arnold, Microeconomics (11th ed. 2013).

2 American Law Institute, Principles of Corporate Governance: Analysis and Recommendations (1994).

Stephen M. Bainbridge, Corporation Law and Economics (2002).

______, Corporate Law (3d ed. 2015).

R. Franklin Balotti & Jesse A. Finkelstein, The Delaware Law of Corporations &

Business Organizations: Statutory Deskbook (2011 ed. 2011).

Jonathan Baskin & Paul Mirranti, A History of Corporate Finance (1997).

Adolf A. Berle & Gardiner C. Means, The Modern Corporation and Private Property (Transaction Publishers 1991)(1932).

Barbara Black, Corporate Dividends and Stock Repurchases (1996).

Margaret M. Blair, Ownership and Control: Rethinking Corporate Governance for the Twenty-First Century (1995).

Phillip I. Blumberg, The Multinational Challenge to Corporation Law (1993).

Charles P. Bonini, Simulation of Information and Decision Systems in the Firm (1963).

Howard R. Bowen, Social Responsibilities of the Businessman (1953).

Eugene F. Brigham & Louis C. Gapenski, Financial Management: Theory & Practice (12th ed. 2008).

Henry N. Butler & Larry E. Ribstein, The Corporation and the Constitution (1995).

Jonathan P. Charkham, Keeping Good Company: A Study of Corporate Governance in Five Countries (1994).

Robert C. Clark, Corporate Law (1986).

R. H. Coase, The Firm, the Market, and the Law (1988).

1 John R. Commons, Institutional Economics: Its Place in Political Economy (1934)(reprinted in 2009).

Wouter H.F.M. Cortenraad, The Corporate Paradox: Economic Realities of the Corporate Form of Organization (2000).

Steven M. Davidoff, Gods at War: Shotgun Takeovers, Government by Deal, and the Private Equity Implosion (2009).

William Davies, The Limits of Neoliberalism: Authority, Sovereignty and the Logic of Competition (2014).

Deborah A. DeMott, Shareholder Derivative Actions: Law and Practice (1987).

Donald DePamphilis, Mergers, Acquisitions, and Other Restructuring Activities (2015).

Michael Dietrich, Transaction Cost Economics and Beyond: Toward a New Economics of the Firm (1994).

Malcolm Dunn, Inside the Capitalist Firm: An Evolutionary Theory of the Principal Agent—Relation (2013).

Frank H. Easterbrook & Daniel R. Fischel, The Economic Structure of Corporate Law (1991).

Melvin A. Eisenberg, Corporations and Other Business Organizations: Cases and Materials (2000).

Eilis Ferran & Look Chan Ho, Principles of Corporate Finance Law (2d ed. 2014).

Luca Fiorito, John R. Commons, Wesley N. Hohfeld and the Origins of Transactional Economics, Research Paper, no. 536, Quaderni Del Dipartimento Di Economic Politica (2008).

R. Edward Freeman, Strategic Management: A Stakeholder Approach (2010).

Milton Friedman, Capitalism and Freedom (1962).

Paul R. Garvey, Analytical Methods for Risk Management: A Systems Engineering Perspective (2009).

Nicholas L. Georgakopoulos, Principles and Methods of Law and Economics: Enhancing Normative Analysis (2005).

Al Gini, Why It's Hard To Be Good (2008).

Bo Gong, Understanding Institutional Shareholder Activism: A Comparative Study of the UK and China (2014).

Petter Gottschalk. Corporate Social Responsibility, Governance and Corporate Reputation (2011).

Cornelis de Groot, Corporate Governance as a Limited Legal Concept (2009).

Albert O. Hirschman, Exit, Voice and Loyalty: Response to Decline in Firms, Organizations, and States (1970).

Morton J. Horwitz, The Transformation of American Law, 1870–1960: The Crisis of Legal Orthodoxy (1992).

Michael T. Jacobs, Short-Term America: The Causes and Cures of Our Business Myopia (1991).

Louis Kaplow & Steven Shavell, Fairness versus Welfare (2002).

David M. Kotz, The Rise and Fall of Neoliberal Capitalism (2015).

Reinier Kraakman et al., The Anatomy of Corporate Law: A Comparative and Functional Approach (3d ed. 2017).

Stephan Leitner, Information Quality and Management Accounting: A Simulation

Analysis of Biases in Costing Systems (2012).

Louis Lowenstein, What's Wrong with Wall Street: Short-Term and the Absentee Shareholder (1988).

Jonathan R. Macey, Corporate Governance: Promises Kept, Promises Broken (2008).

Robin P. Malloy, Law and Economics: A Comparative Approach to Theory and Practice (1990).

Bayless Manning & James J. Hanks, Jr., Legal Capital (3d ed. 1990).

Alfred Marshall, Principles of Economics (Macmillan Co. 8th ed. 1948)(1890).

Lawrence E. Mitchell, Corporate Irresponsibility: America's Newest Export (2001).

Robert A.G. Monks & Nell Minow, Power and Accountability (1991).

______, Corporate Governance (1995).

Ralph Nader, The Ralph Nader Reader (2000).

Mancur Olson, The Logic of Collective Action: Public Goods and the Theory of Groups (2d ed. 1971).

Eric W. Orts, Business Persons: A Legal Theory of the Firm (2013).

Simon C. Parker, The Economics of Entrepreneurship (2009).

A. C. Pigou, The Economics of Welfare (4th ed. 2013).

Richard A. Posner, Economic Analysis of Law (1972).

Mark J. Roe, Strong Managers, Weak Owners: The Political Roots of American Corporate Finance (1994).

Lionel Robbins, An Essay on the Nature and Significance of Economic Science (2d ed. rev. & expanded 1945).

Roberta Romano, Answering the Wrong Question: The Tenuous Case for Mandatory Corporate Laws (1989).

______, The Genius of American Corporate Law (1993).

Melissa Schwartzberg, Counting the Many: The Origins and Limits of Supermajority Rule (2014).

Jay Shafritz, J. Steven Ott & Yong Suk Jang eds., Classics of Organization Theory (8th ed. 2016).

Mathias M. Siems, Convergence in Shareholder Law (2007).

John G. Simon et al., The Ethical Investor: Universities and Corporate Responsibility

(1972).

Adam Smith, An Inquiry into the Nature and Causes of the Wealth of Nations (R.H. Campbell, A.S. Skinner, W.B. Todd, eds., 1976).

Daniel F. Spulber, Market Microstructure: Intermediaries and the Theory of the Firm (1999).

Russell B. Stevenson, Jr., Corporations and Information: Secrecy, Access, and Disclosure (1980).

Lynn A. Stout, The Shareholder Value Myth: How Putting Shareholders First Harms Investors, Corporations, and the Public (2012).

E. P. Thompson, Wings and Hunters: The Origin of Black Act (1975).

Bob Tricker, Corporate Governance: Principles, Policies, and Practices (3d ed. 2015).

Oliver E. Williamson, Markets and Hierarchies: Analysis and Antitrust Implications (1975).

______, The Economic Institutions of Capitalism: Firms, Markets, Relational Contracting (1985).

______, The Mechanism of Governance (1996).

I. Maurice Wormser, Disregard of the Corporate Fiction and Allied Corporation Problems (1927).

1 Carl Zollmann, The Law of Banks and Banking: A Treatise Concerning the Organization, Stockholders, Staff, Customers and Public Control of Banks (1936).

[논문]

Yakov Amihud, Haim Mendelson & Jun Uno, *Number of Shareholders and Stock Prices: Evidence from Japan*, 54 Journal of Finance 1169(1996).

Anita I. Anand, *An Analysis of Enabling vs. Mandatory Corporate Governance: Structures Post-Sarbanes-Oxley*, 31 Delaware Journal of Corporate Law 229(2006).

Alison G. Anderson, *Conflict of Interest: Efficiency, Fairness and Corporate Structure*, 25 UCLA Law Review 738(1978).

Jennifer Arlent, *Designing Mechanisms to Govern Takeover Defenses: Private Contracting, Legal Intervention, and Unforeseen Contingencies*, 69 University of Chicago Law Review 917(2002).

Kenneth J. Arrow, *The Organization of Economic Activity: Issues Pertinent to the*

Choice of Market Versus Nonmarket Allocation, in Public Expenditures and Policy Analysis 59(Robert H. Haveman & Julius Margolis eds., 1970).

Stephen M. Bainbridge, *Abolishing Veil Piercing*, 26 Journal of Corporation Law 479(2001).

______, *Director Primacy: The Means and Ends of Corporate Governance*, 97 Northwestern University Law Review 547(2003).

Scott Baker & Kimberly D. Krawiec, *Incomplete Contracts in a Complete Contract World*, 33 Florida State University Law Review 725(2006).

Sanjay Banerji, *Asset Sales and Debt-Equity Swap under Asymmetric Information*, 99 Economic Letters 189(2008).

Karl F. Balz, *No-Shop Clauses*, 28 Delaware Journal of Corporate Law 513(2004).

Yael Aridor Bar-Ilan, *Justice: When Do We Decide?*, 39 Connecticut Law Review 923(2007).

Jayne W. Barnard, *Shareholder Access to the Proxy Revisited*, 40 Catholic University Law Review 37(1990).

Robert P. Bartlett, III, *Shareholder Wealth Maximization as Means to an End*, 38 Seattle University Law Review 255(2015).

Lucian A. Bebchuk, *The Case for Facilitating Competing Tender Offer*, 95 Harvard Law Review 1028(1982).

Timothy Besley & Maitreesh Ghatak, *Retailing Public Goods: The Economics of Corporate Social Responsibility*, 91 Journal of Public Economics 1645(2007).

Nothwood P. Beveridge, *The Corporate Director's Duty of Care: Riddles Wisely Expounded*, 24 Suffolk University Law Review 923(1990).

Bernard S. Black, *Shareholder Passivity Reexamined*, 89 Michigan Law Review 520(1990).

______, *Agents Watching Agents: The Promise of Institutional Investor Voice*, 39 UCLA Law Review 811(1992).

Bernard Black & Reinier Kraakman, *A Self-Enforcing Model of Corporate Law*, 109 Harvard Law Review 1911(1996).

Phillip I. Blumberg, *Limited Liability and Corporate Groups*, 11 Journal of Corporation Law 573(1986).

James R. Booth, Marcia M. Cornett & Hassan Tehranian, *Boards of Directors, Ownership, and Regulation*, 26 Journal of Banking & Finance 1973(2002).

Richard A. Booth, *Limited Liability and the Efficient Allocation of Resources*, 89 Northwestern University Law Review 140(1994).

Allen D. Boyer, *Activist Shareholders, Corporate Directors, and Institutional Investment: Some Lessons from the Rubber Barons*, 50 Washington & Lee Law Review 977(1993).

Douglas M. Branson, *The Rule That Isn't a Rule—The Business Judgment Rule*, 36 Valparaiso University Law Review 631(2002).

William W. Bratton Jr., *Nexus of Contracts Corporation: A Critical Appraisal*, 74 Cornell Law Review 407(1989).

Richard P. Bress, *Golden Parachutes: Untangling the Ripcords*, 39 Stanford Law Review 955(1987).

James A. Brickley, Ronald C. Lease & Clifford W. Smith, Jr., *Ownership Structure and Voting on Antitakeover Amendments*, 20 Journal of Financial Economics 267(1988).

Richard R.W. Brooks & Warren F. Schwartz, *Legal Uncertainty, Economic Efficiency, and the Preliminary Injunction Doctrine*, 58 Stanford Law Review 381(2005).

James M. Buchanan, *Individual Choice in Voting and the Market*, 62 Journal of Political Economy 334(1954).

Lee Burke & Jeanne M. Logsdon, *How Corporate Social Responsibility Pays Off*, 29 Long Range Planning 495(1996).

Henry N. Butler, *The Contractual Theory of the Corporation*, 11 George Mason University Law Review 99(1989).

Rutheford B. Campbell, Jr., *Corporate Fiduciary Principles for the Post-Contractarian Era*, 23 Florida State University Law Review 561(1996).

William J. Carney, *Shareholder Coordination Costs, Shark Repellents, and Takeout Mergers: The Case against Fiduciary Duties*, 8 American Bar Foundation Research Journal 341(1983).

Archie B. Carroll, *Corporate Social Responsibility Evolution of a Definitional Construct*, 38 Business & Society 268(1999).

Archie B. Carroll & Kareem M. Shabana, *The Business Case for Corporate Social*

Responsibility: A Review of Concepts, Research and Practice, 12 International Journal of Management Reviews 85(2010).

Ralph M. Carson, *Further Phases of Derivative Actions Against Directors*, 29 Cornell Law Review 431(1944).

Bernard F. Cataldo, L*imited Liability with One-Man Companies and Subsidiary Corporations*, 18 Law & Contemporary Problems 473(1953).

Brian R. Cheffins & John Armour, *The Past, Present, and Future of Shareholder Activism by Hedge Funds*, 37 Journal of Corporate Law 51(2011).

Nancy A. Clofelter et al., *An Overview of the New Colorado Business Corporation Act*, 22 Colorado Lawyer 2337(1993).

R. H. Coase, *The Nature of the Firm*, 4 Economica 386(1937).

John C. Coates, IV, *Takeover Defenses in the Shadow of the Pill: A Critique of the Scientific Evidence*, 79 Texas Law Review 271(2000).

John C. Coffee, Jr., R*escuing the Private Attorney General: Why the Model of the Lawyer as Bounty Hunter is not Working*, 42 Maryland Law Review 215(1983).

______, *Regulating the Market for Corporate Control: A Critical Assessment of the Tender Offer's Role in Corporate Governance*, 84 Columbia Law Review 1145(1984).

______, *Shareholders Versus Managers: The Strain in the Corporate Web*, 85 Michigan Law Review 1(1986).

______, *Liquidity Versus Control: The Institutional Investor as Corporate Monitor*, 91 Columbia Law Review 1277(1991).

John C. Coffee, Jr. & Donald E. Schwartz, *The Survival of the Derivative Suit: An Evaluation and a Proposal for Legislative Reform*, 81 Columbia Law Review 261(1981).

Stuart R. Cohn, *Tender Offers and the Sale of Control: An Analogue to Determine the Validity of Target Management Defensive Measures*, 66 Iowa Law Review 475(1981).

Douglas R. Cole, *E−Proxies for Sale? Corporate Vote-Buying in the Internet Age*, 76 Washington Law Review 793(2001).

Robert D. Cooter, *Liberty, Efficiency, and Law*, 50 Law and Contemporary Problems 141(1988).

John F. Coyle, *Altering Rules, Cumulative Voting, and Venture Capital*, 2016 Utah Law

Review 595(2016).

Lawrence A. Cunningham, *Commonalities and Prescriptions in the Vertical Dimension of Global Corporate Governance*, 84 Cornell Law Review 1133(1999).

Richard M. Cyert & Charles L. Hedrick, *Theory of the Firm: Past, Present, and Future; An Interpretation*, 10 Journal of Economic Literature 398(1972).

Lynne L. Dallas, *The Control and Conflict of Interest Voting Systems*, 71 North Carolina Law Review 1(1992).

______, *The New Managerialism and Diversity on Corporate Boards of Directors*, 76 Tulane Law Review 1363(2002).

Deborah A. DeMott, *Down the Rabbit-Hole and into the Nineties: Issues of Accountability in the Wake of Eighties-Style Transactions in Control*, 61 George Washington Law Review 1130(1993).

Harold Demsetz, *The Firm in Economic Theory: A Quiet Revolution*, 87 American Economic Review 426(1997).

David J. Denis & Diane K. Denis, *Performance Changes Following Top Management Dismissals*, 50 Journal of Finance 1029(1995).

George W. Dent, *The Power of Directors to Terminate Shareholder Litigation: The Death of the Derivative Suit?*, 75 Northwestern Law Review 96(1980).

Neil Duxbury, *Ronald's Way, in* Coasean Economics: Law and Economics and the New Institutional Economics 195(Steven G. Medema ed., 1998).

Daniel J. Dykstra, *The Revival of the Derivative Suit*, 116 University of Pennsylvania Law Review 74(1967).

Frank Easterbrook & Daniel R. Fischel, *The Proper Role of a Target's Management in Responding to a Tender Offer*, 94 Harvard Law Review 1161(1981).

______, *Corporate Control Transactions*, 91 Yale Law Journal 698(1982).

______, *Limited Liability and the Corporation*, 52 University of Chicago Law Review 89(1985).

______, *Close Corporations and Agency Costs*, 38 Stanford Law Review 271(1986).

Paul Edelman, *The Myth of the Condorcet Winner*, 22 Supreme Court Economic Review 207(2014).

Horst Eidenmüller, Barbara Grunewald & Ulrich Noack, *Minimum Capital in the System of Legal Capital, in* Legal Capital in Europe 17(Marcus Lutter ed., 2014).

Melvin A. Eisenberg, *The Modernization of Corporate Law: An Essay for Bill Cary*, 37 University of Miami Law Review 187(1983).

______, *Bad Arguments in Corporate Law*, 78 Georgetown Law Journal 1551(1990).

______, *The Conception That the Corporation Is a Nexus of Contracts, and the Dual Nature of the Firm*, 24 Journal of Corporation Law 819(1999).

Charles M. Elson, *Executive Overcompensation – A Board-Based Solution*, 34 Boston College Law Review 937(1993).

David L. Engel, An Approach to Corporate Social Responsibility, 32 Stanford Law Review 1(1979).

Luca Enriques & Alessandro Romano, *Institutional Investor Voting Behavior: A Network Theory Perspective*, 2019 University of Illinois Law Review 223(2019).

Jessica Erickson, *Corporate Misconduct and the Perfect Storm of Shareholder Litigation*, 84 Notre Dame Law review 75(2008).

Mirit Eyal–Cohen, *Legal Mirrors of Entrepreneurship*, 55 Boston College Law Review 719(2014).

Eugene F. Fama & Michael C. Jensen, *Separation of Ownership and Control*, 26 Journal of Law & Economics 301(1983).

Harvey Frank, *The Future of Corporate Democracy*, 28 Baylor Law Review 39(1976).

Tamar Frankel, *Fiduciary Law*, 71 California Law Review 795(1983).

Alexander H. Frey, *Shareholders' Pre-emptive Rights*, 38 Yale Law Journal 563(1929).

Wolfgang G. Friedmann, *Corporate Power, Government by Private Groups, and the Law*, 57 Columbia Law Review 155(1957).

Helen Garten, *Institutional Investors and the New Financial Order*, 44 Rutgers Law Review 585(1992).

Bezalel Gavish & Avner Kalay, *On the Asset Substitution Problem*, 18 Journal of Financial and Quantitative Analysis 21(1983).

Erika R. George, *Incorporating Rights: Empire, Global Enterprise, and Global Justice*, 10 University of Saint Thomas Law Journal 917(2013).

Stuart L. Gillan & Laura T. Starks, *The Evolution of Shareholder Activism in the United States*, 19 Journal of Applied Corporate Finance 55(2007).

Ronald J. Gilson, *A Structural Approach to Corporations: The Case Against Defensive Tactics in Tender Offers*, 33 Stanford Law Review 819(1981).

Ronald J. Gilson & Reinier H. Kraakman, *The Mechanisms of Market Efficiency*, 70 Virginia Law Review 549(1984).

Amihai Glazer et al., *Cumulative Voting in Corporate Elections: Introducing Strategy into the Equation*, 35 South Carolina Law Review 295(1984).

Timothy P. Glynn, *Beyond Unlimiting Shareholder Liability: Vicarious Tort Liability for Corporate Officers*, 57 Vanderbilt Law Review 329(2004).

Michael J. Goldberg, *Democracy in the Private Sector: The Rights of Shareholders and Union Members*, 17 University of Pennsylvania Journal of Business Law 393(2015).

Jeffrey N. Gordon, *Institutions as Relational Investors: A New Look at Cumulative Voting*, 94 Columbia Law Review 124(1994).

Zohar Goshen, *Voting (Insincerely) in Corporate Law*, 2 Theoretical Inquiries in Law 815(2001).

J. J. Graafland & H. Smid, *Reputation, Corporate Social responsibility and Market Regulation*, 49 Tijdschrift voor Economie en Management 276(2004).

Sean J. Griffith, *Deal Protection Provisions in the Last Period of Play*, 71 Fordham Law Review 1899(2003).

Robert J. Haft, *Business Decisions by the New Board: Behavioral Science and Corporate Law*, 80 Michigan Law Review 1(1981).

Sam F. Halabi, *Veil-Piercing's Procedure*, 67 Rutgers University Law Review 1001(2015).

Paul Halpern, Michael Trebilcock & Stuart Turnbull, *An Economic Analysis of Limited Liability in Corporation Law*, 30 University of Toronto Law Journal 117(1980).

Wayne O. Hanewicz, *Director Primacy, Omnicare, and the Function of Corporate Law*, 71 Tennessee Law Review 511(2004).

Sharon Hannes, *The Hidden Virtue of Antitakeover Defenses*, 24 Cardozo Law Review 1903(2003).

Henry Hansmann & Reinier Kraakman, *Toward Unlimited Shareholder Liability for Corporate Torts*, 100 Yale Law Journal 1879(1991).

Michelle M. Harner, *Disciplining Corporate Boards and Debtholders Through Targeted Proxy Access*, 82 Indiana Law Journal 227(2016).

Oliver Hart, *An Economist's Perspective on the Theory of the Firm*, 89 Columbia Law Review 1757(1989).

Daniel J. Hartnett, *Greenmail: Can the Abuses be Stopped?*, 80 Northwestern University Law Review 1271(1986).

Grant M. Hayden & Matthew T. Bodie, *One Share, One Vote and the False Promise of. Shareholder Homogeneity*, 30 Cardozo Law Review 445(2008).

Virginia H. Ho, *Risk-Related Activism: The Business Case for Monitoring Nonfinancial Risk*, 41 Journal of Corporation Law 647(2016).

Herbert Hovenkamp, *Positivism in Law & Economics*, 78 California Law Review 815(1990).

______, *Rationality in Law and Economics*, 60 George Washington Law Reveiw 293(1992).

Henry T. C. Hu & Bernard S. Black, *The New Vote Buying: Empty Voting and Hidden Ownership*, 79 Southern California Law Review 811(2006).

Henry T. C. Hu & Jay L. Westbrook, *Abolition of the Corporate Duty to Creditors*, 107 Columbia Law Review 1321(2007).

Gow-Cheng Huang, Kartono Liano & Ming-Shiun Pan, *The Effects of Stock Splits on Stock Liquidity*, 39 Journal of Economics & Finance 119(2015).

Kevin D. Hughes, *Hostages' Rights: The Unhappy Legal Predicament of an American Held in Foreign Captivity*, 26 Columbia Journal of Law and Social Problems 555(1993).

David L. Ikenberry, Graeme Rankine & Earl K. Stice, *What Do Stock Splits Really Signal?* 31 Journal of Financial and Quantitative Analysis 3573(1996).

Douglas A. Irwin, *Mercantilism as Strategic Trade Policy: The Anglo-Dutch Rivalry for the Ease India Trade*, 99 Journal of Political Economy 1296(1991).

Michael C. Jensen & William H. Meckling, *Theory of the Firm: Managerial Behavior, Agency Costs and Ownership Structure*, 3 Journal of Financial Economics 305(1976).

Henry F. Johnson, *Those 'Golden Parachute' Agreements: The Taxman Cuts the Ripcord*, 10 Delaware Journal of Corporate Law 45(1985).

Lyman Johnson, *Unsettledness in Delaware Corporate Law: Business Judgment Rule, Corporate Purpose*, 38 Delaware Journal of Corporate Law 405(2013).

Thomas M. Jones, *An Empirical Examination of the Resolution of Shareholder Derivative and Class Action Suits*, 60 Boston University Law Review 542(1980).

Cally Jordan, *The Conundrum of Corporate Governance, 30 Brooklyn Journal of International Law* 983(2005).

Marcel Kahan & Edward B. Rock, *Hedge Funds in Corporate Governance and Corporate Control*, 155 University of Pennsylvania Law Review 1021(2007).

Hideki Kanda & Saul Levmore, *The Appraisal Remedy and the Goals of Corporate Law*, 32 UCLA Law Review 429(1985).

Brett W. King, *The Use of Supermajority Voting Rules in Corporate America: Majority Rule, Corporate Legitimacy, and Minority Shareholder Protection*, 21 Delaware Journal of Corporate Law 897(1996).

Edmund W. Kitch, *Intellectual Foundations of "Law and Economics,"* 33 Journal of Legal Education 184(1983).

Jacob A. Kling, *Disenfranchising Shareholders: The Future of Blasius After* Mercier v. Inter-Tel, 119 Yale Law Journal 2040(2010).

Mark Klock, *Lighthouse or Hidden Reef – Navigating the Fiduciary Duty of Delaware Corporations' Directors in the Wake of Malone*, 6 Stanford Journal of Law, Business & Finance 1(2000).

Helmut Kohl, *Path Dependence and German Corporate Law: Some Skeptical Remarks from the Sideline*, 5 Columbia Journal of European Law 189(1999).

William M. Lafferty & W. Leighton Lord III, *Toward a Relaxed Summary Judgment Standard for the Delaware Court of Chancery: A New Weapon against "Strike" Suits*, 15 Delaware Journal of Corporate Law 921(1990).

William M. Lafferty, Lisa A. Schmidt & Donald J. Wolfe, Jr., *A Brief Introduction to the Fiduciary Duties of Directors Under Delaware Law*, 116 Penn State Law Review 837(2012).

Donald J. Langevoort, *The Human Nature of Corporate Boards: Law, Norms, and the Unintended Consequence of Independence and Accountability*, 89 Georgetown Law Journal 797(2001).

E. C. Lashbrooke, Jr., *Asymmetric Information in Mergers and the Profits of Deceit*, 28 Loyola of Los Angeles Law Review 507(1995).

Mark Lebovitch & Peter B. Morrison, *Calling a Duck a Duck: Determining the Validity of Deal Protection Provisions in Merger of Equals Transactions*, 2001 Columbia Business Law Review 1(2001).

David W. Leebron, *Limited Liability, Tort Victims, and Creditors*, 91 Columbia Law Review 1565(1991).

Peter V. Letsou, *Shareholder Voice and the Market for Corporate Control*, 70 Washington University Law Quarterly 755(1992).

______, *The Role of Appraisal in Corporate Law*, 39 Boston College Law Review 1121(1998).

Saul Levmore, *Monitors and Freeriders in Commercial and Corporate Settings*, 92 Yale Law Journal 49(1982).

______, *Public Choice Defended*, 72 University of Chicago Law Review 777(2005).

Martin Lipton, *Corporate Governance in the Age of Finance Corporatism*, 136 University of Pennsylvania Law Review 1(1987).

______, *Pills, Polls, and Professors Redux*, 69 University of Chicago Law Review 1039(2002).

Bevis Longstreth, *Reflections on the State of Corporate Governance*, 57 Brooklyn Law Review 113(1991).

Jonathan R. Macey, *An Economic Analysis of the Various Rationales for Making Shareholders the Exclusive Beneficiaries of Corporate Fiduciary Duties*, 21 Stetson Law Review 23(1991).

______, *Corporate Law and Corporate Governance: A Contractual Perspective*, 18 Journal of Corporation Law 185(1992~1993).

Jonathan R. Macey & Luca Enriques, *Creditors Versus Capital Formation: The Case Against the European Legal Capital Rules*, 86 Cornell Law Review 1165(2001).

Walter Mahler, *The Growth of the Korean Capital Market*, 27 Finance and Development 41(1990).

Henry G. Manne, *The "Higher Criticism" of the Modern Corporation*, 62 Columbia Law Review 399(1962).

______, *Mergers and the Market for Corporate Control*, 73 Journal of Political Economy 110(1965).

Bayless Manning, *The Shareholders's Appraisal Remedy: An Essay for Frank Coker*, 72 Yale Law Journal 223(1962).

______, *The Business Judgment Rule in Overview*, 45 Ohio State Law Journal 615(1984).

Calvin Massey, A*merican Fiduciary Duty in an Age of Narcissism*, 54 Saskatchewan Law Review 1011(1990).

John H. Matheson & Vilena Nicolet, *Shareholder Democracy and Special Interest Governance*, 103 Minnesota Law Review 1649(2019).

Geoffrey P. Miller, *Law and Economics versus Economic Analysis of Law*, 19 American Bankruptcy Institute Law Review 459(2011).

David Millon, *Piercing the Corporate Veil, Financial Responsibility, and the Limits of Limited Liability*, 56 Emory Law Journal 1305(2007).

Dalia T. Mitchell, *Status Bound: The Twentieth Century Evolution of Directors' Liability*, 5 New York University Journal of Law & Business 63(2009).

Lawrence E. Mitchell, *Fairness and Trust in Corporate Law*, 43 Duke Law Journal 425(1993).

Steven J. Mulroy, *Alternative Ways Out: A Remedial Road Map for the Use of Alternative Electoral Systems as Voting Rights Act Remedies*, 77 North Carolina Law Review 1867(1999).

Rafael Pagán−Colón, *Quis Custodiat Custodium? Corporate Oversight Through Derivative Action*, 2 University of Puerto Rico Business Law Journal 35(2011).

Alan R. Palmiter, *Mutual Fund Voting of Portfolio Shares: Why Not Disclose?*, 23 Cardozo Law Review 1419(2002).

Thanos Panagopoulos, *Thinking Inside The Box: Analyzing Judicial Scrutiny of Deal Protection Devices in Delaware*, 3 Berkeley Business Law Journal 437(2006).

Frank Partnoy, *Corporations and Human Life*, 40 Seattle University Law Review, 399(2017).

Huascar F. Pessali, *The Rhetoric of Oliver Williamson's Transaction Cost Economics*, 2 Journal of Institutional Economics 45(2006).

Elizabeth Pollman, *Constitutionalizing Corporate Law*, 69 Vanderbilt Law Review 639(2016).

Eric A. Posner, *Economic Analysis of Contract Law After Three Decades: Success or Failure?*, 112 Yale Law Journal 829(2003).

Richard A. Posner, *Natural Monopoly and Its Regulation*, 21 Stanford Law Review 548(1968).

______, *The Rights of Creditors of Affiliated Corporations*, 43 University of Chicago Law Review 499(1976).

______, *Regulation (Agencies) versus Litigation (Courts): An Analytical Framework, in* Regulation vs. Litigation: Perspectives from Economics and Law 14(Daniel P. Kessler, ed., 2010).

David Post & Steven Salop, *Issues and Outcomes, Guidance and Indeterminacy: A Reply to Professor John Rogers and Others*, 49 Vanderbilt Law Review 1069(1996).

Brian J.M. Quinn, *Re-Evaluating the Emerging Standard of Review for Matching Rights in Control Transactions*, 36 Delaware Journal of Corporate Law 1011(2011).

Jeffrey J. Rachlinski, *A Positive Psychological Theory of Judging in Hindsight*, 65 University of Chicago Law Review 571(1998).

Forest L. Reinhardt, Robert N. Stavins & Richard H. K. Vietor, *Corporate Social Responsibility Through an Economic Lens*, 2 Review of Environmental Economics and Policy 219(2008).

Larry E. Ribstein, *Limited Liability and Theories of the Corporation*, 50 Maryland Law Review 80(1991).

Edward B. Rock, *The Logic and (Uncertain) Significance of Institutional Shareholder Activism*, 79 Georgetown Law Journal 445(1991).

Mark J. Roe, *Corporate Short-Termism — In the Boardroom and in the Courtroom*, 68 Business Lawyer 977(2013).

John A. Ryan, *Is Stock Watering Immoral?*, 18 International Journal of Ethics 151(1908).

Christina M. Sautter, *Shopping During Extended Store Hours: From No Shops to Go-Shops*, 73 Brooklyn Law Review 525(2008).

Pier P. Saviotti, *R&D and the Firm, in* Handbook on the Economics and Theory of the Firm 405(Michael Dietrich & Jackie Krafft eds., 2012).

Joel Seligman, *Reappraising the Appraisal Remedy*, 52 George Washington Law Review 829(1984).

Myron M. Sheinfeld & David H. Goodman, *LBO: Legitimate Business Organization or Large Bankruptcy Opportunity?*, 2 Journal of Bankruptcy Law and Practice 799(1993).

Andrei Shleifer & Robert W. Vishny, *A Survey of Corporate Governance*, 52 Journal of Finance 737(1997).

Mary Siegel, *Back to the Future: Appraisal Rights in the Twenty-First Century*, 32 Harvard Journal on Legislation 79(1995).

David A. Skeel, Jr., *Shaming in Corporate Law*, 149 University of Pennsylvania Law Review 1811(2001).

Douglas G. Smith, *A Federalism-Based Rationale for Limited Liability*, 60 Alabama Law Review 649(2009).

Felicia Smith, *Recognition of the Fiduciary Duties of Corporate Directors and Officers Defending Against Change of Control by Tender Offer*, 7 Mississippi College Law Review 117(1987).

Henry E. Smith, *Law and Economics: Realism or Democracy?*, 32 Harvard Journal of Law & Public Policy 127(2009).

Charles W. Steadman & George D. Gibson, *Should Cumulative Voting for Directors Be Mandatory – A Debate*, 11 Business Lawyer 9(1955).

Herbert F. Sturdy, *Mandatory Cumulative Voting: An Anachronism*, 16 Business Lawyer 550(1961).

Guhan Subramanian, *The Drivers of Market Efficiency in Revlon Transactions*, 28 Journal of Corporation Law 691(2003).

Heath P. Tarbert, *Merger Breakup Fees: A Critical Challenge to Anglo-American Corporate Law*, 34 Law & Policy in International Business 627(2003).

Robert B. Thompson, *Squeeze-Out Mergers and the "New" Appraisal Remedy*, 62 Washington University Law Review 415(1984).

______, *Exit, Liquidity, and Majority Rule: Appraisal's Role in Corporate Law*, 84 Georgetown Law Journal 1(1995).

George G. Triantis, *A Free-Cash-Flow Theory of Secured Debt and Creditor Priorities*, 80 Virginia Law Review 2155(1994).

Andrew J. Turezyn, *Commentary from the Bar: 1989 Developments in Delaware Corporate Law*, 16 Delaware Journal of Corporate Law 95(1991).

Manuel A. Utset, *Disciplining Managers: Shareholder Cooperation in the Shadow of Shareholder Competition*, 44 Emory Law Journal 71(1995).

Gregory V. Varallo & Srinivas M. Raju, *A Process Based Model for Analyzing Deal Protection Measures*, 55 Business Lawyer 1609(2000).

E. Norman Veasey, *The Defining Tension in Corporate Governance in America*, 52 Business Lawyer 393(1997).

Julian Velasco, T*he Fundamental Rights of the Shareholder*, 40 U.C. Davis Law Review 407(2006).

______, *The Diminishing Duty of Loyalty*, 75 Washington & Lee Law Review 1035(2018).

Rivka Weill, *Declassifying the Classified*, 31 Delaware Journal of Corporate Law 891(2006).

Harwell Wells, *The Modernization of Corporation Law 1920~1940*, 11 University of Pennsylvania Journal of Business Law 573(2009).

Gregory J. Werden & Marius Schwartz, *Illinois Brick and the Deterrence of Antitrust Violations – An Economic Analysis*, 35 Hastings Law Journal 629(1984).

Ralph K. Winter, Jr., *State Law, Shareholder Protection, and the Theory of the Corporation*, 6 Journal of Legal Studies 251(1977).

사항 색인

ㄱ

가격이론 12
감시·감독비용 36
거래비용 26
거래빈도 34
결과책임 293
경영판단의 원칙 293
경제적 인간 9
계약설 384
고유권 171
곰의 포옹 403
공개매수 402
공익권 169
공평성 5
과다투자 86, 89
관리거래 24
관리비용 28
교섭거래 23
구제도주의 경제학파 23
규모의 비경제 258
그린 메일 398
급부의 등가성 386
기관투자자 행동주의 179
기관투자자의 행동주의 179
기대책임 292
기업 19
기업가정신 82
기업의 사회적 책임 45
기업이론 21
기회비용 26
기회주의 31
길드 3

ㄷ

다수결의 원칙 185
다수자독식원칙 223
단기업적주의 208, 412
단독주주권 171
담보의 제공 286
대리인 문제 35
대리인 이론 34
대리인비용 35
도덕적 해이 237
독점교섭권 조항 367
동종영업 388
들러리 후보 373
등기관의 심사권 123

ㅁ

만장일치제 185

모험거래 294
무액면주식 73
무임승차 문제 176
물탄주식 73

ㅂ

방관자효과 173
방어행위 413
법경제학 11
법원의 재량기각 212
법인격 부인론 55
법인격의 부인 127
법인성 54
변태설립사항 101
보증비용 36
부의 무상이전 360
불확실성 33
비고유권 171
비용상환 조항 375

ㅅ

사단성 48
사법심사 302
사회계약론 38
사후책임 293
상업등기 120
서면투표 191
설립중의 회사 99
소수주주권 171, 199, 210
수권자본제 322
수정동의 196
스튜어드십 코드 183
시민법 3
시장기구 3
시장매집 401
시차임기제 229
신고전학파 21
신주발행 311
신호전달 333
실권주 처리 320

ㅇ

액면가 327
액면분할 312, 328
영리성 44
영업양도 383
영업양도인의 경업금지의무 381
외부효과 58
우호적 M&A 365
위약금 조항 376
위임장경쟁 405
위임장대결 405
위장말 373
위험한 약속 103
유동성 증대 331, 332
유인양립 237
이사의 보수 154
이사의 선관주의의무 276
이사의 자격 218, 219
이사의 책임감경 304
이사의 충실의무 277
2종 오류 296
인위적인 실체 141
일반주주의 소극성 174

1인 회사 49
1종 오류 296

ㅈ

자격주 221
자본금 67
자본금불변의 원칙 72
자본금의 감소 341
자본금충실의 원칙 72
자본금확정의 원칙 71
자본의 3원칙 71
자산전속성 33
자연독점 121
자익권 169
자회사의 조사권 161
잔여손실비용 36
잔여위험 35
잔여위험인수자 37
잔여재산청구권자 37
잠재적 주식 419
재무건전성의 제고 355
재산인수 107
적대적 M&A 397
전자투표 191
정보개시권 203
정보접근권 158
정책설 384
제3자 기관 148
제3자 배정 314
제노비스 증후군 173
제도학파 22
제한된 합리성 31
조직재편 29
조직화비용 28
주가상승 359
주금액의 감소 345
주금의 위장납입 135
주식매수청구권 248, 252, 261, 267
주식병합 353
주식분할 328
주식수의 감소 345, 347
주식의 병합 345
주식의 소각 346
주요목적 421
주주대표소송 275, 281, 304
주주민주주의 172
주주배정 313
주주유한책임제도 79
주주총회의 형해화 190
주주행동주의 179
직무감독권 158
집단행동 문제 176
집중투표 205
집중투표제 222

ㅊ

차입매수 410
채권의 출자전환 316
최고기관성 151
최저자본제 69
출자금의 회수 358

ㅋ

칼도-힉스 효율성 255

ㅌ

투표의 역설 187
투하자본의 회수 252

ㅍ

파레토 최적 185
폐쇄회사 230
표시자본금 75
표준모델 143

ㅎ

할당거래 24
합리적 무관심 174
합병비율 376
확증비용 36
회사민주주의 172
회사의 권리능력 131
회사의 근본적 변경 155
회사의 설립 97
효율성 5
효율적 자본시장가설 407
희소성 5

판례 색인

대법원 판결/결정

대법원 1955. 2. 10. 선고 4287민상3 판결 111
대법원 1966. 9. 20. 선고 66다1187, 1188 판결 52
대법원 1969. 3. 25. 선고 68다1560 판결 382
대법원 1970. 8. 31. 선고 70다1357 판결 98, 99
대법원 1974. 4. 23. 선고 73도2611 판결 52
대법원 1976. 9. 28. 선고 76누110 판결 376
대법원 1979. 6. 26. 선고 78다194 판결 52
대법원 1982. 4. 13. 선고 80도537(분리) 판결 55
대법원 1983. 9. 27. 선고 83므22 판결 112
대법원 1983. 12. 13. 선고 82도735 판결 67
대법원 1983. 12. 13. 선고 83도2330 전원합의체 판결 38, 52
대법원 1984. 6. 12. 선고 82도3199 판결 293
대법원 1985. 1. 29. 선고 84다카1823 판결 137
대법원 1985. 6. 25. 선고 84다카1954 판결 132
대법원 1985. 7. 3. 선고 85도480 판결 47
대법원 1985. 7. 23. 선고 84누678 판결 99
대법원 1986. 8. 19. 선고 85도2158 판결 137
대법원 1987. 1. 20. 선고 86다카1469 판결 293
대법원 1987. 9. 8. 선고 86다카2971 판결 212
대법원 1988. 11. 22. 선고 87다카1671 판결 55
대법원 1989. 2. 14. 선고 87다카1128 판결 111
대법원 1989. 3. 14. 선고 88누889 판결 311
대법원 1989. 3. 28. 선고 87다카2470 판결 125
대법원 1989. 5. 9. 선고 87다카2407 판결 56
대법원 1989. 5. 23. 선고 89도570 판결 52
대법원 1989. 9. 12. 선고 89다카890 판결 67
대법원 1989. 12. 26. 선고 88다카10128 판결 389
대법원 1990. 12. 26. 선고 90누2536 판결 98
대법원 1991. 5. 28. 선고 90다20084 판결 144
대법원 1991. 11. 22. 선고 91다8821 판결 133
대법원 1992. 5. 12. 선고 91다23707 판결 293, 300
대법원 1992. 7. 10. 선고 92다2431 판결 48
대법원 1992. 8. 18. 선고 91다39924 판결 211
대법원 1992. 9. 14. 선고 91다33087 판결 107
대법원 1993. 2. 23. 선고 92도616 판결 137
대법원 1993. 4. 9. 선고 92다53583 판결 206
대법원 1994. 5. 13. 선고 94다323 판결 107, 109
대법원 1995. 1. 20. 자 94마535 결정 125
대법원 1995. 4. 11. 선고 94다53419 판결 112
대법원 1995. 5. 23. 선고 94다36421 판결 322
대법원 1995. 9. 29. 선고 94다4912 판결 92
대법원 1996. 6. 25. 선고 94다13046 판결 293
대법원 1996. 12. 23. 선고 96다30465, 30472 판결 295, 303
대법원 1996. 12. 23. 선고 96다37985 판결 384
대법원 1997. 5. 23. 선고 95다5790 판결 137
대법원 1997. 11. 25. 선고 97다35085 판결 382
대법원 1997. 12. 9. 선고 97다18547 판결 48

대법원 1999. 6. 25. 선고 99도1141 판결 419
대법원 1999. 11. 24. 자 99그66 결정 361
대법원 2000. 1. 28. 선고 99다35737 판결 98
대법원 2001. 1. 19. 선고 97다21604 판결 56, 127, 128
대법원 2001. 2. 9. 선고 98두17593 판결 300
대법원 2001. 2. 28. 자 2000마7839 결정 169
대법원 2002. 3. 15. 선고 2000다9086 판결 163, 277, 295
대법원 2002. 4. 12. 선고 2000다50190 판결 20
대법원 2002. 6. 14. 선고 2001다52407 판결 280, 293, 295
대법원 2002. 10. 2. 선고 2001다78942 판결 293
대법원 2002. 11. 22. 선고 2001다16265 판결 295
대법원 2003. 2. 11. 선고 2001다14351 판결 249, 377
대법원 2003. 4. 11. 선고 2002다61378 판결 295
대법원 2003. 5. 30. 선고 2002다23826 판결 389
대법원 2003. 7. 11. 선고 2001다45584 판결 213
대법원 2003. 10. 24. 선고 2003다29661 판결 168
대법원 2004. 5. 13. 선고 2002도7340 판결 280
대법원 2004. 6. 17. 선고 2003도7645 전원합의체 판결 72, 137
대법원 2004. 6. 18. 자 2001그132 결정 357
대법원 2004. 6. 25. 선고 2000다37326 판결 420
대법원 2004. 7. 22. 선고 2002도4229 판결295, 296
대법원 2004. 8. 20. 선고 2004다19524 판결 295, 303
대법원 2004. 9. 24. 선고 2004다3796 판결 299
대법원 2004. 10. 27. 선고 2003두1165 판결 67
대법원 2004. 11. 12. 선고 2002다66892 판결 129
대법원 2004. 12. 9. 선고 2003다69355 판결 380
대법원 2004. 12. 10. 선고 2002다60467, 60474 판결 304, 305
대법원 2004. 12. 10. 선고 2004다25123 판결 50, 153, 239
대법원 2005. 1. 14. 선고 2004다34349 판결 295, 299, 303
대법원 2005. 1. 14. 선고 2004다8951 판결 295
대법원 2005. 2. 18. 선고 2002두9360 판결 9
대법원 2005. 5. 26. 선고 2003도5519 판결 48
대법원 2005. 5. 27. 선고 2004다8128 판결 295
대법원 2005. 7. 15. 선고 2004다34929 판결 300
대법원 2005. 7. 22. 선고 2005다602 판결 383
대법원 2005. 10. 28. 선고 2003다69638 판결 298, 299, 304, 305
대법원 2005. 10. 28. 선고 2005도4915 판결 52
대법원 2006. 6. 2. 선고 2006도48 판결 137
대법원 2006. 6. 9. 선고 2005도8498 판결 137
대법원 2006. 6. 16. 선고 2004도7585 판결 50, 52
대법원 2006. 7. 6. 선고 2004다8272 판결 299, 300, 302
대법원 2006. 8. 25. 선고 2004다26119 판결 129
대법원 2006. 10. 26. 선고 2006도5147 판결 125
대법원 2006. 11. 9. 선고 2004다41651, 41668 판결 298, 299
대법원 2006. 11. 23. 선고 2004다49570 판결 240
대법원 2006. 11. 23. 자 2005마958, 959, 960, 961, 962, 963, 964, 965, 966 결정 259
대법원 2006. 11. 24. 선고 2005다39594 판결 250
대법원 2007. 1. 26. 선고 2004도1632 판결 133
대법원 2007. 2. 22. 선고 2005다73020 판결 51
대법원 2007. 5. 10. 선고 2005다4284 판결 112
대법원 2007. 7. 26. 선고 2006다33609 판결 299

대법원 2007. 7. 26. 선고 2006다33685 판결 299, 300
대법원 2007. 9. 7. 선고 2005다18740 판결 98
대법원 2007. 9. 20. 선고 2007다25865 판결 299
대법원 2007. 10. 11. 선고 2006다33333 판결 295, 299, 301
대법원 2007. 10. 11. 선고 2007다34746 판결 236, 240, 280, 304, 305
대법원 2007. 11. 16. 선고 2005다71659, 71666, 71673 판결 10
대법원 2007. 11. 30. 선고 2006다19603 판결 304
대법원 2007. 12. 13. 선고 2007다60080 판결 298
대법원 2008. 1. 10. 선고 2007다64136 판결 377
대법원 2008. 2. 14. 선고 2006다18969 판결 368
대법원 2008. 4. 11. 선고 2007다89722 판결 383
대법원 2008. 5. 29. 선고 2007도5206 판결 137
대법원 2008. 7. 10. 선고 2005다24981 판결 346
대법원 2008. 9. 11. 선고 2006다68636 판결 159
대법원 2008. 9. 11. 선고 2007다31518 판결 277
대법원 2008. 9. 11. 선고 2007다90982 판결56, 127
대법원 2008. 9. 25. 선고 2008다42515 판결 313
대법원 2008. 12. 15. 자 2007마1154 결정 126
대법원 2009. 1. 30. 선고 2008다50776 판결 21, 315, 419
대법원 2009. 4. 23. 선고 2005다22701,22718 판결 194
대법원 2009. 5. 29. 선고 2007도4949 전원합의체 판결 66, 68, 312, 314, 321, 323
대법원 2009. 5. 29. 선고 2008도9436 판결 38
대법원 2009. 9. 10. 선고 2008두9744 판결 388
대법원 2009. 9. 14. 자 2009마1136 결정 384
대법원 2009. 10. 29. 선고 2009다47685 판결 111
대법원 2009. 11. 26. 선고 2008도9623 판결 328
대법원 2009. 12. 10. 선고 2007다58285 판결 48
대법원 2009. 12. 10. 선고 2009다63236 판결 133
대법원 2009. 12. 24. 선고 2008다15520 판결 330
대법원 2010. 1. 14. 선고 2009다55808 판결 157
대법원 2010. 1. 14. 선고 2009다75666, 2009다75673 판결 370
대법원 2010. 1. 14. 선고 2009두12822 판결 318
대법원 2010. 2. 25. 선고 2007다85980 판결 57
대법원 2010. 4. 15. 선고 2009도6634 판결 410
대법원 2010. 4. 29. 선고 2007다12012 판결 352, 361
대법원 2010. 5. 13. 선고 2010도568 판결 47
대법원 2010. 9. 16. 선고 2008다97218 전원합의체 판결 316
대법원 2010. 12. 9. 선고 2009다59237 판결 238
대법원 2011. 4. 28. 선고 2009다72667 판결 257
대법원 2011. 4. 28. 선고 2010다94953 판결 249, 250, 268
대법원 2011. 6. 24. 선고 2009다35033 판결 112, 144, 186
대법원 2011. 10. 13. 선고 2009다80521 판결 295
대법원 2012. 3. 29. 선고 2012다1993 판결 243
대법원 2012. 3. 30. 자 2012마11 결정 247
대법원 2012. 6. 14. 선고 2010다29034 판결 21
대법원 2012. 7. 26. 선고 2012다40400 판결 347
대법원 2012. 11. 15. 선고 2010다49380 판결 313, 321
대법원 2013. 2. 15. 선고 2011다103984 판결56, 57
대법원 2013. 4. 11. 선고 2012다116307 판결 291
대법원 2013. 9. 12. 선고 2011다57869 판결 171, 284, 322, 388

대법원 2013. 11. 28. 선고 2010다91831 판결 133
대법원 2013. 11. 28. 선고 2011두16407 판결 357
대법원 2014. 1. 23. 선고 2011다102066 판결 9
대법원 2014. 1. 23. 선고 2013다56839 판결51, 190
대법원 2014. 2. 19. 자 2013마2316 결정 289
대법원 2014. 5. 29. 선고 2012다98720 판결 143
대법원 2014. 8. 21. 선고 2010다92438 전원합의체 판결 9
대법원 2015. 3. 20. 선고 2013다88829 판결 111
대법원 2015. 7. 23. 선고 2013다62278 판결 377
대법원 2015. 9. 10. 선고 2014다80440 판결 388, 391
대법원 2015. 9. 10. 선고 2015다213308 판결 241
대법원 2015. 10. 29. 선고 2011다81213 판결 295, 298
대법원 2015. 11. 26. 선고 2013다18349, 18356 판결 125
대법원 2015. 12. 10. 선고 2013다84162 판결 382
대법원 2015. 12. 10. 선고 2015다202919 판결 420
대법원 2015. 12. 10. 선고 2015두41531 판결 328
대법원 2016. 1. 28. 선고 2014다11888 판결 143, 239, 278
대법원 2016. 1. 28. 선고 2015도17297 판결 125
대법원 2016. 2. 18. 선고 2015다35560 판결 242
대법원 2016. 4. 28. 선고 2015다13690 판결 128, 129
대법원 2016. 5. 12. 선고 2013도15616 판결 9
대법원 2016. 6. 9. 선고 2014다82491 판결 278
대법원 2016. 7. 22. 선고 2015다66397 판결 212
대법원 2016. 8. 24. 선고 2016다222453 판결 278
대법원 2016. 9. 23. 선고 2016두40573 판결 137
대법원 2017. 1. 12. 선고 2016다217741 판결 224
대법원 2017. 3. 23. 선고 2016다251215 전원합의체 판결 39, 148, 152, 239
대법원 2017. 12. 21. 선고 2012다74076 전원합의체 판결 8, 20
대법원 2018. 2. 28. 선고 2017다270916 판결 268
대법원 2018. 5. 11. 선고 2015두41463 판결 380
대법원 2018. 5. 11. 선고 2017두54791 판결 380
대법원 2019. 1. 10. 선고 2016도8783 판결 9
대법원 2015. 7. 23. 선고 2013다62278 판결 381

헌법재판소 결정

헌법재판소 1997. 6. 26. 선고 93헌바49, 94헌바38·41, 95헌바64(병합) 결정 67
헌법재판소 2012. 3. 29. 선고 2010헌바377 결정67

고등법원 판결/결정

서울고등법원 2012. 4. 26. 선고 2011나68397 판결 347
서울고등법원 2017. 4. 7. 선고 2016나2064815 판결 290

지방법원 판결/결정

서울동부지방법원 1999. 10. 22. 선고 99가합4427 판결 386
서울동부지방법원 2011. 8. 16. 선고 2010가합22628 판결 347
서울동부지방법원 2016. 8. 11. 선고 2015가합108763 판결 288
서울북부지방법원 2007. 10. 25. 자 2007카합1082 결정 413, 417
서울서부지방법원 2004. 3. 24. 자 2001파41 결정 261

서울중앙지방법원 2007. 5. 22. 선고 2007노365 판결 72
서울중앙지방법원 2007. 5. 25. 자 2007카합1346 결정 171
서울중앙지방법원 2008. 6. 2. 자 2008카합1167 결정 187
서울중앙지방법원 2008. 7. 24. 선고 2006가합98304 판결 243
서울중앙지방법원 2009. 10. 8. 선고 2009가합31692 판결 387
서울지방법원 2003. 7. 31. 선고 2002나61476 판결 354
서울지방법원 2003. 11. 20. 선고 2001가합18662, 61253 판결 189
수원지방법원 2011. 2. 10. 선고 2010가합14646 판결 386, 391
제주지방법원 1998. 6. 3. 선고 98가합129 판결 391

[저자 약력]

권 재 열

연세대학교 법과대학 졸업(법학사)
연세대학교 대학원 법학과 졸업(법학석사)
캘리포니아대학교(버클리) 법과대학원 졸업(LL.M.)
조지타운대학교 법과대학원 졸업(S.J.D.)
법무부 상법 특별위원회 위원
대법원 재판연구관

(현) 경희대학교 법학전문대학원 교수

제2판
한국 회사법의 경제학

초판발행 2017년 4월 25일
제2판인쇄 2019년 8월 10일
제2판발행 2019년 8월 16일

지은이 권재열
펴낸이 김중용

총괄기획 박노일·최준규
편 집 심성보·김인숙

펴낸곳 도서출판 정독

경기도 파주시 책향기로 441, 1004동 1004호(동패동, 책향기마을)
등록 제406-2014-000093호

전 화 070)7550-3758 팩 스 02)718-8554
홈페이지 www.jeongdok.co.kr 이메일 pnc@pncmedia.co.kr
ISBN 979-11-89675-38-7 93360

정 가 37,000원